हाशिए पर पड़ी दुनिया

हाशिए पर पड़ी दुनिया

बालकृष्ण गुप्त

संपादक

सारंग उपाध्याय

अनुराग चतुर्वेदी

राजकमल प्रकाशन

नयी दिल्ली पटना इलाहाबाद कोलकाता

ISBN : 978-81-267-2459-8

मूल्य : ₹ 600

पहला संस्करण : 2013

प्रकाशक : राजकमल प्रकाशन प्रा. लि.
1-बी, नेताजी सुभाष मार्ग, दरियागंज
नई दिल्ली-110 002

शाखाएं : अशोक राजपथ, साइंस कॉलेज के सामने, पटना-800 006
पहली मंजिल, दरबारी बिल्डिंग, महात्मा गांधी मार्ग, इलाहाबाद-211 001
36 ए, शेक्सपियर सरणी, कोलकाता-700 017

वेबसाइट : www.rajkamalprakashan.com
ई-मेल : info@rajkamalprakashan.com

आवरण : राजकमल स्टूडियो

मुद्रक : बी.के. ऑफसेट
नवीन शाहदरा, दिल्ली-110 032

HAASHIYE PAR PADI DUNIYA
by Balkrishna Gupta
Edited by Sarang Upadhyay, Anurag Chaturvedi

डॉ. लोहिया
और
बालकृष्ण गुप्त की दोस्ती की स्मृति में

डॉ. लोहिया और बालकृष्ण गुप्त

भूमिका

नेपथ्य के सूरज से रोशनी का हिसाब...

दो साल हो रहे हैं, बालकृष्णजी की सौवीं सालगिरह को। वे सन् 1910 में पैदा हुए थे और 2010 में उनकी सौवीं सालगिरह थी। आज वे होते तो पूरे 103 साल के होते। मेरी और बालकृष्णजी की आखिरी मुलाकात को बरसों बीत गए हैं। हम आखिरी बार कहां मिले थे, इसकी कुछ धुंधली ही स्मृति शेष है। वैसे तो बालकृष्णजी को इस दुनिया से विदा लिये, उससे भी ज्यादा वक्त बीत चुका है, पर बावजूद इसके मन के एक कोने में बालकृष्ण जी, स्मृतियों की प्रेममयी डोर से सदा बंधे रहे हैं।

समय के इस लंबे अंतराल और लगातार विस्मृत हो रहे अतीत के बीच बालकृष्णजी गाहे-बगाहे, कभी प्रसंगवश याद आते रहे हैं लेकिन आज जब उन पर लिखने बैठा हूं तो वे फिर याद आ रहे हैं, बस, अंतर सिर्फ इतना है कि आज वे कुछ घटनाओं, चर्चाओं और बातों के साथ टुकड़ों-टुकड़ों में याद न आकर, अपने पूरे जीवन के साथ ही मेरे सामने आ खड़े हुए हैं। मन के भीतर स्मृतियों की ऐसी ठंडी हवाएं चल रही हैं कि लग ही नहीं रहा कि बालकृष्ण हमारे बीच नहीं हैं या बालकृष्णजी को इस दुनिया से विदा लिये हुए सालों बीत गए हैं। हर शब्द के साथ रह-रहकर कभी चेहरे पर मुस्कान बिखर आती है, तो कभी आंखों में एक शून्य आकार लेने लगता है और उसके भीतर बालकृष्णजी का चेहरा कई-कई मिश्रित भावों, विचारों के साथ दिखाई पड़ता है।

बालकृष्णजी के साथ जीवन का राजनीतिक हिस्सा कई अनुभवों से लबालब है, तो जिंदगी के कई पहलू उनकी रूमानियत से लबरेज भी हैं। सोचता हूं उन पर क्या लिखा जाए और उन्हें किस रूप में याद किया जाए, खासकर तब जबकि उन्हें याद करने के लिए ढेरों बहाने हैं और उन्हें भुलाने के लिए कोई वजह जान नहीं पड़ती।

कलम उठाकर बालकृष्णजी के व्यक्तित्व पर शब्दों की कूंची चलाई तो लोहिया दिखाई दिए और जब लोहिया को साधा तो बालकृष्णजी का हंसता हुआ चेहरा बन गया। काफी असमंजस में रहा कि आखिर लिखना किस पर है, आप यदि लोहिया पर लिखेंगे तो बालकृष्णजी छाया बन जाएंगे और बालकृष्णजी पर लिखेंगे तो लोहिया की देह बनना तय है। वैसे लोहिया मेरे राजनीतिक गुरु रहे हैं जबकि

बालकृष्णजी मेरे गुरु के गुरुत्व होने की शक्ति, यानी कि वह वजह, जिससे लोहिया थे, और जिससे लोहिया थे उस शक्ति पर लिखना निश्चित ही आसान काम नहीं है।

बहरहाल, इन दोनों समानधर्मा व्यक्तित्वों को अलग करने की दुविधा से निकलकर तटस्थ होना और उस आधार पर बालकृष्णजी पर लिखना एक चुनौती तो है, लेकिन उससे ज्यादा एक बहुत बड़ा रिस्क भी है, रिस्क इसलिए कि आपको देह और परछाईं को अलग करना है, एक विचार को दो व्यक्तित्वों में इस तरह से स्थापित करना है कि विचार की धारा भी न टूटे और व्यक्तित्व भी अलग न हो। कुल मिलाकर आपको आज सालों बाद एक सूरज से उसकी रोशनी का हिसाब मांगना है, वह भी एक ऐसे सूरज से जिसने राजनीतिक मंच के नेपथ्य से पूरे देश में समाजवाद का उजाला फैलाया, ता-उम्र खुद को होम करते हुए हाशिए के अंधेरों में दूसरों को रोशनी दी, न कुछ पाने की होड़ में रहा, न ही कभी उसने अपनी ही रोशनी की चकाचौंध में चमकने की कोशिश की, वह तो बस चुपचाप जलता रहा, उजाला बिखेरता रहा और आज भी लोहिया के विशाल व्यक्तित्व की चमक में विचार की रोशनी बनकर उन्हें रोशन कर रहा है।

खैर, कई बातें बड़ी सस्ती होती हैं, कहने का मतलब है कि कई जगह न तो वे फिट बैठती हैं, न ही उनका हिसाब किया जा सकता है। वैसे बालकृष्णजी के बारे में लिखते हुए भी यही लग रहा है कि मानो नदी से प्यास बुझाने वालों की लिस्ट मांग रहा हूं और हवा से सांस लेने वालों को गिन रहा हूं।

वाकई, बालकृष्णजी जैसे समाजवादी के बारे में क्या लिखा जाए, जिसका स्वभाव ही समाज था। कई मुलाकातों, बातों से मिले अनुभव से ही बहुत-सी बातें जता दी थीं उन्होंने, अपनी संपूर्ण विद्वत्ता, ज्ञान की राजनीतिक, सामाजिक, सांस्कृतिक, बौद्धिक और दार्शनिक विराटता उन्होंने समाज से ली, समाज को दे दी, उसका प्रयोग केवल और केवल समाज के लिए किया, जो पिछड़े थे, हाशिए पर थे, दबे थे, कुचले थे, शोषित थे। उनकी लड़ाई के लिए किया, उन्हें हक दिलाने के लिए किया, जीते जी कुछ नहीं चाहा, एकदम निर्लेप थे वे। अपने लिए कभी कुछ नहीं मांगा, न पढ़े हुए का ढिंढोरा पीटा, न लिखे हुए के कभी पर्चे बांटे, उनके ज्ञान, विद्वत्ता और लेखन की महानता के कसीदे दूसरे पढ़ते रहे, वे तो अपनी ही मस्ती में मस्त थे। घर को समाज और देश के राजनीतिक आंदोलन का अखाड़ा बना डाला, तो अपने पैसों को जन-आंदोलनों का खर्चा-पानी, जबकि मन को तो उन्होंने लोहिया के मन में ही मिला दिया और शरीर समाजवादी राजनीति की सेवा में होम कर दिया।

बालकृष्णजी के साथ जीवन की कई यादें और अनुभव आज एकाएक एक साथ ताजा हो उठे हैं। खासकर उनके लिखे गए इन लेखों को पढ़कर, जिनके हर एक शब्द मुझे उनके विराट व्यक्तित्व की सारी खूबियों के दर्शन करवा रहे हैं। बता नहीं सकता कि आज सौ सालों बाद बालकृष्णजी द्वारा लिखे गए लेखों के संकलन

की यह किताब देखकर इतनी प्रसन्नता हो रही है, मन इतना प्रफुल्लित है कि लग रहा है, नेपथ्य का सूरज आज अपनी ही रोशनी के साए में बाहर आया है, मानो, सालों बाद कोई नदी अपने ही जल का पानी चखने जा रही है। ऐसा लग रहा है वे मेरे सामने आकर बैठ गए हैं और इन सारे लेखों के विषय पर पूरी गंभीरता के साथ चर्चा कर रहे हैं, जैसे वे अकसर हर मसले और मुद्दे पर किया करते थे।

सच कहूं तो, दस से बारह सालों के अपने विदेश प्रवास से लेकर, भारत आकर आजादी की लड़ाई में शरीक होने, फिर आजाद भारत की अंगरेजीदां गुलाम सरकारों से शोषितों के हक की लड़ाई के लिए बालकृष्णजी ने जितना भी लिखा उसे पढ़कर मैं अभिभूत हूं और आश्चर्य में पड़ गया हूं। निश्चित ही एक-दो नहीं, बल्कि तीन-चार भाषाओं में और वह भी एक नहीं, राजनीतिक, आर्थिक, सामाजिक, सांस्कृतिक और दार्शनिक कुल मिलाकर सभी विषयों की धाराओं पर उन्होंने लिखा। वे देश-दुनिया के अखबारों, पत्रों व पत्रिकाओं में लगातार छपते रहे, लिखते रहे। वे एक विराट मेधा और ताकतवर कलम के धनी थे। मुझे तो लग रहा है यह जो एक सूत्र किताब की शक्ल में बाहर आया है इसमें भी उन्हें समेट पाना असंभव ही होगा।

लगभग साढ़े तीन सौ पृष्ठों की इस किताब में बालकृष्णजी का हर लेख दरअसल, उस समय दो विश्वयुद्धों की काली छाया में जी रही दुनिया की तमाम तरह की समस्याओं, विषमताओं से जूझ रही मानवजाति के अधिकारों के लिए उठाई गई आवाज की तरह ही है। शौकिया तौर पर लिखा गया या फिर केवल लिखने के लिए लिखा गया कोई भी लेख हमें यहां दिखाई नहीं पड़ता। यही नहीं, दुनिया भर में बेहद कम उम्र से घूमने वाले घुमक्कड़ स्वभाव के बालकृष्णजी लिखने से ज्यादा पढ़ाकू थे, ऐसे में लिखने के मामले में तो वे पूरी तरह से आलसी ही रहे, बहुत ज्यादा जोर लगाकर ही उनसे कुछ लिखवाया जा सकता था। लिखना और छपने के लिए भेजना, उन्हें संजीवनी बूटी लाने जितना ही जटिल व दुरूह कार्य लगता रहा। देश की आजादी की लड़ाई में भी वे लिखकर विद्रोह प्रकट करने की तुलना में ज्यादा समय भूमिगत रहकर समाजवादी आंदोलन चलाने में ही सक्रिय रहे। इस दौरान वे केवल देश की आजादी के लिए ही नहीं बल्कि राजनीतिक रूप से शोषित अंतरराष्ट्रीय मुल्कों के लिए भी सक्रिय रहे। उनका अपना घर भी इस तरह के आंदोलनों का अड्डा बना रहा। नेपाल की राजनीति उन्हीं के घर से चला करती थी, यहां तक कि नेपाली कांग्रेस की स्थापना भी कलकत्ता के मारबल हाउस में हुई।

बालकृष्णजी के राजनीतिक व्यक्तित्व की विशालता और विराटता किसी परिचय की मोहताज नहीं है और न ही उनके व्यक्तित्व के इस विराट पहलू के बारे में मैं बताना जरूरी समझता हूं। निश्चित ही इस तरह का तमाम परिचय आपको उनकी कलम, बातों और विचारों से ही प्राप्त हो तो अच्छा है। खासकर तब जबकि

अपने इन चौंतीस आलेखों में कभी वे रूस के साम्यवाद पर ट्राटस्की के करीब दिखाई देते हैं, तो कभी प्रख्यात लेखक व राजनीतिक चिंतक सीआरएल जेम्स उनकी प्रशंसा में डायरी लिखते हुए उन्हें भावी भारत का प्रधानमंत्री बताते हैं, कभी वे पूर्व रक्षामंत्री श्री कृष्ण मेनन के साथ मिलकर लंदन में इंडिया लीग की स्थापना करते हैं, तो कभी वे लोहिया की वैचारिक शक्ति के रूप में जाने जाते हैं। ऐसे ही कलकत्ता में रहकर तमाम साहित्यकारों से निरन्तर विमर्श, चर्चा और बहस का दौर और फिर आगे चलकर देश के उच्च सदन राज्यसभा में अच्छे-अच्छे धाकड़ों को चुप कराने के वाकये, यह सब बालकृष्णजी के परिचय के लिए काफी हैं।

वैसे सच कहूं तो एक परिचय के रूप में भी बालकृष्णजी जैसे व्यक्तित्व के बारे में कुछ भी कह पाना कई बार असंभव जान पड़ता है। वे समाजवादी आंदोलन के आधार-स्तम्भ थे। मेरे राजनीतिक गुरु और समाजवाद के पुरोधा डॉ. राममनोहर लोहिया एक तरह से उनके पारिवारिक सदस्य ही थे। वे जब भी कलकत्ता जाते थे तो बालकृष्णजी के घर ही ठहरते थे। कहना न होगा कि बालकृष्णजी और लोहिया के बीच जो संबंध था वह पारिवारिक सदस्यता से भी ऊपर उठकर था। बालकृष्णजी के घर केवल लोहिया ही नहीं, बल्कि उनसे सुबह से लेकर शाम तक मिलने वाले हर तरह के आगन्तुक और मित्र-संबंधी भी जाते ही रहते थे, जिनकी बालकृष्णजी अपने घर में आवभगत करते थे। उनके दरवाजे हर तरह के आंदोलनकारियों के लिए खुले थे, वे उन्हें पूरे सम्मान के साथ अपने घर बुलाते थे, साथ ही उनकी आर्थिक मदद भी किया करते थे।

बालकृष्णजी के त्यागी स्वभाव और समाजवादी व्यक्तित्व की महानता को लेकर एक घटना मुझे याद आती है। गुप्तजी उस समय राज्यसभा के सदस्य थे। मैं, लाड़ली मोहन और जॉर्ज फर्नांडिज हम तीनों को ही जोरों की भूख लग रही थी। हमने उस समय लंच टाइम पर गुप्तजी के घर जाना तय किया। घर पहुंचते ही हमने उनके यहां बढ़िया खाना खाया, तभी खाना खाने के बाद जॉर्ज ने कहा–"सेठ खाना तो बढ़िया हो ही गया है, अब आपको तो पता ही है कि हम लोग ब्राह्मण हैं और वो भी उच्च कुल के, सो अब यदि इस जीवन में कुछ पुण्य की अपेक्षा है तो लगे हाथ जरा उच्च स्तर की दक्षिणा भी दे दीजिए।" जाहिर था, इतना सुनते ही श्रीमती गुप्ता हमेशा की तरह उस दक्षिणा के लिए तैयार खड़ी थीं, हमने दक्षिणा अपनी जेबों में भरी और बालकृष्णजी से विदा ले ली। यह कोई एक घटना नहीं थी जिसने बालकृष्णजी के उदार मन और विशाल हृदय से हमारा परिचय करवाया था, बल्कि जिंदगी के ऐसे कई पल थे जो उनके विशाल व्यक्तित्व की महान उदारता की आज भी याद दिलाते हैं।

बालकृष्णजी अपने बड़े और संयुक्त परिवार के मुखिया थे। घर में उनसे छोटे, सारे भाई और बहन उन्हें ही सम्मान व प्यार दिया करते थे। खास बात थी उनके

परिवार के छोटे-बड़े सभी सदस्य समाजवादी विचारों से ओतप्रोत थे और समाजवादी विचारधारा का बहुत सम्मान भी करते थे।

बालकृष्णजी देश के स्वतंत्रता आंदोलन के अतिरिक्त पड़ोसी मुल्क नेपाल की आजादी के लिए भी काफी सक्रिय रहे। नेपाल में आजादी के आंदोलन के दौरान उन्होंने बीपी कोइराला सहित कई नेपाली क्रांतिकारियों को भी घर में पनाह दी। इसमें बीपी कोइराला तो आगे चलकर नेपाल के प्रधानमंत्री भी बने। आजादी के बाद तो बालकृष्णजी का घर नेपाली नेताओं का दूसरा ठिकाना बन गया था।

राजनीतिक आंदोलनों में सक्रिय रहने के अलावा बालकृष्णजी गजब के पढ़ाकू थे। आंदोलनों में दिन-रात लगे रहने, योजनाओं व नीतियों को बनाने की व्यस्तता के चलते भी वे बहुत पढ़ते थे, यहां तक कि पढ़ने के लिए तो वे एक तरह से भूखों मरे जाते थे। जब भी मैं उनके घर उनसे मिलने जाता था उन्हें किताबों में ही मशगूल पाता था। उनका अध्ययन का दायरा न केवल विस्तृत था, बल्कि उतना ही गहरा भी था। वे राष्ट्रीय और अंतरराष्ट्रीय हर तरह के मामलों की पूरी जानकारी रखते थे, जिससे डॉ. लोहिया हर तरह के मसलों पर न केवल उनके मत का सम्मान करते थे बल्कि कई महत्त्वपूर्ण मुद्दों व मसलों के लिए उनकी सलाह भी लिया करते थे। कहना न होगा कि ऐसे महान व्यक्तित्व के परिवार में उनके भतीजे श्री पवन गुप्त और रुचिरा गुप्त जैसे मेधावान, प्रतिभाशाली व्यक्तित्व भी बालकृष्णजी की परंपरा का हिस्सा हैं जो इस समय विदेशों में महत्त्वपूर्ण पदों पर हैं, जिम्मेदार कार्यों में संलग्न हैं।

बहरहाल, कमाल की बात है कि आज के समय में पूंजीपति जब प्रगतिशील आंदोलनों को अपने हितों को बचाए रखने के लिए मदद करते हैं, वहीं बालकृष्णजी ने ऐसे आंदोलनों की जीवन भर निःस्वार्थ भाव से मदद की। निश्चित ही वे एक अलग ही तरह के इनसान थे।

खैर, अपने राजनीतिक जीवन के रंगमंच पर मैंने एक बड़े किरदार को जिया है और इस किरदार को निभाने की ऊर्जा और शक्ति मेरे राजनीतिक गुरु लोहिया से ही मुझे मिलती रही, लेकिन बहुत बाद में पता चला कि लोहिया की वैचारिक शक्ति की धारा का केंद्र बालकृष्ण गुप्त ही रहे, जब लोहिया सदन में बोल रहे होते तो गुप्तजी ही उनकी वाणी का प्रवाह रहे, लोहिया जब-जब आंदोलन में लड़ते रहे गुप्तजी हमेशा उनका शस्त्र बने रहे। निश्चित ही नेपथ्य के इस सूरज ने देश की समाजवादी राजनीति को जो तटस्थता, राजनीतिक शुचिता, ईमानदारी के साथ समर्पण और त्याग का जो उजाला दिया उस पर लिखना उसके हिसाब मांगने जैसा ही है।

आज से सालों पहले अपने भीतर जिस विराट राजनीतिक दर्शन और समझ को लेकर एक 20-22 साल के युवा ने दुनिया घूमने की जुनूनी घुमक्कड़ी शुरू की थी, दरअसल, हमें पता ही नहीं चला कि उसकी यह यायावरी उसके भीतर पल रहे एक

महान समाजवादी पौधे के विशाल वटवृक्ष में बदलने की सोची–समझी यात्रा थी। बालकृष्णजी एक विजनरी थे, जहां थे, क्लीयर थे, उनके विचार साफ थे, उनका रास्ता तय था, वे अपनी मंजिल जानते थे, इसलिए शायद कभी किसी से डरे नहीं, झिझके नहीं, डिगे नहीं, विचलित नहीं हुए। जो किया वो अभिव्यक्ति से परे किसी हेतु के लिए किया, जीवन का एक क्षण व्यर्थ गंवाए हुए।

आज जबकि वे हमारे साथ नहीं है, बावजूद इसके वे उन्हीं विचारों के साथ पहली बार हमारे सामने किताब की शक्ल में मौजूद हैं। निश्चित ही मुझे उम्मीद है कि वे सशरीर न होने के बाद भी उनके लिखे गए शब्दों में इसी क्लीयर विजन के साथ मौजूद होंगे और आज भी न केवल वैचारिक तौर पर प्रासंगिक होंगे, बल्कि देश में वेंटिलेटर पर पड़ी समाजवादी राजनीति में अपनी विचारशक्ति से प्राण फूंकने में भी कामयाब होंगे।

उम्मीद है नेपथ्य का यह सूरज अपने विचारों की रोशनी से एक बार फिर समाजवादी राजनीति के गलियारों में सकारात्मक, उद्देश्यपूर्ण और सार्थक राजनीति की नई सुबह करेगा।

–रवि राय
पूर्व लोकसभा अध्यक्ष
नई दिल्ली

संपादकीय

यह बदलाव के मुहाने पर बैठी दुनिया की बातें हैं...

बालकृष्णजी द्वारा लिखित तकरीबन चालीस से ज्यादा लेखों के संग्रह की इस किताब की वैसे तो आज से तीन साल पहले, यानी 2010 में उनके जन्मशताब्दी वर्ष पर ही आने की योजना थी, लेकिन पचास-साठ साल पुराने, इधर-उधर बिखरे, पढ़ने की दृष्टि से जटिल व अवस्था के नजरिए से एकदम जीर्ण-शीर्ण हो चुके इन लेखों को एक जगह एकत्र करना, फिर उन्हें टाइप करके, संपादन की स्थिति तक पहुंचाना बालकृष्णजी के छोटे भाई आदरणीय विद्यासागर गुप्तजी के लिए एक चुनौती की तरह ही था। हालांकि विद्या बाबू के मन में काफी पहले से ही बालकृष्णजी के लेखों को लेकर एक हलचल थी, जो बार-बार उन्हें एक पुस्तक-सूत्र में पिरोने के लिए बेचैनी पैदा कर रही थी। ऐसे में उनके लिए इन लेखों को संकलित कर, इसे एक किताब के रूप में सामने लाने का सबसे अच्छा समय बालकृष्णजी का जन्मशताब्दी वर्ष 2010 ही था, लेकिन जाने क्यों, पिछले तीन सालों में कई कारणों, योजनागत क्रियान्वयन के अभाव और अन्य वजहों से यह किताब सही समय पर नहीं आ पाई।

इस बीच संपादन का कार्य भी हमारे लिए हर स्तर पर एक चुनौती की तरह ही रहा। बहुत सारे लेखों में से संपादन योग्य निकालना, जो टाइप नहीं हैं उन्हें टाइप करना, विषय की दृष्टि से बेहद पुराने हो चुके विषयों को छांटकर अलग करना, इसके बाद पिछले साठ से सत्तर सालों की दुनिया के हर स्तर पर किए गए विश्लेषण को हमारे लिए तथ्य, आंकड़ों, परिस्थितियों व घटनाओं के मानदंडों पर बनाए रखते हुए संपादित करना सरल कार्य नहीं था। साथ ही इन लेखों को हमने ऐतिहासिक, सामाजिक, सांस्कृतिक व पारंपरिक मूल्यों के सन्दर्भों के साथ, उसी लेखन शैली में प्रस्तुत करने की भरपूर कोशिश की है ताकि लेखक अपने मौलिक रूप में पाठकों के समक्ष आ सके।

आज सन् 2013 में जब कई तरह की मुश्किलों के बाद बालकृष्णजी के पचास साल पुराने लेखों के संग्रह के रूप में यह किताब जो हमारे हाथों में है, अथक परिश्रम का ही नतीजा है।

बहरहाल, इस किताब की संपादन यात्रा का अनुभव हमारे लिए पिछले सौ सालों में अंतरराष्ट्रीय स्तर पर आए राजनीतिक, ऐतिहासिक, सामाजिक, सांस्कृतिक और सभ्यतागत बदलावों के तुलनात्मक अध्ययन, विश्लेषण और इसके वर्तमान सन्दर्भों में नए अर्थ तलाशने का ही रहा है। निश्चित ही इस दृष्टिकोण से लेखक की दूरगामी सामाजिक, राजनीतिक और आर्थिक दृष्टि कितनी विस्तृत व गहन रही है, इसका अंदाजा इसी बात से लगाया जा सकता है कि वे हमारे लिए आज भी उतने ही प्रासंगिक लगते हैं।

रूस से कम्युनिज्म की विदाई, आर्थिक विषमता में पिस रहे मुल्कों की चिंताजनक हालत, आर्थिक मंदी का फिर से आने वाला चक्र, धर्म और सभ्यता को लेकर उपजी विषमताओं के फलस्वरूप आतंकवाद जैसी वैश्विक समस्याएं, अरब देशों के तेल पर कब्जा करने के लिए पश्चिमी दुनिया के नए-नए षड्यंत्र, तेल के लिए आगे चलकर छिड़ने वाली नई लड़ाइयां, इस्लामी दुनिया के भीतर सभ्यतागत संघर्ष, इन समस्याओं पर लेखक सालों पहले, कुछ धुंधले ही सही, संकेत देता नजर आता है। यही नहीं, बालकृष्णजी उस समय देश की स्थिति पर भी उतनी ही पैनी नजरें गड़ाए हुए थे, इसलिए नेहरू सरकार की गलतियों से कभी न सुलझने वाले कश्मीर मसले पर वे कुछ राय बना गए थे, साथ ही राजनीति में लगातार आ रही गिरावट, सत्ता पार्टी के अंदर चल रही गुटबाजियों को देखकर वे भ्रष्टाचार में आकंठ डूबे 21वीं सदी के भारत की तस्वीर को पहले ही देख चुके थे।

जाहिर है, वैश्विक राजनीतिक स्थितियों से लेकर घरेलू राजनीतिक परिस्थितियों में आज जो कुछ भी विषमताएं हमें दिखाई दे रही हैं, उसी की झलक इन लेखों में दिखाई पड़ती है, जिससे यह किताब तत्कालीन सन्दर्भों में वर्तमान का आईना बन पड़ी है।

आइए, जरा अब बालकृष्णजी की इस किताब के थोड़ा अंदर झांकने का भी प्रयास करते हैं और समझने की कोशिश करते हैं कि आखिर लेखों की एक विस्तृत शृंखला के रूप में हमारे सामने आई यह किताब हमसे क्या कहना चाहती है और इसके लेखक का विशाल और विराट व्यक्तित्व आखिर पूरी दुनिया घूमते हुए विचार के ऐसे कौन से स्तर पर जीता रहा, जिसने न तो अपने जीवन में इन लेखों को किताब की संकल्पना दी और न ही कभी छपास की भूख मिटाने के लिए कुछ लिखा।

प्रस्तुत किताब के रूप में संकलित बालकृष्णजी के ये सारे ही लेख साठ से सत्तर साल पुराने हैं। मूल रूप से लेख, परिवर्तन के मुहाने पर बैठी दुनिया में सभ्यतागत परिवर्तनों के उथल-पुथल की तस्वीरें हैं। तकरीबन 22-23 साल की उम्र से ही विदेशों में 12 सालों तक रहकर घुमक्कड़ी जीवन बिता रहे बालकृष्णजी का वह समय दुनिया के लिए सबसे ज्वलंत, विध्वंसकारी, ऐतिहासिक रूप से

परिवर्तनशाली रहे समय के इर्द-गिर्द ही अपने समाजवाद को रचता है। इस दौरान वह इस पूरी व्यवस्था से दो-चार हाथ करता हुआ कई क्रांतियों को कठघरे में खड़ा करता है, तो कई बदलावों को वरदान भी मानता है।

इन लेखों में कई जगह बालकृष्णजी विचार के स्तर पर व्यवस्थागत राजनीतिक द्वन्द्वों के बीच समाजवादी विचारधारा के आकलन व क्रियान्वयन की जरूरतों पर एक विमर्श को भी सामने लाते हैं। निश्चित ही बालकृष्णजी के इन लेखों में जो 'विमर्श' यात्रा कर रहा है, उसे समझने के लिए उनके समय को समझना और उसकी पड़ताल करना हमारे लिए बेहद महत्त्वपूर्ण हो जाता है, खासकर तब जबकि उनके तमाम आलेखों में बहुत कुछ जो विचार के रूप में है, वह आज यथार्थ बनकर हमारे सामने खड़ा है।

बालकृष्णजी का समय दरअसल, मनुष्य जाति के इतिहास में दुनिया के राजनीतिक ध्रुवीकरण और दो भयंकर विश्वयुद्ध की काली छाया में निगली जा रही मानवता के बीच आए सभ्यतागत परिवर्तन का समय है। यह वह समय है जब राजनीतिक परिवर्तनों की धुरी पर बैठी दुनिया में दमित, शोषित और हाशिए पर सरक चुके मुल्कों के अधिकारों के लिए वैचारिक लड़ाइयां हिंसक क्रांतियों में तब्दील हो चुकी हैं, क्रांति के बल पर शोषण के खिलाफ राजनीतिक विचारधाराएं पूरी दुनिया में समाजवाद लाने के लिए प्रयासरत हैं।

रूस में 1917 में हुई बोल्शेविक क्रांति, दो-दो विश्वयुद्ध के काले प्रभाव, समाजवादी दुनिया के लिए सक्रिय हुई शक्तियों और उसके खिलाफ खड़ी हुई पूंजीवादी व्यवस्था, कृषि-संस्कृति से उद्योग-संस्कृति की ओर बढ़ती दुनिया, अर्थचक्र का नया पहिया और दो सौ सालों के बाद भारत की आजादी, बालकृष्णजी के लिए यह तमाम परिस्थितियां उन्हें दुनिया को समझने का एक अलग ही नजरिया देती हैं।

यही वजह है कि उनके अंतरराष्ट्रीय राजनीति के विद्वान के रूप में हमें रूस सहित, इटली व जर्मनी जैसे देशों पर सबसे ज्यादा लेख दिखाई पड़ते हैं। इन लेखों में वे पूरी दुनिया में राजनीतिक परिवर्तन करने वाली एक विचारधारा की कमियों, खूबियों और उसकी जरूरतों के प्रति गंभीरता से प्रश्न खड़े करते हैं, तो उसकी विशेषताओं की भी पड़ताल करते हैं, वहीं दूसरी ओर फासीवाद और नाजीवाद से जूझते भी दिखाई देते हैं।

अर्थशास्त्र के विद्यार्थी होने के नाते बालकृष्णजी की पूरी दुनिया के अर्थतंत्र पर कितनी गहराई से नजर है, इसकी बानगी इस किताब में उनके कुछ लंबे लेखों में दिखाई पड़ती है। यही वजह है कि कृषि व्यवस्था से निकलकर उद्योग-संस्कृति में प्रवेश करने वाली मानव सभ्यता में आए सभ्यतागत बदलावों के समय के वे न केवल साक्षी बनते हैं, बल्कि इस पूरे समय का बेहद बारीकी से निरीक्षण करते हैं और इस

दुनिया के आर्थिक सवाल में मशीनों के प्रवेश से पैदा हुए ऐतिहासिक परिवर्तनों के दूरगामी प्रभावों पर भी चिंतन करते हैं। इंग्लैंड की बेरोजगार सड़कें, हाशिए पर पड़ी दुनिया की दो-तिहाई आबादी जैसे लेख इसी चिंता की एक झलक हैं।

एक लंबा राजनीतिक जीवन जीने वाले बालकृष्णजी ने अलग-अलग स्तर पर एक बेहद परिवर्तनगामी दुनिया को न केवल जानने की कोशिश की है बल्कि उसमें परिवर्तन के लिए अपने स्तर पर सक्रिय भी रहे हैं। इस सक्रियता के बीच लोहिया ने बहुत कोशिश की कि वे उनके साथ लोकसभा में भी आएं, लेकिन दुर्भाग्यवश वे जीत नहीं पाए। हालांकि लोहिया की मृत्यु के बाद वे बिहार से राज्यसभा में सांसद रहे और वहां उनका महत्त्वपूर्ण योगदान रहा। खासकर तब जबकि विपक्ष में लोहिया जैसे दमदार नेता सरकार के सामने एक चुनौती बनकर रहा करते थे। निश्चित ही बालकृष्णजी ने लोहिया की उसी परंपरा को आगे बढ़ाया।

बहरहाल, हम क्षमा चाहेंगे अपने पाठकों से कि स्थान अभाव के चलते हम राज्यसभा में दिए गए उनके भाषणों और बहस के अंशों का महत्त्वपूर्ण भाग ही शामिल कर पाए हैं। राज्यसभा में उनकी भाषा, शैली, तथ्यों और आंकड़ों को मुंहजबानी दर्ज करने की अद्‌भुत स्मृति केवल पढ़ने मात्र से भीतर रोमांच पैदा करती है, ऐसे में बालकृष्णजी को सुनना तो अपने आपमें एक अनूठा ही अनुभव रहा होगा।

हां, एक बात और, किताब का यह लेखक क्या राजनीतिक व्यक्ति है, क्या वह लेखक है, क्या वह जिज्ञासु है या एक सामाजिक आंदोलनकारी है या फिर एक पत्रकार है, देशभक्त है या फिर एक खालिस समाजवादी है, जिसकी डायरी को खोलकर हम पढ़ रहे हैं दरअसल, यह तमाम प्रश्न असमंजसता के साथ हमारे मन में किताब को पढ़ने के दौरान उठते हैं, लेकिन, यकीन मानिए, हमारा यही असमंजस इस किताब की सबसे बड़ी खासियत है। किताब के पाठकों को उनके हर लेख में यही असमंजस बालकृष्णजी के भीतर छिपे पत्रकार, लेखक, राजनीतिक व्यक्ति, दार्शनिक, आंदोलनकारी और एक समाजवादी की निष्पक्ष ताजगी से भी परिचित करवाता जाएगा। यही वजह है कि बालकृष्णजी आपको दुनिया के हर कोने में मिल जाएंगे, हर स्तर पर जूझते हुए मिल जाएंगे और कभी किसी कॉफी हाउस में सिगरेट के साथ सादगी से सांसें लेते भी नजर आएंगे।

सच कहें, संपादन की लंबी प्रक्रिया से गुजरते हुए हमें कभी लगा ही नहीं कि बालकृष्णजी को इस व्यवस्था के कौन से फ्रेम में बांधा जाए। एक समय पर जहां वे एक राजनीतिक विद्वान की तरह हमारे सामने आते हैं, तो वहीं दूसरी तरफ एक गंभीर विचारक नजर आते हैं। भारत के राष्ट्रीय स्वतंत्रता आंदोलन के सबसे परिवर्तनकारी समय के बीच भारत को विदेशी टीले से देखने, उसके राजनीतिक, सामाजिक, सांस्कृतिक ढांचे को समझने और उसमें बदलाव के लिए जो नजर

बालकृष्णजी के पास है, वह न केवल विस्तृत और गहन है बल्कि उतनी ही मौलिक भी है, जो शायद लोहिया के पास रही और उसी नजर से लोहिया ने जो देखा वह बालकृष्णजी के विचारों की रोशनी में ही रहा।

अंत में केवल इतना ही कि देश-दुनिया की तमाम स्थितियों को समझते हुए हमारी यह संपादन यात्रा जहां कई अनुभवों से लबरेज रही है, तो कई कठिनाइयों से भरी भी रही है। हम बहुत-बहुत आभारी हैं बालकृष्णजी के छोटे भाई आदरणीय विद्यासागर जी, भतीजे पवन गुप्त और अशोक सेक्सरिया के जिन्होंने बालकृष्णजी के साथ बिताए जीवन के यादगार पलों, अनुभवों को हमारे साथ साझा किया जिससे यह किताब बेहद जीवन्त हो उठी है, इसके साथ ही सबसे ज्यादा आभारी हैं बालकृष्णजी के साथी और पूर्व लोकसभा अध्यक्ष रवि रायजी के कि उन्होंने अपने स्वास्थ्य को आड़े न आने देते हुए इस किताब की भूमिका लिखी। उनका हृदय से आभार एवं कृतज्ञता।

इसके साथ ही हम आभार और कृतज्ञता प्रकट करते हैं देश के प्रतिष्ठित प्रकाशन संस्थान राजकमल प्रकाशन, दिल्ली के प्रबंध निदेशक श्री अशोक महेश्वरी का जिन्होंने बेहद सुरुचि और सम्मान के साथ यह संकलन प्रकाशित किया है।

हमारी संपादन यात्रा इतिहास के राजनीतिक, सामाजिक व आर्थिक परिदृश्य से एकदम नई-ताजी और कई सूचनाओं-तथ्यों की समृद्धि से भरी हुई रही है और उसके अनुभव ने हमें वर्तमान में झांकने की ऐसी नई दृष्टि दी है, जो सर्वथा कई समस्याओं का निदान भी खोजती है। आशा करते हैं, इस किताब के पाठक भी हमारी इस लंबी संपादन यात्रा के अनुभवों के आसपास रहेंगे।

आखिर में एक अपील यह भी कि संपादन के दौरान हमने इस किताब को ज्यादा-से-ज्यादा अच्छा बनाने का पूरा प्रयास किया है, जो भी गलतियां, त्रुटियां व भूलें हैं वह हमारी हैं।

आशा है, पाठक हमारी सीमाओं को ध्यान में रखते हुए हमें क्षमा करेंगे।

–सारंग उपाध्याय/अनुराग चतुर्वेदी

बालकृष्ण गुप्त की पुत्री विजया, डॉ. राममनोहर लोहिया और
बालकृष्ण गुप्त की पत्नी नारायणी देवी (बाएं से)

अनुक्रम

खंड -3

बुद्धिजीवी, नेहरू, लोहिया और वामपंथ

खंड -4

बिड़ला, गोयनका और अंधी योजनाएं

खंड -5

दस्तावेज

बालकृष्ण गुप्त और मार्शल टीटो (दाएं से प्रथम) बेलग्रेड में पार्लियामेंट के डेलीगेशन में

बालकृष्ण गुप्त विद्यार्थी जीवन में लंदन में

बालकृष्ण गुप्त

डॉ. लोहिया और बालकृष्ण गुप्त की एक और तस्वीर

बालकृष्ण गुप्त, डॉ. लोहिया और निरंजन लाल आर्य (बाएं से) दार्जिलिंग में

खंड–1

संस्मरण

भाई साहब और डॉक्टर साहब

विद्यासागर गुप्त

मेरा जन्म जब हुआ तब भाई साहब बालकृष्ण गुप्त विलायत पढ़ने चले गए थे। विलायत से वे नौ वर्ष बाद लौटे इसलिए बचपन में सात–आठ साल की उम्र तक उन्हें मैंने देखा भी नहीं था। बस, उनके बारे में परिवार में जो चर्चा होती थी उसे सुनकर मन में एक सूटेड–बूटेड आदमी की तस्वीर बनती थी। भाई साहब का जन्म मार्च 1910 में हुआ और मेरा दिसंबर 1932 में। इस तरह मेरे और उनके बीच बाईस वर्ष का अंतर था। हम चार भाइयों और चार बहनों में अब सिर्फ मैं ही जीवित हूं। इस लेख में भाई साहब के जीवन का एक संक्षिप्त विवरण देना मेरा उद्देश्य है क्योंकि उनके बारे में अधिकतर लोगों की जानकारी सिर्फ इतनी ही है कि वे डॉ. लोहिया के परम मित्र थे, विलायत पढ़े हुए विद्वान और मारवाड़ियों से अलग किस्म के मुंहफट व्यक्ति थे।

हम बीकानेर रियासत के एक बहुत छोटे–से गांव बाँयके रहने वाले हैं। गांव में सिर्फ कुछ जाटों और कुछ बनियों के घर थे। खेती वर्षा के अभाव में नहीं के बराबर होती थी, रोजगार के अन्य कोई साधन नहीं थे। मोदी की दुकान खोलने तक की गुंजाइश नहीं थी। ऐसी स्थिति में हमारा परिवार बगल के कस्बेनुमा बड़े गांव भादरा में जाकर बस गया। भादरा के लोग हमें बांय वाला कहते। अभी भी हमारे बृहत् कुटुम्ब के लोग अपने को बांय वाला कहते हैं। बांय वाला छोड़कर हमारे गुप्त होने का किस्सा यह है कि जब भाई साहब कलकत्ता में कॉलेज में दाखिला ले रहे थे तो फॉर्म लेने वाले को बांय वाला समझ में नहीं आया तो भाई साहब ने अपने नाम के आगे गुप्त लिख दिया। यह गुप्त ही हमारे परिवार की उपाधि (सरनेम) बन गया। मारवाड़ी अग्रवालों में उपाधि पूर्वजों की रिहाइश के मूल स्थान या उनके काम (पेशे) या उनके किसी प्रसिद्ध पुरखे के नाम से निर्धारित होती है। कुछ लोग अलबत्ता अपने गोत्र का नाम उपाधि के रूप में व्यवहार करते हैं, जैसे–गोयल, जिंदल आदि। अग्रवालों के 17 गोत्र बताए जाते हैं। हमारा गोत्र गोयल है। अग्रवालों की उत्पत्ति कहते हैं, हरियाणा के हिसार के पास अग्रोहा नामक स्थान के राजा अग्रसेन महाराज से हुई है। अग्रोहा अब काफी जाना जाने लगा है और वहां अग्रवाल समाज ने स्कूल, कॉलेज और मंदिर बनवाए

हैं। अग्रोहा के बारे में एक किंवदती यह है कि वहां जब भी कोई नया बाशिंदा आता था तो उसे हर घर से ईंट तथा रुपए दिए जाते थे, जिससे वह अपने अग्रोहा आने के दिन ही लखपति बन जाता था।

भादरा ठाकुरों (राजपूताना के वे राजपूत जिनके जिम्मे रजवाड़ों के कामकाज की देखभाल का काम होता) और राजपूत का गांव था। यह चारों तरफ से 20-30 फीट गहरी खाइयों से घिरा था, जिनमें थोहर (कटीली झाड़ियां) भरे होते। चारों दिशाओं में चार बड़े-बड़े फाटक थे, जो रात को बंद कर दिए जाते। फाटक के बाहर पहरा रहता। भादरा का पानी खारा था। गांव के बाहर पांच या छह बड़े-बड़े कुएं थे, जिनमें पानी करीब 200 फीट नीचे था। ज्यादातर कुओं का पानी खारा था, एक-दो का ही मीठा। ऊंट पर रस्सी बांधकर मशक से पानी खींचकर निकाला जाता था। गांव के लोग इन कुओं का पानी काम में लेते। मीठा पानी खाना पकाने और पीने के और खारा पानी नहाने और कपड़े धोने के काम में आता। औरतें सिर पर घड़े रखकर पानी लाने जातीं। गांव के बाहर पांच धर्मशालाएं थीं, जिनमें बरातों और मुसाफिरों के ठहरने की व्यवस्था रहती थी। जो लोग बिना शुभ-मुहूर्त के बाहर जाते या बाहर से आते, उन्हें धर्मशाला में एक निश्चित अवधि तक टिकना पड़ता था। व्यापार या नौकरी करने के लिए जो लोग बाहर जाते, उनकी मुसाफिरी दो-तीन साल से कम नहीं होती, कभी-कभी तो पांच-सात साल। स्त्रियां घर पर ही रहतीं। मेरे दादाजी और पिताजी आसाम से दो-तीन साल बाद भादरा आते। 1928 में भादरा में रेलवे स्टेशन बना। इसके पहले भादरा से दिल्ली तक की लगभग 125 मील की यात्रा ऊंटों पर ही करनी पड़ती थी।

मेरे दादा शिवलालजी भादरा के कुछ लोगों के साथ 1890 के आसपास कमाने के लिए आसाम (जोरहाट) गए। भाग्य ने साथ दिया। दादाजी ने दुकानदारी करके अच्छा पैसा कमाया। उस समय के मारवाड़ी घोर मितव्ययी थे, अपने ऊपर कुछ भी खर्च नहीं करते थे, जिससे मारवाड़ी का अर्थ ही कंजूस बन गया। कंजूसी अपनी जगह पर, लेकिन व्यापार में ईमानदारी बरतने, कम मुनाफे पर काम करने और बात के पक्के होने के कारण मारवाड़ी व्यापारियों पर आसाम के चाय बागानों के अंगरेज मालिक और मैनेजर बहुत भरोसा किया करते थे। कलकत्ता से स्टीमरों से चाय बागानों और मजदूरों की जरूरतों का जो सामान आता उसे मारवाड़ी दुकानदारों के यहां ही रखवाते। आसाम में मोदी की दुकान से शुरुआत कर दादाजी ने व्यापार में हाथ डाला और उसमें सफलता अर्जित की।

आसाम में व्यापार में सफलता के बाद भादरा में हमारी पहली पक्की हवेली बनी। इसके पहले एक छोटी हवेली थी। 1913 में 57 वर्ष की उम्र में जब दादा शिवलालजी की मृत्यु हुई तब तक भादरा के बड़े सेठों में उनकी गिनती होने लगी थी। दादाजी की मृत्यु के समय मेरे पिताजी चौबीस वर्ष के थे और भाई- साहब तीन वर्ष के। पिताजी

तीन भाई थे और चार बहनें। पिताजी का तीन भाइयों का साझे का व्यापारिक फॉर्म था—शिवलाल शंभुदयाल, शिवलाल दादाजी और शंभुदयाल पिताजी। यह फार्म मुख्तया पटसन और कपड़े का व्यापार करता था। उन दिनों आसाम, बिहार और उड़ीसा के व्यापारियों का सारा व्यापार कलकत्ता से ही होकर होता था। आसाम से सरसों, तीसी, पटसन आदि कलकत्ता बिकने जाता और कपड़ा, नमक तथा अन्य बहुतेरा सामान कलकत्ता से आसाम बिकने आता। व्यापार की सुविधा के लिए दादाजी ने उस समय कलकत्ता में अपनी गद्‌दी कायम कर ली थी। कुछ वर्षों बाद व्यापार बढ़ने के साथ बिहार के फारबिसगंज में भी गद्‌दी कायम की गई। फारबिसगंज से हमारा संबंध बढ़ता गया और 1940 में वहां हमारे परिवार ने एक चावल मिल भी बिठाई।

बीकानेर तो दूर सारे राजपूताना में पिछली सदी के कई दशकों तक कोई विश्वविद्यालय नहीं था, इसलिए भाई साहब ने हिसार (अब हरियाणा) में अपनी बुआ की बेटी के घर रहकर 1926 में पंजाब विश्वविद्यालय से मैट्रिक की परीक्षा पास की। इससे तीन वर्ष पहले 1923 में साढ़े तेरह वर्ष की उम्र में भाई साहब की बगल के गांव बुड़ाक में शादी हो गई थी। पत्नी नारायण देवी की विवाह के समय उम्र 12 वर्ष थी। हिसार में पढ़ाई का वातावरण नहीं था और बुआ की बेटी के यहां कई घरेलू काम भी करने पड़ते थे। ऐसे में भाई साहब ने आगे पढ़ाई करने के लिए कलकत्ता जाना तय किया। कलकत्ता में हमारी गद्‌दी पहले से ही थी। घर की स्त्रियां भादरा में ही रहती थीं सो 1926 में कलकत्ता आने पर भाई साहब मारवाड़ी छात्र निवास में रहने लगे। घर की स्त्रियां तो 1928 में भादरा में रेलवे स्टेशन बनने के काफी बाद कलकत्ता आईं। इंटरमीडिएट की पढ़ाई भाई साहब ने स्कॉटिश चर्च कॉलेज से की, लेकिन बी.ए. में उन्होंने प्रेसीडेंसी कॉलेज में, जो कलकत्ता का सबसे प्रसिद्ध कॉलेज था, दाखिला लिया और वहां से अर्थशास्त्र में ऑनर्स की परीक्षा प्रथम श्रेणी में पास की।

मारवाड़ी छात्र-निवास का भाई साहब के जीवन में एक विशेष स्थान है। इसी छात्रावास में राममनोहर लोहिया बनारस से पढ़ाई कर आगे की पढ़ाई करने कलकत्ता आकर रहने लगे थे। उन्होंने विद्यासागर कॉलेज में दाखिला लिया था। उनके पिता हीरालालजी लोहिया कलकत्ता रहते थे। हीरालालजी गांधीजी के परम भक्त थे। धारसाना के नमक सत्याग्रह में वे पुलिस की लाठियों से घायल हुए थे। यहां यह उल्लेख किया जा सकता है कि जर्मनी में राममनोहर लोहिया का डॉक्टरेट का शोध प्रबंध नमक कर और सत्याग्रह पर था। मारवाड़ी छात्र-निवास में भाई साहब का लोहियाजी से परिचय हुआ। इस परिचय ने कुछ ही दिनों में प्रगाढ़ मैत्री का रूप ले लिया। इस मैत्री का विवरण आगे के पृष्ठों में आएगा।

इस मैत्री की पृष्ठभूमि में देश की आजादी की लड़ाई और दोनों मित्रों की राजनीति में गहरी दिलचस्पी थी। दादरा में रहते हुए भाई साहब, हमारे एक रिश्तेदार खूबरामजी सराफ और बुआ के बेटे सत्यनारायणजी सराफ के प्रभाव में आने के कारण राजनीति

में दिलचस्पी लेने लगे थे। सत्यनारायणजी प्रजा परिषद की राजनीति और आंदोलनों में बहुत सक्रिय थे, बीकानेर के महाराजा के खिलाफ आंदोलन कर जेल जाते रहते थे। भादरा में उन्होंने एक हरिजन स्कूल भी खोला था। उनकी गतिविधियों से तंग आकर बीकानेर के महाराजा ने उन्हें अपनी रियासत से निष्कासित कर दिया था। बीकानेर रियासत से निष्कासन के बाद वे हिसार रहने लगे। हिसार में वकालत करने के साथ राजनीति में उनकी सक्रियता और भी बढ़ गई। उस वक्त के पंजाब के प्रमुख कांग्रेसी नेताओं में उनकी गिनती होने लगी थी। भाई साहब पर खूबरामजी और सत्यनारायणजी का बड़ा प्रभाव था और वे उनसे हमेशा संपर्क रखते थे।

भाई साहब और लोहियाजी आपस में तो राजनीतिक चर्चा करते ही रहते थे, सभाओं में भी साथ-साथ जाते थे। दोनों की मित्रमंडली भी एक थी। 1928 में साइमन कमीशन भारत आया तो दोनों मित्र उसका बहिष्कार करने के आंदोलन में काफी सक्रिय थे। 1928 के अंतिम दिनों में कलकत्ता में अखिल भारतीय छात्रसंघ का बंगाल सम्मेलन हुआ तो उसमें भी दोनों मित्रों की भागीदारी थी। इस सम्मेलन की अध्यक्षता पं. जवाहरलाल नेहरू ने की थी और इसकी विषय निर्वाचन समिति (सब्जेक्ट कमेटी) के सुभाषचंद्र बोस अध्यक्ष थे और लोहिया जी एक सदस्य। इसी सम्मेलन में लोहियाजी का पं. नेहरू से पहली बार परिचय हुआ।

भाई साहब और लोहियाजी आगे पढ़ाई करने और पश्चिमी सभ्यता को देखने व उसका अध्ययन करने यूरोप गए। लोहियाजी 1929 में लंदन होते हुए जर्मनी गए और भाई साहब 1931 में काहिरा होते हुए इंग्लैंड। यूरोप में दोनों मित्र बीच-बीच में मिलते रहते थे। 1933 में जेनेवा में लीग ऑफ नेशंस (राष्ट्र संघ) के सम्मेलन में भारत का प्रतिनिधित्व करने के लिए ब्रिटिश सरकार ने बीकानेर के महाराजा गंगा सिंह को भेजा तो भाई साहब और लोहियाजी भी जेनेवा पहुंच गए। दोनों मित्रों ने लीग के सचिवालय में काम करने वाले कुछ भारतीयों की मदद से दर्शकदीर्घा में प्रवेश करने के दो टिकट प्राप्त कर लिए। दोनों दीर्घा में अलग-अलग स्थानों पर बैठ गए। जैसे ही महाराजा गंगा सिंह सम्मेलन में बोलने को खड़े हुए, दोनों ने अपने-अपने स्थान से नारे लगाने शुरू कर दिए कि महाराजा भारत का प्रतिनिधित्व नहीं करते, वे तो ब्रिटिश सरकार के पिट्ठू हैं; उन्हें भारत की ओर से बोलने का कोई अधिकार नहीं है। दोनों मित्रों को दर्शकदीर्घा से जबरन निकाल दिया गया। अगले दिन ही लोहिया ने रूमानिया के प्रतिनिधि एम. टिटुलेस्कू, जो सम्मेलन के अधिवेशन की अध्यक्षता कर रहे थे, के नाम एक खुला पत्र लिखा, जिसमें ब्रिटिश सरकार के अत्याचारों, भगत सिंह के मृत्यु दंड और धरसाना में नमक सत्याग्रहियों पर पुलिस के अत्याचार का जिक्र किया गया था। जेनेवा के एक अखबार ह्यूमैनाइट ने इस पत्र को छाप दिया। दोनों मित्र अखबारों की प्रतियां खरीदकर सम्मेलन स्थल के सामने खड़े हो गए और उन्होंने प्रतिनिधियों के बीच ह्यूमैनाइट की प्रतियां बांटीं।

भाई साहब का अधिकांश समय लंदन में ही बीता। बीच-बीच में वे इटली, जर्मनी, ऑस्ट्रिया, स्पेन, फ्रांस, यूनान और सोवियत रूस की यात्रा करते रहे। सोवियत रूस की यात्रा के बारे में हम आगे थोड़ा विस्तार से लिखेंगे। अपने नौ वर्षों के विदेश-प्रवास में भाई साहब ने नाइजीरिया और फ्रांस के मुसलमान उपनिवेश देशों, मोरक्को और ट्यूनीशिया की भी यात्रा की। लंदन में भाई साहब कई जगहों पर रहे। बेलसाइज पार्क के आर्य-भवन में वे कुछ महीने किराया देकर रहे। इस भवन का एक किस्सा बड़ा दिलचस्प है। उसे लिख रहा हूं।

आर्य-भवन सेठ घनश्यामदास बिड़ला का था। दूसरी गोलमेज कांफ्रेंस में शामिल होने महामना पं. मदनमोहन मालवीय लंदन आए तो सेठ घनश्यामदास बिड़ला के अतिथि के रूप में आर्य-भवन में ठहरे। भाई साहब एक दिन उनसे मिलने गए तो उन्होंने देखा कि एक अंगरेज नाई मालवीयजी की हजामत करने आया हुआ है। मालवीयजी ने हजामत करवाने के पहले नाई के औजारों पर गंगाजल छिड़का ताकि उसका म्लेच्छपन और शूद्रपन दूर हो जाए। हजामत के दौरान मालवीयजी नाई को भारत के लिच्छवी काल के गणतंत्र का हाल इस तरह सुना रहे थे कि ब्रिटिश गणतंत्र की उससे तुलना ही नहीं की जा सकती। लिच्छवी गणतंत्र की इतनी प्रशंसा सुनकर नाई से रहा नहीं गया तो वह पूछ बैठा—महाराज, क्या इस गणतंत्र में प्रतिनिधियों की सभा में अछूत और शूद्र लोग भी अन्य प्रतिनिधियों के साथ बराबरी के भाव से बैठते थे। मालवीयजी से कोई जवाब देते नहीं बना। नाई के जाने के बाद मालवीयजी ने भाई साहब से कहा—देखी, नाई की हिम्मत। भाई साहब ने तपाक से जवाब दिया—महाराज, यह गोरा नाई है, बनारसी नहीं, जो धर्म और समाज के बारे में आपसे बोलने की हिम्मत ही न कर सके और आपके मुख से निकले वचनों को वेद-वाक्य माने और फिर ये गोरे नाई तो अपने को भारतीय ब्राह्मणों से ऊंचा समझते हैं और अपने घरों में उन्हें नेटिव और गंदा समझकर किराए पर रहने भी नहीं देते। एक ऐसी ही घटना लंदन में पं. नेहरू के साथ भाई साहब के मिलने पर हुई। पं. नेहरू ने भाई साहब से कहा आप भारत क्यों नहीं चले जाते वहां आपके माता-पिता चिंता करते हैं? इस पर भाई साहब ने कहा—वे चिंता करते हैं तो करने दीजिए पर आप क्यों नाहक चिंता करते हैं?

लंदन में भाई साहब की बड़ी विविधता भरी जिंदगी थी। 'विशाल-भारत' के संपादक बनारसीदास चतुर्वेदी ने उन्हें ब्रिटिश पार्लियामेंट के मजदूर दल के एक सदस्य विलफ्रेड-वेलाक से संपर्क करने को कहा था। भाई साहब ने वेलाक साहब को पत्र लिखा तो उनका तुरंत जवाब ही नहीं आया बल्कि उन्होंने पार्लियामेंट भवन में चाय पीने और मिलने का निमंत्रण भी दिया। वेलाक साहब की कृपा से भाई साहब को हाउस ऑफ कॉमंस में दर्शक बनने का पास मिल गया और उन्होंने वहां कई ऐतिहासिक बहसें सुनीं।

विशाल-भारत के अक्टूबर, 1939 के यूरोप अंक में रहस्यपूर्ण इंग्लैंड शीर्षक वाले अपने लेख में भाई साहब ने हाउस ऑफ कॉमंस की इन बहसों के बारे में लिखा है। भाई साहब ने मजदूर दल के पार्लियामेंट सदस्यों के साथ अपना परिचय ज्यादा नहीं बढ़ाया, उनके परिचय का क्षेत्र तो कुछ और ही था। इंडिया लीग और इंडिपेंटेंड लेबर पार्टी के कार्यकर्ताओं, ट्राटस्कीवादी गुटों के सदस्यों, अफ्रीकी छात्रों (जोमो केन्याटा, हबीब बोरगिबा और एन्क्रुमा), प्रवासी-भारतीय, श्रीलंकाई छात्रों, राजनीतिक कार्यकर्ताओं, वेस्टइंडीज द्वीप समूहों के छात्रों व लेखकों के बीच भाई साहब का रोज का उठना-बैठना ही नहीं था बल्कि उनके कार्य-कलाप में भी वे अत्यंत सक्रिय रूप से भाग लेते थे। प्रसिद्ध मार्क्सवादी चिंतक और क्रिकेट लेखक सी.एल.आर. जेम्स से, जो उस वक्त अफ्रीकी और कैरिबियाई देशों के बुद्धिजीवियों के बीच अत्यंत लोकप्रिय थे, भाई साहब से उनकी प्रगाढ़ मैत्री थी। इस मैत्री की आगे थोड़े विस्तार से चर्चा की जाएगी।

लंदन में रहने के दौरान भाई साहब की मित्रता कुछ ऐसे लोगों से हुई जो बाद में एशिया और अफ्रीका के मुदित संग्राम के अगुआ बने। ऐसे लोगों में ट्यूनीसिया के हबीब बोरगिबा और श्रीलंका के डॉ. पेरेरा प्रमुख थे। डॉ. पेरेरा की पत्नी सुशीला पेरेरा पति से राजनीतिक कारणों से 1940 के दशक में संबंध-विच्छेद के बाद कलकत्ता रहने लगीं तो उनके लिए भाई साहब ने ट्यूशनों का इंतजाम कर जीविका निर्वाह करने में मदद की। लंदन में जिन श्रीलंकाई और भारतीय ट्राटस्कीवादियों से भाई साहब का परिचय हुआ था, उनसे भाई साहब ने बहुत वर्षों तक संपर्क बनाए रखा। विशाल-भारत के यूरोप अंक के लिए तो उन्होंने डॉ. पेरेरा और भारतीय ट्राटस्कीवादी अजितराय चौधरी के लेखों का अंगरेजी से हिंदी में अनुवाद किया। इस अंक के संपादन में उनका बड़ा हाथ था।

लंदन प्रवास के दौरान भाई साहब ने विशाल-भारत और विश्वमित्र (संपादक : इलाचंद्र जोशी और डॉ. हेमचंद्र जोशी) के लिए नियमित लेख लिखे। इसके अलावा हिंदुस्तान टाइम्स और हिंदुस्तान स्टैंडर्ड के संवाददाता के रूप में साप्ताहिक लेख भी लिखे। एक तरह से यह कहा जा सकता है कि भाई साहब ने लंदन में रहते हुए काफी जमकर अखबारनवीसी की। अपने मित्र सी.एल.आर. जेम्स के संपादन में निकलने वाले पत्र फाइट के संपादक मंडल में भी रहे। यूरोप के विभिन्न देशों की यात्रा के दौरानं वे अपना पेशा अखबारनवीसी ही बताया करते थे। हिटलर की प्रसिद्ध नूरम्बर्ग रैली में वे दर्शक की तरह शामिल हुए थे। इस रैली में हिटलर के हाव-भाव और भाषण देने का, भाई साहब ने अपने लेख 'नाजी-रंगमंच के नेपथ्य में' पूरा खाका खींचा है, जो चार्ली चैपलिन की मशहूर फिल्म 'द ग्रेट डिक्टेटर' के हिटलर से मेल खाता है।

जर्मनी के म्यूनिख शहर से ऑस्ट्रिया की राजधानी वियना जाते हुए ट्रेन में भाई साहब की एक यहूदी युवक से भेंट हो गई। उससे बातचीत करने पर मालूम हुआ कि

वह अमेरिका का वीसा लेने वियना जा रहा है। बातों ही बातों में उसने नाजियों के यहूदियों पर अत्याचार के बारे में बताया। यहूदी युवक और भाई साहब बात कर ही रहे थे कि एक मोटा-ताजा जर्मन अंदर घुस आया और यहूदी युवक के ऊपर थूकते हुए उसे घसीटते हुए कारीडोर (गलियारे) में ले गया। भाई साहब ने जर्मन से युवक को छोड़ देने के लिए बहुत अनुनय-विनय किया तो उसने कहा—चुपचाप बैठे रहो नहीं तो तुम्हें भी ह वालात की हवा खानी पड़ेगी। भाई साहब मन मसोसकर रह गए। थोड़ी देर बाद वही जर्मन फिर भाई साहब के सामने आकर बैठ गया। भाई साहब ने अपनी आदत के मुताबिक उसे सिगरेट पेश की तो वह जर्मन उनसे कहने लगा-तुम्हारे देश के मुसलमान अंगरेजों का साथ देते हैं तो सत्ता हाथ में आने पर तुम उन गद्दारों जैसा व्यवहार करोगे? इस पर भाई साहब ने उसे वही जवाब दिया जो वे हिंदू महासभाइयों को देते थे और नाजियों के यहूदियों पर अत्याचार की जमकर आलोचना शुरू कर दी तो जर्मन ने बड़ी कड़ी आवाज में पूछा—तुम्हारा काम क्या है? भाई साहब ने जब कहा कि अखबारनवीसी तो जर्मन थोड़ा संभल गया और कॉरीडोर में खड़े वर्दीधारी सिपाहियों से कुछ कहकर वापस चला आया। थोड़ी देर बाद यहूदी युवक को भाई साहब के सामने पेश किया गया तो उसने भाई—साहब से कहा-आप यह मत समझना कि मुझे किसी किस्म की तकलीफ दी जाने वाली है। इस पर भाई साहब ने कहा कि उन्हें तभी संतोष होगा कि जब युवक की न्यूयॉर्क पहुंचने की चिट्ठी मिलेगी और तब तक वह जर्मनी के बारे में कुछ नहीं लिखेंगे पर चिट्ठी न मिलने पर सारे अखबारों में लिखेंगे।

वियना में भाई साहब के साथ नाजियों की एक और मुठभेड़ हुई। वे एक रेस्तरां में गए तो वहां दो भारतीय विद्यार्थियों ने, जो एक ऑस्ट्रियन सुंदरी के साथ बैठे हुए थे, उन्हें अपने कार्ड भेजे-भाई साहब फौरन उनसे मिले और गर्मजोशी से हाथ मिलाया। उन दोनों ने बताया कि वे वियना के हिंदुस्तान एसोसिएशन के कार्यकर्ता हैं और वहां आने वाले भारतीयों को जर्मनी से मिलाने-जुलाने का काम करते हैं। भाई साहब को यह मालूम नहीं था कि उनका गेस्टापो (जर्मनी की खुफिया पुलिस) से संबंध है। बातों-बातों में दोनों ने भाई साहब से पूछा—यहूदियों के बारे में उनकी क्या राय है? तो भाई साहब ने कहा कि भारत में यहूदी अव्वल तो बहुत कम हैं, दूसरे ऐसे कोई बदनाम नहीं कि उनके बारे में वे कोई राय बनाएं। इस पर भाई साहब के साथ उनकी गरमागरम बहस हो गई। इस बहस का नतीजा यह निकला कि अगले दिन सुबह खुफिया पुलिस के दो आदमी भाई साहब के होटल पहुंच गए। उन्होंने भाई साहब के सामान की तलाशी लेने के बाद उन्हें गाड़ी में बैठाकर पुलिस के दफ्तर पहुंचा दिया। भाई साहब को दो महीने कैद गें रखने के बाद नाजिगों ने छोड़ा और ऑस्ट्रिया में उनके प्रवेश पर पाबंदी लगा दी।

अपने विलायत प्रवास के दौरान भाई साहब ने यूरोप के लगभग सभी देशों की यात्रा की, लेकिन उनका ठौर लंदन रहा। 9 वर्षों के प्रवास में उन्होंने लंदन व इंग्लैंड

के सुदूर इलाकों तक को छान डाला और ब्रिटिश मजदूरों के जीवन को अत्यंत निकट से देखा। जब वे लंदन आए ही थे तब एक बार उन्होंने बैरिस्टरी पढ़ने की बात सोची थी पर वे यह भी जानते थे कि इस विषय में उनकी बिलकुल ही रुचि नहीं है। उस समय लंदन में जो भारतीय छात्र थे, वे ज्यादातर बैरिस्टर बनने में ही लगे थे। ऐसे छात्रों में कुछ ऐसे लोग भी थे, जो बाद में भारतीय कम्युनिस्ट पार्टी के दिग्गज नेता बने। भाई साहब ने कलकत्ता के प्रेसीडेंसी कॉलेज से अर्थशास्त्र में बी.ए. ऑनर्स किया था और इस विषय में ही उनकी रुचि सबसे अधिक थी। ऐसे में उन्होंने लंदन स्कूल ऑफ इकोनॉमिक्स में, जिससे उस समय के विश्वविद्यालय अर्थशास्त्री जुड़े थे, दाखिला लिया और वहां से बी.एस.सी. की डिग्री हासिल की। (लंदन स्कूल ऑफ इकोनॉमिक्स की डिग्री बी.ए. या एम.ए. के बजाय बी.एस.सी. कही जाती थी।) लंदन स्कूल ऑफ इकोनॉमिक्स में भाई साहब प्रो. हेराल्ड लास्की और प्रो. डाल्टन के प्रिय शिष्यों में गिने जाते थे।

लंदन में उन दिनों एशिया और अफ्रीका के प्रवासी छात्रों और बौद्धिकों के बीच चर्चा के तीन मुख्य विषय थे–1. यूरोपीय साम्राज्यवाद से किस प्रकार मुक्ति मिले, 2. सोवियत यूनियन के प्रति क्या रुख अपनाया जाए, 3. मार्क्सवाद की क्या सही व्याख्या होगी। भाई साहब इन चर्चाओं में जमकर भाग लेते थे और उनका काफी समय विभिन्न गुटों की बहस में बीतता। साम्राज्यवाद से मुक्ति का मसला सिर्फ बहसों तक सीमित न था। एशियाई-अफ्रीकी छात्र और बौद्धिक, साम्राज्यवाद के विरोध में सभाएं करते, अपने देशों से लंदन आने वाले नेताओं से संपर्क रखते व ब्रिटिश जनता और खासकर मजदूर वर्ग को उपनिवेशों में ब्रिटिश सरकार के दोहरे मापदंड, अत्याचारों के बारे में बताकर ब्रिटिश जनमत को प्रभावित करने की चेष्टा करते। प्रवासी भारतीयों के बीच इंडिया-लीग की भारत की आजादी की लड़ाई में सक्रिय भूमिका थी। भाई साहब लीग के सचिव भी चुने गए। लीग के काम के सिलसिले में वे इंग्लैंड के विभिन्न इलाकों में जाते। कृष्ण मेनन लीग के मुख्य कर्ता-धर्ता थे। बहुत से स्थानों पर मेनन जा नहीं पाते तो भाई साहब को ही उनकी जगह व्याख्यान देने जाना पड़ता। इंडिया-लीग के कार्य-कलाप में भाग लेने के साथ-साथ भाई साहब इंडिपेंडेंट लेबल पार्टी और सोशलिस्ट लीग से जुड़े थे। इंडिपेंडेंट लेबर पार्टी ब्रिटिश लेबर पार्टी के एक विद्रोही गुट के रूप में काम करने के बाद अंततः अपनी मातृ संस्था से अलग हो गई। सोशलिस्ट लीग शायद उन लोगों का संगठन था, जो सोवियत रूस को मार्क्सवाद का अधिकृत प्रवक्ता नहीं मानते थे। भाई साहब लंदन में हैम्पस्टीड इलाके की इंडिपेंडेंट लेबर पार्टी और सोशलिस्ट लीग के सेक्रेटरी भी बनाए गए।

सोवियत रूस के प्रति विलायत प्रवास के प्रारंभिक दिनों में भाई साहब का इतना गहरा लगाव था कि वे लाल सूट पहनकर रूस गए थे और वहां पहुंचते ही उन्होंने क्रांति की पवित्र भूमि को चूमा था। उन दिनों के अपने लेखों में उन्होंने सोवियत यूनियन में

हो रहे क्रांति के प्रयोग की भूरि-भूरि प्रशंसा भी की थी, लेकिन सोवियत यूनियन के क्रांति के प्रयोगों और स्टालिन के तानाशाही शासन के प्रत्यक्ष दर्शन ने सोवियत रूस के प्रति उनका पूरी तरह मोह भंग ही नहीं कर दिया, वे सोवियत रूस और स्टालिन के कटु आलोचक और घोर विरोधी हो गए। ऐसे में ट्राटस्कीवादियों से उनका परिचय बढ़ा और वे उनके काफी निकट आ गए यहां तक कि वे पेरिस जाकर ट्राटस्की से मिले भी।

लगभग इसी समय ट्रिनिडाड से आए प्रसिद्ध वेस्टइंडियन मार्क्सवादी चिंतक, इतिहासकार और उपन्यासकार सी.एल.आर. जेम्स से उनकी गहरी मैत्री हुई। जेम्स ने फाइट नाम से एक पत्रिका निकाली तो भाई साहब को उसके संपादक-मंडल में रखा। जेम्स से मैत्री भाई साहब के लंदन प्रवास की एक विशेष घटना मानी जा सकती है। खुद तंगहाली में रहते हुए भी भाई साहब जब-तब जेम्स की आर्थिक मदद भी किया करते थे। जेम्स की मृत्यु के बाद उनके कागजों में गूप (जेम्स और शायद भाई साहब की लंदन मित्र-मंडली उन्हें गुप्त की जगह गूप कहती थी) पर एक लेख या संस्मरण मिला, जिसमें उन्होंने भाई साहब की विद्वत्ता और विचित्रता का जिक्र करते हुए लिखा है, अगर मैं यह भी सुनता कि वह (गूप) भारत का प्रधानमंत्री बन गया है तो मुझे कोई आश्चर्य नहीं होता। वह ऐसा व्यक्ति था, जिसके कुछ भी करने या बनने के बारे में मुझे जरा भी आश्चर्य नहीं होता। मैं इतना ही कह सकता हूं कि मैं ऐसे किसी व्यक्ति को आज तक नहीं जानता जिसे हर चीज के बारे में इतना ज्ञान हो और जो हर दिन अपने इस ज्ञान में वृद्धि करता रहता होता।

जेम्स से भाई साहब की मैत्री और उनके लंदन प्रवास के कुछ कार्य-कलाप के बारे में हमें कोई जानकारी ही नहीं थी। वह तो संयोग से एक अमरीकी प्रोफेसर रॉबर्ट हिल से मिली, जो जेम्स पर अपने शोध के दौरान गूप को खोजता हुआ भारत आया था। भाई साहब से बात करते हुए किसी को यह आभास तक नहीं होता था कि उन्होंने अपने यौवन का एक बड़ा हिस्सा इंग्लैंड में बिताया। 9 वर्ष के दीर्घ प्रवास में सिर्फ एक बार 1934 में वे कुछ महीनों के लिए स्वदेश लौटे थे। 1939 में स्वदेश लौटने के बाद उन्होंने एक बार भी कोट-पैंट नहीं पहना और आपसी बातचीत में कभी भूल से भी अंगरेजी नहीं बोली। लंदन में अपने प्रवास के दौरान उनकी बहुत सारे अंगरेजों से मित्रता थी और वे कुछ अंगरेजी तौर-तरीकों के प्रशंसक भी थे, लेकिन भारत लौटने पर उनमें अंग्रेजियत की रंच मात्र बू तक महसूस नहीं होती थी। मजे की बात यह है कि अंगरेजों के नकलची हिंदुस्तानियों और उनकी कंपनी व क्लब संस्कृति का मजाक उड़ाने का कोई मौका वे नहीं छोड़ते थे।

1939 में भारत लौटने पर हमारे परिवार में खुशी का ठिकाना ही न था क्योंकि परिवार के लोगों को यह शंका होने लगी थी कि भाई साहब कहीं इंग्लैंड में ही न बस जाएं। खुशी में सारे गांव में गुड़ बांटा गया। इस वक्त तक लोहियाजी कांग्रेस सोशलिस्ट पार्टी के प्रमुख नेताओं में गिने जाने लगे थे और डॉ. साहब कहलाने लगे थे। बंगाल

में कांग्रेस सोशलिस्ट पार्टी का संगठन काफी कमजोर था हालांकि उसके कुछ मजदूर संगठन थे। खासकर ट्रामवे मजदूर यूनियन का नेतृत्व तो कांग्रेस सोशलिस्टों के हाथ में था। भाई साहब कांग्रेस सोशलिस्ट पार्टी में शामिल हो गए। उस समय शिवनाथ बनर्जी के अलावा अधीर बनर्जी, अश्विनी गुप्त, भोला चटर्जी, इंद्रसेन जैसे पत्रकार बंगाल में सोशलिस्ट पार्टी के प्रमुख लोगों में थे और इनका भाई साहब से प्राय: रोज मिलना होता था। भाई साहब के घर मारबल हाउस और सेंट्रल एवेन्यू के कॉफी हाउस में इन लोगों का अड्डा जमता।

1942 के भारत छोड़ो आंदोलन में कांग्रेस सोशलिस्टों की जबर्दस्त भूमिका थी। कांग्रेस के सभी प्रमुख नेताओं के गिरफ्तार हो जाने के बाद कांग्रेस सोशलिस्टों ने ही आंदोलन चलाया। डॉ. लोहिया 8 अगस्त से 10 मई, 1944 तक पुलिस से छिपकर आंदोलन का संचालन करते रहे। भाई साहब का घर अंडरग्राउंड नेताओं और कार्यकर्ताओं का अड्डा बन गया था। डॉ. लोहिया अपने अंडरग्राउंड दिनों में कभी-कभी सारे दिन हमारे घर पर रहते तो बड़ी भाभी (भाई साहब की पत्नी नारायण देवी) से औरतें पूछतीं कि ये आदमी सारे दिन घर पर क्यों रहता है तो भाभी कहतीं–ये मेरी बुआ के बेटे हैं। व्यापार में बहुत घाटा लगा है। लेनदार पीछे पड़े रहते हैं तो उनसे बचने के लिए छिपकर रहते हैं। अरुणा आसफ अली के लिए भी भाभीजी इसी तरह का बहाना बनाती कि मास्टरनी है, बच्चों को पढ़ाने आती है। जयप्रकाशजी को भाई साहब ने अपने घनिष्ठ मारवाड़ी मित्र सोहनलाल पचीसिया के घर ठहराया। भाई साहब खुद आंदोलन के परचे लिखने और अंडरग्राउंड कार्यकर्ताओं के आने-जाने और खर्च का इंतजाम करते।

डॉ. लोहिया आखिर में 19 मई, 1944 को बंबई में गिरफ्तार कर लिए गए और अप्रैल, 1946 में रिहा हुए। 1945 से 1948 की अवधि देश के इतिहास का एक कलंकित अध्याय है, जिसमें सत्ता हस्तांतरण के बारे में ब्रिटिश सरकार से समझौता वार्ता चली, मुस्लिम लीग के डायरेक्टर एक्शन-डे के दिन कलकत्ता के भीषण दंगों (द ग्रेट कैलकटा किलिंग) से देश भर में दंगों का सूत्रपात हुआ। कांग्रेस ने देश का विभाजन स्वीकार कर लिया, 14 अगस्त, 1947 को पाकिस्तान की नए देश के रूप में स्थापना हुई। 15 अगस्त, 1947 को भारत को आजादी मिली। भारत और पाकिस्तान में भयानक और भीषण दंगे हुए। दस लाख से भी ज्यादा लोग मारे गए और करोड़ों लोग विस्थापित होकर शरणार्थी बनने पर मजबूर हो गए। 30 जनवरी, 1948 को गांधीजी की हत्या कर दी गई। इस अवधि में कांग्रेस सोशलिस्टों का कांग्रेस से मोहभंग हो गया और मार्च, 1948 में कांग्रेस सोशलिस्ट पार्टी ने अपने नासिक के राष्ट्रीय सम्मेलन में अ.भार. राष्ट्रीय कांग्रेस से संबंध विच्छेद करने का निर्णय कर डाला।

1946 के कलकत्ता के दंगों के दौरान भाई साहब ने दंगाइयों के बीच जाकर लोगों को बचाने की भरपूर कोशिश की। हमारे घर के धोबी जाकिर को हिंदू दंगाइयों ने घेरकर

जान से मारने की कोशिश की तो भाई साहब दंगाइयों के बीच कूद पड़े और जाकिर को उनकी गिरफ्त से छुड़ाकर ही रहे। अगस्त, 1946 के बाद 8-9 महीने कलकत्ता में बड़े पैमाने पर तो दंगे नहीं हुए, लेकिन छिटपुट छुरेबाजी की घटनाएं होती रहीं। 15 अगस्त, 1947 के पहले दंगे फिर भड़क उठे और गांधीजी बिहार जाने के रास्ते कलकत्ता आए तो अपनी यात्रा स्थगित कर शांति स्थापना के लिए कलकत्ता में ही रुक गए। इस वक्त डॉ. लोहिया गांधीजी से मिले तो गांधीजी ने उन्हें कलकत्ता रुककर मुसलमान मोहल्लों में जाकर मुसलमानों को समझाने और आश्वस्त करने को कहा। देश के विभाजन और बंगाल व पंजाब के विभाजन की घोषणा हो गई थी और कलकत्ता भारत में ही रहेगा, यह फैसला हो चुका था, लेकिन मुसलमान मोहल्लों में हिंदुओं का और हिंदू मोहल्लों में मुसलमानों का आवागमन संभव नहीं था। शहर हिंदू क्षेत्र और मुसलमान क्षेत्र के रूप में विभाजित था। ऐसे में लोहिया, भाई साहब और भोला चटर्जी व एक-दो साथियों के साथ मुसलमान मोहल्ले में जाते। लोहिया के एक साथी सतीन मित्र की ती ऐसी सद्भावना यात्रा के दौरान हत्या कर दी गई, लेकिन 15 अगस्त, 1947 को कलकत्ता में एक विचित्र नजारा पेश हुआ।

14 अगस्त की रात से हिंदू-मुस्लिम एकता की अपील करते हुए जुलूस निकलने लगे। 15 अगस्त को जगह-जगह हिंदू और मुसलमान एक-दूसरे का अभिवादन कर रहे थे और आजादी के जश्न में शामिल हो रहे थे। यह मेल-मिलाप तात्कालिक ही साबित हुआ। पंद्रह दिन बाद अचानक दंगा बहुत तेजी से भड़क उठा। कलकत्ता के हिंदुस्तान में रह जाने और मुस्लिम लीग की जगह कांग्रेस की सरकार कायम हो जाने के कारण हिंदू उपद्रवी मुसलमानों से बदला लेने के नाम पर मारकाट और लूटपाट पर उतारू हो गए। इस स्थिति में पहली सितंबर 1947 से गांधीजी ने आमरण अनशन प्रारंभ कर दिया। डॉ. लोहिया भाई साहब और अन्य साथियों के साथ कलकत्ता के मशहूर गुंडों का पता लगाते हुए उनके अड्डों पर पहुंचते और उन्हें अपने हथियारों को गांधीजी को समर्पित करने के लिए समझाते। डॉ. लोहिया की धारणा थी कि यदि गांधीजी को हथियार समर्पित किए जाएं तो वे अपना अनशन जल्दी तोड़ देंगे। डॉ. लोहिया, उनके साथी और अन्य नेता दंगाइयों को समझाने में सफल रहे। गांधीजी को हथियार समर्पित करते हुए गुंडों ने उन्हें आश्वस्त किया कि वे शांति भंग नहीं होने देंगे। इस पर गांधीजी ने अपना अनशन तोड़ दिया।

सोशलिस्टों ने कांग्रेस से संबंध-विच्छेद के बाद 1952 का आम चुनाव बड़ी उम्मीद और उत्साह के साथ लड़ा कि वे कांग्रेस का विकल्प बन जाएंगे और दो-तीन प्रांतों (राज्यों) में तो सरकार भी बना लेंगे, लेकिन चुनाव के नतीजों ने सोशलिस्टों की सारी आशाओं पर पानी फेर दिया। कम्युनिस्टों को, जिन्हें सोशलिस्ट अपना निकटतम प्रतिद्वंद्वी तक नहीं मानते थे, उनकी तुलना में लोकसभा में कहीं ज्यादा सीटें मिलीं। ऐसे निराशाजनक वातावरण में आचार्य कृपलानी और डॉ. प्रफुल्ल चंद्र घोष जैसे

गांधीवादियों द्वारा कांग्रेस से हताश होकर बनाई गई नई पार्टी कृषक मजदूर प्रजापार्टी और सोशलिस्ट पार्टी के विलय से एक नई पार्टी प्रजा सोशलिस्ट पार्टी का गठन हुआ। दिसंबर, 1953 में इलाहाबाद में प्रसोपा के प्रथम सम्मेलन में डॉ. लोहिया को पार्टी का महासचिव बनाया गया। 1954-55 के दौरान डॉ. लोहिया के पार्टी के अन्य बड़े नेताओं के साथ नेहरू सरकार के प्रति पार्टी के रुख को लेकर तीव्र मतभेद शुरू हो गए।

त्रावणकोर कोचीन की प्रजा सोशलिस्ट पार्टी की सरकार के राज में 12 अगस्त, 1954 को पुलिस गोलीकांड में चार व्यक्तियों की मृत्यु हो गई। डॉ. लोहिया उस वक्त उत्तर प्रदेश में कांग्रेस सरकार द्वारा सिंचाई उपकर (सेस) बढ़ाने और उसे लागू करने के लिए दमन नीति अख्तियार करने के खिलाफ सत्याग्रह करते हुए गिरफ्तार होकर जेल में थे। जेल से ही उन्होंने प्रजा सोशलिस्ट पार्टी की सरकार के मुख्यमंत्री पट्टम तनु पिल्लै को तार भेजा कि जब तक भीड़ हिंसा और हत्या करने पर उतारू न हो जाए तब तक पुलिस का उस पर गोली चलाना अनुचित है, इसलिए उनकी सरकार इस्तीफा दे।

प्रजा समाजवादी मुख्यमंत्री तनु पिल्लै ने इस्तीफा देना अस्वीकार कर दिया। आचार्य कृपलानी और जयप्रकाश नारायण सैद्धांतिक रूप में डॉ. लोहिया से सहमत थे, लेकिन सिद्धांतों के अमल पर नहीं। इस पर डॉ. लोहिया ने पार्टी के महासचिव पद से इस्तीफा दे दिया।

जनवरी, 1955 में कांग्रेस ने अपने अवाडी सम्मेलन में समाजवादी समाज की स्थापना को अपना उद्‌देश्य बताते हुए प्रस्ताव पास किया तो अशोक मेहता और उनके समर्थकों ने इस प्रस्ताव का स्वागत किया। डॉ. लोहिया के प्रबल समर्थक मधुलिमए ने कांग्रेस के अवाडी प्रस्ताव को धोखा बताया तो बंबई प्रसोपा ने उन्हें एक साल के लिए निलंबित कर दिया और राष्ट्रीय कार्यकारिणी को उनके खिलाफ आगे की कार्रवाई करने को कहा। लोहिया ने निलंबन का विरोध करते हुए पार्टी के भीतर लोकतांत्रिक मर्यादाओं के पालन पर जोर दिया, लेकिन इसका नतीजा उलटा ही हुआ। उत्तर प्रदेश प्रसोपा ने लिमये के विरुद्ध निलंबन का समर्थन किया और राष्ट्रीय कार्यकारिणी के कुछ सदस्यों ने डॉ. लोहिया पर पार्टी में फूट डालने का आरोप लगाया। उधर उत्तर-पूर्व में मणिपुर के भारत में विलय के बाद निर्वाचित विधानसभा और मंत्रिमंडल को केंद्रीय सरकार द्वारा बर्खास्त कर एक सलाहकार बोर्ड की स्थापना करने के खिलाफ प्रसोपा पांच वर्षों से आंदोलन कर रही थी।

इस आंदोलन के सिलसिले में डॉ. लोहिया अप्रैल, 1954 में इम्फाल गए तो जिला मजिस्ट्रेट ने उनकी सभा पर कई प्रकार के प्रतिबंध लगा दिए। प्रतिबंधों की अवमानना करते हुए डॉ. लोहिया ने सभा की तो उन्हें और उनके छह साथियों को गिरफ्तार कर सी डिवीजन की कोठरी में बंद कर दिया गया। इस गिरफ्तारी को गैर-कानूनी बताते हुए 3 मई को लोहिया ने याचिका दायर की तो सुनवाई के पहले ही सबको रिहा कर

दिया गया। इसके बाद पुरी में समाजवादी युवक सभा का पहला सम्मेलन मधुलिमये की अध्यक्षता में हुआ तो प्रसोपा की राष्ट्रीय कार्यकारिणी ने यह आदेश जारी कर दिया कि पार्टी का कोई भी सदस्य इस सम्मेलन में भाग न ले। लोहिया ने पुरी सम्मेलन में भाग लिया। इसके बाद प्रसोपा की राष्ट्रीय कार्यकारिणी ने जुलाई में जयपुर में अपनी बैठक में डॉ. लोहिया को पार्टी से निलंबित कर दिया, जिससे प्रसोपा में भारी संकट पैदा हो गया और वह विभाजित हो गई।

डॉ. लोहिया के नेतृत्व में 8 दिसंबर, 1955 को एक नई पार्टी सोशलिस्ट पार्टी का गठन हुआ। 1950 और 1960 के दशकों में डॉ. लोहिया का समर्थन करने वाले समाजवादी भूदान आंदोलन के जयप्रकाश नारायण व अशोक मेहता की कटु आलोचना करते थे। भाई साहब नई सोशलिस्ट पार्टी में शामिल हो गए और उन्होंने उस वक्त और 1958 में 'जन' का संपादन करने के दौरान जयप्रकाशजी और अशोक मेहता के खिलाफ काफी कड़वाहट भरी बातें लिखीं, जिनमें उन्होंने अपने मित्र डॉ. लोहिया की तरह बहुत तीखी और चोट करने वाली भाषा का इस्तेमाल किया।

नवगठित सोशलिस्ट पार्टी ने 1957 में दूसरा आम चुनाव लड़ा तो भाई साहब पूर्णिया (तब फारबिसगंज पूर्णिया जिले में आता था) से सोशलिस्ट पार्टी के उम्मीदवार थे। डॉ. लोहिया ने चुनाव प्रचार के दौरान पूर्णिया की जनसभा में कहा–जब से डॉ. श्यामाप्रसाद मुखर्जी की असमय मृत्यु हुई है, दिल्ली की लोकसभा ऐसी विधवाओं का घर बन गई है, जिनके पति आठ-दस वर्ष पहले मर गए हों और वे सिसकती सी रोती हों। पार्लियामेंट में विरोधी दल को सजीव, निडर व जनता का सच्चा प्रतीक बनाने के लिए मैंने जिन व्यक्तियों को खासतौर से चुना है, उनके नाम हैं- मद्रास से एंथोनी पिल्लै, आंध्र से विजय राम राजू, हैदराबाद से राजाराम, विंध्यप्रदेश से रमा मित्र और बिहार के पूर्णिया क्षेत्र से बालकृष्ण गुप्त। ये सब अगर पार्लियामेंट में जनमत के सहयोग से पहुंच जाएं तो कांग्रेस सरकार को सच्चे विरोध का पता लगेगा। मैं आशा करता हूं कि आप लोकसभा को गरीब, दुखी, तंग-तबाह जनता का आईना बनाने के लिए, इनको निश्चित रूप से चुनकर भेजेंगे जिससे हिंदुस्तान के वर्तमान शासक गरीबों की सच्ची गाथा सुनकर उनकी हीन अवस्था का अवलोकन तो करें।

भाई साहब चालीस हजार वोटों से चुनाव हार गए। इसके दस वर्ष बाद 1967 में पूर्णिया से भाई साहब ने फिर लोकसभा का चुनाव संसोपा के टिकट पर लड़ा और जीतते-जीतते दो हजार वोटों से हार गए। अगर प्रसोपा का उम्मीदवार, जिसे 25 हजार वोट मिले, खड़ा न होता तो भाई साहब निश्चित रूप से जीतते। भाई साहब को पार्लियामेंट में देखने का डॉ. लोहिया का सपना उनकी मृत्यु के बाद 1968 में पूरा हुआ, जब वह संसोपा के टिकट पर राज्यसभा के सदस्य निर्वाचित हुए।

सोशलिस्टों की एक पार्टी हो और उनमें एकता हो, इसके लिए उत्तर प्रदेश में दोनों पार्टियों के विधायकों ने दिसंबर, 1962 में अपने केंद्रीय नेतृत्व की अवज्ञा कर संयुक्त

सोशलिस्ट पार्टी का गठन कर लिया और विधानसभा अध्यक्ष ने उसे विरोधी दल के रूप में मान्यता भी प्रदान कर दी। इसके बाद प्रजा सोशलिस्ट पार्टी और सोशलिस्ट पार्टी के विलय से एक नई पार्टी के गठन की प्रक्रिया काफी देर तक चली और इसके दौरान काफी मतभेद भी उभरे। अंततः 29 जनवरी, 1965 को श्रीधर महादेव जोशी की अध्यक्षता में एक नई पार्टी संयुक्त सोशलिस्ट पार्टी का गठन हुआ। प्रसोपा का एक गुट नई पार्टी में शामिल नहीं हुआ और उसने प्रजा सोशलिस्ट पार्टी के रूप में अपना अलग अस्तित्व बनाए रखा।

प. बंगाल में 1950 के दशक में प्रजा सोशलिस्ट पार्टी का थोड़ा-बहुत अस्तित्व था, लेकिन जब डॉ. लोहिया ने दिसंबर, 1955 में सोशलिस्ट पार्टी का गठन किया तो अधिकतर लोग प्रजा सोशलिस्ट पार्टी में रह गए। चटगांव शस्त्रागार कांड में अभियुक्त और अंडमान सेलुलर जेल में बंदी दिनेश दासगुप्त के नेतृत्व में कुछ लोग सोशलिस्ट पार्टी में शामिल हुए। पार्टी ने 1957 का आम चुनाव भी लड़ा। उन्हीं दिनों कलकत्ता से भाई साहब के संपादन में 'जन' निकला। भाई साहब ने संपादन करने के साथ-साथ छद्म नामों से 'जन' में कई लेख लिखे।

डॉ. लोहिया 1946 में जेल से छूटने के बाद कुछ दिन कलकत्ता रहे थे और एक वक्त उन्होंने शायद बंगाल को अपनी गतिविधियों का केंद्र बनाना चाहा था। एक बांग्ला दैनिक कृषक को चलाने की कोशिश भी की थी। भाई साहब कृषक के संपादक-मंडल के सदस्य थे, लेकिन कुछ ही दिनों में लोहिया को यह लगा कि वे जिस तरह की राजनीति करना चाहते हैं, उसके लिए बंगाल उपयुक्त स्थान नहीं है। भाई साहब भी बंगाल कांग्रेस की राजनीति में खप नहीं सकते थे। बंगाली समाज हर गैर-बंगाली को संदेह की दृष्टि से देखता था और मारवाड़ी समाज भाई साहब और उनके परम मित्र डॉ. लोहिया को मुंहफट, बदजुबान और सिरफिरा मानता था। यह तो 1963 में डॉ. लोहिया के लोकसभा का सदस्य चुने जाने और एक प्रखर विरोधी दल के रूप में संसोपा की छवि बनने पर कलकत्ता के गण्यमान्य मारवाड़ियों ने डॉ. लोहिया को थोड़ा भाव देना शुरू किया।

विलायत से लौटने के बाद भाई साहब का राजनीतिक जीवन एक प्रकार से एकाकी ही कहा जाएगा। बंगाल की कांग्रेस सोशलिस्ट पार्टी के बुद्धिजीवियों—अश्विनी गुप्त, इंद्रसेन, अधीर बनर्जी, सत्यव्रत सेन, शक्ति बोस के साथ उनका रोज उठना-बैठना था। कॉफी हाउस में जब भाई साहब की इन लोगों के साथ मंडली जमती तो ट्राटस्कीवादी अजीत राय चौधरी, स्टेसट्समैन के अंगरेजी संपादक इआन स्टीफेंसन, प्रमुख स्तंभ लेखक निरंजन मजुमदार और मार्क्सवाद के प्रबल विरोधी रामस्वरूप और सीताराम गोयल भी उसमें शामिल हो जाते। कॉफी हाउस से निकलकर भाई साहब सुरेंद्रनाथ बनर्जी स्ट्रीट की पुरानी पत्रिकाओं की दुकानों से ढेर सारी पत्रिकाएं खरीद घर वापस लौटते। भाई साहब के मारवाड़ी मित्रो— सोहनलाल पचीसिया, रामचंद्र सिंघी, लाटाजी,

बेगराज सिंघी, चोरड़ियाजी की भी एक मंडली थी। भाई साहब को छोड़कर सभी अपने-अपने व्यापार में व्यस्त रहते थे सो शनिवार की शाम को ही यह मंडली जमती।

भाई साहब के दो व्यसन थे। पढ़ना और सिगरेट पीना। उनके बारे में यह कहा जाता था कि सुबह सिगरेट सुलगाने के लिए एक तीली के बाद दूसरी तीली की नौबत ही नहीं आती, एक के बाद एक से सिगरेट सुलगती रहती है। डॉ. लोहिया का ब्रांड थ्री कैसल था और भाई साहब का कैपस्टन। शायद मारवाड़ी छात्र निवास के दिनों से दोनों मित्रों ने सिगरेट पीना शुरू किया था। भाई साहब और डॉ. लोहिया की मैत्री को समझना या उसका विश्लेषण करना गठिन है। मैं सिर्फ यह कह सकता हूं कि भाई साहब ने अपनी कोई निजी पहचान बनाने की कभी भी चेष्टा नहीं की। डॉ. लोहिया के मित्र के रूप में अपनी पहचान से ही वे संतुष्ट थे।

लोकसभा का सदस्य बनने के पहले डॉ. लोहिया का कोई स्थायी घर नहीं था। वे हमारे घर को ही अपना घर मानते थे। साल में तीन-चार महीने हमारा घर ही उनका स्टेशन होता। डॉ. लोहिया जब हमारे घर मारबल हाउस में रहते तो घर में बड़ी गहमागहमी रहती, न जाने कितनी बार चाय बनती, न जाने कितने लोग डॉ. लोहिया से मिलने आते। युगोस्लाविया के नेता और राजनीतिक चिंतक मिलोकवान जिलास हमारे घर रहे और तीन दिन तक डॉ. लोहिया से बातचीत करते रहे।

भाई साहब इस बातचीत में हमेशा शामिल रहते। अपनी भारत यात्रा के बाद ही जिलास ने अपनी प्रसिद्ध पुस्तक द न्यू क्लास लिखी, जिसने उस वक्त के कम्युनिस्ट जगत में भारी खलबली पैदा कर दी थी। डॉ. लोहिया और भाई साहब के बीच मेरे खयाल में हर तरह की बातचीत होती। इस बातचीत में भाई साहब श्रोता ही रहते पर कभी-कभी यह भी होता कि भाई साहब लगातार बोले जा रहे हैं और डॉ. लोहिया सुन रहे हैं। डॉ. लोहिया के लिए भाई साहब जानकारी के एक बड़े स्रोत थे। डॉ. लोहिया के सचिव व हिंदी कवि और विद्वान कमलेशजी ने हाल में मेरे भतीजे पवन कुमार गुप्त को बताया कि डॉ. साहब जब भी कलकत्ता से लौटते तो उनके पास बालकृष्ण जी से मिली नई ढेर सारी जानकारियां होतीं। डॉ. लोहिया को एक तो भाई साहब के विश्वकोषीय ज्ञान का पता था। दूसरे डॉ. लोहिया की यह आदत थी कि वे अपने आसपास के लोगों से हमेशा कुछ न कुछ पूछते रहते थे।

भाई साहब ने कभी व्यापार नहीं किया, जबकि उसकी सारी बारीकियों को वे जानते थे। देश के नामी औद्योगिक घरानों ने किन कांग्रेसी नेताओं के बूते अंधाधुंध कमाई की है और वे कितने पतित हैं, उसकी सूक्ष्म से सूक्ष्म जानकारी उन्हें होती थी और अपने लेखों में वे इसे बेहिचक प्रकट भी करते थे।

मुझसे अकसर यह पूछा जाता है कि एक मारवाड़ी परिवार में जो व्यक्ति कमाता नहीं, उसकी कोई पूछ नहीं होती, सो भाई साहब पर व्यापार करने का भारी दबाव रहता होगा। दबाव, उन पर निश्चय ही विलायत जाने के पहले से था। उस वक्त मारवाड़ी

परिवारों में कोई अपवादस्वरूप ही मैट्रिक के आगे की पढ़ाई करता था। मैट्रिक पास करने के बाद भाई साहब से यह आशा की जाती थी कि वे पारिवारिक व्यवसाय में हाथ बंटाएंगे, लेकिन भाई साहब व्यवसाय में हाथ बंटाना तो दूर चार वर्ष कलकत्ता में पढ़ाई करने के बाद विलायत चले गए।

जहां तक मैं सोचता हूं, इस तरह मैट्रिक के बाद के चार सालों में व्यवसाय में हाथ बंटाने के लिए निश्चय ही उन पर भारी दबाव रहा होगा, लेकिन पिताजी के भाइयों में सबसे जेष्ठ होने के कारण चाचा लोगों को भाई साहब को कुछ कहने का साहस नहीं होता था और उनके विलायत से लौटने तक हमारा व्यापार इतना जम गया था कि उन पर कमाने का कोई दबाव नहीं रह गया था।

एक निस्पृह व्यक्ति के बारे में आम धारणा यह होती है कि वह मिष्टभाषी, मितव्ययी और व्यसनरहित होगा। भाई साहब मिष्टभाषी नहीं थे, मितव्ययी नहीं थे, अखबारों, पत्रिकाओं और किताबों पर बेहिसाब खर्च करते थे और सिगरेट का व्यसन तो इतना अधिक था कि उनकी उंगलियां तंबाकू की रगड़ से काली पड़ गई थीं, लेकिन उनके जैसा निस्पृह व्यक्ति मैंने तो नहीं देखा।

बचपन में एक सूटेड-बुटेड आदमी के रूप में भाई साहब की मन में मैंने जो छवि बनाई थी, उसका वास्तविकता से कोई कोई लेना-देना नहीं था। उन्हें कभी पैंट-कोट पहने नहीं देखा और तो और विलायत से लौटने के बाद कुछ वर्षों तक उन्हें मारवाड़ी काली टोपी पहने जरूर देखा है। गांधी टोपी उन्होंने कभी नहीं पहनी जबकि उनके परम मित्र डॉ. लोहिया एक समय गांधी टोपी पहनते थे। अपनी वेशभूषा के बारे में भाई साहब को जरा सा भी खयाल न था। घर में अलगनी पर टंगा हम भाइयों से किसी का भी कुर्ता पहन लेते। धोती उनकी कदाचित ही इस्तरी की हुई होती थी। कपड़ों के बारे में जो लापरवाही थी, वही यश और नाम के बारे में थी। कलकत्ता में मारवाड़ियों की असंख्य संस्थाएं थीं और हैं, लेकिन भाई साहब उनमें से किसी से भी नहीं जुड़े।

1949 में स्थापित खोज-परिषद की संचालन समिति (गवर्निंग बॉडी) के सदस्य होने को छोड़कर बंगालियों या मारवाड़ियों की किसी संस्था के न कभी पदाधिकारी बने, न ही सदस्य। विलायत में रहते हुए वे इंग्लैंड में जगह-जगह व्याख्यान देने जाते थे। इंडिया लीग द्वारा लंदन के बाहर के इलाकों में आयोजित सभाओं में सं.रा. संघ में सात घंटे भाषण देने वाले कृष्ण मेनन जब-तब भाई साहब को अपनी जगह भाषण दे आने को कहते और भाई साहब से न कहते नहीं बनता था। कृष्ण मेनन का बहाना होता, सिर में भयंकर दर्द है, बेहद थकान है, रात भी नींद नहीं आई है। इन्हीं भाई साहब को मैंने कभी किसी सभा में भाषण देते नहीं सुना। अपनी चुनाव-प्रचार सभाओं में और राज्यसभा में अपने कार्यकाल में उन्होंने अवश्य ही भाषण दिए।

अक्टूबर, 1967 में डॉ. लोहिया के प्रोस्टेट के ऑपरेशन में गड़बड़ी होने की खबर जिस दिन भाई साहब को मिली उसी दिन हमारी मां की फारबिसगंज में तबीयत बिगड़ने

की भी। इस पर भी भाई साहब ने कहा कि डॉक्टर साहब के पिताजी का देहांत 57 वर्ष की उम्र में हुआ था और इस बार डॉ. साहब जब कलकत्ता आए थे तो उन्होंने इस बात का जिक्र किया था। शायद डॉक्टर साहब नहीं बचेंगे और वे तुरंत डॉ. साहब को देखने दिल्ली चले गए।

12 अक्टूबर, 1967 को दिल्ली के विलिंगडन अस्पताल में डॉ. साहब का निधन हुआ। नवम्बर, 1968 में भाई साहब संसोपा के टिकट पर राज्यसभा के सदस्य निर्वाचित हुए। डॉ. लोहिया के गैर-कांग्रेसवाद को उनकी मृत्यु के बाद उनके अनुयायियों ने सत्तावाद का रूप देकर विकृत कर दिया। भाई साहब के लिए संसोपा के नेतृत्व का पतन कितना दुखद रहा होगा इसकी कुछ थाह राष्ट्रपति चुनाव की घटना से मिली है।

इंदिरा गांधी ने राष्ट्रपति पद के उम्मीदवार के रूप में संजीव रेड्डी का नामांकन पत्र भरने के बाद अंतरात्मा की आवाज का आह्वान कर अपनी पार्टी के अधिकृत उम्मीदवार को पराजित करवाकर वी.वी. गिरि को विजयी बना दिया। संसोपा ने इंदिरा गांधी के उम्मीदवार वी.वी. गिरि का समर्थन करने का निश्चय किया। भाई साहब ने पार्टी की बैठक में गिरि के समर्थन का प्रबल विरोध किया पर पार्टी ने ह्विप जारी कर गिरि के पक्ष में वोट देने का आदेश दिया तो भाई साहब ने अपनी इच्छा के विरुद्ध गिरि के पक्ष में वोट दिया। वोट देकर वे वापस आए तो किसी ने उनसे पूछा—कैसा लग रहा है? तो उनका जवाब था—डॉक्टर को फिर से जलाकर आ रहा हूं। यह कहने की जरूरत नहीं कि गिरि की जीत के साथ इंदिरा गांधी ने भारतीय राजनीति में तानाशाही, भ्रष्टाचार, वंशवाद और संसदीय मर्यादाओं के खुल्लम-खुल्ला उल्लंघन को मान्यता प्रदान कर दी।

1972 के प्रारंभ में भाई साहब की तबीयत बिगड़ी, पर कुछ ही दिनों में संभल भी गई, लेकिन कुछ महीनों बाद अगस्त महीने में बिगड़ी तो फिर नहीं सुधरी। 10 सितंबर, 1972 को विलिंगडन अस्पताल के उसी कमरे में उनकी मृत्यु हुई, जिसमें उनके परम मित्र डॉ. लोहिया की हुई थी।

भाई साहब का नेपाल संबंध

विद्यासागर गुप्त

भाई साहब की नेपाल की राजनीति और राणाशाही के खिलाफ लड़ाई में कॉलेज में पढ़ाई के दिनों से ही दिलचस्पी थी। यह दिलचस्पी तब और बढ़ गई जब फारबिसगंज में हमारी गद्दी कायम हुई। फारबिसंगंज से नेपाल एकदम सटा हुआ है। मजे की बात यह है कि भाई साहब को कोइराला बंधुओं, मात्रिकाप्रसाद कोइराला और विश्वेश्वरप्रसाद कोइराला से परिचय होने के पहले मेरे पिताजी का कोइराला बंधुओं के पिताजी से संबंध था। यह कहा जा सकता है कि कोइराला परिवार से हमारे परिवार का संबंध सौ साल पुराना न हो तो भी कम से कम नब्बे साल पुराना है।

विश्वेश्वरप्रसाद कोइराला ने एक जगह लिखा है–बालकृष्ण गुप्त तथा उनके परिवार की नेपाली कांग्रेस बहुत आभारी है। नेपाली कांग्रेस के जन्म से पहले, जब नेपाल की आजादी के दीवानों का देश-निकाला कर दिया गया था, उस समय से ही बालकृष्णजी का फारबिसंगज और कलकत्ते का घर नेपाली स्वतंत्रता सेनानियों का आश्रय-स्थल था। नेपाली कांग्रेस की स्थापना भी उनके घर हुई।

विश्वेश्वरप्रसाद कोइराला आगे लिखते हैं–बालकृष्ण गुप्त के परिवार से हमारे परिवार के संबंध बहुत पुराने हैं। बालकृष्णजी के पिताजी शंभुदयालजी से मेरे पिताजी किशनप्रसाद कोइराला की अच्छी जान-पहचान थी। हमारा नेपाल का घर विराटनगर में था। बालकृष्णजी का परिवार नेपाल-सीमा के करीब फारबिसगंज में था। मेरे पिताजी ने नेपाल में पहला स्कूल खोला था, जिसके कारण नेपाल के शासक राणा लोगों ने उन्हें नेपाल छोड़ने को बाध्य किया। उस समय बालकृष्णजी के पिताजी ने मेरे पिताजी की मदद की थी। हमारा परिवार भी नेपाल छोड़ने के बाद उनके घर पर रहा था। हम लोग पटना और बनारस जाकर पढ़ने लगे। पटना में हमारी दिलचस्पी कांग्रेस के कामों में होने लगी थी। हम लोगों ने खद्दर पहनना सीखा तथा गांधीजी के कार्यों में पूरी तरह शरीक हो गए। इसके लिए मुझे तथा मेरे बड़े भाई श्री मात्रिकाप्रसाद कोइराला को भारत की जेल में भी जाना पड़ा। बिहार विद्यापीठ से स्नातक परीक्षा पास करने के बाद मैंने पटना विश्वविद्यालय से बी.ए. ऑनर्स किया।

उस समय बालकृष्ण भी लंदन से वापस आ गए थे। उनकी डॉ. लोहिया, जयप्रकाश नारायण तथा सभी समाजवादियों से गहरी दोस्ती थी। फारबिसगंज में उनके घर पर आने-जाने तथा ठहरने के कारण उनसे काफी घनिष्ठता हो गई थी। उनके कारण हमारा इन नेताओं से संपर्क हो गया। डॉ. लोहिया की नेपाल की राजनीति में काफी दिलचस्पी थी।

नेपालियों की एक बड़ी संख्या, जो हिंदुस्तान में रहती थी, की प्रबल इच्छा थी कि नेपाल को राणाशाही के अत्याचार से मुक्ति दिलाकर एक स्वतंत्र डेमोक्रेटिक सरकार बनाए। बालकृष्णजी की कोशिश से कलकत्ता में ये सभी नेपाली मिले। नेपाल की सभी छोटी-छोटी पार्टियों का विलय करके एक नेपाली राष्ट्रीय कांग्रेस का जन्म हुआ। ये सब मीटिंगें बालकृष्णजी के घर मारबल हाउस में होती थीं। मारबल-हाउस कलकत्ता में समाजवादियों का बड़ा अड्डा था। आने वाले समाजवादियों तथा बंगाल के समाजवादी वहां दिन-भर आते रहते थे।

बालकृष्णजी का नशा सिगरेट (पीना), अखबार (पढ़ना) तथा राजनीतिक, आर्थिक समस्याओं पर चर्चा (करना) था। कलकत्ता में हर शाम को कॉफी-हाउस तथा धर्मतल्ला स्ट्रीट में पुरानी मैगजीनें खरीदने मुझे भी बालकृष्णजी के साथ जाने का अवसर मिलता था। वे एक अद्वितीय विद्वान थे। क्रांति को कैसे बढ़ाया जाए, इस पर चर्चा होती रहती थी। उनके सहयोग से समाजवादियों से हम नेपाल के लोगों की घनिष्ठता बढ़ती गई। राणाशाही के विरुद्ध चले आंदोलन के दौरान उन्होंने ब्लिट्ज पत्रिका का नेपाल अंक लिखा व निकलवाया।

ऊपर का लंबा उद्धरण शायद भाई साहब की मृत्यु पर विश्वेश्वरप्रसाद कोइराला के पत्र या लेख से है। नेपाल की राणाशाही द्वारा नेपाल से निष्कासित कई राणा परिवार कलकत्ता में रहते थे। इनमें प्रमुख थे महावीर शमशेर जंग राणा और सुवर्ण शमशेर राणा। महावीर शमशेर जंग राणा तो कलकत्ता के मशहूर सिनेमा घर लाइट-हाउस, सिनेमा-थिएटर न्यू-एम्पायर और एक छोटे सिनेमाघर टाइगर के मालिक थे। भाई साहब से इन दोनों का बहुत अच्छा परिचय था। 1947 में नेपाल से निर्वासित सक्रिय कार्यकर्ताओं, कोइराला बंधुओं, दिल्ली रमण रेग्मी, गणेशमान सिंह तथा कलकत्ता में रह रहे दोनों राणाओं की हमारे घर मारबल-हाउस में सभा हुई। इस सभा में इन सब लोगों को लेकर और नेपाल की सभी पार्टियों का विलय कर नेपाली कांग्रेस की स्थापना करने का निर्णय किया गया। इस सभा के बाद कलकत्ता के खालसा हाई स्कूल के हॉल में नेपाली कांग्रेस की विधिवत् स्थापना की घोषणा की गई। नेपाली कांग्रेस की स्थापना के बाद राणाशाही के खिलाफ नेपाल के भीतर आंदोलन तीव्र होता गया।

नेपाल में सैकड़ों कार्यकर्ताओं को गिरफ्तार किया गया। मई, 1949 में विश्वेश्वरप्रसाद कोइराला ने अनशन भी शुरू किया था। 25 मई को सोशलिस्ट पार्टी

ने नेपाल की जनता से संघर्ष के प्रति सहानुभूति और समर्थन जताने के लिए दिल्ली के कनॉट सर्कस में सभा की और उसकी समाप्ति पर डॉ. लोहिया के नेतृत्व में एक जुलूस नेपाली राजपूत को नेपाली कांग्रेस की मांगों के समर्थन में ज्ञापन देने नेपाली दूतावास की ओर बढ़ा। जुलूस को दूतावास से 500 फीट की दूरी पर रोक दिया गया, तो समाजवादी कार्यकर्ता वहीं बैठ गए। इस पर पुलिस ने उन्हें हटाने के लिए आंसू गैस का प्रयोग किया और लाठीचार्ज किया। इसके बावजूद 50 समाजवादी कार्यकर्ता डटे रहे। लोहिया सहित उनको गिरफ्तार कर लिया गया। आजाद हिंदुस्तान में डॉ. लोहिया की यह पहली गिरफ्तारी थी।

नेपाल में राणाशाही के खिलाफ संघर्ष तेज होता गया और इस संघर्ष को क्रांति कहा जाने लगा। फारबिसगंज में बालकृष्णजी के जगदीश मिल के घर में नेपाली विद्रोहियों का मिलिटरी हेडक्वॉर्टर था। डॉ. लोहिया के कहने पर बर्मा की सोशलिस्ट पार्टी ने नेपाली कांग्रेस को विमान से हथियार भेजे। डॉ. लोहिया और भाई साहब के मित्र भोला चटर्जी ने हथियारों सहित विमान को जगदीश मिल के चौपाल में उतारा। नेपाली कांग्रेस ने बीरगंज पर कब्जा कर लिया लेकिन कुछ दिन ही बाद वहां से हटना पड़ा, पर भरतनगर और शाही खजाने पर, जिसमें 32 लाख रु. थे, कब्जा करने में नेपाली कांग्रेस सफल रही।

इस बीच नेपाल के राजा त्रिभुवन ने राणाशाही की कैद से भागकर काठमांडू के भारतीय दूतावास में शरण लेकर भारत सरकार का संरक्षण प्राप्त कर लिया। इस स्थिति में नेपाली कांग्रेस ने भारत सरकार और राजा से सत्ता हस्तांतरण के बारे में बातचीत शुरू कर दी। इस बातचीत के फलस्वरूप नेपाल में मोहन शमशेर राणा के प्रधानमंत्रित्व में एक सरकार बनी, जिसमें विश्वेश्वरप्रसाद कोइराला गृहमंत्री बने। 1950 में राणाशाही के हटने के बाद विश्वेश्वरप्रसाद कोइराला ने गृहमंत्री का पद भार संभालने पर भाई साहब को नेपाल की अर्थनीति पर विचार-विमर्श करने के लिए काठमांडू बुलाया।

1950 में काठमांडू एक छोटा-सा शहर था, जहां एक तरफ राणाओं के महल थे तो दूसरी तरफ गरीबों और व्यापारियों के काठ के मकान। कोई बड़ा होटल नहीं था, बोरिस नाम के एक यूरोपियन का एक छोटा रॉयल होटल था उसी में पर्वतारोहण करने वाली विदेशी-टीमें ठहरती थीं। विश्वेश्वर बाबू काठमांडू के थोड़ा बाहर एक अतिथि-गृह में रह रहे थे। भाई साहब वहीं ठहरे थे। के.एल. सिंह (नेपाली कांग्रेस का विरोध करने वाले एक छोटे समूह के नेता) और गुरखा लीग के लोग जेल में बंद थे। इन लोगों को अचानक कहीं से हथियार मिल गए और वे जेल तोड़कर विश्वेश्वरप्रसाद कोइराला को जान से मारने की नीयत से उनके निवास स्थान अतिथि गृह पर धावा बोलने निकल पड़े। भाई साहब अतिथि गृह के बरामदे में सिगरेट पीते-पीते अखबार पढ़ रहे थे। इन लोगों ने भाई साहब को कोइराला समझकर उन पर

खुखरी से वार करने की कोशिश की। हल्ला सुनकर विश्वेश्वर बाबू अपने कमरे से बाहर आए और उन्होंने तुरंत पिस्तौल से गोली चलाई। भाई साहब बच गए। इतने में नेपाली पुलिस भी वहां पहुंच गई और उसने गुरखा लीग के लोगों को घेरकर गिरफ्तार कर लिया।

नेपाली कांग्रेस के लोगों से भाई साहब का मृत्युपर्यंत संबंध बना रहा। कोइराला परिवार से तो उनका संबंध एक तरह से घरेलू था। देश के कई अखबारों में नेपाल पर वे समय-समय पर लिखते भी रहे। आज भी नेपाली कांग्रेस से जुड़े लोग उनको बड़े प्रेम और आदर के साथ याद करते हैं।

गूप

सी.एल.आर. जेम्स

ट्रिनीडाड में जन्मे सी. (सिरिल) एल. (लियोनेल). आर. (राबर्ट) जेम्स (1901-1989) के बारे में परिचय के रूप में कुछ बताना काफी कठिन है क्योंकि वे एक ही साथ बहुत कुछ थे-इतिहासकार, उपन्यासकार, नाटककार, साहित्यकार और संस्कृति के आलोचक, प्रखर मार्क्सवादी चिंतक (जिनकी किसी ने रोजा लक्जेमबर्ग से तुलना की है), घनघोर स्टालिनवाद विरोधी, एक समय ट्राटस्कीवादी और बाद में ट्राटस्की से असहमत, अफ्रीका की मुक्ति के स्वप्नद्रष्टा, नीग्रो जनों के प्रेरणा-पुरुष, अमरीकी सभ्यता और भौतिकवाद के कटु आलोचक, पत्रकार, संपादक, अप्रतिम क्रिकेट लेखक आदि-आदि। इतनी लंबी फेहरिस्त के बाद भी कुछ छूटा-छूटा सा रह गया, जान पड़ता है और वही शायद उनके व्यक्तित्व का मर्म है-चिर विद्रोही लेकिन मर्यादाओं और नैतिक नियमों का प्रबल पक्षधर और मानवीय संबंधों को सर्वोपरि महत्त्व देने वाला प्रेमल व्यक्तित्व, जो बालकृष्ण गुप्त के बारे में उनके 'गूप' शीर्षक वाले इस संस्मरण में भी प्रकट हुए बिना नहीं रहता।

सी.एल.आर. जेम्स अपनी जीवनी लिख रहे थे। यह संस्मरण शायद उनकी आत्म-जीवनी का हिस्सा है। जीवनी पूरी होने से पहले ही सी.एल.आर. का निधन हो गया।

यह संस्मरण ट्रिनीडाड के आयल फील्ड्स वर्कर्स यूनियन के पुस्तकालय में जमा सी.एल.आर. जेम्स के कागजात से लिया गया है। यह आठ फुल स्केप कागजों में जेम्स की हस्तलिपि में लिखा हुआ है। इसे पढ़ पाना बहुत कठिन है। दो-तीन पृष्ठ तो पढ़े ही नहीं जा सके। जो पढ़ा जा सका वह आगे लिखा जा रहा है। () और ...चिह्नों का बार-बार प्रयोग करना पड़ा है ताकि वाक्य पूरे हो सकें और कहीं-कहीं कुछ शब्द ही...चिह्न के साथ दे दिए गए हैं ताकि पढ़ने वाले कुछ अनुमान लगा सकें।

कोई दावा तो नहीं है लेकिन आशा है कि पाठक ध्यान से पढ़ेंगे तो उन्हें संस्मरण की बातें मोटे तौर पर समझ में आ ही जाएंगी। 'गूप' और कोई नहीं बालकृष्ण गुप्त हैं। जैसे जेम्स से जिमी, हरबर्ट से हैरी, विलियम से विली वैसे ही गुप्त से 'गूप'। **सं.**

मैं एक अत्यंत असाधारण व्यक्ति के बारे में बताने जा रहा हूं; जिन अत्यंत असाधारण व्यक्तियों से मैं मिला हूं या जिन असाधारण व्यक्तियों की कल्पना कर सकता हूं, उनमें वह एक था। 1933 में मैं 'नेलसन, लंकाशायर' से लंदन चला आया और लंदन विश्वविद्यालय के आसपास के इलाके में रहने लगा। मैं उन सभी चीजों में शामिल रहता था जिन्हें महत्त्व की मानता था। ऐसे में जिन लोगों से मेरा साबका पड़ा उनमें एक ऐसा युवक था, जिसकी उम्र 25 के लगभग थी और वह भारत से आया ईस्ट इंडियन (ट्रिनीडाड में भारतीय मूल के लोगों की आबादी 45 प्रतिशत से भी ज्यादा है और वहां उन्हें ईस्ट इंडियन कहा जाता, सो भारतीय युवक को ईस्ट इंडियन कहा गया है) था। उसने एक भारतीय विश्वविद्यालय से डिगरी प्राप्त कर रखी थी पर वह लंदन और ज्यादा मान्य डिगरी प्राप्त करने और पश्चिमी सभ्यता के केंद्रों में से एक में रहने आया था। गूप की ठीक-ठीक तस्वीर पेश करने के लिए उसकी आदतों, कार्यकलाप, उसकी असंख्य मैत्रियों और उसको राजनीति को क्रमवार या किसी भी प्रकार के क्रम में बताना होगा क्योंकि उसके वैविध्य भरे व्यक्तित्व और कार्यकलाप में किसी भी प्रकार की व्यवस्था नहीं थी।

गूप अखबारी और पत्रकारिता की दुनिया का आदमी था। मेरा खयाल है कि वह सुबह 'टाइम्स' और 'मैनचेस्टर गार्डियन' लेता था और अपने कमरे से निकलने के पहले उन्हें पढ़ जाता था। अगर ग्यारह बजे के करीब उससे मुलाकात हुई तो उसके पास डेली टेलीग्राफ और इवनिंग स्टैंडर्ड की प्रतियां होतीं। (एक दिन इस वक्त मुलाकात होने पर) उसने कहा, "अरे! जेम्स स्टैंडर्ड में कांस्टेंटाइन की उस किताब की समीक्षा छपी है, जिसके बारे में तुम मुझे बता रहे थे।" मैंने अखबार खरीदा और तुरंत समीक्षा पढ़ डाली। समीक्षा अच्छी थी और उसमें हमने (यह किताब प्रसिद्ध वेस्ट इंडियन क्रिकेटर सर लॉरी कांस्टेंटाइन ने जेम्स के सहयोग से लिखी थी और कांस्टेंटाइन के बुलावे पर ही जेम्स इंग्लैंड आए थे) जिस बात पर विशेष जोर दिया था, उसका जिक्र किया गया था कि अंग्रेज, आस्ट्रेलियाई और दक्षिण अफ्रीकी टेस्ट खिलाड़ियों का एक ही सिद्धांत है और वह है हर हालत में किसी तरह जीतना। (यहां कांस्टेंटाइन और जेम्स शायद इशारे से कह रहे थे कि श्वेत खिलाड़ियों के विपरीत वेस्ट इंडीज के अश्वेत खिलाड़ी क्रिकेट 'सज्जनों' की तरह क्रिकेट की मर्यादाओं का पालन करते हुए अपने को श्वेत खिलाड़ियों से किसी भी प्रकार कमतर न बताते हुए और अपनी पहचान बनाते हुए आनंद और मौज के साथ टेस्ट क्रिकेट खेलते हैं)। 3 बजे गूप इवनिंग स्टैंडर्ड का दूसरा संस्करण खरीदता और उस पर सरसरी नजर डालता। (उस दिन बाद में मुलाकात होने पर) गूप ने बताया, 'वह समीक्षा (बाद के संस्करण में) लापता हो गई है'; उपनिवेश कार्यालय (कोलोनियल ऑफिस) ने उसे पढ़ा और...को भेजा...(आशय शायद यह है कि उपनिवेश मंत्रालय के आदेश पर समीक्षा को इवनिंग स्टैंडर्ड के अगले संस्करण से निकाल दिया गया।) वह हर

रोज इवनिंग स्टैंडर्ड के तीन (दैनिक) संस्करण खरीदता था और हमें बताता था कि अखबार क्या क्या घृणित चालबाजियां करते हैं और अगर मार्निंग पोस्ट में कोई खास चीज छपी हो तो उसे भी खरीद लेता।

अखबारी आदमी (मैन आफ पेपर्स) के रूप में मैंने गूप के बारे में अभी तक आधी बात ही कही है। लंदन विश्वविद्यालय में एक कमरा था (जहाँ) दुनिया भर के अखबार आते थे...दक्षिण अफ्रीका, सीलोन, बर्मा, मालटा और अन्य किसी भी देश के अंगरेजी में छपने वाले अखबार...हर रोज गूप इस कमरे में जाता और वहां उन्हें पढ़ता...अखबारों में एक दूसरे को काटने वाली खबरें होतीं...इंग्लैंड के अखबारों में जो छपता वह अन्य देशों के अखबारों से अलग होता...''कह रहे हैं कि...गवर्नर जनरल ने स्थिति पर पूरी तरह काबू पा लिया है। एकदम झूठ है। आज सुबह जो स्थानीय अखबार की दो प्रतियां आई हैं उनमें कहा गया है कि पुलिस और रेजीमेंट जनता पर काबू नहीं पा सके हैं।''

राजनीतिक विचारों से गूप सोशलिस्ट था, वास्तव में चरम (एक्सट्रिम) सोशलिस्ट। गूप ही वह व्यक्ति था जिसने मुझे विस्तार से स्टालिनवादियों के अपराधों विशेषकर (सोवियत) रूस में मजदूर वर्ग की निम्न स्तरीय और अपमानजनक (डिग्रेडेशन) स्थिति के बारे में बताया; ''सोशलिज्म-सोशलिज्म बकवास है'', वह कहता, ''रूस में मजदूर गुलाम हैं। मैं वहां गया हूं और जानता हूं, जेम्स, मैं तुम्हें हमेशा यह कहता आया हूं कि उद्योगों पर मजदूर वर्ग के नियंत्रण (कंट्रोल) के बिना सोशलिज्म नहीं आ सकता–मजदूरों द्वारा उद्योग का नियंत्रण ही (सोशलिज्म के लिए) प्रधान (निर्णायक) है।

(इसके बाद का पूरा पृष्ठ किसी भी तरह पढ़ा न जा सका। धुंधले अक्षरों और अबूझ शब्दों की छितराहट से यह आभास मिलता है कि उसमें सोवियत यूनियन की घनघोर आलोचना और ट्राटस्की की चर्चा है)।

दोपहर के लगभग साढ़े पाँच बजे मैं और गूप टहलते होते। गूप के पास अखबारों का ढेर होता और आसपास बस स्टैंड पर कोई लड़की बस के इंतजार में खड़ी मिलती। (लड़की को देखने पर) गूप मुझे कहता, 'जेम्स, मेरा इंतजार मत करना। मैं (चला) मुझे काम है (आई ऐम आकुपाएड)। और वह अपनी अद्भुत मुस्कान लिए लड़की के पास चला जाता और इसके पीछे मुझे मुख्य चीज (गूप की) बिना किसी संकोच के परिचय प्राप्त करने की इच्छा ही जान पड़ती।

''गुड आफ्टर नून'', गूप शुरू होता, यह गुड आफ्टर नून इतना हार्दिक और साफ-साफ होता और उस किस्म का बिलकुल नहीं होता जिसमें लड़की के साथ सोने की मंशा (छिपी) रहती है, लड़की जवाब में ''गुड आफ्टर नून'' कहे बिना नहीं रहती।

''आप (या तुम) कैसी हैं'' यह गूप का अगला कदम होता। (लड़की) ध्यान से परखने की दृष्टि (क्रिटिकली) से उसे देखती और भांपती कि उसका कोई बुरा

इरादा नहीं है; कहती, "ठीक हूं, अच्छी तरह हूं, धन्यवाद।" (अब) गूप कहता "आप वेलेस्डेन (या और कहीं) जाने वाली बस का इंतजार कर रही हैं?" गूप को हमेशा पता होता था कि वह बस कहां जा रही है। (अब) गूप कहता, "मैं आपके साथ बस में सैर को जाना चाहता हूं।" (फिर) अपनी अद्‌भुत मुस्कान बिखेरता हुआ कहता, "क्या मैं चल सकता हूं।"

(इस तरह की घटनाओं में) पाँच में तीन (घटनाओं) में युवती कहती, "ठीक है (चलिए)" और गूप युवती के साथ चल पड़ता। अगले दिन मुलाकात होने पर मैं गूप से पूछता, "उस युवती का साथ कैसा रहा, उसके साथ तुम्हारी कैसी कटी।" गूप जवाब देता, "इंग्लैंड में यह सब बताया नहीं जाता (इन इंग्लैंड यू डोंट किस ऐंड टेल) और (तब) मैं कहता, "क्या भारत में यह सब बताया जाता है (डू यू किस एंड टेल)?

"तुम भारत आओ तो मैं एकदम सांगोपांग बताऊंगा कि हम हिंदुस्तानी क्या करते हैं।"

गूप के मित्रों की संख्या अनन्त थी। विश्वविद्यालय में अंगरेज लड़कियों के साथ उसकी खूब घुटती थी। एक बार मुझे याद है कि अफ्रीकी नस्ल के लोगों की यौन क्षमता के बारे में बहस छिड़ गई तो विश्वविद्यालय की कुछ लड़कियों ने गूप से कहा कि वे इस बारे में वैज्ञानिक प्रयोग करेंगी और उसे (निष्कर्ष) बताएंगी और यह प्रस्तावित प्रयोग और उस पर बहस-मुबाहिसा गूप के निर्देशन में होगा। तो ऐसा था गूप का प्रभाव। गूप ने मुझे बाद में बताया (और उसकी बात पर अविश्वास करने की कोई वजह नहीं थी) कि लड़कियों ने उसे कहा कि ऐसा कुछ भी नहीं है (यानी अफ्रीकी नस्ल के लोगों की यौन क्षमता दूसरों से अधिक नहीं होती) उलटे अफ्रीकी नस्ल के लोग ज्यादा कोमल होते हैं और स्त्रियों का ज्यादा खयाल रखते हैं। यह बात यहीं खत्म हो गई क्योंकि इस बहस में मेरी कोई दिलचस्पी नहीं थी। लेकिन जिस बात ने मुझे आश्चर्य में डाल दिया वह यह थी कि गूप विश्वविद्यालय में अंगरेज लड़कियों के साथ इस प्रकार के विषय पर विचार कर सका और उनके (निष्कर्षों के) बारे में जान सका।

गूप खूंखार (फेरोशस) राजनीतिक व्यक्ति था (फेरोशस का यहां जानबूझकर खूंखार अनुवाद किया गया है)। 'प्रतिक्रियावादी', 'स्टालिनवादी दलालों', 'साम्राज्यवादी भेड़ियों' की भर्त्सना करने में वह ऐसे चुनिंदा विशेषणों का इस्तेमाल करने में तनिक भी हिचकिचाता नहीं था। स्टालिनवाद के बारे में वह बड़े मजेदार और चमत्कृत करने वाले चुटकुले सुना सकता था जिनमें से एक या दो को दुहराने का मुझे लोभ होता है लेकिन वे...। लेकिन गूप बहुत मानवीय...जो अब मैं बताऊंगा।

इथियोपिया पर मुसोलिनी के हमले के बारे में हम सही राजनीतिक...प्रतिबंध... लीग आफ नेशंस...हम...हस्तक्षेप...हम कहते थे...मुसोलिनी...हम मजदूरों द्वारा

प्रतिबंध, मजदूर आंदोलन द्वारा प्रतिबंध...। गूप लीग (आफ नेशंस) की भर्त्सना करने और मजदूरों के संगठन द्वारा प्रतिबंध लगाने की वकालत करने में आगे-आगे था।

एक ऐसी शाम जब मैं अपने कमरे में बैठा काम कर रहा था तो दरवाजे पर मैंने दस्तक सुनी और पूछा, 'कौन है।' गूप ने गंभीर स्वर में जवाब दिया, 'मैं हूं जेम्स, गूप।' कहीं कुछ गड़बड़ है, वह वह एक जिंदादिल, बहिर्मुखी व्यक्ति हुआ करता था : क्या गूप किसी भारी संकट-शोक में पड़ गया है...उसकी व्यथा उमड़ पड़ी और मैं चिंता में पड़ गया। "...(कोई नाम जान पड़ता है) गूप, क्या हुआ", मैंने कहा। "जेम्स, अबीसीनिया"। मैंने तुरत अंदाजा लगा लिया कि क्या गड़बड़ है पर गड़बड़ का पता मुझे उससे ही लगना था। "अबीसीनिया के साथ क्या गड़बड़ है", मैंने कहा, गूप ने अपने को संयत करने की कोशिश की, "मुसोलिनी और उसके फासिस्ट सब जगह (लोगों को) रौंद रहे हैं...वह गरीब मुल्क...जेम्स हमें उनकी मदद करने के लिए कुछ करना चाहिए। हमें कुछ करना ही होगा।"

"तुम्हारा मतलब क्या है, तुम चाहते हो...अपने सैनिक अबीसीनिया को बचाने के लिए भेजे। मुसोलिनी और फासिस्ट...मैं काफी कुछ कह सकता था, बहुत सारे तरीकों के बारे में कह सकता था लेकिन गूप के प्रति मेरी चिंता और आदर ने उसकी बातों पर मेरी प्रतिक्रिया को संयत कर दिया। मैंने कहा, "गूप, मैं जानता हूं तुम क्या महसूस कर रहे हो...अबीसीनिया की जनता के साथ क्या हो रहा है, यह जानने के लिए हमें अखबार पढ़ने की जरूरत नहीं। तुम जानते हो ये साम्राज्यवादी डाकू किस प्रकार लूटते हैं, बलात्कार करते हैं और निरीह निहत्थे किसानों को आग में झोंक देते हैं। हम इस बारे में क्या कर सकते हैं? इंग्लैंड और फ्रांस द्वारा मुसोलिनी को रोकने के लिए सैनिक भेजने के खिलाफ दी जाने वाली सारी दलीलों को तुम जानते हो। ये साम्राज्यवादी डाकू तुम जानते हो, इनकी सरकारें कुछ भी कह सकती हैं (लेकिन) हमेशा एक दूसरे का समर्थन करती हैं। मैंने इस प्रश्न पर तुमसे अकसर काफी विचार-विमर्श किया है। गूप, तुम बताओ उन तर्कों में क्या गलत है।"

"तुम सही थे। मैं जानता हूं कि मैं गलत था। लेकिन चुप बैठना और यह सोचना कि निरीह अबीसीनिया को मुसोलिनी के डाकू रौंदते चले जा रहे हैं और इस बारे में कुछ न करना बरदाश्त नहीं होता।"

"मजदूरों द्वारा प्रतिबंध, निषेध" (सैंक्शन) मैंने कहना शुरू किया तो गूप ने अपनी गरदन ऊँची की और कहने लगा, "जेम्स, तुम्हें मजदूरों द्वारा निषेध, प्रतिबंध के बारे में मुझे बताने की जरूरत नहीं, मैं इस बारे में सब कुछ जानता हूं, खैर...मैं तुमसे मिलने आया था कि अगर मैं किसी मीटिंग में जाऊं और वहां मुझे बोलने के लिए कहा जाए और मुझे पता न हो कि मैं क्या बोलूं...तुम बड़े काम के (उपयोगी, यूजफुल मैन) आदमी हो" अपनी बात समाप्त करते हुए उसने मेरे कंधे थपथपाए और (चल दिया।)

गूप जब आपने जीवन के सबसे बड़े संकट (क्राइसिस) से गुजर रहा था तब मैं उसकी कोई मदद नहीं कर सका। आखिरकार वह एक अंगरेज लड़की के प्रेम में पड़ ही गया। यह लड़की एक स्टोर में काम करती थी (ए गर्ल हू सोल्ड इन ए स्टोर)। वह एक आकर्षक युवती थी भले ही ऐसी नजर न आती हो। गूप के साथ लगभग एक साल घूमने-फिरने के बाद वह छुट्टियों में पेरिस गई तो वहां वह एक फ्रांसीसी आदमी के चक्कर में आ गई। वह गूप के पास लौट आई पर वह फ्रांसीसी अकसर उससे मिलने लंदन आता रहा और वह दोनों के बीच (शायद झूलती) रही। वह (युवती) शान से जीतती चली गई और गूप हारता चला गया। हारा गूप उसके साथ सकारात्मक या नकारात्मक रूप में से किसी भी रूप में निपट नहीं पाया। मैं उसका राजदां बन गया और उसके (युवती) गैर भरोसेमंद (या ढुलमुल) होने की यातनाओं...ने उसे (मुझसे पूछने को बाध्य किया) ''जेम्स, मुझे क्या करना चाहिए?'' मैं उसे कुछ भी बता न सका...वह भारत चला गया, जाते वक्त मुझे कह गया कि वह निश्चय ही लौटेगा लेकिन मैं खुद संयुक्त राज्य अमेरिका चला गया और फिर उससे कभी मुलाकात नहीं हुई। लेकिन मैंने सुना कि वह बंगाल वापस चला गया है और वापस व्यापार करने लगा है और बहुत जल्द ही करोड़पति (मिलियोनेयर) बन गया है। मुझे कोई अचरज नहीं हुआ, मुझे कोई अचरज (तब भी) नहीं होता अगर वह भारत का प्रधानमंत्री भी बन गया होता। उसकी किसी भी बात (करने या होने की) से मुझे अचरज नहीं होता। उसमें अपनी कमजोरियां थीं लेकिन मैंने उसके जैसा हर चीज को जानने वाला और हर दिन अपने ज्ञान को बढ़ाने वाला कोई और व्यक्ति कभी नहीं जाना।

(इसके बाद एक पूरा पैराग्राफ है जो पढ़ा नहीं जा सका; यह भी पता नहीं चलता संस्मरण आठवें पृष्ठ पर ही समाप्त है या आगे भी है। लगता तो यही है कि आठवें पृष्ठ पर समाप्त है। अनुमान है कि यह संस्मरण जेम्स ने अपनी आत्म-जीवनी के एक प्रसंग के रूप में लिखा होगा। हस्तलिपि में एक जगह अबीसीनिया को काट कर इथियोपिया किया गया है और बहुत जगहों पर शब्दों के नीचे घेर कर गोल निशान लगाए गए हैं। **सं.**)

वे मेरे...हीरो थे

पवन कुमार गुप्त

अपने ही ताऊजी के बारे में लिखना, जिनके बारे में इतने सालों बाद जब भी सोचता हूं तो श्रद्धा और विस्मय से भर जाता हूं, बड़ा मुश्किल होता है उनके बारे में कुछ भी कह पाना। वे मेरे हीरो रहे हैं। मन में यह भी आता है कि क्या मैं तटस्थ होकर लिख पाऊंगा? क्या उन सब बातों को लिखूं जो शायद कहीं-न-कहीं निजी और उनके करीब भी रही हैं? और सम्भवत: लिखना आवश्यक भी है, तो क्या आज के और पुराने समाजवादी, उन्हें पचा पाएंगे? मैंने तो आज तक लेख ही लिखे हैं, थोड़ी-बहुत कविताएं, पर कविताएं ज्यादा अपने लिए, छापने के लिए नहीं। लेख और कविता अलग हैं, पर अपने ही किसी आत्मीय की बात, आप-बीती लिखना, ज्यादा कठिन होता है, बहुत-सी बातों का, लोगों की भावनाओं का ध्यान सहज ही आ जाता है। एक बार मन में आया था कि एक उपन्यास लिखूं और उसमें वे सब बातें डालूं जो मैं जानता हूं, शायद सिर्फ मैं, क्योंकि मैं कई वर्षों तक कलकत्ता के जोड़ा बागान के हमारे उस मकान–'मार्बल हाउस', जिससे 50 और 60 के दशक के समाजवादी बखूबी परिचित होंगे, के उसी कमरे में सोता था, जहां बालकृष्णजी और जब-जब डॉक्टर लोहिया कलकत्ता होते, सोते थे। बच्चा ही था पर उन दोनों दोस्तों के बीच के अनूठे रिश्ते के कुछ पहलुओं को जैसा मुझे समझने का मौका मिला, शायद ही किसी अन्य को मिलता।

बहरहाल, उपन्यास बीच में अधूरा पड़ा है, पता नहीं कब लिखा जाएगा पर कुछ एक बातें इस लेख में जरूर आ जाएंगी। बच्चे उस तरह भले ही न समझते हों, जैसे बड़े होने पर हम समझने लगते हैं, पर वह समझ किसी प्रकार से कम नहीं होती। बड़े होने पर समझ पर शब्द हावी होने लगते हैं। शब्दों का अपना जंजाल होता है, हर शब्द के साथ ढेरों मान्यताएं चिपकी होती हैं। इनमें से बहुत-सी मान्यताएं तो चोरी-छिपे ही चिपक जाती हैं और हम शब्दों में सोचने वालों के सोच और निष्कर्षों को वे अनजाने ही प्रभावित कर देती हैं, जो साफ होना चाहिए उस पर मान्यताओं, पूर्वाग्रहों की धूल चढ़ जाती है। मसलन आज का प्रचलित शब्द 'विकास'–कितनी मान्यताएं

छिपी हैं इस एक शब्द के साथ। बचपन में शायद समझ कुछ अलग तरह से बनती है, उसमें भावना और सहज बोध का हिस्सा ज्यादा होता है, शब्दों का बोझ कम। सम्भवत: इसलिए यह समझ सीधी होती है और व्यक्ति पर अपना गहरा असर छोड़ती है। बालकृष्णजी की निश्छलता, सरलता, सहजता और एक गहरी ईमानदारी ने बिना कोशिश किए जो असर मुझ पर छोड़ा, उसे मैं आज तक सहेज रहा हूं। बालकृष्णजी की ईमानदारी को मैं सिर्फ महसूस ही कर सकता हूं। उसके अनेक आयामों के साथ। ईमानदारी शब्द से जो संप्रेषित होता है वह अधूरा है। उनकी ईमानदारी और साधुत्व को समझने के लिए ईमानदारी और साधुत्व एक साथ इसलिए कि सच्चे साधु का सर्वप्रथम पूरी तरह से ईमानदार होना जरूरी है।

बालकृष्णजी की प्रारंभिक या स्कूली पढ़ाई पहले अपने मूल गांव, भादरा, बीकानेर, राजस्थान में और फिर बिहार के पूर्णिया जिले के फारबिसंगज में हुई। कॉलेज की पढ़ाई के लिए वे 1928 के आसपास कलकत्ता आए और प्रेसीडेंसी कॉलेज में भर्ती हो गए। राजस्थान के एक छोटे-से गांव और फिर बिहार के भी छोटे-से गांव के पढ़े आदमी ने कैसे कलकत्ता के सबसे अंगरेजीपरस्त और प्रतिष्ठित कॉलेज में अपने को सहज किया होगा, यह सोचकर आज भी अचरज होता है।

कलकत्ता एक अलग शहर है जहां एक हिंदी प्रदेश के आदमी का वहां की अकादमिक दुनिया में प्रवेश पाना, आज तो नहीं, पर सत्तर के दशक तक आसान नहीं था। अंगरेजों ने इस शहर में जो असर छोड़ा है उससे कलकत्ता के लोगों का पीछा छुड़ाना आसान नहीं है। 1818 में गवर्नर जनरल विलियम बेंटिक का वो पत्र याद आता है जो उसने अपने आकाओं को लंदन लिखा था। उससे पहले 1815 में बैरकपुर की छावनी में एक सिपाही विद्रोह हो चुका था, जिससे अंगरेज बुरी तरह घबरा गए थे। विद्रोह के तीन वर्ष बाद बेंटिक लिखता है कि "अब घबराने की कोई जरूरत नहीं, स्थिति काबू में है। बंगाल का पढ़ा-लिखा आदमी अब हमारी नकल करने में लग गया है।" यह असर आज भी वहां है, 1928 की तो बात ही छोड़िए। एक अजीब प्रकार का अहंकार और क्षेत्रीयवाद से ग्रस्त है कलकत्ता का अंगरेजीपरस्त भद्र समाज, फिर चाहे वो वहां का सर्वहारा वामपंथी हो या कलकत्ता क्लब जाने वाला कुलीन साहब।

सत्यजीत राय जैसे प्रसिद्ध फिल्म निर्माता और संवेदनशील व्यक्ति की फिल्मों में भी हिंदी-भाषी हमेशा दरबान और ड्राइवर ही रहे और मारवाड़ी सूदखोर, इसलिए शायद यहीं, प्रेसीडेंसी कॉलेज में आकर, उन्होंने अपने नाम में कुछ तब्दीली की या करनी पड़ी। बालचंद बायां वाला बालकृष्ण गुप्त में परिवर्तित हो गया। कॉलेज स्ट्रीट के पास ही मिर्जापुर स्ट्रीट के एक हॉस्टल में वे रहने लगे और यहीं उनकी मुलाकात एक ऐसे व्यक्ति से हुई जिसका साथ उन्होंने ता-उम्र हनुमान की तरह निभाया। यह और कोई नहीं राममनोहर लोहिया थे।

पढ़ाई–लिखाई में उनकी विलक्षण प्रतिभा तो भादरा में ही दिखाई पड़ने लगी थी, पर प्रेसीडेंसी में आकर इस प्रतिभा में और निखार आया। फाइनल परीक्षा में फर्स्ट क्लास सेकेंड आने से आत्मविश्वास में और इजाफा भी हुआ होगा। एक मारवाड़ी के लिए उस माहौल में यह बड़ी उपलब्धि रही होगी। साम्यवादी और समाजवादी चिन्तन की शुरुआत भी संभवतः इन्हीं दिनों हुई। विदेश जाकर आगे की पढ़ाई के सपने भी देखे जाने लगे।

मारवाड़ी संयुक्त परिवार के घर की अपनी पेचीदगियां होती हैं। उस जमाने में कहीं ज्यादा रही होंगी। विदेश जाना वैसे भी मुश्किल था उस जमाने में, फिर समाज से बहिष्कृत होने की आशंका इत्यादि कई ऐसे मुद्दे रहे होंगे जिनका सिर्फ अनुमान ही लगाया जा सकता है, इसीलिए घर पर बिना बताए वे विलायत के लिए रवाना हो गए और वहां जाकर 'लंदन स्कूल ऑफ इकोनॉमिक्स' में दाखिला ले लिया।

बालकृष्णजी अलग मिट्टी के बने थे। वे विचारों से बेहद आधुनिक थे पर प्रवृत्ति से बिलकुल साधु। परंपराओं, रूढ़ियों, पुराने खयालात इत्यादि से कोसों दूर थे वे। यह कब और कैसे हुआ, कहना मुश्किल है। शायद कलकत्ता और वहां के अंगरेजीपरस्त माहौल से ज्यादा उन किताबों का और भादरा में उनके बुआ के लड़के सत्यनारायण सराफ और उनके चाचा खूबरामजी सराफ–जो क्रांतिकारी किस्म के लोग थे और प्रजा परिषद/मंडल के सदस्य भी थे–का असर ज्यादा था। किताबों को पढ़ने का शौक तो उन्हें बहुत पहले ही लग चुका था। कलकत्ता और वहां के प्रगतिशील वातावरण ने इसमें और इजाफा किया होगा।

विचार और मानसिकता से पूरी तरह आधुनिक और गैर–परंपरावादी होने के बावजूद जो उन्हें दूसरों से अलग करता था, वह थी–उनकी चाल–ढाल, पहनावा, उनकी भाषा, उनका रहन–सहन। अकसर परंपरागत परिवार ने आनेवाले जब पश्चिमी प्रगतिशील वातावरण से प्रभावित होते हैं तो सबसे पहले उनका बाहरी आवरण, चाल–ढाल, उनकी भाषा और उनके मुहावरे बदलता है। पर बालकृष्णजी के साथ ऐसा नहीं हुआ।

1930–31 में घर वालों को बिना बताए पढ़ने के लिए लंदन गए और करीब 10 वर्ष तक वहीं रहने के बाद जब भारत लौटे तो जहाज से नीचे उतरने के पहले पैंट उतारकर, धोती पहन ली और जीवन भर वही खादी का कुर्ता और धोती ही पहनते रहे। अच्छी अंगरेजी जानने के बाद भी और दिन भर अंगरेजी किताबों, पत्रिकाओं और अखबारों में डूबे रहने के बाद भी, जब तक बहुत जरूरी न हो, अंगरेजी बोलते शायद ही किसी ने उन्हें सुना हो।

मैं जब सिर्फ साल भर विदेश रहने के बाद लौटे भारतीयों को अंगरेजी, विदेशी लहजे में बोलते सुनता हूं या एक ही देशी भाषा जानने वालों को एक–दूसरे से अंगरेजी में बातें करते सूनता हूं, तो बड़ा अचरज होता है। जिस मारवाड़ी समाज से बालकृष्णजी

आते थे वहां विलायत से लौटने वालों का रुतबा कुछ ऊंचा हो जाता था। वैसे भी कम ही लोग विदेश जाते थे उस समय। 30 के दशक में लंदन में भारतीय विद्यार्थियों की संख्या 50 से ज्यादा नहीं रही होगी और मारवाड़ी तो शायद कोई भी नहीं होगा, पर बालकृष्णजी ने इस विशेषता का कभी प्रत्यक्ष या परोक्ष रूप से कोई लाभ नहीं उठाया। वे इन बातों के प्रति अनभिज्ञ और उदासीन थे, परवाह ही नहीं थी।

लंदन जाने से पहले उन्होंने महामनाजी से संबंध साध लिए थे, सम्भवत: खूबरामजी सराफ के मार्फत और इस वजह से शुरू के दिनों में उन्हें लंदन के आर्य समाज से जुड़े लोगों से कुछ मदद भी मिल गई। इसी के चलते लंदन में रहते वक्त उनके बिरला परिवार से संबंध भी बने, पर तब तक उनके विचार समाजवादी विचारधारा में पकने लगे थे।

सम्भवत: इस वजह से भारत आने के बाद बिरला परिवार से संबंध जोड़ने का उन्होंने कभी कोई प्रयास नहीं किया, जिस पर मारवाड़ी अचम्भा करते रहे, क्योंकि हर मारवाड़ी भले ही पैसे वाला ही क्यों न हो, लालायित रहता था बिरला परिवार का कृपापात्र बनने को। वरन्, बाद में 50-60 के दशक में जब वे 'जन' नाम से एक पत्रिका का संपादन करने लगे और अपने और छद्म नामों से (मुद्रा राक्षस, एकलव्य इत्यादि) उसमें लेख लिखने लगे तो उन्होंने बिरला परिवार पर एक लंबा और तथ्यों से भरा लेख लिखा था जो 'बिरला रहस्य' के नाम से छपा। इसमें बिरला परिवार किस प्रकार शेयर बाजार में अपने ही शेयरों की सट्टेबाजी करता है इत्यादि अनेक काले कारनामों का पर्दाफाश किया गया था।

यह लेख चर्चा का विषय बना, न सिर्फ कलकत्ता के मारवाड़ियों के बीच, वरन् भारत की संसद में भी। इसमें व्यापार, शेयर बाजार और औद्योगिक क्षेत्र की उन बारीकियों को उजागर किया गया जो वही व्यक्ति पकड़ सकता है जो इन पेचीदगियों को समझने की कूवत रखता हो। बिरला परिवार और उनकी कृपा पर पलने वाले बहुतेरे मारवाड़ी सेठ इससे बहुत बौखलाए हुए थे।

बचपन में मेरा बहुत-सा समय ताऊजी के साथ गुजरा। संयुक्त परिवार में रहने की वजह से और उस समय का रहन-सहन अलग तरह का होने की वजह से वहां व्यक्तिगत 'प्राइवेसी' को बहुत अहमियत नहीं दी जाती थी। मैं उनके साथ 'बड़े' कमरे में सोता था। यही कमरा दिन के समय बाहर के आने-जाने वालों के लिए बैठक का काम भी करता था। ताऊजी ज्यादातर समय पढ़ते रहते थे। अखबारों से लेकर अंगरेजी पत्रिकाएं और उपन्यास जिनमें से बहुत सारी वे धरमतल्ला जाकर पुरानी किताबों की दुकानों से खरीद लाते थे। पर हम बच्चों से वे बहुत-सी बातें किया करते थे, उसमें आम किस्से-कहानियों से लेकर अपने गांव भादरा के किस्से, शिव-पार्वती और गणेशजी के किस्से भी होते थे, केनेडी, आइजेनहोवर, मार्शल टीटो, ख्रुश्चेव और बुलगैनिन की बातें भी होती थीं। धर्म, परंपरा, देवी-देवताओं, पूजा-पाठ, मन्दिरों से

कोसों दूर और उनके नाम से भी जिस आदमी को चिढ़ जैसी थी, वही आदमी पौराणिक कथाओं खासकर शिव और पार्वती की कथाओं को बड़े मजे लेकर सुनाता था।

उनके जितना सहज-सीधा और एक प्रकार का बाल-सुलभ भोलापन मैंने आज तक किसी में नहीं देखा। जिस निश्छलता के लिए आध्यात्मिक लोग प्रयास करते रहते हैं, वह उन्हें सहज ही प्राप्त थी। मुझे बचपन का एक किस्सा आज तक याद है। हम सभी बच्चे मेरे उम्र के या मुझसे बड़े, सिवाय मेरे एक चचेरे भाई के, ताऊजी और उनके परम मित्र डॉक्टर लोहिया के प्रभाव की वजह से हिंदी माध्यम स्कूलों में ही गए। उस समय भी अंगरेजी माध्यम से पढ़ना एक शान की बात हुआ करती थी। मेरी अंगरेजी कमजोर थी, पर ताऊजी उत्साहित करते रहते थे–'कुछ भी' पढ़ने के लिए। एक दिन एक अंगरेजी अखबार में पढ़ा, "Sex films banned in Pakistan"। फिल्म तो समझ गया पर यह 'सेक्स' क्या होता है समझ नहीं आया। अब शब्दकोश उठाकर कौन देखे, हमारे पास तो ताऊजी के रूप में चलता-फिरता शब्दकोश रहता ही था, जब भी कुछ समझ नहीं आता हम उनसे ही पूछ लेते थे। मैंने तुरन्त उनसे पूछा, "ताऊजी, यह सेक्स क्या होता है।" उन्होंने अखबार पढ़ते-पढ़ते बड़ी सरलता से जवाब दिया, "मर्द और औरत के रिश्ते को सेक्स कहते हैं।" उस उम्र में यह अर्थ अपने पल्ले पड़ा, संतुष्टि हुई और कुछ ऐसा भी नहीं हुआ कि कोई गुदगुदाहट हुई हो।

आज इस सेक्स एजुकेशन के युग में भी मैं बच्चों के इस तरह के सवाल पर आधुनिक मां-बापों को गड़बड़ाते देखता हूं तो ताऊजी की याद आए बिना नहीं रहती। उनके मुंह से हम लोगों ने उनके विलायत के किस्से कभी नहीं सुने। वे अपनी पुरानी बातें कभी नहीं करते थे। उनके विलायत के दिनों की ज्यादातर बातें तो बहुत बाद में, उनके गुजर जाने के लगभग 10 वर्ष बाद, मुझे पता चली। हुआ यूं कि रॉबर्ट हिल नाम का एक व्यक्ति, जो मूलत: ट्रिनिडाड का निवासी था पर अमेरिका में रहता था, उन्हें खोजता हुआ 1992 के आसपास भारत आया। उसकी उम्र उस समय 50-55 के आसपास रही होगी। उसने कहीं से नम्बर ढूंढ़-ढांढ़ के हमारे यहां फोन किया और बालकृष्ण गुप्त के बारे में पूछने लगा। उनको गुजरे तब तक तकरीबन 20 वर्ष हो चुके थे। हम सबको आश्चर्य हुआ। उसे घर पर खाने का न्योता दिया गया तब उनके बीते समय की कुछ बातें पता चलीं। रॉबर्ट, प्रसिद्ध सी.एल.आर. जेम्स का शिष्य था। जेम्स खुद भी ट्रिनिडाड के ही रहने वाले थे। जेम्स प्रसिद्ध लेखक, विचारक और कवि थे और उनका ट्रिनिडाड में लोग उसी तरह सम्मान करते हैं, जैसे हम गुरुदेव रवीन्द्रनाथ का। अपने आखिरी दिनों में उन्होंने अपनी जीवनी लिखनी शुरू की थी, जो बीच में अधूरी रह गईथी। इस अधूरे काम को पूरा करने रॉबर्ट हिंदुस्तान आया था क्योंकि जेम्स के कागजों में उसे एक हाथ से लिखा चैप्टर मिला था (जीवनी का हिस्सा) जिसका शीर्षक था 'गूप', जिसे जेम्स ने अपने परम मित्र बालकृष्ण गुप्त पर लिखा

था। लंदन के दिनों में वे अपने दोस्तों के बीच इसी नाम से पुकारे जाते थे। उसने वह चैप्टर हमें दिखाया जिससे और उसके बाद भी पत्र वगैरह मिले, जो ताऊजी ने अपने दोस्तों को विलायत रहते हुए लिये थे। उन सबसे यह पता चला कि वे लंदन में किस कदर सक्रिय थे। हर दिन कितने अखबार पढ़ते थे, दुनिया भर के और एक ही अखबार के सुबह और शाम के प्रकाशनों में क्या महत्त्वपूर्ण फर्क होते थे, अलग–अलग अखबारों की दृष्टि, इत्यादि इसका विश्लेषण वे दोस्तों की बैठकों में किस बारीकी से करते थे। उनकी कृष्ण मेनन से अंतरंगता का भी हम सबको उसी समय के आसपास ही पता चला क्योंकि भारत आने के बाद और जब मेनन रक्षा मंत्री बने तब भी ताऊजी ने कभी इस बात का जिक्र नहीं किया। मेनन से मित्रता इतनी घनी थी कि उनकी खास महिला मित्र के बीच के झगड़े की मध्यस्थता वे ही करते थे

हैराल्ड लॉस्की के चहेते शिष्यों में वे रहे और ट्रॉटस्की से भागकर जब लंदन आया और नई पार्टी का गठन किया तो उसके शुरू के संस्थापक सदस्यों में बालकृष्णजी भी थे। वहां रहते हुए वे जर्मनी, रूस के अलावा उत्तरी अफ्रीका के कई देशों में भी गए। उनकी राजनीतिक गतिविधियों को जानने–समझने का प्रयास किया और उस पर खूब लिखा। वहां से वे हिंदुस्तान के अंगरेजी और हिंदी अखबारों (हिंदुस्तान टाइम्स, विशाल भारत, विश्वमित्र, हिंदुस्तान स्टैंडर्ड इत्यादि।) के लिए लिखते रहे और लंदन से निकलने वाली वामपंथी विचारों की पत्रिका 'फाइट' का संपादन भी किया। यह सब हम लोगों को उनके गुजर जाने के कई वर्षों बाद पता चला। वे 'इंडिया हाउस' में सक्रिय तो पहले से ही थे। बहुत सी मीटिंगों में उनके भाषण हुआ करते थे। वे जब लंदन में पढ़ रहे थे, तब डॉक्टर साहब जर्मनी में पढ़ रहे थे। उसी समय की बात है, जेनेवा में 'लीग ऑफ नेशंस' की बैठक में ताऊजी के ही इलाके बीकानेर के महाराज गंगासिंह, भारत का प्रतिनिधित्व कर रहे थे। या यूं कहें कि अंगरेजों द्वारा भेजे गए थे। ये दोनों दोस्त जेनेवा पहुंच गए और ऑडिटोरियम के गलियारे से उन्होंने गंगासिंह के खिलाफ पर्चे फेंके, दुनिया को यह जताने के लिए कि गंगासिंह भारत का प्रतिनिधित्व करने योग्य नहीं है। गांधीजी अब 1931 में गोलमेज कॉन्फ्रेंस के लिए लंदन गए तो वहां से मैनचेस्टर भी गए थे तो साथ में ताऊजी और बहुत सारे भारतीय विद्यार्थी भी गए थे।

हालांकि ताऊजी पर आधुनिक और समाजवादी विचारों का जो रंग चढ़ा था उसके चलते ये महात्मा गांधी से बहुत प्रेरित नहीं हुए थे, पर उसे समय अपने दोस्त को लिखी चिट्ठी से पता चलता है कि वे महात्मा के मैनचेस्टर की फैक्टरियों में काम कर रहे मजदूरों पर हुए जादुई प्रभाव से प्रभावित हुए बिना नहीं रह सके।

महात्मा के स्वदेशी आंदोलन का वहां की मिलों पर गहरा असर हुआ था और वे या तो बंद हो गई थीं या बंद होने के कगार पर थीं। मजदूरों की छुट्टी कर दी गई थी और इसलिए वे महात्मा गांधी को अपनी लाचारी का कारण मानते थे और उनमें

बेहद गुस्सा था। पर जब गांधीजी वहां गए और उन्होंने 'स्वदेशी' के विचार और भारत के आम आदमी की बेबसी की बात उन मजदूरों के सामने रखी, तो बकौल ताऊजी के, वहां का महौल ही चमत्कारक रूप से बदल गया। जो लोग महात्मा को अपना दुश्मन मानते थे, उनसे हाथ मिलाने और उनके पास आने को उमड़ पड़े। पुलिस को भीड़ पर काबू पाना पड़ा।

मेरा अपना अनुभव कहता है कि बालकृष्णजी महात्मा गांधी की बात करने से बचते थे। उन्हें गांधीजी की धर्म और सभ्यतागत बातें, शायद 'पीछे' ले जाने जैसी लगती होंगी, कुछ-कुछ वैसे ही जैसे कांग्रेस के अंदर बहुत सारे लोगों को लगती थीं, मसलन–जवाहरलाल नेहरू और नेताजी सुभाषचंद्र बोस को (अपने संगठन को नेताजी ने इसीलिए संभवतः 'फॉरवर्ड ब्लॉक' का नाम दिया)। दूसरी तरफ उनकी निश्चित तौर पर महात्मा गांधी की बहुत-सी बातों से सहमति भी होगी। शायद वे महात्मा के बारे में अपनी राय ठीक-ठीक नहीं बना पाए। आधुनिक लोगों के लिए महात्मा उस समय भी एक पहेली थे और आज भी हैं। उस समय और आज भी बहुत सारे लोगों में महात्मा गांधी को लेकर एक असमंजस की-सी स्थिति रहती है, वे न तो उन्हें पचा पाते हैं और न ही नजरअंदाज कर पाते हैं। मुश्किल यह है कि महात्मा को किसी भी कठघरे में रखकर समझा नहीं जा सकता, जो आदत हम पढ़े-लिखों की हो गई है, पहले कठघरा, फिर व्यक्ति को उसमें रखकर समझने की आदत।

सी.एल.आर. जेम्स के लिखे चैप्टर से और भी बहुत सी रोचक और महत्त्वपूर्ण बातों का पता चलता है जिसका कोई अनुमान हम परिवार वालों को कभी नहीं रहा। ऐसा लगता हे कि दो अलग-अलग व्यक्ति हों, एक जो विलायत में पढ़ा था और एक वो जो विलायत से आने के बाद हिंदुस्तान में रहा। यहां आकर तो ऐसा लगता है कि जैसे उन्होंने तय कर लिया था कि अपने व्यक्तित्व को वे पूरी तरह अपने परम मित्र डॉक्टर लोहिया में समा देंगे और अपनी हस्ती मिटा ही देंगे। लोहिया को समझना तो शोध का विषय ही हो सकता है।

बहरहाल, जेम्स की दो-तीन बातें यहां लाना ठीक होगा। एक तो यह कि बालकृष्णजी (जो किसी भी दृष्टि से खूबसूरत नहीं कहे जा सकते, हां व्यक्तित्व में एक आकर्षण जरूर था) लड़कियों से बहुत जल्दी दोस्ती ही नहीं, अंतरंग रिश्ता सहज ही बना पाते थे। जेम्स के अनुसार, एक ऐसा रिश्ता जिसमें लड़कियां अपनी अत्यंत गोपनीय और अंतरंग बातें जो वो अपनी महिला मित्र को कहने में भी हिचकिचाएं, उनसे सहजता से कह पाती थीं। उनमें कुछ ऐसा था कि लड़कियां उनसे दोस्ती करके यह भूल सी जाती थीं कि उनका दोस्त कोई मर्द है। दूसरी कि व्यक्ति के बात करने के लहजे से बालकृष्णजी यह भांपने में महारथी थे कि व्यक्ति लंदन के किस इलाके का निवासी है और फिर उस व्यक्ति को उसी लहजे और मुहावरों में बात करके जल्दी ही बातचीत का सिलसिला सहज कर लेते थे। चैप्टर के आखिर में जेम्स लिखते हैं

कि 1939 के आसपास हम दोनों ने लंदन छोड़ दिया, गूप भारत चला गया और मैं अमेरिका। बाद में मैंने सुना यह भारत के पूर्वी इलाके (कलकत्ता) में बस गया है और उसने बहुत धन अर्जित कर लिया है। मुझे आश्चर्य नहीं होता यदि मुझे यह पता चलता कि वह हिंदुस्तान का प्रधानमंत्री भी बन गया है, क्योंकि हर दिन गूप की सोच में इजाफा होता रहता था। वह इतनी सारी चीजों के बारे में इतना कुछ जानता था, पर भारत आने के बाद उस शख्स ने अपने को पूरी तरह डॉक्टर लोहिया को समर्पित कर दिया। शायद इस तब्दीली में संयुक्त परिवार की अपनी राजनीति और पेचीदगी का भी हाथ रहा हो। मेरे लिए कहना मुश्किल है। बहरहाल मैंने उन्हें सक्रिय रूप से कुछ भी करते कभी नहीं देखा। डॉक्टर साहब और उनकी पार्टी जब चुनाव लड़ती थी तो कलकत्ता के मारवाड़ी सेठों के पास धक्के खाने, उनके ताने सुनने के लिए वे जरूर सक्रिय होते थे, ऐसे में लोगों से मिलना वे बिलकुल पसंद नहीं करते थे।

चुनाव के वक्त, यह जानते हुए कि उलटी-सीधी बातें सुनने को मिलेंगी, ये पांच सौ, हजार रुपए के चंदे के लिए बिना झिझक उन लोगों के पास पहुंच जाते थे। वह समय अलग था। सेठ लोग यह कल्पना भी नहीं करते थे कि कांग्रेस के अलावा किसी अन्य दल की सरकार कभी हिंदुस्तान में बन भी सकती है। यह सब तो 1967 के बाद शुरू हुआ। तो सेठों के लिए एक विपक्षी दल को चंदा देना, पैसे को धूल में फेंकने जैसा था। पर कहीं न कहीं इन लोगों के मन में ताऊजी के लिए इज्जत भी थी क्योंकि उनकी बातें रोचक होती थीं और बहुधा उनकी राजनीतिक और आर्थिक भविष्यवाणियां सही साबित होती थीं। वे अजूबा होते हुए भी विद्वान और ईमानदार थे। वे यह भी जानते थे कि ताऊजी को मारवाड़ी परिवारों का, विशेषकर सेठिया परिवारों के इतिहास और वर्तमान की गहरी जानकारी है। उन बातों की भी जिन्हें अब ये लोग अपने को संभ्रांत दिखाने के चक्कर में छुपाना चाहते थे, इसलिए उनसे कहीं थोड़ा झेंपते हुए भी थे।

समाजवादी पार्टी की पत्रिकाओं, 'जन' और 'मैनकाइंड' में उनकी बड़ी भूमिका थी। 'जन' का तो खैर उन्होंने संपादन भी किया और अपने नाम के अलावा छद्म नामों से लिखते भी रहे, पर बाद के दिनों में उनसे लेख लिखवाना भी एक कवायद ही थी। हां, एक बार लिखना शुरू करते थे तो फिर 30-40 पन्नों का लेख एक ही बैठक में लिख देते थे, बिना रुके और बिना काट-छांट किए। उनके वाक्य कभी न खत्म होने वाले लंबे-लंबे होते थे और भाषा कठोर, तिलमिला देने वाली सी।

हमारे घर में आने-जाने वालों का तांता लगा रहता था। खुला खाता था—कोई कभी भी आ सकता था। घर की महिलाओं को खाने के समय और बे-समय भी, यानी हर समय, तैयार रहना पड़ता था कि कभी भी और कितने भी लोगों को खाना खिलाना पड़ सकता है, चाय की तो बात छोड़ ही दीजिए। उस समय के लंबे-चौड़े कलकत्ता के हमारे परिवार में एक या ज्यादा से ज्यादा दो नौकर हुआ करते थे, बहुत-

सा काम घर की महिलाएं ही करती थीं। मेरी मां या अन्य चाचाी, ताई वगैरह तो कुछ बोलती नहीं थीं पर हमारी बड़ी ताई (बालकृष्णजी की पत्नी) जो तेजह-तर्रार और विलक्षण बुद्धि की थीं, ताऊजी को सुनाने में कसर नहीं छोड़ती थीं।

ताईजी के लिए अपनी युवावस्था के 18 वर्ष अपने पति के सहारे के बिना अकेले संयुक्त परिवार में रहना भारी मुश्किल का वक्त रहा होगा। इसके लिए उन्हें ताऊजी से शिकायत भी रही ही होगी। इसकी कटुता उनमें जरूर थी। फिर पति भी ऐसा जिसने भारत आने के बाद कोई 'काम' नहीं किया, व्यापार और धंधे के प्रति उदासीन रहा। इन सबकी वजह से संभवत: उनके स्वभाव में एक कड़वाहट, तीव्रता और चतुराई आ गई थी। ताऊजी शायद उनके स्वभाव को समझते थे। मैंने ताऊजी को कभी गुस्सा होते नहीं देखा सिगरेट पीते-पीते उनकी सुनते रहते और मुस्कुराते रहते। उन दोनों की बातें, सब काम समाप्त होने के बाद बड़े कमरे में ही होतीं और वह भी तब जब डॉक्टर साहब कलकत्ता में नहीं होते तब।

कलकत्ता के हमारे घर में समाजवादी पार्टी के सामान्य कार्यकर्ता से लेकर बुद्धिजीवियों का आना-जाना लगा रहता था। इन दोनों किस्म के लोगों के बीच कभी कोई भेद भाव होते मैंने नहीं देखा। डॉक्टर लोहिया और ताऊजी दोनों ही बेबाक, मुंहफट और साफ लोग थे, इसलिए बचपन से ही मैंने तथाकथित बुद्धिजीवियों के दोगलेपन को बड़ी बारीकी से देखा और हर तरह के आडंबर (खासकर विद्वत्ता और संभ्रांतपन के आडंबर) का पर्दाफाश और मखौल उड़ते देखा। 1963 में डॉक्टर लोहिया के लोकसभा चुनाव में पहली जीत और 1967 के चुनाव, जिसमें डॉक्टर लोहिया के नेतृत्व में संयुक्त मोर्चे की सरकारें कई राज्यों में बनने के बाद, हमारे घर कुछ सेठ लोग भी पधारने लगे, पर ताऊजी का उनसे व्यवहार वैसा ही होता जैसा किसी भी सामान्य व्यक्ति के साथ, बल्कि अगर वे ज्यादा मीठी-मीठी, चिकनी-चुपड़ी या सिद्धांत और नैतिकता की बातें करने लगते तो फिर उनकी शामत भी आने में देर नहीं लगती थी।

जैसे (दोगला) चरित्र अधिकांश बुद्धिजीवियों का हमने देखा उसका समानांतर मारवाड़ी समाज में भी था। मारवाड़ी बुद्धिजीवी होने का ढोंग तो नहीं करते थे पर एक ऐसा वर्ग था जो अपने को चरित्रवान, संस्कृति और मूल्यों का वाहक होने का ढोंग रचता था और एक दूसरा वर्ग था जो पिछले एक-दो दशक में उत्तरी कलकत्ता से दक्षिणी कलकत्ता में बसने लगा था और अपने को 'सभ्य' बनाने में लगा था। इनके यहां कच्ची की जगह पक्की रसोई बनती थी। अंगरेजों की नकल पर इनके मकानों के सामने 'हाउस' लिखा जाने लगा और अपने को फलां 'हाउस' का बताने का नकलची और भोंडा चलन चल पड़ा। यह दूसरे वर्ग के लोग कलकत्ता क्लब, रेसकोर्स और देर रात पार्क स्ट्रीट के रेस्तरांओं में जाकर अंगरेज बने बंगालियों की तरह अपने को बनाने में लगे थे। इन दोनों ही वर्गों को बालकृष्णजी समझ नहीं पाते थे। एक

विलायत पास (जो बड़ी चीज मानी जाती थी), अंगरेजी पढ़ा-लिखा बुद्धिमान (यह तो उनको मानना पड़ता था) व्यक्ति ऐसे कैसे अपना जीवन व्यतीत कर रहा है, जो पैसे को कोई अहमियत नहीं देता, अपने रिश्ते और सत्ताधारियों से अपनी जान-पहचान को भुनाता नहीं, उनकी समझ के परे था यह सब। दोनों ही प्रकार के मारवाड़ी इनको सिरफिरा मानते थे, पर पूरी तरह उनकी अनदेखी भी नहीं कर पाते थे।

इस सबके बीच उनके अपने पुरानी मारवाड़ी मित्रों की एक टोली भी थी जिसमें रामचंद्रजी सिंघी, सोहनलालजी पचीसिया, लटा जी, बियानी जी, बेगराज सिंघी, चोरडियाजी प्रुख थे। इन लोगों का शनिवार की शाम को मिलना लगभग निश्चित होता था और कार्यक्रम, कभी कॉफी हाउस में, कभी फ्लूरीज में चाय-कॉफी पीना और फिर विक्टोरिया मैदान में घूमना, दुनिया भर की गपशप लगती थी। एक दूसरे की, जैसे पुराने साथियों में होता है, टांग-खिंचाई भी कभी-कभार हो जाती थी। ये सारे दोस्त पुराने थे और इनमें जो एक बात, सबको एक करती थी, वो यह कि इनमें से कोई भी बहुत महत्त्वाकांक्षी नहीं था। सभी सहज और सरल प्रकृति के थे। ताऊजी बीच-बीच में धरमतल्ला की पुरानी किताबों की दुकानों से अंगरेजी की पत्रिकाएं-'लाइफ', 'पोस्ट', 'न्यूजवीक', 'फार्च्यून', 'न्यूयॉर्कर' इत्यादि और पुराने उपन्यास ले आते थे। हम बच्चे भी उन्हें यदा-कदा पलट लेते थे खासकर 'लाइफ' मैगजीन को।

डॉक्टर लोहिया और उनके संबंध को मैं आज तक समझने का प्रयास कर रहा हूं और कह नहीं सकता कि समझ गया हूं। डॉक्टर साहब बेधड़क, बेबाक, हाजिरजवाब किस्म के व्यक्ति थे। उन्हें दरबार लगाना पसंद था। थोड़ा-बहुत लोगों की टांग खींचना भी। ताऊजी जरा दूसरी किस्म के थे। मुंहफट जरूर थे, औपचारिकताएं उन्हें नहीं आती थीं पर वे दूसरे पर धौंस नहीं जमाते थे। किसी को किसी भी तरह नीचा वे नहीं दिखाते थे, किसी का मखौल इस तरह कभी नहीं उड़ाते थे। डॉक्टर साहब का दबदबा होता था जिसका असर शायद बालकृष्णजी पर पड़ा और वे दब से गए या यहां के माहौल में अपने को दब जाने दिया। डॉक्टर और ताऊजी में समानता थी। दोनों बेहद इर्दमानदार, आधुनिक विचार वाले, लोग क्या कहते उसके प्रति बेपरवाह। पर कुछ बुनियादी भेद भी थे। डॉक्टर कान के कच्चे थे, जल्दी से किसी को माफ नहीं कर पाते थे, वे गरीब और लाचार लोगों के साथ बेहद नरम होते थे, पर अहंकारी, झूठे, ढोंगी, बुद्धिजीवियों और सत्ताधारियों के साथ बेहद निष्ठुर हो सकते थे।

ताऊजी पुरानी बातें याद नहीं रखते थे, वे द्वेष मुक्त थे, ये अपने अंदर मलाल रख ही नहीं पाते थे। वे बेहद सहज थे। हर तरह के माहौल में मैंने उन्हें हर समय एक जैसा पाया है। उनके कपड़े-लत्ते से लेकर व्यवहार में कभी कोई परिवर्तन, बाहरी वातावरण की वजह से, होते मैंने नहीं देखा। उनको मैंने किसी से कभी भी प्रभावित होते नहीं देखा, न ही किसी को प्रभावित करने की वो चेष्टा करते थे। हां, जिनको डॉक्टर साहब ने अपने से दूर कर दिया, उन्हें ताऊजी भी दू कर देते थे। ताऊजी को

मैंने कभी अपनी धाक जमाते नहीं देखा, न ही दूसरों को नीचा दिखाते, न ही कोई मलाल अपने दिल में रखते।

डॉक्टर जब कलकत्ता में होते तो बड़े कमरे में वे अकसर लेटे ही रहते थे। लेटे-लेटे ही, वे अधिकतर बातें करते रहते थे। ताऊजी को उनके सामने लेटे हुए मैंने कम ही देखा था। डॉक्टर कभी-कभी अपने जोश में लोगों के सामने ताऊजी को 'मारवाड़ी सेठ' बोलकर भी संबोधित कर देते थे। मुझे बुरा लगता था कि डॉक्टर सब जानते हुए भी कि यह आदमी कितना फक्कड़ है, पैसे को कोई अहमियत नहीं देता, फिर इस तरह क्यूं बोलते हैं पर मैं कुछ कर नहीं पाता था। डॉक्टर साहब के दबदबे के सामने मेरी जबान नहीं खुलती थी। डॉक्टर साहब में एक विरोधाभास मैंने पाया। वे लोगों में शक्ति फूंकना तो चाहते थे पर उनका खुद का व्यक्तित्व दूसरों को दबा देता था। वे उन्हें इतना प्रभावित कर देते थे। कभी-कभी मुझे लगता है डॉक्टर साहब ने अनजाने ही सही पर ताऊजी के साथ अन्याय किया, उनकी प्रतिभा को कुचल सा दिया। पर यह लंबा और मनोवैज्ञानिक विषय है, इसे यहां छोड़ना उचित नहीं होगा, इसीलिए मैंने उपन्यास की सोची थी।

पर मुझे याद है 1963 की वह रात। मेरी उम्र करीब दस वर्ष की रही होगी। डॉक्टर साहब पहली बार उपचुनाव में फर्रुखाबाद से चुनाव जीतकर कलकत्ता आए थे। ताऊजी भी चुनाव में फर्रुखाबाद गए थे। जिस बड़े कमरे में डॉक्टर और ताऊजी सोते थे, उसी में मैं भी सोता था। मैं तो जल्दी ही सो जाता था।

रात 11 बजे तक लोग आते-जाते रहते थे। उसके बाद वे दोनों सोते थे। उस रात, आधी रात को मेरी नींद अचानक खुल गई और मैंने पहली बार देखा कि दोनों दोस्त नीचे गलीचे पर लेटे हुए बातें कर रहे थे। मेरा कौतुक जगा क्योंकि मैंने ऐसा दृश्य देखा कि ताऊजी भी डॉक्टर के सामने लेटे हों, कभी नहीं देखा था। फिर उनकी बातें कुछ-कुछ कानों में पड़ने लगीं। एक और अचंभे की बात कि इस बार ताऊजी बोल रहे थे और डॉक्टर ध्यान से सुन रहे थे, बीच-बीच में कुछ पुछ जरूर लेते थे, पर बात ताऊजी ही कर रहे थे। कुछ गरीबी के आंकड़ों को लेकर बातें हो रही थीं, इतना ही समझ सका। उन दोनों के हाव-भाव और बात करने का तरीका उस दिन मुझे बहुत अलग-सा लगा। उस आधी नींद की अवस्था में भी एक तो यही अजीब सी बात थी कि बात ताऊजी कर रहे हों और डॉक्टर ध्यान देकर लगातार सुन रहे हों। पर कुछ और था जिससे मुझे न सिर्फ इन दोनों की अंतरंग मैत्री का भास हुआ, पर यह भी पहली बार लगा कि डॉक्टर ताऊजी की कितनी इज्जत करते हैं, जो उनके सामान्य व्यवहार से परिलक्षित नहीं होता था।

इसके बाद डॉक्टर दिल्ली गए शपथ लेने, ताऊजी भी गए, और कुछ दिनों बाद लोकसभा में डॉक्टर ने अपना विख्यात भाषा 'तीन आना बनाम पंद्रह आना' दिया। लोग हिल गए, इस भाषण से। डॉक्टर ने दावा किया था कि हिंदुस्तान की दो-तिहाई

व्यक्तियों की आदमनी तीन आना रोज है। शुरू-शुरू में नेहरूजी ने अपने खास अंदाज में इस बात को रफा-दफा करने का प्रयास किया। जब डॉक्टर साहब ने अपने अंदाज में ताल ठोकी कि 'पंडितजी अपने योजना आयोग और अन्य अफसरों से पता करो, हिसाब लगवाओ। अगर मैं गलत साबित हुआ तो लोकसभा से इस्तीफा दे दूंगा और अगर तुम गलत साबित हुए तो तुम इस्तीफा देना।' नेहरूजी घबरा गए। कई दिनों तक लोकसभा ही नहीं आए।

इसके बाद गुलजारीलाल नंदा के बीच-बचाव किया और आखिर यह कहा कि न तीन आने न पंद्रह आने, हिसाब से सात आने बनते हैं। सात आना भी अगर सही था तो भी, वह तीन आने के ज्यादा नजदीक था बनिस्बत पंद्रह आने के। जीत डॉक्टर की हुई देश के लोग चौंके, नेहरूजी के आडंबर और बड़ी-बड़ी बातों की पोल खुलनी शुरू होने लगी, और देश के अंगरेजीपरस्त बुद्धिजीवियों, खासकर बंगाल के अखबारवालों और बुद्धिजीवियों ने, शायद पहली बार डॉक्टर साहब को गंभीरता से लेना शुरू किया। जब इस भाषण का जिक्र होने लगा तो मुझे उस रात की याद आई और मुझे लगा कि हो न हो इस खोज में ताऊजी का बड़ा हाथ है। बहस के समय वे दिल्ली भी गए थे। मैंने ताऊजी से इसके बारे में कभी नहीं पूछा। अब लगता है पूछना चाहिए था।

यह आलसी आदमी और भी कुछ बातों में सक्रिय हो उठता था। कोई गरीब नौजवान नौकरी की तलाश में अगर उनके पास आता था तो वे उसे लेकर कहीं भी जा सकते थे। मारवाड़ी सेठों से लेकर अपने पुराने लंदन के समय के परिचितों के पास जो सरकार में मंत्री या ऊंचे पदों पर विराजमान थे। जिनसे, मिन्नत करने पर भी ये नहीं मिलते थे, उनके पास किसी को नौकरी दिलवाने बिना झिझक पहुंच जाते थे। इन बातों का पता भी हमें बाद में घूम-फिरकर लगता था। कभी अपने पुराने ड्राइवर सौदागर सिंह से पता चलता था जो इन्हें इधर-उधर ले जाता था।

एक बार हमारा एक नेपाली नौकर बीमार पड़ गया। पता चला उसे डेप्थीरिया जैसी कोई बीमारी हो गई है। मुझे आज भी याद है कैसे ताऊजी खुद उसे मारवाड़ी रिलीफ सोसाइटी के अस्पताल ले गए, भर्ती कराया और दो-तीन दिन उसी के पास ही रहे पर वह बच नहीं पाया। पहली बार मैंने उन्हें उदास देखा। इससे पहले उन्हें गंभीर मुद्रा में तो कई बार देखा था पर उदास नहीं।

दूसरी बार उदास मैंने उन्हें डॉक्टर साहब के निधन के बाद देखा। उन्हें रोते तो मैंने कभी नहीं देखा पर डॉक्टर साहब के गुजर जाने के बाद एक टूटन-सी जरूर देखने को मिली। उनके निधन के कुछ दिन बाद ही ताऊजी को राज्यसभा में संसोपा की तरफ से चुन लिया गया था। सन् '68 में वे राज्यसभा के सदस्य बने और '72 में उनका निधन हो गया। दिल्ली में बिताए यह तीन-चार वर्ष उनके अच्छे कटे। वे हम बच्चों को, खासकर मुझे और मेरी बहन, उनकी सबसे छोटी बेटी सुनीता को सेंट्रल हॉल

में ले जाकर आइसक्रीम खिलाते थे। उस समय हमें पता चलता था कि हर पार्टी के सदस्य उनको कितने सम्मान से देखते थे ओर उनकी बातें, विचार, टिप्पणियां और भविष्यवाणियां सुनने को लालायित रहते थे। राज्यसभा में भी वे काफी बोले जिसका पता तो हाल में राज्यसभा की पुरानी बहसों को देखने पर ही लगा।

दिल्ली आने के बाद वे फिर से कुछ सक्रिय हो गए थे। राज्यसभा में काफी बोले भी। मुझे याद है राष्ट्रपति का चुनाव होने वाला था। वी.वी. गिरि को इंदिराजी का समर्थन था और संजीव रेड्डी पुराने कांग्रेस की तरफ से थे। इंदिराजी ने बैंकों का राष्ट्रीयकरण करके और राजाओं का प्रिवीपर्स खत्म करके समाजवादी बाना पहन लिया था। संसोपा ने निर्णय लिया कि वे इंदिराजी के उम्मीदवार वी.वी. गिरि के पक्ष में वोट देंगे। बालकृष्णजी ने इसका पार्टी के अंदर पुरजोर विरोध भी किया पर मधुजी (लिमये) इत्यादि के सामने उनकी नहीं चली। वे वोट देकर जब वापस आए तो किसी ने पूछा— कैसा लग रहा है, तो उनका जवाब था, ''डॉक्टर को फिर से जलाकर आ रहा हूं!'' उस चुनाव में यदि संजीव रेड्डी जीत जाते तो शायद भारत का राजनीतिक इतिहास आज कुछ और होता।

आज भी याद है अपने आखिरी दिनों में विलिंगडन (आज का राममनोहर लोहिया अस्पताल) अस्पताल में भर्ती थे। गले में एक नली लगी थी। बोल नहीं सकते थे। उनके पुराने दोस्त कलकत्ता से मिलने आए। सभी को पता चल गया था। आखिरी घड़ी है। मैं कमरे में ही था। एक दोस्त, लाटाजी ने कहा, ''बालकृष्ण, जिंदगी भर तो भगवान का नाम नहीं लिया, अब तो ले लो।'' वे बोलने में असमर्थ थे पर अपनी मोहित करने वाली मुस्कुराहट मुस्कुरा दिए और वह मुस्कुराहट बहुत कुछ बोल गई। शायद उनके दोस्त भी समझ गए। वे भी मुस्कुराए बिना नहीं रह सके, भले ही कमरे से बाहर निकलते वक्त उनकी आंखें मेरी आंखों की तरह भीगी थीं।

एक अति असाधारण, साधारण व्यक्ति थे मेरे ताऊजी, मेरे हीरो, जिसने न पैसे, न नाम और न ही अपनी पहचान की कभी कोई परवाह की। ऐसे ही साधारण व्यक्ति की तलाश रहती है मुझे इस दुनिया में, जिसमें हर एक अपने को खास बताने और दिखाने में तुला है। ऐसे बड़े लोगों की सोहबत अच्छी भी है, बहुत कुछ बिना कुछ किए ही मिल जाता है, पर व्यक्ति को जांचने के पैमाने इतने ऊंचे बन जाते हैं कि बहुधा यह आदत तकलीफदेह बन जाती है, ढोंग, पाखंड और दिखावा बहुत बारीकी से दिखाई पड़ने लगता है और उसे पचाना मुश्किल हो जाता है।

मसूरी, 11 अप्रैल, 2012

भाई साहब

अशोक सेकसरिया

भाई साहब (बालकृष्ण गुप्त) के प्रति मन में अपार श्रद्धा होने के बावजूद उन पर कुछ लिखना बहुत कठिन जान पड़ता है। कठिनाई यह भी है कि उनके बारे में क्या लिखा जाए? जो भी लिखा जाएगा वह खुद को बहुत छिछला और उथला लगेगा क्योंकि उससे भाई साहब की कोई तस्वीर नहीं बन पाएगी। उनके व्यक्तित्व का मर्म प्रकट करने के लिए जिस प्रतिभा की आवश्यकता है, वह मुझमें नहीं। मैंने उन्हें एक परम स्नेही और आत्मीय बुजुर्ग के रूप में जाना है और उसी को लिख सकता हूं। उनका स्मरण, एक पुण्य स्मरण है।

वैसे सोचने पर उनका जीवन अलबत्ता एक पहेली जैसा मालूम पड़ता है और उसे हल करने की कोशिश में मन में प्रश्न पर प्रश्न उठते हैं–क्या बात थी कि उनके जैसी असाधारण प्रतिभा वाले व्यक्ति ने अपने जीवन को एक तरह से 'रूल' जाने दिया। मारवाड़ी में 'रूलना' बहुत चालू शब्द है जिसका अर्थ अपने को गंवाते रहना जैसा कुछ है और क्या बात थी कि उन्होंने आज से बयासी (82) साल पहले अकेले अपने दम पर तब विदेश यात्रा की, जबकि मारवाड़ी समाज में विलायत यात्रा पर बहुत सख्त सामाजिक प्रतिबंध था। उन्हीं दिनों भाई साहब के एक प्राय: समवयस्क मारवाड़ी युवक काली प्रसाद खेतान को विदेश यात्रा करने पर प्रायश्चित्त में दंड भोगना पड़ा था।

काली प्रसाद खेतान कलकत्ता के प्रसिद्ध खेतान परिवार की सन्तान थे, जो उस समय मारवाड़ियों में शायद सबसे शिक्षित परिवार माना जाता था, जिसके सदस्य वकालत और बैरिस्टरी के लिए आज भी प्रख्यात हैं। काली प्रसादजी के बड़े भाई देवी प्रसाद खेतान तो देश का संविधान बनाने वाली कमेटी के सदस्य भी रहे। काली प्रसादजी बैरिस्टर बनने की महत्त्वाकांक्षा लिये विलायत गए थे, भाई साहब बिना किसी महत्त्वाकांक्षा के अध्ययन करने और दुनिया को जानने-समझने के लिए विलायत गए और वहां दस वर्ष रह गए।

इस दौरान लंदन स्कूल ऑफ इकोनॉमिक्स में पढ़ने के साथ उन्होंने मार्क्स, एंगेल्स, लेनिन, रूसी क्रांति और अफ्रीका एवं यूरोप के इतिहास का विशद अध्ययन किया।

इंडिपेंडेंट लेबर पार्टी (ब्रिटिश लेबर पार्टी का एक उग्रवादी गुट जिसने बाद में पार्टी से संबंध तोड़ लिया) और ट्राटस्कीवादी ग्रुपों की राजनीति और आंदोलनों में सक्रिय होकर भाग लिया।

यही नहीं, 1932 में जेनेवा में लीग ऑफ नेशंस के अधिवेशन में गैलरी से अपने परम मित्र डॉ. लोहिया के साथ बीकानेर के महाराजा गंगा सिंह के खिलाफ नारे लगाए कि महाराजा भारत का प्रतिनिधित्व नहीं करते। हिंदी मासिक विशाल-भारत (संपादक, बनारसी दास चतुर्वेदी, स.ही. वात्स्यायन), विश्वमित्र (संपादक इलाचंद्र जोशी, डॉ. हेमचंद्र जोशी) और विश्ववाणी (संपादक प. सुंदरलाल, विश्वंभरनाथ पांडेय और अख्तर हुसैन रायपुरी)—में नियमित लेख लिखे। अंगरेजी में ढेरों पर्चे लिखे। ट्रिनिडाड के एक समय विश्वप्रसिद्ध 'मार्क्सवादी चिंतक' और क्रिकेट-प्रेमी लेखक सी.एल.आर. जेम्स के संपादन में निकलने वाले पत्र 'फाइट' को चलाने में भी उनकी भूमिका रही। अपने प्रवास के प्रारंभिक वर्षों में उन्होंने रूसी क्रांति को निकट से और प्रत्यक्ष देखने के लिए मास्को की यात्रा की।

सोवियत रूस और रूसी क्रांति के प्रति उस वक्त उनमें इतना लगाव था कि उन्होंने लाल सूट पहनकर रूस की यात्रा की थी और वहां पहुंचते ही रूस की धरती को चूमा। भाई साहब के एक समय के कार्यकलाप का यह चलताऊ ब्योरा मैंने इसलिए दिया है कि प्रारम्भ में किए गए अपने इस प्रश्न को पुष्ट कर सकूं कि "क्या बात थी कि उनके जैसे असाधारण प्रतिभा और ज्ञान वाले व्यक्ति ने अपने जीवन को एक तरह से 'रूल' जाने दिया?" प्रश्न हमारा भले ही कुछ पुष्ट हो गया हो लेकिन भाई साहब 'पहेली' ही बने रहते हैं।

भाई साहब को मैं कब से जानता था? अनुमान लगाने पर याद आता है कि 5-6 वर्ष की उम्र से ही उन्हें देखा होगा, क्योंकि भाई साहब का परिवार दो-तीन वर्ष हमारे घर की निचली मंजिल पर रहा था। दूसरा विश्वयुद्ध शुरू हो चुका था और 1939 से 1945 के बीच हमारा परिवार कई जगहों पर भटकता रहा। उन दिनों की कुछ बातों की स्पष्ट याद है तो कुछ की एकदम गड्डमड्ड। भाई साहब के छोटे भाई जगदीश भैया की सगाई की याद एकदम स्पष्ट है, पर अगस्त-क्रांति के दिनों की एकदम गड्डमड्ड। इस गड्डमड्ड याद के सहारे यह खयाल आता है कि निचली मंजिल, यानी कि भाई साहब के घर से 1942 के 'भारत छोड़ो' आन्दोलन के पर्चों की स्टेंसिल पर छपाई और उनके वितरण की व्यवस्था होती थी।

यह भी खयाल आता है कि कोई रेडियो स्टेशन भी चलाया जाता था। रेडियो स्टेशन वाली बात मेरी कपोल कल्पना है या सच, इसकी तस्दीक करना मुश्किल है क्योंकि जगदीश भैया और उनसे छोटे बिरजू भैया जीवित नहीं हैं और सबसे छोटे भाई विद्यासागर गुप्त उस समय कलकत्ता में नहीं रहते थे। जगदीश भैया की पत्नी सुशीला भाभी ब्याहता होकर ससुराल नहीं आई थीं। रेडियो वाली बात की उत्पत्ति

शायद भाई साहब के घर बर्लिन से सुभाष बाबू का रेडियो पर भाषण सुनने से हो। उस दिन पता नहीं कैसे यह खबर फैल गई थी कि रेडियो पर सुभाष बाबू का भाषण होगा। गिने-चुने घरों में ही रेडियो होता था। जिनके यहां भी रेडियो था, लोग घंटों से इंतजार कर रहे थे। बर्लिन से उनका भाषण कैसे सुना गया होगा, कैसे बर्लिन स्टेशन रेडियो पर पकड़ा गया था, इसकी कुछ भी याद नहीं है, लेकिन इस बात की पक्की याद है कि सुनने वालों में से किसी ने कहा था, ''सुभाष बाबू खुद बोल रहे हैं, इसमें शक की कोई गुंजाइश ही नहीं है।''

बहरहाल, भाई साहब के लगातार सिगरेट पीते रहने की छवि 5-6 वर्ष की उम्र से ही मन में बसी हुई है। लगातार सिगरेट पीते रहने से उनकी उंगलियां एकदम पीली पड़ जाने की भी पूरी याद है। बचपन में मैं सिगरेट पीने वालों को बुरा आदमी मानता था और मारवाड़ियों में तब कोई इक्का-दुक्का ही सिगरेट पीता था। हमारे परिचितों और हमारे घर में ठहरने वाले अतिथियों में कोई भी सिगरेट नहीं पीता था। बचपन और बाल्यावस्था में अच्छे और बुरे के बड़े सरलीकृत मानदंड होते हैं। मैं हर सिगरेट पीने वाले को बुरा मानता था, लेकिन भाई साहब को बुरा मानना तो दूर बल्कि अपनी बचकानी मान्यता के उलट उन्हें बहुत ही अच्छा आदमी मानता था और उनके प्रति उस वक्त मन में जो श्रद्धा भाव जगा था, वह उनकी मृत्युपर्यंत बना रहा।

आज दिल बहलाने को यह खयाल आता है कि शायद मेरे मन में उनके सिगरेट पीते रहने के बावजूद उनको अच्छा आदमी मानने का एक बड़ा कारण यह हो कि जब हम बच्चों को कोई डांटेगा तो भाई साहब हमारा पक्ष लेंगे। दूसरा एक कारण यह भी हो सकता है कि भाई साहब दूसरे बड़े लोगों की तरह उपदेश नहीं देते थे। भाई साहब के निकट उपदेश शायद पाखंड का ही एक रूप था।

हमारे परिवार में भाई साहब के सबसे मधुर संबंध मेरी मां से थे। मेरे पिता से अलबत्ता उनके संबंध सहज नहीं कहे जा सकते। मेरे पिता ठहरे शालीन और मिष्टभाषी, जिनके शब्दकोश में सबसे कड़ा, निंदात्मक या आलोचनात्मक शब्द था 'अविकसित' और भाई साहब का मिष्ट भाषा से दूर तक वास्ता नहीं था। वे मेरे पिता के मित्रों और कांग्रेस के दिग्गज नेताओं, खासकर गांधीवादी नेताओं, की कड़ी-से-कड़ी आलोचना करने का कोई अवसर नहीं जाने देते थे। इससे दोनों के बीच एक प्रकार की असहजता रहती, लेकिन इसके बावजूद मेरा खयाल है कि मेरे पिता मन-ही-मन भाई साहब की स्पष्टवादिता के कायल भी रहे होंगे। असहजता का मतलब कटुता नहीं होता।

आज जब भाई साहब और मेरे पिता दोनों ही नहीं हैं तो मुझे लगता है कि दोनों के बीच असहजता के बावजूद स्नेह और आदर का संबंध ही ज्यादा प्रधान था और यह शायद उस जमाने की खूबी थी कि मतभेद के रहने पर भी स्नेह और आदर की गुंजाइश बनी रहती थी।

मेरी मां अनपढ़ होने के बावजूद निश्चय ही मेरे पिता की अपेक्षा भाई साहब को ज्यादा सही ढंग से पहचानती थी। वह भाई साहब जितनी स्पष्टवादी तो नहीं थी, पर आम लोगों से कहीं ज्यादा स्पष्टवादी थी। अपने खान-पान के नियमों के बेहद पाबंद गांधीवादी अतिथियों से अपनी चिढ़ को उसने कभी नहीं छिपाया। उसकी स्पष्टवादिता से कुछ आगंतुक प्रतिष्ठित सज्जनों और महिलाओं के किंकर्तव्यविमूढ़ रह जाने की कई किंवदंतियां हमारे परिवार में आज से 40-50 वर्ष पहले प्रचलित थीं।

विषयांतर के बावजूद एक किंवदंती को लिखने का लोभ संवरण नहीं हो पा रहा है तो उसका एक कारण यह भी हो सकता है कि प्रकारांतर से वह भाई साहब के चरित्र को भी उजागर करती हो। किंवदंती यह है कि मेरे जन्म के पहले मां विदेशी वस्तुओं के बहिष्कार की पिकेटिंग में भाग लेती थी (और उसने कुछ दिन जेल में भी काटे थे)। पिकेटिंग के सिलसिले में ठाकुर परिवार और धनी पंजाबी परिवार के आभिजात्य और गांधीजी की महिमा से मंडित सरला देवी चौधरी (चौधरानी) हमारे घर आई। हम दूसरी मंजिल में रहते थे। सरला देवी ने ऊपर न आकर नीचे से ही अपनी मोटर में बैठे-बैठे मेरी मां को नीचे बुलाया। मां उनके घर न आकर नीचे बुलाए जाने के आचरण से क्षुब्ध थी और ऊपर से जब सरला देवी ने मां से कहा–"यहां (जहां मोटर खड़ी की गई थी) बड़ी धूप है तुम आगे छांव में चलो, मैं वहां ड्राइवर को मोटर ले आने को कहती हूं।" तो मां ने गुस्से में जवाब दिया–"आप चली ही जाइए, मुझे आपसे बात नहीं करनी।" रात घर लौटने पर मेरे पिता ने वाकया जानने पर मां को कितना भला-बुरा कहा होगा, इसका अनुमान मैं नहीं लगाऊंगा। मेरा खयाल है कि भाई साहब के बारे में भी इस तरह की किंवदंतियां प्रचुर होंगी। दो-तीन बार तो मैंने खुद भाई साहब के जवाब के आगे नामी-गिरामी लोगों को हतप्रभ होते देखा है।

इस लेख के प्रारंभिक हिस्से में भाई साहब के लंदन प्रवास के दौरान के कार्यकलाप की चलताऊ जानकारी दी गई है। विस्तृत जानकारी तो आश्चर्यजनक ढंग से मिली अमेरिकी विद्वान और शोधकर्ता रॉबर्ट हिल से। रॉबर्ट हिल ट्रिनिडाड में जन्मे गोरे (श्वेत) लेखक हैं, जो अधिकतर वेस्टइंडियन बुद्धिजीवियों और लेखकों की तरह अमेरिका में स्थायी रूप से बस गए हैं। शायद ट्रिनिडाड में जन्म लेने के कारण हिल को मार्क्सवादी विचारक और अफ्रीका व कैरेबियन द्वीपों की मुक्ति और उत्थान को दिशा प्रदान कर सकने वाले चिन्तक के रूप में एक समय अत्यन्त प्रसिद्ध सी.एल.आर. जेम्स के बारे में गहरी रुचि है। वह जेम्स की जीवनी लिखने के सिलसिले में 'गूप' से मिलने भारत आए थे। यह 'गूप' और कोई नहीं था हमारे भाई साहब थे। इंग्लैंड की मित्र मंडली में भाई साहब के नाम का गुप्त 'गूप' बन गया था।

हिल को जेम्स के कागजों में 'गूप' का काफी जिक्र मिला। एक जगह तो जेम्स ने लिखा था–"गूप भारत लौट गया, मुझे यह कह गया था कि वो निश्चय ही लंदन वापस आएगा। मैं भी अमेरिका चला गया। उसके बाद उससे फिर कभी मुलाकात

नहीं हुई। यह भी सुनने में आया कि वह बंगाल जाकर बड़ा व्यापारी बन गया है और बहुत जल्द ही मिलियोनेयर (करोड़पति) हो गया है। मुझे कोई अचरज नहीं हुआ। उसके बारे में किसी भी बात पर मुझे अचरज नहीं होता अगर वह भारत का प्रधानमंत्री हो जाता तो भी नहीं। मैंने अपने जीवन में उसके जैसा कोई व्यक्ति नहीं देखा जो हर चीज (एवरीथिंग एंड एवरीडे) के बारे में जानता हो।'' राबर्ट हिल का खयाल था कि 'गूप' जीवित है और उससे मिलकर वह जेम्स के बारे में ऐसी बहुत-सी बातें जान सकता है जिनसे उसे जीवनी लिखने में मदद मिलेगी। भारत आने पर उसे पता चला कि 'गूप' जीवित नहीं है और उसकी मृत्यु हुए तीस वर्ष हो रहे हैं।

राबर्ट हिल जैसे शोधकर्ता से यह उम्मीद करना स्वाभाविक है कि भारत यात्रा करने के पहले वह कम से कम यह जानकारी तो प्राप्त कर ही लेगा कि जिससे वह मिलने जा रहा है वह 'उपलब्ध' है भी या नहीं। यह शायद घोर अतिरंजना भरा सोच हो, पर मुझे लगता है कि हिल ने जानबूझकर 'गूप' की 'उपलब्धता' के बारे में नहीं सोचा। जेम्स के कागजों से 'गूप' उसे एक पहेली-सा लगा होगा और उसने एक प्रकार के साहसिक अभियान (एडवेंचर) के रूप में भारत की यात्रा कर डाली।

यहां एक व्यक्तिगत प्रसंग के लिए पाठक क्षमा करेंगे और अगर उनमें आत्मश्लाघा हो तो कतई क्षमा न करें। मैं चालीस साल से भी ज्यादा पहले से जेम्स का भक्त हूं। उनके प्रखर बौद्धिक, उपन्यासकार, नाटककार और इतिहासकार होने के बारे में तो मुझे बाद में पता चला। मेरा परिचय तो उनसे उनकी महान (क्लासिक) पुस्तक 'बियांड ए बाउंड्री' से हुआ था। क्रिकेट प्रेमियों के लिए यह हृदय से चिपकाकर रखने वाली किताब है। इस किताब में क्या नहीं है—उपन्यास और कविता जैसी छटा, आत्मकथा, इतिहास, राजनीति, संस्कृति के रास्तों से गुजरती क्रिकेट की असाधारणता का बखान। जेम्स का यह अविस्मरणीय कथन ''व्हाट डू दे नो ऑफ क्रिकेट हू ओनली क्रिकेट नो (What Do they know of cricket who only cricket know)'' एक क्रिकेट प्रेमी के लिए आप्त वचन सरीखा है जिसका अनुवाद असम्भव है।

क्रिकेट की जेम्स के जीवन में एक नियामक भूमिका थी। मार्क्सवाद की समस्याएं और उनकी जटिलता, नीग्रो लोगों की समस्याओं, अफ्रीका की मुक्ति और उत्थान, वेस्ट इंडियन लेखकों के संकट, मानवीय रिश्तों, नैतिक मूल्यों, कैरेबियन द्वीपों के महासंघ (फेडरेशन) की परिकल्पना और ट्राटस्कीवाद से स्वयं के विमुख होने संबंधी जेम्स के सारे विचारों का उत्स शायद क्रिकेट में देखा जा सकता है। प्रसिद्ध ब्रिटिश इतिहासकार और 'द मेकिंग ऑफ इंग्लिश वर्किंग क्लास' के लेखक ई.पी. टॉमसन ने लिखा भी है कि अमेरिकी सिद्धांतशास्त्री (थियरिस्ट) जेम्स को समझ नहीं पाएंगे। समझने के लिए क्रिकेट के प्रति जेम्स के अनुराग को जानना आवश्यक है क्योंकि यह उनके सारे विचारों और कार्य-कलाप को किसी-न-किसी रूप में संचालित करता है।

राबर्ट हिल से विद्यासागर गुप्त ने मुझे मिलवाया। जब मैंने यह जाना कि वह सी.एल.आर. जेम्स की जीवनी लिख रहे हैं तो मन में प्रसन्नता की एक लहर-सी उमड़ी कि कम-से-कम 'बियांड ए बाउंड्री' के उस मार्मिक अंश की उनको याद दिलाऊंगा, जिसमें जेम्स ने ट्रिनिडाड के एक छोटे-से कस्बे के एक क्रिकेटर के बड़े मैच में खेलने के लिए राजधानी पोर्ट ऑफ स्पेन जाने की घटना का वर्णन किया है। कैसे सारा कस्बा क्रिकेटर को विदा करने के लिए जमा हुआ था। लोगों की क्या आशाएं थीं। क्या उनके भय थे। लेकिन अमेरिकी राबर्ट हिल को जेम्स के क्रिकेट प्रेम में ज्यादा दिलचस्पी नहीं थी। बातचीत करने पर पता चला कि जेम्स और भाई साहब के बीच प्रगाढ़ मैत्री थी। विलायत में भाई साहब के पास किसी तरह जीवन निर्वाह भर के लिए पैसे होते थे, लेकिन अपनी तंगहाली में भी वह जेम्स की मदद करने के लिए तत्पर रहते थे।

प्रसिद्ध वेस्ट इंडियन क्रिकेटर लॉरी कांस्टेंटाइन के निमंत्रण पर जेम्स 1932 में इंग्लैंड आए थे। कांस्टेंटाइन अपनी आत्मकथा लिखने में जेम्स की मदद चाहते थे। 1933 में कांस्टेंटाइन की किताब 'क्रिकेट एंड आई' प्रकाशित हुई। जेम्स ने 'गूप' के बारे में बताते हुए एक जगह लिखा है-''किताब की समीक्षा इवनिंग स्टैंडर्ड में छपी तो 'गूप' ने मिलते ही कहा-''अरे! जेम्स, कांस्टेंटाइन की जिस किताब की तुम बात कर रहे थे उसकी समीक्षा छपी है। मैं उसकी एक प्रति खरीद लाया हूं, अभी तुरन्त समीक्षा को पढ़ो! समीक्षा अच्छी थी। हमने (कांस्टेंटाइन और जेम्स) इस बात पर बल दिया था कि अंगरेज, ऑस्ट्रेलियाई और दक्षिण अफ्रीकी क्रिकेटर सिर्फ एक ही सिद्धान्त मानकर टेस्ट मैच खेलते हैं कि उन्हें हर हालत में जीत हासिल करनी है। समीक्षा में हमारी इस बात का जिक्र किया गया है।'' यह गोरी दुनिया पर एक कटाक्ष था जिसमें सांकेतिक रूप में कहा गया था कि वेस्ट इंडियन क्रिकेटर केवल जीतने के लिए ही नहीं खेलते।

मेरे खयाल में भाई साहब ने अपने परम मित्र डॉ. लोहिया की तरह शायद क्रिकेट को न कभी वर्जनीय खेल माना और न ही उसका विरोध किया तो उसका कारण जेम्स से उनकी मैत्री था। जेम्स से उन्होंने यह जाना था कि वेस्टइंडीज में अश्वेत लोगों के लिए क्रिकेट अंगरेजों का खेल न होकर उनकी अस्मिता को प्रकट करने वाला और औपनिवेशिक दासता का विरोध करने वाला खेल बन गया था। इंग्लैंड में रहते हुए भाई साहब ने गांवों (विलेज ग्रीन) और कस्बों में मजदूर और किसानों के बच्चों को क्रिकेट खेलते जरूर ही देखा होगा। भारत में आज क्रिकेट कोई खेल न रहकर विज्ञापनबाजी पर अरबों रुपए खर्च कर सकने वाली कम्पनियों, क्रिकेट कंट्रोल बोर्ड के भ्रष्ट पदाधिकारियों, राजनीतिक पार्टियों के दलालों और आई.पी.एल. के 'प्रताप' से रंडियों की मंडी, सटोरियों के अड्डे में परिणत होने पर लिखने का यहां अवकाश नहीं, हमने जो लिखा वही घोर विषयांतर है।

भाई साहब से मेरी बातचीत हमेशा मारवाड़ी में होती थी। उनसे जब मैं अपनी बातचीत की याद करता हूं तो यह खयाल आता है कि मैं उनसे क्या खाक बात करता होऊंगा। सैद्धांतिक बहस-विचार करने का मुझमें माद्दा कभी नहीं रहा और भाई साहब को अपने विदेश प्रवास और नामी लोगों के बारे में निजी संस्मरण सुनाने का कोई चाव नहीं था। ज्यादातर वे उद्योगपतियों खासकर मारवाड़ी उद्योगपतियों की सूक्ष्म चालबाजियों के बारे में बताते रहते थे, जो पूरी तरह मेरी समझ में भी नहीं आती थी।

इन सबके बावजूद मन में उनसे मिलने का चाव बना रहता था तो उसका कारण शायद यह था कि उनसे मिलकर बात कर मुझमें कहीं साहस पैदा होता था और अपनी निरर्थकता का अहसास कुछ कम होता था। इस लेख के प्रारंभ में उनके स्मरण की पुण्य स्मरण लिखने के पीछे मन में दबी कृतज्ञता ही प्रस्फुटित हुई है।

1958 से 1967 तक मैंने बिड़लों के हिंदी अखबार 'दैनिक हिंदुस्तान' में काम किया। इस दौरान जब-जब भाई साहब दिल्ली आए तब-तब बिना कोई सूचना दिए मिलने दफ्तर आ जाते थे। कभी-कभी तो उनके साथ नॉर्थ एवेन्यू, जहां वो किसी समाजवादी संसद सदस्य के घर ठहरे होते, तो पैदल ही चला जाता। 1968 में 'जन' में, जिसके भाई साहब संस्थापक-संपादक रहे थे, मैं काम करने लगा। इसके सात-आठ महीने बाद भाई साहब राज्यसभा के सदस्य बने तो अशोक रोड के उनके घर नियम से सप्ताह में एक या दो बार जाता था।

'जन' में मेरे संपादक ओमप्रकाश दीपक, जिनके प्रति मेरे मन में अपार श्रद्धा और आदर का भाव है, मुझे बार-बार कहते रहते थे-''बालकृष्णजी से हमेशा मिलते रहिए, उनसे बातचीत करके आपको ऐसी-ऐसी जानकारियां मिलेंगी जो किसी अन्य स्रोत से मिल ही नहीं सकतीं। 1968 में 'जन' में काम करने के दौरान मेरा संसोपा की राजनीति से परिचय हुआ। उन दिनों संसोपा के दो शीर्षस्थ नेताओं मधुलिमये और राजनारायण के बीच एक-दूसरे को पटकने की होड़ मची हुई थी और संसोपाई कार्यकर्ताओं का मुख्य शगल हो गया था अपने-अपने हिसाब से राजनारायण-मधुलिमये की स्तुति-निन्दा करना। यह सोचने पर कुछ हैरत-सी होती है कि उन दिनों भाई साहब से जो बातचीत होती थी उनमें कदाचित् ही मधुलिमये और राजनारायण का जिक्र आया होगा। जैसा मुझे याद पड़ता है कि 'जन' के दीपकजी के संपादकीय लेखों की चर्चा करते हुए भाई साहब ने उनकी प्रशंसा ही की होगी, जबकि मधुलिमये और राजनारायण से कहीं कदाचित् मुलाकात हो जाने पर दोनों का ही पहला काम 'जन' के संपादकीय लेखों को लेकर मुझे झिड़कना होता था। दीपकजी से कुछ कहने का दोनों को शायद साहस नहीं था।

इधर, इस वक्त संसोपा की राजनीति सिद्धांतों और आदर्शों की राजनीति से विमुख होकर नेता-प्रधान और पिछलग्गुओं और चमचों वाली राजनीति होने की दिशा में लगातार बढ़ रही थी, जिससे भाई साहब का दूर तक कोई वास्ता नहीं था। भाई साहब

ने अपने जीवन में कोई चमचा नहीं पाला। उनके परम मित्र डॉ. लोहिया के बारे में उनके निकट रहने वालों से मैंने जो कुछ सुना है, उससे मेरी यह धारणा बनी है कि उन्होंने चमचे भले ही न पाले हों लेकिन कुछ चापलूस उन्हें जरूर घेरे रहते थे। भाई साहब ने अपनी कोई पहचान नहीं बनाई। यदि उनकी कोई पहचान थी तो वह डॉ. लोहिया के मित्र के रूप में ही थी और इसे ही उन्होंने पर्याप्त माना। इस तरह के मानने के पीछे किस प्रकार की निस्पृहता थी, किस प्रकार की निश्छलता थी, किस प्रकार की अंत:प्रेरणा थी, ये जानना और समझना मेरे वश का नहीं। असाधारण ज्ञान होने के बावजूद भाई साहब ने कोई किताब नहीं लिखी और न ही अपने लेखों का कोई संग्रह छपवाया, यहां तक कि छपे लेखों की कतरनें तक नहीं रखीं। आज यह सब लिखते हुए भाई साहब की छवि को याद करता हूं तो एक प्रकार के भावातिरेक में भाई साहब कहीं पूर्ण वीतराग और सन्त सरीखे जान पड़ते हैं।

मारवाड़ी परिवार में जन्म लेने के बावजूद उन्होंने एक पैसा भी नहीं कमाया। एक मारवाड़ी होने के नाते मैं यह जानता हूं कि मारवाड़ी परिवारों में जो व्यक्ति पैसे नहीं कमाता उसे 'ऊत' (निकम्मा, अपदार्थ) माना जाता है और उसके तिरस्कार की कोई सीमा नहीं होती। भाई साहब के परिवार और उनके तीनों भाइयों व परिवार की स्त्रियों की प्रशंसा करनी होगी कि उन्होंने भाई साहब का एक पैसा न कमाने के बावजूद हमेशा आदर ही आदर किया और उनकी बोहेमियन आदतों को (वेशभूषा का कोई ध्यान न रखने, लगातार सिगरेट पीने, अखबारों और किताबों पर बेहिसाब खर्च करने और जब-तब घर को धर्मशाला बना देने को) सहर्ष झेला।

अपने पिता की मृत्यु के तीस वर्ष बाद मैंने यह पूरी तरह जाना है कि बचपन से आज तक मेरे पिता ही मेरे आदर्श पुरुष रहे हैं। एक हद तक भाई साहब उनके प्रतिलोम थे। मेरे पिता सुदर्शन, मिष्टभाषी, आस्तिक और नियमित जीवन जीने वाले थे, तो भाई साहब किसी भी दृष्टि से सुंदर नहीं माने जा सकते, विनम्रता भी उनमें चालू अर्थ में न थी, मिष्टभाषी होने के बजाय कटुभाषी थे, नास्तिक थे और अनियमित जीवन के आदी थे। मेरे पिता सहज ही प्रसिद्ध लोगों से प्रभावित हो जाते थे और यश लिप्सा तो नहीं, पर यश की चाह उनमें कहीं-न-कहीं थी। भाई साहब के निकट किसी की प्रसिद्धि का तनिक भी महत्त्व नहीं था और यश की चाह तो बिलकुल भी नहीं थी।

भाई साहब दस वर्ष विलायत रहे, पर वह कभी भी अपने विलायती दिनों की चर्चा नहीं करते थे। उनके मुंह से मैंने कभी अंगरेजी नहीं सुनी। एक सामाजिक-राजनीतिक कार्यकर्ता के परिवार में जन्म लेने के कारण मैं बचपन से ही अखबार पढ़ता था। बारह-तेरह वर्ष की उम्र में ब्रिटिश लेबर पार्टी के भारत-प्रेमी सदस्यों रेजिनल्ड सोरेनसेन, नोएल बेकर, ब्रिटिश लेबर पार्टी के चेयरमैन हेराल्ड लास्की, ब्रिटेन की इंडिया लीग के कृष्ण मेनन और अमेरिका की इंडिया लीग के जे.जे. सिंह के नामों

से परिचित ही नहीं, उनके प्रति भक्ति-भाव रखता था। शायद जे.जे. सिंह को छोड़कर भाई साहब का इन सभी नामी हस्तियों से घनिष्ठ परिचय था और हेराल्ड लास्की के तो वह लंदन स्कूल ऑफ इकोनॉमिक्स में विद्यार्थी थे, लेकिन रॉबर्ट हिल से मिलने से पहले मेरी मन्द-बुद्धि में यह खयाल भी नहीं आया कि इन नामी हस्तियों से भाई साहब का कोई ताल्लुक हो सकता है।

हम हिंदुस्तानियों में प्रसिद्ध लोगों के प्रति जो गद्‌गद भाव रहता है (और यदि उनसे जान-पहचान हुई तो गाहे-बगाहे उसे जताने की भरपूर चेष्टा करते हैं) उससे भाई साहब इतने मुक्त थे कि जब वह कृष्ण मेनन की इस तरह की कड़ी आलोचना करते थे, जो कोई भुक्तभोगी ही कर सकता है तब भी मुझे यह खयाल तक नहीं आया कि आलोचना के पीछे उनका व्यक्तिगत अनुभव भी हो सकता है।

एक-दो बार मुझे ऐसा लगा कि भाई साहब स्वभाव से आलसी हैं, लेकिन जब मैंने कलकत्ता से प्रकाशित होने वाले 'जन' के अंक देखे तो भौचक रह गया। कलकत्ता से प्रकाशित होने वाले 'जन' के संपादन में भाई साहब की कड़ी मेहनत पग-पग पर प्रकट होती थी। एक पत्रिका का सुन्दर और दक्ष संपादन कड़ी मेहनत की मांग करता है। पत्रिका के अंक को पूर्णांग बनाने के लिए भाई साहब कई-कई छद्‌म नामों से लिखते थे और उनकी संपादकीय टिप्पणियां 'विशाल भारत' व 'मॉडर्न रिव्यू' की तर्ज पर विस्तृत और संख्या में पांच-छह से भी ज्यादा होती थी। भाई साहब के 'एकलव्य' के छद्‌म नाम से लिखे गए लेखों में 'बिड़ला रहस्य' लेख की आज उसके प्रकाशन के पचपन साल बाद भी कोई-न-कोई याद दिला ही देता है।

भारतीय वामपंथ, खासकर बंगाल के वामपंथ के खोखलेपन की उनके जैसी पड़ताल शायद ही किसी ने की होगी। इस गहरी पड़ताल के पीछे सिर्फ अध्ययन ही नहीं लंदन में दस साल तरह-तरह के मार्क्सवादियों के बीच चलने वाली बहसों का अनुभव भी था।

सी.एल.आर. जेम्स ने 'गूप' के बारे में लिखा है-''राजनीतिक दृष्टि से वह समाजवादी था, असल में उग्र समाजवादी (एक्सट्रीम सोशलिस्ट)। कम्युनिस्टों के प्रति उसमें सहानुभूति थी, पर इससे कुछ ज्यादा नहीं। 'गूप' ने ही स्टालिनवादियों के पापों (क्राइम्स) और खासकर रूस में मजदूर वर्ग के अपमान (डीग्रेडेशन) के बारे में विस्तार से मुझे बताया था। (रूस में) समाजवाद बकवास (नॉनसेंस) है। रूस में मजदूर गुलाम हैं। मैं वहां गया हूं, जेम्स, मैं जानता हूं।'' 1930 के दशक में स्टालिनवादियों ने सोवियत रूस के प्रायोजित दौरों से दुनिया के बड़े-से-बड़े लेखकों को भरमाया पर भाई साहब को जब वह मुश्किल से 25 वर्ष के रहे होंगे, भरमा नहीं सके।

जेम्स 1930 के दशक के प्रारंभिक वर्षों में पूर्णतया ट्राटस्कीवादी थे और 1939 में मेक्सिको जाकर ट्राटस्की से मिले भी थे। जेम्स, ट्राटस्की और अमेरिकन सोशलिस्ट

वर्कर्स पार्टी के नेता कैनन की इस राय से पूरी तरह असहमत थे कि सोवियत यूनियन अपनी विकृतियों के बावजूद मजदूरों का राज्य (वर्कर्स स्टेट) है इसलिए उसका समर्थन किया जाना चाहिए। सोवियत यूनियन को मजदूरों का राज्य मानकर उसका समर्थन करने की दलील दिए जाने पर जेम्स के दिमाग में निश्चय ही भाई साहब की कही गई बात गूंजी होगी, ''मैं वहां गया हूं, जेम्स मैं जानता हूं रूस में मजदूर गुलाम हैं।'' 1939 के बाद जेम्स ट्राटस्कीवादी नहीं रहे तो उसके पीछे उनका यह मानना भी था कि ट्राटस्की ने मार्क्सवाद को गलत ढंग से समझा है, इसलिए उनकी इतिहास संबंधी धारणा बुनियादी रूप से गलत है। मेरे खयाल में भाई साहब से मैत्री का जेम्स पर जबर्दस्त प्रभाव पड़ा होगा खास कर सोवियत यूनियन के बारे में जेम्स के दृष्टिकोण पर। जेम्स का विविधवर्णी चरित्र औपन्यासिक था और वी.एस. नायपाल के एक उपन्यास के एक चरित्र के बारे में कहा भी जाता है कि वह जेम्स का प्रतिरूप है।

इस लेख को प्रारम्भ करने के पहले मन में घोर शंका थी कि क्या लिखूंगा, कुछ भी नहीं लिखा जाएगा, लेकिन लिखते हुए भटकते हुए प्रतीत होता है कि रास्ता तो नहीं मिला पर पगडंडी जैसी कुछ मिल गई। भाई साहब को पहेली बने रहने देना ही उचित होगा, लेकिन उन्होंने अपने 'जीवन को रूल जाने दिया' कहना बहुत गलत होगा। भाई साहब ने व्यावहारिक दुनिया के पैमाने पर भले ही अपने जीवन को रूल जाने दिया, पर क्या हम किसी औपन्यासिक चरित्र को व्यावहारिकता के पैमाने पर नापते-मापते हैं?

भाई साहब के भतीजे काकू (पवन कुमार गुप्त) ने अपने लेख में ताऊजी (बालकृष्ण गुप्त) को लेकर मन में उपन्यास लिखने का सोच आने की बात लिखी है तो वह कोई आलंकारिक बात नहीं है। काकू भले ही उम्र में मुझसे बहुत छोटे हों, पर उन्होंने घर-परिवार में भाई साहब को निकट से देखा है और उनका साक्ष्य बहुत महत्त्व रखता है। भाई साहब जैसे 'सिरफिरे' माने जाने वाले लोग ही हमें एक बेहतर दुनिया बनाने के लिए प्रेरित करते हैं। कोई अंबानी या नरेंद्र मोदी जैसा सफल तो हमें लोभी और बर्बर ही बनाएगा। भाई साहब का स्मरण एक पुण्य स्मरण है। उनके स्मरण से अपने माता-पिता का भी स्मरण कर सका और दो-तीन वर्षों बाद कुछ कागज रंग पाया। भाई साहब से मैंने उनके उपदेश न देने के बावजूद कुछ सीखा ही है। सीखना कुछ पाने जैसा है। तो मैंने उनसे पाया ही पाया है।

16, लॉर्ड सिन्हा रोड
कोलकाता-700071

मारबल-हाउस

सुबोध मुखोपाध्याय

भारत के समाजवादी आंदोलन में 'मारबल हाउस' का नाम अविस्मरणीय है। समाजवादी आंदोलन की कोई भी धारा हो, चाहे फिर वह मार्क्सवादी-समाजवादी हो, या गांधीवादी-समाजवादी या फिर लेनिनवादी-समाजवादी—सबका सम्मिलन स्थल था 'मारबल हाउस'। यही नहीं, ट्यूनीशिया के हबीब बोरगिबा और युगोस्लाविया के मिलोवान जिलास जैसी मशहूर हस्तियों ने 'मारबल हाउस' में बालकृष्णजी का आतिथ्य ग्रहण किया था। डॉ. राममनोहर लोहिया से मिलने 'मारबल हाउस' जाते हुए मन किसी महल की कल्पना कर रहा था। पहुंचा तो देखा 'मारबल हाउस' कोई महल नहीं है, सिर्फ नाम ही 'डरावना' है। 'मारबल हाउस' के एक फ्लैट में किराएदार बालकृष्ण गुप्त के यहां डॉ. लोहिया टिके हुए थे।

बालकृष्णजी, खद्दर की धोती-कुर्ता पहने डॉ. लोहिया के साथ बैठे हुए थे। दोनों की मैत्री के बारे में बहुत कुछ सुना था। दोनों को एक साथ देखने का यह पहला मौका था। डॉ. लोहिया के हर काम में बालकृष्णजी की भागीदारी थी। डॉ. लोहिया मंच पर थे, तो बालकृष्णजी नेपथ्य में। अपने को ओझल रखना शायद बालकृष्णजी का सहज स्वभाव था, लेकिन जानने वाले जानते हैं कि किस हद तक पहुंचे हुए थे।

मधुलिमये को प्रजा समाजवादी दल से निलंबित कर दिया गया था, त्रावणकोर कोची में तुन पिल्लै की सरकार ने इस्तीफा नहीं दिया था, डॉ. लोहिया ने प्रजा-समाजवादी दल से इस्तीफा दे दिया था। ऐसे में डॉ.लोहिया के कलकत्ता आगमन पर 'मारबल हाउस' में प्रेस सम्मेलन का आयोजन था। सभी अखबारों और समाचार एजेंसियों के प्रतिनिधि उपस्थित थे। डॉ. लोहिया उनके सवालों का जवाब दे रहे थे। प्रसोपा के मुखपत्र 'लोक-सेवक' का प्रतिनिधि सवाल करने के बजाय डॉ. लोहिया का अपमान करने की लगातार कोशिश किए जा रहा था, प्रेस-ट्रस्ट का प्रतिनिधि उसे समझा-बुझाकर चुप कराने की कोशिश कर रहा था पर व्यर्थ। डॉ. लोहिया ने 'लोक-सेवक' के प्रतिनिधि को कहा, 'आप मेरे उत्तर सुनिए, मेरे विरुद्ध आपको जो कुछ करना है वह अपने संपादकीय में लिखिए।' लेकिन बालकृष्णजी को 'लोक-सेवक'

के प्रतिनिधि का व्यवहार असह्य हो उठा। उन्होंने उसे कहा, 'बहुत हो गया, अब आप यहां से चले जाइए।' डॉ. लोहिया ने बालकृष्णजी को कहा, 'तुम्हें मेहमानों से सभ्यता से पेश आना चाहिए।' बालकृष्णजी ने जवाब दिया, 'सभ्यता क्या होती है, मैं जानता हूं पर कोई मेरे घर आकर तुम्हें अपमानित करने का लगातार उपक्रम करे तो उसे बर्दाश्त करना मेरे लिए मुमकिन नहीं है। मैं कैसे बर्दाश्त कर सकता हूं।' डॉ. लोहिया ने कुछ नहीं कहा, 'लोक-सेवक' के प्रतिनिधि को शायद कुछ लज्जा का बोध हुआ, वह चुप हो गया।

मेरे जैसे सामान्य कार्यकर्ता बालकृष्णजी को कभी भूल नहीं पाएंगे। उन्हें बहुत-बहुत प्रणाम।

'समसमाज', 20 सितंबर, 1972

लोहिया का 'रेडगार्ड'

यमुना सिंह

बालकृष्णजी भी चल दिए। वे कलकत्ता में लोहिया के लोगों के मिलन-केंद्र थे। लोहिया के प्रति गजब की श्रद्धा थी उनमें। दोनों समवयस्क ही थे। एक समवयस्क की दूसरे समवयस्क के प्रति इतनी श्रद्धा कम ही देखने को मिलती है। लोहिया के निधन के बाद उनके मन में एक अजीब घुटन पैदा हो गई थी, एक ऐसी पीड़ा जिसे वे व्यक्त नहीं कर पाते थे। आखिर, माध्यम भी तो कुछ नहीं था! सभी लोग उनसे शांति और भरोसे की बात सुनने के लिए मिलते।

संसोपा ने राष्ट्रपति के चुनाव में गिरि को वोट देने का फैसला किया। राष्ट्रपति के चुनाव में जब वोट देकर आए तो अपने मन की व्यथा छिपा नहीं पाए। अनुशासन मानते हुए गिरि को ही वोट दिया। सेंट्रल हॉल में श्री दिनेश सिंह ने पूछा, 'गुप्ताजी वोट दे आए।' तो बालकृष्णजी ने जवाब दिया-'हां, आज दूसरी बार लोहिया को जलाकर लौटा हूं।' उनके मन की व्यथा इस वाक्य में फूट निकली। मानसिक रूप से वे टूट चुके थे और शरीर से भी अस्वस्थ रहने लगे। सोनपुर अधिवेशन जाते हुए ट्रेन में ही फालिज का हलका प्रहार हुआ। सोनपुर न उतरकर वे अपने बिहार स्थित मकान (फारबिसगंज) चले गए, तभी से बीमारी की गिरफ्त में जकड़ते चले गए, जिसकी परिणति 10 सितंबर को मृत्यु के रूप में हुई।

यह एक संयोग की बात है कि लोहिया लोकसभा में चार वर्ष पांच महीने रहे और बालकृष्णजी भी राज्यसभा में चार वर्ष पांच महीने। दिल्ली स्थित विलिंगडन अस्पताल के सात नंबर कमरे में जिस परिचारिका की देख-रेख में लोहिया की आखिरी सांस निकली, उसी विलिंगडन अस्पताल के उसी सात नंबर कमरे में, उसी परिचारिका की देख-रेख में बालकृष्णजी की भी आखिरी सांस निकली।

बालकृष्णजी की जिंदगी में बस दो जरूरतें थीं, अखबार और सिगरेट। इनके बिना वे रही नह सकते थे। रोज कितने अखबार पढ़ते थे, कितनी सिगरेटें पीते थे, कोई अंदाजा नहीं। याददाश्त इतनी अच्छी थी कि लगता था कि जो कुछ पढ़ रहे हैं, वह सारा का सारा उनके भीतर कहीं रिकॉर्ड होता जा रहा है। लोहिया से जब कभी उनकी अंतरराष्ट्रीय

स्थिति पर बातचीत होने लगती थी तो सुनते ही बनता था। इतने विस्तार से और प्रामाणिक रूप से लोहिया की और प्रामाणिक रूप से लोहिया की जिज्ञासा का समाधान करते कि हैरत होती थी। कभी-कभी दोनों मित्रों की बातचीत और उनके 'तर्क-वितर्कों' को सुनकर हमारे मन में लालसा होती कि इन बातों को लिपिबद्ध कर लें तो समाजवादी कर्मियों को कितने सारे अंतरराष्ट्रीय सवालों का जवाब मिल जाएगा। किंतु इस विषय में दोनों ही दोषी रहे। लोहियाजी लिखने के मामले में काफी आलसी थे और बालकृष्णजी के आलस का तो कहना ही क्या?

'आज जरूर लिख दूंगा' कहकर महीनों गुजार देते, लेकिन जब लिखने बैठते तो फिर उठने का नाम नहीं लेते। चौंसठ पेज की कॉपी जब खत्म हो जाती (हमेशा कॉपी में ही लिखते थे) तो दूसरी तुरंत बढ़ा दी जाती, बस एक बार सिगरेट जलाने भर हाथ रुकता, कहीं कोई काटा-काटी नहीं, कोई दुहराव नहीं, ऐसा लगता कि सब कुछ भीतर इस तरह रखा हुआ है कि सिर्फ उसे कागज पर फटाफट उतारते चले जा रहे हैं। लेख समाप्त होने पर ही वे उठते।

कलकत्ता से उनके संपादन में 'जन' का प्रकाशन शुरू हुआ। प्रेस में दोनों के लिए लेख जल्द भेजने होते, पर बालकृष्णजी आज दूंगा करते-करते बीस-बीस दिन गुजार देते। बालकृष्णजी को पढ़ने से ही फुर्सत नहीं मिलती कि लिखते। मैटर के लिए प्रेस का तकाजा बढ़ने लगता, फिर एक दिन बैठते कि 80 पेज की सामग्री तैयार करनी है। सुबह सात से दोपहर दो बजे तक और फिर शाम सात बजे से रात दो बजे तक। दो दिनों में 80 पेज का मैटर विभिन्न विषयों पर विभिन्न नामों से दे देते। 'जन' के पाठक बालकृष्णजी की मौलिकता से परिचित हैं। जोरदार और तथ्यगर्भित लेख लिखने वाला उन जैसा लेखक शायद हिंदी में आज कोई नहीं है। इंग्लैंड में जब अर्थशास्त्र में बी.एस-सी. कर रहे थे और वहां नौ वर्ष रहे तब 'विशाल भारत' में अंतरराष्ट्रीय राजनीति पर लिखा करते थे। उन लेखों को याद करने वाले लोग अभी भी मिलते हैं।

'जन' में छपे उनके लेखों की धूम मच जाती थी। विनोद-प्रियता भी उनमें खूब थी। लोहिया जब कलकत्ता आते तो उनके घर रोज सुबह चाय पर मजमा जमता। मजमे से डॉ. साहब जब एकाध क्षण के लिए कहीं इधर-उधर होते तो बालकृष्णजी हम लोगों को सुनाकर एक शिगूफा छोड़ देते-'मैं तो माओवादी हूं।' डॉ. साहब को बालकृष्णजी की बात सुन जाती तो पूछते, 'कहां से बोल रहे हो गले से या दिल से?' बालकृष्णजी एकदम पलट जाते, बोलते, 'दिल से तो मैं लोहिया का रेडगार्ड हूं।'' इस तरह अच्छा-खासा विनोद रहता। डॉ. साहब से उनकी चुहल चलती रहती थी। डॉ. साहब दौरे पर भुवनेश्वर गए थे। साथ में बालकृष्णजी और कई साथी थे। लौटते समय हम लोग रांची रुके। अर्जुन अग्रवाल के बंगले में जगह मिली। दो कमरे थे जिनमें एक चारपाई थी। एक कमरे में डॉ. साहब टिके, दूसरे में साथियों सहित

बालकृष्णजी। चारपाई एक ही थी। हम लोगों ने आग्रह किया कि चारपाई पर आप सोएं लेकिन उन्होंने कहा, 'नहीं, हमारे सोने से गजब हो जाएगा। देखो डॉ. साहब (समवयस्क होने के बावजूद वे लोहिया को कभी राममनोहर नहीं करते थे, हमेशा आदरसूचक डॉ. साहब ही कहते थे) रात को जरूर देखने आएंगे कि पलंग पर कौन सोता है और हमको सोता देखेंगे तो बहुत नाराज होंगे सो जमीन पर हमें भी सोने दो।' ठीक दो बजे रात डॉक्टर साहब आए। हम सभी जाग रहे थे, लेकिन ऐसी खामोशी साधे कि मानो सो रहे हों। डॉ. साहब जब वापस लौट गए तो बालकृष्णजी बोले, 'देखा, आए न, मुआयना करने। अगर हम पलंग पर सोते होते तो अभी नीचे उतारते।' हम सभी हंसते-हंसते लोटपोट हो गए।

बालकृष्णजी अपनी जबान पर कभी लगाम नहीं रख सके, इसलिए लोग उनसे थोड़ा घबराते भी थे। बालकृष्णजी को निरुत्तर करने वाला कोई आदमी मेरी निगाह में देखने में नहीं आया। दो-टूक बात कहने में उनका कोई सानी नहीं।

एक बार पार्टी के लिए बालकृष्णजी के नेतृत्व में हम चंदा मांगने निकले। एक गद्दी में पहुंचे, बालकृष्णजी जमकर बैठ गए, हम सब खड़े ही थे। गद्दी के मालिक ने कहा—हमारा सिद्धांत लोहिया के सिद्धांत से मेल नहीं खाता, हम लोहिया की पार्टी को पैसे क्यों दें? बालकृष्णजी ने सिगरेट सुलगाते हुए हम लोगों को इशारा किया कि हम बैठ जाएं। खुद गद्दी मालिक से बोले, 'आपका सिद्धांत सिर्फ रुपया कमाना है, लोहिया का सिद्धांत देश बनाने का है और उस सिद्धांत को चलाने के लिए रुपया चाहिए सो मेरा सिद्धांत रुपया मांगने का है इसलिए आपसे मांगने आया हूं और आपको पांच सौ रुपया देना पड़ेगा सो दीजिए (बालकृष्णजी ने अपनी जिंदगी में रुपया पैदा करने का कर्म कभी नहीं किया इसलिए व्यावसायिक क्षेत्र में वह कुशल व्यक्ति नहीं माने जाते थे। जिस आदमी के ऊपर विदेश में पढ़ाई पर घर की लंबी राशि खर्च हुई हो और उसके बाद भी प्रतिदिन हो रही हो तथा वह कुछ भी कमा न रहा हो तो उसका सम्मानित स्थान नहीं होता)। एक घंटा बैठने के बाद वे पांच सौ रुपए लेकर ही उठे।

बालकृष्णजी में अप्रिय संभाषण के साथ विनम्रता भी गजब की थी। मुजफ्फरपुर में युवजन सभा का सम्मेलन था। 'मैनकाइंड' के प्रकाशन संबंधी काम के लिए डॉ. लोहिया से मिलने मैं भी गया था। उस वक्त 'मैनकाइंड' का प्रकाशन कलकत्ता से हो रहा था। बालकृष्णजी भी मुजफ्फपुर आए हुए थे। हम लोगों को मुजफ्फरपुर से पटना होते हुए कलकत्ता लौटना था। लोहियाजी का उसी दिन कलकत्ता पहुंचना जरूरी था। वे हवाई-जहाज से कलकत्ता चले गए। हम बालकृष्णजी के साथ ट्रेन से कलकत्ता रवाना हुए। तूफान-एक्सप्रेस में तीसरे दर्जे का टिकट, गजब की भीड़, हमारा साहस टूट गया, लेकिन बालकृष्णजी डिब्बे की तरफ बढ़े और डिब्बे की छड़ पकड़कर लटक गए फिर हम भी खिड़की से बिस्तर फेंककर छड़ पकड़कर लटके। गाड़ी खुली, थोड़ी

हलचल हुई, उसमें खड़ा होने लायक जगह मिली। बालकृष्णजी भोजन बिना रह सकते थे किंतु सिगरेट जरूरी थी! जेब से सिगरेट का डिब्बा निकाला, लोगों को पिलाई, दोस्ती तो होनी ही थी। चट लोगों ने उनके लिए एक गठरी पर बैठने की जगह बना दी पर जब तक उन्होंने हमारे बैठने की व्यवस्था नहीं कर दी तब तक स्वयं नहीं बैठे। वही बालकृष्णजी चल दिए, अब उस आत्मीयता से पूछने वाला कोई नहीं रहा 'कहो तुम्हारा कैसा चलता है, ठीक हो न?' दिन-दिन लोग चले जा रहे हैं, जीवन एकाकी होता जा रहा है।

'चौरंगी-वार्ता', 18 सितंबर, 1972

खंड–2

हाशिए पर पड़ी दुनिया

हाशिए पर पड़ी दुनिया की दो-तिहाई रंगीन आबादी

यह लेख तीसरी दुनिया के देशों की आर्थिक स्थिति, उनके संसाधनों की लूट और अंतरराष्ट्रीय स्तर पर उनके साथ हो रहे आर्थिक भेदभाव को लेकर गंभीर चिंता व्यक्त करता है। इस लेख के माध्यम से बालकृष्णजी ने साम्राज्यवादी देशों द्वारा प्राकृतिक संसाधनों को पाने की होड़ में तीसरी दुनिया के देशों को अलग-थलग रखने की कूटनीतिक चालों और शोषण की प्रवृत्ति पर से पर्दा उठाया है।

–संपादक

दूसरे विश्वयुद्ध की काली स्मृतियों में और बदलती अंतरराष्ट्रीय परिस्थितियों के बीच आज पूरी दुनिया कूटनीतिक और राजनीतिक स्तर पर बदलती-सी दिखाई देने लगी है। बदलाव भी ऐसे हैं कि जिनके बारे में अतीत में कभी किसी तरह का आकलन ही नहीं किया गया। जाहिर है, ऐसी संभावनाओं के बारे में भला कैसे कोई आकलन कर सकता था कि एक समय ऐसा भी आएगा कि जो राष्ट्र कभी पूरी दुनिया को अपने इर्द-गिर्द घुमाया करते थे, उनके लिए दुनिया में खुद ही दो कदम चल पाना मुश्किल हो जाएगा, तो वहीं जिन मुल्कों की कभी पूरी दुनिया पर राज करने की लालसाएं विशाल और विकराल होकर हिंसा की पताकाएं फहराने में जुट रही थीं, वे आज शांति के महासागर में अपने ही अस्तित्व को बचाने के लिए हाथ-पैर मारते दिखाई देने लगेंगे।

निश्चित ही बदलाव की यह कहानी अपने आपमें बहुत कुछ बयां कर रही है। कहना न होगा कि परिवर्तन की इस तीव्र आंधी में अपनी महत्त्वाकांक्षाओं को पूरा करने के लिए सबको उंगलियों पर नचाने वाले कई देश आज दुनिया की धुरी भी नहीं रह गए हैं। यहां तक कि अब अमेरिका और रूस की पूरी तस्वीर ही बदली सी नजर आ रही है और ये दोनों ही देश अब दुनिया की सारी घटनाओं के नियामक सत्ता खोते जा रहे हैं। वाकई, दुनिया की धुरी बदल रही है।

एक समय था जब यह कहा जाता था कि ब्रिटिश साम्राज्य का सूर्य कभी अस्त नहीं होता, लेकिन दूसरे विश्वयुद्ध के बाद ब्रिटेन के पास उसका विशालकाय एशियाई और अफ्रीकी साम्राज्य तकरीबन अस्त-सा ही होने लगा है। हालांकि ब्रिटेन अभी भी काले, बादामी और सफेद राष्ट्रों की बहुजातियों और बेमेल भीड़ वाले राष्ट्रमंडल का नेतृत्व करता है, लेकिन राष्ट्र संघ के राष्ट्रों के उद्देश्य? और उनकी कार्यशैली इतनी

अलग-अलग और विभाजित है कि ब्रिटेन की दुनिया की एक बड़ी शक्ति होने की साख पर ही अब बट्टा लगने लगा है।

उधर, फ्रांसीसियों के पास भी उपनिवेश बहुत ही कम रह गए हैं। हालांकि बंगाल की महत्त्वाकांक्षाएं अभी भी बहुत बड़ी हैं। वह फ्रांस को संयुक्त-पश्चिमी यूरोप का नेता बनाना चाहते हैं और इसलिए साझा बाजार से अलग रह रहे हैं। उधर, ब्रिटेन पश्चिमी यूरोप के राष्ट्रों से तिरस्कार और दुत्कार पाकर अभी भी अपने परंपरागत हितों को ध्यान में रखते हुए थोड़े हेर-फेर के साथ विश्व-राजनीति में पूरी तरह अमेरिका की ही नीति पर चल रहा है। उसने चीन से कूटनीतिक और व्यापारिक संबंध कायम कर लिए हैं, हालांकि अमेरिका अभी भी चीन को अछूत ही मानता है।

चीन के साथ ब्रिटेन का संबंध महत्त्वपूर्ण नहीं है क्योंकि दुनिया की राजनीति में इसका कोई बहुत बड़ा असर नहीं पड़ने वाला है। जापान आधुनिक औद्योगिक राष्ट्र बनने में लगा हुआ है और उसकी कोई विदेश नीति नहीं है जिससे भविष्य में दुनिया का नक्शा बदले।

वहीं पश्चिमी जर्मनी हर रोज ज्यादा समृद्ध और धनी होता जा रहा है। उसकी भी महत्त्वाकांक्षाएं सीमित हैं। वह विश्व की महाशक्ति बनने की नहीं सोच रहा, बल्कि इसके बदले वह अपने देश का फिर से एकीकरण करने के लिए ज्यादा हाथ-पैर मार रहा है। हालांकि इसमें उसकी तैयारी बहुत जोर-शोर की नहीं है, क्योंकि इससे तीसरे विश्वयुद्ध का खतरा है।

खैर, दूसरे विश्वयुद्ध को समाप्त हुए आज तकरीबन बीस साल हो गए हैं। वक्त के इस लंबे अंतराल में दुनिया के हर मुल्क के आसमान पर मंडरा रहे विनाश और हिंसा के काले बादल अब अमूमन छंटने लगे हैं, लिहाजा आने वाले समय में कहीं किसी संघर्ष के संकेत फिलहाल तो दिखाई नहीं पड़ रहे, लेकिन इस बीच संकेत कुछ दूसरी तरह के पैदा होने लगे हैं जो मारकाट, हिंसा और अमानवीय त्रासदी के नहीं हैं, बल्कि कुछ दूसरी तरह के हैं जिसे दुनिया के कुछ धनी गोरे मुल्कों के हर साल और ज्यादा धनी होने के रूप में देखा जा सकता है। हालांकि धनी, विकसित और साम्राज्यवादी राष्ट्रों की परिवर्तन की तस्वीर को दुनिया की तस्वींर में परिवर्तन का मानक मानने वाली साम्राज्यवादी सोच के बीच आज पिछड़े, अविकसित और बेहद दयनीय परिस्थितियों से गुजर रहे कुछ राष्ट्र दुनिया की इस बदलने वाली सूरत में अभी भी अपरिवर्तित ही हैं।

ये राष्ट्र आज भी अपनी दलदल भरी अर्थव्यवस्था के कीचड़ में फंसे हुए हैं। कमाल की बात है कि एशिया और अफ्रीका के इन रंगीन देशों ने खुद को यूरोपीय साम्राज्यवादी शक्तियों के राजनीतिक प्रभुत्व से मुक्त कर लिया है पर आर्थिक रूप से वे आज भी इन मुल्कों के दास बने हुए हैं और गरीबी के भयानक दलदल से निकलने का कोई रास्ता नहीं खोज पा रहे हैं।

दुनिया की आधी गरीब आबादी के प्रश्न

अंतरराष्ट्रीय मंच पर राजनीतिक स्थितियां तेजी से बदल रही हैं, जाहिर है, ऐसे में इन तमाम बातों के मद्देनजर आज हमारे सामने यह सवाल उठता है कि अब जबकि सारी दुनिया तमाम तरह के युद्धों से त्रस्त होकर विकास और धन-समृद्धि के रास्ते पर चलने के लिए जोर-आजमाइश कर रही है तो फिर ऐसे में एशिया, अफ्रीका और लातीनी अमेरिका में रहने वाली दुनिया की दो-तिहाई आबादी क्यों अभी भी भयानक गरीबी की कड़ी गिरफ्त में है? और आखिर क्यों साम्यवादी चीन को छोड़कर कहीं भी इस असह्य स्थिति को खत्म करने के लिए ठीक-ठाक कोशिश भी नहीं की जा रही? जिधर देखो उधर स्थितियां बदहाल होती जा रही हैं। मिस्र में जहां आसवान बांध के निर्माण से वहां की हालत बहुत ज्यादा सुधरने की संभावना नहीं दिखाई दे रही, तो वहीं भारत में तीन पंचवर्षीय योजनाएं पूरी होने के बाद भी इन्हीं योजनाओं ने एक भयानक अकाल पैदा कर दिया है। वहीं अफ्रीका अभी भी अंधकारपूर्ण है और उसके आर्थिक विकास की बात महज एक राजनीतिक स्वप्न भर है। लातिनी अमेरिका भी दलदल में फंसा हुआ है और पूंजीगत माल का आयात करने के लिए उसके पास विदेशी मुद्रा की कमी है।

शोषण के कुटिल षड्यंत्र

दुनिया की आधी रंगीन आबादी की भयावह दास्तां इस समय इन देशों का शोषण कर धनी और समृद्ध बने देशों के सामने कई तरह के सवालों को लेकर खड़ी है। सोचने वाली बात यह है कि दुनिया की इस दो-तिहाई रंगीन आबादी की दरिद्रता और भुखमरी की कहानियां साम्राज्यवादी मुल्कों के सामने आने के बाद भी ये शक्ति-संपन्न देश अपनी शोषण की प्रवृत्ति को छोड़ते नजर नहीं आते। एक ओर जहां पूंजीगत माल पर पश्चिमी यूरोप और उत्तरी अमेरिका का खासा कब्जा है तो वहीं यूरोप और अमेरिका के धनी गोरे राष्ट्र आर्थिक सहायता की खूब लंबी-चौड़ी बातें तो करते नजर आते हैं पर पिछड़े और अविकसित देशों को औद्योगिक मशीनें नाम मात्र को भेजी जाती हैं। यही नहीं, इन देशों के लिए व्यापारिक शर्तें भी प्रतिकूल होती हैं और तो और इन पिछड़े देशों द्वारा निर्यात किए जाने वाले माल की कीमत भी लगातार घटती ही जा रही है जबकि अमेरिका और यूरोप से आयात माल की कीमत बढ़ती जा रही है, जिससे एशिया, अफ्रीका और लातीनी अमेरिका के देशों के पास हमेशा विदेशी मुद्रा की कमी बनी हुई है।

इन देशों ने अपने दबाव के बूते विश्व-व्यापार में जो मूल्य निर्धारण व्यवस्था को अपनाया हुआ है उससे भविष्य में भी पिछड़े और अविकसित देशों को पूंजीगत सामान मिल पाने की कोई उम्मीद नहीं है, इस बात को जानने के बावजूद कि गरीबी खत्म करने के लिए उसकी बहुत ज्यादा जरूरत है।

सियासी दांव-पेंच

शीतयुद्ध आज उतना 'शीत' नहीं है जितना कि उस जमाने में था जबकि श्री डलेस अमेरिका के विदेशमंत्री थे। वियतनाम में भी जहां अमेरिका की वियतनाम से लड़ाई हो रही है, रूस अमेरिका के मुकाबले में नहीं खड़ा है। रूस साम्यवाद के प्रभाव क्षेत्र को बढ़ाने के लिए लड़ाई करने को तैयार नहीं है। ये तो केवल अपने देश के भीतर अपनी जनता के जीवन-यापन स्तर को सुधारने में लगे हुए हैं। वे अपनी सैनिक, मशीनरी आदि को दुरुस्त रखते हैं। सोचने वाली बात है कि इन सबको दुरुस्त रखने का उनका उद्देश्य अपने देश की रक्षा करना है न कि किसी पर आक्रमण की योजना है। वे शांतिपूर्ण सहअस्तित्व को पसंद करते हैं और आणविक युद्ध के नतीजों से भी घबराते हैं। क्यूबा को छोड़कर उन्होंने पिछले दस वर्षों में कहीं भी किसी क्रांति की मदद नहीं की। यहां तक कि क्यूबा में भी जब जॉन एफ. कैनेडी ने धमकी दी तो उन्होंने अमेरिका की दिशा में साधे गए रॉकेटों को हटा लिया और तब से शांत बैठे हैं। हालांकि रूस और अमेरिका आज भी दुनिया में अपना प्रभाव बढ़ाने के लिए होड़ लगा रहे हैं पर वे आज एक-दूसरे के प्रतिद्वंद्वी नहीं रह गए हैं। शीतयुद्ध ठंडा पड़कर एक सुविधापूर्ण सहअस्तित्व बन गया है। यहां तक कि दोनों ही विश्व शक्तियों के लक्ष्य व उद्देश्य एक दूसरे के विपरीत व विरोधी भी नहीं रह गए हैं।

हाल ही का ताशकन्द सम्मेलन, जिसमें भारत और पाकिस्तान एक अच्छा उदाहरण हैं, में देखा जा सकता था कि किस तरह से अमेरिका भी भारत-पाक झगड़े को दूर करना चाहता था, पर यह देखकर कि अभी उसका प्रभाव काम नहीं करेगा उसने यह सारा मामला रूसियों पर छोड़ दिया है। वियतनाम में भी अमेरिका और रूस दोनों शांति चाहते हैं और समस्या का ऐसा हल ढूंढ़ने के लिए हाथ-पैर मार रहे हैं जिससे लड़ाई समाप्त हो सके। कमोबेश यह सब हालात देखते हुए ऐसा लग रहा है कि अमेरिका और रूस दुनिया में कहीं भी एक-दूसरे से भिड़ने वाले नहीं हैं।

बदलाव के लिए उम्मीद

साम्यवाद और पूंजीवादी दुनिया के बीच दूसरे विश्वयुद्ध के तत्काल बाद जो तनातनी और मंदी पैदा हुई है, ऐसे में दुनिया के विचारवान लोग यह भी सोचने लगे हैं कि इन दोनों ही बड़ी शक्तियों के बीच चल रही शांतिपूर्ण प्रतियोगिता को दुनिया की दो-तिहाई पिछड़ी, गरीब, अज्ञान और बीमारी से ग्रस्त जनता के लिए कैसे उपयोगी बनाया जाए कि दुनिया की जनसंख्या का यह बड़ा हिस्सा कैसे मुख्यधारा में आ जाए।

गौर करने वाली बात यह है कि रूस और अमेरिका दोनों ही दुनिया को बेहतर बनाना चाहते हैं और दोनों ही मिलकर काम करें तो उनमें इतनी क्षमता भी है कि वह इस महान उद्देश्य में सफल हो सकते हैं। मगर दुनिया को खत्म कर देने वाली और उसे एक गहरे अंधकार में धकेल देने वाली रॉकेटों की होड़ ने इन दोनों ही देशों को

मानो शक्ति–मतांध बना दिया है, जबकि वे जानते हैं कि इस शक्ति का सही उपयोग करें तो वे दुनिया की काया पलट सकते हैं।

जब तक गरीबी को खत्म करने के लिए एक विश्व–योजना और कार्यक्रम तैयार नहीं किया जाता तब तक पिछड़े देश राजनीतिक रूप से अस्थिर रहेंगे और दुनिया में संघर्षों के कारण बने रहेंगे, लेकिन ऐसे उद्देश्यों के लिए जाहिर है, जब तक अमेरिका साम्यवाद के प्रसार को रोकने के लिए अपनी पूरी ताकत झोंकने में लगा रहेगा तब तक रूस और अमेरिका के बीच लड़ाई के आसार बने रहेंगे। अगर दोनों मिलकर दुनिया के अन्य धनी देशों के सक्रिय सहयोग से पिछड़ी हुई दुनिया के आर्थिक पुनरोद्धार और पुनर्वास के लिए काम करें तो दोनों के बीच आपस में झगड़े के कारण तो दूर होंगे ही पूरी मानव जाति युद्ध और हिंसा से मुक्त एक नई सभ्यता को जन्म लेते हुए देखेगी।

नए पूंजीवाद का जन्म

अमेरिका और रूस में औद्योगिक प्रतिष्ठान अधिकाधिक एक जैसे ही होते जा रहे हैं। बड़ी–बड़ी अमेरिकी कंपनियों और रूस के बड़े–बड़े सरकारी संस्थानों का ढांचा एक जैसा होता जा रहा है। दोनों का ही जोर लागत कम करने और कुशलता बढ़ाने पर है, दोनों शुद्ध फायदे और लाभ की बात सोचते हैं। अमेरिका में लोभी पूंजीवाद सेठ और रूस में रूढ़ि कट्टरवादी कम्युनिस्टों की जगह व्यावहारिक प्रबंधक लेने लगे हैं जिनका लक्ष्य है कम लागत में ज्यादा उत्पादन और बड़े पैमाने पर उपभोग के लिए माल की खपत करवाना।

जाहिर है, अर्थव्यवस्था की दोनों प्रणालियां धीरे–धीरे समान होती जा रही हैं। ज्यादा और बेहतर उत्पादन की प्रेरणा दोनों को एक ही दिशा में धकेल रही है। रूस का भी यही लक्ष्य है कि वह अपनी जनता को उपभोक्ता सामान उपलब्ध करवाए जैसा कि अमेरिका करने में सफल रहा है। दोनों तथाकथित मित्र–समाजों का लक्ष्य और उद्देश्य एक होता जा रहा है। रूसियों ने अमेरिकी औद्योगिक समाज द्वारा प्रदत्त फायदों व सुविधाओं की प्रशंसा और नकल करनी शुरू कर दी है।

सोचने वाली बात यह है कि अमेरिकी रंग केवल रशिया पर ही नहीं चढ़ा है, बल्कि अमेरिका में भी रशिया का प्रभाव कई मामलों में नजर आने लगा है, मसलन—अमेरिकी लोग भी निजी क्षेत्र की ओर से उपलब्ध नहीं की जाने वाली चिकित्सा, शिक्षा–व्यवस्था में सुधार और समाज–कल्याण जैसी सुविधाओं के लिए अब धीरे–धीरे सरकार पर निर्भर हो रहे हैं। यही नहीं, अमेरिका में निजी उद्योगों के भले–बुरे कामों में भी सरकारी हस्तक्षेप बढ़ रहा है।

राष्ट्रपति जॉन्सन की संघीय सरकार उन थोड़े तिरस्कृत लोगों की ओर ज्यादा ध्यान देने को बाध्य हो रही है, जिन्हें निजी उद्योगों ने अपने फायदे से वंचित कर रखा है। दोनों देशों में बड़े उद्योग दोनों ही देशों के समाजों को बहुत से मामलों में समान बता रहे हैं।

कमाल की बात है कि इस तरह की प्रवृत्ति और इस तरह के रुझानों के राजनीतिक नतीजे भी प्रकट हो रहे हैं। दोनों देशों के बीच शत्रुता और वैमनस्य भी कम होने लगा है। इस तरह के संकेतों को राजनीतिक भविष्यवक्ता दोनों देशों के बीच सहयोग की नई शुरुआत के चिह्न के रूप में देखने लगे हैं। खैर, दोनों देशों के बीच सहयोग की यह काल्पनिक कहानी साकार तभी हो सकती है जब दोनों समाज दुनिया की गरीब, अश्वेत और रंगीन आबादी वाले भूखे, नंगे और बीमार लोगों की हालत सुधारने की जरूरत को समझें।

साम्राज्यवादी सपनों में खलल

सोचने वाली बात है कि दुनिया की दो-तिहाई रंगीन आबादी का भय अब भी समृद्ध, धनी और गोरी दुनिया को सताता है और वह इस दुनिया को संदेह की नजर से देखती है। हालांकि इस संदेह का मतलब कतई इस बात का डर नहीं है कि दुनिया के इन दबे-पिछड़ों को ऊपर उठाने के लिए इन देशों को अपनी समृद्धि से वंचित होना होगा, बल्कि इधर तो कहानी बिलकुल दूसरी ही है और यह बिलकुल चमड़ी जाए पर दमड़ी न जाए वाली है।

इन देशों का परमार्थ भी स्वार्थ से भरा हुआ है, ऐसे में इस बात की ही ज्यादा उम्मीद है कि पिछड़े देशों की मदद करने से एक-तिहाई धनी हिस्से की अर्थव्यवस्था और ज्यादा बढ़ पाएगी। बेकार पड़ी जन-शक्ति काम आने लगेगी और इस्तेमाल में न लाए जाने वाले औद्योगिक संयंत्रों का भी उपयोग होगा। फिर सीधी बात यह है कि पिछड़े देशों में ज्यादा धन पैदा करने की कोशिश धनी, गोरे देशों में औद्योगिक क्रियाकलापों को ज्यादा बढ़ा देगी।

साथ आएं रूस और अमेरिका

आज पश्चिम के धनी देश तथा पूर्वी यूरोप के देश ज्यादा धनी होते जा रहे हैं जबकि प्रशांत महासागर, हिंद महासागर और दक्षिण अटलांटिक महासागरों के पूर्वी व दक्षिणी देश पहले की तरह ही गरीब हैं। हालांकि यह गरीबी वैसी नहीं है जो धनी, गोरे देशों और गरीब रंगीन आबादी वाले देशों में अंतर करते हुए हमें दिखाई देती है। किसी देश के भीतर जिस तरह से आर्थिक विषमता बढ़ने से राजनीतिक विद्रोह जन्म लेता है, ठीक उसी तरह यूरोपीय और उत्तर अमेरिकी दुनिया व एशियाई, अफ्रीकी और लातीनी अमेरिका के बीच अंतर बढ़ने से एक विश्वव्यापी संघर्ष छिड़ने की संभावना भी नजर आती है।

माओत्से तुंग का चीन उत्तर-पश्चिम के धनी नागरी समाजों और दक्षिण-पूर्व के गरीब किसान समाजों (अफ्रीका, एशिया और लातीनी अमेरिका) के बीच संघर्ष का आह्वान कर रहा है। अगर रूस और अमेरिका दुनिया के दो-तिहाई पिछड़े हिस्से से

गरीबी मिटाने के सबसे महत्त्वपूर्ण कार्य में मिल–जुलकर सहयोग दें तो वे इस शांतिपूर्ण आर्थिक कदम मात्र से ही विश्व–शांति को चीन से जो खतरा है उसे दूर कर सकते हैं। जाहिर है, ऐसा करने से उन्हें न तो कुछ खोना पड़ेगा और न ही वे अपनी समृद्धि व अपनी महत्ता से वंचित होंगे।

रूस और अमेरिका के विश्वजनीन यत्न से आर्थिक प्रयत्न का उद्‌देश्य महज इतना ही होगा कि एशिया, अफ्रीका और लातीनी अमेरिका के स्त्री–पुरुषों की गरीबी और दरिद्रता से उत्पन्न हीन भावना को दूर किया जा सके। इस महान कार्य को करने में हर तरह की राजनीतिक, आर्थिक, संस्थागत तथा कई तरह की कठिनाइयां आ सकती हैं, लेकिन इस काम को किसी भी कीमत पर किया जाना चाहिए।

आज पूरी मानवता के सामने सबसे बड़ा लक्ष्य गरीबी हटाना है। अमेरिका और रूस इन कठिनाइयों को दूर करने और गरीबी के खिलाफ लड़ाई छेड़ने के लिए, संस्थाओं का निर्माण करने के लिए एक विश्व सम्मेलन बुला सकते हैं। वे इसके लिए संयुक्त राष्ट्र संघ की मदद ले सकते हैं। यही नहीं, वे इस विश्वव्यापी प्रयास में धन लगाने के लिए एक विश्व बैंक की भी स्थापना कर सकते हैं। हर देश में निर्माण कार्यों के लिए वे एजेंसियां गठित कर सकते हैं। वे गरीबी से लड़ने, उद्योग लगाने, कृषि का विकास करने, अस्पताल और स्कूल खोलने, बीमारी और महामारी से लड़ने के लिए सस्ती दवाओं के कारखाने खोलने के लिए प्रयास कर सकते हैं।

इसके अतिरिक्त खारे समुद्री पानी को ताजा बनाकर रेगिस्तानों में सिंचाई के लिए उपयोग कर सकते हैं। वे एक परिवार नियोजन कार्यक्रम भी शुरू कर सकते हैं जिससे ज्यादा आबादी वाले देशों की आबादी को बढ़ने से रोका जा सके। वे एक ऐसा बड़ा महत्त्वपूर्ण कार्यक्रम भी चालू कर सकते हैं जिससे दुनिया के ज्यादा आबादी वाले इलाके के लोगों को कम विकसित और कम आबादी वाले इलाकों में ले जाया जाए।

इस विश्व–योजना से जातियों व राष्ट्रों का ऐसा मिश्रण होगा जैसा इतिहास में कभी नहीं हुआ है, जाहिर है, इससे शायद दुनिया में आज जो जातीय व राष्ट्रीयता की दीवारें हैं, उन्हें ढहाया जा सकेगा। इसके लिए महान लोगों और बड़ी योजनाओं की जरूरत है। इस तरह का प्रयत्न करने के लिए मानव जाति को संगठित किया जा सके तो आज से दो पीढ़ियों के बाद यह दुनिया खुशहाल हो सकेगी। इससे एक ऐसी दुनिया साकार होगी जिसमें हर व्यक्ति सुखी और बेहतर जीवन–यापन कर सकेगा। निश्चित ही आज की दुनिया में यह परिवर्तन सिर्फ और सिर्फ रूस और अमेरिका ही यह कर सकते हैं। लेकिन परिवर्तन की आंधी महज चंद कार्यक्रमों के चलते नहीं आ पाएगी, जो दोनों देश आज मिलकर चला रहे हैं। निश्चित ही दोनों को ही इस कार्यक्रम से कहीं आगे जाकर सोचना होगा। कमाल की बात यह है कि फिलहाल जो सहायता कार्यक्रम चल रहे हैं, इनकी वजह से पिछड़े देशों में जमकर भ्रष्टाचार

पनपा है, साथ ही इन देशों के स्वार्थी और संकुचित दृष्टि वाले शासक गुटों को भी काफी मजबूत कर दिया है।

इस विश्वव्यापी कार्यक्रम का उद्देश्य पिछड़े देशों के बिखरे और बदहाल सामाजिक ढांचों का सुधार भी होना चाहिए। एशियाई और अफ्रीकी लोगों ने जिन स्त्रियों को सालों से रूढ़ियों की बदहाली में जकड़ रखा है, उन्हें तोड़ना होगा, बच्चों को विज्ञान और कलाओं की शिक्षा देनी होगी ताकि आगे चलकर वे अच्छे कार्यकर्ता बन सकें।

सारे राजनीतिज्ञ और अर्थशास्त्री गरीबी का खात्मा चाहते हैं पर इसके लिए वे कुछ नहीं करते। आज की राजनीति उन्हें यह काम करने से रोकती है। राजनीतिज्ञों को चाहिए कि वे एक विशाल प्रचार अभियान शुरू करें जिससे कि अमेरिका और रूस गरीबी हटाने के लिए एक विश्वव्यापी कार्यक्रम शुरू करने के लिए राजी हो सकें।

जाहिर है, यह सब काम बड़े आंदोलनों के बिना नहीं किए जा सकते। पिछड़े देशों को अपने और विश्वहित में यह मांग करनी चाहिए कि विश्व स्तर पर गरीबी खत्म करने के लिए एक कार्यक्रम शुरू करें ताकि दुनिया को आणविक विनाश और विश्वयुद्ध से बचाया जा सके।

इस तरह की योजना ही सैद्धांतिक तथा जातीय और राष्ट्रीय संघर्षों की समस्या के हल कर सकती है। यह कार्यक्रम आधुनिक विदेशी और देशी पूंजीवाद की बुराइयों तथा साम्यवादी व्यवस्था के पुलिसिया जुल्म और निरंकुशता को दूर कर सकता है। दुनिया निश्चित ही एक ऐसी अच्छी जगह बन सकती है जहां आदमी और आदमी, राष्ट्र और राष्ट्र के बीच असमानता इस हद तक कम की जा सकती है कि घृणा और युद्ध की राजनीति के लिए कोई जगह न हो।

'चौरंगी वार्ता', 1972

दक्षिणी अफ्रीका

बालकृष्णजी का यह लेख दक्षिणी-अफ्रीका में काले लोगों पर गोरे लोगों द्वारा रंगभेद के आधार पर किए गए अत्याचार व बर्बरता के इतिहास में झांकता है। साथ ही यह रंगभेद व नस्लभेद जैसी घृणित मानसिकता पर भी प्रहार करता है। अफ्रीका के सामाजिक, सांस्कृतिक और राजनीतिक परिदृश्य के बीच एक पूरी कौम को केवल चमड़ी के रंग के आधार पर हाशिए पर डालने की मार्मिक कहानी बयां करता बालकृष्णजी का यह लेख पढ़ने, समझने के अतिरिक्त गंभीर चर्चा की भी मांग करता है। —संपादक

दक्षिणी-अफ्रीका में काले हब्शियों के हत्याकांड से पूरी दुनिया के मनुष्य समाज के मन को पीड़ा हुई या नहीं, यह कहना अति कठिन है, क्योंकि इस दुनिया में वास्तव में कोई एक तरह का मनुष्य समाज है ही नहीं। मनुष्य समाज के आदर्श की धोखापट्टी की बातें गोरे यूरोपीय व अमेरिकी बहुत करते हैं। गोरे, उदार और समाजवादी हलके, रात-दिन सदाशयता, सहायता का शरबत वाणी में और विचार में बहुत बहाते रहते हैं, ताकि दो करोड़ लोगों की पीली, सांवली और काली रंगीन जनता उनके उद्देश्य और शुभ-भावनाओं के मायाजाल में उलझी रहे और उनके क्रूर शोषण को इस उम्मीद और आशा में सहती रहे कि कभी न कभी उदार गोरा समाजवाद उनको अपनी गहरी गरीबी व घनघोर जुल्म में गर्क जिंदगी से अवश्य ही मुक्ति दिलाएगा। वैसे इस आशा का राजनीतिक नतीजा यह निकलता है कि शोषित, शासित, दुखी और दलित अपने हालातों को बदलने का कोई सगंठन न खड़ा करें।

अंतरराष्ट्रीय, विश्वराज्य और विश्वधर्म की सारी बातें बनावटी हैं। अगर कोई चीज इस संसार में संपूर्ण सच्ची है, तो वह राष्ट्रीयता और रंग (शरीर की चमड़ी का)। गोरों की दुनिया अलग है और रंगीनों की अलग। गोरों ने अभी तक अपनी आर्थिक और सामरिक हथियारों की उन्नति से एशिया, अफ्रीका और लेटिन अमेरिका के रंगीन लोगों को अपनी राजनीतिक एवं आर्थिक पूंजी के कुटिल रस्सों में बांध रखा है।

यूरोपीयन गोरों ने उत्तरी अमेरिका के आदिवासी लाल रंग के रंगीन इंडियनों के जो हत्याकांड सैकड़ों साल तक उनकी जमीन हथियाने के लिए किए, उसकी सच्ची कहानी आज दुनिया इसलिए भुला बैठी है, क्योंकि उसका सारा का सारा ही इतिहास

व साहित्य ही पश्चिमी गोरी दुनिया के विचारकों द्वारा लिखा गया है। लाखों-करोड़ों लाल लोगों को मौत के घाट उतारकर वर्तमान अमेरिकनों और कैनेडियनों के गोरे पूर्वजों ने उनका समूचा देश हड़प लिया और अब उन्हें इधर-उधर जंगलों, रेगिस्तानों व बर्फीले उजाड़ छोटे-छोटे इलाकों में अजायबघर के नमूनों की तरह से एक किस्म के संरक्षणालयों में रख छोड़ा है।

इसी तरह ऑस्ट्रेलिया व उसके टापू टासमीनीया व न्यूजीलैंड में थोड़े से मावरी जाति के लोग किसी तरह से बच गए। टासमीनीया में तो बाकायदा चारों ओर से घेर-घेरकर, ढूंढ़-ढूंढ़कर एक महीने के भीतर सब काले लोगों की हत्या कर दी गई। तीस लाख वर्ग मील से अधिक के विस्तार वाले ऑस्ट्रेलिया के हर हिस्से में इस तरह का संगठित-आयोजित हत्याकांड संभव नहीं था। असली गोरों के बसने लायक इलाकों से उन्हें मारते-मारते मध्य के रेगिस्तानों व उत्तर के जंगलों में पशुओं की तरह खदेड़ दिया गया, ताकि कुदरत का कोप ही उस जलविहीन या खाद्यविहीन भाग में उनका खात्मा कर दे, लेकिन प्रकृति गोरी जाति से कम निर्दयी और क्रूर ही साबित हुई और ये थोड़े से आदिवासी अपनी असली तादाद से बहुत ही कम आज भी किसी तरह से बचे हुए हैं।

गोरे ऑस्ट्रेलियन समाज ने उन्हें चांडालों से भी बदतर हालत में रहने को मजबूर कर रखा है। ऑस्ट्रेलिया में कई दफे समाजवादी सरकारों ने राज्य किया है, लेकिन फिर भी उन्होंने कभी भी रंगीन चीनियों, जापानियों, मलाई हिंदुओं आदि को वहां बसने की इजाजत नहीं दी।

बीसवीं सदी के इस उत्तरार्द्ध में ऑस्ट्रेलिया संपूर्ण रूप से एक करोड़ गोरों का मुल्क है और पच्चीस-तीस हजार रुपया एक-एक गोरे व्यक्ति पर खर्च कर उसे यूरोप से यहां लाकर बसा रहा है, ताकि गोरों की तादाद बढ़ाकर भविष्य में कभी भी अगर करोड़ों की भीड़ से भरे चीनी, जापानी, हिंदुस्तानी, इंडोनेशियाई आदि ने इस खाली महाद्वीप पर लालसा भरी नजर डाली, तो इन एशियाइयों को उसी तरह का सामरिक, फौजी जवाब दिया जा सके, जिस तरह बीस लाख इजराइल के यहूदी अपने आसपास के चार-पांच करोड़ अरबों को दे रहे हैं।

गोरी जाति चाहे जितनी मानवता की एकता की बातें करती रहे, वह असलियत में अपनी श्रेष्ठता और रंगीनों की हीनता को हमेशा ही मानकर चलती है और अंत में इसी मुख्य भावना को हृदयंगम कर राजनीतिक एवं आर्थिक चालें चलती रहती है। पूंजीशाही की पश्चिमी गोरी दुनिया में तो रंग-विभेद का आचार कदाचित् कम-ज्यादा सब जगह मौजूद है, सिर्फ अभी तक पूर्वी यूरोप के कम्युनिस्ट गोरों ने किसी तरह अपने आपको रंगीनों के प्रति नफरत से दूर रखकर, रंगीन दुनिया के दिल में अपना सम्मान बचा रखा है। हालांकि देखा जाए तो कम्युनिस्ट मुल्कों का अभी रंगीन दुनिया से उतना वास्ता नहीं पड़ा है, जितना पूंजी प्रधान पश्चिमी यूरोप और उत्तरी अमेरिका का पड़ा है।

कम्युनिस्टों ने भी मार्क्स और लेनिन के जमाने से ही, यानी अपने प्रारंभ काल से ही औपनिवेशिक शोषण और रंग विभेद की नीति का कड़ा विरोध किया है। कम्युनिस्ट राज्यों ने अभी तक अपनी इस रंग विभेद विरोधी विचारधारा का परित्याग भी नहीं किया है, और निकट भविष्य में भी रंगीन मुल्कों और लोगों के प्रति उनकी नीति में कोई आमूल परिवर्तन होता नजर नहीं आता।

गोरा चीन अगर कभी अपनी जनसंख्या के अनुपात की औद्योगिक शक्ति का निर्माण कर सका, तो शायद पूंजीशाही के कुटिल गोरे देश कम्युनिस्ट रूस में भी रंग विभेद की भावनाएं जाग्रत कर, समूची गोरी जातियों का एक संगठन, काले, सांवले और पीले रंगीनों के खिलाफ खड़ा करने में समर्थ हो जाएं। जब तक पूर्वी कम्युनिस्ट देशों का पूंजी प्रधान पश्चिमी देशों से कोई बड़ा समझौता नहीं होता, तब तक पूर्वी यूरोप के गोरे रंगीनों के शोषण और पराधीनता का कट्टर विरोध करते रहेंगे। पर पश्चिमी शक्तिशाली गोरों ने कम्युनिस्टी शक्तिशाली गोरों को उनके उत्पादन के अनुरूप अंतरराष्ट्रीय अधिकार देकर संधि कर ली तो शायद फिर रंगीनों को कम्युनिस्ट से किसी मदद की आशा छोड़कर अपने पैरों पर खुद खड़ा होने की आवश्यकता महसूस हो। वास्तव में कम्युनिज्म और कैपिटलिज्म का फर्क ही तो आज शीत-युद्ध का वातावरण बनाए हुए है, जो रंग विभेद की राजनीतिक भावना के मुकाबले मामूली सा शक्तिशाली भी नहीं।

कम्युनिज्म और कैपिटलिज्म तो निकट भविष्य में एक ही संगठन में गठित हो सकता है, लेकिन रंगीन दुनिया और गोरी दुनिया के बीच की खाई इतिहास में इतनी जल्दी भरने वाली नहीं। सदियों के शोषण और अत्याचार ने रंगीन मुल्कों को गोरों का पहले गुलाम और आज मुहताज बना रखा है। वे उन्हें अपाहिज, आलसी, असभ्य और अयोग्य घोषित करते हैं, जैसे कोई समृद्ध, सफल व्यक्ति अपने आपको योग्य, शिक्षित एवं कुशल समझता है और अपने आसपास के गरीबों को बेवकूफ, नालायक व कमजोर कहता है। अगर कम्युनिस्ट गोरे मुल्क तेज रफ्तार से आर्थिक यानी औद्योगिक उन्नति करते गए और काले, सांवले मुल्क अपनी गरीबी में सड़ते रहे तो वह दिन भी शायद दूर नहीं जब कम्युनिस्ट गोरों में भी यह आर्थिक विषमता रंगीनों के प्रति नफरत की भावना भर दे।

कमजोरों को सताने और लूटने के लिए रंग विभेद बड़ा ही बढ़िया बहाना रहा है और संभव है कि आगे चलकर यही बहाना शक्तिशाली कम्युनिस्ट मुल्कों को पश्चिमी पूंजीपति साम्राज्यवादियों के नक्शे कदम पर चलने की प्रेरणा दे, क्योंकि वे गोरी यूरोपीय सभ्यता व संस्कृति के ज्यादा सफल संस्करण की स्थापना करने की महात्त्वाकांक्षा पाले हुए हैं और अपने आपको उसके वर्तमान में संचालन के अधिक काबिल उत्तराधिकारी समझते हैं।

इतिहास पर नजर डालने से यह साफ मालूम पड़ता है कि सत्रहवीं सदी तक दुनिया में रंग विभेद प्राय: नहीं सा था, क्योंकि पश्चिमी दुनिया यानी यूरोपीय मुल्कों और

एशियाई व उत्तरी–अफ्रीकी मुल्कों के समाज के बीच आर्थिक विषमता नहीं थी। रहन–सहन, आचार–विचार और मजहब का अंतर होते हुए भी गोरे लोग पूर्वी मुल्कों को अपने से किसी भी तरह हीन नहीं समझते थे।

आज संयुक्त राज्य अमेरिका में जो दो करोड़ हब्शी हैं और बाकी दक्षिणी मध्य अमेरिका व कैरीबियन समुद्र के टापुओं और कनाडा वगैरह में मिलाकर जो दो–तीन करोड़ के लगभग और हैं, यानी तकरीबन पांच करोड़ हब्शी खून के लोग जो पश्चिमी गोलार्द्ध की इस नई दुनिया में हैं, उन सबके पूर्वज प्रायः सौ साल पहले, यानी चार पीढ़ी पहले गुलाम थे। अमेरिका में तो गुलामी की प्रथा उत्तरी उद्योगपतियों और दक्षिणी जमींदारों के बीच चार साल तक बाकायदा गृहयुद्ध चलने के बाद ही समाप्त हुई: सन् 1965 में अमेरिकी राष्ट्रपति अब्राहम लिंकन ने हब्शी गुलामों को अपनी दासता से मुक्त कर, उनको पालतू पशु के जीवन से निकालकर, मनुष्य की जिंदगी बिताने का अवसर प्रदान किया। लिंकन को भी गांधीजी की ही तरह गुस्से में आए गुलामी प्रथा के पक्षपाती हत्यारे ने गोली मार दी।

गुलामी का व्यापार बंद होने पर भी अफ्रीकी जनता पर गोरी जातियों का जोर–जुल्म बंद नहीं हुआ। अठारहवीं सदी में समुद्र तट पर बसाए अपने फौजी व व्यापारिक अड्डों को पड़ाव बनाकर अब यूरोपीयन ताकतों ने अपने पैर भीतर फैलाने शुरू किए और बीसवीं सदी के शुरू तक सिवाय अबीसीनिया के बाकी सारे के सारे अफ्रीका को आपस में बांट लिया। इस बांटने के सिलसिले में जो फौजी अभियान चले, उनमें लाखों अफ्रीकी गोलियों से भून दिए गए। जुलू, बंटू, सोमाली, सूदानी, कोंगो, कैमरूंस, घाना, नाइजीरिया, केन्या, टांगानिक्या, अलजीरिया, मोरक्को, मिस्त्र और ट्यूनिस सभी जगह यहां के बाशिन्दों को पराधीन करने के लिए अनेक लड़ाइयां लड़ी गईं, जिनमें तीर, तलवार व बरछे संभालने वाले भोले–भाले हब्शी बंदूकों की मार के आगे नहीं टिक सके।

विजय के बाद भी तो शांति और अमन कायम नहीं हुआ। अपने औद्योगिकीकरण के लिए कच्चे माल की लूट मचाने को यूरोपीय आवश्यकताओं की चीजों की खेती की शुरुआत की गई। माल ढोने के लिए रेलों और बंदरगाहों का निर्माण किया गया। अपना माल बेचने का क्रम भी शुरू किया गया, पर अफ्रीकन लोगों ने इस तरह की बेगार से इनकार कर दिया। उन्होंने असहयोग के अस्त्र का आसरा लिया। यूरोपीय शासकों ने कई तरह के कड़े कर लगाए, कठोर कानून बनाए, यहां तक कि बेलजियन कोगो के मालिक बादशाह लिओपोल्ड ने उन्नीसवीं सदी में वह दुर्दंड दमन की नीति अख्तियार की कि हजारों–लाखों हब्शियों की हत्या तक करवा डाली। अंगरेज लोग हिंदुस्तानियों को कुली बनाकर अफीका ले गए, ताकि वहां रेलें बनाई जाएं और कृषि के बड़े–बड़े फार्म स्थापित किए जाएं।

उन्होंने स्थानीय आर्थिक व्यवस्था को बिलकुल नष्ट कर दिया और अफ्रीकनों से अच्छी जमीन छीन ली। इसके बाद उन्होंने दक्षिणी–अफ्रीकी, रोडेशिया, ईस्ट अफ्रीका

के ऊंचे पहाड़ी इलाकों में ले गए जो यूरोपीय लोगों के रहने के लिए ज्यादा अनुकूल थे। वहां इन गोरों ने अफ्रीकनों को एकदम साधनविहीन बनाकर गोरी मिल्कियतों यानी, फार्मों, खानों, कारखानों, रेलों, बंदरगाहों और बिजलीघरों में केवल रोटी भर कमाने की सी मजदूरी करने को विवश कर दिया।

अफ्रीकी औद्योगिक विकास की कहानी काले लोगों के रुदन व रक्त की कहानी है। किस प्रकार खुशमिजाज खेतिहरों, प्रसन्न पशुपालकों, प्रकृति के पुत्र-पुत्रियों और बहादुर शिकारियों की आजाद जिंदगी नष्ट की गई। किस तरह यूरोपीय पूंजी की यह क्रूर कार्रवाई धीरे-धीरे अपना लौहपारा भोली-भाली जनता पर कसती गई और उन्हें अंत में मामूली मजदूरी के लिए कड़ी मेहनत करने वाले गुलामों में परिणत कर दिया। सोचने वाली बात है कि जहां पर यूरोपीयन लोगों के बसने के लिए जलवायु अनुकूल नहीं थी वहां पर तो केवल बड़े व्यापारिक और औद्योगिक प्रतिष्ठान ही यूरोपीयन लोगों के कब्जे में रहे और वहां यूरोपीयन केवल ऊंचे अफसरों व शिखर संचालकों की शक्ल में ही पधारे जिससे उनके जमीन को हड़पने के जुल्म का सिलसिला नहीं चला। वहां पर तो रबड़, कॉफी, कोको, तिलहन, नारियल, लकड़ी, रुई, चीनी और खनिज पदार्थों के थोक व्यापार पर अपना संपूर्ण आधिपत्य जमाकर ही उन्होंने अपना शोषण जारी रखा। सारी खानें, रेले, बंदरगाह, बड़े कारखाने, प्लांटेशंस आदि यूरोपीयन कंपनियों के ही मातहत थे। जहाजी कंपनियां, इंश्योरेंस व बैंकिंग भी यूरोपीयन कंपनियों के कब्जे में थीं।

सत्रहवीं ही नहीं अठारहवीं सदी तक एशियाई व उत्तरी-अफ्रीकी देश यूरोप से आर्थिक मामलों में किसी भी तरह पीछे नहीं थे और शायद कुछ बढ़े-चढ़े भी रहे हों। सिर्फ एशियाई सामाजिक व राज्य प्रणाली जम सी गई थी। उसके खिलाफ जन-नेताओं में जनविद्रोह की विचारधाराएं नहीं पनपी थीं और न ही विद्या और शिक्षा परंपरावादी धर्म के चक्र से मुक्त हो सकी थीं। दरअसल, यूरोपीय ज्ञान-विज्ञान और औद्योगिक विकास जनविद्रोही विचारधाराओं की उपज हैं। यूरोपीय सामंती समाज को तोड़कर, जिस व्यापारी समाज की सृष्टि हुई, उसकी आवश्यकताएं पुराने दकियानूसी मजहबी ज्ञान-विज्ञान से पूरी नहीं होती थीं। नाविक यातायात एवं नवीन देशों के लिए खोज बढ़ रही थी।

15वीं सदी के आखिरी सालों में समुद्र पार देशों के लिए यूरोपीय खोज सफल हुई। कोलंबस, वास्कोडिगामा आदि निर्भीक नाविक सागर पार कर स्थल मार्ग के मुसलमानी आधिपत्य के असह्य करों से यूरोपीय व्यापार को मुक्त करने में सफल हुए। खोज के साथ ही साथ नाविक प्रतिद्वंद्विता का दौर अटलांटिक समुद्र तट वाले यूरोपीय मुल्कों में शुरू हुआ और लड़ाई व लूट का वह नाविक सिलसिला यूरोपीयन इतिहास में चल पड़ा, जिसने यूरोप के मुल्कों को सोने, चांदी व जवाहरात से भर डाला। यूरोपीयन नाविक लुटेरों ने दक्षिणी व मध्य अमेरिका में सोलहवीं व सत्रहवीं शताब्दी

में सोने-चांदी के लिए ऐसी लूट मचाई कि उन्होंने वहीं की बढ़ी-चढ़ी, सुसंस्कृत व सुशील आजटेक व इनका सभ्यताओं के राज्यों का संपूर्ण हनन कर डाला। सत्रहवीं व अठरहवीं सदी में एशिया और अफ्रीका भी इन लालची यूरोपीय नाविक लुटेरों के गिरोहों से नहीं बचे।

इनके अगुआ व सरदार अपने राजाओं को इस लूट में हिस्सा देकर उनके कृपापात्र, प्रिय और सम्मानित मुसाहिब बन बैठे थे। अंगरेजी समुद्री डाकू, हाकिन्स, डरेक व रैले रानी एलिजाबेथ के मुंहलगे मेहरबान बनकर नाइट-हुड की उपाधि से विभूषित होकर उसके दरबार में सम्मान के स्थानों पर विद्यमान थे। स्थल सेना की सामरिक महत्ता घटी नहीं थी, लेकिन नाविक फौज का महत्त्व अवश्य ही बहुत बढ़ रहा था। स्पेन के नाविक जहाजों के समूह को नष्ट कर इग्लैंड को समुद्री प्रतिष्ठा प्राप्त कराने में इन तेज छोटे पाल के जहाजों वाले नाविक लुटेरों ने बड़ी भारी राष्ट्रीय सेवाएं की थीं। मसालों और शक्कर की खोज में निकले नाविक व्यापारी अब रंगीन राज्यों को तबाह कर, साम्राज्यों के स्थापनकर्ताओं का रूप लेने लगे थे।

अमेरिका की नई दुनिया में लाल लोगों को कत्ल कर या जंगलों व पहाड़ों में खदेड़कर, जब जमीन पर खेती करने का काम शुरू हुआ तो सस्ते मजदूरों की कमी को पूरा करने के लिए, यूरोपीयन राष्ट्रों ने समुद्र तट पर हमले व धावे बोलकर वहां के काले हब्शी लोगों को जोर-जबर्दस्ती से पकड़कर, जहाजों में ठूंस-ठूंसकर अटलांटिक पार भेजना शुरू किया और वहां आम नीलामी के जरिए इनको गुलाम बनाकर काम करने के लिए बेच दिया।

गुलामी के व्यापार की रक्त-रंजित कहानी यूरोपीय व्यापार, साम्राज्य और पूंजीवाद की कलंक-कथा है। लाखों हब्शी परिवार उजाड़ दिए गए। बंदूकों से लैस यूरोपीयन नाविक व उनके अरबी दलाल जंगली पशुओं की तरह इनको पकड़-पकड़कर समुद्र तट पर लाते थे। हजारों गोलियों से भून दिए गए। कोड़ों और चाबुकों की चोट से सैकड़ों मारे गए। जहाजों के पेंदे में गरमी, बीमारी, महामारी, भूख, प्यास और यातनाओं से लाखों हब्शी समुद्र तट के आसपास के इलाके से भागकर भीतरी जंगलों और रेगिस्तानों की तरफ चल पड़े और हिंसक पशुओं व प्रकृति के कोप से काल-कवलित हो गए। कृषि-प्रधान, खुशहाल अफ्रीकी बस्तियां उजड़ गईं और अफ्रीकी सामाजिक शृंखला अस्त-व्यस्त होकर एकदम ध्वस्त हो गईं।

आज स्थिति यह है कि हर अफ्रीकन वयस्क आदमी को अपने पास पहचान-पत्र के रूप में 'पास' रखने पड़ते हैं, देहात से शहर में आने का पास, कारखानों व खदानों में काम करने का पास, इधर-उधर आने-जाने का पास, अफ्रीकन बिना कपड़ा पहने, आधे नंगे यानी सिर्फ पतलून पहनकर अपने घर से बाहर निकल सकता है, लेकिन बिना पास के सड़क पार भी नहीं जा सकता। हर पुलिसमैन, जब मन में आए और गोरा नागरिक भी, अफ्रीकन को पास दिखाने का हुक्म दे सकता है ।

अगर यह 'पास' या 'पासपोर्ट' पास में न हो, कोट या कमीज की जेब में छूट गया हो, तो वह फौरन गिरफ्तार कर लिया जाता है। कभी-कभी तो उसे छह-आठ महीने या साल भर की जेल की सजा भी दी जाती है। लाखों हब्शी सालाना इस 'पास' के अद्भुत अन्याय वाले बर्बर कानून के कारण पकड़े जाते हैं और उनको बिना सोचे-समझे, वजह सुने गोरे मजिस्ट्रेट सजा सुनाते रहते हैं। जेलों में न भेजकर इन अफ्रीकी कैदियों को गोरे किसानों के सुपुर्द कर दिया जाता है, जिनको इस तरह से मुफ्त के या बहुत ही सस्ते ऐसे मजदूर मिल जाते हैं जिनकी जिंदगी अब गोरे खेत के मालिक की मर्जी व मेहरबानी पर आधारित होती है।

डेढ़ सौ रुपए माहवार पर खेत में काम करने वाला आदमी अचानक पास न होने पर पुलिस द्वारा पकड़कर अदालत में पेश कर दिया जाता है। गोरा न्यायाधीश उसे छह महीने की जेल की सजा सुना देता है और जेलर लोग उसे किसी दूर खेत के मालिक को छह महीने के लिए सौंप देते हैं, जहां पर जेलर के समान अधिकार इस खेत के मालिक को बरतने को मिल जाते हैं। इस कैदी से मनमानी कड़ी मेहनत कराई जाती है। घर वालों को पता ही नहीं रहता कि आदमी कहां गया। कारखानों और खदानों के मालिक उसकी गैरहाजिरी में उसकी बकाया मजदूरी जब्त कर उसे बर्खास्त कर देते हैं। गोरा खेत का मालिक इस शहरी को ठीक आज्ञाकारी बनाने के लिए कोड़े से उसकी खाल खींच लेता है और कभी-कभी तो उसे जान तक से मार डालता है और फिर भी उसको कोई दंड नहीं मिलता। सिर्फ यही बहाना बताना पड़ता है कि कैदी भाग रहा था और उसको भागने से रोकने के लिए गोली चलानी पड़ी, जिसके लगने से वह मर गया।

गोरे मालिकों, किसानों, सरकारी अफसरों व पुलिस के हाथों में पड़कर इस 'पास' प्रथा का अन्याय व अत्याचार कालों के लिए असह्य हो उठा था, लेकिन गोरों के इस दुर्दंड दमन के राज्य में उन्हें कोई आशा की किरण नहीं दिखाई देती थी। निराश लोगों का हथियार असहयोग या सत्याग्रह ही बच गया है। काले लोगों ने सामूहिक रूप से इन 'पासों' को सरकार को वापस देने की योजना बनाई। वे सारपविल, नयांगा व लांगा के अपने शहरों के नजदीक की बस्तियों से बिना पास ही पुलिस स्टेशनों पर हजारों की तादाद में पहुंचे। 21 व 22 मार्च को इन थानों पर इन निहत्थे, शांत अफ्रीकनों पर गोलियां चलाई गईं और भागते हुए सैकड़ों अफ्रीकन कत्ल कर दिए गए। इस कत्लेआम के बाद अफ्रीकन अपने शहरों के बाहर बदनाम, गंदी-बस्ती कैटीमैनर व कलेरमोंट, केपटाउन के बाहर नांगा, लांगा, पोर्ट-एलिजाबेथ, जोहान्सबर्ग व प्रिटोरिया के बाहर भी इसी तरह की अफ्रीकी बस्तियों में वे अपने घरों में बैठ गए और इन्होंने अपने काम पर जाने से इनकार कर दिया। काम पर वापस लाने के लिए गोरी पुलिस ने इन बस्तियों पर आक्रमण करना शुरू किया। हजारों काले हब्शी पीटे गए, बीसियों-तीसियों हर रोज मौत के घाट उतार दिए गए। अफ्रीकी पासों को फाड़ रहे हैं, उन्हें जला रहे हैं

और गोरी पुलिस व फौज को इमरजेंसी ताकतें प्रदान कर दी गई हैं, ताकि इस अफ्रीकन आंदोलन को गोली व लाठी का पूरा उपयोग कर एकदम दबा दिया जाए।

साउथ अफ्रीका में गोरों के जुल्म, जोर-जबर्दस्ती की कहानी पचास-साठ सौ साल से चल रही है। बीसवीं सदी को दुनिया में सुधार का युग कहा जाता है, लेकिन दक्षिण अफ्रीका के कालों के लिए वह नित बढ़ते संकट व अन्याय का जमाना ही रहा है। उनको शहरों से निकालकर बाहर बसाया जा रहा है, अलजीरिया, साउथ अफ्रीका, मध्य-अफ्रीका संघ व केन्या में ऊंचे पहाड़ी इलाके की आबोहवा यूरोपीयन लोगों की रिहाइश के माफिक पड़ती थी और वहां उन्होंने सारी बढ़िया जमीनें मुफ्त में हड़पकर वहां के काले लोगों को नीचे दर्जे का मातहत नागरिक बना डाला। इस इलाके में करीब दो-ढाई करोड़ हब्शी और चालीस लाख गोरे हैं और इन चालीस लाख गोरों ने इन ढाई करोड़ हब्शियों का जीवन नारकीय बना रखा है।

गोरों की मालिक जाति की श्रेष्ठता सब जगह आसीन है और कालों को अपनी जन्मभूमि में ही नहीं, अपने पूर्वजों की धरती पर ही पग-पग पर अपमान सहना पड़ता है। सारी संपत्ति व पूंजी गोरों के हाथों में है। सारी सरकार उनकी है। रेलों में उनको गोरों के साथ डिब्बे में नहीं बैठने दिया जाता, स्टेशनों पर भी उनके लिए टिकट खरीदने की जगह अलग है। रेलवे स्टेशनों के प्रतीक्षालयों, विश्रामालयों आदि में तो वे घुस भी नहीं सकते। पाखाने और पेशाबघर उनके लिए अलग हैं। गोरे होटलों और भोजनालयों में उनका पूर्ण निषेध है। बसों में भी पीछे के अलग हिस्से में उन्हें जगह मिलती है। रंगभेद की नीति सारी सार्वजनिक जगहों और संस्थाओं में संपूर्ण रूप से स्थापित है। फैशनेबल गोरी समृद्ध सड़कों पर न उन्हें दुकान खोलने की इजाजत है और न बसने की।

दक्षिण अफ्रीका में करीब डेढ़ करोड़ की आबादी है। एक करोड़ दस लाख के तकरीबन काले हब्शी हैं। दो-तीन लाख हिंदुस्तानी व दूसरे एशियाई हैं। दस लाख के लगभग अर्धमिश्रित यानी काले-गोरों की मिली-जुली अवैध संतानें हैं। तीस-बत्तीस लाख के लगभग गोरे हैं। गोरों में अंगरेज और डच बोअर (शुरू में हॉलैंड या नीदरलैंड से दो सौ वर्ष पहले से सत्तर साल पहले तक आए) लोगों की संख्या ही अधिक है। अफ्रीका में अंगरेजी व अफ्रीकानर (डचबोली से मिलती-जुलती बोअर लोगों की भाषा) ही चलती है। अफ्रीकन लोगों की भाषाओं को एकदम दबा दिया गया है, और उन्हें न शिक्षा दी जाती है और न पुस्तकें, पत्र-पत्रिकाएं आदि ही छपती हैं। अधिकांश अफ्रीकनों को ईसाई-धर्म की विभिन्न शाखाओं में दीक्षित कर लिया गया है, पर ईसाई बनने पर भी अफ्रीकनों को सामाजिक, शैक्षिक एवं आर्थिक मामलों में कोई विशेष सुविधा या राहत नहीं मिलती, इसलिए अफ्रीकन समाज ईसाई धर्म के आकर्षण से विमुख-सा हो गया है। अफ्रीका में एक कहावत आम प्रचलित है। ईसा मसीह के प्रचारकों ने हमें आसमान में ईश्वर की तरफ ताकने के लिए आंखें ऊपर की ओर करने

को कहा, जब हम वापस आंखें झुकाकर नीचे जमीन की ओर नजर डालते हैं तो वह हमारे पैरों के तले से खिसककर गोरों के हाथ चली गई थी। इस दक्षिणी अफ्रीका में सत्तासी फीसदी जमीन गोरों के कब्जे में है और तेरह फीसदी बंजर, रेतीली कम उपजाऊ, यातायात के साधनों से दूर जमीन अफ्रीकन व दूसरे रंगीन लोगों के कब्जे में है। सभी बड़े समृद्ध किसान गोरे हैं, और प्राय: सभी भूखे खेतिहर हैं। सभी बड़े सरकारी, गैर-सरकारी ओहदे और पद गोरों के हैं और सारी की सारी कुलीगिरी, गंदी और कड़ी मेहनत मांगने वाली जगह कालों की है। गोरी जाति के मालिकों ने काले लोगों को बोझा ढोने वाला गधा बना रखा है और उन्हें लाठी व बंदूक से हांकते हैं।

साउथ अफ्रीका में सोने, हीरे, तांबे, लोहे व कोयले की सब खानें गोरी, अंगरेजी, अमेरिकी व कहीं-कहीं दूसरे यूरोपीय मुल्कों की कंपनियों की भी हैं। साउथ उद्योग व व्यापार गोरो कीं संपत्ति है। साउथ अफ्रीका के बड़े-बड़े औद्योगिक नगरों में, केपटाउन, एलिजाबेथ, डरबन, प्रिटोरिया व जोहांसबर्ग में कालों को शहर के भीतर नहीं बसने दिया जाता।

दक्षिणी-अफ्रीका के एक करोड़ दस लाख के मूल निवासियों को मेहतर व चमार से भी बदतर जिंदगी बिताने को मजबूर किया गया है। वर्ण और वर्ग दोनों को एक कर, दक्षिणी-अफ्रीका के गोरे समाज ने जिस अत्याचार व अन्याय की पद्धति को स्थापित किया है, उसकी मिसाल वर्तमान संसार में तो कहीं भी नहीं।

इस हत्याकांड के खिलाफ जब संयुक्त राष्ट्र संघ में प्रतिरोध व विरोध की आवाज एशिया व अफ्रीका की रंगीन सरकारों के प्रतिनिधियों ने दबी जबानों से उठाई तो दक्षिणी-अफ्रीका का प्रतिनिधि बोल पड़ा—"यह हमारा अंदरूनी घरेलू मामला है, तुम्हें इसमें पड़ने का, दखलअंदाजी करने का कोई हक नहीं।" गोरे यूरोपीय व अमेरिकी, एशियाई, अफ्रीकी राजनीतिज्ञों को खुश करने के लिए गोलमटोल जवाब में बेअसर निस्सार बातें करते रहे, लेकिन उन्होंने इस अन्याय को रोकने के लिए कुछ नहीं किया। हिंसा-हिंसा का हल्ला मचाकर बहस बंद कर दी गई जैसे हिंसा केवल गोरों ने ही न की हो और अफ्रीकनों की छिटपुट मामूली हलचल भी हिंसा ही हो और निंदा व भर्त्सना की पात्र हो।

अगर पूंजीप्रधान शक्तिशाली अटलांटिक समूह के गोरे दक्षिणी अफ्रीकी बीस-तीस लाख गोरों की अपनी इन जघन्य, घृणित कार्रवाइयों से रोकने चाहे, तो उनकी क्या मजाल है कि अफ्रीकनों को इस तरह मारते-पीटते रहें और उनकी जानें तक लेते रहें। सारा गोरा समाज, खासकर पश्चिमी यूरोप और उत्तरी अमेरिका का दक्षिणपंथी, पूंजीवादी, साम्राज्यवादी समाज इन दक्षिण अफ्रीका के बर्बर गोरों की पीठ पर खड़ा है, इसीलिए ऐसे नृशंस हत्याकांड करने के बाद भी उनका सिर शर्म से नहीं झुकता।

दक्षिण अफ्रीका के गोरे शासक अब भी इस पासपोर्ट प्रथा को कायम रखने को कटिबद्ध हैं। अफ्रीका और एशिया के राजनयिक अमेरिकी और पश्चिमी पूंजी के

आश्रित होने के कारण, दबी हुई जबानों से धीमी आवाज में, अपने अंगरेज अमेरिकी साहूकारों के मुंह की तरफ देख-देखकर थोड़ा सा बोलते हैं और फिर चुप्पी लगा जाते हैं।

किसी भी अफ्रीकी, एशियाई सरकार को यह साफ बात कहने की हिम्मत नहीं हुई, यह जोर-जुल्म बंद करो नहीं तो हम सब मिलकर तुम्हारे इस अन्यायपूर्ण शासन को मिटाने के लिए सामूहिक कार्रवाई शुरू करेंगे। दक्षिणी अफ्रीका के सताए हुए हब्शियों को हर तरह की ऐसी मदद देंगे कि वे तुम्हारे खिलाफ सफल विद्रोह की योजना बना सकें। अगर एशिया, अफ्रीका में ऐसी आवाजें उठतीं तो शायद रूस भी चुप न रहता और चीन को दक्षिणी-अफ्रीकी गोरों के खिलाफ रंगीन दुनिया के इस जेहाद का अगुवा भी बनाया जाता, लेकिन एशिया, अफ्रीका के शासकों को तो अपनी-अपनी फिक्र पड़ी है, वे गोरी पूंजी व विज्ञान व तकनीकी की मदद के वादों के मायाजाल में ऐसे फंस गए हैं कि उनमें अन्याय व अत्याचार के खिलाफ आंदोलन करने की कोई भी प्रेरक शक्ति या स्फूर्तिदायिनी विचारधारा नहीं बची है। अमेरिकी छाते की छाया में आराम की नींद सोने वाले एशियन राजनीतिज्ञों ने दक्षिणी कोरिया व हंगरी के दमन के वक्त तो बड़ा ही हल्ला मचाया, राष्ट्र संघ के हस्तक्षेप का एक जगह समर्थन किया और दूसरी जगह मांग की, लेकिन दक्षिणी अफ्रीका के मामले में दलाई लामा प्रेमी, तिब्बत संघ के आयोजक जयप्रकाश नारायण साहब भी चुप हैं।

उधर, दक्षिण अफ्रीका के नगरों में धरपकड़, मार-पीट कर असहयोगी हब्शियों को सिर झुकाने को मजबूर किया जा रहा है, और इधर एशिया, अफ्रीका के सरकारी व विरोधी नेता यूरोपीय अमेरिकी उदार वामपंथी अखबारों के अग्रलेख पढ़कर ऐसे ही संतुष्ट हैं जैसे वे पहले थे।

'जन', 1958

इस्लामी दुनिया और तेल का सियासी षड्यंत्र

प्रस्तुत लेख साम्राज्यवादी मुल्कों द्वारा अरब मुल्कों के तेल के प्राकृतिक संसाधनों पर कब्जा करने के षड्यंत्रों और साजिशों को परत-दर-परत उघाड़ता है। इन संदर्भों में यह लेख आज के दौर में अरब मुल्कों के पहले से चले आ रहे आर्थिक शोषण की कहानी का एक पुराना हिस्सा बन गया है। इराक की स्थिति पर तो यह लेख बालकृष्णजी की दूरदृष्ट्रि को बहुत हद तक सही भी साबित करता है। इसके अतिरिक्त इस लेख में वे इस्लााम के भीतर सभ्यतागत और भौगोलिक परिस्थितियों के चलते आए सांस्कृतिक परिवर्तनों का भी काफी बारीकी से अध्ययन करते हैं। —संपादक

पैसिफिक महासागर की लहरों के किनारे बसी नगरी मनीला से लेकर पश्चिमी मोरक्को में अटलांटिक महासागर के किनारों की सूखी घाटियों तक और मंगोलिया के बर्फीले वीराने से लेकर मध्य अफ्रीका के तपते सूरज के जंगलों तक हजरत मुहम्मद साहब के पच्चीस करोड़ अनुयायी फैले हुए हैं। कमाल की बात है कि एक ही संस्कृति की धारा में बहने वाले आस्था के इन दीवानों की दुनिया अपने फैलाव और बदलाव के साथ हर समय व जगह में अलग-अलग है।

इस्लाम में ईमान रखकर मक्का शरीफ की तरफ सुबह-शाम अपना सिर नवाने वाले इस्लामी आस्था के ये बाशिंदे, वैसे तो किसी दूसरे धर्म या मत को मानने वालों की तरह ही अपनी एक अलग पहचान रखते हैं, लेकिन पूरी दुनिया के मुसलमानों को कौमी एकता के मजबूत रिश्ते में पिरोने वाली यह इस्लामी संस्कृति की धारा जाने क्यों दुनिया के अलग-अलग कोनों में अपने-अपने तौर-तरीकों के साथ बह रही है। एक ओर जहां इस्तांबुल की आधुनिक यूनिवर्सिटी के लंबे कमरों में इसी इस्लामी संस्कृति को मानने वाले कोट-पतलून पहनकर निर्वासित जर्मन यहूदी प्रोफेसरों से दुनिया को बदलकर रख देने वाले विज्ञान का अध्ययन कर रहे हैं, तो वहीं दूसरी ओर उनके भाई अरब के रेगिस्तान नजद में फिरकों की लड़ाई में भी मस्त हैं।

यही हाल ईरान, तुर्की, रूस और हिंदुस्तान के मुसलमानों का है। जहां आज वे अपनी बीवियों को यूरोपियन पोशाकें पहनाकर कैफे, सिनेमा और थिएटर की हवा

खिला रहे हैं, तो वहीं हिंदुस्तान के विलायत पास डॉक्टर-बैरिस्टर भी अपनी श्रीमतियों को बुरके में ढककर बाहर निकलने की इजाजत देकर इस्लाम की सांस्कृतिक विरासत की धारा को एक नया रास्ता दे रहे हैं। वल्लाह, आलम तो यह है कि पूरी दुनिया के मुसलमानों को एक ही रंग में रंगने वाली इस संस्कृति में ऐसे बदलाव की बयार आई है कि अब तो बल्कान के सुनहरे बालों वाले मुसलमानों को देखकर केवल रंग का ही अंतर नहीं देखा जा सकता, बल्कि सभ्यता और संस्कृति में भी जमीन और आसमान का फर्क दिखाई देता है।

जाहिर है, इस्लामी संस्कृति में बदलाव की यह हवा इसी तरफ इशारा कर रही है कि इस्लाम की मजहबी एकता को वर्तमान की राष्ट्रीयता ने तोड़ डाला है। एक ओर जहां नए-नवेले तुर्क ने देश के खलीफा को फ्रांस के दक्षिणी समुद्र तट का निवासी बनाकर अपने लिए अलग ही रास्ता चुना है, तो वहीं दो करोड़ की आबादी वाले इस देश ने पुरानी इस्लामी संस्कृति का चोला बदलकर नई यूरोपीय सभ्यता की रंगीनियों को ओढ़ना शुरू कर दिया है।

निश्चित ही तुर्की आज दुनिया के तमाम मुस्लिम देशों से बेहद तेजी से आगे निकल चुका है। यह देश आज नए उद्योग-धंधे खड़े कर उन्नति के उस मुकाम पर है जिससे अंतरराष्ट्रीय मंच पर इसकी एक साख बन गई है। यही वजह है कि अब कई मित्र देश पूर्व की तरफ बढ़ रहे जर्मनी को रोकने के लिए उसके सामने दोस्ती का हाथ बढ़ाने लगे हैं।

मुस्लिम देशों में दूसरा नंबर मिस्र का है। मिस्र और तुर्की का वह उज्ज्वल इतिहास जो किसी समय सारे संसार को चकित कर रहा था, आज अतीत की स्मृतियों का हिस्सा भर रह गया है। डेढ़ करोड़ की आबादी का मिस्र आज अपने कदम उन्नति की ओर बढ़ा रहा है। हालांकि ब्रिटिश राजनीति ने मिस्र में अब भी अपने सारे अधिकारों का त्याग नहीं किया है, लेकिन मिस्र ने स्वेज नहर के अज-मर्गने जहाजों के यातायात पर निर्भर ब्रिटिश जाति को इस बात के लिए मजबूर किया है कि वह मिस्र को अपनी निगरानी में ही रखे और उसको किसी विरोधी राष्ट्र के षड्यंत्रों में न पड़ने दे।

मिस्र को लेकर ब्रिटेन की सियासत का दांव-पेंच कुछ ही चीजों तक सीमित है। निश्चित ही ब्रिटेन इस बात को जानता है कि मिस्र में नील नदी की सिंचाई से उपज रही रुई और गेहूं की फसल के अलावा और कोई खनिज पदार्थ नहीं है जिसके लिए उसे काबू रखने की माथा-पच्ची की जाए। हां, सियासत में उस्ताद ब्रिटेन ने मेडिटेरेनियन को फासिस्ट की ताकत का भरोसा देकर अपने वश में कर रखा है। मिस्र के बादशाह फारूक की महत्त्वाकांक्षाओं को पाल-पोसकर ही वर्तमान ब्रिटिश राजनयिक और भूतपूर्व हाई-कमिश्नर सर माइल्स लैम्पसेन ने साम्राज्य-विरोधी वफद पार्टी को नाकाम कर दिया है। आज विश्वयुद्ध की काली छाया के बीच हिंदुस्तानी सेनाएं स्वेज नहर के किनारे मिस्र की रेतीली जमीन पर खेमे डाले लड़ाई की बाट जोह रही हैं।

उधर, मिस्र से लगा हुआ देश फिलीस्तीन तो अंतरराष्ट्रीय जगत में यहूदियों और अरबों के ज्वलंत सवाल को लेकर पहले से काफी चर्चा में आ चुका है। गत विश्वयुद्ध में अंगरेजों ने धनिक अमेरिकन यहूदियों और विद्वान यहूदी वैज्ञानिकों की मदद लेकर उन्हें यह वचन दिया था कि मित्र देशों की विजय होने पर फिलीस्तीन को छिन्न-भिन्न यहूदी जाति का राष्ट्रीय गृह बना दिया जाएगा। वहीं कर्नल लारेंस और लॉर्ड एलनबी ने अरबों को स्वतंत्रता देने की प्रतिज्ञा कर उस जमाने के जर्मनों के मित्र तुर्कों के खिलाफ उनसे बगावत करा दी थी। लड़ाई के अंत में इन दोनों वादों को भुला-सा दिया गया।

अरब प्रायद्वीप को कई भागों में बांटकर अरब जाति की सामूहिक ताकतें तोड़ डाली गईं। शरीफ हुसैन के बेटों से इस कारनामे को पूरा कराने के लिए काम लिया गया। इसके साथ-साथ भूमध्यसागर के समुद्र तट के उपजाऊ इलाकों को ब्रिटेन और फ्रांस ने बांटकर फिलीस्तीन में ब्रिटिश मैंडेट और सीरिया में फ्रेंच मैंडेट की स्थापना की।

फिलीस्तीन के पीछे के इलाके ट्रांसजोरडानिया को भी ब्रिटेन ने हुसैन के बेटे अब्दुल्ला को राजा बनाकर अपने ही अधीन रखा। मेसोपोटामिया की तेल से अंटी भूमि में हुसैन के दूसरे बेटे फैजल को राजतिलक देकर उसे ब्रिटिश हाई-कमिश्नर के मातहत एक किस्म की नकली स्वतंत्रता दे दी गई, लेकिन कमाल की बात थी इन तमाम सियासी छल-षड्यंत्रों के बीच इस बात को नजर-अंदाज कर दिया गया कि इराक की इस नई शहंशाही पर वास्तविक शासन एक इराकी पेट्रोलियम कंपनी करती है, जिसने किरकुक से फिलीस्तीन के हाइफा तक और सीरिया में ट्रिपोली के बंदरगाह तक अटठारह इंच मोटी और सात-सात सौ मील लंबी पाइप लाइनें लगाई हैं।

उधर, अदन के उत्तर हादराउमत के सारे शेख तो हिंदुस्तान की देसी रियासतों की तरह अंगरेजों के अधीन हैं ही, फारस की या वर्तमान ईरान की खाड़ी के अरबी समुद्रतट पर मस्कट, ओमान, हासा, कुवैत और बहरीन के टापुओं के शेख भी अंगरेजों के ही हाथों में खेल रहे हैं।

अरब प्रायद्वीप के किनारों के इलाकों में सब जगह तेल के कुएं पाए गए हैं, और तेल के कुओं के लिए आज सभी यूरोपियन ताकतें और अमेरिका एक-दूसरे से मुठभेड़ करने को तैयार हैं, लेकिन कमाल है कि तेल की अंगरेजी कंपनियों ने एक ओर जहां विलायती सरकार को अपना हिस्सेदार बना दिया, तो वहीं अरब के आसपास के सब शेखों और सुल्तानों को ब्रिटिश सम्राट का खैरख्वाह बनाकर अपना उल्लू भी सीधा कर लिया है।

जाहिर है, अरब में ही नहीं, बल्कि ईरान में भी एंग्लो-ईरानियन ऑइल कंपनी का ही बोलबाला है। ईरान का सारा तेल अंगरेज ही निकालते हैं। अफगानिस्तान में भी तेल होने का अनुमान है। हालांकि यहां तेल निकालने का ठेका अमेरिकन स्टैंडर्ड ऑइल को दिया गया है, लेकिन अमानुल्ला के साथ ही रूस, जर्मनी और इटली का प्रभाव अब खत्म होने लगा है जबकि अफगानिस्तान में ब्रिटिश राजनीति का चक्र चल रहा है।

सोचने वाली बात है कि अरब के तमाम देशों पर साम्राज्यवादी ताकतों ने तेल को हड़पने का लंबा खेल रचा है। अब भी मोरक्को, अलजियरस, ट्यूनिस आदि उत्तर पश्चिम अफ्रीका के देश फ्रांस के अधीन हैं, जबकि रिफका का एक छोटा-सा इलाका स्पेन के। यूरोप का एकमात्र इस्लामी देश, अलबानिया इटली के फासिस्ट साम्राज्य-वादियों का शिकार हो गया है।

आज यूरोप में जर्मनी और रूस के डर से मुस्लिम दशों ने भी शहाबाद का समझौता किया है। इस समझौते के मुताबिक यदि एक देश पर भी आक्रमण होगा तो सभी मिलकर लड़ेंगे, लेकिन तुर्की ने मित्र देशों के साथ जो संधि की है उसमें ईरान, अफगानिस्तान और साऊदी अरब शामिल नहीं हुए हैं।

इस्लामी देशों में खुद की इकट्ठी की गई पूंजी का अभाव-सा ही है। इस्लाम के अंदर सरदारशाही शुरू से आ चुकी थी, इसकी वजह यह रही कि इस्लाम की फौजें दुनिया को जीतने के मंसूबे बांधे पहले अरब और बाद में मध्य-एशिया से दूसरे मुल्कों में फैल गई थीं। फौजी ताकत के ऊपर स्थित इस्लामी प्रभुत्व में सरदारशाही और जमींदारी प्रथा का पैदा होना स्वाभाविक बात थी। कम उपजाऊ देशों में सरदारशाही एक दफा स्थापित होने के बाद तुरन्त उठाई नहीं जा सकती।

विदेशी व्यापारी जातियों ने इन सरदारों, शेखों और नवाबों को पैसों का लालच देकर उन देशों के सारे खनिज पदार्थ अपना लिए। रेलवे आदि भी विदेशी कंपनियों के हाथों में आ गईं। इस्लामी जनता में लड़ने की शक्ति तो जरूर मौजूद है, लेकिन उद्योग-धंधों के अभाव में उन्हें कोई नेता नहीं मिलते और सरदार नेता अपना उल्लू सीधा करने के लिए उन्हें धोखा देने को तैयार रहते हैं।

साम्यवाद और फासिज्म की सैद्धांतिक लड़ाई ने इस्लामी देशों पर बड़ा प्रभाव डाला है। 1917 से ही रूस के बोल्शेविक इस्लामी जनता को साम्राज्यवाद और उसकी सहगामिनी सरदार-प्रथा से छुटकारा दिलाने की घोषणाएं कर रहे हैं। लेनिन ने मुस्लिम जनता की आजादी और उद्धार के लिए बाकू में एक समिति और विश्वविद्यालय की भी स्थापना की थी, लेकिन अब तक सिवाय रूसी मुसलमानों के और कहीं के मुसलमान कम्युनिस्ट विचारों की तरफ अग्रसर नहीं हैं।

इटालियन फासिज्म ने भी मुसलमानों को ब्रिटेन और फ्रांस के खिलाफ काफी उभारा है, लेकिन अलबानिया की स्वतंत्रता को बिना किसी वजह के छीनकर इटली ने अपने रेडियो के प्रचार की जड़ें काट डाली हैं। उधर मुस्लिटम जनता इटली के अधीन उत्तर-अफ्रीका के ट्रिपोली मुल्क के अरबों पर किए गए अत्याचारों को अभी तक नहीं भूली है।

पिछले महायुद्ध से भी पहले इन देशों ने मुसोलिनी से छुटकारा दिलाने का बीड़ा उठाया था, लेकिन नवीन साम्राज्यों की स्थापना करने की महत्त्वाकांक्षा रखने वाले ये यूरोपियन तानाशाह इन सब घोषणाओं के जरिए सिर्फ अपना स्वार्थ साधना चाहते हैं, उन्हें मुसलमानों के सुख-दुख का कोई खयाल नहीं।

दुनिया में मुसलमानों की आधे से ज्यादा आबादी गुलाम मुल्कों हिंदुस्तान, जावा, मलाया और चीन में है। हिंदुस्तान में आठ करोड़, जावा में तीन करोड़, मलाया के देशों और टापुओं में करीब दो करोड़ जबकि चीन में पांच करोड़ मुसलमान हैं।

स्वतंत्र कहे जाने वाले मुस्लिम देशों की आबादी तो कुल मिलाकर पांच-छह करोड़ के करीब ही ठहरती है। धन और ताकत में भी ये स्वतंत्र मुस्लिम देश ऐसे नहीं कि अपने सहधर्मियों को स्वतंत्रता प्राप्त करने में मदद दे सकें। जावा में तो अधिकांश आबादी मुसलमानों की है, इसलिए वहां अल्पमत का भी कोई सवाल नहीं उठता। वे अगर खुद जी तोड़कर अपनी आजादी के लिए लड़ें तो यूरोप के छोटे-से मुल्क हॉलैंड को उनके साथ समझौता करना पड़े, लेकिन पैसिफिक महासागर में जापान के बढ़ते हुए प्रभाव ने जावा के देशभक्तों को बहुत-कुछ चौकन्ना कर दिया है। हालांकि युद्धों से घिरी दुनिया में सत्तर लाख की आबादी वाले हॉलैंड को हराना, जावा-निवासियों के लिए आसान है क्योंकि निश्चित ही जापान उनकी मदद करेगा, लेकिन जापानी सहायता को निमंत्रित करना एक तरह से आफत को मोल लेना ही है। मलाया-निवासी मुसलमान तो आलसी आदमी ठहरे। रबर के बागानों में काम करने के लिए तमिल मजदूर बंगाल की खाड़ी को पार कर मद्रास से मलाया की यात्रा करते हैं।

हिंदुस्तान में मुसलमान नेताओं के सिवाय कोई भी मुसलमान दुनिया में आज इस्लामी एकता के सपने नहीं देखता। सब अपने-अपने देशों के सवालों को हल करने में लगे हुए हैं। हिंदुस्तानी मुसलमानों को भी यह ध्यान में रखना चाहिए कि हिंदुस्तान ही एक ऐसा मुल्क है जो एशिया की सबसे बड़ी ताकत बनने के काबिल है। मुस्लिम सत्ता की पुनः संस्थापना के षड्यंत्र रचकर भारत की आजादी में रोड़े अटकाने वाले नेताओं को तलाक दे मुस्लिम जनता को आज भारत के राजनीतिक विकास की ओर निगाह डालनी चाहिए।

स्वतंत्र भारत ही इन छोटे-छोटे आजाद इस्लामी मुल्कों को भी यूरोपियन साम्राज्यवाद के खिलाफ आवाज उठाने में मदद दे सकेगा। भारतीय मुसलमान एशिया के इस नवीन निर्माण में हाथ बंटाकर अपने सहधर्मियों की वह सहायता कर सकेंगे, जो आज उनके जहन में भी नहीं है।

आजाद भारत के बढ़े-चढ़े उद्योग-धंधे मुस्लिम देशों को आर्थिक उन्नति प्राप्त करने में भी सहायता देंगे। मध्य दक्षिण एशिया में भारत जैसे गणतंत्र का साम्यवाद के सिद्धांतों पर स्थापित होना सब आसपास के छोटे-छोटे देशों के लिए फायदेमंद ही होगा। मुसलमानों को ऐसे ही लोकतांत्रिक, स्वतंत्र और आत्मनिर्भर भारत की स्थापना में मिलकर प्रयास करना चाहिए।

'विशाल भारत', दिसंबर 1936

इंग्लैंड की बेरोजगार सड़कें

यह लेख मंदी से जूझ रही इंग्लैंड की अर्थव्यवस्था को केंद्र में रखते हुए दुनिया भर की सरकारों द्वारा अपनाई गई आर्थिक नीतियों और उससे उपजी भीषण मंदी का विश्लेषण करता है। खास बात यह है कि सालों पहले लिखा गया यह लेख अपने संदर्भों और दुनिया भर के आर्थिक परिदृश्य में आए बदलावों के चलते आंकड़ों, तथ्यों व विश्लेषण के आधार पर पुराना तो दिखाई पड़ता है, लेकिन आज जबकि दुनिया भर में अमेरिका, ग्रीस, ब्रिटेन, फ्रांस की अर्थव्यवस्थाएं चरमरा रही हैं, बेरोजगारी मुंह बाए एक बड़ी आबादी को निगलने के लिए तैयार बैठी है, ऐसे में इस लेख में बालकृष्णजी अपने विचारों, बातों और एक अर्थशास्त्री होने के नाते कई मायनों में हमारे सामने प्रासंगिक होते हैं।

–संपादक

इन दिनों ब्रिस्टल से ग्लासगो तक सूनी चिमनियां, शांत बंदरगाह और सड़कों के कोनों पर रोजगार की भीख मांगते मजूदर ऐसे ही दिखाई देते हैं, मानो किसी चमचमाती सड़क के किनारे सूखे खड़े पेड़ किसी बहार के इंतजार में आस लगाए खड़े हों। पिछले दस सालों में ग्रेट ब्रिटेन में 10 लाख से कम बेकार कभी नहीं रहे और आजकल तो उनकी संख्या इतनी तेजी से बढ़ रही है कि अब यह तीस लाख से भी ज्यादा हो गई है।

1929 का वर्ष उद्योगों की उन्नति का सबसे शानदार समय माना जाता है, लेकिन इस साल ब्रिटिश–व्यापार शिथिल–सा था। बड़े औद्योगिक केंद्र भी वैसे ही रहे, सिर्फ शेयर बाजार में कुछ चहल–पहल थी। दुख की बात यह है कि जो राजनीतिक संस्थाएं 19वीं सदी में अच्छी तरह काम करती थीं, वे इस समय आर्थिक विकास के लिए हानिकारक हो रही हैं। यही वजह है कि मौलिक परिवर्तन करने की आवश्यकता पर जोर देने वाला ब्रिटिश मजदूर दल छिन्न–भिन्न और निराश हो गया है।

बीते 100 सालों में दुनिया में बहुत से ऐतिहासिक परिवर्तन हुए हैं। रेलगाड़ियां एक समय आश्चर्य की बात थीं, लेकिन आज रेलगाड़ियां जहां पूरी तेजी के साथ अपने विकास के पायदानों को पार कर गई हैं, तो वहीं उसकी तुलना में कारें, बसें और दूसरी

मोटरों ने भी अपनी जगह तलाशी है। इसके अलावा तार, बेतार, टेलीफोन, रेडियो और टेलीविजन के नए-नए प्रयोग सामने आ रहे हैं और दुनिया उसके उपयोग की आदी भी होती जा रही है। इसी प्रकार बिजली के आविष्कार ने दुनिया में एक ऐतिहासिक क्रांति को जन्म दिया है।

कमाल की बात है कि आर्थिक, तकनीकी और औद्योगिक विकास के साथ-साथ सामाजिक विचारों में भी तेजी से परिवर्तन हुआ है। पिछली सदी तक तो हाल यह था कि बच्चे बारह-बारह घंटे काम किया करते थे। अंधकार में शुरू हुआ उनका बचपन बुढ़ापे में ही तब्दील होकर खत्म हो जाता था। भेड़ की छोटी-सी चोरी के लिए फांसी की सजाएं तक दी जाती थीं।

जाहिर है, अब तो समय बदल चुका है। कठोर मेहनत से जनता को अवकाश मिला और वह शिक्षित भी हुई है। व्यापार के विस्तार ने इंग्लैंड को दिन-ब-दिन दूसरों पर अधिकाधिक निर्भर कर दिया है। बड़ी तादाद में छपने वाले अखबारों ने लोकनीति निर्धारित करने में भी अपनी तरह से मदद की है।

मैं एक दिन अनुदार दल के एक बूढ़े व्यापारी से इन दिनों की आर्थिक कठिनाइयों का जिक्र कर रहा था। उन्होंने उत्तर दिया–"तुम अभी नौजवान हो, तुम्हें पुराने समय का पता नहीं। मेरे अपने जीवन में ऐसे कई अवसर आ चुके हैं, बीत भी गए हैं। उद्योग-धंधों को एकदम अप-टू-डेट बनाने की या मशीनों के जरिए आदमी से रोजगार छीन लेने की जो ये बातें तुम मुझे बता रहे हो, वे नई नहीं हैं, बल्कि बहुत पहले से चली आ रही हैं। वेतन की लगातार बढ़ोत्तरी से खर्च करने की शक्ति बढ़ी है, तो वहीं काम के घंटों को कम कर देने से उत्पादन की शक्ति भी कम हो गई है। जाहिर है, इस सवाल को हल किया गया था और इतनी अधिक वस्तुओं की खपत के लिए विदेशी बाजार भी मिल गए थे। तब मैं बेहद छोटा था। उस समय तो काले हब्शी साइकिल का नाम तक नहीं जानते थे। आज वे उन पर काम तो करते ही हैं बल्कि सैर के लिए भी जाते हैं। इतना बोलकर वे मेरी ओर देखने लगे। मैं चुप था और यह सोचकर चुप रह गया था कि इन्हें समझाना व्यर्थ ही था कि अतीत में उत्पादन में बढ़ोत्तरी को सोने की नई खानों की खोज ने थोड़े दिनों के लिए कम कर दिया था, क्योंकि उसने दुनिया में करेंसी बढ़ाकर एक तरह से मुद्रास्फीति बढ़ाने का ही कार्य किया।

दूसरी बात यह थी कि हब्शियों के अफ्रीका को यूरोप के अलग-अलग देशों ने मिलकर आपस में बांट लिया। यही नहीं, नए बाजार समाप्त हो गए। इधर, पिछले कुछ सालों में विज्ञान ने भी ऐसा जबर्दस्त विकास किया है कि दुनिया के इतिहास में शायद ही कभी हुआ हो। ऐसे में निश्चित ही है कि इस वैज्ञानिक विकास के मतलब को अगर किसी ने ठीक से नहीं समझा है तो वे दुनिया के राजनीतिज्ञ ही हैं।

दुनिया में बिना उद्योग-धंधे वाले देश अब बहुत ही कम रह गए हैं। आलम यह है कि अब तो रोजाना उन्हें नए-नए उद्योग-धंधे मिल रहे हैं, और उनके पुराने धंधे

उनके लिए अपर्याप्त होते जा रहे हैं। यही वजह है कि उन्हें बचाने के लिए आयात करों की ऊंची दीवारें खड़ी कर दी गई हैं। ऐसे में नतीजा क्या हुआ? पहले पैदावार सस्ती हुई तो लोगों को काम मिला और नया बाजार ठसाठस भर दिया।

अब यहीं देखिए, अमेरिका में 20 किसान साल में कुल 4 महीने तक काम करके सौ आदमियों की पर्याप्त खाद्य सामग्री पैदा करते हैं। चेकोस्लोवाकिया में बाटा के जूते के कारखाने में एक आदमी इंग्लैंड से दुगुने जूते बना सकता है। यह परिणाम नई से नई मशीनों के उपयोग का ही है। फ्रेड हेंडरसन के मुताबिक आज अमेरिका में 67 आदमी उतनी वस्तुएं बना सकते हैं, जितनी लड़ाई से पहले 100 आदमी बनाते थे। जाहिर है, दुनिया भर का यही हाल है।

इस संबंध में हाल यदि इंग्लैंड का जानें तो लड़ाई से पहले ब्रिटेन सबसे ज्यादा माल विदेशों को भेजता था और खाद्य सामग्री का सारा माल वह विदेशों से लेता था। गौर करने वाली बात यह है कि औद्योगिक क्रांति के बीच से पहले-पहल यही देश गुजरा था, लेकिन दुनिया भर से बनीं वस्तुओं पर उसका एकाधिकार दूर हो गया है। फिर भी वह अपनी तीस फीसदी पैदावार इस मंदी के दौर में भी बाहर भेज रहा है, लेकिन हर देश आज अपने सुरक्षित जीवन-यापन के लिए उद्योग-धंधे खोल रहा है। ऐसे में कनाडा और ऑस्ट्रेलिया की आड़ में भारत और श्रीलंका जैसे उपनिवेशों से रियायतें प्राप्त करने के कितने ही खेल खेले जाएं, इंग्लैंड अपनी बनी-बनाई वस्तुओं को अपने अधीन गरीब देशों के गले नहीं उतार सकता।

ऐसे में इन सारी परिस्थितियों को ध्यान में रखते हुए कई गंभीर सवाल हमारे सामने उठते हैं कि जब तीन-चौथाई फ्रांस की सेना जर्मनी से असंभव हर्जाना वसूल न कर सकी तब इस बात की क्या गारंटी है कि ब्रिटिश साम्राज्य अपना बढ़ता हुआ कर्ज या फिर उसका ब्याज अदा कर सकेगा? कहीं दूर जाने की जरूरत नहीं, ऑस्ट्रेलिया को ही देखिए, हर साल 30 करोड़ रुपए ब्रिटेन से लेकर उसने अपने स्तर को ऊंचा बनाए रखा है। आज वह 600 करोड़ रुपए का कर्ज देने में असमर्थ है। ब्याज बार-बार कम किया जाता है, लेकिन जब तक ऊन, गेहूं और मांस के दाम नहीं बढ़ते तब तक ऑस्ट्रेलिया की अदायगी लाख खर्च कम करने पर भी असंभव है। ऐसे में भारत के कर्ज का तो जिक्र ही करना बेईमानी है? वह तो बहुत ही विवादास्पद, संदेहास्पद और कई घावों को छिपाए हुए है। फिर पूर्व में जापान की प्रतिद्वंद्विता और दक्षिण अमेरिका में संयुक्त राज्य का आर्थिक प्राधान्य अलग विषमता उत्पन्न कर रहे हैं।

आज हर मुल्क दूसरों से यथासाध्य कम खरीदने की और ज्यादा बेचने की होड़ में लगा हुआ है और इसके लिए तमाम तरह की कूटनीतिक चालें भी चली जा रही हैं, पर ऐसा तो नहीं है कि सब एक साथ अपने लक्ष्य में सफल हो जाएं? लेकिन अधिक बेचने की यह लड़ाई अब कुत्तों की लड़ाई में तब्दील होती नजर जा रही है। नतीजा

यह निकल रहा है कि कमजोर देशों की हार हो रही है और उनका आर्थिक पतन भी होता जा रहा है। कमाल की बात यह है कि साम्राज्यवादी देशों पर भी इसका अच्छा प्रभाव नहीं पड़ रहा है।

कुल मिलाकर कहा जाए तो इस समय दुनिया अपनी ही आत्महत्या पर तुली हुई है। इंग्लैंड में 'मास प्रोडक्शन' के नए तरीकों ने तो और भी कहर ढाए हैं। अंगरेज मजदूर अपने कार्य में दक्ष एवं निपुण हैं। पहले मजदूरों की व्यक्तिगत कुशलता का वस्तुओं की विशेषता में बड़ा हाथ था, इसलिए इंग्लैंड का माल देश-दुनिया में बड़ा मशहूर था, लेकिन आजकल के 'मास प्रोडक्शन' ने ऐसे निपुण मजदूरों को अपनी अकल दिखाने तक के लिए जगह नहीं छोड़ी है।

पश्चिमी देशों के इन कला-कुशल मजदूरों को पहले के अशिक्षित और सस्ते मजदूरों के सामने हार माननी पड़ती है। पहले जहां मजदूर प्रतिदिन कुछ आनों की मजदूरी के लिए ग्यारह घंटे काम करता था, आजकल मशीनों से काम कर रहा है जिसमें शरीर और मस्तिष्क दोनों ही का विकास बेहद जरूरी है। बस एक बड़ा बटन दबाया और खड़े रहकर काम कैसा हो रहा है, यही देखना है। ऐसे में विदेशों में मजदूरों की बेकारी बहुत तेजी से बढ़ रही है। यही नहीं, ग्राहकों के अभाव में उद्योग-धंधे भी बंद होते जा रहे हैं। ब्रिस्टल से ग्लासगो तक सूनी चिमनियां, शांत बंदरगाह व सड़कों के कोनों पर जहां-तहां पसरी बेकारी और कुछ नहीं इसी वजह से है।

उधर, साम्यवाद इसके अपने हिसाब से उपाय ढूंढ़ता है। साम्यवादी मजदूर दल इस प्रश्न के हल के लिए साम्यवादी सिद्धांतों में झांकते हैं कि पैदावार जरूरत के अनुसार हो, लाभ के लिए तो कतई न हो और उसमें भी वर्तमान अर्थशास्त्र का कोई भी नियम लागू न हो। निश्चित है, मजदूर दलों का यह ध्येय तो ठीक है, लेकिन उसे उस रास्ते का पता नहीं जहां से इस लक्ष्य तक पहुंचा जा सकता है। उसे यह भी पता नहीं है कि अगर वर्तमान के सब उद्योग-धंधे नष्ट होते रहे हैं तो साम्यवाद की स्थापना कैसे होगी? वह बस इसी बात की रट लगाए हुए हैं कि हमारी दुनिया नरक-सी है और साम्यवादी स्वर्ग प्राकृतिक खूबसूरती की हवा खाने की तरह पहाड़ी स्थान के सहारे उतरता है, लेकिन खेद तो इस बात का है कि उसे यह पता ही नहीं है कि नरक या उस स्वर्ग के बीच में जो अंतर है वह दरअसल है क्या?

सिडनी वेब या लॉर्ड पैसफील्ड जैसे विकासवादी साम्यवादियों की सब दलीलों को आधुनिक परिस्थितियों ने बिलकुल नष्ट कर डाला है। उनके मुताबिक समाज क्रमशः स्वयं ही शांतिपूर्वक साम्यवाद में परिणत हो जाएगा। एक-एक करके सब उद्यमों को सरकार सावधानी के साथ अपने हाथों में ले लेगी, पर इस बात के पीछे एक भ्रमात्मक सपना छिपा हुआ है और वह है स्थिर समाज का?

अब लगातार तेजी से बदल रही दुनिया ने इसे वाकई में एक दिवास्वप्न ही सिद्ध कर दिया है। चारों ओर काली घटनाओं के बीच क्रमशः विकास कैसे होगा? दूसरी

ओर भारत भक्त फ्रेनर ब्रांकवे या फिर लेनिन भक्त मैक्सटन अपनी अलग दो चावलों की खिचड़ी पकाने की व्यर्थ कोशिश कर रहे हैं। देखते हैं, शेर किस करवट बैठता है। शेर से मतलब ब्रिटिश 'लॉयन' से है।

बहरहाल, इधर आज अर्जेंटीना, डेनमार्क और स्वीडन देशों से विदेशों को खाने-पीने का सामान जाता है। ब्रिटेन कहता है कि ब्रिटेन उन्हीं के यहां खरीदता है जो उसके यहां खरीदता है, इसलिए ये असमर्थ देश भी इस दिशा में यथा-साध्य घूमने का प्रयास कर रहे हैं। नतीजा क्या हुआ? किसी नए व्यापार की सृष्टि हो गई? जर्मनी और अमेरिका के कारखाने भी बंद हो गए और तो और वहां की बेकारी और बढ़ गई? खैर, देखना तो यह है कि कब इस बेकारी और मंदी की स्याह अंधेरी रात का अंत होता है और एक छोटे नन्हे बाल सूर्य के दर्शन होते हैं।

'विशाल भारत', 1959

रहस्यपूर्ण इंग्लैंड

बालकृष्णजी आठ साल लंदन में रहे। उन्होंने लंदन स्कूल ऑफ इकोनॉमिक्स से अर्थशास्त्र की डिग्री ली थी। यह लेख उनके लंदन में बिताए गए विद्यार्थी जीवन के खट्टे-मीठे अनुभवों का एक दस्तावेज कहा जा सकता है, जिसमें, इंग्लैंड के भौगोलिक, सांस्कृतिक, सामाजिक और विशेष रूप से राजनीतिक परिवेश के शानदार और रोचक दर्शन होते हैं। —संपादक

लंदन मेरे लिए हमेशा से एक पहेली बना रहा। इस शहर को मैंने जितना भी करीब से जानने की कोशिश की इसकी पहेलियां मेरे लिए धीरे-धीरे एक रहस्य में तब्दील होती चली गईं। जाहिर है, यह शहर उन लोगों के लिए भी रहस्य है जो यहां सालों से रहते आ रहे हैं और उन लोगों के लिए तो और भी ज्यादा ही रहस्यपूर्ण है जो यहां विदेशी परिचय के साथ रह रहे हैं—जैसे कि मेरे लिए। सचमुच, जिंदगी के आठ साल गुजार देने के बाद आज भी 85 लाख की आबादी वाला दुनिया का यह सबसे बड़ा शहर मेरे लिए रहस्यमयी ही बना हुआ है।

कमाल की बात यह है कि जितना मैं इसे जान रहा हूं इसके रहस्य मेरे लिए और भी गहराते जा रहे हैं। वैसे इस लंदन नगरी को समझने के संदर्भ में रहस्य शब्द का प्रयोग न भी करें तो एक विदेशी के लिए विशाल आबादी वाला ब्रिटिश जनसमूह एक उलझी हुई पहेली के रूप में सामने तो आता ही है। शायद, यही वजह है कि मैं भी इसी पहेली को सुलझाने के चक्कर में आज भी इसकी गलियों में आवारागर्दी करता रहता हूं।

बहरहाल, कई-कई दृष्टिकोणों से अचरज और कौतूहल पैदा करने वाली यह लंदन नगरिया अपनी हर विशेषता के पीछे सबूत और वजहें परत-दर-परत आपके सामने खोलती चलती है। जैसे यदि कोई लंदन की सुंदरता पर वाहवाही भरेगा तो लंदन अपनी उस खूबसूरती के बारे में बताएगा कि उसने अपनी सारी सुंदरता प्रकृति के साथ रहकर और उसका सम्मान करके पाई है।

खास बात यह है कि प्रकृति के सम्मान के साथ इस शहर ने अपनी साज-सज्जा और खूबसूरती को आर्थिक विषमता के खोखले, झूठे आधार पर खड़ा नहीं किया है। यही वजह है कि एक ओर जहां इस शहर में आंखों को चकाचौंध करने वाले

राजप्रासाद नहीं हैं, तो न ही टूटी-फूटी गंदी बस्तियां ही हैं, जो दुनिया के किसी भी बड़े नगरों में छाई चुंधिया देने वाली चमक के बीच उसकी असलियत का पर्दाफाश करती सी नजर आती हैं।

खैर, ओस और धुएं से मिश्रित लंदन के कुहरे में सभी चीजें धुंधली सी मालूम होती हैं। गौर करने वाली बात है कि नौ महीने की सर्दी और बारह महीने की बरसात में भीगते रहने वाले इस शहर को सूरज की किरणों की गोद में पले भारतीय के लिए इधर-उधर घूमकर इसके रहस्यों को जानने का मौका ही नहीं मिल पाता। हालांकि घूमने का समय तो इस रहस्यपूर्ण शहर के हृदयविहीन निवासियों को भी नहीं है, जो दुनिया को अपने व्यापार के जाल में गूंथकर अपने जहाजों से उनकी पैदावारों को अपने आराम के लिए इकट्ठा करने में लगे हुए हैं।

आश्चर्य में डालने वाली बात यह है कि दिल से कंगाल यहां के लोगों के इस जमघटिया शहर को हमारे भारत में धन का केंद्र यानी कि कुबेर का अड्डा समझा जाता है, लेकिन जैसा कि पहले कहा, लंदन के रहस्यों की कहानियां केवल सुंदरता और धन कुबेर का अड्डा होने तक ही आकर खत्म नहीं हो जातीं। लंदन अपनी कुछ खूबियों के लिए भी जाना जाता है। जैसे तमाम तरह की विषमताओं के बीच लंदन अपने विशाल से खुले आसमान के नीचे बने ऊंचे-नीचे और छोटे घरों में कभी मनुष्यों को छिपाने की कोशिश नहीं करता। हां काले, भूरे और गोरे रंगों का खेल जरूर यहां पर रास्ते चलते राहगीर को अचरज में डाल सकता है, क्योंकि अंगरेज स्त्रियां और पुरुष अकसर इन्हीं रंगों के कपड़े ज्यादा पहनते हैं, लेकिन यकीन मानिए, दुनिया में यही एक ऐसी जगह है जहां आप एक मिनट में एक काले खूसट खड़े बालों और मोटे होंठों वाले हब्शी बैरिस्टर से बातें करते हैं तो थोड़ी ही देर बाद लंबे भूरे बालों वाले अमेरिकन संवाददाता के साथ नाश्ता कर रहे होते हैं, जो जाहिर है, अभी-अभी रूस की हवा खाकर आया है।

निश्चित ही कई बार तो यह शहर दुनिया की सांस्कृतिक विविधताओं का ऐसा चलता-फिरता म्यूजियम बन पड़ता है कि आपको यकीन ही नहीं होता कि आप किसी देश की राजधानी में घूम रहे हैं या फिर दुनिया के विशाल शहर में, जिसकी सीमाएं लोप हो चुकी हैं और वह पूरी दुनिया की ही राजधानी बन गया है।

4.5 करोड़ की आबादी के छोटे-से इस तंग मुल्क में कई बंदरगाह हैं, और इनमें से शायद ही कोई ऐसा हो जहां से दो-एक जहाज रोजाना समुद्र पार कर कहीं न जाते हों। सोचने वाली बात है कि इस शहर के किसी भी ब्रिटिश बंदरगाह पर आप एक घंटे के लिए खड़े हो जाइए तो चंद ही मिनटों में आप दुनिया के सुदूर और अनजान देशों से सामान और सूटकेसों से लदे अंगरेज स्त्री-पुरुषों का ऐसा रेला देख सकते हैं कि लगेगा मानो एक सप्ताह के बाद हजारों भाई-बहन एक-दूसरे से मिलने के लिए यहीं जमघट लगाने आए हों।

यहां के हर बंदरगाह पर चारों ओर आपको पूरी दुनिया की तस्वीर दिखाई पड़ती है। हर तरफ फैली अंतरराष्ट्रीयता के यहां इतनी सघनता के साथ दर्शन होते हैं कि लगता है मानो पूरी दुनिया ही लंदन में आकर खत्म हो जाती है।

लंदन के हरे-भरे देहात, देहात न होकर मानो एक बड़े बगीचे की तरह ही दिखाई पड़ते हैं। इन देहातों में खेतिहर लोगों के सिवाय सिर्फ बड़े-बड़े आदमी ही रहते हैं। लंदन में ऐसा कोई भी धनी पुरुष नहीं है जिसने सौ-दो सौ एकड़ जमीन खरीदकर उसके चारो ओर ईंटों की दीवारें उठाकर बीच में अपनी कोठी न बनाई हो। बिजली की रेलों और मोटरों के प्रचार ने उनके लिए ऑफिसों में जाना बेहद सरल कर दिया है। कितने ही व्यक्तियों ने तो हजारों एकड़ सुंदर जमीन अपने कब्जे में कर रखी है।

मध्यम श्रेणी के लोगों ने भी लंदन से बाहर छोटे-छोटे उपनगरों में रहना शुरू कर दिया है। लंदन ने अपना भूगोल खुद बनाया है। न तो यह मास्को की तरह किनारों पर गांवों में परिणत हो गया है और न ही बर्लिन की तरह बाहर निकलते ही बिलकुल सुनसान हो चुका है। लंदन से बाहर निकलने वाली किसी सड़क पर से गुजरते ही आपको मीलों दूर तक एक जैसे ही पांच-छह कमरों के छोटे-छोटे नए घरों से घिरी जमीन दिखाई देगी। ऐसा लगेगा मानो लंदन रास्ता खोजते हुए जानवरों के झुंड की तरह देहातों में बढ़ता ही जा रहा है और रास्ते की तमाम तरह की बाधाओं को हटाकर पहाड़ियों और घाटियों पर उसने लाल छतों के बंगलों के रूप में उसने खुद को फैला लिया है। इन बंगलों के आगे और पीछे हरी दूब और फूलों से भरी छोटी-छोटी बगीचियां हैं। आगे-पीछे, दाएं-बाएं इसने दैत्याकार रूप में अपना विस्तार किया है।

पिछले सौ सालों से लंदन पूरी दुनिया को अपनी ओर खींचता रहा है। इस शहर के उत्तर से लेकर दक्षिण और पूर्व से लेकर पश्चिम तक जिस भी कोने में आप जाते हैं वहां पचास-पचास मील तक किसी सड़क का कोई हिस्सा ऐसा नहीं दिखाई नहीं देता जहां से घरों का एक झुंड नजर न आता हो।

लंदन एक नई ब्याही बहू की तरह शांत और धीमे स्वर में बोलने वाला शहर है। यहां कोई बेवजह शोर मचाता नजर नहीं आता। रेलगाड़ियों में, बसों से भरी सड़कों में, ग्राहकों से भरी दुकानों में, दर्शकों से भरे नाटक-भवनों में दूर-दूर तक कहीं भी कोई आवाज तो क्या, कानाफूसी भी सुनाई नहीं पड़ती। गाड़ियों के हॉर्न बजाने पर यहां पाबंदी है। लोग यहां धीरे-धीरे बात करने का मजा लेते हैं।

मैं जुलाई 1931 में इंग्लैंड आया था। प्लीमथ से लंदन के टिलबरी डॉक्स तक इंग्लैंड के दक्षिणी समुद्र-तट के पास से चलते हुए जहाज में इंग्लैंड की तरफ मुंह किए मैं सारी रात डेक-चेयर पर ही बैठा रहा। गरमी में सूरज की तेज रोशनी में अठखेलियां करने वाले समुद्र तट के नगर रात में बिजली की रोशनी में झिलमिला रहे थे। यकीन मानिए, तीन सौ मील तक आंखों को चुंधिया देने वाली बिजली की ऐसी निराली छटा मैंने सिवाय फ्रांस के समुद्र-तट के कहीं और नहीं देखी थी।

इन शहरों में सारे साल की सर्दी में काम करने से थके हुए स्त्री-पुरुष आधे महीने की गरमी में निकले सूरज की धूप और इन दिनों चलने वाली समुद्री हवा में दिल, दिमाग और शरीर को तरोताजा करने के लिए आते हैं। कुल मिलाकर यह तमाम शहर जून, जुलाई, अगस्त और सितंबर के महीनों में इन करोड़ों लोगों का मनोरंजन ही करते हैं।

लंदन पहुंचने के बाद जल्दी ही मैंने वहां की तमाम चीजों को समझना शुरू कर दिया था। रेलों, दो मंजिली बड़ी-बड़ी बसों, भीड़ से भरी सड़कों और भोजनालयों में जाते-जाते मुझे अंगरेजों की बोली, तहजीब और कायदे-कानून थोड़े-थोड़े समझ आने लगे थे। इसके बाद मैंने धीरे-धीरे उन सभी अंगरेज दोस्तों से मिलना-जुलना शुरू कर दिया था जो गाहेबगाहे मेरी मदद किया करते थे।

पंडित बनारसीदास चतुर्वेदी ने मुझे उस वक्त की पार्लियामेंट के मजदूर सदस्य मि. बिलफ्रेड वेलॉक को एक पत्र लिखने के लिए कहा था। मैंने हाउस ऑफ कॉमंस के पते से वेलॉक साहब को पत्र लिखा। कमाल था कि इस पत्र का फौरन जवाब ही नहीं आया बल्कि हाउस में चाय पीने का निमंत्रण भी मिला।

टेम्स नदी के किनारे एक चबूतरे पर बैठकर अपने सफेद बालों को जरा संभालते हुए वेलॉक साहब मुझे मजदूर-सरकार के खिलाफ भयंकर साजिशों और षड्यंत्रों की कहानियां सुनाने लगे, कि किस तरह मैकडोनल्ड, स्नौडन और टामस ने (जो उस समय मजदूर दल के अग्रणी नेता थे) टोरी दल के प्रधान बाल्डविन से मिलकर राष्ट्रीय सरकार कायम की और कैसे वे बेकारों की रोटी के सवाल से किनारा करके पूंजीपतियों से जा मिले।

वेलॉक साहब की कृपा से मैं जल्द ही ब्रिटिश पार्लियामेंट का दर्शक बन गया। इस दौरान मुझे कई ऐतिहासिक बहसों को सुनने का मौका मिला, जिसकी वजह से ब्रिटिश मजदूर दल को एक जमाने के लिए तोड़-मरोड़ डाला गया था। उस समय तक 1931 का वह चुनाव नहीं हुआ था, जिसमें मैकडोनल्ड ने अनुदार, उदार और कुछ दक्षिणपंथी मजदूरों को मिलाकर लेबर पार्टी को ऐसी करारी हार दी थी कि उसके 288 मेंबरों में से कुल 55 ही हाउस ऑफ कॉमंस में बचे। (ब्रिटिश हाउस ऑफ कॉमंस की सदस्य संख्या 615 है।) उस वक्त पार्लियामेंट में स्नौडन और टामस अपने पुराने दल को गालियां देने में लगे हुए थे। वे उसकी बनाई गई योजनाओं को देश के हितों के लिए घातक कहा करते थे। उस समय इंग्लैंड में तीस लाख बेरोजगार थे, और ऊपर से सर्दी अलग से दस्तक दे रही थी। बेरोजगारों पर सरकार प्रायः 300 करोड़ रुपए सालाना खर्च कर रही थी। धनिक व्यापारी वर्ग यह नहीं चाहता था कि उनसे टैक्स वसूल कर बेकारों का पालन-पोषण किया जाए। आलम यह था कि उन्होंने बैंकों से यहां तक कहलवा दिया था कि जब तक मजदूर सरकार बेकारों की सहायता में कमी नहीं करती तब तक वे उसे रुपए उधार नहीं देंगे। मैकडोनल्ड, टामस और स्नौडन बैंकों का पक्ष ले रहे थे जबकि दूसरे सब मजदूर सदस्य बेरोजगारों का। निश्चित ही अल्पमत मजदूर सरकार का अंत करीब आ गया था, लेकिन किसी को यह उम्मीद नहीं थी

कि दल की हार ऐसी होगी कि उसे फिर ऊंचा उठने में सालों नहीं बल्कि पूरी एक-दो पीढ़ियां निकल जाएंगी।

खैर, हाउस ऑफ कॉमंस में मैंने अपनी जिंदगी के ऐतिहासिक क्षण गुजारे। पार्लियामेंट में मुझे विंसटन चर्चिल साहब के बोलने का ढंग सबसे अच्छा लगा—बुलंद आवाज, बुलबुली भाषा और जलती हुई आग-सा जोश (गौरतलब है कि मैकडोनल्ड ने उन्हें अपने राष्ट्रीय मंत्रिमंडल में नहीं लिया था)। चर्चिल साहब उन दिनों उस इंडिया बिल को भी अधिक उदार बताकर उसका विरोध कर रहे थे, जिसमें भारतीय स्वतंत्रता का मजाक उड़ाया गया था। स्नौडन साहब लाठियों के सहारे खड़े होकर अपनी तर्जनी अंगुली को इस ढंग से मजदूर दल की ओर घुमाते थे, मानो वे कूड़े-करकट की ओर इशारा कर रहे हों। उनका भाषण बड़ा जला-कटा होता था।

मैकडोनाल्ड साहब की आवाज तो गवैयों की सी थी, किन्तु वे थके हुए से मालूम पड़ते थे। उनके विचारों की शृंखला अकसर टूटने लगी थी और उनकी बातों का मतलब समझना बड़ा कठिन था। बॉल्डविन कभी-कभी बोलते थे पर उनका ढंग ऐसा था जो वहां बैठे तमाम लोगों के चेहरे पर मुस्कान बिखेर सके। जाहिर था, वे कड़वी बातें कहना तो जैसे जानते ही नहीं थे। चेम्बरलन साहब चुपचाप एक तरफ बैठे रहते थे। मेरी तो कभी उनकी तरफ नजर ही नहीं गई।

मजदूर दल में हरबर्ट मोरिसन और सर स्टैफर्ड क्रिप्स ही मुझे होशियार मालूम होते थे। मोरिसन साहब के पिता पुलिस कांस्टेबिल थे और वे लंदन के पूर्वी भाग के मजदूर इलाके में पैदा हुए थे। पुराने नेता हैंडरसन, क्लाइनस, लांसबरी आदि की ताकतें अब मंद पड़ गई थीं। ऐसे में जनता की नजरें इन दो चालीस साल उम्र वाले नौजवानों की तरफ थीं।

बहरहाल, इन तमाम बातों के बीच इंग्लैंड की राजनीति भी यूरोप की राजनीति की तरह ही प्रजातंत्रवादी साम्यवादियों से तंग आकर उनके तरीकों का त्याग कर रही थी। धनिक लोग अब आपस में विरोध छोड़कर मजदूरों की बढ़ती ताकत को तोड़ने के लिए तैयार हो रहे थे।

इन्हीं दिनों लंदन में भारतीय राज्य-पद्धति का निर्माण करने के लिए राउंड टेबल कॉन्फ्रेंस की बैठकें सेंट जेम्स पैलेस के हॉल में हो रही थीं जहां बादशाह के बेटे और उत्तराधिकारी वेल्स के राजकुमार रहते थे। मुझे राजनीति में शुरू से ही दिलचस्पी थी। शायद इसी दिलचस्पी के चलते मैं पंडित मदनमोहन मालवीय के साथ आर्य-भवन में रह रहा था। जहां मुझे नाइट्सब्रिज में, जो उनका दिन का आवास-स्थान था, कभी-कभी गांधीजी के भी दर्शन हो जाया करते थे। एक-आध दफा हिंदुस्तानी-अंगरेजी पत्रों के संवाददाता की हैसियत से सेंट जेम्स पैलेस के बरामदों और कमरों का चक्कर भी लगा आता। उन दिनों इंडिया लीग के श्रीकृष्ण मेनन से मेरी काफी गहरी दोस्ती हो गई थी।

समाजवादी होने के कारण शापुरजी सकलातवाला और उनकी बीवी शोहरी से भी मेरी काफी जान-पहचान थी। लंदन का भारतीय दल उन दिनों दो दलों में बंटा हुआ था। सकलातवाला के साथी वर्गवादी थे, जो कह रहे थे कि गांधीजी हिंदुस्तानी पूंजीपतियों के प्रतिनिधि बनकर ब्रिटिश पूंजीपतियों से हिंदुस्तानी जनसमूह के खिलाफ समझौता करने आए हैं।

दूसरा दल राष्ट्रवादी था। खुली आंखों वाले सभी भारतीयों का यह मत था कि राउंड टेबल कॉन्फ्रेंस में अंगरेज हिंदुस्तानियों को कुछ नहीं देंगे। मुझे वह दिन अच्छी तरह याद है जब हलकी बूंदाबांदी के दिन यूस्टन रोड स्थित फ्रेंड्स हाउस में हिंदुस्तान की स्वतंत्रता के समर्थक अंगरेजों और भारतीयों ने महात्मा गांधी का स्वागत किया था। हॉल तकरीबन पांच से छह हजार व्यक्तियों से खचाखच भरा था।

प्रसिद्ध नाटक-लेखक और कवि लॉरेंस हाउसमन सभापति थे। अपनी लाल दाढ़ी को हिलाते हुए जब उन्होंने महात्माजी के गले में फूलों की माला डाली तो सारा जनसमूह महात्माजी के शब्द सुनने के लिए व्याकुल हो उठा था।

मुझे गिल्ड हॉल का वह अवसर भी याद है जब माड रोयडन के निमंत्रण पर गांधीजी वहां लेक्चर देने गए थे, और श्री सकलातवाला के साथी समाजवादी विद्यार्थियों ने गांधीजी की स्पीच के बीच में 'विश्वासघातक' की पुकार मचाकर उन्हें रोकना चाहा था। ऐसे ही एसेक्स हॉल की उस मीटिंग का दृश्य तो मैं कभी नहीं भूल सकता जब श्री सेन-गुप्त की अभ्यर्थना करने के लिए एक मीटिंग बुलाई गई थी। जहां प्रसिद्ध भारत-प्रेमी समाजवादी पत्रकार मिस्टर ब्रेल्सफोर्ड सभापति चुने गए थे। लेकिन सकलातवाला साहब उन दिनों सिवाय कम्युनिस्टों के बाकी सभी को पूंजीवाद का पुजारी कहा करते थे।

वे अकसर यह दिखलाने का प्रयास करते रहते थे कि भारतीय जनता कांग्रेस की ब्रिटेन से मिल-जुलकर चलने की चालों के खिलाफ है। उस दिन वे अपने सारे दल-बल के साथ सभा में मौजूद थे। उनके समूह में एक सौ अंगरेज और प्राय: उतने ही भारतीय छात्र और नाविक थे। उनके एक साथी ने सभापति के लिए श्री सकलातवाला का नाम प्रस्ताावित किया। उधर से ब्रेल्सफोर्ड का नाम लिया गया। सकलातवाला साहब का अनुमोदन होते ही वे कुर्सी पर जा डटे। ज्यों ही कांग्रेसपक्षी भारतीयों ने उन्हें कुर्सी पर से घसीटकर हटाने की कोशिश की कि वर्गवादी लोग उन पर टूट पड़े। घूसे चलने लगे और कुर्सियां चारों ओर उछलने लगीं। हॉल के पहरेदार ने पुलिस को बुलाकर मामला शांत किया। श्री जे.एम. सेन गुप्त और उनकी बीवी नेली एक तरफ सकपकाए से खड़े थे। कई लोग घायल हुए थे और उनके शरीर में यहां वहां से खून निकल आया था और कपड़े भी फट गए थे। ऐसा लग रहा था मानो लालक्रांति को जन्म देने के लिए इस सभा की आहुति दी गई हो। पुलिस ने तुरंत ही सभा बंद करते हुए हम लोगों को वहां से निकाल दिया।

इन दिनों जगह-जगह की मजदूर समितियों को हिंदुस्तान को लेकर बड़ी दिलचस्पी थी। दिलचस्पी भी ऐसी थी कि हम लोग रोजाना कहीं-न-कहीं पचास से साठ अंगरेज स्त्रियों और पुरुषों को हिंदुस्तान के हालात के बारे में बताते थे और वे पूरी शिद्दत के साथ हमारी बातें सुनते थे। सच पूछिए तो अंगरेज जाति से सहृदय थे, लेकिन हिंदुस्तान के विषय में उनकी जानकारी और ज्ञान उतना ही उथला था जितना कि भारतीयों का अंगरेजों और उनके इस रमणीक मुल्क के विषय में था।

फिर बीस-बीस लाख की तादाद में रोजाना बिकने वाले अंगरेजी अखबार तो इस उथले ज्ञान को इतना उथला करते जा रहे थे कि जो कुछ भी बचा-खुचा ठीक-ठाक ज्ञान था, वह पूरी तरह से अज्ञान और मिथ्या धारणाओं में बदलता जा रहा था। 'डेली एक्सप्रेस' और 'डेली-मेल' इन दो अनुदार अखबारों को पढ़ने और उनमें लगी तस्वीरों को देखने से तो यही पता लगता था कि हिंदुस्तान में नंगे साधुओं, ताजियों और गायों को लेकर सिर फोड़ने के आम रिवाज हैं। यही नहीं, भारत में भयंकर आकार वाली देवमूर्तियों, बाल-विधवाओं और बीमारों के सिवाय और कुछ है ही नहीं। राजा-महाराजाओं के जवाहरातों और महलों का भी जिक्र होता रहता है। सांप, बिच्छू और बाघ की डरावनी सूरतें भी नजर आती हैं। कमाल था कि बीते आठ सालों में इन सब एकतरफा बातों के अलावा मुझे कोई ऐसी बात भी इन दो अखबारों में नहीं मिली जिसे पढ़कर किसी हिंदुस्तानी को अपने देश पर अभिमान हो। चौंकाने वाली बात थी कि हिंदुस्तान का यह दुर्भाग्य छापने वाले इन दोनों ही अखबारों की रोजाना 40 लाख के करीब कॉपियां बिकती हैं।

साम्यवादी विचारधारा के लोग जरूर अंतरराष्ट्रीय भावनाओं से ओत-प्रोत हैं, लेकिन वे भी यह बात अच्छी तरह समझते हैं कि 4.5 करोड़ की आबादी वाला यह घना बसा द्वीप बिना उपनिवेशों के अपने पूंजीवाद को कायम नहीं रख सकता। सच पूछिए तो, इंग्लैंड को तीन-चौथाई से अधिक खाद्य-सामग्री और कच्चा-माल बाहर से मंगाना होता है। सारे टापू भर में फैले हुए कारखानों में उसी के रूप को तब्दील कर वह पक्का माल बाहर भेजकर ही इंग्लैंड अपना जीवन यापन करता है।

अगर अंगरेजों का सारा साम्राज्य उनके अधिकार से बाहर चला जाए तो उनका देश ही चौपट हो जाएगा और तब वे सिर्फ साम्यवाद के रास्ते ही अपने कारखानों का पूरा फायदा उठा सकेंगे। नहीं तो उनकी हालत डेनमार्क और स्वीडन सी हो जाएगी, इसलिए अंगरेज साम्यवादी धीरे-धीरे परिवर्तन करने के पक्षपाती हैं। वे हिंदुस्तानी स्वराज्य के समर्थक हैं, लेकिन वे भारत के साथ अपने आयात-निर्यात के व्यापार को बढ़ाना नहीं तो कम-से-कम वैसा जरूर बनाए रखना चाहते हैं जैसा वह अब है।

लंकाशायर के नेल्सन नगर में मेरे एक दोस्त हैं मिस्टर हैरी स्पेंसर। उनकी कई डबलरोटियों और मिठाइयों की दुकानें हैं। यह शहर पहले कभी सूती कपड़े बुनने का

केंद्र हुआ करता था, लेकिन जब से जापान और भारत ने कपड़े की मिलों को बढ़ाया है तब से ये शहर धीरे-धीरे मरणोन्मुख होते जा रहे हैं।

मुझे उनके निमंत्रण पर एक दिन वहां जाना पड़ा। आधी से ज्यादा मिलों में ताले लगे थे और चिमनियों में धुएं का नामोनिशान नहीं था। बेकार नौजवान सड़कों के कोनों पर खड़े होकर सिगरेट फूंक रहे थे। स्पेंसर के साथ सड़कों पर चक्कर लगाते-लगाते इन दृश्यों को देखकर मेरा मन उदास हुआ जा रहा था। शाम को सभा-भवन में प्रायः डेढ़-दो सौ लोग मौजूद थे। सभा संचालक ने मेरा संक्षिप्त परिचय दिया। मैं वहां तकरीबन एक घंटे तक भारत की वर्तमान स्थितियों के बारे में बोलता रहा। फिर हिंदुस्तान और ब्रिटेन के संबंध की पूरी जली-भुनी समालोचना करके मैं बैठ गया। अब प्रश्नों की बौछार हुई। उन प्रश्नों में कई बड़े मार्के के थे।

एक अधेड़ उम्र के आदमी ने मुझसे कहा—हिंदुस्तान में मजदूरी इंग्लैंड से कोई दस गुनी कम है, रुई भी वहां पैदा होती है, कपड़े बिकने का मार्केट भी वहां है, फिर बंबई के मिल मालिक क्यों 'हमारी रक्षा करो' की पुकार मचाकर विलायती माल पर ड्यूटी लगवाना चाहते हैं। यहां हम लोग तीन पौंड हफ्ते (चालीस रुपए) मजदूरी से कम में काम नहीं करते, वहां चार रुपए हफ्ते के लिए कानपुर में लोग हड़ताल कर रहे हैं! यह क्या आर्थिक मसला है?

अपने देश के वर्तमान हालातों के बारे में बोलकर मैंने दरअसल वहां एक खुला चैलेंज ही दे दिया था। जाहिर था कि मैं प्रश्नों की मूसलाधार बारिश में भीगने के लिए तैयार था लेकिन ये मेरा दुर्भाग्य ही था कि पांच साल तक कलकत्ता यूनिवर्सिटी और आठ सालों तक लंदन स्कूल ऑफ इकोनॉमिक्स में अर्थशास्त्र का अध्ययन करने के बाद भी मैं इस सवाल का सच्चा जवाब उस अधेड़ मजदूर के दिमाग में न घुसा सका, जिसे बंबई और ओसाका ने बीस साल से बेकार बना रखा था। मैंने उन लोगों के सामने हिंदुस्तान की गरीबी का हवाला देकर सहानुभूति प्राप्त करने की चेष्टा की थी जो बेचारे खुद आलू और सूखी रोटी खाकर किसी तरह दिन गुजार रहे थे।

वे अपने से ज्यादा गरीब किसी को समझ ही नहीं सकते थे। विलायती सरकार कुंआरे बेकार को 12 रुपए, विवाहित को 20 रुपए और दो बच्चों के मां-बाप को 25 रुपए हफ्ते की सहायता दे रही थी, फिर भी इंग्लैंड में इतने से गुजारा होना मुश्किल था। कपड़े-लत्तों में भी बिलकुल गरीबी-सी छाई हुई थी। लेकिन कमाल था कि इस सबके बावजूद वे लोग हमारे देश के मध्यम श्रेणी के लोगों से ज्यादा अच्छे मालूम होते थे।

मेरी एक अंगरेज मित्र म्यूरियल ने पिछली गरमी में मुझे इंग्लैंड दिखाने की ठान ली थी। एक छोटी-सी मोटर में बैठकर हम दोनों लंदन से बाहर निकल गए। इंग्लैंड का दक्षिण-पश्चिमी हिस्सा ग्रीष्म के आरंभ में जितना मनोरम एवं सौंदर्यपूर्ण होता है, उतना शायद ही कोई और मुल्क हो।

छोटी-छोटी हरी पहाड़ियां, गुलाबी और सफेद फूलों से ढके दरख्त, पुलों के नीचे बहती पतली नदियों में बतखों के झुंड और फिर धीमे सूरज की वह रोशनी, मानो वह रेशमी मलमल में छनकर अपना ताप खो आई हो। जब हमारी मोटर कहीं ठहरती, तो मैं झट से बाहर निकलकर म्यूरियल के लिए चाय, सिगरेट, चॉकलेट वगैरह लाता। इंग्लैंड के सभ्य-सुसंस्कृत दुकानदार प्याला वापस लेने जब आते तो उस चांदनी से रंग और समुद्र-सी नीली आंखों वाली म्यूरियल को मुझ काले-कलूटे के साथ बैठी देखकर कुछ चकित हो जाते, लेकिन फिर चेहरे पर मुस्कान लाकर बतियाने लगते।

होटलों में भी हमें कोई खास दिक्कत न होती थी। कभी हम सघन कुंजों में टेबल पर बैठकर शहद लगाकर रोटी खाते थे तो कभी समुद्र की लहरों में गोते लगाते थे। कभी स्केटिंगरिंक में जमी हुई बर्फ पर दौड़ते और कभी वियना के बालजोजल के संगीत की ध्वनि को कान से मन में बैठाकर नाचते फिर एकाएक अपने मन के मैल को बाहर निकाल फेंक देते थे। टेनिस के खेल में उस्ताद म्यूरियल हर शाम को किसी टेनिस क्लब का आसरा लेती थी और मैं किसी कुर्सी पर लेटा उन सुगठित अंगरेज स्त्री-पुरुषों की उछल-कूद को देखता।

सच, इंग्लैंड आज भी मेरे रोम-रोम में बसा हुआ है। जब कभी किसी शाम की हवा अपने झोंकों से मुझे सपनों में ले जाती है तो मुझे उन दिनों की रंगीन तस्वीरें दिखलाई देने लगती हैं। इंग्लैंड अपनी तस्वीरें-दर-तस्वीरें मेरे स्मृतिपटल पर कभी न मिटने वाली निशानियां छोड़ गया है।

क्रिकेट खेलते हुए लंबे कद के खिलाड़ी और चारों ओर मैच का मजा लेती दर्शक-मंडली, फुटबॉल के मैचों में एकत्रित लाखों मजदूरों का शोर, नए साल के आगमन में एक-दूसरे का चुंबन करता हुआ पिकेडेली, सरसक का जनसमूह, साम्यवादी सभाओं में सुवक्ताओं का गर्जन और ऑक्सफोर्ड और रेडिंग के दरम्यान की टेम्स नदी का आकर्षक तट, लंकाशायर की वह अंधेरी मीलें, यार्कशायर के पतझड़ के मौसम के वे पीले गेहूं के खेत, बर्फ से ढकी हुई सड़कें और कोहरे में ढकी हुई रोशनियां इन्हें क्या मैं कभी भूल सकता हूं? सच, कभी नहीं।

उत्तर-पूर्वी ठंडी हवा से लाल हुए गालों और कानों को कोट के कॉलर से बचाकर काम पर जाती हुईं वे किशोरी बालाएं आज इंग्लैंड के महायुद्ध में व्यस्त हैं। उनके पुरुष फ्रांस जा रहे हैं लड़ाई के लिए और ये किशोरियां अपने होंठों की लिपस्टिक और कपोलों के पाउडर को भूलकर विलायती कारखानों और घरेलू कामों को अपने हाथों में ले रही हैं। सच, इंग्लैंड में पुरुष काम करें और औरतें रोती रहें, इसका जमाना चला गया है। गत महायुद्ध ने औरतों को आजादी देकर आज उन्हें पुरुषों से कंधा भिड़ाकर साथ चलने के लायक बना दिया है।

बच्चों को जन्म देने के काम को तो अंगरेज औरतें प्रायः भूलती-सी जा रही हैं। औसतन अंगरेज परिवार में दो से ज्यादा बच्चे नहीं होते। धीरे-धीरे इंग्लैंड में बच्चों,

नौजवानों की तादाद कम होती जा रही है और बूढ़े-बूढ़ियों की ज्यादा। औसत उम्र के पचास वर्ष से अधिक होने के कारण और पैदाइश की तादाद के घट जाने के कारण इंग्लैंड की यह हालत हुई है। बूढ़े सारे इंग्लैंड के मालिक बने बैठे हैं। नौजवानों को जल्दी से कोई मौका ही नहीं मिलता, इसलिए विलायत में विवाह भी देरी से होते हैं। अकसर औरतें धनिक बूढ़ों को ही पति बनाना ज्यादा पसंद करती हैं। वैसे देखा जाए तो नौजवानों की विवाह की जिम्मेदारी सम्हालने लायक आर्थिक स्थिति भी नहीं है इसलिए भी वे अविवाहित प्रेम की ओर ही ज्यादा आकर्षित होने लगे हैं।

हालांकि सरकार का ध्यान भी इस समस्या की ओर गया है और वह नौजवान विवाहितों और बच्चों की तादाद बढ़ाने का प्रयास कर रही है। लेकिन आजकल मौज-मस्ती में मस्त दुनिया 'बेबी' यानी बच्चे की बनिस्बत 'बेबी ऑस्टिन' यानी छोटी ऑस्टिन गाड़ी की ज्यादा ख्वाहिश रखती है।

बच्चों के खर्च को मां-बाप बर्दाश्त करने को तैयार नहीं। फिर औरतों को आजकल के इस चकाचौंध भरे समय में अपने यौवन और सौंदर्य को बनाए रखने की भी बड़ी इच्छा रहती है। बच्चे इस बात में किसी अंश तक बाधक हैं।

समाजशास्त्र के कई विद्वान तो यहां तक कहने लगे हैं कि अगर यही क्रम जारी रहा तो एक सदी में इंग्लैंड की आबादी एक करोड़ ही रह जाएगी और इस एक करोड़ में पचास लाख स्त्री-पुरुष चालीस से ऊपर की उम्र के ही रहेंगे।

पिछले महायुद्ध ने करीब दस लाख अंगरेज नौजवानों के प्राण और प्रायः बीस लाख के हाथ-पैर छीन लिए। इसका नतीजा यह हुआ कि प्रायः 20 फीसदी औरतों का इंग्लैंड में विवाह ही नहीं हुआ। कुंआरों और कुमारियों की संख्या हर साल बढ़ती जा रही है।

पिछले महायुद्ध के फलस्वरूप जो लोग आज 37 से 50 तक के होते हैं, वे गायब से हो गए हैं। यही वजह है कि ब्रिटिश राजनीति आज 60 साल से ऊपर के बूढ़ों के हाथ में है। उनमें जवान का जोश और जिंदगी की उम्मीद नहीं।

ये थके हुए जीव आग के पास बैठे-बैठे अपनी पुरानी हड्डियों के दर्द को गरमी से दूर करने की चेष्टा करते रहते हैं। वे नई तजवीजों के घोर विरोधी और परिवर्तन के कट्टर दुश्मन हैं। लड़ाई की बनिस्बत ये शांति को अधिक पसंद करते हैं। जर्मनी के प्रचारक तो इनकी मिसाल देकर बिटिश साम्राज्य की बुढ़ौती का मजाक उड़ाया करते हैं।

नौजवान इंग्लैंड में अभी काफी शक्ति है और वह बूढ़ों के अनुभवों का फायदा उठाकर दुनिया में ऐसे परिवर्तन ला सकता है कि फासिज्म फिर कहीं सांस ही न ले सके।

'विशाल भारत', 1933

इटली

यह लेख द्वितीय विश्वयुद्ध की काली छाया के बीच बदलती अंतरराष्ट्रीय परिस्थितियों में इटली की भूमिका और मुसोलिनी के फासिज्म पर प्रकाश डालता है। इस लेख में बालकृष्णजी ने अपनी इटली यात्रा और वहां लंबे समय तक रहने के बाद अर्जित किए गए अनुभवों को साझा किया है। बालकृष्णजी ने इस यात्रा के वैविध्यपूर्ण अनुभवों में इटली के राजनीतिक, सांस्कृतिक और भौगोलिक स्थिति का भी बड़ा ही लालित्यपूर्ण वर्णन किया है। —संपादक

साम्राज्यवाद महज अपने विस्तार की महात्त्वाकांक्षा नहीं है, बल्कि मूलत: एक ऐसी संक्रामक मनोवृत्ति है जो अपने प्रसार के लिए बेहद तीव्र गति से क्रियाशील हो उठती है। जाहिर है, विशाल ब्रिटेन की तरह अफ्रीका, एशिया और यूरोप तीनों महाद्वीपों को अपनी लहरों से लहराने वाले भूमध्य सागर के बीच में स्थित प्रायद्वीप इटली की नीति और नीयत इस समय इसी संक्रामक मनोवृत्ति से ग्रसित नजर आ रही है। यही वजह है कि अब इटली भी अफ्रीका और एशिया के इलाकों को दबाकर उनके शोषण से अपने साम्राज्यवादी मंसूबों के सपनों को आकार देने के लिए हाथ-पैर मारने लगा है। यही नहीं, अपने सपनों और महत्त्वाकांक्षाओं के विस्तार के लिए उसने भूमध्यसागर पर अपना नाविक आधिपत्य जमाकर एक इटालियन झील बनाने के साथ-साथ पूर्वी यूरोप और उत्तरी अफ्रीका के मुल्कों पर अपना आधिपत्य भी स्थापित करने की तैयारियां शुरू कर दी हैं।

पिछले महायुद्ध में मित्रमंडल ने तुर्की के एशिया के कुछ टुकड़ों का लालच देकर इटली को अपनी तरफ मिला लिया था, लेकिन जब लड़ाई के बाद वारसाई की कॉन्फ्रेंस में जर्मनी के उपनिवेशों का बंटवारा हुआ तो इटली को सिवाय अपने उत्तर में टरोल के इलाके और टरीएस्ट के बंदरगाह के और कुछ न मिला। जाहिर था, इस महायुद्ध ने इटली की हालत खराब कर दी थी। साम्यवादी क्रांति के आसार चारों ओर नजर आने लगे थे।

मित्रमंडल में रूस और इटली ही सबसे कमजोर थे। रूस की कमजोरी के परिणाम वरूप बोल्शेविज्म का प्रादुर्भाव हुआ और इटली में मजदूर नेताओं के अभाव और कम्युनिस्टों और सोशलिस्टों के आपस के विरोध ने फासिस्ट मुसोलिनी को इटली का तानाशाह बना डाला।

इटली में बादशाह की ताकत की हालत तो ऐसी है कि वे मुसोलिनी के हुक्म के बिना महल से बाहर भी नहीं निकल सकते। बहरहाल, इस विषय पर तो वहां कई कहानियां गलियों में मशहूर हैं, लेकिन एक कहानी अकसर यूरोपियन दायरों में सुनी जाती है, वह कुछ यूं है कि एक बार बादशाह विक्टर ईमानुएल कहीं सैर करने जा रहे थे। भूल से उनका रूमाल जेब से गिर गया, एक आदमी ने जल्दी से दौड़कर बादशाह सलामत को वह रूमाल थमा दिया। बादशाह ने तीन-चार बार 'धन्यवाद-धन्यवाद' कहा। उस सामान्य नागरिक ने आश्चर्यचकित होकर बादशाह सलामत से पूछा कि 'आप इस छोटी-सी सेवा के लिए इतना धन्यवाद क्यों दे रहे हैं?' बादशाह ने जवाब दिया, 'इस इटली में यही एक चीज है जिसमें मैं अपनी नाक घुसेड़ सकता हूं।'

खैर, 4.5 करोड़ की आबादी वाले इटली जैसे छोटे-से देश में फासिज्म के बच्चे ज्यादा पैदा करने का प्रोपेगैंडे का असर यह हुआ है कि जनसंख्या 5 लाख सालाना की तादाद से बढ़ रही है। अब भी हर वर्गमील में 340 आदमी मौजूद हैं, लेकिन इस बढ़ती हुई आबादी ने आर्थिक समस्याएं बड़ी जटिल कर दी हैं।

इटली पहाड़ी मुल्क है। वहां कृषि और व्यवसाय दोनों के लिए प्राकृतिक साधन उतने अच्छे नहीं हैं। जिन लोहे और कोयले की खानों ने इंग्लैंड और जर्मन की कला-कौशल को अग्रगामी किया है, वे इटली में नहीं के बराबर हैं। पहाड़ के झरनों में बांध बनाकर इटली ने कोयले की जगह बिजली की ताकत से अपने बढ़ते हुए कारखानों को चलाने का इन्तजाम किया है, लेकिन इटली के निवासियों के गरीब होने का कारण वहां पूंजी का अभाव ही है।

बीते महायुद्ध से पहले इस गरीबी से घबराकर करीब 85 लाख इटालियनों ने अमेरिका, फ्रांस, ऑस्ट्रेलिया और भूमध्यसागर के किनारों के दूसरे समृद्ध नगरों की शरण ली थी, लेकिन 1929 के आर्थिक पतन के बाद दूसरे देशों ने इन प्रवासी लोगों के लिए अपने दरवाजे बंद कर दिए। परिणाम यह हुआ कि इटली के नगरों और देहातों में बेकार की बर्बादी नजर आने लगी। मुसोलिनी ने इससे घबराकर अबीसीनिया की तरफ नजर डाली और राष्ट्र संघ की कमजोरी का फायदा उठाकर काले लोगों के उस देश को हड़प लिया।

निश्चित ही जहरीली गैसों और वायुयानों से गोलों की बौछार करके राजनीतिक जीत जरूर मुसोलिनी को प्राप्त हुई, लेकिन वहां के लोगों से अब तक तो कोई आर्थिक सहूलियत हासिल नहीं हुई। वहां अब भी मुसोलिनी को अपना प्रभुत्व कायम रखने के लिए बीस-पच्चीस करोड़ रुपए सालाना खर्च करने पड़ते हैं। वहां के निवासी इटालियन लीरा के बदले में अपनी कोई पैदावार नहीं देते। सोना, चांदी या बदले में बना हुआ माल देने को इटली के पास कुछ है ही नहीं। इस लूट-खसोट का नतीजा यह हुआ है कि सब व्यापार बंद हो गया है।

अबीसीनिया को जीतने पर भी जब इटली को कुछ खास फायदा नहीं हुआ तो उसने लीबिया के किनारे की अच्छी भूमि को अरबों से छीनकर उसमें पचास हजार

इटालियन बसा दिए, लेकिन पचास हजार लोगों को एक उपनिवेश में बसा देने से ही तो 4.5 करोड़ लोगों का सवाल हल नहीं हो सकता। फिर जब स्पेन में प्रजातंत्र के विरुद्ध फासिस्टों की बगावत खड़ी हुई तो इटली ने कम्युनिज्म के डर से या फिर कहिए कि अपना प्रभाव बढ़ाने के लिए वहां जनरल फ्रांको की मदद से लाखों सैनिक, सैकड़ों हवाई जहाज और करोड़ों रुपए भेज दिए, लेकिन बावजूद इसके फ्रांको की जीत होने पर भी मुसोलिनी को कोई खास आर्थिक फायदा न हुआ।

कमाल की बात थी कि इतना सब होने के बाद भी हिटलर के साथ खुद को धुरी में जोतकर मुसोलिनी ने पूर्वी-यूरोप की तरफ नजर डाली और जब जर्मन तानाशाह ने चेकोस्लोवाकिया को नक्शे से मिटा डाला तो उसने भी एड्रियाटिक समुद्र के उस पार के छोटे पहाड़ी मुल्क अल्बानिया पर धावा बोल दिया और उसके राजाओं को वहां से मार भगाया। अब जब वर्तमान यूरोपीय महायुद्ध शुरू हुआ तो लोगों की धारणा थी कि इटली जर्मनी का साथ देगा, लेकिन इटली को यह अच्छी तरह पता लग गया है कि तटस्थ रहकर ही देश की उन्नति की जा सकती है।

पिछले महायुद्ध में जापान और अमेरिका ने जो उन्नति की वह किसी यूरोपीय राष्ट्र ने नहीं की। किसी बड़ी ताकत की तरफ होकर लड़ने से कभी किसी छोटे देश को कोई खास फायदा नहीं हुआ और फिर इटली चाहे अपने आपको कितना ही बड़ा, समझे वह यह सच्चाई खुद भी जानता है कि दुनिया की छह बड़ी ताकतों में आज भी उसका कहीं कोई स्थान नहीं है।

वैसे, इटली देखने का सौभाग्य मुझे कई दफे मिला। मैंने विसुवियस के ज्वालामुखी के धुएं से ढका सुंदर-सा नेपल्स शहर भी घूमा, जिसके बारे में मशहूर है कि 'नेपल्स को देखने के बाद मरने में भी कोई हर्ज नहीं' : वाकई में यह शहर कहावत के मुताबिक ही दिखाई दिया। फलों और फूलों से भरा यह शहर समुद्र की खाड़ी के साथ खेलता हुआ और सूरज की रोशनी से सराबोर रहने वाला है। यह शहर मेरे इंग्लैंड जाने के बाद मुझे बड़ा ही मनोरम प्रतीत हुआ।

दस लाख से भी ज्यादा की आबादी वाला यह शहर अपने खूबसूरत स्त्री-पुरुषों के लिए बेहद प्रसिद्ध है। यहां पास ही बड़े-बड़े सुंदर द्वीप हैं जहां अकसर लोग स्वास्थ्य लाभ और ताजी हवा खाने के लिए आते हैं। इनमें कैपरी का द्वीप तो अपनी खूबसूरती के लिए दुनिया भर में विख्यात है। यहां जब आया तो मैं एक नाव में बैठकर नाविक के सुंदर कंठ से एक गीत सुनता हुआ धीमी लहरों में बहता-सा चला जा रहा था।

आसपास बेहद ही मनोरम दृश्य थे। मेरी नाव के साथ सामने और दोनों तरफ चल रही नावों में कुछ इटालियन प्रेमी अपनी गोल मुख वाली सुंदरी प्रेमिकाओं के साथ समुद्र में मंथर गति से चल रही हवाओं की तरह इश्क फरमा रहे थे, तो वहीं दूसरी ओर कहीं-कहीं तेज मोटरबोट से पानी उछालते हुए फासिस्ट दल के काली कमीज वाले नवयुवक अपनी विचारधारा की पेशगी दे रहे थे।

रोम यूरोप में सबसे पुरातन एवं महत्त्वपूर्ण ऐतिहासिक नगर है। पुराने रोमन साम्राज्य एवं कैथोलिक संप्रदाय की बहुत-सी सुंदर इमारतें आज भी यहां जस की तस खड़ी हैं। खास बात यह है कि मुसोलिनी ने अब तो यहां और भी नवीन निर्माण-कला के नमूनों के नए भवन खड़े कर दिए हैं। सोचने वाली बात है कि दुनिया के घुमक्कड़ों पर फासिज्म का प्रभाव फैलाने के लिए रोम नगर को मुसोलिनी ने बेहद खूबसूरत बना दिया है। लंबी-चौड़ी-सीधी सड़कें और उन पर सफाई का जो इंतजाम है वह एक दफा तो आदमी की न केवल आंखें चुंधिया सकता है बल्कि उसे चकित सा कर देता है।

खैर, इन सबके बाद भी मिलान, ट्यरिन और जिनेवा के व्यावसायिक नगरों में आज भी गरीब गंदे मुहल्लों की तंग कोठरियों में बैठे मजदूर मुसोलिनी की सरकार के खिलाफ षड्यंत्र रचते देखे जा सकते हैं। उत्तरी इटली के कारखानों वाले नगरों में खुफिया पुलिस के सैकड़ों आदमी अपनी आंखें घरों की खिड़कियों और दरवाजों पर रखते हैं। हर महीने साम्यवादियों की गुप्त समितियों के सदस्य पकड़े जाते हैं और लिपारी के पहाड़ी और उजाड़ टापू में निर्वासित कर दिए जाते हैं। सैकड़ों पुलिस के अत्याचारों से मारे गए हैं तो कइयों ने फ्रांस की सीमा को पार कर अपनी जानें बचाई हैं। इन सब निर्वासितों का एक दल स्पेन के गृहयुद्ध में मुसोलिनी के सैनिकों के खिलाफ प्रजातंत्र की ओर से लड़ाई भी लड़ चुका है।

वेनिस की उस नगरी में जहां गलियों की जगह नहरें हैं और मोटरों की जगह नावें हैं, इटालियन तरुण समाज में समय बिताकर मुझे बड़ी खुशी मिली। जर्मनों की तरह साधारण इटालियन जनता हिंदुस्तानियों को अपने से नीचा नहीं समझती। उनकी साधारण बातचीत से यह नहीं मालूम होता कि फासिज्म के जहरीले प्रभाव ने इन्हें अभी तक दूषित किया है। वे तो हंसमुख और विलासप्रिय जीव हैं। उन्हें राजनीति में कोई खास दिलचस्पी नहीं। सारे लोग यही चाहते हैं कि अंगरेजों की तरह उन्हें भी अच्छी आमदनी हो, लेकिन वे देश के लिए मरने-मिटने को तैयार नहीं हैं। युद्ध के लिए ललकारने वाले मुसोलिनी के आग उगलते भाषणों से वे बिलकुल बेअसर मालूम होते हैं। इटालियन जाति लड़ाकू नहीं और न वह किसी आशा के धुंधले भविष्य के लिए वर्तमान के सुखमय जीवन को त्यागकर कष्ट सहने के लिए तैयार है।

आल्पस पहाड़ के दक्षिणी अंशों का इटली बड़ा ही सुंदर नजर आता है। यहां बर्फीले पहाड़ों से घिरी झीलों के किनारे सुंदर होटलों में अकसर दुनिया आजकल की सभ्यता से तंग आकर शांत जिंदगी के लिए दौड़ी चली आती है।

'विशाल भारत', 1939

नाजी रंगमंच के नेपथ्य में

बालकृष्णजी घुमक्कड़ स्वभाव के थे। अपनी यायावरी प्रवृत्ति के चलते वे आबोहवा बदलने के लिए लंदन से अकसर जर्मनी चले जाया करते थे। यह लेख उनकी जर्मनी यात्रा का ही एक संस्मरण है। उन्होंने अपने इस यात्रा संस्मरण में जर्मनी के रोमांचकारी और खट्टे-मीठे अनुभवों को साझा किया है।
–संपादक

आठ साल के लंबे प्रवास में जब कभी लंदन से जी उब जाता था तो मैं बर्लिन का टिकट कटाकर महीने-दो महीने के लिए जर्मनी चला जाता था। कमाल था कि उस समय मेरे जैसे घुमक्कड़ नौजवान के लिए जर्मनी महज दिल बहलाने के लिए एक नई जगह की तरह ही रहता था।

खैर, आज जबकि दुनिया-भर के अखबारों के पन्ने जर्मनी के भीतर घट रही घटनाओं, हिटलर के जहर उगलते बयानों और हुंकारों से काले हो रहे हैं। जर्मन हवाई जहाजों की खतरनाक ताकत का अंदाजा खबरों की शक्ल में दुनिया भर के दिलों को महसूस हो रहा है, ऐसे में दुनिया की तासीर को अचानक से गरम कर देने वाला और मेरा दिल बहलाने वाला जर्मनी कई-कई घटनाओं और बातों के साथ दिलो-दिमाग में बिलकुल नए रूप में घूमने लगा है।

वैसे तो जर्मनी दुनिया के नक्शे पर कई तरह से याद किया जा सकता है, लेकिन उसे याद करने की असल वजह वह ठिगना और छोटी मूंछों वाला हिटलर नाम का शख्स है जिसकी एक आवाज से ही हर एक जर्मन, उफान खाते समुद्र की लहरों की तरह जोश से सराबोर हो जाता था, जिसके हर एक शब्द को सुनकर जर्मनी के हर एक व्यक्ति की रगों में देश के लिए मर मिटने और कुछ कर गुजरने का तूफान उठने लगता था।

बहरहाल, लंदन से ऊबकर हमेशा की तरह खुद को ताजा करने के लिए मैं सितंबर 1938 को जर्मनी के खूबसूरत शहर नूरेम्बर्ग में आया हुआ था। उस दिन आज के मध्य जर्मनी में स्थित करीब 5 लाख की आबादी वाला नूरेम्बर्ग शहर आश्चर्यजनक रूप से पूरी तरह बदला-बदला दिखाई दे रहा था। हर जगह नाजी पार्टी के बैनर लगे हुए

थे। पूरा शहर स्पेशल ट्रेनों, मोटर-गाड़ियों और बसों से अंटा पड़ा था। टैंकों की रफ्तार से सड़कें हिल रही थीं, जबकि आसमान, लड़ाकू विमानों की आवाजों से फटा जा रहा था। आसपास खड़े कुछ लोगों से कानाफूसी के बाद पता चला कि बदलाव की यह आहट दरअसल, जर्मनी पर हुकूमत कर दुनिया को गुलाम बनाने का मंसूबा पालने वाली नाजी पार्टी की कांग्रेस की एक सभा की वजह से थी जिसे हिटलर संबोधित करने वाला था। मैं जल्द ही वहां था जहां नाजी पार्टी की सभा थी। वहां का नजारा भी बिलकुल अलग था। बारिश की हलकी बूंदाबांदी के बीच रोशनी से भरपूर मंच पर ही हिटलर अपनी पार्टी के समूह के साथ बैठा हुआ था। उसके ठीक सामने मौजूद स्वस्तिक-चिह्न के झंडों को संभालता एक बड़ा जनसमूह मौजूद था, जो अपने इस नेता की ओर निर्निमेष देख रहा था। मंच पर जहां सैकड़ों जर्मनों के दिलों में हिलोरें पैदा करने वाला हिटलरी तूफान सब ओर आंख गड़ाए बैठा था, तो वहीं उस तूफान के स्वागत के लिए आसमान में बादलों की गड़गड़ाहट के बीच से बिजलियां भी चमचमाहट कर, उसे सलाम करती जा रही थीं।

कुछ देर बाद मंच पर दुनिया को जीतने का मंसूबा पालने वाला वह तुफान अपने शब्दों की रफ्तार के साथ बोलने खड़ा हुआ। खुर के आकार वाली अपनी मूंछों पर हाथ लगाते और अपने सिर के बालों को हटाता हुआ हिटलर जोर से चिल्लाकर बोला– 'मेरे देशवासियों, हमारी आजमाइश की घड़ी आज सामने आ खड़ी हुई है। लड़ाई के मैदान में देश के लिए अपने जीवन का बलिदान कर अब तुम्हें उन जर्मनों की संतान होने का कर्तव्य पालन करना होगा।' हिटलर के यह शब्द सुनकर पूरे मैदान में एक गरमाहट फैल गई। बारिश की हलकी बूंदाबांदी तेज मूसलाधार बारिश में बदल गई। उसकी आवाज सुनकर ऐसा लग रहा था मानो हवाओं में युद्ध की ललकार घुल गई हो और यह ललकार गरजती हुई सी पूरी आबोहवा को युद्ध के उन्माद से भर देना चाहती हो।

यह हिटलर की सभा का नजारा था और मैं उसमें शामिल भीड़ का एक हिस्सा। जैसा कि मैंने पहले बताया था, मेरा जर्मनी आना ठीक वैसा ही था जैसा किसी साधारण रूप से घूमने आने वाले यात्री का रहा हो, लेकिन सभा का नजारा और नूरेम्बर्ग के मिजाज में जो बेचैनी उस समय देख रहा था वह मैंने पहले कभी नहीं देखी थी, पर हां नूरेम्बर्ग की इस बेचैनी को महसूस करते हुए एक बात जो मेरी समझ में आ रही थी, वह यह थी कि वहां साधारण यात्रियों के लिए जर्मनी की जनता के मत और मन को पढ़ पाना आसान ही नहीं, बल्कि नामुमकिन सी बात थी। फिर एक जर्मनी के नागरिक के जिस मन को पढ़ा भी गया था वह उसी रूप में था जो सारी दुनिया की मीनारों और गुम्बजों से घोषणा के रूप में सामने आया था कि तमाम जर्मन तानाशाह हिटलर के इशारों पर ही चलते हैं और जो नहीं चलते वे अपना बागी मन लेकर कैदखानों में अपनी जिंदगी सड़ाते रहते हैं।

खैर, नूरेम्बर्ग के बहाने जर्मनी को लेकर तमाम तरह की पुरानी और नई धारणाएं मेरे मन में आकर बनने व बदलने लगी थीं। काफी कुछ वह समझ में आ रहा था जो शायद दुनिया की नजर से ओझल था। जर्मनी के नाजी रंगमंच के नेपथ्य में जो चल रहा था, वह मेरे लिए न केवल अचंभित करने वाला था बल्कि मैं पहली बार यह जान रहा था कि कैसे एक तानाशाही के विरुद्ध, क्रांति और बगावत, हवा के जरिए अपने पैर पसारती चलती है और जनता के मन में विचार के रूप में आकार लेकर उसे जमीन पर ले आती है।

जर्मनी में रहते हुए मुझे पता चलने लगा था कि कैसे नाजियों की राज-काज चलाने वाली जमात अपनी ताकत के सामने किसी को कुछ नहीं समझती। जर्मन अखबारों और रेडियो पर अंगरेज अमेरिकन व फ्रेंच संस्थाओं और व्यक्तियों को लगातार गाली दी जाती है और कैसे इस जहरीले प्रचार के बीच नाजी पार्टी के नवयुवक दिन-ब-दिन और अधिक आग उगलते जा रहे हैं।

इसी साल के शुरुआत की बात है। मैं लंदन से बर्लिन जा रहा था। जर्मन गाड़ियों की आजकल की अव्यवस्था के कारण हम लोगों को तीन घंटे कोलोन स्टेशन पर ही बिताने पड़े। प्लेटफॉर्म पर खून जमा देने वाली ठंड पड़ रही थी। रात के तीन बजे का वक्त था। स्टेशन पर पोर्टर, कुली वगैरह सब गायब थे। एक महिला, ऐसी सर्दी में अकेली खड़ी ठिठुर रही थी। मैंने उसके पास जाकर उससे रिफ्रेशमेंट रूम में आने के लिए निवेदन किया तो उसने अपने दोनों सूटकेसों की तरफ इशारा किया। मैं उसके दोनों सूटकेस हाथ में लेकर अंदर चल पड़ा। वह महिला भी मेरे पीछे आई। हम लोग जैसे ही अंदर रूम में गए और रेस्तरां की टेबल पर बैठे, नाजी फौजियों का एक ग्रुप तेजी से अंदर घुस आया। वे अचानक कहां से आए, इसका मैं आज तक अंदाजा नहीं लगा पाया। खैर, अंदर आते ही उन्होंने अंगरेजों को गालियां देनी शुरू कर दीं। उनकी तेज आवाजों से मेरे साथ बैठी अंगरेज महिला काफी डर रही थी।

उन दिनों जर्मनी में इंग्लैंड के खिलाफ बड़ा भारी जनांदोलन चल रहा था। आलम यह था कि जर्मन अखबारों में अंगरेजों को यहूदियों से भी गया-बीता करार दिया गया था। मेरे साथ बैठी उस महिला को अंदाजा हो गया था कि शायद उसकी वजह से मुझ पर भी कोई खतरा जरूर पैदा होगा। हम लोग अपनी कॉफी पीते हुए अंगरेजी में बात कर रहे थे कि अचानक उस नाजी दल में से कुछ लोग हमारे पास आ धमके। उनमें से एक ने सवाल पूछा—कौन हो तुम लोग और इस वक्त यहां क्या कर रहे हो? मैंने स्थिति को समझते हुए तपाक से कहा—मैं हिंदुस्तानी स्वराज्यवादी युवक हूं। बर्लिन जा रहा हूं और यह मेरी धर्मपत्नी है। इतना सुनकर ही वह सैनिक भी बोला—ओह! तो अंगरेज तो तुम्हारे भी दुश्मन हैं, तो चलो मिलाओ हाथ। उस सैनिक ने हाथ मिलाया। उसके हाथ बढ़ाते ही मैंने और कुछ ही पलों के लिए मेरी पत्नी बनी उस अंगरेज महिला ने उस सैनिक से झट से हाथ मिलाए। इसके बाद उस जर्मन सैनिक ने रेस्तरां मैनेजर

से कुछ शराब लाने के लिए कहा। इस तरह हम सबने बैठकर नए जर्मन नेता हिटलर की सेहत की कामना की, टोस्ट पिया, तब जाकर उन उद्दंड सैनिकों से हमारा पीछा छूटा। मेरी इस तात्कालिक सूझ पर अंगरेज महिला बड़ी खुश हुई और जब तक मैं बर्लिन में रहा वह बराबर मुझसे मिलती रही।

जर्मन में हिटलर विरोधी दल और उनके सदस्य अब तक मौजूद हैं। एक करोड़ बीस लाख सोशलिस्ट वोट और 50 लाख कम्युनिस्ट वोट जरूर गायब हो गए हैं, लेकिन कोई यह समझता हो कि जिस जर्मनी की आधी आबादी सन् 1633 तक बराबर साम्यवादी रही वह आज एकाएक हिटलरवादी हो गई है, तो यह बड़ी भारी भूल होगी। कार्ल मार्क्स ने कहा था कि समाजवाद भूखे पेटों की पीड़ा का राजनीतिक रूप है और वह तब तक नहीं मिट सकता जब तक आधी से ज्यादा दुनिया के खाने-पीने का सवाल हल नहीं हो जाता लेकिन इधर हिटलर की इस मध्य यूरोप स्थित दुनिया में भूख बढ़ी ही है, घटी नहीं है। दूध और मक्खन तो प्राय: नहीं के बराबर है। सादा सा खाद्य पदार्थ भी साधारण श्रेणी के लोगों को मिलना मुश्किल हो रहा है। गंदे सेबों और नाशपातियों के अतिरिक्त कोई फल दिखाई नहीं देता। रोटी भी वैसी अच्छी नहीं रह गई है, जैसे हिटलर से पहले के जर्मनी में थी। मजदूरों की तनख्वाह घटी है और काम के घंटे बढ़े हैं। जाहिर है, इन हालातों में देश में असंतोष की आग का भीतर-भीतर ही सुलगना एक स्वाभाविक बात है। गाड़ियों पर स्टेशनों में, भोजनालयों और विश्राम गृहों में बहुत से जर्मन ऐसे मिलते हैं जो विदेशियों से खुलकर सरकार की आलोचना करते हैं और वह आलोचना तभी की जाती है जबकि बात करने वाले जर्मन को भरोसा हो जाए कि सुनने वाला विदेशी खतरनाक नहीं, यानी कि खुफिया पुलिस का जीव-जन्तु नहीं है। अकसर अंग्रेजी में बात करना भी आपके साथी जर्मन के लिए बड़ा घातक सिद्ध हो सकता है।

जर्मनी में ही मुझे उस हिंदुस्तानी कहावत के यथार्थ का पता लगा था कि दीवारों के भी कान होते हैं। दरअसल, हुआ यूं कि म्यूनिख से वियना जाते हुए रास्ते में एक छोटे स्टेशन पर देखने में बहुत खूबसूरत नवयुवक हमारे डिब्बे में आकर बैठ गया। सिगरेट लेने के बाद अंगरेजी में बातचीत शुरू हुई। पता लगा कि वह यहूदी है और अमेरिकन वीजा के लिए कॉन्स्यूलेट से मिलने वियना जा रहा है। बातों ही बातों में साल के नवम्बर हत्याकांड की बात चल पड़ी। किसी जाति के खिलाफ आज तक दुनिया में ऐसा अत्याचार नहीं हुआ जैसा यहूदियों पर नाजियों ने नवम्बर 1638 में एक यहूदी नौजवान द्वारा अपने राजदूत वॉन राथ के कत्ल के बाद किया। उनके साइनागॉग (मंदिर) जला दिए गए। यहां तक कि उनके मुर्दों की कब्रें भी नहीं छोड़ी और दुकानों और मकानों तक को तोड़ दिया गया। बच्चों तक को बुरी तरह से पीटा गया। सैकड़ों यहूदी औरत-मर्द मार डाले गए और हजारों जेलखानों में डाल दिए गए। उनकी मोटर-गाड़ियां, मकान, दुकानें व्यापार-धंधे सब चौपट कर दिए, छीन लिए

गए। आलम यह था कि उन लोगों का कॉफी, रेस्तरां सहित हर जगह बैठना मुश्किल हो गया था।

यह बात स्वाभाविक सी ही थी कि उस यहूदी नौजवान को इन बातों से बड़ा धक्का सा लगा था। उसने फिर भी संयत भाषा में इधर-उधर देखते हुए धीरे से मुझसे कहा—जिस दिन वह कांड शुरू हुआ उस दिन के बाद से आज तक वह तमाम बीभत्स दृश्य मेरी आंखों में तब तक कैद रहेंगे जब तक कि मैं उसका बदला न ले लूं। मैं नाजियों का सदा के लिए दुश्मन रहूंगा। पूरी नाजी जाति को यह याद रखना होगा कि आज जबकि हुकूमत करने वालों ने मुझे अपने इस प्यारे देश जर्मनी से निकल जाने को मजबूर किया है, उन्हें भी यह याद रखना होगा कि एक दिन वह भी आएगा जब यहूदी, हिटलर को जर्मनी से भागने के लिए मजबूर करेंगे। उसकी यह सब बात सुनकर मैं भीतर तक कांप गया। समझ रहा था कि बदले की आग ने किस कदर मानवता को कुचलकर दोनों ही जातियों को एक-दूसरे का कट्टर दुश्मन बना दिया है।

बहरहाल, यहूदियों को कम से कम इस बात से भीतर ही भीतर संतोष है कि अधिकांश जर्मन जनता पुलिस के डर के मारे ही उनका पक्ष नहीं ले सकती, नहीं तो एक निर्दोष, लेकिन मेधावी जाति के खिलाफ इन अत्याचारों को वह कभी गंवारा न करती। फिर भी जब हिटलर का तारा अस्त होने लगेगा तो जर्मनी का सारा जनसमूह उसके और उसके साथियों के ऊपर उसी तरह टूट पड़ेगा जिस तरह नाजी लोग आज यहूदियों पर प्रहार करते हैं, लेकिन उस नौजवान और मेरे बीच की बातचीत अभी खत्म नहीं हुई थी, हम लोग आपस में बातें कर ही रहे थे कि कॉरीडोर में से एक मोटा-ताजा जर्मन अंदर घुस आया और उस यहूदी नौजवान के ऊपर थूकते हुए उसका हाथ पकड़कर उसे बाहर कॉरीडोर में घसीटते हुए ले गया। मैंने उसकी बहुत लानत-मलामत की, लेकिन उस पर कोई असर नहीं हुआ। उसने मुझसे कहा—चुपचाप बैठे रहो, नहीं तो तुम्हें भी हवालात की हवा खानी पड़ेगी, आए हैं बड़े हमारे मुल्क के खिलाफ बातें सुनने! मैं क्या करता, मन मसोसकर बैठ गया। थोड़ी देर बाद वही मोटा-ताजा जर्मन फिर डब्बे में आकर मेरे सामने वाली सीट पर बैठ गया। मैंने सभ्यता के लिहाज से अपनी विलायती सिगरेट भेंट की।

सिगरेट सुलगाते हुए वह बड़ी बढ़िया अंगरेजी में मुझे उपदेश देने लगा। अगर जर्मन जाति के देश में तुम्हें कोई यहूदी मिले तो अलग रहो, ये यहूदी तो अंगरेजों के भाई-बंधु हैं। हमें मिलकर इन दोनों ही जातियों को दुनिया से नेस्तनाबूद कर देना है। तुम क्यों उनके झूठे प्रचार को सुनते हो, क्या तुम्हें देश विरोधी जातियां पसंद हैं। अगर तुम्हारे देश के मुसलमान अंगरेजों का साथ देकर तुम लोगों के राष्ट्रीय आंदोलन का आज विरोध करते हैं और कल अगर तुम लोग अपने मुल्क की सत्ता हाथ में लेते हो तो उन देश विरोधी मुसलमानों से कैसा व्यवहार करोगे? वह लगातार बोले जा रहा था, लेकिन इस बात पर मैंने तपाक से उत्तर दिया—ठीक वैसा ही जैसा देश विरोधी

हिंदुओं से। मैं बोले जा रहा था। मैंने फिर कहा—अब तो आपने वैज्ञानिकों, लेखकों, संगीतज्ञों और जर्मन भक्त यहूदियों तक को भी देशद्रोही करार दिया है और उन्हें घर से निकाल दुनिया के हर घाट का भिखारी बना डाला है।

मैंने आगे कहा—मुझे जर्मनी के अंदरूनी मामलों से कोई लेना-देना नहीं, लेकिन इन बातों से आप ही की बदनामी होती है। अब आप ही देखिए, वह यहूदी नौजवान मुझसे बड़ी विनम्रता से अपनी घरेलू बातों का जिक्र कर रहा था और उसे आपने भयंकर कॉन्सन्ट्रेशन कैंप में पहुंचाने का इंतजाम कर दिया है। अब आप ही बताइए, मैं किस तरह आपकी गुणगाथा का बखान करूं जबकि मेरी और उस यहूदी की जान पहचान कुल एक-दो घंटे की ही है, लेकिन मुझे उसके अंदर कोई ऐसी चीज न दिखाई दी जिसके लिए मै उससे नफरत करूं। उस जर्मन को मुझसे इतनी बेबाकी की उम्मीद न थी। वह समझता था कि शायद डरकर मैं उनकी इस हरकत का समर्थन ही करूंगा, लेकिन अब उसको जरा बेचैनी हुई कि मैं कौन सा जीव हूं जो जर्मनी में खुफिया पुलिस के एक आदमी से इस तरह बाते करने की हिमाकत कर सकता हूं।

उसने मुझसे कड़ी आवाज में पूछा—तुम क्या करते हो?

मैंने कहा—अखबारनवीसी।

यह सुनते ही वह जरा संभल गया। सब नाजी जर्मनों को यह पूरा खयाल है कि उनके देश के बारे में अच्छी बातें ही लिखी जाएं। वह यह सुनते ही फिर बाहर गया और कॉरीडोर में से खड़े वर्दीधारी सिपाहियों से कुछ कहकर वापस चला आया। यहूदी नौजवान फिर थोड़ी देर में मेरे सामने पेश किया गया। उसने कहा—ये तो मुझे सिर्फ इसलिए बाहर ले गए थे कि मैं कुछ खा-पी लूं। आप यह मत समझाइए कि मुझे किसी किस्म की तकलीफ दी जाने वाली है। मुझे तो यह सज्जन अमेरिका जाने के बारे में मदद देने वाले हैं।

मैंने कहा—हां, मुझे तो संतोष तभी होगा जब आप मुझे न्यूयॉर्क पहुंचकर चिट्ठी लिखें और यकीन मानिए, तब तक मैं जर्मनी के बारे में कुछ न लिखूंगा, पर इतना ध्यान रखना, चिट्ठी न मिलने पर यह बात सभी अखबारों तक पहुंच जाएगी।

वियना पहुंचते ही एक दिन माई ने स्तुबे नाम के रेस्तरां में दो भारतीय विद्यार्थियों ने, जो एक ऑस्ट्रियन सुंदरी के साथ बैठे हुए थे, मेरे पास अपने कार्ड भेजे। मैंने फौरन उठकर उनसे हाथ मिलाया। मालूम हुआ कि ये वियना के हिंदुस्तान एसोसिएशन के कार्यकर्ता हैं और यहां आने वाले हिंदुस्तानी भाइयों को जर्मनों से मिलाने-जुलाने का काम करते हैं। किन्तु हैं ये सब नाजीवादी। मुझे यह नहीं मालूम था कि वियना के स्टॉपो से इनका कोई संबंध भी है और ये नाजीवादी विरोधी हिंदुस्तानियों के बैरी हैं। मुझसे उन्होंने बातों ही बातों में बड़े अदब और ढंग से पूछा कि यहूदियों के विषय में मेरे क्या विचार हैं?

मैंने कहा–हमारे मुल्कों में यहूदी प्रथम तो हैं ही बहुत कम, दूसरे वे ऐसे कोई बदनाम नहीं कि उनके बारे में मैं कोई खास विचार रखूं। वहां तो सैंतीस करोड़ दूसरे लोगों के विचारों से ही फुरसत नहीं है तो फिर कौन बीस-तीस हजार यहूदियों के मसलों को लेकर अपना दिमाग खराब करने जाएगा।

सवाल पूछने वाले व्यक्ति का नाम मदन था। वे श्रीनगर के रहने वाले थे। वियना में डॉक्टरी पढ़ रहे थे।

मेरा जवाब सुनकर वे तपाक से बोले–अंगरेज भी तो हिंदुस्तान में दो लाख से कम हैं फिर उनके विषय में रात-दिन क्यों माथापच्ची करते रहते हैं। हिंदुस्तान के यहूदी अंगरेजों के साथी हैं, हमें उन्हें वहां से मार भगाना पड़ेगा। वे हमारे दुश्मन हैं।

उसका जवाब सुनकर मुझसे न रहा गया, मैंने कहा–एक ऐसी जाति के प्रति जो आज अत्याचार से पीड़ित है, जिसकी मदद करने वाला कोई नहीं और जिनके लड़के-बच्चे तक आज मां-बाप को छोड़कर वामपंथी, अंगरेज-फ्रेंच-अमेरिकन आदि दूसरे देश वालों की शरण में जा रहे हैं उसके प्रति यह सोचते हुए, अन्याय को बढ़ाते हुए आपको शर्म नहीं आती। मैंने आगे कहा–हमारा देश खुद अत्याचार पीड़ित है। हम सभी अत्याचार पीड़ितों को इन अत्याचारी साम्राज्यवादियों के विरुद्ध अपना एक संगठन बनाना चाहिए न कि छोटी-छोटी जातियों के विरुद्ध विष वृक्ष के बीज बोने चाहिए। यह सिलसिला यहीं खत्म न हुआ। श्रीयुत मदन उस दिन तो शायद कहीं बाहर आमोद-प्रमोद के लिए जा रहे थे इसलिए मुझे भूल गए, लेकिन जल्द ही यानी कि 1939 में जब जर्मनी चेकोस्लोवाकिया को हड़पने की तैयारी कर रहा था, मुझे उनकी करतूतों का पता लगा।

सुबह बिस्तर से उठकर जब मैं बाथरूम गया था तभी खुफिया पुलिस के दो आदमी मेरे निवास स्थान पर आए। मैं बाथरूम में बैठे-बैठे ही मकान मालकिन से उनकी गुफ्तगू सुन रहा था। मैं जल्दी से बाहर आया तो देखा कि मेरे सारे सामान की वे तलाशी ले रहे हैं। किताबों की, कागजों की, जेबों की, डायरी के पन्नों पर लिखे नामों और पतों की। तलाशी लेने के बाद उन लोगों ने मुझे गाड़ी में बैठाकर पुलिस के दफ्तर में पहुंचा दिया। पहले मेरे रुपए-पैसों का हिसाब पूछा गया, फिर तमाम तरह के पते-ठिकाने के बारे में पूछताछ हुई। मैंने खुद को वहां अंगरेजी भाषा से बिलकुल अनभिज्ञ बताया और उन लोगों से कहा कि आप मुझे केवल एक हिंदुस्तानी ही समझें। यह कहते ही उन्होंने जर्मनी में किसी भी हिंदुस्तानी से परिचय के बारे में पूछा तो मैंने हिंदुस्तान एसोसिएशन के एक सहायक का नाम लिया। जिसके बाद उन्हें तुरंत ही बुलाया गया, लेकिन उन्हें बुलाकर मेरी वहां से आसानी से निकल जाने की मंशा तो हवा हो ही गई, बल्कि वे तो मुझे और भी राजनीतिक चालबाजी करके फंसाने के मूड में नजर आए। मैं इस तरह के मामलों में बिलकुल अनुभवहीन था। फिर भी काफी हाजिर-जवाबी से मैंने काम लिया और जैसे-तैसे मुझ पर हो रही सवालों की बौछारों

को रोकने में कामयाब हो गया, लेकिन उन्होंने जर्मनी में रहने का बोरिया-बिस्तर वहीं उठा दिया।

मुझे उसी दिन जर्मनी से विदा होने का आदेश दिया गया। मुझसे जर्मन करेंसी भी छीन ली गई। हालांकि अंगरेजी पाउंड को रहने दिया गया, गोया कि जर्मन सरकार को पाउंडों की बड़ी सख्त जरूरत बनी रहती है। यहां तक कि हर जर्मन को विदेशी सिक्कों को रखने तक की मुमानियत है—मुमानियत भी ऐसी है कि न मानने पर सिर धड़ से अलग कर दिया जाता है। खैर, हो भी कैसे न, वे जानते हैं कि विदेशी सिक्कों और नोटों से ही जर्मन सरकार लड़ाई के लिए जरूरी धातुओं और खनिज पदार्थ खरीद सकती है। वैसे भी मुझे तो उनके फरमान को पूरा करना था, सो मैंने इस तरह से युद्ध की तैयारियों को देखते हुए हिटलर के स्वागत में सजी वियना नगरी उसकी वर्षगांठ के दिन ही छोड़ दी, जिस दिन आजाद ऑस्ट्रिया स्मृतिशेष बनकर संयुक्त जर्मन राष्ट्र का हिस्सा भर बन गया था।

'विशाल भारत', सितंबर 1939

मॉस्को की एक जेल

यह लेख रूस में 1917 की बोल्शेविक क्रांति के बाद कम्युनिस्ट शासन द्वारा किए जा रहे ऐतिहासिक बदलावों पर प्रकाश डालता है। इस लेख में बालकृष्णजी ने मॉस्को की एक जेल का वर्णन किया है। इस जेल को केंद्र में रखते हुए उन्होंने इसमें हो रहे बदलावों को कम्युनिज्म विचारधारा के व्यावहारिक पक्ष के इर्द-गिर्द विश्लेषित किया है। एक बेहद, सहज, सरल और बिलकुल सामान्य व्यक्ति के रूप में अपने अनुभव को बांटता यह लेख बालकृष्णजी की जिज्ञासा, समझ और विश्लेषण की शानदार बानगी है।

–संपादक

मॉस्को से कुछ मील दूर एक गाड़ी में बैठकर खिड़की से जब मैं एक बड़े जेल को गुजरता हुआ देख रहा था तो मेरी आंखों के सामने ताल्सतॉय और दोस्तोवेस्की द्वारा खींचे गए जेल की जिंदगी के भयावह चित्र घूमने लगे। जेल की त्रासदियों, अत्याचारों और बीभत्स दृश्यों को बुनने वाले इन महान लेखकों के तमाम शब्द स्मृतियों से निकलकर जहां मेरी आंखों में आकार ले रहे थे, तो वहीं उन चित्रों के सारे रंग मेरे चेहरे पर दिखाई दे रहे थे। यही वजह थी कि उस जेल को देखने पर मेरे चेहरे के भावों को मेरे साथ बैठा मेरा रूसी दोस्त पहचान गया। सो, वह हंसते हुए बोला–'ओह, हमने उस सारे सिस्टम का खात्मा कर दिया है।' इतना बोलकर वह चुप हो गया। मैं एकटक अब भी उस खिड़की से उस जेल को जाता हुआ देख रहा था, जो गाड़ी की गति के साथ इतिहास की तारीखों में समाता चला जा रहा था।

खैर, इस समय हमारी गाड़ी जेलों के इतिहास की ओर जाने वाली सड़क से आसानी से नहीं गुजर रही थी, बल्कि ऊंचे-नीचे रास्तों से गुजरते हुए धक्कों के बीच हमारी 'बस' बदलते रूस की संघर्ष की कहानी बयां कर रही थी। बीच-बीच में आते बड़े से गड्ढों से पूरा बदन ही सीट से उछल जाता, एक धक्के से तकरीबन दो फीट उछल जाने के बाद मेरे मुंह से उछलकर बैठने का दर्द जुबान पर अपने आप ही आ गया और मैं पूछ बैठा–ये सड़कें इतनी खराब क्यों हैं? लेकिन इससे पहले कि इस सवाल को सुनने वाला दोस्त कोई जवाब दे पाता, हमारे साथ आई महिला गाइड ने

मुस्कुराकर कहा—अभी सड़कों की फिक्र न कीजिए, समय रहते ही इन गलियों और सड़कों को भी हम अपने हाथों में ले लेंगे, इस समय हम जिस चीज की चिंता में हैं, वह है उत्पादन, वितरण और निर्माण। जब हम इन सबको सही और संतोषपूर्ण जगह पर पहुंचा देंगे तब ये सड़कें, गलियां सभी दुरुस्त हो जाएंगी।

मैं उसकी बात को बड़े ध्यान से सुन रहा था कि तभी बाहर की ओर जा रही सड़कों की तरफ उंगली से इशारा करते हुए उसने कहा—इसमें कुछ प्राचीन रूस है तो कुछ क्रांति का कारनामा है। इस वक्त हम निर्माण के लिए लगे हुए हैं। जनता के जीवन के लिए जरूरी चीजों के बनाने, औद्योगिक पुनर्निर्माण करने और आर्थिक उन्नति के लिए प्रयासरत हैं।

यह कहकर उसने अपना हाथ घुमाया, फिर बोली—तुम समझ गए होंगे कि आखिर मैं क्या कहना चाहती हूं! वह इतना कहकर चुप हो गई, शायद वह अपनी बात पर प्रतिक्रिया के लिए मेरी गर्दन हिलती देखना चाहती थी, लेकिन तभी एक और गड्ढे से बस गुजरी और उसके जवाब में गर्दन तो क्या मेरा पूरा शरीर ही हिल गया। वह महिला और मेरा दोस्त दोनों मेरी ओर देखकर मुस्कुरा दिए। जाहिर था कि मेरे कुछ बोलने से पहले ही वे यह समझ गए थे कि आप अच्छा-खासा रूस देख चुके हैं, इसलिए अब इसे समझने के लिए ज्यादा जोर मत लगाइए।

बहरहाल, कुछ ही देर में हम लोग जेल के दरवाजे पर थे। अगस्त का महीना शरीर से पसीने की तरह बाहर आ रहा था और गले में प्यास बनकर अटक गया था। ऊपर से ऐसे में बस की शानदार धक्के वाली यात्रा की थकान से कमबख्त गरमी ऐसी लग रही थी, मानो भट्ठी तन से चिपका ली हो। फिर प्यास भी बहुत तेज लगी थी, वो तो भला हो ताराजान नाम के एक व्यक्ति का जिसने मुझे सोडे का गिलास दिया और उसकी दो घूट हलक में डालते ही मेरा गला तर था और मन शांत। फिर मैंने उसी शांत मन से बोल्शेविकों को धन्यवाद दिया कि वे यहां से शराब को देश-निकाला दे रहे हैं क्योंकि आजकल नशेबाजी और चोरी से बड़ा कोई अपराध नहीं है।

जल्द ही मैं जेल के अंदर था, जहां मेरा जेल के डिप्टी मैनेजर से परिचय कराया गया। वह जेलरनुमा मैनेजर मुझे एक बड़े हॉल के जेलखाने में बनाए गए थिएटर में ले गया, जहां वह बेचारा कभी खुद ही कैदी रहा था। उस बेचारे मैनेजर उर्फ जेलर ने मुझे जेल की पूरी व्यवस्था की एबीसीडी बताई। जिस हॉल में मैं उसके साथ था, वह पूरी तरह से एक रंगभूमि ही था, जहां किसी रंगमंच पर अभिनय करने वालों की सारी साज-सामग्री मौजूद थी। वैसे वहां लेक्चर भी दिए जाते थे। पर इधर, कमाल था कि इस बीच डिप्टी मैनेजर जेल के अफसर की तरह नहीं बल्कि समाज-सुधार की बातें कर रहा था, जिसे सुनकर मेरे मन में संदेह के बादल उमड़-घुमड़ रहे थे और इस वजह से मैं उससे तड़ातड़ सवाल पूछे जा रहा था और वह बेचारा बिना हिचकिचाए तेजी से उसके जवाब दिए जा रहा था।

वैसे जैसे-जैसे जेल में समय बीतता जा रहा था, वैसे-वैसे मेरे भीतर कई बातें एक साथ चलने लगी थी जैसे कि पहले तो मुझे क्रांति पूर्व के रूसी साहित्य से अंटे पड़े कैदखानों व कैदियों के साथ किए गए बर्ताव पर विचार करते ही और भी अधिक आश्चर्य होने लगा था। ये सारी बातें मेरे मन में चल ही रही थी कि तभी उसने कहा- अब जेल को देखो जी। मैंने कहा-हां, इसलिए यहां आया हूं।

वाकई, उसके इस सवाल ने मुझे भीतर तक चौकन्ना कर दिया था और मैं यह महसूस करने लगा था कि हां मैं उस समय एक जेल में था यानी कि मॉस्को की जेल में, जिसकी बनावट कभी छायाचित्रों में देखी गई जेलों की ही तरह थी। बरामदे, दालान, कोठरियां सब कतारों के रूप में दिखाई दे रहे थे। कुछ ही देर में मैं अब एक गलियारे की तरफ बढ़ रहा था जिसके अंदर आते ही मैंने अधिकांश नौजवान कैदियों को एक चौड़े रास्ते से बातचीत करते हुए और चक्कर लगाते देखा। वे सिगरेट फूंक रहे थे और उनके चेहरे पर मुझे देखकर विनम्रता के भाव उमड़ रहे थे। मेरी आंखों के सामने जहां कुछ देर पहले तॉल्सतॉय और चेखव के शब्द आकार ले रहे थे, तो इस समय उन नौजवान कैदियों के चेहरों को देखकर अजीब तरह की शंकाएं पैदा हो रही थीं कि क्या यह सब जालसाजी है या मुझे भ्रम में डालने का षड्यंत्र रचा गया है? बहरहाल, कुछ ही देर में मुझे ऊपरी मंजिल में जाने के लिए कहा गया।

मैं, अब उस जेल के ऊपरी हिस्से में था। जहां कुछ कैदी, जिनकी सजा एक से लेकर दो सालों तक थी, मुझे लगातार घूर रहे थे और आपस में गप्पें भी लगा रहे थे। कमाल था कि सारी ही कोठरियों के दरवाजे खुले हुए थे और तहखाने बेहद साफ और स्वच्छ थे। अगस्त की दोपहर का सूर्य सिर पर आने लगा था। मैं कई तहखानों के लगातार चक्कर लगा रहा था, लेकिन कई तहखाने खाली ही थे। हर एक तहखाने में हर जगह एक पलंग, बिस्तर और किताबों की एक अलमारी थी। किताबें और पैंफलेट, जाहिर था रूस की दास्तानों से अंटे पड़े थे। कई में तो केवल और केवल साम्यवाद की गुणगाथा और विजय के इतिहास के गीत गूंज रहे थे। इसके अलावा इन किताबों में साम्यवाद के प्रशंसागानों के बीच दुनिया के दूसरे देशों में पूंजीवादी प्रणाली के खिलाफ रणभेरियां भी गूंज रही थीं।

इसी बीच मुझे बताया गया कि कई कैदी अनेक पुस्तकें और चीजें अपने साथ घरों से लाए थे। साथ ही मुझे यह भी बताया गया कि कैदियों ने अपने तहखानों को तस्वीरों सहित कई दूसरी चीजों से खासा सजाकर रखा था। इनमें से कई कैदियों ने अपनी कोठरियों को तस्वीरों व दूसरी सजावट की वस्तुओं से सजाकर रखा था। बहुधा बिस्तरों के सिरहाने की तरफ दीवाल पर लेनिन की तस्वीर टंगी थी। स्टालिन की पेंसिल से खिंची तस्वीर भी कहीं-कहीं थी। बिस्तर काफी गरम मालूम होते थे।

शीशे, ब्रश व बिजली की रोशनी भी वहां थी। इसके अलावा सबसे खास वहां कोई चीज थी तो वह था रेडियो। जिस पर कैदी अपने दरवाजे को बंद कर रूस के

समाजवादी आर्थिक निर्माण, शिक्षा के प्रचार, स्वास्थ्य के क्षेत्र में प्रगति की गाथाएं, महान रूस की उन्नति का संगीत और कई नाटक भी सुन सकते थे। इसके अलावा साम्राज्यवादी देशों के आपस के कलह, उन पर बनाए गए मजाक और व्यंग्य से भरे चुटीले चुटकुले भी सुन सकते थे।

जेल में कैदियों के लिए एक बगीचा भी था, जिसमें वे अपनी मनपसंद बागबानी लगा सकते थे। कुल मिलाकर पूरा बगीचा ही उनकी पसंद का था। साथ ही उनकी पढ़ाई के लिए वहां क्लासरूम भी बनाए गए थे, जहां वे अध्ययन करते थे। मेरे रहते वहां चार क्लासें चल रही थीं। उनमें से एक में जियोमेट्री, एक में अर्थशास्त्र और एक में गणित तथा एक में यूरोपीय साम्राज्यवाद के उत्थान के इतिहास के बारे में बताया जा रहा था। सभी कक्षाओं में छात्रों की उम्र तकरीबन 17 से 30 साल की थी। वहां मेरे पास देखने और अनुभव के लिए कई सारी जगहें थीं। हॉल और बीच के मुख्य बरामदे में कैदियों द्वारा खींची गई तस्वीरों के अलावा गंभीर व हास्यपूर्ण कार्टून स्लोगन भी इधर-उधर देखे जा सकते थे। मैंने देखा कि वहां एक अखबार भी था।

मेरे रहते ही वहां एक समाचार-पत्र नया छापा गया था तथा चिकनी स्याही से चमकता हुआ ताजा प्रेस से आया था। इसका सब काम कैदियों के हाथ में था, लेखन, संपादन, मुद्रण से लेकर प्रकाशन और वितरण तक का काम। अखबार की सामग्री में खबरों से लेकर, लेख, स्केच, कार्टून व जेल के जीवन की बातों के साथ ही देश और दुनिया की महत्त्वपूर्ण खबरें थीं।

मेरे साथ चल रहा जेलरनुमा मैनेजर मुझे इस तरह से सब कुछ बताता जा रहा था, मानो मेरे साथ एक रेडियो चल रहा हो। उसने बताया कि कैदियों को साल में तीन या चार हफ्ते जेल से बाहर जीवन व्यतीत करने की छुट्टी भी दी जाती थी। पूछने पर अफसरों ने बताया कि कैदी इस समय में अपनी मर्जी के मालिक होते हैं और उन्हें जो अच्छा लगता है वे करते हैं।

क्या उन्हें स्थानीय पुलिस में अपनी रिपोर्ट करानी होती है? इतनी देर तक उसका सारा ज्ञान सुनने के बाद मैंने अफसर से पूछा—उसका जवाब आया नहीं।

फिर आगे बोला—उन्हें हम एक कार्ड देते हैं जिससे वे जहां चाहे वहां रहने को जगह और खाने को भोजन पा सकते हैं। इसके अलावा वे अपने घर या कहीं और भी जा सकते हैं। हां, बिना सहयोग या व्यापार समिति के टिकट के वे कोई नौकरी या काम नहीं पा सकते, क्योंकि कैदियों को वे टिकट नहीं दिए जाते। अफसर ने बताया था कि कैदियों की छुट्टी खत्म हो जाने पर वह वापस चले आते हैं।

इतना सब सुनने के बाद मुझे उस जेल का बहुत सा सिस्टम खुद-ब-खुद समझ आने लगा। मेरा अंदाजा सही निकला कि इन कैदियों को रोजाना की जरूरतों को पूरा करने के लिए एक टिकट दिया जाता है और अपनी व्यापार या सहयोग समिति को यह टिकट दिखाने पर उन्हें वह चीज मिल जाती है। जाहिर था, यह क्रम तब तक जारी

रहने वाला था, जब तक रूसी पैदावार व बाहरी चीजों का आयात बढ़ती खपत के बराबर न पहुंचे। समझ आ रहा था कि यह सब नियमबद्धता का फल था। यही वजह थी कि दुकानों के सामने भीड़ खड़ी नजर आती है। दरअसल यह भीड़ कोई भूखों की बढ़ती कतारों और अभाव की नहीं थी बल्कि यह वहां की प्रणाली व बढ़ती मांग का फल है। कमाल यह था कि इन लाइनों को देखकर रूस के शत्रु अकसर ये कहा करते थे कि ये गरीबों, भूखों और अभावग्रस्त लोगों की भीड़ थी।

रूस में क्रांति के बाद बहुत कुछ बदल गया था जो दिखाई भी दे रहा था। तमाम जमीन व उद्योग की स्वत्वाधिकारी सरकार बन चुकी थी। चीजों का वितरण या ब्रिकी अधिकांश भाग में सहयोग समितियों के हक में थी। यह सहयोगी संस्था भी सरकार की देख-रेख में थी, और मैंने देखा था कि जब तक मैं वहां था उन दिनों 65 से 70 फीसदी खुदरा ब्रिकी या वितरण सहयोग समिति द्वारा ही किया जा रहा था, और इस वजह से व्यक्तिगत व्यापारियों के हाथ में केवल 5 फीसदी बचा था, हालांकि वहां व्यक्तिगत व्यापार आज भी है, लेकिन उन्हें थोक माल के बड़े तेज दाम देने होते हैं।

सहयोग समितियों के दाम सरकारी दुकानों से कुछ कम हैं। इसके पीछे का रहस्य यह है कि सहयोग समितियों की होशियारी और चपलता बढ़ने पर धीरे-धीरे सारा सरकारी खुदरा व्यापार उनके हाथों में दिया जाए। निश्चित ही निजी व्यापार को तो बिलकुल बिदा लेनी होगी, इसीलिए ड्यूटी में कैदी ट्रेड यूनियन और सहयोग समिति के टिकट के बिना कुछ नहीं कर सकता था। उसे जेल में वापस आना ही पड़ता है। जेल में ही उसे पढ़ना-लिखना, बाग में फूल-फल आदि उगाना व कपड़े बुनने जैसे कार्य मिल में सात घंटे रोजाना करना होता है। यह मिल जेल के अंतर्गत है।

ट्रेड यूनियन के नियम के अनुसार काम के घंटे व मजदूरों की परवरिश का भी प्रबंध है। सोवियत यूनियन में सब जगह सात घंटे प्रतिदिन काम का नियम है। एक घंटा लंच का रहता है। इसके अलावा कारखाने में तीन सात-सात घंटा काम करने वाली जोड़ियां भी काम करती हैं। कैदियों के कारखानों में भी यही हाल है। करघे तथा उससे संयुक्त दूसरे काम को खत्म करके कैदी जेल की सहयोग समिति द्वारा प्रबंधित भोजनशाला को जाते हैं। इसके बाद खेलकूद, अध्ययन, लेक्चर क्लास, सिनेमा व जेल के कैदियों द्वारा या बाहर से आए अभिनीत नाटक होते हैं।

अपराधी मन वाले रूसियों पर इसका क्या असर पड़ता है यह तो खैर भविष्य की बात है, लेकिन स्टेट के साम्यवादी आदर्श के प्रति विश्वासघात व व्यक्ति में रखे हुए भरोसे को तोड़कर धोखा व गबन करना यहां गंभीर अपराध है। इन अपराधों के लिए लंबी कैद दी जाती है।

'विश्वमित्र', जून 1933

बदलते रूस में साकार होता साम्यवाद

यह लेख रूस में 1917 की बोल्शेविक क्रांति के बाद राजनीतिक रूप से किए जा रहे प्रयोगात्मक परिवर्तनों का विश्लेषण करता है। अपनी रूस यात्रा के दौरान बालकृष्णजी पारंपरिक और ऐतिहासिक रूस में साम्यवाद के इन नए प्रयोगों के साक्षी रहे हैं। उन्होंने इस लेख के माध्यम से साम्यवाद के नए प्रयोगों से खुशहाली की ओर बढ़ रही रूसी जनता के बदलते जीवन पर प्रकाश डाला है। —संपादक

रूस के क्रांतिकारी इतिहास के युगांतरकारी क्षणों से सही मायनों में रूबरू होने का रास्ता 1917 में अक्टूबर की उस तारीख से होकर गुजरता है जब सारा देश क्रांति का विजय उत्सव मना रहा था। सैनिकों ने उपनिवेशों के भूखे साम्राज्यवादियों को नेस्तनाबूद करने की खूनी और विध्वंसकारी लड़ाई को तिलांजलि दे दी थी। उनकी आंखों में कभी देखा गया दुनिया की सबसे नीच, क्रूर और निरंकुश ताकत को उखाड़ फेंकने का सपना साकार हो गया था।

दिनो-दिन पीटोग्रैड की सड़कों पर अजनबी एक-दूसरे को गले लगाते देखे जाते थे। हर व्यक्ति एक-दूसरे को बधाई दे रहा था। वहीं एक मां को अपने बच्चों की मौत पर विलाप करते देख एक युवक ने उसे समझाते हुए कहा था—बहन, क्या तुम भूल गई कि हमारे देश में साम्यवाद ने जन्म लिया है? अब हम सब सुखी होंगे, रो मत।

इधर, साम्यवाद के इस जन्म के बीच रूस का शांत आकाश अपने भीतर ग्रह युद्ध के तीन अंधकार भरे सालों को समेटे काल के विशाल विस्तार में इतिहास बनता जा रहा था। कोलचाक डेनीकॉन युडेनिच के हमलों का मुंहतोड़ जवाब दिया गया था। दूसरे मुल्कों की सरजमीं को गिद्ध और लोमड़ी की ललचाई नजरों से देखने वाले भूखे जापान को साइबेरिया से कोसों दूर खदेड़ दिया गया था। रशिया के आसमान से गुलामी, शोषण और मुनष्य जाति के इतिहास में बर्बर जुल्म ढाने वाले काले मनहूस बादल छंट रहे थे।

रशिया बदल रहा था और काल के कपाल पर अपने लिए इस दुनिया के महानतम परिवर्तनकारी समय को स्वर्णाक्षरों में अंकित करता जा रहा था। बदलाव की बयार

सियासत के दरवाजे से निकलकर पूरे रशिया में मंद-मंद बह रही थी। लेनिन ने सारी जमीन, रेलों, कारखानों और बैरकों को देश की संपत्ति करार दिया था। आंतरिक और बाह्य व्यपार सरकार के हाथों में चले गए थे। बर्नाड-शॉ का एक-एक शब्द साकार होता नजर आ रहा था। 'प्रति मनुष्य राष्ट्रीय आय से एक समान भाग पाएगा और इसके लिए हम सबको काम करना होगा। छोटे से छोटे काम करने वाले मजदूर के हाथ में भी उतना ही पारिश्रमिक होगा जितना कि देश के प्रधानमंत्री को मिलेगा। कारखानें की नीति और नियम मजदूर खुद बनाएंगे।

बहरहाल, इन तमाम एतिहासिक परिवर्तनों के बीच 1921 की लड़ाई से तबाह रूस हैरान था। सदियों की गुलाम, मूर्ख और अशिक्षित रूसी जनता इस त्याग के लिए तैयार नहीं थी। बोल्शेविक अच्छे से जानते थे कि योग्य और कुशल कामगार उस कार्य में अपनी पूरी ताकत कभी खर्च नहीं करेगा जिसमें मूर्ख और आलसी भी वही वेतन पा रहा है। अकाल और तबाही, कल-कारखाने सब बंद थे, व्यापार-धंधे चौपट थे। सीधी-सादी रूसी जनता के लिए जार ने पहले महायुद्ध और फिर दरिद्रता ही तो छोड़ रखी थी। सरकार के पास कई चुनौतियां थीं। युद्ध के भयावह अतीत और शोषण के दर्दनाक इतिहास को आंखों में समेटने वाली शोषित और भूखी जनता के पास बेगारी के अलावा कुछ नहीं था।

सत्ता हाथ में लेने वाले क्रांतिकारियों को सभ्यता, संस्कृति और समाज सहित आर्थिक विकास के लिए उत्पादन सहित दूसरी चीजों को तेजी से बढ़ाना था। लिहाजा त्वरित उपाय के तौर पर किसानों को शांत रखने के लिए जमींदारों की धरती उन्हें स्वयं बांट लेने दी गई। सरकार ने सिर्फ एक नियंत्रण करने का निर्णय भर लिया और दूसरे कार्य तेजी से हाथ में लेने शुरू किए। टूटे-फूटे कारखानों की मरम्मत कराई जाने लगी। कुछ नई मशीनें लाई गईं, उन्हें चालू करवाया गया। मजदूरी भी कई श्रेणी में विभक्त की गई। काबिलीयत और काम के मुताबिक लोगों को वेतन दिया गया और इस तरह जल्द ही लड़ाई से उजड़ा हुआ रूस पनपने लगा। उसकी कृषि, उद्योग, कला एवं वाणिज्य ने उन्नति के रास्ते पर रफ्तार पकड़नी शुरू कर दी। हालांकि विकास की ओर बढ़ रहे रूस में व्यक्तिगत लाभ के मंसूबे भी अपनी गति को बनाए हुए थे। इसी बीच सरकार ने भी अपने प्रयासों के बल पर रूस की औद्योगिक उपज को पुरानी लड़ाई से पहले की सतह पर ला दिया था।

इधर, दिन-रात लगातार काम करने से 1923 में लेनिन का स्वास्थ्य गिर गया था। आठ महीने तक वह पुराना लड़ाका मॉस्को से बाहर एक गांव में मौत से दो-दो हाथ करता रहा। अपने आखिरी दिनों में लेनिन ने अपना वसीयतनामा या वह पत्र उसने पार्टी को लिखा, जिसमें ट्राटस्की को अपने उत्तराधिकारी के रूप में नियुक्त करने और स्टालिन से खबरदार रहने की चेतावनी दी थी। अगर लेनिन जिंदा रहता तो शायद उसका अनुभव और ट्राटस्की का दिमाग मिलकर रूस की सुख और शांति को और भी ज्यादा

बढ़ाते, लेकिन उसकी अकाल मृत्यु ने पार्टी के तत्कालीन मंत्री स्टालिन की महत्त्वाकांक्षाओं को और प्रबल कर दिया। स्टालिन के हाथों में सारी ताकत आ गई।

इस तरह ट्राटस्की के विरुद्ध एक आंदोलन उठ खड़ा हुआ और अक्टूबर की क्रांति को सफल बनाने वाला वह योद्धा एक पद से दूसरे पद पर निकाल फेंका गया। यहां तक कि वह वक्त भी आया जब उसे तुर्की में शरण लेनी पड़ी। हालांकि इस सियासी उठापटक के बीच इस बात से भी इंकार नहीं किया जा सकता कि स्टालिन त्यागी या होशियार नहीं था। वह भी रूस को जारशाही से मुक्त करने के आंदोलन में एक सच्चे साम्यवादी की तरह निरन्तर लगा रहा। उसका जीवन भी कैद की काल-कोठरियों में, साइबेरिया की निर्जन बर्फीली घाटियों में और अज्ञातवासों में कटा था। त्याग भी उसमें किसी रूसी साम्यवादी से कम नहीं था, लेकिन बावजूद इसके सत्ता को हथियाने की लालसा और बड़ा बनने के उसके प्रयास लोगों के दिलों में संदेह भी पैदा करते हैं। और इन संदेहों को निराधार भी नहीं माना जा सकता, खासकर तब जबकि क्रूर, लोभी और दूसरों की मेहनत का उचित हिस्सा दबाकर जायदाद और संपत्ति स्थापित करने वाले लोग फिर से सिर उठा रहे थे और वे अपनी इस दौलत के दिखावे का नंगा नाच भी करने लगे थे। यही नहीं, देहातों में किसानों में फिर से धनिक और ताकतवर दल पैदा हो रहा था, जो दूसरे गरीब-दलों की कमजोरियों से फायदा उठाने के लिए षड्यंत्र रच रहा था और उन्हें फांस रहा था।

हालांकि राईकोब, बुखारिन एवं टोमस्की जैसे पुराने क्रांतिकारी इस क्रम को जारी रहने देने के पक्ष में थे। उनका मानना था कि इसी तरीके से रूस की आर्थिक उन्नति हो सकती थी। लेकिन स्टालिन ने 1924 के बाद एक-एक करके व्यक्तिगत व्यापार की जड़ तक में कुल्हाड़ियां बरसानी शुरू कर दीं और इन नए धनिकों की तिजोरियों को तोड़ना शुरू कर दिया। यही नहीं, उसने जल्द ही जमींदार बनने की लालसा रखने वाले धनिक किसानों की ताकतें नष्ट कर डालने का भी निश्चय किया और 1928 में तकरीबन सारा व्यक्तिगत व्यापार और कला-कौशल सरकार के हाथों में आ गया।

इस तरह पूरे रशिया में विकास और महत्त्वपूर्ण प्रयोगों की हवा चली। देश की सारी ताकतों को अपने हाथ में लेकर रूस की साम्यवादी पार्टी ने साम्यवाद की स्थापना और रूस के औद्योगीकरण की ओर नजर फेरी। कोयले की खानें और लोहे के कारखाने बिजलीघर और इंजनों की पहले पहल जरूरत पड़ी।

स्टालिन और पार्टी ने सोचा कि मूल काम उन उद्योग-धंधों को स्थापित करना है जो मशीनें पैदा कर सके। लोहा, कोयला, बिजली और इन्हें एक जगह से दूसरी जगह ले जाने के लिए रेल, सड़कें और मोटरें, जहाज, नहरें, हवाई जहाजों की जरूरत थी। कृषि का एकीकरण करने, रूस में उद्योग-धंधों का निर्माण करने और युद्ध के समय देश की रक्षा करने के लिए प्रथम पंचवर्षीय योजना का ढांचा बनाया गया। एक महान प्रचार की मशीन खड़ी की गई ताकि लोग कमर कसकर खड़े हों और इसे सफल

बनाने में अपनी पूरी ताकत लगाएं। ट्रैक्टरों पर नाटक, लोहे पर कविताएं और आंकड़ों का साहित्य रचा गया। सारे दिन रेडियो, प्लेटफॉर्म, स्कूल, प्रेस और सड़कों पर हजारों झंडों और पोस्टरों से पंचवर्षीय योजना को जनता के दिलो-दिमाग में बिठाया गया।

पंचवर्षीय योजनाओं के जरिए ही रूस पूंजीवादी देशों से विकास की दौड़ में आगे निकल सकता था। जाहिर है, प्रचार के इस तरीके में सिर्फ रूस ही नहीं, दुनिया भर के अखबारों और पत्रिकाओं ने दिलचस्पी दिखलाई। चूंकि इस योजना का आधार अनाज के निर्यात पर निर्भर था, इसलिए पहले किसानों को एक करना तय हुआ। इस बात को ध्यान में रखते हुए कि किसान हमेशा से ही बोल्शेविक को संदेह की नजर से देखते आए हैं। बावजूद इसके कर्जे में दबे और मुसीबतों के मारे गरीब किसानों ने ही सरकार की उदार मदद से आकर्षित होकर इस प्रोग्राम को धीरे-धीरे अपनाना शुरू किया। हालांकि इधर धनिक और उन्नत किसान अपनी जमीन को छाती से लगाए रहे और इस तरह के शहरी अधार्मिकों के खिलाफ दिन-ब-दिन बगावत करते रहे।

जाहिर था, कम्युनिस्टों ने इनकी शरारतों और इस रवैए से तंग आकर इन धनिकों को कानून के विरुद्ध घोषित करना शुरू किया। 37 एकड़ जमीन, तीन पशु और दो मजदूरों से ज्यादा नौकर रखने वाला किसान जन-शत्रु घोषित किया गया। लाखों को पकड़ लिया गया। उनकी जमीन-जायदाद जब्त कर ली गई। उन्हें अपने गांवों से बेदखल किया गया। हालांकि इस बात में कोई दो राय नहीं कि शराब बेचकर, सौ फीसदी ब्याज लेकर और मजदूरों को कम वेतन देकर धन बटोरने वाले कुछ किसान सजा के काबिल जरूर थे, लेकिन उसमें गांव के सबसे होशियार और किफायती किसान भी थे जो अपने फन के उस्ताद थे और उनके चले जाने से गांव को काफी नुकसान पहुंचा था। लेकिन बावजूद इसके कमाल की बात थी कि अनेक ऐसे भी मूर्ख थे जिन्हें आर्थिक लाभ से ज्यादा जमीनें प्यारी थीं।

कई सरकार के डर से तीन से ज्यादा मवेशियों को भी काटकर खा गए। इन दिनों 5 करोड़ के गाय और घोड़े भी कत्ल कर दिए गए जिन्हें फिर से खड़ा करने के लिए अब तो लगता है कि एक पूरी पीढ़ी लगेगी।

खैर, इन अनिच्छुक किसानों को एकीभूत फार्मों के फायदे दिखलाए गए। उनके सामने इसकी तस्वीरें लाई गईं। आंकड़े लाए गए। उन्हें खेलने के लंबे-चौड़े मैदान, भोजनालय, कपड़े धोने की लांडरियां, अस्पताल, स्कूल, पुस्तकालय, कब्रिस्तान, घर, सिनेमा और नाटक-भवन तथा सहयोगी फार्मों की तस्वीरें दिखलाई गईं, लेकिन फिर भी स्थिति ढाक के तीन पात ही रही और वे विरोधी ही रहे। यहां तक कि सरकार ने काफी बहलाया-फुसलाया लेकिन वे टस से मस से नहीं हुए। इधर इन क्रांतिकारी परिवर्तनों के बीच इन कलेक्टिव फार्मों को नष्ट करने के लिए अनेक संपत्ति अभिलाषी मनुष्य घुस गए थे और ये अपने साथियों को सरकार–हमारी मेहनत ले जाने वाली सरकार–को चोर बता-बताकर बहकाने लगे थे।

1930 में स्टालिन की घोषणा के बाद कई किसान इन फार्मों को छोड़कर चल दिए थे, लेकिन आर्थिक फायदों ने उन्हें फिर से अंदर खींच लिया था। हालांकि कुछ पुराने षड्यंत्रकारियों का दिन-रात बहकाने का काम जारी था। कमाल यह था कि किए गए काम के मुताबिक सरकार की ओर से योग्यता और कुशलता के साथ मजदूरी बांटी जाती थी, फिर भी किसान इस काम में मन लगाकर श्रम नहीं करते थे, मानो वह किसी दूसरे का काम हो और उनका अपना उससे कोई लेना-देना नहीं था। आलम यह था कि मौका मिलते ही यह सारे लोग काम से जी चुराने लगते और चीजों की चोरी करने लगते। इस बीच एक कलेक्टिव फार्म में मुझे जाने का सौभाग्य मिला। वहां कलेक्टिव फार्म के निदेशक ने शिकायत की कि फार्म के अंतरंग मेम्बर भी चोरी करते हैं और काम को बिगाड़ते हैं, लिहाजा बाहर के लोगों का कहना ही क्या था! कई गिरजाघरों से किसानों के गुस्से से भरे गिरोह निकलते हुए मैंने खुद देखे थे।

यह योजना 1928 के अक्टूबर महीने में आरंभ हुई थी। निश्चित है कि अच्छी तरह से समाप्त भी हुई है। कमाल की बात है कि योजनाओं को अमल में लाने की गति देखने लायक है और सारी ही योजनाएं पांच की जगह चार वर्षों में ही समाप्त कर दी गई हैं। औद्योगिक मजदूरों के उत्साह में सरकार ने भी दूसरे कामों पर कम गौर कर उद्योग कलाओं को स्थापित करने में अपनी ओर से शानदार प्रयास किए हैं।

रूस खनिज पदार्थ में बहुत संपन्न देश है। लोहा, कोयला और पेट्रोल कोने-कोने में बिखरा पड़ा है, लेकिन उसकी रेलें और सड़कें अभी दुनिया के छठे हिस्से के बराबर काफी उन्नत नहीं हैं। सरकार ने 1925 में कोयले के उत्पाद में 9 करोड़ रूबल और 1932 में 47 करोड़ रूबल खर्च किए हैं। तेल में तो सोवियत रूस ने और भी उन्नति की है। आज वह इस क्षेत्र में अमेरिका को छोड़कर और सारे देशों से आगे है। बिजलीघर तो सैकड़ों की तादाद में जगह-जगह बने हुए हैं। इतने ज्यादा कि कई जगह तो उनसे फायदा उठाने वाले उद्योग-धंधे भी अभी नहीं बने हैं।

इधर, दुनिया की व्यापारिक अवनति ने रूस को बड़ा ही नुकसान पहुंचाया है। रूस के ग्राहकों की खरीदने की ताकत कम हो गई है, इसलिए दूसरे देशों के रुपयों का रूस में जाना बहुत कम हो गया है। इसका परिणाम यह हो रहा है कि रूस दूसरे देशों से जरूरी मशीनें नहीं खरीद पा रहा है। इसके साथ ही साथ हजारों विदेशी इंजीनियर जिन्हें उनकी करेंसी में वेतन देना होता है, उन्होंने रशिया को अलविदा कहना शुरू कर दिया है क्योंकि सरकार के पास विदेशी धन न के बराबर है।

आइए देखते हैं कला-कौशल और विकास के लिए अपनी प्रजा से ही कर और कर्जे के रूप में या फिर लॉटरियों के रूप में धन जुटाने वाली सरकार ने इस दुनिया को कितने महत्त्वपूर्ण प्रयोग दिए हैं—

(1) रूस ने पहले से बनाई गई आर्थिक नीति का सरल रास्ता दुनिया को दिखाया है । हालांकि इसमें उससे बड़ी गलतियां हुई हैं, लेकिन फिर भी उत्पादन

की सहयोग-प्रणाली दुनिया की आर्थिक मुसीबतों के लिए बड़ा बढ़िया उपाय सामने रखती है।

(2) रूस ने बेकारी को हमेशा के लिए हटा दिया है। अमेरिका में आज 12 मिलियन, जर्मनी में 6 और इंग्लैड में 3 मिलियन लोग बेरोजगार हैं और बिना किसी काम के चलते अपराध करने को मजबूर हैं और भूखे मर रहे हैं। उनकी सरकारें हैरान हैं लेकिन रूस में सरकार बेकारों के लिए कारखाने खोलकर उन्हें बराबर वेतन पर काम देती है। शहरों में अनाथ लुटेरे बच्चों के लिए जगह-जगह कारखानें और स्कूल मिश्रित आश्रम खोलकर रूस ने पूरी दुनिया के सामने बढ़िया उदाहरण रखा है।

(3) कमाल है इस देश ने आलस्य और सुस्ती को मार भगाया है। कड़ी और सतत मेहनत की लोगों में आदत डाल दी है।

(4) रूस ने जापान से भी ज्यादा तेज गति से औद्योगिक जीवन को अपनाया है। मुल्क में जगह-जगह कारखाने, बिजलीघर, रेलें और पावर स्टेशन, तेल के कुएं, कोयले और लोहे की खदानें हैं। गुलाम देशों के लिए ये सब उद्योग-धंधे बेहद आवश्यक हैं और वह भी बिना दूसरे देशों से किसी तरह का कोई कर्जा लिये। वाकई यह दुनिया के इतिहास में एक नई गाथा है।

(5) रूस ने ही सबसे पहले सहयोगी कृषि में प्रयोग किए हैं। उसने खेतों में भी औद्योगिक क्रांति ला दी है। शायद दुनिया के अन्य देशों के किसान औद्योगिक ताकतों की गुलामी से बचने के लिए आगे चलकर इसी उपाय का सहारा लें।

(6) सबसे महत्त्वपूर्ण बात यह है कि रूस ने इस तजुर्बे के जरिए उस नई आर्थिक प्रणाली का ढांचा खड़ा किया है, हो सकता है कि जिसकी तरफ संभवत: सारी दुनिया ही चल पड़े।

कमाल की बात है कि इटली, जर्मनी, अमेरिका और इंग्लैंड अपनी मुसीबतों को सुलझाने के लिए इस रास्ते पर कदम बढ़ाने की तैयारी कर रहे हैं। वाकई रूस के यह महत्त्वपूर्ण प्रयोग पूरी दुनिया के सामने एक नया उदाहरण है।

'विशाल भारत', जुलाई 1933

सोवियत यूनियन का सातवां सूर्योदय

यह लेख ताजिकिस्तान में साम्यवादी सरकार की ओर से चलाए जा रहे सुधार अभियानों पर प्रकाश डालता है। यह एक संस्मरणात्मक लेख भी है। बालकृष्णजी ने इसके माध्यम से ताजिकिस्तान के इतिहास, संस्कृति, परंपरा, भाषा, समाज, शिक्षा, स्वास्थ्य , विकास और शासन सहित जनता में साम्यवाद के जरिए आ रहे बदलावों का पूरा दृश्य खींचा है। —संपादक

आज हिंदुस्तान और अफगानिस्तान से सटे हुए सोवियत यूनियन के सातवें साम्यवादी प्रजातंत्र ताजिकिस्तान में एक ऐसा नया सूरज उदित हो रहा है, जिसके प्रकाश से ताजिकिस्तान के कोने-कोने और हर आमो-खास के दिल में फैला बर्बरता और असभ्यता का काला अंधेरा छंटने लगा है।

सोवियत यूनियन के सातवें प्रजातंत्र में हुए साम्यवादी सूर्योदय ने दुनिया को चकित कर देने वाली चीजें पैदा कर दी हैं। इस नए उजाले की हर किरण के साथ बदलाव यहां हर तरफ देखा जा सकता है। कभी यहां चारों ओर खंडहर और मुफलिसी नजर आती थी। असभ्य, बर्बर लोगों की आंतरिक लड़ाई की आंधी के बाद बचे हुए कुछ कब्रिस्तानों और टूटी-फूटी इमारतों के बीच यहां मनहूसियत और वीराना फैला हुआ था।

कभी यहां तैनात लाल फौज को मदद देकर प्रजातंत्र लाने वाले ताजिकिस्तान के गरीब किसानों के दुखों और संघर्षों की कहानियां मौजूद थीं। जिसमें वाशमाच फिरके द्वारा प्राय: 12 हजार देशवासियों को कत्ल करने और फांसी पर लटकाने की दर्दनाक घटनाएं दर्ज थीं तो वहीं यहां के खलीफा अमीर-उमराव के सालों से बुजदिल जनता को डराकर उसकी कमाई लूटने के किस्से भी मौजूद थे।

बहरहाल, आज जो ताजिकिस्तान दुनिया के सामने सोवियत-यूनियन का सातवां प्रजातांत्रिक सूर्योदय बनकर उभरा है, उसकी तस्वीर अब बदल चुकी है। यह एक ऐसा सवेरा बन गया है जो पूरी दुनिया को प्रकाश दे रहा है। इस इलाके को सन् 1924 में राष्ट्रीय भागों में बांटकर 15 मार्च, 1925 को स्वाधीन ताजिक प्रजातंत्र बनाया गया और 5 दिसंबर, 1929 को सोवियत यूनियन का सातवां साम्यवादी प्रजातंत्र ताजिकिस्तान स्थापित किया गया।

वैसे आज से पंद्रह साल पहले ताजिकिस्तान का नाम भूगोल की किताबों में भी नहीं था। चेकोस्लोवाकिया के आकार के इस देश को पूर्वी बुखारा के अमीरों एवं उनके सरदारों द्वारा बुरी तरह शोषित किया गया। उनके शासन के अंतर्गत आने वाले इस देश को कुछ विशेषज्ञ भले ही जानते रहे हों, लेकिन बाकी समस्त संसार के लिए यह अज्ञात ही था।

बुखारा के अमीर, हमारे रियासती महाराजाओं और नवाबों की तरह, रूसी जार की मातहती में ही थे। हालांकि फरवरी 1917 की केरेनस्की की क्रांति ने बुखारा को उसके पूर्वी इलाकों सहित जार के चंगुल से स्वतंत्र कर दिया था, लेकिन फिर भी मार्च 1920 में फरूज की सेना लाल फौज की मदद से स्थानीय क्रांतिकारी आखिरी अमीर को पछाड़ने के योग्य हो गई, और बुखारा सोवियत प्रजातंत्र की स्थापना हुई। गणतंत्र की घोषणा के कुछ ही दिन बाद एक विध्वंसकारी गृहयुद्ध प्रारंभ हुआ, जिसने ताजिकों की राष्ट्रीय स्वतंत्रता को फिर पीछे ढकेल दिया। सन् 1925 में स्वतंत्रता का झंडा फिर ऊपर उठा और किसी जमाने में जारों और अमीरों की जायदाद यह मुल्क खुदमुख्तार प्रजातंत्र के रूप में अजबेक साम्यवादी प्रजातंत्र का एक भाग या प्रांत बना, लेकिन यहां की प्रांतीय स्वाधीनता हमारे देश की तरह वकीलों की अकल से बेल-बूटों की तरह कटी-छंटी हुई चीज न थी, जिसमें पूंछ और मुंह दोनों केंद्रीय सरकार की एड़ी के नीचे दबे हों।

यहां बुखारा के अमीर और खीबा के खान के देश-निकाले के बाद मध्य एशिया में बुखारा राष्ट्रीय प्रजातंत्र नाम की नई रियासत पैदा हुई है। सोवियत यूनियन ने इस तबाह, जंगली और सभ्यता से दूर इलाके के सांस्कृतिक और औद्योगिक विकास की चुनौती को न केवल स्वीकार किया है, बल्कि इस इलाके को रशिया की तरह दुनिया के आगे रोल मॉडल के रूप में पेश करने और वहां साम्यवादी विचारधारा को फैलाने के लिए अपनी पूरी ताकत झोंक दी है।

सातवां सोवियत साम्यवादी प्रजातंत्र अफगानिस्तान की सीमाओं से लगा हुआ है। नदी के इस पार से गांव, शहर और पहाड़ नजर आते हैं। अफगान पुलिस का बिगुल मुनादी करता है। 'पैगंबर पर ईमान रखने वाले बंदो! अपने चिराग गुल करो, सोने का वक्त हो गया है।'

इसके साथ ही वायनोक्यूलर के जरिए मजार-ए-शरीफ की ओर से चक्करदार पहाड़ी रास्तों से घूमकर जाती हुई हिंदुस्तानी व्यापारियों की माल से लदी गाड़ियों की कतारों को भी देखा जा सकता है।

कभी-कभी सोवियत किनारे पर किसी मिट्टी खोदने वाली या चट्टान तोड़ने वाली मशीन के शोर या टूटे हुए पहाड़ के टुकड़े के नदी में धमाके के साथ गिरने की आवाज से अफगान सीमा में खड़े घोड़े चौंक उठते और हिनहिनाने लगते हैं। दोनों किनारे इतने नजदीक हैं, लेकिन दोनों में कितना अंतर है इसका अंदाजा तो बस यहां आकर और एक तरफ चल रही बदलाव की साम्यवादी बयार को महसूस करके, तो दूसरी

ओर अतीत और इतिहास की छाया में अंधविश्वासों में पिसती पहाड़ी जातियों को देखकर ही समझा जा सकता है। निश्चित ही ताजिकिस्तान तेजी से बदल रहा है।

मध्य एशिया का इतिहास लूट, तबाही और कत्ल का इतिहास है। रहने के मकानों से जुड़ी हुई पुरानी कब्रें और मकबरों की टूटी-फूटी इमारतें अब भी मौजूद हैं। तैमूरलंग चंगेज खां और हमेशा चक्कर लगाने वाली वाशमाच-जाति के बर्बरता और पाशविकता के चिह्न, हर निशान जगह-जगह आपके सामने हैं। जिंदा आदमियों की संख्या की तुलना में मुर्दों की कब्रें ज्यादा हैं और वे भी जाने कितने जमाने की। तरह-तरह के पौधों और दरख्तों ने अपनी जड़ें इन कब्रों के गर्भ में फैला रखी हैं और ठंडी हवा में लहलहाते हुए इनके पत्ते धीरे से मुसाफिरों के कत्ल की कहानियां खुद-ब-खुद सुनाया करते हैं।

बुखारा की बीती सल्तनत के सरकारी कागजों में किसानों का नाम रैयत था। अधनंगे किसान कुदाली के हथियार से लैस इस सूखी कड़ी बंजर जमीन पर रात-दिन मेहनत करते थे। यूरोपियन यात्री इस देश को एक तरह से अन्याय की दुनिया ही कहा करते थे। यहां कुरान और कोड़े का राज्य था। तब्दीली यहां की आबोहवा से वैसे ही गायब हो गई थी, जैसे किसी रेगिस्तान में गरमी के दिनों में ठंडी हवा। यहां रहने वाली पीढ़ियों के लिए महज एक ही पड़ोसी तुर्किस्तान उसका भी ठीक वैसा ही हाल था। वहां खीमो और तम्बाकू में रहने वाली जातियां एक जगह से दूसरी जगह घूमती रहती थीं। चेरीकेरी कहे जाने वाले एक किस्म के गुलाब पसीने से तरबतर रात-दिन जी-तोड़ मेहनत करते थे। जार, जमींदारों, व्यापारियों और अमीरों के सच्चे हिमायती पुलिस अफसर इस अन्याय और शोषण की दास्तानों को वोडका (रूसी-शराब) के गिलासों के जरिए अपने दिलों के नीचे दबाए रखते थे।

इस इलाके को और भी करीब से जानने के लिए यहां घूमना बेहद जरूरी है। आइए, पहले पचास हजार की आबादी वाले इस देश की राजधानी स्टैलिनाबाद के दरवाजे पर दस्तक देते हैं। सात साल पहले यह शहर बनारस की तरह तंग गलियों वाला एक छोटा-सा गांव भर था, लेकिन आज यह पथरीली तंग गलियां गायब हैं और इसकी जगह टेलीफोन बिजली के तारों को संभालते हुए खंबे और छायादार दरख्तों से दोनों ओर से घिरी कई सुंदर और साफ सड़कें वहां बन गई हैं और बन रही हैं।

मिस्त्रियों, आर्किटेक्ट, आबपाशी के विषेशज्ञ इंजीनियर, टेक्नीशियन, इलेक्ट्रीशियन, मैकेनिक, सर्वेयर आदि के सैकड़ों कैम्प चारों ओर लगे हैं। तेज धूप और तपते सूरज की असहनीय गरमी से बचने के लिए बीच-बीच में इन कारीगरों और विशेषज्ञों के लिए मिट्टी की दीवारों और फूस की छत वाली झोंपड़ियां खड़ी की गई हैं। पुराने मकान तोड़े जा रहे हैं और इसकी जगह मजदूरों के लिए नए-नए चार या पांच मंजिला कांच की कई खिड़कियों से युक्त हवादार भवन खड़े किए गए हैं।

इन रमणीय इमारतों के बीच में फूल-पत्ते लगाकर एक बगीचे वाला शहर बनाने का शानदार प्रयास लगातार जारी है। मुख्य सड़क के बिलकुल बीच में लेनिन की एक

सजीव और भावपूर्ण प्रस्तर–मूर्ति है, जो एक हाथ में घुटने के पास तक टोपी पकड़े हुए है और दूसरे आगे की ओर बढ़े हुए हाथ की अंगुली पूर्व की ओर इशारा कर रही है। सैकड़ों ताजिक कवियों, लेखकों और विचारकों ने इस मूर्ति को अपनी कलम का विषय बनाया है। जरा एक कवि महोदय की चार लाइनों का मुलम्मा देखिए–

'जब तक दुनिया में एक भी मजदूर या किसान संपत्तिवाद के पुर्जे में जकड़ा हुआ होगा तब तक हमारा कार्य समाप्त न समझो, तब तक हम विश्राम के अधिकारी नहीं। पूर्व में साम्राज्यवाद और पूंजीवाद अपने बीभत्स नग्न रूप में मौजूद है। सोवियत यूनियन के साम्यवादी स्त्रियों और पुरुषों! अपने इन भाइयों की ओर निहारो और इन्हें इस दासता से मुक्त करो।'

खैर, आगे बढ़ते हैं। राजधानी स्टैलिनाबाद में नए घर एक–दूसरे से कुछ फासले पर हैं और बीच में फूल–पत्तों से सजी हुई हुई बगीचियां हैं। सड़क पर घोड़ागाड़ियों, बैलगाड़ियों, घोड़े, खच्चर, गधे और ऊंट भी कभी–कभी नजर आते हैं। मोटर–बस काफी हैं, लेकिन मोटरें बहुत ही कम हैं, हां, कहीं–कहीं साइकिलें भी नजर आती हैं। स्त्रियों और पुरुषों की पोशाकों का सम्मिलित रूप देखने लायक है। तारबूश, अफगानी पगड़ी और नए ढंग की गोल रूसी टोपियां बहुत हैं, लेकिन फेज का एकदम अभाव है।

राजधानी में बिजली पैदा करने वाला स्टेशन केंद्र एक है, जहां से संस्कृति, उद्योग और साम्यवाद का प्रकाश पूरे प्रजातंत्र में फैल रहा है। अगम्य चट्टानों के ऊपर बसे हुए गांवों में, नदी के द्वीपों में बसी हुई जातियों में और देश के कोने–कोने में इसी राजधानी से विज्ञान, कला और शिक्षा का प्रकाश सभी ओर फैल रहा है।

गाड़ियों से कुछ दूर चलकर हम एक किसान क्लब में दाखिल हुए। कई दढ़ियल खेतिहरों के बीच में खूबसूरत ताजिक बालिकाएं अरबी और अन्य लिपियों में छपी हुई पत्र–पत्रिकाएं पढ़ रही हैं। बालों की सुंदर–सुंदर लटें दोनों गुलाबी गालों पर लटक रही हैं। कपड़े साफ और सुंदर हैं, लेकिन कमाल है कि वे जरा भी सजी–संवरी नहीं हैं। पुरुष–स्त्रियों में एक जैसा व्यवहार है। हम लोग वहां तकरीबन चार घंटे बैठे, नमाज का वक्त हो गया था।

गांव की मस्जिद से न कोई अजान की आवाज आई और न ही किसी ने खुद–ब–खुद किसी प्रकार की कोई चेष्टा की। चार तुर्क जो कभी दिन में पांच–पांच बार अल्लाह की जमीन को चूमते थे, आज वे शतरंज खेलने में मशगूल हैं। एक बूढ़ी औरत खुदा के नाम पर गरीबों की लूट नाम का एक लेख एक रूसी साप्ताहिक पत्रिका से पढ़ रही है। क्या किया जा सकता है यहां तो नमाज भी नदारद है।

बुखारा के अमीर–उमराव के जमाने में सड़कें बड़ी खराब थीं। गांव तो महीनों एक–दूसरे से अलग कटे पड़े रहते थे, क्योंकि पहाड़ी नदियों में खतरनाक बाढ़ आती थी। इन नदियों के किनारे बड़े डरावने हैं। पांच–सात सौ फीट ऊंचे दो चट्टानों के बीच में लकड़ी के हिलते हुए कमजोर पुल थे, जिनके अचानक टूट जाने से कई

घुड़सवार, घोड़े समेत सैकड़ों फीट नीचे नदी में अपनी जान गंवा देते थे। बाखशा नदी हमेशा किनारों को छोड़कर बहती थी। वहां के लोग इसे पगली नदी या किनारे न पहचानने वाली हत्यारिन नदी के नाम से पुकारते थे।

फिलहाल नदी-तट पर हरी गोल टोपी पहने एक नौजवान मुंह से बकरी की खाल की मश्क फुला रहा है। कृषि-विभाग का एक विशेषज्ञ, एक इंजीनियर और कलेक्टिव फार्म यूनियन का एक कर्मचारी कुछ किसानों के साथ मशकों के बने बेड़े से नदी पार कर रहे हैं। साथ-साथ कुछ घोड़े भी तैर रहे हैं। हवा-भरी मशक पर नदी पार करना बड़ी चुस्ती का काम है। जरा इधर-उधर हुए कि बस इन तेज रफ्तार भर रही पर्वतीय नदियों की धारा से बचने का कोई उपाय नहीं।

ताजिकिस्तान में सड़कें बनाना साम्यवाद के निर्माण का प्रधान अंग है। हर साल स्टैलिनाबाद से देश में चारों ओर जाने वाली सड़कें बनाई जा रही हैं। पहली जुलाई, 1931 तक 134 किलोमीटर रेलवे-लाइन और कई सौ किलोमीटर पक्की पत्थर और अलकतरे की नई सड़कें बनी हैं।

कमाल है, इन नजारों को देखकर कौन अंदाजा लगा सकता है कि जिन पहाड़ी रास्तों में किसी समय घोड़ों का चलना भी मुश्किल था, वहां आज मोटरें और बसें दौड़ रही हैं। कहीं-कहीं लोग शहरों से कलेक्टिव फार्म को जा रहे हैं तो कहीं-कहीं कलेक्टिव फार्म का भेड़ों का गल्ला मोटर के पीछे-पीछे जा रहा है। नदियों पर लोहे के मजबूत पुल बनाए गए हैं।

बाखटक नदी के किनारे एक बड़े कृषि-फार्म और कल-कारखाने की स्कीम बनाई जा रही है। बाखशास्टरोई बाखशा नदी के पानी से तीन लाख एकड़ बंजर जमीन में मिस्र की रुई पैदा करेगी। रुई और तेल की मिलें और कृत्रिम खाद्य बनाने का एक बहुत बड़ा कारखाना यहां खड़ा किया जाएगा। चालीस हजार किलोवाट की ताकत का एक बिजलीघर तैयार हो गया है। वह इन मिलों और कारखानों को बिजली की शक्ति और आसपास के जिलों को रोशनी सप्लाई करेगा।

पावर स्टेशन बनाने के लिए किनारे की मिट्टी मशीनों द्वारा नदी में डाली जा रही है, ताकि पानी रोका जा सके। रेल बड़े-बड़े पत्थरों को नदी किनारे ला रही है। एक तरफ जहां एक बुल्डोजरनुमा मशीन सारी चट्टानों को तोड़ रहा है, तो वहीं दूसरी ओर स्टील के लंबे लंबे चाकू पहाड़ों को मक्खन की तरह कतर-कतरकर उसकी शिलाओं को एक तरफ फेंक रहे हैं। मजदूरों को जोर न लगाना पड़ता हो ऐसी बात नहीं है, लेकिन यहां अधिकांश काम मशीनों से ही लिया जा रहा है। मुझे यहां ताजमहल के निर्माण की कहानी याद आ रही है।

एक छोटी-सी इमारत को और वह भी एक बादशाह का अहम पूरा करने के लिए तीस हजार स्त्री-पुरुषों ने अपनी जिंदगी के दस अमूल्य साल चूने और पत्थरों में बिता दिए। और उसके बदले उन्हें तो कुछ नहीं मिला बल्कि पैसे वालों को आगरा जाने

का एक झूठा बहाना मिल गया। कोई सुंदर प्रथम श्रेणी की कविता भी इस इमारत की प्रेरणा से बनी हो, ऐसा मेरे लिए इस समय भी याद करना मुश्किल है। ऊपर से इसके निर्माण से जनता को क्या लाभ हुआ? बस सिवाय कुछ थोथा देश-प्रेम दिखलाने वालों को अर्द्ध-शिक्षित अमेरिकन यात्रियों की तरह ही इसे दुनिया के सात अजूबे में कह लेने भर का मजा मिल गया।

खुदा जाने, जहांपनाह शाहजहां के जमाने में कुलियों को कै घंटा रोजाना काम करना पड़ता था। आज के भारतीय राजाओं के महलों पर तो यूरोपियन इंजीनियरों और कॉन्ट्रेक्टरों के होते हुए भी बेगार में पकड़ी हुई जनता को सुबह 6 से शाम 8 बजे तक तीन-चार आने रोजाना पर काम करते मैंने देखा है। खैर, हिंदुस्तान के पचड़े में फिलहाल न पड़ा जाए तो ही ठीक है।

आइए, कल-कारखानों के शोरगुल से दूर, रुई के इस हरे-भरे खेत में बैठकर जरा इस पेशावरी पगड़ी वाले ताजिक जवान से कुछ गपशप की जाए। आप इस कलेक्टिव फार्म के सदरआला हैं। कभी मजहब का ऐसा नशा था कि दिन में पांच बार नमाज पढ़ते थे। मक्का-शरीफ भी हो आए थे और आलम यह था कि उधर मुंह करके न तो ये पेशाब करते थे और न ही पैर फैलाकर बैठते थे, लेकिन आज मॉस्को की धर्म-विरोधिनी पत्रिकाओं ने अल्लाहताला की जड़ें खोखली कर दी हैं। बीबी स्थानीय सोवियत की सेक्रेटरी हैं। बच्चा मॉस्को में ताजिक सरकार के खर्चे पर टेक्सटाइल इंजीनियरिंग सीख रहा है। लड़की अभी शहर के एक अस्पताल में नर्स है और साथ-ही-साथ डॉक्टरी भी पढ़ रही है। एक साल बाद वह कलेक्टिव फार्म की चिकित्सा का भार भी अपने कंधों पर ही ले लेगी। खैर, 6000 एकड़ के इस रुई के फार्म के सभापति महोदय हमसे बातचीत करते हुए ताजिकिस्तान में रुई के बोने का इतिहास बताने लगे।

मध्य एशिया में सोवियत सरकार ने पहली बार रुई पैदा की है। एकड़ों को बढ़ाने के लिए नई-नई नहरें निकाली जा रही है। इस साल काफी वर्षा होने के कारण सिंचाई की जरूरत न रखने वाली जमीन में भी रुई बोई गई है। अपनी मिलों के लिए रूस को अब इंग्लैंड की तरह दूसरे देशों की ओर नहीं ताकना पड़ता। इस खेत में बीस ट्रैक्टर काम कर रहे थे। घोड़े-बैलों से बहुत कम काम लिया जाता था। दोपहर को जब ट्रैक्टर इंजीनियर जांच के लिए आए तो मुझे भी उन्होंने उसमें बैठाया और उसके कल-पुर्जे समझाने शुरू किए। बड़ा सरल काम है। वहां कई औरतें भी ट्रैक्टरों से खेत जोत रही थीं। कमाल था पर्दे में सड़ने वाली स्त्रियां आज अपनी दैहिक और मानसिक शक्तियों को समाज के लाभ के लिए इस्तेमाल कर रही थीं। नहीं तो इतने दिन पहले उनका जीवन अंधविश्वासों और कुरीतियों का शिकार था।

अब हम ताजिकिस्तान के नए खोजे गए तेल के हिस्से में आए केरोसिन को साफ करने की रिफायनरी को देखा। जंगल में जहां पहले कभी बालू के टीले थे वहां आज

लोहे की मीनारें खड़ी थीं, स्टील का जाल बिछा था और जगह-जगह पत्थर के पक्के तथा लोहे के हौज तेल से भरे पड़े थे। आग की जोखिम से बचने के लिए फायरब्रिगेड और पानी आदि का पूरा इन्तजाम था।

हमने यहां सात साल पहले की प्राथमिक और माध्यमिक शिक्षा समाप्त किए हुए किशोर बालकों को ऑइल इंजीनियरिंग के कारखाने में अध्ययन करते देखा। कल-पुर्जे और चीजें वहीं उन्हें रोजाना चार घंटे समझाई जाती थीं। तेल के तत्त्वों के तमाम तरह के गुणधर्मों की पूरी व्याख्या की जाती थी। तीन घंटे थ्योरिटिकल ट्रेनिंग बाहर पास ही के स्कूल-घर में दी जाती थी। और हां, एक बात और, इनमें कई लड़कियां भी थीं, जो इंजीनियर होने जा रही थीं।

खोजंद में पहाड़ी दरख्तों के बीच में एक रमणीक घाटी में एक रेशमी कपड़े की मिल है। सफाई और खूबसूरती का क्या कहना है! दुर्गंध और धुएं का अभाव है। हवा और रोशनी भरे मशीन-घर हैं। इमारतों के बीच के अहाते में फूलों की क्यारियां लगी हैं। बीच में बैंचों से घिरा हुआ एक हौज है जिसके ऊपर एक फव्वारा है। कुछ ही दूर पर लेनिन कॉर्नर और क्लब है, जहां मजदूर अपना वक्त खेलने या पढ़ने में बिताया करते हैं। मैंने वहां दीवार पर उनका टाइप किया हुआ अखबार देखा जिसमें कारखाने की अंदरूनी बातों से लेकर कविता और कहानियों तक को जगह दी गई थी।

कमाल की बात यह है कि इस मिल में ज्यादातर लड़कियां और स्त्रियां ही मजदूर हैं। पहले इन लड़कियों और औरतों को इनके संबंधी और पति बड़े संदेह की नजर से देखते थे। इन्हें कहीं बाहर नहीं जाने दिया जाता था, लेकिन सरकारी शिक्षा, प्रचार और नए कारखानों से मिलने वाली कमाई के लोभ ने इन सब मकड़जालों को धीरे-धीरे तोड़ डाला है।

ताजिकिस्तान में क्रांति के बाद 6 मिलें खोली गई हैं और बहुत-सी खोली जा रही हैं। मजदूरों की उत्पादन शक्ति बढ़ाने और मशीनों से जानकारी प्राप्त करने के लिए उन्हें नए ढंग से शिक्षा दी जा रही है। फैक्टरी-स्कूलों में उन्हें जल्द ही मशीनों का इस्तेमाल करना सिखा दिया जाता है।

दूसरे दिन हम लेनिन कलेक्टिव फार्म में गए। दोनों हाथों को पकड़कर, मुस्कुराते हुए जाकूर दोल्याते ने हमारा ताजिक तरीके से अभिवादन किया। खान साहब के गुलाबी चेहरे पर सीमाप्रांत के खानों की तरह मोटे सूती कपड़े और पगड़ी अपनी अलग ही रंगत बिखेर रही थी।

इस फार्म में बीमारों के लिए एक एंबुलेंस-केंद्र है। यहां दूर-दूर से किसान घोड़ों, खच्चरों पर या पैदल चलकर आते हैं और अपना इलाज कराते हैं। यहां हमेशा डॉक्टर और नर्स उनके इलाज के लिए लगे हुए मिलेंगे। अगर कोई बीमार घोड़े या गाड़ी में आने में असमर्थ हो तो खबर मिलने पर फौरन एम्बुलेंस भेजकर उसे आराम से यहां लाया जाता है। अगर बीमारी सख्त हुई तो शहर से विशेषज्ञों के पास फिर एम्बुलेंस

द्वारा उस बीमार को भेज दिया जाता है क्योंकि फार्म एक अस्पताल नहीं है। जाहिर है, यह सब मुफ्त और सर्वसाधारण के लिए है। डॉक्टर और नर्स किसी भी रोगी से भेंट या इनाम के रूप में न तो एक पैसा ले सकते हैं और न वे लेते ही हैं।

ताजिकिस्तान में बदलाव की यह आंधी क्रांति के पूर्ण होने का जश्न मनाती सी दिख रही है। जिस इलाके में पांच साल पहले जादू, टोने, ताबीज, कुरान की आयतों और घास-फूस की सच्ची-झूठी संदेहास्पद दवाइयों के सिवा किसी बीमारी का कोई इलाज नहीं होता था, वहां क्रांति ने चहुं ओर विज्ञान की हरियाली बिखेर दी है।

साम्यवादी क्रांति ने पूरे ताजिकिस्तान की सूरत में चार चांद लगा दिए हैं। यहां तकरीबन 1200 प्राथमिक, टेक्निकल और फैक्टरी स्कूल हैं। 1917 में सारे देश में कुरान के मदरसों के सिवा केवल एक स्कूल था, लेकिन अब यहां शहर की हर सड़कों और गांव की हर गलियों में हर जगह विद्यार्थी-मंडली मिलेगी। इस क्रांति ने रूस में और स्त्री-पुरुष के अधिकारों में कोई भेद नहीं रहने दिया है, लिहाजा विद्यार्थी शब्द से यहां युवक और युवती दोनों को समझा जाता है।

बहरहाल, इस समय हम एक क्लासरूम में थे। तरह-तरह की पोशाकों में कोई अठारह-उन्नीस युवतियां डेस्क पर किताबें खोले बैठी थीं। दीवारों पर आधी दुनिया के बड़े सुंदर और असाधारण ढंग के नक्शे टंगे हैं। शिक्षक की टेबल पर एक ग्लोब रखा है। लग रहा है वहां भूगोल पढ़ाया जा रहा है। ये लड़कियां अपने घरों से दूर छात्रावास में रहकर पढ़ रही हैं। एक वर्ष बाद ये सब अपनी पढ़ाई पूरी कर ताजिकिस्तान, उज्बेकिस्तान और बुखारा वापस चली जाएंगी, अर्जित की गई शिक्षा का प्रकाश फैलाने। क्लासरूम से निकलकर हम ताजिकिस्तान के परिवर्तन की एक फिल्म देखने गए, लेकिन नवीन रूस की जीवन जागृति और उसके लिए परिश्रम और बहादुरी का क्या वर्णन किया जाए। कष्ट, दुख और अज्ञान की जिंदगी से आज स्वतंत्रता और शिक्षा की तुलना करना ही मुश्किल है।

फिल्म के पहले दृश्य में हजारों किसान नमाज पढ़ रहे हैं। ईद के दिन कलकत्ते के मैदान का नजारा दिखाई दे रहा था। यह दृश्य सामने आते ही पीछे बैठे जवान लड़कों और लड़कियों की हंसी और ठहाकों की आवाजें आईं। फिल्म के दूसरे दृश्य में एक किसान मुल्लों से ताबीज लेकर एक बीमार और सुस्त बैल के गले में बांध रहा है।

तीसरे दृश्य में बच्चे को गोद में लिये पशुओं की तरह नथ पहने एक औरत कलेक्टिव फार्म में शामिल होने के लिए आवेदन में लिख रही थी कि अगर मेरी नथ मुझसे न खुलवाई जाए तो मैं कलेक्टिव फार्म में शामिल हो सकती हूं अन्यथा नहीं। वाकई में यह सब सच्ची तस्वीरें थीं। फिर था एक नए न्यायालय का नजारा। एक महिला जज और एक सहकारी पुरुष जज, टेबल के पीछे कुर्सियों पर बैठे थे।

एक नीले बुर्के वाली सोलह साल की लड़की की शिकायत थी कि उसके पति देवता उसे पीटते हैं। महिला न्यायाधीश उस नगर में पारांजा (एक किस्म का बुर्का)

को फेंककर मनुष्य जीवन प्राप्त करने वाली पहली स्त्री थी। फिर सुंदर लड़कियों का यूरोपियन व्यावहारिक ढंग से कटे हुए बालों के साथ, कमीज और हाफपैंट पहने हुए स्कूल के अहाते में कसरत करने का दृश्य था जिसमें एक ट्रेनर उन्हें फिट रहने के लिए निर्देश दे रही थी।

अब हम एक मस्जिद में थे। दो-चार बूढ़ों और काजी मियांओं के सिवा कोई नजर न आया। तीन साल पहले यहां सैकड़ों बच्चे कुरान और शरीयत को कंठस्थ किया करते थे जैसे पवित्र काशी में ब्राह्मणों के भोले-भाले बालक। आज ठीक उस अंधेरे मकबरे के सामने कांच की खिड़कियों वाली बड़ी सुंदर पीले रंग की इमारत खड़ी की गई है, जहां लड़के-लड़कियां विज्ञान का अध्ययन करती हैं।

ताजिकिस्तान एक अंतरराष्ट्रीय देश है। इसके पड़ोस में हिंदुस्तान और अफगानिस्तान में फिरकेबाजी के लोग छोटी-छोटी बातों पर एक-दूसरे के खून के प्यासे हो रहे हैं। लेकिन यहां छोटी-मोटी और कभी एक-दूसरे को मार-काटकर खत्म कर देने वाली जातियां, जैसे—अरब, उजबेक, खंजार, लुल, बेलुंजी, लुकांजी, योगनोजी, तुर्क, अफरान वगैरह इस तरह से मिल-जुलकर रह रही हैं मानो यह कभी अलग-अलग थीं ही नहीं। पहले यहां दलबंदी और लड़ाई का जोर था लेकिन आज एक अरब नौजवान बूढ़े ताजिकों को पढ़ना सिखा रहा था।

साम्यवाद का प्रकाश शिक्षा की किरणों के साथ इन तमाम पिछड़े, असभ्यों और अशिक्षित लोगों के बीच एक नई रोशन और खुशियों से भरी जिंदगी के साथ दस्तक दे रहा है। इनकी जिंदगी में वाकई में एक नए सूरज ने नया सवेरा किया है, जिसका हर दिन यहां रहने वाले हर इंसान के दिलों में बरसों से छाए अंधेरे को मिटाकर क्रांति की मीठी उजास भर रहा है। शायद यही ताजिकिस्तान का नया सूर्योदय है।

'विश्वमित्र', अगस्त 1933

रूस की चिट्ठी

बहुआयामी व्यक्तित्व वाले बालकृष्णजी बहुभाषी भी थे। वे हिंदी और अंगरेजी के अतिरिक्त बांग्ला, फ्रेंच, मारवाड़ी सहित कई अन्य भाषाएं भी जानते थे। फ्रेंच भाषा में लिखी गई इस चिट्ठी का हिंदी अनुवाद बालकृष्णजी के इसी बहुभाषी व्यक्तित्व की एक बानगी है। इस चिट्ठी पर विश्वमित्र के संपादक द्वारा एक छोटी-सी भूमिका भी दी गई है। —संपादक

सोवियत रूस के संबंधों में आज तक कई यात्रियों ने कई बातें लिखी हैं। जाहिर है, ये तमाम बातें अपने आपमें अलग-अलग हैं और एक का मत दूसरे से नहीं मिलता। बहरहाल, रूस जाने वाले इन तमाम यत्रियों में से ऐसे व्यक्तियों की संख्या ही अधिक होती है जो कम्युनिस्टों से कोई खास सहानुभूति नहीं रखते। यहां जिस चिट्ठी का अनुवाद नीचे दिया जा रहा है वह चिट्ठी दरअसल एक कम्युनिस्ट महिला ने मॉस्को से पेरिस में रहने वाले अपने एक व्हाइट रशियन भाई को लिखी है। यह रशियन 'रेड रशियनों' की नीतियों का विरोधी है।

मूलत: फ्रेंच भाषा में लिखी गई इस चिट्ठी का अनुवाद श्री बालकृष्ण गुप्त ने किया है, जो आजकल यूरोप में हैं। खास बात यह है कि सोवियत रूस के तकरीबन हर भाग में भ्रमण कर चुके बालकृष्णजी ही इस व्हाइट रशियन के मित्र हैं। इस चिट्ठी की मूल कॉपी प्राप्त करके उन्होंने इसे विश्वमित्र के लिए विशेष रूप से फ्रेंच से हिंदी में अनुवाद किया है। फिलहाल यह चिट्ठी किसी भी यूरोपीय पत्रिका में नहीं छपी है। चिट्ठी अपने आपमें वर्तमान रूस के हालातों की असलियत पर से परत-दर-परत पर्दा उठाते चलती है और बहुत-कुछ वैसा सामने लेकर आती है जिसे समझना न केवल जरूरी हो जाता है बल्कि अनिवार्य भी हो जाता है।

भाई मेरे,

क्या तुम सचमुच ही काबिल अखबारनवीस हो गए हो। मुझे तो भरोसा ही नहीं होता। अच्छे अखबारनवीस को अपने दकियानूसी विचारों को भुला देना चाहिए, लेकिन तुम उस सर्वप्रसिद्ध हठ के एक अच्छे-खासे नमूने हो जो कि रूस को समझना ही नहीं चाहता। उम्मीद है कि क्रांति के बाद के वे चार साल जो तुमने रूस में बिताए, वे तुम्हारी

यादों में ठीक से जगह बना पाए हैं, हालांकि मुझे तो लगता है वह तो तुम्हारी स्मृति में एक पत्थर की लकीर हो गए हैं और उन लकीरों के अनुसार ही तुम दुनिया को देखते हो।

वैसे तुम्हारी समझ में रूसी चलते-फिरते पेड़ हैं जो बेशक सूख जाएं, लेकिन जिनकी उन्नति का कोई मार्ग नहीं। तुम्हें आज के हमारे इस विकास और उन्नति का क्या पता? तुम आज भी रूस की वही हालत समझ रहे हो जो पहली पंचवर्षीय योजना के पांच साल पहले ही बीत गई।

मेरे प्यारे भैया, 1932 के यूएसएसआर (सोवियत प्रजातंत्र) को समझने का यही तरीका है कि कम से कम एकदम झूठी और बेबुनियादी बातें तो तुम्हें अपनी चिट्ठी में नहीं लिखनी चाहिए।

मैं जानती हूं कि तुम्हारे इरादे बुरे नहीं हैं। तुम झूठा प्रचार भी करना नहीं चाहते, लेकिन नाराज न होना, तुम्हारी सोच बड़ी ही उथली और सतही नजर आती है। तुमने अपनी पुरानी धारणाओं को मजूबत करने के लिए वेश्याबाजी के बारे में पूछा था, तो उसका जवाब यह है कि मॉस्को में किसी छिपे कोनों में भी एक वेश्या, तुम्हें ढूंढ़ने से नहीं मिलेगी। मैं जानती हूं कि यह बात तुम खुद भी कबूल करते हो कि किसी समय मॉस्को की दस लाख की जनसंख्या में 34 हजार वेश्याएं थीं, लेकिन तुम्हें शायद आज यह जानकर अचरज होगा कि 34 लाख के नए-नवेले मॉस्को में कई तरह के उपयोगी कामों में लगा देने के बाद बची-खुची कोई 800 के तकरीबन वेश्याएं एक संस्था में अपने नए जीवन को शुरू करने के लिए शिक्षा हासिल कर रही हैं।

विज्ञान के बारे में मेरा यह कहना है कि आज रूस के हर शहर में ही नहीं, बल्कि हर एक कारखाने और कस्बेम तक में वैज्ञानिक अनुसंधान व प्रयोग किए जाते हैं। हमारे इस देश का तो सारा जीवन ही विज्ञान पर चल रहा है। फिर भला हम उसे कैसे भूल सकते हैं कि कुसंस्कारों, कुविचारों व रूढियों को मिटाने के लिए सोवियत सरकार ने विज्ञान को ही अपना अस्त्र बनाया है। तुम्हें शायद लेनिन का यह वाक्य याद नहीं कि धरती पर समाज का स्वत्व तथा उसका वैद्युतिक उपयोग ही साम्यवाद है।

विदेशी भाषाओं के बारे में तुम्हारे प्रश्न का मैं क्या जवाब दूं। आज पहले जमाने की तरह मेरे समान कोई धनिक बाला फ्रेंच अध्यापिकाएं रखकर नहीं पढ़ सकती, और न ही फ्रेंच की ऐसी कद्र है जैसी हमारे घर में थी। हम तो आपस में सारे दिन उसको अपनाए हुए थे, हां, नौकरों से बेशक रूसी में बोल रहे हों, लेकिन आज मजदूर और किसान विदेशी भाषाएं पढ़ रहे हैं। फ्रेंच अवश्य ही विदेशी भाषाओं की तुलना में कुछ कम सीखी जाती है। जर्मन और अंगरेजी का अपना चलन है। इन भाषा-भाषियों को और इनके विद्यार्थियों के लिए तो मॉस्को में कई अखबार, मैगजीनें और किताबें छापी जाती हैं, साथ ही रेडियो में भी लेक्चर दिए जाते हैं, ताकि वह इस नई भाषा को प्रयोग में ला सकें। हमें भाषा यहां सिखाई भी ऐसे सरल तरीके से जाती है कि बारह

महीने में पढ़-लिखकर समझ-बोल सकते हैं। मैंने तो अभी-अभी अंगरेजी सीखी है। फ्रेंच की पुस्तकों का जरूर कुछ अभाव है।

हां, पर रोजाना युमानिते अखबार पढ़कर अपनी फ्रेंच को बचाए हुए हैं। लाइब्रेरी में कुछ और अखबार भी आते हैं, लेकिन समय के अभाव के चलते उधर जाने की फुरसत नहीं मिलती, जाहिर है, सारा दिन पढ़ने-लिखने और आमोद-प्रमोद में ही तो बिताया नहीं जा सकता।

खैर, हो सके तो किसी फ्रेंच यात्री के साथ कुछ ठीक-ठाक किताबें भेजना, जिसमें इधर-उधर के किस्से न हो बल्कि कुछ स्तरीय साहित्य हो। हो सके तो जोलाकी की पुस्तकें भेजना, मैंने उनके 'नाना' का रूसी अनुवाद पढ़ा था। बड़ा पसंद आया। अनातोल फ्रांस, रोम्यां रोलां, आंद्रे जिद, बारबूस आदि की किताबें भी भेजना। मैं यहां की लेखक मंडली में बारबूस का लेक्चर सुनने गई थी। तुमने तो पेरिस में बारबूस की कई स्पीच सुनी होंगी।

हां, हो सके तो मोंद व्यू ल्यू आदि साप्ताहिक-पत्रों की पुरानी कॉपियों के जिल्द भेजना, बड़ा अहसान होगा। हमारी सरकार हमारे ज्ञान के लिए सब कुछ कर रही है, लेकिन इन विदेशी पुस्तकों को खरीदने के लिए पैसा कहां से लाएं? हम विदेशों को माल बेचकर जो पैसा प्राप्त करते हैं, उसका अधिकांश भाग मशीनें खरीदने में और मशीनों को चलाने वालों के ज्ञानार्जन के लिए खर्च किया जाता है। उससे जो बचता है वह आवश्यक कच्चे माल और दूसरी चीजों में खर्च हो जाता है। पुस्तकों की बारी आ ही नहीं पाती। सोवियत सरकार जरूर जब तब जिस विदेशी पुस्तक को अति उपयोगी समझती है तो लेखक के धन को बिना बढ़ाए ही जनता के लिए रूसी में या उसी भाषा में उसे छाप देती है।

खैर, तुम्हें इसे बताने से क्या, तुम तो इसे डकैती कहोगे। लेकिन हमारे देश में गुणों का क्रम बदल गया है। यह उपयोगितावादी संसार व्यक्ति के लाभ के लिए इतना सचेष्ट नहीं जितना समूह के लिए।

हां, तो मैं कह रही थी कि कम्युनल भोजनालय खूब चल पड़े हैं। चूल्हे-चक्की से औरतों का पिंड छूट गया है। कई औरतें तो आज पार्टी की मेम्बर हैं। पार्टी के मेम्बरों के उत्साह, श्रद्धा और कार्यक्षमता का मैं क्या जिक्र करूं। वे नवीन बातों को सीखने के लिए हमेशा से आगे रहते हैं और नए उपायों को प्रयोग में लाने के लिए भी बड़े उस्ताद हैं। उनके त्याग को तुम भी मानते हो। वैसे तुम उसे केवल धर्मानंद ही कहते हो। अब भला मैं तुम्हें कैसे भरोसा दिलाऊं कि साम्यवाद एक नया धर्म नहीं बल्कि वह तो सब धर्मों का विरोधी है। तुम खुद भी जानते हो कि सारे धर्म प्रकृति से बाहर किसी गुप्त और अद्भुत ताकत को मानते हैं। हम तो भौतिकवादी और इन निर्मूल विचारों से कोसों दूर हैं।

और तुम्हें क्या-क्या गिनाऊं? प्रसूति गृह, धात्री-गृह, स्तरीय स्वास्थ्य योजनाएं, कामगारों के क्लब, आय अनुसार गृह किराया, स्वायत्त शासन प्राप्त राष्ट्रों का सामाजिक

एवं सांस्कृतिक विकास, तुम खुद ही देख सकते हो कि यह सब उसी मजदूर शासन और सरकार में संभव व सफल हो सकता है जहां से व्यक्तिगत संपत्ति व आधिपत्य निर्वासित कर दिया गया है। सबसे बड़ी बात यह है कि यह एक ऐसी व्यवस्था है जहां समाज अपने सब संसाधनों को इस प्रकार सामाजिक लाभ के लिए व्यवहार करने के लिए स्वतंत्र है। मुझे तुम्हारी बातें सुनकर बड़ा ही अचरज होता है कि तुम पूंजीवादी पत्रों की तरह शब्दों को भी बिना बदले हमारी पंचवर्षीय योजना को खाक और धूल कहते हो। क्या तुमने समाप्ति के अवसर पर दी हुई स्टालिन और मोलोटोव के भाषण पढ़े हैं। नीपरस्टरोई, मेगनेटोगोरस्क व कुजनेटस्को देखा है।

तुम्हारी आधी चिट्ठी तो स्टालिन कल्पित निरंकुशता के विरुद्ध प्रलाप तो हैं ही, साथ-साथ बोल्शेविकों द्वारा धनिकों व क्रांतिविरोधियों पर किए गए अन्यायों की व्याख्या और हमारे काम में विघ्न डालने वाली ट्राटस्की जैसों की संवेदनाओं से भरी पड़ी है। कम से कम मेरा खयाल करके ही तुम्हें ऐसी बातें नहीं लिखनी चाहिए थीं। अगर तुम्हारे ऐसे विचार हैं भी तो उन्हें कम से कम अपने मन में ही रहने देते या फिर पेरिस में किसी कैफे में अपने रूसी साथियों के सामने निकालकर ही संतुष्ट हो जाते।

मुझे तो लगता है कि ऐसी चिट्ठियां पढ़ने से कुछ लाभ तो नहीं है बल्कि कुछ और आफत न खड़ी हो जाए। पार्टी मुझसे पूछ सकती है कि मैं क्यों ऐसे लोगों से अपने पत्र-व्यवहार करती हूं। भैया, अगर तुम्हें अपनी बहन के इस पत्र-व्यवहार के रेशमी सूत्रों से प्रेम है तो ऐसे पत्र फिर कभी न लिखना। क्रांतिकारियों को भी प्रेम का हक है। प्रेम के लिए मैं तुम्हें चिट्ठियां लिखती हूं। तुम्हारा मन और मत परिवर्तन का मेरा कोई उद्देश्य नहीं। स्वतंत्रता, प्रजातंत्र, निष्पक्ष शिक्षा और कला के लिए तुम्हारा विश्वास है। तुम खद भी अपने दिल से यह मानते हो कि पूंजीवादी यूरोप में जनता खुद अपने फायदे के लिए राज्य करती है।

सरकार जनता की राय में जरा-सी तब्दीली होते ही अपना रुख बदल लेती है और केवल रूस में ही जातिगत सरकार है जो श्रेणी युद्ध के कल्पित सिद्धांत पर चलती है। हालांकि कई देशों की सरकारों ने अपना यह नकाब उतारकर फेंक दिया है, ऐसे में मैं भी यदि यह कहूं कि पूंजीवादी प्रजातंत्र सरकारें, बड़ी चालाकी से भेस बदलकर अपनी असलियत यानी कि तानाशाही को छिपाए हुए है तो शायद तुम्हें भरोसा ही न हो। पूंजीवादी शिक्षा, निष्पक्षता से कोसों दूर जनता को पराधीन रखने का एक जरिया और औजार है।

स्वतंत्रता के लिए तुम्हारी निकम्मी लालसा इस बात को भूल जाती है कि स्वतंत्रता उन्हीं के लिए है जो राज्य करने वाली श्रेणी को उखाड़ फेंकने में या तो असमर्थ हों या फिर अनिच्छुक हों। पूंजीवादी सरकार में दलबंदी केवल इसीलिए और इसी अंश तक संभव है जब तक कोई भी राजनीतिक दल समाज के मूल ढांचे को बदलने का इरादा या ताकत नहीं रखता।

सच तो यह है कि साम्यवादियों को भी तभी तक बर्दाश्त किया जाता है जब तक वे खतरनाक न हों। रूस में भी इन सबके लिए आजादी है। जो साम्यवादी सरकार को नष्ट करने के या साम्यवादी संस्थाओं को नुकसान के षड्यंत्र नहीं रचते। तुम भी जरा अक्ल से काम लो। क्रांति विरोधियों को असीमित एवं अबाध्य स्वच्छंदता देना शराब के बड़े मदिरालय में एक पागल को जलती दियासलाई देकर खड़े करने के बराबर होगा। तुम्हें यह समझना चाहिए कि एक संपूर्ण सामाजिक, आर्थिक एवं राजनीतिक व्यवस्था तोड़ डाली गई है तथा एक सारी जाति धनिक, ताकतवर, अहंकारी और काबिल अपनी शक्तियों से विहीन कर दी गई है।

एक बिलकुल नवीन तजबीज की हुई सभ्यता की सृष्टि की जा रही है। कामगारों का शासन है, इसीलिए तो तुम परिवर्तन काल की भयानक मुसीबत और मुश्किलों को नहीं भूल पाते। असंतुष्ट अंशों के साथ ऐसे समय जरा कड़ाई का व्यवहार करना ही होता है ताकि वे कहीं मौका पाकर किसी क्षण में इस सारे कार्य को पहाड़ की इस ढालू सतह से नीचे न गिरा दें। करोड़ों लोगों के मनों को नवीन सांचे में ढालने का पार्टी का यह काम कितने जोखिम का काम है। तुम पार्टी के कार्यों के महत्त्व से सर्वथा अनभिज्ञ हो। तुम उसके कर्तव्यों और भावों को क्या जानो? तुम समझते हो कि यह कोई विदेशी नादिरशाही मात्र है।

तुम यह नहीं जानते कि पार्टी के सामने केवल दो रास्ते हैं, एक तबाही का और दूसरा जनता की सच्ची इच्छाओं को आकार देकर क्रियान्वित करने का। उसे एक नवीन सच एवं यथार्थ गणतंत्र की सृष्टि करनी है। एक खालिस मजदूरों और किसानों की शासन प्रणाली का गठन करना है। अगर वह ऐसा न करेगी तो वह उस जनमंडल की प्रीति व भरोसा खो देगी जिससे उसका जीवन संभव है।

तुम्हारे जैसे हर रंग के विरोधियों द्वारा समर्थित ट्राटस्की पंथी व दूसरे-दूसरे मार्ग से भटकने वालों को पूंजीपति अखबारों से ही संवेदना और सहानुभूति मिलती रहती है। इससे पता लगता है कि उन्होंने दरिद्र समाज के सिद्धांतों का रास्ता छोड़ दिया है। उनका जोश ठंडा पड़ गया है। मजदूर सत्ता के सीधे मार्ग से वे विचलित हो गए हैं। रोजाना होने वाले परिवर्तन के अनुसार बिना दिशा और लक्ष्य को बदले नीति को बदलने की जरूरत हुआ करती है।

हर जोखिम के वक्त कइयों को कठिन मार्ग का परित्याग करने का लालच स्वभाव से ही होता है। बिना क्षण भर ठहरे उस वक्त यह निर्णय करना होता है, इरादों में लोहे से भी ज्यादा दृढ़ता होनी चाहिए। हाथियार ड़ालने वाले कमजोरों का त्याग ही नहीं बल्कि उनका सामना भी करना पड़ता है।

तुम पूंजीवाद के पतन का सामना नहीं कर सकते और न ही साम्यवाद के परिवर्तन काल को ही बर्दाश्त करने की शक्ति तुममे है। तुम सच्चे साम्यवाद की भावनाओं से ओत-प्रोत हो, लेकिन उसका रूप वर्णन नहीं कर सकते। तुम बिना सार की छाया के

पीछे घूम रहे हो। विचार जब रूप धारण करते हैं तभी उनके तथ्य का पता लगता है। तुम्हारा स्वप्न कल्पना मात्र है और इसके पीछे भी तो तुम कमर कसकर खड़े होने को तैयार नहीं। तुम समाजवादी अर्थनीति के फायदों को चाहते हो, लेकिन शोषण करने वाली जाति को नष्ट करने के लिए लड़ना नहीं चाहते।

नहीं शाशा, सच पूछो तो साम्यवादी सरकार का स्वरूप ही विशेष महत्त्वपूर्ण और काम की चीज है। आराम से जिंदगी व्यतीत करते हुए धुंधले आदर्शों की स्वीकृति व उनको पूर्ण करने के लिए कोई चेष्टा न करना, उन बाधाओं को जो उन आदर्शों की पूर्ति के मार्ग में रोड़े अटका रही हों, उन्हें उखाड़ न फेंकना। इन बातों ने ही तो साम्यवादी आंदोलन को इतना धोखेबाज बना दिया है जिससे आखिर में जाकर पूंजीवाद की सीमाओं के भीतर सुधार करने जैसा खोखला लक्ष्य ही साम्यवादियों का कार्य माना जाने लगा है।

शाशा, नाराज न होना, शायद तुम पेरिस के सफेद संसार में नए गानों और आमोद-प्रमोद में मस्त हो, अगर कभी मौका मिला तो अपनी बहन लीडिया की इतने परिश्रम से लिखी चिट्ठी को फिर पढ़ने की कोशिश करना। तुम इसरेती वगैरह की भ्रमपूर्ण पुस्तकों के स्थान में काशां के लेख क्यों नहीं पढ़ते। मैं तो यूमा में चार-चार दफे ऐसे लेख पढ़ती हू। शायद तुक फीगारो, ता जुरनाल आदि सर्वमान्य पत्र तो पढ़ते हो।

बहरहाल, प्यारे भैया, आज माफ करना मुझे अपने पायोनियर दल को समझाना है कि उन्हें गांव में जाकर क्या-क्या करना होगा।

–तुम्हारी बहन लीडिया

पुनश्चः अगर थिएटर-सिनेमा से पैसे बचे हों तो अपनी इस बहन को पोस्ट से कुछ जरूरी पुस्तकें भेजना। डी.एच. लॉरेंस का 'संस एंड लवर्स' जरूर भेजना। इन सब तकलीफों के लिए माफ करना। सब बंधु-बांधवों को संस्मरण। और हां, इसके साथ मैं तुम्हें कुछ तस्वीरें भी भेज रही हूं। नवीन रूस को स्वयं आकर न देख सको तो इन्हीं तस्वीरों से कुछ सीखना। मैं अपने कैमरे से ली हुई तस्वीरें इसलिए नहीं भेजती कि ऐसा करना पार्टी की नीति के विरुद्ध है, इसलिए ये छपे पोस्टकार्ड ही आज भेज रही हूं। भविष्य में तस्वीरें दिखलाकर और पार्टी से पूछकर मेरे द्वारा ली हुई तस्वीरें तुम्हें भेजूंगी, साथ ही अपनी यात्रा का पूरा विवरण तुम्हें लिखूंगी। यह यात्रा मैंने अपने एक मास की छुट्टी में दस छोटे-छोटे 8 से 13 तक के पायनियरों यानी कि स्काउट्स के साथ की थी।

ढेर सारा प्यारा–

तुम्हारी बहन लीडिया

यूनान : एक इतिहास का भविष्य

यह लेख मूलतः एक यात्रा संस्मरण है। इस लेख में बालकृष्णजी ने यूनान के ऐतिहासिक, राजनीतिक, सामाजिक, सांस्कृतिक और भौगोलिक परिवेश का जीवंत वर्णन किया है। सटीक राजनीतिक विश्लेषण की क्षमता के इतर इस लेख में बालकृष्णजी के भीतर छिपे ललित निबंधकार के दर्शन भी होते हैं।
—संपादक

पिछले साल बसंत ऋतु में पश्चिमी यूरोप से मध्य एशिया यानी कि भारत लौटते हुए यूनान मतलब कि ग्रीस भी गया था। बसंत को हमारे यहां मन के कोमल भावों और प्रेम की अनूभूति की ऋतु के रूप में जाना जाता है, शायद इसी वजह से इस ऋतु में इतिहास की परतों से प्रेम करने वाला मेरा घुमक्कड़ मन प्लेटो, एरिस्टोटल, हेरोडोट्स, फिलिप सहित सिकन्दर के प्रति प्रेम से भर गया और मैं यूनान जा पहुंचा। वैसे कहा भी जाता है कि यदि कोई प्यार से बुलाए तो कैसे भी हो वहां पहुंचा जा सकता है, ऐसे में जाहिर है, इस यात्रा के पीछे कहीं न कहीं यूनान की विरासत का प्रेम भी रहा, जिसने पूरे दिल के साथ मुझे अपनी ओर खींच लिया और मेरे कदम एकाएक इस ऐतिहासिक शहर की ओर मुड़ गए।

बहरहाल, यूनान कुछ निशानियों के बीच अब भी वैसा का वैसा है। इस ऐतिहासिक सरजमीं पर इतिहास आज भी अपने वजूद की ताजा इबारतों के साथ अपने होने की दास्तानें सुना रहा है। स्पार्टकस का विश्व-विख्यात नगर, जहां किसी बच्चे के जन्म के साथ ही उसके यूनान को विजयी बनाने के सपने आंखों में देखे जाने लगते थे और उसे साकार करने के लिए अखाड़ाई व्यायाम शुरू कर दिया जाता था, अतीत की निशानियों को आपके सामने कदम-कदम पर जीवित करता-सा दिखाई देता है। हालांकि समय के साथ चली परिवर्तन की बयार ने अब यहां बहुत-कुछ बदल दिया है, बावजूद इसके कि यह देश आज भी अपनी पुरानी विरासत और शानो-शौकत की कुछ निशानियां, खंडहरों और पत्थर की मूर्तियों के रूप में सहेजे सारी दुनिया को अपनी तरफ बरबस ही खींचता है।

एथेंस यूनान के इतिहास की अमूल्य धरोहर कहा जा सकता है। यूनान की ऐतिहासिक विरासत रहा और अब राजधानी बना यह शहर कभी दार्शनिकों, पंडितों,

कलाकारों और राजनीतिज्ञों से अटा पड़ा रहता था। बौद्धिक, दार्शनिक और कलात्मक मेधा से यह सल्तनत पूरी दुनिया में यूनानी सभ्यता की धाक जमाए हुई थी व पूरी दुनिया की बौद्धिक संपदा को अपनी ओर बरबस ही खींचा करती थी।

हालांकि आज यहां ऐसा कुछ नहीं है और पुराना एथेंस पूरी तरह बदल गया है। हां, पुराने यूनान की निशानियां तो यहां बाकी हैं, बावजूद इसके कि इस नए एथेंस ने बहुत से परिवर्तनों को भी जन्म दिया है। आज तकरीबन 6 लाख की आबादी वाली इस नगरी ने राजधानी बनकर यूनान की 50 हजार वर्ग मील के करीब भूमि और 65 लाख के करीब लोगों को अपने संबंध सूत्र में बांध रखा है।

इसके अलावा आज 6000 की आबादी वाला आगदोका एक छोटा-सा कस्बा भर रह गया है। जिंदगी यहां सामान्य है। आसपास की घाटियों के किसान तम्बाकू, दाख, जैतून का तेल, फल आदि गधों पर लादकर लाते हैं और उनके बदले कपड़ा, मिट्टी का तेल खरीदकर ले जाते हैं।

सभ्यता और साम्राज्यवाद की बागडोर आज पूर्वी यूरोप के देशों के हाथ से निकलकर पश्चिमी और मध्य-यूरोपीय जातियों के हाथों में चली गई है। इतिहास बताता है कि सिकंदर के साम्राज्य के पतन के साथ ही यूनानी सभ्यता और साम्राज्य का भी अंत हो गया और बाद में यूनान बहुत दिनों तक रोम के अधीन रहा।

इधर, मुसलमानों की बढ़ती हुई ताकतों ने जब यूरोप में अपने पैर पसारे तो यूनान को एशिया के नजदीक होने के कारण सबसे पहले तुर्कों के आधिपत्य में आना पड़ा। हालांकि जब पश्चिमी साम्राज्यों ने तुर्कों से लोहा लेना शुरू किया तो 19वीं शताब्दी में यूनान को फिर से आजादी मिली, लेकिन स्वतंत्र होने पर भी यूनान के बुरे दिनों का अंत नहीं हुआ और छोटे-से इस कृषि-प्रधान देश को तरह-तरह की लड़ाइयों, राज्यक्रांतियों व दूसरे देशों के षड्यंत्रों की वजह से कई तरह की यातनाएं सहनी पड़ीं।

वैसे तो यूनान के बादशाह जर्मन राजवंश के हैं और वे नाममात्र के लिए ही राज्य करते हैं, लेकिन कई बार उन्हें भी अपनी गद्दी गंवानी पड़ी है। पिछले विश्वयुद्ध में यूनान का कौंस्टेटाइन नाम का बादशाह जर्मनों का मित्र था और उसे मंत्रिमंडल ने प्रधानमंत्री वेनोजोलस की मदद से गद्दी से उतार दिया था और पूरे यूनानी जर्मनी के खिलाफ युद्ध में कूद पड़े थे। लड़ाई के बाद 1920 के आम चुनाव में वेनोजोलस हार गया था और कौंस्टेटाइन ने फिर से सत्ता संभाली थी, लेकिन अभी उसके शासन-काल के दो साल भी पूरे नहीं हो पाए थे कि उसके नीचे से गद्दी मुट्ठी से रेत की तरह फिसल गई। कमाल की बात यह थी कि उसे गद्दी पर बैठते ही हटाने का सिलसिला लगातार चलता रहा और 1923 में उसे फिर से गद्दी छोड़नी पड़ी। इसके बाद सियासी परिवर्तन वहां तेजी से होते रहे और 1924 तक आते-आते वहां लोकतंत्र की घोषणा कर दी गई, लेकिन यह लोकतंत्र भी वहां ज्यादा दिन अपने पैर जमा नहीं पाया। जाहिर था, लोकतंत्र के कमजोर होने का फायदा किसी न किसी को तो उठाना

ही था, सो वैसा ही हुआ और 1925 में पांगालोस नाम के एक राजनीतिज्ञ ने विद्रोह करके फौज की मदद से अपना सिक्का जमा लिया, बावजूद इसके वह भी ज्यादा दिन तक इसे संभाल न सका और 1926 में उसे भी नई राज्यपद्धति के सामने हार माननी पड़ी और दो वर्ष बाद ही वेनोजोलस फिर प्रधानमंत्री के रूप में सामने आ गया।

सत्ता और गद्दी के इस तरह चारों दिशाओं में घूमते रहने और चलायमान रहने के बीच 1934 में जर्मनी के साथ जनरल कोडिलिस ने बगावत कर दी, जिसके बाद वेनोजोलस एक बार फिर स्वदेश छोड़कर चला गया। इधर, सेनापति कोडिलिसको भी जल्द ही मौत के घाट उतारा गया और सत्ता अंगरेजों के मित्र जनरल मिटाओ के हाथ में आ गई, जो आज भी बाहरी और भीतरी खतरों का सामना कर रहा है। कोडिलिसको के जमाने में ही अंगरेजों की मदद से जॉर्ज द्वितीय को कोई तेरह से चौदह वर्ष बाहर बिताने के बाद फिर गद्दी नसीब हुई।

अपने 20 सालों के राजनीतिक संघर्षों के संक्षिप्त इतिहास से साफ जाहिर होता है कि यूनान की राजनीति हमेशा आंतरिक और बाहरी षड्यंत्रों से जूझती रही। जनता के लगातार बढ़ते असंतोष को हासिल कर कभी किसी राजनीतिज्ञ ने तो कभी किसी सेनापति ने बड़ी यूरोपीय ताकत से मिलकर यूनान के राजतंत्र को अपने हाथों में तो लिया, लेकिन ऐसा करने वालों में केवल वेनोजोलस को छोड़कर किसी ने देश-हितों की रक्षा की परवाह नहीं की। सत्ता को अपने घर की संपत्ति मानने वाले ये लोग सिर्फ अपनी राज्य करने की महत्त्वाकांक्षाओं को पूरा करने के लिए ही हमेशा षड्यंत्र की राजनीति करते रहे। ऐसे लोगों के सामने न तो कभी कोई राजनीतिक आदर्श ही रहा और न कभी कोई सार्वजनिक जागृति या सेवा का उद्देश्य।

मध्य यूरोप के दक्षिण-पूर्व स्थित छोटे-से देश यूनान का अधिकांश भाग पहाड़ी है। खास बात यह है कि इसका महत्त्वपूर्ण कटानों वाला समुद्र-तट एक छोटे-से देश के लिए बहुत लंबा-चौड़ा है। जगह-जगह समुद्र, खाड़ियों व खलियों की शक्ल में देश के अंदर घुस आया है। साथ ही साथ एशियन समुद्र के प्रायः दो सौ टापू भी यूनान के ही अंतर्गत हैं इसीलिए यूनानी जाति को जहाजरानी और उससे जुड़े व्यापार-धंधों में बड़ी दिलचस्पी रही है।

यूनान के गरीब व्यापारियों ने दूसरे देशों के पुराने जहाजों को खरीद-खरीदकर करीब 20 लाख टन के छोटे-छोटे व्यापारी जहाजों का बेड़ा इकट्ठा किया है। बीस-तीस साल पहले कालासागर और भूमध्यसागर के इन व्यापारियों का बोलबाला था। मिस्र, अरब, फिलिस्तीन, सीरिया, तुर्की, अलबानिया, बुलगारिया इन सभी देशों का बहुत-सा व्यापार इनके ही हाथ में था, लेकिन जब से मुस्तफा कमालपाशा ने यूनानियों को तुर्की के सारे बंदरगाहों से निकाल बाहर किया है, तब से इन यूनानी व्यापारियों की हालत बड़ी खराब हो गई है।

दूसरे देशों में भी राष्ट्रीयता की भावना के बढ़ने से इन व्यापारियों के लिए कोई स्थान नहीं रह गया है। कड़ी मेहनत कर और अपने पेट काटकर किसी तरह थोड़ी पूंजी एकत्रित कर लेने वाले इन व्यापारियों के खिलाफ होने वाले इस प्रचार के कारण ही सच पूछिए तो यूनानी जाति अन्य यूरोपीय जातियों की तरह शोषक साबित नहीं हो सकी। जबकि इसके विपरीत यूनान स्वयं एक अर्से तक दूसरी शोषक साम्राज्यवादी जातियों के सामने सिर झुकाए खड़ा रहा है।

काल के प्रवाह में साम्राज्यवादी ताकतों के सामने सिर झुकाने वाले यूनान के लिए आज भी चीजों में बहुत ज्यादा बदलाव नहीं आया है। यूनान की सरकार आज भी तकरीबन 10 करोड़ पौंड की ब्रिटेन की कर्जदार है। एथेंस की बिजली व ट्रॅाम कंपनियां भी अंगरेजों के ही हाथों में हैं। अंगरेजों का रुपया बैंकों, आयात-निर्यात के व्यापारों और रेलवे कंपनियों में लगा है। छोटे-छोटे पुराने जहाजों, जिन्हें बड़े मुल्कों के जहाजों का बीमा करने वाली कंपनियों ने खतरनाक तक करार दिया है, में यूनान के गरीब व्यापारी इधर-उधर के देशों की छोटी-बड़ी चीजें लादकर अपना और अपने देश के बहुत बड़े भाग का पेट भरते हैं। खास बात यह है कि ब्रिटेन के साथ-ही-साथ फ्रांस का भी यूनान में काफी प्रभाव है। फ्रेंच भाषा समझने तथा बोलने वाले यहां बहुत बड़ी संख्या में मौजूद हैं।

जब मैं युगोस्लाविया की राजधानी बेलग्रेड से सलोनिका पहुंचा तो स्टेशन पर उतरते ही मुझे वहां की गरीबी के दर्शन हुए। यात्री अकसर इन नगरों में न उतरकर सीधे एथेंस चले जाते हैं, लेकिन मैं यहां इसलिए उतर पड़ा कि कम प्रसिद्ध और पिछड़ी हुई जगहों में देश की वास्तविक वस्तु-स्थिति को ठीक से देखा जा सकता है।

उस दिन हम कोई तीन-चार विदेशी यात्री ही उस स्टेशन पर उतरे होंगे। वहां कोई दस-बीस होटलों के एजेंट मौजूद थे और उनमें से हर एक एक-दूसरे से सस्ते और अच्छे होटलों में ले जाने का वादा कर रहा था। स्टेशन के चारों ओर छोटी-छोटी दुकानों के सामने बर्फ पिघलने के कारण काफी कीचड़ हो गया था। वहां मैंने सवारी के लिए जो टैक्सी की वह तो कोई तकरीबन दस साल पुरानी थी ही, साथ ही शहर की सड़कें अपनी कहानी खुद ही बयां कर रही थीं।

सलोनिका पूर्वी भूमध्यसागर के अच्छे बंदरगाहों में एक है। यहां से बालकान के दूसरे मुल्कों व यूनान के उत्तरी भाग के तंबाकू, फल, तेल और कच्ची धातुएं कल-कारखाने वाले पश्चिमी यूरोप को भेजी जाती हैं। बावजूद इसके यहां गलाकाट आर्थिक प्रतिस्पर्धा दिखाई देती है वह भी तंबाकू को लेकर क्योंकि अमेरिका व अफ्रीका की तंबाकू ने बालकान की तंबाकू की खपत को तकरीबन खत्म ही कर दिया है। इसी से सलोनिका की मंडी अब खाली-सी नजर आती है। होटल के मैनेजर से पता चला कि सलोनिका के बंदरगाहों में कभी 10-10 या 20-20 व्यापारी खड़े रहते हैं। पहले

दुनिया के तकरीबन प्रत्येक देश के व्यापारी यहां आते थे, लेकिन अब केवल जर्मनों के सिवा यहां कोई भी माल लेने नहीं आता।

वैसे इन तमाम संकटों के बीच भी एथेंस में यूरोप की अन्य राजधानियों सी ही शान है। शाही-महल, सरकारी भवन, विश्वविद्यालय केवल यहीं चार चांद नहीं लगाते, बल्कि आधुनिक समय के रुपए के महत्त्व को प्रकट करने वाले बैंकों और अन्य कंपनियों की आलीशान इमारतें भी साधारण जनता को प्रभावित करने के लिए काफी हैं। जगह-जगह धूप और बारिश से पीले पड़े हुए कागज के पोस्टर पर चश्माधारी जनरल मिटा की मूर्ति सड़क पर से आपको क्रूर दृष्टि से निहारती हुई मिलेगी। यूनान में पुलिस चेकिंग बड़ी तगड़ी है। जगह-जगह बाहर से आए हुए यात्रियों के पासपोर्ट देखे जाते हैं और जगह-जगह आपके रुपए-पैसे का हिसाब भी मांगा जाता है।

बहरहाल, यूनान की स्वतंत्रता आज फिर से खतरे में है। मुसोलिनी उसके खिलाफ आग उगल रहा है। यूनान के राजवंश के साथ ब्रिटेन का संबंध अब भी बना हुआ है। ब्रिटेन के बादशाह के तीसरे भाई ड्यूक ऑफ केंटकी की पत्नी यूनान के राजवंश की ही एक राजकुमारी है। जनरल मिटा ने अपनी ओर से कभी जर्मनी को नाराज होने का मौका नहीं दिया है, और न यूनानी अखबारों ने ही कभी इटली के खिलाफ कोई आरोप लगाए हैं।

साम्यवाद-विरोधी मिटा जहां तक संभव हो सकता है फासिज्म के ही पक्ष में है और उसी का उसने प्रचार भी किया है पर मुसोलिनी ने अलबानिया से लेकर अब युगोस्लाविया और यूनान की तरफ भी अपनी लालची नजर डाली है। पूर्वी भूमध्यसागर में अपनी धाक जमाने के लिए मुसोलिनी को यूनान की सुरक्षित खाड़ियों, कुदरती बंदरगाहों और सुंदर टापुओं की बड़ी आवश्यकता है।

मुसोलिनी पुरातन रोमन साम्राज्य को फिर से जीवित करने का ख्वाब देख रहा है। वह भूमध्यसागर में ब्रिटेन व फ्रांस की शक्ति को नष्ट कर उसे इटालियन झील बनाना चाहता है। स्वेज नहर और जिब्राल्टर के दोनों छोर उसके कैद किए हुए हैं। ब्रिटिश जहाज रेड ने उसके नाक में दम कर रखा है। नाविक लड़ाई में अक्षम होने के कारण वह यूनान को दूसरे रास्ते से हड़पना चाहता है।

रोम-बर्लिन-धुरी के कार्यक्रम में छोटे-छोटे देशों की स्वतंत्रता का तो कोई स्थान है ही नहीं। रूमानिया की तरह यूनान में अल्पमतों का कोई लंबा-चौड़ा प्रश्न नहीं है, लेकिन उसकी सैनिक कमजोरी, गरीबी व कला-कौशल-विहीनता आज उसमें इटली की गिद्ध-दृष्टि के कारण कंपकंपी पैदा कर रही है।

स्लोनिका से जब मैं एलेक्संडरोपोल-9 तुर्की की सीमा के पास के बंदरगाह पहुंचा तो कई-कई दुर्लभ कुदरती नजारे देखने को मिले। छोटी-छोटी पहाड़ियों, नदियों के बीच दूर तक फैले हुए नीले एजियन सागर का शांत फैलाव किसी अज्ञात आशंकामय भविष्य की प्रतीक्षा करता सा नजर आया। हां, इस नीरव शांति के बीच अपनी धुन

में मगन हरे-भरे, खुले मैदानों में फुटबॉल खेलने वाले बालकों और आसपास चरने वाले भेड़-बकरियों के झुंडों को ऐसी किसी आशंका से भयभीत होने का मानो समय ही नहीं दिखाई देता।

छोटे-छोटे तालाबों और गिरजाघरों के बीच बनी इस्ताम्बुल जाने वाली रेलवे-लाइनों को देखकर सिकन्दर के विजय मार्ग का सहसा स्मरण हो आता है। हालांकि अब तो समय करवट ले चुका है।

आज तो यह रास्ता वैभव और विजयश्री को लाने के स्थान पर यूनान की स्वतंत्रता का खात्मा करने के लिए शत्रु सेना को ला सकता है। इतना ही नहीं, यदि लोकतंत्र को राहु ने ग्रस लिया और फासिज्म का सितारा चमक गया तो यह भी आश्चर्य नहीं कि सिकन्दर महान के विश्व-विजय के इस मार्ग से ही नवोदित फासिस्ट सेनाएं निर्दयतापूर्वक यहां कूच करें और यूनान में एक बार फिर से युद्ध के बादल मंडराने लगे।

खैर, हफ्तों और दिनों की कौन कहे आज एक-एक घड़ी में यूरोप का नक्शा और उसके छोटे-छोटे राष्ट्रों का भाग्य बदल रहा है, फिर ऐसे में यूनान के भविष्य के बारे में क्या कहा जा सकता है!

ब्रिटेन का प्रभाव यूनान तो क्या यूरोप के महाद्वीप पर ही नहीं के बराबर रह गया है। इस बात में भी कोई दो राय नहीं कि यदि यूनान पर किसी तरह का हमला होता है तो उसने यूनान को मदद देने का वादा किया है, पर इस बात में कोई वजन दिखाई नहीं पड़ता क्योंकि खुद ब्रिटेन पर खतरा मंडरा रहा है, सो ऐसे में उसके लिए यूनान की मदद कर पाना उसके लिए एक तरह से हवाई बात ही है।

उधर, हिटलर और मुसोलिनी सुदूर भविष्य में 'लाख खतरे' से बचने के लिए बुलगारिया, युगोस्लाविया और तुर्की को अपने प्रभाव में करना चाहते हैं और ऐसे में बिना यूनान को हड़पे दरेदानियाल से रूस का रास्ता नहीं रोका जा सकता, इसीलिए तुर्की पर जर्मनी और यूनान पर इटली अपने भाग्य का पासा फेंकने की फिक्र में है।

बहरहाल, इन पंक्तियों के छपने तक शायद यूनान का भविष्य किसी भूतकाल की घटना का ही रूप धारण कर ले।

'विशाल भारत', अक्टूबर 1940

खंड–3

बुद्धिजीवी, नेहरू, लोहिया और वामपंथ

भारतीय बुद्धिजीवी

भारतीय बुद्धिजीवियों की वास्तविक स्थिति को उजागर करता यह लेख न केवल बुद्धिजीवी होने की परिभाषा को स्पष्ट करता है बल्कि खुद को समाज के बौद्धिक वर्ग में शामिल करने वाले थोथे, दंभी, पाखंडी और अहंकारी लोगों की भी पोल खोलता है। गौर करने वाली बात यह है कि बालकृष्णजी खुद भी न केवल विद्वान और बुद्धिजीवी थे, बल्कि एक राजनीतिक कार्यकर्ता भी थे, ऐसे में उनके लिए यह लेख लिखना उनके अपने ही बनाए गए मापदंडों पर खरा उतरने के लिए भी एक चैलेंज था। कुल मिलाकर इस लेख में उन्होंने किसी को भी नहीं छोड़ा है, सबकी बखिया उधेड़ी है। —संपादक

समाजविज्ञान के इन्साइक्लोपीडिया में *रॉबर्ट मिसेल्स* अपने इंटेलेक्चुअल शीर्षक के एक निबंध में कहते है कि 'वे ही वास्तव में विद्वान, विचारक और बुद्धिजीवी हैं, जो सतत मनन और चिंतन के द्वारा समाज का विश्लेषण करते हैं, न कि सिर्फ दूसरों के ज्ञान और अनुभव की गहरी जानकारी के जरिए ही विख्यात होना चाहते हैं।' उनके मुताबिक साधारण लोगों की तरह वे केवल इंद्रियों के साधन से प्राप्त प्रत्यक्ष ज्ञान पर निर्भर नहीं करते। सिर्फ विश्वविद्यालयों के इम्तिहानों में अधिक अंक हासिल कर प्रथम या द्वितीय स्थान प्राप्त करने वालों को भी विद्वान का पद प्राप्त नहीं होता।

इसी तरह परीक्षाओं में सर्वश्रेष्ठ सफल छात्र, चाहे श्री राजेंद्र प्रसाद ऊंचे से ऊंचा सरकारी ओहदा पा जाएं और अपनी पद-प्रतिष्ठा को कायम रखने के लिए इधर-उधर के बिखरे, बासी विचारों को संगृहीत कर स्पीचें झाड़ते फिरें और लेख तथा किताबें लिखते रहें, पर मिसेल्स की परिभाषा के अनुसार वे विचारक या इन्टेलेक्चुअल नहीं माने जा सकते, लेकिन इसकी तुलना में किसी छोटे से दफ्तर का कोई मामूली कर्मचारी या स्कूली अध्यापक भी विशेष मनन और अनुशीलन का अनुरागी होकर, समाज चिंता के भंडारण में एक भी विशेष विचार दान करने में समर्थ हो सके तो उसे अवश्य ही बुद्धिजीवी मंजूर करना होगा।

निश्चित ही सामाजिक प्राणी की तरह सक्रिय समाज की चिंता करना ही बुद्धिजीवी का प्रधान धर्म है। इस संज्ञा में आप कार्ल मार्क्स, बर्टेंड रसेल, ब्लादीमीर लेनिन, लियो ट्राटस्की, राममनोहर लोहिया, जोहन मेनार्डकीन्स, रूसो, जेफरसन, मेजिनी आदि को

गिन सकते हैं। जिन विद्वानों ने अपने विचारो के जरिए संसार की राजनीति, अर्थनीति या समाज संगठन को नए मोड़ देने की कोशिशें की हैं, जिन्होंने स्थापित समाज की रूढ़िवादी विचारधाराओं के छाए हुए बादलों में छेद कर, निःस्वार्थ और निर्लिप्त होकर अनन्त आसमान की खुली हवा में अपने मन को उड़ाया है। जिन्होंने झूठ के मायाजाल को तोड़कर ज्यादा से ज्यादा प्राणियों के जीवन को सुख-सुविधा प्रदान क्रने वाली योजनाओं को कार्यान्वित करने का राजनीतिक एवं सामाजिक मार्ग दिखाया है, वे ही दरअसल विचारक और विद्वान हैं।

पोथी पढ़े पंड़ितों को कोई भी बुद्धिजीवी नहीं कह सकता, न ही राज्यसत्ता में स्थापित शासकों को जो दाएं-बाएं मुड़ते हुए इधर-उधर की बेढंगी चाल द्वारा देश-विदेश में अपना खुद का सुनाम अर्जन करने के लिए कभी-कभी कुछ नए कदम उठाते भी नजर से आते हैं। राज्यसेवी, राज्याश्रित प्रचारक मात्र रह जाते हैं। वे स्थापित राज्यप्रणाली और पद्धति के खिलाफ सोचना हित चिंतन नहीं समझते।

गांधीजी अहिंसात्मक सत्याग्रह द्वारा समाज परिवर्तन कर उसे कम्युनिस्ट या फासिस्ट तानाशाही से बचाने के लिए सजग, कष्ट सहने वाले प्रतिरोधी नागरिकों की जमात को जगाना चाहते थे। इस अर्थ में वे भी एक युगपरिवर्तनकारी विचारक हैं। अपने को गांधी का चेला कहने वाले विनोबा व जयप्रकाश नारायण तो नेहरू की स्थापित सरकार के गैर-सरकारी समर्थक मात्र हैं, परिवर्तनशील विचारक नहीं। वे समाज और सरकार में आमूल परिवर्तन के विरोधी हैं। वे सामाजिक रोगों का इलाज करना नहीं चाहते और इधर-उधर की फटी हुई फुंसियों पर मरहम-पट्टी लगाते हैं। वे खून को साफ करने वाले चिकित्सक नहीं।

हिमालय की तराई के निर्जन वनों या पहाड़ों में पर्वत का-सा पांडित्य लिये रात-दिन शास्त्रों का पाठ और अध्ययन कर ध्यानमग्न होने वाला साधु कितना ही बड़ा विद्वान क्यों न हो उसको सामाजिक मायने में इन्टेलेक्चुअल नहीं कहा जा सकता। इसी वजह से अरविन्द घोष कुछ पढ़े-लिखे लोगों के धर्मगुरु बनकर ही रह गए। वे नवीन समाज या परिवर्तनशील राजनीति के आचार्य नहीं बन सके और राजनीतिक नेताओं से पीछे ही रह गए। घनघोर तपस्या में रत ऋषि-मुनियों की बनिस्बत, गोपियों से चांदनी रात में रंगीली रासलीला खेलने वाला श्रीकृष्ण कहीं अधिक इन्टेलेक्चुअल था क्योंकि उसने भारत के इतिहास को एक नया मोड़ और एकता प्रदान करने के लिए प्रयास किया। अन्याय के खिलाफ युद्ध को भी धर्मानुकूल घोषित किया और परिवार के मोह की कैद को सामाजिक कर्तव्य के आगे तुच्छ बताया। ज्ञानी, पंडित, शिक्षक और गुरु शायद अच्छा भी हो जाए, लेकिन विचारक या बुद्धिजीवी नहीं बन सकता, इसलिए मेहनत से पढ़-लिखकर अध्यापक बनने वाले अधिकांश सज्जन, कर्मक्षेत्र से अलग हटने पर वास्तव में कभी भी इंटेलेक्चुअल शब्द के पर्याय वाले विद्वान विचारक नहीं बन सकते। हां, वे समाज-संगठन में किसी खास समाज-दर्शन के समर्थक भी हो जाएं, चाहे वह

समाज-दर्शन आज के साम्यवाद की तरह पूंजीशाही देशों में विद्रोही विचारधारा भी समझा जाता हो, लेकिन वे दूसरों के विचारों को अकसर दुहराने वाले या कभी-कभी कुछ नुक्ताचीनी, काट-छांट कर, ब्योंत-संवार में लगे हुए लोग हैं। जैसे गरीब माता बाप की पुरानी कमीज या पतलून को काटकर उसे बच्चे के लायक छोटा बना रही हो। निश्चित ही ऐसे लोग किसी नवीन दर्शन, विचारधारा या राजनीति के द्रष्टा नहीं हैं।

हिंदुस्तान में लिखने-पढ़ने वाले दायरों में बड़ी जोर की चर्चा चलती है सृजनात्मक साहित्य की। साहित्य सृजन थोड़ा-बहुत होता होगा, लेकिन मनुष्यों के मन को झकझोर कर उन्हें नई दिशा में सोचने को कोई भी भारतीय साहित्यिक अग्रसर नहीं करता, चाहे वह रवीन्द्रनाथ ठाकुर ही क्यों न हों? भारतीय विद्वानों में एक मिथ्याभिमान या दंभ भी आ गया है, खासकर दर्शनों का अध्ययन करने वालों के दिमाग में। भारत के सब विचार जाने-सुने हुए हैं, उसे लेकर किसी तरह की मानसिक उछल-कूद मचाने की जरूरत नहीं। रघुपति राघव राजा राम पुष्पक विमान पर उड़कर लंका से अयोध्या आए थे। जब सुई और धागा बनाने की कला सीखने के लिए यहां के विश्वविद्यालयों के विज्ञान के सर्वश्रेष्ठ छात्र यूरोपीय और अमेरिकी तकनीकी स्कूलों और कॉलेजों की धूल छानते या फांकते हैं तो हर वक्त पुरातन काल के झूठे दम्भ की उक्तियों की ये पुनरावृत्तियां विदेशियों को कितनी निर्लज्ज प्रतीत होती होंगी।

इसी सिलसिले में मुझे महामना पंडित मदनमोहन मालवीय की एक मजेदार बात याद पड़ती है। शुद्ध सनातन धर्म की कट्टर शाखा के प्रतीक मालवीयजी गंगाजल और मिट्टी लेकर द्वितीय गोलमेज कॉन्फ्रेंस में शामिल होने लंदन पधारे थे और सेठ घनश्यामदास बिड़ला के अतिथि बनकर उनके लंदन स्थित बेलसाइज पार्क के आर्य भवन में डेरा डाले हुए थे। मैं भी किराया देकर वहीं रहता था। वहां एक बढ़िया नाई मालवीयजी की हजामत बनाने के लिए रोज आया करता था। पंडितजी नाई और उसके औजारों पर गंगाजल छिड़कते थे ताकि उसका और उसके उस्तरे का म्लेच्छपना, चांडालपना, या शूद्रपना जो कुछ भी हो, वह सब धुलकर दूर हो जाए। नाई को मालवीयजी की यह हरकत पागलपन ही लगती थी। वह दूसरों को गंदे खून की छुआ-छूत से बचाने के लिए पहले ही अपने उस्तरे को धोकर लाता था और उसे डर लगता था कि गंगाजल भाप से पानी की तरह शायद विशुद्ध न भी हो। अब होता यूं था कि मालवीयजी उस नाई के सामने हिंदुस्तान के लिच्छवी काल के गणतंत्र का ऐसा वर्णन करते थे कि जैसे वह विलायत के वर्तमान गणतंत्र से भी बढ़ा-चढ़ा हुआ हो। आखिरकार नाई से एक दिन नहीं रहा गया और वह पूछ बैठा कि महाराज, क्या इन गणधरों या प्रतिनिधियों की सभा में अछूतों और शूद्रों द्वारा चुने हुए लोग भी बराबर बैठते थे? मालवीय जी महाराज की बौद्धकाल के इन गणतंत्रों की धाराप्रवाह व्याख्या अकस्मात् समाप्त हो गई और नाई ने एक ही बात में इंगलिस्तान के समाज और जनतंत्र को सदा के लिए भारतीय परंपरावादी समाज से श्रेष्ठ साबित कर दिया।

नाई के चले जाने के बाद महात्मा ने मुझसे कहा–देखी नाई की हिम्मत! मैंने कहा–महाराज! यह गोरा नाई है, बनारसी नहीं, जो धर्म और समाज के बारे में आपसे बोलने की हिम्मत ही नहीं कर सके और आपके मुख से निकले हुए वचनों को वेदवाक्य माने। और फिर ये गोरे नाई भी तो अपने को भारतीय ब्राह्मणों से ऊंचा समझते हैं और अपने घरों में उन्हें भी कमरा किराए पर नहीं देते।

जाहिर था, ''इस तरह अपने देश के पुरातन इतिहास को दूसरे बढ़े-चढ़े मुल्कों के वर्तमान से श्रेष्ठ समझना और घोषित करना उस थोथी पूर्वज पूजा के सांघातिक रोग के लक्षण हैं जो भारतीय बुद्धिजीवियों के मनों में घर कर गए हैं और उन्हें आधुनिक यूरोपीय समाज की गतिविधियों और परिवर्तनों से अन्यमनस्क बनाए हुए हैं। मनुस्मृति और चाणक्य के अर्थशास्त्र को समाजविज्ञान की पराकाष्ठा समझने वाले लोग आज की दुनिया में कैसे टिके रहेंगे? वर्णाश्रम धर्म और वर्ण-विभेद वाला ऊंची-नीची जातियों में बंटा हुआ कर्मकांडी समाज, आज निरर्थक ही नहीं समाज के विकास में डरावने रूप से बाधक बनकर उपस्थित है।

भारत में बुद्धिजीवी कहे जाने वाले विद्वानों या विचारकों को उसे मिटाकर संभव समता के समाज को स्थापित करने की कोई प्रेरणा नहीं। अंगरेजी राज्य के जमाने में बड़ी सरकारी नौकरियों की तरफ अतृप्त इच्छा वाली नजर लगाए हुए इन पढ़े-लिखे लोगों को आज आजादी ने अवसर प्रदान किया है। वे अपना जीवन स्तर ऊंचा उठाने में ऐसे मशगूल हुए हैं कि पशुओं की सी ही नहीं, कीड़े-मकोड़ों सी अभावग्रस्त, सड़ी-गली जिंदगी, सदियों से गरीबी में बिताने वाले करोड़ों के भाग्य परिवर्तन से इन विद्वानों को कोई मतलब ही नहीं रह गया है। आधुनिकता के रंग में रंगे, विदेश-यात्राओं में सुललित, सुगंधित, सुसंस्कृत जीवन का रस चखे हुए ये लोग अपने इर्द-गिर्द की गंदगी से परेशान हो, गंदी-बस्तियों के नाश के नारे लगाते हैं, लेकिन फिर अपनी कोठियों और बंगलों के फाटक बंद कर फ्लिट छिड़ककर, पंखा या ताप नियंत्रित करने वाली कल को खोलकर, आराम की सांस लेकर सब कुछ भूल जाते हैं।

मजदूर बस्तियों में से कभी गुजरना पड़ा तो ड्राइवर को मोटर तेज चलाने की ताकीद करते हैं। इस बड़े काम के लिए सालों की लगातार कड़ी मेहनत का भार कौन मोल ले? जिन्होंने अपनी याददाश्त में सिर्फ ज्ञान या जानकारी को संगृहीत किया है वे भी बुद्धिजीवी विचारक नहीं। जब तक इस इकट्ठे किए ज्ञान को समाज के हित में लगाने के लिए राजनीतिक हरकतों में शामिल होने की प्रेरणा न हो तब तक विद्वत्ता बोझ ही बनी रहती है और समुद्र के पानी में पड़े नमक के समान किसी के भी फायदे की चीज नहीं बनती।

पुरातन और मध्ययुग में राजपुरोहित, राजगुरु, राजपंडित या उनसे भी पहले ऋषि-मुनि शास्त्रों का गंभीर अध्ययन कर, राज्य की स्थापित मर्यादाओं को राजा तोड़ न डाले केवल इसी की निगरानी रखते थे, लेकिन प्रजा के अधिकारों को उन्होंने ऐसे

कट्टर रीति-रिवाजों की सीमाओं में बांध दिया था कि जन-विद्रोह असंभव हो गया था और राज्य-परिवर्तन का अर्थ महलों के बाशिन्दों की अदला-बदली से ही था। राज्य-परिवर्तन के जरिए समाज-परिवर्तन के कार्यक्रम को ब्राह्मण विचारधारा में स्थान ही नहीं था। सामाजिक वर्गों को वर्ण-व्यवस्था के जरिए जात-पांत में बदलकर एक ऐसे समाज की स्थापना कर दी गई थी जिसमें नीचे पड़े लोग ऊपर उठने की आस और आकांक्षा ही न कर सकें। क्षत्रियों और ब्राह्मणों के बीच ही मतभेद चलते थे और कभी परशुराम-सा कोई ब्राह्मण लड़ाकू क्षत्रिय कुल का ध्वंस करता था और कभी कोई राजा ब्राह्मणों के अनाचारों और मांगों से तंग आकर उनकी तादाद और ताकत दोनों को दरबार में कम कर देता था।

वैश्यों और शूद्रों को क्षत्रिय राजा हमेशा लूटते रहते थे। ब्राह्मणों ने जब राजाओं की इस भयंकर लूट का एकमत होकर समर्थन करना शुरू किया तभी बौद्ध धर्म का उदय हुआ। हालांकि बौद्ध धर्म ने गोया कि उस समय के समाज को बहुत झकझोरा और आंदोलित किया, लेकिन उसको उलट-पलट नहीं सका। उलटे बौद्ध ने राजाओं द्वारा गणतंत्र को नष्ट करने के काम में मदद दी। छोटे-छोटे वैशाली जैसे गणतंत्र शायद समूचे देश को अपने में नहीं समेट सकते थे। अपनी क्षेत्रीय संकीर्णताओं से ऊपर उठकर, विस्तार की भावनाएं भी उनमें नहीं उभरीं और उपजी थीं। मगध के राजा अजातशत्रु की केंद्रीय ताकत ने भगवान बौद्ध को भी प्रभावित कर दिया था और वे अपने धर्म को राजधर्म बनाकर अजातशत्रु के जरिए सारे देश में फैलाना चाहते थे।

बौद्ध स्थापित समाज के एक किस्म के आलोचक अवश्य थे और नीची जातियों को उन्होंने कुछ राहत और छूट दिलाई, लेकिन सामाजिक पद्धति में आमूल परिवर्तन नहीं ला सके। शायद उस जमाने की उत्पादन शक्ति एवं कला-कौशल भी इस बड़े परिवर्तन के लिए प्रस्तुत नहीं थे। फिर शायद शंकराचार्य कट्टर ब्राह्मण धर्म को स्थापित कर भारत की उस सामाजिक एकता को तोड़ने में सफल हुए जो बौद्ध के सिद्धांतों के प्रचार ने कई शताब्दियों तक स्थापित की थी। कट्टरपंथ ने ज्यों ही एकता की राष्ट्रीय भावनाएं खत्म की कि मुसलमानो का भारत में पदार्पण हुआ और बौद्ध व हिंदू दोनों का ही राज खत्म हो गया।

इस तरह से देश इस्लाम के बंदों के पैरों तले जा पड़ा।

सच मानिए, तो आज बुद्धिजीवियों और विद्वानों को सारे संसार की गतिविधियों व आर्थिक एवं राजनीतिक मत-मतांतरों के ज्ञान की सख्त जरूरत है। दुनिया के सामने सबसे बड़ी समस्या इस वक्त यही है कि कौन से सामाजिक परिवर्तन आर्थिक विकास के लिए आवश्यक हैं। रूस और चीन जिस तीव्र गति से आगे बढ़ रहे हैं, वह तेज रफ्तार जनतांत्रिक राज्य पद्धति में संभव है या नहीं? अमेरिका ने पूंजीवादी जनतंत्र के अंतर्गत जो जीवन स्तर अपनी जनता को उपलब्ध करवाया है, वह दूसरे अविकसित देशों को उसी मार्ग से मिलना संभव है या नहीं?

दुनिया में जो भी देश जिस किसी भी तरीके से आर्थिक और औद्योगिक विकास में आगे बढ़ जाते हैं वे अकसर गरीब मुल्कों पर विजय प्राप्त कर उनके मालिक बन जाते हैं। क्या पतनोन्मुख या जिनका विकास अवरूद्ध हो गया है क्या ऐसे विदेशी पूंजीशाही के साम्राज्यवाद से स्वतंत्र होने वाले एशिया, अफ्रीका और लैटिन अमेरिका के ये मुल्क गरीबी में ही पड़े रहकर फिर विकासोन्मुख रूस और चीन के गुलाम बन जाएंगे?

दरअसल, यह और इस तरह की तमाम बातों पर प्रतिक्रिया देते हुए भारतीय बुद्धिजीवी भीरु, कापुरुष और खुशामदी नजर आते हैं। राजपुरुषों का समर्थन कर मेहरबानी प्राप्त करना ही उसका एकमात्र उद्देश्य हो गया है। कलकत्ते की आंकड़ा संस्था के प्रधान, प्रोफेसर सर प्रशांत चंद्र महलानोविस को तभी तो एक करोड़ रुपया सालाना इस शक्ल में मिलता है कि उसके हिसाब की भी सरकार कोई पूछताछ या जांच-पड़ताल तक नहीं कर सकती। यही महाशय 1943 में बंगाल में अपने आंकड़ों से यह सिद्ध कर चुके थे कि अन्न के अकाल से बहुत ही कम आदमी मरे। अंगरेजों ने उस वक्त देशभक्तों की आवाज के खिलाफ इनके झूठे आंकड़ों का उपयोग कर इन्हें तरक्की दी। अब शायद जवाहरलाल नेहरू की सरकार को अंगरेजों से दस गुनी ज्यादा अपनी बर्बादी को छिपाने के लिए और भी अधिक झूठे आंकड़ों की जरूरत है, इसलिए योजना कमीशन के इस झूठे आंकड़े बनाने के विशेषज्ञ व प्रधान सलाहकार, सदस्य ने एक ऐसी विश्वविद्यालय की कोटि-संस्था खुलवा डाली है जो सरकारी झूठों को सच साबित करने के काम को और भी आगे बढ़ाती रहे। इसी तरह के अनेक विद्वान आज भारतीय बुद्धिजीवी जगत में चमक रहे हैं, जिनका सच्चाई, देश-हित या जनकल्याण से कोई वास्ता नहीं। सरकार के हित में जो भी हो वही सही व सच है, क्योंकि उनका अपना स्वार्थ इसी तरह की राज-प्रशंसा से हल हो सकता है।

बुद्धिजीवी निर्भीक होकर जनता के अधिकारों का प्रहरी और जनता की भावनाओं और अतृप्त इच्छाओं का परिचालक होता है। विद्या-बुद्धिजीवियों का यह फर्ज होता है कि वे जिस समाज और जमाने में जीवन व्यतीत करते हैं उस युग और समाज के लिए राजनीतिक और आर्थिक आदर्शों और उद्देश्यों का अध्ययन, चिंतन और संगठन करें। समाज में अर्थ-नैतिक स्वार्थों के इर्द-गिर्द जो गिरोह बनते हैं, उन्ही का नाम वर्ग है।

वर्ग-विभेद की व्याख्या कर वर्ग-युद्ध का आह्वान करने वाले कार्ल मार्क्स ने भी इन आर्थिक वर्गों के अलावा कुछ दूसरे प्रतिष्ठित वर्गों का होना भी मंजूर किया है। विद्या-बुद्धिजीवी लोग इसी प्रतिष्ठित वर्ग की श्रेणी या शृंखला में आते हैं। अर्थ, नैतिक वर्ग के बंधन इनके मन और बुद्धि को इतनी कठोरता और कड़ाई से नहीं बांध सकते, जितना अपनी जीविका में रात-दिन रत रहने वाले कम पढ़े-लिखे दूसरे लोगों को, इसलिए इनके विचारों को किसी एक खास श्रेणी के स्वार्थों से सम्बद्ध हमेशा साबित नहीं किया जा सकता।

बुद्धिजीवियों के लिए सच्चे अर्थ में कोई बंधन हो तो वह सिर्फ विचारों का ही होना चाहिए, इसलिए लंदन स्कूल ऑफ इकॉनॉमिक्स के जर्मन समाजशास्त्री, प्रोफेसर कार्ल मानहाइम ने कहा है कि बुद्धिजीवी विद्यानुरागी लोग एक वर्गविहीन या श्रेणीरहित गोष्ठी की तरह होते हैं और इसीलिए उन्हें मिसेल्स सब सामाजिक सेनाओं के अफसर या सेनापति समझते हैं। इससे यह साबित होता है कि बुद्धिजीवी समाज के सभी वर्गों और दलों के मुख्य पात्र हो सकते हैं, इसलिए कभी-कभी उनकी शक्ल ऐसी होती है कि वे किसी वर्ग विशेष के अंतर्गत नहीं रखे जा सकते या दिखलाई पड़ते।

पुरातन भारतीय समाज में श्रेणी गठन या वर्ग संगठन, स्थायी, स्थिर और गतिहीन था इसलिए बुद्धिजीवी उच्च वर्ग में शामिल होकर जड़ता के उपासक बन गए थे। यथास्थिति और स्थापित स्वार्थों की रक्षा ही उनकी विद्वत्ता और विचार का प्रधान उद्देश्य और मुख्य काम था, इसलिए वे ब्राह्मण नामक एक जाति में जड़ित होकर दूसरों से अलग और ऊपर उठ गए थे। यही वजह थी कि विद्या-बुद्धि व ज्ञान-विज्ञान की चर्चा इसी जाति के विशिष्ट व्यक्तियों तक ही सीमित कर डाली गई थी। ब्राह्मण ही पंडित होता था और पंडित कहने से ब्राह्मण का ही बोध होता था। इस कुल या जातिगत बंधन की दृढ़ता की वजह से ही चिंतन से चपलता लुप्त हो गई और सामाजिक विचारों से ही नहीं गठन से भी गतिशीलता और परिवर्तनकारिता गायब हो गई।

ब्राह्मण समाज के उच्च-स्तर के विद्वान इन्टेलेक्चुअल या एलीट थे इसलिए कि उनके कुल या जाति की धर्म या मर्यादा हो गई थी। उनको खुद विद्या में रुचि हो या नहीं, उनकी बुद्धि या प्रतिभा का रुख उस दिशा में हो या नहीं, उनमें नए विचारों को ग्रहण करने या प्रतिपादन करने की शक्ति हो या नहीं जिस तरह कुम्हार को मिट्टी के बर्तन या लोहार को लोहे के औजार वगैरह बनाने होते थे उसी तरह विशिष्ट ब्राह्मण कुलों के बालकों के लिए शास्त्रों और स्मृतियों का अध्ययन करना या याद्दाश्त में पिरोना लाजमी फर्ज था। जब मुसलमान आए तो उनके मौलवियों का प्रभाव या प्रतिष्ठा इस्लाम धर्मावलम्बियों तक ही रही और हिंदू विद्या-बुद्धि पर ब्राह्मणों का एकाधिपत्य बना रहा, लेकिन उनके आते ही यह परंपरावादी सिलसिला टूटना शुरू हो गया। संस्कृत का सड़ा-गला पुराना ज्ञान और पंडितों की पाठशालाएं, सत्र या टोल आधुनिक समाज की गतिविधियों से अलग होकर सामाजिक मर्यादा व प्रतिष्ठा में हीन होते गए। अंगरेजी शिक्षा और आधुनिक ज्ञान-विज्ञान की प्रणाली ने संस्कृतज्ञ पंडितों को धर्म के कर्मकांडों का पथिक बनाकर उनसे समाज संचालन की शक्ति छीन ली। नए ज्ञान और विज्ञान ने ब्राह्मणों में केन्द्रित, शास्त्रीय विद्या को समाज के अंधेरे कोनों में ढकेल दिया, जहां वह उपेक्षित अवस्था में सड़ती-गलती रही। अंगरेजी शासकों ने अंगरेजी पढ़े-लिखे लोगों की एक जमात की सृष्टि करनी शुरू की, जो बढ़ते-बढ़ते सारे भारत के बौद्धिक जीवन पर छा गई।

आजादी के बाद अब जब देशी लोकभाषाओं को राज्य-भाषा बनाने की बात चल रही है तो यही अंगरेजी पढ़े-लिखे लोग यह तर्क दे रहे हैं कि अंगरेजी के उठते ही

हिंदुस्तान से ज्ञान–विज्ञान, चिंतन, मनन, अध्ययन और विचार तक उठ जाएगा और संस्कृत शास्त्र पाठ की निरर्थक प्रणाली फिर जारी हो जाएगी, जो हिंदुस्तान के भाग्य को फिर राष्ट्रपति राजेंद्र प्रसाद की तरह कट्टर, कुटिल, कूपमंडूक ब्राह्मण पंडितों के पैरों पर लिटा देगी, लेकिन उन्हें यह पता नहीं कि कोई भी भाषा सारा ज्ञान–विज्ञान लेकर जन्मी नहीं। ज्ञान–विज्ञान के विकास के साथ ही भाषा का विकास हुआ है। आवश्यकता आविष्कार की जननी है। अगर भारतीय भाषाओं में ज्ञान–विज्ञान की शिक्षा चालू कर दी जाए तो फौरन ही शब्द अपने आप दूसरी भाषाओं से ले लिये जाएंगे। शब्द भी मनुष्यों की तरह जन्म लेते और मरते हैं। भाषा मानव जाति की तरह बनी रहती है। जनतंत्र के इस युग में जनबोलियों को ज्ञान–विज्ञान और राजकाज का वाहन बनाकर ही बुद्धिजीवी जनता रूपी दाल में घुल–मिलकर, नमक का सा काम कर, जनराज को साकार कर सकते हैं।

अब समाज से ऊपर और अलहदा बुद्धिजीवी जमात की जरूरत नहीं। बुद्धिजीवी अगर आज के सरकारी लोगों की तरह समाज से ऊपर उठते गए और इन अफसरों और कांग्रेसियों की भविष्य के भारत में जो दुर्गति होने वाली है वही इन बुद्धिजीवी विद्वानों की भी होगी। स्थापित समाज में आदर और ओहदा पाकर जीवन स्तर ऊंचा उठाने की लालसा अधिकांश बुद्धिजीवियों में भी घर कर गई है और इसलिए उनकी विचारधारा में गतिविहीनता की घुन या दीमक लग गई है और वे आत्मविकास में मशगूल हो समाज विकास के कार्य से विमुख होते जा रहे हैं। रुपए की ममता और लालसा ने विद्वानों को भी इस व्यवसायी वातावरण में ढकेल दिया है और वे वही विचार प्रस्तुत करने में लगे हैं जिसका दाम अच्छा मिले। यह अर्थपूजा समाज परिवर्तन के विद्रोही विचारों को ढांकने की कोशिशें कर रही है, लेकिन पुरातन भारतीय समाज, जो अब तकरीबन 40 करोड़ का उत्पीड़ित शोषित समाज बन चुका है, टूट रहा है। वह भारतीय बुद्धिजीवी वर्ग जो या तो अमेरिकी सांस्कृतिक संस्थानों के डॉलर जाल में या रूसी रूबल के साम्यवादी नामक सुनहरे फन्दे में या फिर जवाहरलाल नेहरू के जन विभागों में फंसकर, भारतीय जन–मन और उसकी अभिलाषाओं से दूर होता जा रहा है, वह संभव समताओं के साथ नवीन भारतीय समाज के निर्माण में सहायक नहीं हो सकता। उनकी भी वही बुरी हालत होगी जो अंगरेजी राज की स्थापना के बाद संस्कृत के पंडितों की हुई। आज के समाज में रुपया मनुष्य से बड़ा हो गया है। रुपए के नियंत्रक या संचालक, सरकारी व गैर–सरकारी दोनों को जिन बुद्धिजीवियों ने अपना माई–बाप बना लिया है, उनको उस वक्त बड़ा ही कष्ट होगा जब रुपए को अपदस्थ कर मनुष्य को महान मानने और बनाने वाले समाज की स्थापना होगी। रुपया साधन है, साध्य नहीं। साधनों के अभाव ने बुद्धिजीनियों को ऐसा लालची और अकर्मण्य बना दिया है कि उनका अधिकांश समय अध्ययन, मनन और चिंतन से दूर होकर रुपए की थैली खोलने वालों की खुशामद में व्यतीत होता है।

वे प्रतिक्रियावादी विचारों के खुले प्रचारक बनकर अपने और अपने परिवार के लिए आनंद भवन की इमारतें खड़ी करने में व्यस्त हैं, चाहे फिर करोड़ों को झोंपड़ियों का फूस और बांस ही न मिले, पेट में अन्न भी न हो और न तन पर कपड़ा। त्रिशंकु की तरह ऊंचे आसमान पर लटके ऐसे बुद्धिजीवियों की आंखें ऊंचे सरकारी स्वर्ग को बेशक निहारती रहेडु, नीचे के नरक में जलती आग को नहीं बुझा सकतीं। यह आग बीच में पड़े बुद्धिजीवियों को ही नहीं, उनसे भी ऊपर के आर्थिक, राजनीतिक और सरकारी महापुरुषों के स्वर्ग को भी एक दिन अवश्य जलाकर राख कर देगी।

अंगरेजी शिक्षा ने ब्राह्मणों की मोनोपोली को खत्म कर राजपूत, कायस्थ, बनियों, आदि को अवश्य उस बुद्धिजीवी जमात में अबाध गति से आने के दरवाजे खोल दिए हैं। अछूतों के लिए ज्ञान-विज्ञान और राज-दरबार के फाटक तभी अच्छी तरह पूरे खुलेंगे जब जनभाषाएं शिक्षा और सरकार का माध्यम बनेंगी। एक फीसदी की दुर्बोध, विदेशी, साम्राज्यवादिनी, अंगरेजों ने अभी तक वयस्क मताधिकार के जनतंत्र में भी इक्के-दुक्के अंगुलियों पर गिने जाएं इतने ही शूद्रों को बुद्धिजीवी वर्ग में घुसने दिया है। अगर उनको अपनी जनसंख्या के अनुपात के माफिक भारतीय समाज के कर्ता-धर्ता होना है तो वे हिंदी, बंगला, मराठी, तेलुगु, तमिल आदि के मार्फत या मदद से ही अपने असली हकों को हासिल कर सकते हैं। तभी उनकी आकांक्षाएं, अभिलाषाएं व आवश्यकताएं, भारतीय समाज की विचारधाराओं में सम्मिलित होकर उस बृहत् भारतीय समाज की रचना कर सकती हैं, जो अभी अंधों का सपना सा है।

चालीस करोड़ की भावनाएं, धारणाएं और जिंदगी के मनोरथ जब भारतीय विचारों को आंदोलित करेंगे तभी सच्ची, विशाल बहती गंगा की तरह निर्मल सबल विद्या की सृष्टि होगी, जो सारे समूह के जीवन को एक ही तरह से रोशन करेगी। अगर हमने खुद अंगरेजी के मोह को नहीं छोड़ा और ऊंची जातियों में भी ऊंचा रखने के षड्यंत्र में शामिल होकर, ज्ञान-विज्ञान को विशिष्ट वर्ग के लिए उन्हीं में कैद रखा तो भारतीय विकास हमेशा संकीर्ण ही बना रहेगा और पिरामिड पर बैठा भारत का उच्च वर्ग नीचे वालों की पीठ को तोड़ता ही रहेगा। न उसमें खेती-बाड़ी की तरक्की होगी, न उद्योग-धंधों की और न ही ज्ञान-विज्ञान की। गोरी दुनिया का विस्तृत समाज हमारे इस संकीर्ण भयंकर विषमता के समाज को फिर पराजित कर गुलाम बना लेगा और हमारे नब्बे फीसदी स्त्री, शूद्र, आदिवासी, हरिजन आदि लोग इस समाज में बहिष्कृतों या दलितों का सा जीवन व्यतीत करते हुए कभी भी इस विषम समाज या राज्य की रक्षा हेतु नहीं दौड़ेंगे। क्या भारतीय इतिहास का हजारों सालों से जो सिलसिला चला आ रहा है उसी दुखद क्रम की इस बीसवीं सदी में भी वही गंदी अपमानजनक पुनरावृत्ति होती रहेगी? जो अपनी अधिकांश जनता को शूद्र, अछूत और आदिवासी बनाकर रखेंगे वे निश्चय ही गोरों की उबलती बढ़ती सभ्यता में स्वयं शूद्रों की तरह के समझ जाकर, वैसा ही व्यवहार पाते रहेंगे जो आज साउथ अफ्रीका के गोरे लोग, कालों, भूरों और पीलों की

रंगीन जातियों से कर रहे हैं। जो अपने को भारत में उच्च वर्ग का समझते हैं, सभ्यता की संचालक गोरी जातियों में वे भी उतनी ही बेकदरी और बेइज्जती पाते हैं, जितनी शूद्र, अछूत और आदिवासी उनके हाथों।

भारत के प्रधानमंत्री पंडित नेहरू को शिष्टाचार या अपनी आवश्यकताओं के अनुसार गोरे देशों के शासक-विचारक भले ही आदर-सम्मान वगैरह देते रहें, उससे भारत के अंतरराष्ट्रीय स्तर को ऊंचा समझने वाले को अंत में निराशा ही मिलेगी। जब तक किसी अविकसित मुल्क के जन समूह में ऐसी जागृति या कार्यशक्ति प्रस्फुटित नहीं होती जो दूसरों को चमत्कृत कर दे तब तक बढ़े-चढ़े मुल्कों के लोग भयभीत या चकाचौंध नहीं होंगे। भारतीय समाज को अपने में बड़े भयंकर परिवर्तन करने पड़ेंगे, ताकि चीन और रूस से भी अधिक आर्थिक प्रगति का रास्ता वह अख्तियार कर सके। बिना बड़ी गति वाली आर्थिक योजना के जो सब बेकारों को देश निर्माण में जोत सके और जो सारे बच्चों को शिक्षा देकर विद्या और विज्ञान के द्वार खोल सके, आज की इस नित बदलती बढ़ती विशाल दुनिया में हमें कोई पूछेगा नहीं। जो सरकार अपने सारे समाज को आलोकित कर उसकी आशाओं को फलीभूत करने की दिशा में काम के कदम उठाएगी उसी की तरफ दुनिया भी विस्मय और हर्ष की नजरों से देखेगी।

बारह साल से गंगा पर एक पुल बनाकर और उसे भी उच्च पदस्थ जीवित राजेन्द्र प्रसाद का नाम देने से न सरकार की इज्जत बढ़ती है न देश की। अपनी चूहों की सी उछल-कूद को वृहत् बताना और भ्रष्टाचार की लूट के लिए आपस में झगड़े करते रहना कांग्रेसियों का रोजमर्रा का काम हो गया है। इस तरह वे न देश को आगे बढ़ा सकते हैं और न देशवासियों को सुख और सुविधा ही प्रदान कर सकते हैं। अगर कांग्रेस के इस कुटिल विषमता के वातावरण में जिसमें राष्ट्रपति, राज्यपाल, राजदूत, प्रधान और अन्य मंत्रीगण करोड़पति व्यापारियों और पुराने नवाबों व राजाओं से भी ऊंचे स्तर का जीवन व्यतीत करते रहें और कोई परिवर्तन नहीं आया, तो भारत शायद फिर बौद्धकाल के अवसान के बाद से आज तक के अंधकार के युग में जा पड़े।

इतिहास किसी भी मुल्क या व्यक्ति का इन्तजार नहीं करता और न ही छुट्टी या छूट देता है। स्वराज्य में सादगी व बराबरी की स्थापना के लिए जो कोशिशें की जानी चाहिए थीं, वह गांधीजी की आंखें बंद होते ही भुला दी गईं। करोड़ों के जीवन को अभाव, अज्ञान व अंधकार में छोड़कर, नए कांग्रेसी शासक अपनी अतृप्त लालसाओं और प्यासों को बुझाने में लग गए। आजादी की लड़ाई के वक्त के प्रचारित त्याग की कीमत करोड़ों और लाखों में वसूल की जाने लगी। कांग्रेसी राजनीतिज्ञों के नए खानदान स्थापित होने लगे और पुराने स्थापित उच्च वर्ग के घरानों के साथ उनके ललित संबंध भी होने और बढ़ने लगे। क्रांति प्रतिष्ठा और पद-प्राप्ति की दौड़ में बदल गई और राजनीति का प्रधान काम व्यक्ति विशेषों की महत्त्वाकांक्षाओं को साकार करना हो गया।

कल्याणकारी राज्य के बनावटी पर्दे के पीछे पुलिस अत्याचारों का नंगा नृत्य चलाती रही और बड़े लोग ज्यादा बड़े बनने के काम में व्यस्त और मस्त हो गए। नीचे के असंख्यों के ढेर में सड़ायंध व सड़न बढ़ती रही। बुद्धिजीवी नए मालिकों के हाथों बिक गए और उनकी प्रशंसा के गीत गाकर उनकी आरती उतारने लगे। गरीबों के नाम पर नौकरशाही का विस्तार होने लगा और उसके खर्च के लिए नित नए टैक्स लगने लगे। सरकारी नौकरियों के वेतन के अलावा, अपने पदों की ताकत के जरिए ये अफसर अपनी तनख्वाह से कई गुनी अधिक घूसें भी वसूल करने लगे और जनता व उत्पादन दोनों पर सरकारी कर्मचारियों के नित बढ़ते हिस्से का बोझ दस गुना हो गया। इस भयंकर शोषण की मार को सहते हुए कैसे देश का आर्थिक विकास हो? कैसे जनता का जीवन स्तर ऊंचा हो? कौन से दल और राजनीतिज्ञ ऐसे बचे हैं, जो देश निर्माण के झूठे बहानों के नारों के पीछे सैकड़ों करोड़ रुपया सालाना की इस कांग्रेसी बरबादी से देश को छुटकारा दिला सके, और बेकार पड़ी जनता की श्रम-शक्ति को संगठित करके रुपए के राज्य को जनराज्य में परिवर्तित कर सके?

वित्त और विद्या का जो कुटिल षड्यंत्र आज देश की राजनीति पर हावी हो गया है उससे त्राण दिलाने वाले त्यागी बुद्धिजीवी कहां हैं जो देशोद्धार व जनोत्थान के लिए अपनी जान लगा दें? करीब पांच हजार परिवारों का एक गिरोह जो विलायती शिक्षा-दीक्षा और रहन-सहन का अभ्यस्त हो गया है, जो खेल-कूद और आमोद-प्रमोद के क्लबों में साथ रहता है, जिनकी विवाह-शादियां भी आपस में होने लगी हैं आज भारत की राजनीति, सैन्य शक्ति, बड़े व्यवसाय, कल-कारखानों और विश्वविद्यालयों का संचालक है। यही एक-दूसरे के मित्र और सहायक हैं। सारे समाचार-पत्र इनके हैं, रेडियो और समाचार-एजेंसियों पर इनका कब्जा है। दूतावासों और बैंकों, व्यापारिक संघों और मजदूर प्रतिष्ठानों तक पर इनका अधिकार है। कानून और न्याय के हाईकोर्टों में बड़े वकीलों और जजों की शक्ल में भी यही मौजूद है। रेल, तार, डाक, हवाई और पानी के जहाजों के ये ही संचालक या मालिक हैं। कोयला, लोहा, चाय, चीनी, पाट, रुई, कपड़ा और अन्न तक पर इन्हीं का कब्जा है। ये कभी-कभी आपस में लड़ते-झगड़ते भी नजर आते हैं।

सेठ शांतिप्रसाद जैन पर पचपन लाख का जुर्माना भी होता है और बनारस में सोडा, ऐश और कास्टिक व खाद की फैक्टरी बैठाने के लिए संपूर्णानंद की सरकार डेढ़ करोड़ का कर्ज भी उन्हें ही देती है। कैबिनेट के सेक्रेटरी विष्णुन सहाय और प्रधानमंत्री जवाहरलाल नेहरू, एम. ओ. मथाई का तेरह साल तक बढ़ती महंगाई में भी ढाई सौ रुपए महीने का सरल सादा मितव्ययी जीवन मंजूर कर उसे बरी कर देते हैं और उसकी यह अपूर्व अविश्वसनीय बात भी मान लेते हैं कि अमेरिकन रेडक्रॉस इतनी उदार है कि डेढ़ सौ रुपए माहवार के एक टाइपिस्ट को तीन-चार लाख का माल पुरस्कारस्वरूप दे गई। गोया कि हजारों भारतीयों ने अमेरिकन फौज में इस तरह की मामूली तनख्वाह

पर ही नहीं और बड़े वेतन पर नौकरियां कीं, लेकिन दिलदार अमेरिकन उन्हें छोड़कर किसी और को इस तरह पुरस्कृत कर निहाल नहीं कर गए।

कृष्णामाचारी की कंपनी ने करोड़ों रुपया कमाया और कमा रही है और प्राइम मिनिस्टर साहब आज भी उनके सबल समर्थक बने बैठे हैं। वे तो हमेशा से यह कहने के लिए प्रस्तुत हैं कि उन्होंने अपने मंत्री पद से कोई लाभ नहीं उठाया। यह एक दूसरे की रक्षा का षड्‌यंत्र यहां तक फैल गया है कि उसकी मिसालों से किताबें भर जाएं।

कमलापति त्रिपाठी के पुत्र के ठेकेदारों से जो ताल्लुक रहे हैं वे उत्तर प्रदेश में सोशलिस्ट विधायक राजनारायण सिंह के भाषणों द्वारा सर्वविदित हो गए हैं, पर त्रिपाठी जी उसी तरह गद्‌दी पर विराजमान हैं। इधर, इन्दिरा गांधी की खादी को करोड़ों रुपयों का व्यापार कांग्रेस ने बना डाला, तो भी बिहार में महेशप्रसाद सिन्हा उसी के बोर्ड के सर्वेसर्वा बन बैठे। अमीर कलकत्ते में दो सौ करोड़ की पूंजी का उपयोग करने वाली अंगरेजी नामधारिणी मार्टिन बर्न कंपनी के प्रधान मालिक सर वीरेन्द्रनाथ मुखर्जी की सुपुत्री का विवाह भारत सरकार के विदेश विभाग के सेक्रेटरी जनरल एन.आर. पिल्लई के लड़के से हुआ है, आखिर करोड़पति व्यापारी भी सरकारी अफसरी परिवारों की महत्ता समझने लगे और सरकार और व्यापार का संबंध बनाने में संलग्न हो ही गए। यह विवाह आज के भारत के महाजनों की एकता का प्रतीक है।

पांच हजार परिवारों के इस गिरोह की कुटिल किलाबंदी को तोड़ने से ही चालीस करोड़ जनता सच्चे मायने में आजाद होगी, लेकिन अधिकांश भारतीय बुद्धिजीवियों की जमात भी इस गिरोह के अवगुणों के गठन को छिपाने में लगी हुई है। गरीबों के गीत गा-गाकर ये इस गिरोह की गंदगी को जनतंत्र के जरिए छिपाना चाहते हैं। आम सभाओं और आम चुनावों में वे गरीबों के हितो की रक्षा की घोषणा करते हैं और महंगे भोजनालयों, प्राइवेट बैठकों, शानदार होटलों और करोड़पतियों के आलयनिलयों में वे आपसी सौदे व समझौते करते रहते हैं, जिससे चालीस करोड़ के शोषण में राजनीति में विरोधी रूप धारण करने वालों को भी साझेदारी या हिस्सा मिलता रहें। वैसे ये हिस्सा भी अब लाखों का मिलना शुरू हो गया है। आश्रमों का खर्चा छोटी-मोटी यूनिवर्सिटियां जितना हो गया है। ये आश्रम गरीबों के नाम पर अपने निजी भक्त और दास कार्यकर्ताओ की जीविका चलाने के साधन हो गए हैं। चर्खे, घानी, करघे और कुटीर उद्योग के नाम पर सरकारी और गैरसरकारी चंदे व अनुदान बड़ी सरलता से मिल जाते हैं क्योंकि ये मरी हुई उत्पादन कला के अवशेष कभी भी बड़े कारखानों के लिए प्रतिद्वंद्वी बनकर खतरा पैदा नहीं कर सकते। प्रार्थना और भजन का वातावरण स्थापित समाज को धक्का देने वाले विचारक पैदा नहीं कर सकता।

बुद्धिजीवियों को खतरनाक विचारों से अलग रखने के लिए, संघर्ष की जगह प्रेम-प्रवचनों को सुनाने के लिए पुराने आश्रमों को यह नया रूप और धन मिला है। जनकल्याण का बहाना है कि वाद-विवाद रहित शांत जीवन उपेक्षित ग्रामों के उद्धार

करने का महान उद्देश्य है। साथ ही अब तो इस वाद-विवाद रहित शांत जीवन के ज्ञान को भक्ति से बांध दिया गया है। बहस-मुबाहिसे बंद हैं, अपनी उचित मांगों के लिए प्रतिरोध का अंत कर दिया गया है। सत्याग्रह समाप्त, असहयोग की अन्त्येष्टि क्योंकि ये दोनों ही ध्वंसात्मक, संहारात्मक साबित हुए हैं।

आश्रम तो गांधी के रचनात्मक कार्यों के अड्डे हैं। ग्रामीणों को स्वावलंबन का पाठ पढ़ाते हैं। सरकार से झूठी उम्मीदों के वातावरण को खत्म करते हैं। आखिर सरकार ग्रामीणों की सेवा के लिए ही तो आश्रमों को आर्थिक सहायता दे रही है। ग्रामीण अगर इससे संतुष्ट नहीं होते तो उनके बिगड़े हुए दिमागों को दुरुस्त करने के लिए ही तो हम बुद्धिजीवी नगर का सरस जीवन त्यागकर उनकी आत्मशुद्धि या मनशुद्धि करने के लिए ही देहात में पधारे हैं। समाज में संतोष व्याप्त हो और विद्रोही विरोध का अंत हो यही काम आज के गांधीवादी बुद्धिजीवी कर रहे हैं, इसलिए लोकनीति को राजनीति से अलहदा करने का भार उन्होंने उठाया है ताकि जनतंत्र की जनता को राजनीति में कोई दिलचस्पी ही न रहे। तुम हमारे साथ शामिल होकर लोकनीति और लोकनिर्माण का खेल खेलो और देखो कैसा मजा आता है। हम धीरे-धीरे सरकार को निरर्थक बना डालेंगे, लेकिन उन्हें यह पता नहीं कि यही वादे तो मार्क्सवादी बुद्धिजीवी सौ साल से भी पहले से करते आ रहे हैं कि शैतान सरकार मुरझाकर खुद-ब-खुद टूट पड़ेगी।

खैर, इन वादों और प्रतिज्ञाओं के बावजूद सरकारी शोषण और नियंत्रण हर घर, हर कार्रवाई और हर व्यक्ति पर लग गया है। भारतीय बुद्धिजीवी वर्ग का दिवालियापन दिन-ब-दिन अधिक प्रकट होता जा रहा है। वे दिन-रात शक्तिशाली गिरोहों के चाकर बनते जा रहे हैं। कोई अमेरिकी पूंजी से पैसा पा प्राइवेट सेक्टर का समर्थक हो गया है, कोई भारत सरकार की अमरबेल की तरह बढ़ते प्रचार विभागों में आरामकुर्सी पा पंचसाला योजनाओं के गीत गा रहा है, कोई नई मक्का मास्को और नए प्रयाग पीकिंग में बंटते पुण्य को प्राप्त कर कम्युनिस्टों का साथी या सैनिक बन बैठा है। भारतमाता की चालीस करोड़ संतान के दुख और संकट से वास्ता रहा है सिर्फ राममनोहर लोहिया की शुद्ध भारतीय सोशलिस्ट पार्टी को जो विदेशी साम्यवाद और समाजवाद की छुआछूत की बीमारी से अपने आपको किसी तरह बचाए हुए है। विश्व-सरकार की चाहत राममनोहर भी करता है, लेकिन सारी दुनिया के लोगों का विश्व-संसद चुनने का एक समान वयस्क मताधिकार मिले तभी, इधर-उधर पश्चिमी बुद्धिजीवी की झूठी अंतरराष्ट्रीयता के राग में सुर मिला करके थोथी मानवता के गीत गाने से बढ़े-चढ़े और पिछड़े हुए मुल्कों में बराबरी कभी नहीं आएगी। इस बराबरी के बिना विश्व का कल्याण नहीं।

'जन', जुलाई 1959

कांग्रेस पार्टी

आजादी के बाद नेहरू की छत्रच्छाया और कांग्रेस पार्टी की सरकार में देश की बदहाली पर प्रकाश डालता यह लेख आज भी उतना ही प्रासंगिक है, जितना उस समय था। देखा जाए तो वर्तमान में केंद्र में सत्तासीन कांग्रेस सरकार के कार्यकाल में हुए टूजी स्पेक्ट्रम और कोलगेट जैसे महाघोटालों ने इस लेख को आज भी उतना ही ताजा बना दिया है। यह लेख कांग्रेस पार्टी के कार्य करने के तरीके, पार्टी के अंदर चल रही गुटबाजी, क्षुद्र राजनीति, व भ्रष्टाचार में आकंठ डूब चुके कांग्रेसी मंत्रियों के काले कारनामों का चिट्ठा खोलता है।

–संपादक

लॉर्ड हेलीफैक्स ने कहा था कि राजनीतिक दल राष्ट्र के खिलाफ साजिश करने वालों का दल होता है। दुनिया के दूसरे राजनीतिक दलों के बारे में यह बात शायद पूरी सच न भी हो, लेकिन आज की हिंदुस्तान की राजा पार्टी कांग्रेस के विषय में तो यह बात एकदम सटीक बैठती है। 1885 में अंगरेजी साम्राज्य के कुछ वफादारों ने अपनी आवाज को जनता की आवाज कहने के लिए ही यह मंच स्थापित किया था। 1857 के राज्य विद्रोह के बाद अंगरेजी राज्य ने अपने दुर्दंड दमन चक्र से हिंदुस्तानी राष्ट्रवादी तत्त्वों को एक अरसे के लिए कुचल डाला था, लेकिन 28 वर्ष की एक पीढ़ी के बाद विदेशी हुकूमत के खिलाफ फिर सरसराहट शुरू हो गई थी।

इस हलचल को एक हलकी सी आवाज देने के लिए, उस वक्त के वायसराय लॉर्ड डफरिन के यहां आने-जाने वाले लोगों ने भारतीय राष्ट्रीय कांग्रेस को एक ऐसी नहर की शक्ल में स्थापित किया, जो अंगरेजी साम्राज्य द्वारा स्थापित हदों में शांतिपूर्ण भाषणों व प्रस्तावों के जरिए छोटी-छोटी मांगें ब्रिटिश सरकार के सम्मुख उपस्थित कर सके और हिंदुस्तान में फिर कोई नया राज्य विद्रोह नहीं होने दे।

कांग्रेस की स्थापना से पहले सीमित, सरकारी बहुमत के नीचे दबी हुई कौंसिलें न तो सूबों में ही बनी थीं और न केंद्र में। लॉर्ड कर्जन द्वारा बंगाल का विभाजन किए जाने तक यानी तकरीबन बीस साल तक कांग्रेस का काम अंगरेजी पढ़े-लिखे, छोटी महत्त्वाकांक्षा वाले लोगों को इकट्ठा कर किसी बड़े शहर में एक सालाना जलसा करना

और देश की दुर्दशा पर आंसू बहाने के साथ-साथ कभी-कभी छोटी-छोटी मांगों को लेकर वायसराय के पास या लंदन प्रतिनिधि मंडल भेजना था, जो ब्रिटिश अधिकारियों से यह अर्ज करे कि अंगरेजी पढ़े-लिखे भारतीयों को भी शासकीय जमात में कुछ थोड़ा हिस्सा मिले।

अफसरी कुर्सी के लिए लालायित यह बड़े वकीलों की कतार, जो कांग्रेस पर कब्जा जमाए हुए थी, भारतीय जनता से बहुत ज्यादा दूर थी और ब्रिटिश हुकूमत की कृपा के लिए अभिलाषी थी। न ब्रिटिश सरकार ही जन आंदोलन चाहती थी और न कांग्रेसी महानुभाव ही, लेकिन बंग-भंग और पूना में प्लेग की रोकथाम के लिए नागरिकों पर जो सरकारी अत्याचार हुए उनके खिलाफ एक युवक वर्ग खड़ा हो गया था। उधर, एक एशियाई ताकत जापान ने 1943 में एक गोरे शक्तिशाली देश रूस को, जो सारे उत्तरी एशिया को कब्जे में करता हुआ प्रशांत महासागर के उत्तरी तट पर जा पहुंचा था, हरा दिया था। गोरी जाति के ज्ञान-विज्ञान, सामरिक शक्ति और आर्थिक पद्धति के सामने अपने को हीन समझने वाले भारतीय लोगों में भी जापान विजय से कुछ जान आई, और कांग्रेस राजनीति में थोड़ी सी गरमी। इस गरमी के कारण मिंटो मोरले (लॉर्ड मिंटो कर्जन के बाद भारत के वायसराय थे, और मोरले साहब विलायती, उदार, दलीय सरकार में भारत सचिव थे) सुधारों की शुरुआत हुई। जिसमें सूबाई एवं केंद्रीय काउंसिलों में थोड़े से भारतीयों के चुने जाने की पद्धिति प्रारंभ की गई।

मिंटो मोरले योजना के अंतर्गत ही वह पृथक् चुनाव पद्धति प्रारंभ की गई इसके जरिए हिंदू-मुस्लिम एकता को भंग और उन्हें एक-दूसरे से अलग कर, उनमें झूठे झगड़े खड़े कर ब्रिटिश शासन को सुरक्षित रखने की तजवीज कारगर की गई। लेकिन कांग्रेस अब भी जनता से दूर ही रही। आतंकवाद भी व्यक्तिगत ही रहा और कभी सामूहिक रूप धारण नहीं कर सका। परंतु बालगंगाधर तिलक, लाला लाजपत राय और विपिन चंद्र पाल आदि अनेक नेताओं की जेल यात्राएं शुरू हुईं और गोली-बम वाले नौजवानों को फांसी और कालेपानी की सजाएं दी गईं, लेकिन कांग्रेसी नेताओं और इन हिंसात्मक रवैया अपनाने वाले युवाओं में कोई सीधा संबंध स्थापित नहीं हुआ।

प्रथम महायुद्ध के दरम्यान कांग्रेसी नेताओं ने ब्रिटिश साम्राज्य का समर्थन किया और भारत में फौज भर्ती करने व उसे विभिन्न यूरोपीय, पश्चिमी एशियाई युद्धस्थलों में भेजने में कोई बाधा नहीं डाली। अंगरेजी पढ़े-लिखे इन महानुभावों का यह विशिष्ट वर्ग अंगरेजों के साथ सहयोग की सड़क पर ही चलता रहा। इसके साथ ही जन-आंदोलन को आगे बढ़ाने की दिशा में उदासीन ही बना रहा।

प्रथम विश्वयुद्ध की समाप्ति पर विजय प्राप्त करने पर भी 1917 की बोल्शेविक रूसी क्रांति से भयभीत अंगरेज साम्राज्यवादियों ने स्वामिभक्त सहयोगियों को युद्धकाल की सेवाओं के लिए पुरस्कार देने से तो अलग रहा उलटा दमनकारी रोलेट कानून का मसौदा तैयार कर दिया।

फौज में सबसे अधिक सिपाही देने वाले प्रांत पंजाब में इस कानून के खिलाफ भयंकर बवंडर उठा। इस आंदोलन को दबाने के लिए जलियांवाला बाग जैसे हत्याकांड और फौजी शासन के अत्याचार ब्रिटिश हुकूमत ने किए। इसी समय महात्मा गांधी ने कांग्रेस का नेतृत्व अपने हाथ में ले लिया, और असहयोग आंदोलन को जन्म देकर अंगरेजों से उखड़े हुए मन वाली जनता को हिंदुस्तान की राजनीति के खुले मैदान में लाकर खड़ा कर दिया। कांग्रेस के दरवाजे जो अब तक उच्च और मध्यम वर्ग तक ही सीमित थे अब निम्न मध्य स्तर के लोगों के लिए भी खुल गए और किसानों व मजदूरों की भी चर्चा चलने लगी। महात्मा गांधी के नेतृत्व में कांग्रेस के आचार-विचार, रंग-रूप ही नहीं काया भी पलट गई।

शौक और शान की जगह सादगी ने ले ली। अदालतों, स्कूलों, कॉलेजों आदि का बायकाट हुआ, विदेशों वस्त्रों की होली जली, लाखों की तादाद में जेल यात्राएं हुईं और हर शहर व कस्बों में जनसभाओं में जोशीली तकरीरें होने लगीं। जेम्सफोर्ट मांटेगो सुधारों की घोषणा हुई, लेकिन कांग्रेस ने इन सुधारों को बिलकुल निरर्थक करार दिया, लेकिन चौरी-चौरा जहां पूर्वी यूपी की जनता ने थाने में आग लगा दी तो अहिंसात्मक आंदोलन में विश्वास रखने वाले गांधीजी ने आंदोलन वापस ले लिया। जनता का जोश ठंडा पड़ते ही अंगरेजों ने गांधीजी को जेल भेज दिया। उनके कांग्रेसी साथियों में से एक दल काउंसिलों के बायकाट को त्यागकर चुनाव लड़ने के लिए तैयार हो गया, लेकिन गांधी ने 1928 में साइमन कमीशन की नियुक्ति के बाद जो दूसरा आंदोलन शुरू किया उसने 1930 में फिर से एक बार सब कांग्रेसियों को जेल यात्रा करवा दी।

1931 में लंदन में दूसरी गोलमेज कॉन्फ्रेंस शुरू हुई, जिसमें गांधीजी अकेले ही कांग्रेस के प्रतिनिधि की हैसियत से शामिल हुए, लेकिन वहां से वे खाली हाथ ही लौटे व स्वराज्य और स्वतंत्रता का ध्येय दूर ही रहा। 1935 में प्रांतीय स्वायत्त शासन वाले नए सुधार लागू हुए और 1937 में कांग्रेस में उन सब राज्यों में अपने मंत्रिमंडल स्थापित किए जहां उन्हें चुनावों में बहुमत मिला था, हालांकि दूसरे विश्वयुद्ध की शुरुआत के बाद 1940 में कांग्रेसी मंत्रिमंडलों से गांधीजी ने त्यागपत्र दिलवा दिया। युद्ध काल में हिंदुस्तान की सबसे बड़ी पार्टी कांग्रेस का सहयोग प्राप्त करने के लिए चर्चिल साहब ने अपने मिले-जुले सर्वदलीय मंत्रिमंडल के वामपंथी मजूदर सदस्य सर स्टे फोर्ड क्रिप्सन को भारत भेजा।

वे जर्मन और इतालवी फासिज्म को ब्रिटिश साम्राज्यवाद से अधिक खतरनाक समझने वाले जवाहरलाल नेहरू को फुसलाकर राजी करने में कामयाब हो गए, लेकिन गांधी और पटेल को, जो हिंदुस्तान में स्थापित ब्रिटिश साम्राज्य को हटाना ही अपना प्रथम कर्तव्य मानते थे, अपने दृढ मत से नहीं डिगा सके। जवाहरलाल की इतनी ताकत नहीं थी कि गांधी से वह टक्कर ले सकें और कांग्रेस के बहुमत को गांधी से तोड़कर अपने साथ ले जा सके, इसलिए वे मन मारकर गांधीजी के साथ ही बने रहे और 1942

के अंगरेज विरोधी आंदोलन को नहीं रोक सके। अगर नेहरू उस समय अंगरेजों के साथ चले गए होते तो युद्ध के बाद उनकी वही हालत होती जो सुरेन्द्रनाथ बनर्जी की पहले विश्वयुद्ध के बाद हुई थी।

नेहरू अपनी पश्चिमी शिक्षा-दीक्षा (हैरो, कैम्ब्रिज) और विलायती यात्राओं की वजह से दोनों महायुद्धों के बीच में ब्रिटिश मजदूर दल के कुछ सदस्यों द्वारा प्रचारित बातूनी समाजवाद के चक्र में फंस गए थे। यह अंगरेजी समाजवाद प्रस्तावों और घोषणा-पत्रों-भाषणों एवं पुस्तिकाओं में बड़ा ही सदाशयी और उदार है, लेकिन कोई भी कठोर कदम उठाने के लिए तैयार नहीं। कठिन प्रश्नों का हल निकालने के लिए उसका ऐसा झुकाव नहीं कि जो स्थापित स्वार्थों की ओर सीधा हमला करे। वे एक सुहावना समाजवादी वातावरण तैयार करने के पक्ष में हैं, जो समाजवाद चाहने वालों की आशा बनाए रखे और धोखे की धूल जनता की आंखों में झोंकता रहे, लेकिन ऐसे में भी स्थापित मालिकों को छूने की उनमें हिम्मत नहीं। 1924-25-29-31-45-52 और 64 में बनीं और आजकल स्थापित चारों ब्रिटिश मजदूर सरकारों का एक ही काम रहा है, केवल और केवल टूटते-गिरते ब्रिटिश साम्राज्यवाद व पूंजीवाद को संभालकर थोड़ा और आधुनिक बनाना और अपने स्वदेशी मजदूरों का जीवन स्तर थोड़ा सा और ऊंचा उठाना।

अंगरेजों ने अपने 200 सालों के साम्राज्यवादी अभियान में अफ्रीका, एशिया व अनेक देशों का आर्थिक शोषण कर अपनी मातृभूमि में जो कल-कारखानों की बड़ी पूंजी इकट्ठी की थी उसमें मजदूर दल को कभी-कभी सरकार बनने की संभावना हो जाती है और वह थोड़ा सा आधुनिकीकरण को और आगे बढ़ाने में सफल हो जाता है, लेकिन पूंजीविहीन भारत में जब नेहरू ने ब्रिटिश मजदूर दल की नकल करनी शुरू की तो भारत भ्रष्टाचार, फिजूलखर्ची और विषमता की गहरी खाई में डूब गया।

एक करोड़ के करीब आबादी नकली तौर पर आधुनिक हो गई। सात करोड़ पहले से कुछ थोड़ी अच्छी व्यवस्था में आई। दस करोड़ अपनी पुरानी जगह पर ही कायम रहे और बाकी तीस करोड़ तो और अधिक नंगे, भूखे और झोंपड़ी-झुग्गी वाले ही हो गए। महंगाई, भुखमरी और अकाल का प्रहार बढ़ गया। रूसी पंचवर्षीय योजनाओं ने बेकारी मिटा डाली। रूस को दुनिया का एक नंबर का शिक्षित देश और दो नंबर का औद्योगिक मुल्क बना डाला। सामरिक शक्ति में वह शायद दुनिया के नंबर एक देश अमेरिका से पीछे नहीं, परंतु भारत में नेहरू की कांग्रेस पार्टी की तीन पंचवर्षीय योजना समाप्त हो चुकी, लेकिन भारत जो अंगरेजी शासन काल में दुनिया का आठवें नंबर का औद्योगिक देश था वह अब 14वां और 15वां देश बन गया। आबादी में चीन के 60 करोड़ के बाद दुनिया का यह दूसरा देश भारत 48 करोड़ जीवन स्तर में सबसे पिछड़े हुए मुल्कों में भी अंतिम है। कांग्रेस पार्टी के कार्यकाल में विकास और प्रगति की बात करने वाले प्रचारकों ने अपनी आंखें जानबूझकर बंद कर रखी हैं, लेकिन

वे भारतीय जनता की आंखें भी हमेशा के लिए फोड़ देना चाहते हैं, ताकि वह अंधी बनकर वास्तविक अवस्था न देख सके।

साम्यवादी चीन की औद्योगिक एवं सामरिक शक्ति काफी बढ़ी है और तेजी से बढ़ भी रही है, लेकिन उसका मुकाबला करने के लिए जिन कल-कारखानों का निर्माण होना अति आवश्यक है, उसके लिए अपने 18 साल के राज्यों में कांग्रेस दल ने पर्याप्त काम नहीं किया। अपनी सीमाओं की रक्षा स्वाधीन देश की पहली आवश्यकता है। चीन के खिलाफ हम अपनी जमीन को ही नहीं बचा सके, इससे ज्यादा शर्मनाक क्या चीज हो सकती है, लेकिन 1962 के बाद भी कांग्रेस पार्टी अपनी उसी बेढंगी चाल से चल रही है। वैसे तो 1946 के मध्य में ही कांग्रेस दल मुस्लिम लीग के साथ ब्रिटिश वायसराय के नीचे सरकारी कार्यकारिणी समिति में जा बैठा था, लेकिन संपूर्ण सत्ता उन्हें अगस्त 1947 के उस विभाजित भारत में मिली जब कांग्रेसी नेता अपनी सत्ता स्थापित करने के लिए इतने लालायित हो गए थे कि उन्हें देश के बंटवारे जैसी मुल्क के लिए आत्मघाती नीति को भी मान लिया। उस बंटवारे की आग में लाखों स्त्री, बच्चे और पुरुष झोंक दिए गए। इसके अलावा कम से कम एक करोड़ से ज्यादा लोग घर-बार विहीन होकर शरणार्थी हो गए। भारत से अलग होने के बाद भी पाकिस्तानी नेता हमारे सबसे बड़े दुश्मन बन गए और चीन विरोधी अमेरिका से सामरिक संधि में बंधे रहने के बाद भी, हमसे अपना बैर निकालने के बाद भी चीन से सांठ-गांठ करने लगे।

1962 के अंतिम महीनों में चीन ने हम पर हमला किया तो विश्व-शांति के प्रचारक नेहरू की मदद को एक भी तटस्थ कहा जाने वाला देश आगे नहीं आया। अफ्रीकी और एशियाई सबके सब मुल्क चीन और भारत के बीच केवल तटस्थ ही नहीं रहे बल्कि भारत सरकार की ढोल की पोल खुली देखकर चीन की सामरिक सफलता के प्रशंसक भी बन गए। संसार शक्तिपूजक है, रोकर पुकार मचाने वाले के बगल से लोग कन्नी काटकर निकल जाते हैं। वही हालत भारत की हुई। उस वक्त हमारा पक्ष केवल उपनिवेशवादी इंग्लैंड और पूंजीवादी अमेरिका ने ही लिया और चीन उन्हीं की धमकियों के डर से हिमालय की नीची पहाड़ियों से ऊंचे पहाड़ों पर वापस लौट गया। कांग्रेस दल के नेताओं ने अपनी विदेश नीति की बड़ी डुग्गी पीटी।

अंगरेज शासन के नीचे रहकर ब्रिटेन के सिवाय अन्य देशों से बिलकुल कटे हुए से अनभिज्ञ एवं अज्ञानी भारत के लोगों को बड़ा गौरव महसूस हुआ। जब दुनिया के बड़े-बड़े देशों के राजदूत यहां रहने लगे और उनके नेता यहां आने-जाने लगे भारतीयों ने इन स्वागत-सत्कारों और शिष्टाचारों से ही नेहरू की विदेश नीति की सफलता मान ली। अमेरिका ने भूखे भारत को अन्न दिया। अंगरेजों, जर्मनों और रूसियों ने कारखाने बनाए। भोले भारतीयों को कांग्रेस वालों ने समझाया कि जिन अंगरेजों ने बड़े उद्योग-धंधे अपने साम्राज्यकाल में स्थापित नहीं होने दिए, वही अब इतने बदल गए हैं कि भारत के औद्योगिकीकरण में प्रमुख सहायक बनना चाहते हैं।

इस औद्योगिकीकरण और पंचसाला योजनाओं की सफलता के लिए हमारा उनके कॉमनवेल्थ यानी कि उनके राष्ट्र कुल में रहना जरूरी है। अंगरेजी भाषा अंगरेजों और उनकी नकल करने वाले भारतीयों की महत्ता बनाए रखने के लिए ही रखी गई, लेकिन वह देश की एकता बनाए रखने के लिए एकमात्र उपाय घोषित कर दी गई। देश के 99 फीसदी लोग जिस भाषा को न जानते हों एक फीसदी राजकीय वर्ग को एकत्रित एवं खुश रखने के लिए बाकी 99 फीसदी को राजकाज से दूर रखने के लिए वही अंगरेजी कायम रखी गई। इस तरह दंगों के डर से देश के बंटवारे जैसा जघन्य कार्य हुआ। इसी तरह बंगाल और तमिलनाडु में हिंदी के विरुद्ध दंगाई प्रवृत्तियों को उबारकर अंगरेजी पढ़ा-लिखा एक विशिष्ट वर्ग, जो कांग्रेस का मालिक है, एक विदेशी भाषा को अपने स्थापित सामंतवाद का हथियार बनाकर रखने में सफल हो गया।

समाजवादी तो अलग पूंजीवादी देशों में कहीं भी एक फीसदी तक सीमित किसी भाषा को दुनिया में स्थान नहीं है। राजकाज, शिक्षा-दीक्षा ऊंची-से-ऊंची अपनी मातृ भाषा में ही चलती है। सिर्फ विदेशियों से संपर्क स्थापित करने के लिए ही कुछ थोड़े से लोग विदेशी भाषा का अध्ययन करते हैं। स्कूल से विश्वविद्यालय तक कहीं भी किसी भी विदेशी भाषा की पढ़ाई अनिवार्य नहीं है।

कांग्रेस पार्टी शायद दुनिया भर में सबसे अद्भुत ही नहीं, विचित्र पार्टी भी है। स्वराज्य की शुरुआत से आज तक साढ़े अठारह साल बाद भी वह सिवाय केरल के सब सूबों और केंद्रों में गद्दीनशीन है। छोटे से केरल में भी वह कम्युनिस्टों की सरकार को बर्दाश्त नहीं कर सकी और वहां की विधानसभा को भंग कर एक कांग्रेसी राज्यपाल के मातहत नौकरशाहों के जरिए शासन चला रही है। 1952-57-62 के तीनों आम चुनावों में उसे स्पष्ट बहुमत मिलता गया है। राजा पार्टी होने के सबब से आम एवं उपचुनावों में कांग्रेस पार्टी जो साधन रुपए-पैसे, मोटर-पोस्टर आदि के जुटा सकती है, उससे दसवां हिस्सा भी दूसरी पार्टियां नहीं प्राप्त कर सकतीं।

इंगलिस्तान की नकल में बनी चुनाव पद्धति में जहां एक क्षेत्र से केवल एक सांसद या विधानसभा का सदस्य चुना जाता हो, चार, पांच या तीन विरोधी उम्मीदवारों के खड़ा होने पर कांग्रेस 30 से 40 फीसदी मत प्राप्त करके भी अपना बहुमत हासिल करने में सफल हो जाती है। कांग्रेस सिर्फ चुनाव के वक्त ही नहीं हर, दिन, हर सप्ताह और महीने व साल में सरकारी रेडियो का प्रयोग अपनी जमात की महत्ता का प्रचार करने में करती रहती है। सरकारी वाहनों और प्रचार विभागों का उपयोग भी कांग्रेसी महानुभावों की महत्ता बढ़ाने में सारे दिन खर्च होता रहता है।

आकाशवाणी में प्रसारित समाचारों में मंत्रियों, राज्यपालों, कांग्रेस के सभापति व सचिवों के भाषणों व वक्तव्यों का ही प्रभुत्व है। भारतीय रेडियो पर कभी कोई खुली बहस नहीं हुई। खुली बहस तो कांग्रेस अपने बहुमत के जरिए लोकसभा व प्रांतीय

विधानसभाओं में भी नहीं होने देती। जनतंत्र का नाम बहुत लिया जाता है, लेकिन जनतंत्र को साकार न होने देने के लिए कांग्रेस प्रयत्नशील है।

केंद्रीय संसद एवं सूबाई विधानसभाएं दुनिया की दूसरी लोकतंत्रीय संसदों से बहुत कम दिन और फिर उन कम दिनों में भी कम घंटे बैठती है। सरकार या सरकार के समर्थक लोग ही उस सीमित समय के बड़े भाग का उपयोग करते हैं। अध्यक्षों और सरकारी मंत्रियों का ऐसा घनिष्ठ संबंध स्थापित हो गया है कि विरोधियों को नाममात्र का ही समय मिलता है।

देश के भीतर कहने के लिए भाषण, लेखन और संगठन आदि बनाने की स्वतंत्रता है लेकिन वास्तव में बड़े बड़े पूंजीपतियों के बड़े अखबार सरकार समर्थक हैं। वे यदा-कदा, छोटी-मोटी, तोड़ी-मरोड़ी खबरें सरकार के बारे में छापते हैं। बाकी उनके कई पृष्ठ व कॉलम अफसरों और मंत्रियों के भाषणों और वक्तव्यों से भरे दिखाई देते हैं। कांग्रेस के राज्य में सौदेबाजियों, पैरवियों व सिफारिशों का जो अंबार आया है, वह दुनिया के शायद ही किसी देश में हो। योग्यता की यहां कोई पूछ-परख नहीं।

इसी पार्टी ने राजनीतिक घरानों और कुटुम्बों की सृष्टि की है। बापों की जगह बेटे-बेटियों के लिए सुरक्षित है। पुराने मृत नेताओं की विधवा पत्नियों की भी लोकसभा, राज्यसभा व प्रांतीय विधानसभाओं व परिषदों में एक बड़ी तादाद है। जमाइयों व भाइयों के लिए मंत्रीपद सुरक्षित हैं। ऐसे कई कांग्रेसी यहां लखपति-करोड़पति की तादाद में मौजूद हैं जो स्वराज्य मिलने से पहले निपट कंगाल थे। जिनके बाप-दादाओं ने कभी उद्योग, व्यापार एवं व्यवसाय का मुंह नहीं देखा वे आज फैक्टरियों, मिलों और कारखानों के मालिक हैं। ठेकेदारी तो कांग्रेसियों का प्रधान पेशा बन गया है। जिनके पास एक बीघा जमीन नहीं थी आज वे हजारों एकड़ के मालिक बन बैठे हैं। शहरों में जिनके पास पहले एक कमरा नहीं था उनके पास आज अपने खुद के मकान और बड़ा भाड़ा उपजाने के लिए बड़ी इमारतें हो गई हैं।

देश का आर्थिक विकास तो बहुत ही कम हुआ है, लेकिन राजा पार्टी कांग्रेस के सदस्यों का आर्थिक विकास बहुत ही तेज गति से हो गया है। हजारों कांग्रेसी सरकारी कर्जा अदा किए बिना बेफिक्री की नींद मार रहे हैं, जबकि भारत की आम जनता की संपत्ति सरकार रोजाना सर्टिफिकेट की कार्रवाई के जरिए नीलाम कराती रहती है। बहुत से कांग्रेसी न आयकर देते हैं, न बिक्री कर और अन्य किसी तरह के कोई कर, कमाल है कि इन्हें कोई भी सरकारी अफसर नहीं सताता। ऐसे भी कई कांग्रेसी हैं जो डाकुओं, अपराधियों से मिले हुए हैं एवं राजनीतिक प्रतिद्वंद्वियों की हत्याएं भी कराते हैं। चंदा वसूल करके खाना तो कांग्रेसियों का सबसे साधारण काम है। हर कार्यक्रम, जलसा और सम्मेलन कांग्रेसियों के लिए पैसा कमाने का जरिया बन जाता है।

निश्चित ही इस तरह की पार्टी किसी तरह का कोई सुधार खुद के भीतर नहीं कर सकती, देश सुधार की तो बात ही छोड़ दीजिए। चीन की कुओमिंटांग भी कांग्रेस

से कई बातों में अच्छी पार्टी थी। वह जापान व कम्युनिस्टों के खिलाफ वर्षों तक लड़ाई लड़ती रही, भ्रष्टाचार तो था लेकिन लड़ने की भावना भी कम नहीं थी। आखिर में उसके अपने ही पापों द्वारा उसका पतन हो गया व कम्युनिज्म की विजय हुई। नेपाल की कांग्रेस जो भारतीय कांग्रेस की नकल पर ही चलती थी, राजा द्वारा एक मिनट में हटा दी गई और नेपाली जनता में इस सबसे बड़ी पार्टी का इस बुरी तरह से राजनीति से हटाए जाने पर भी कोई प्रतिवाद और विरोध नहीं हुआ। मिस्र की वाफ्द भी अपने सदस्यों के भ्रष्टाचार को बढ़ावा देती रही और देश के इतिहास से गायब हो गई। भ्रष्ट राजा फारूक ने भ्रष्ट वाफ्द दल को राजनीति से गायब कर दिया और नजीब नसर ने सेना की मदद से फारूक को भी देशनिकाला दे दिया।

इधर, यहां देश की स्थिति यह है कि न तो यहां भाखड़ा ने भारत की भूख मिटाई और न ही प्रगति के आंकड़ों ने गरीबी को मिटाया। हिंदुस्तान में हर चीज का अभाव है, चाहे फिर वह अन्न हो या फिर हवाई जहाज। और जो है उसका दाम दुनिया के बड़े व समृद्ध देशों से भी कई गुना ज्यादा है। दूध का दाम तो यहां अमेरिका व यूरोप से एक-तिहाई है, डबल रोटी का आधे से भी कम। कलकत्ते, बंबई, दिल्ली आदि बड़े शहरों में मकान का किराया भी यूरोप व अमेरिका के संपन्न देशों से आठ व दस गुना कम है। शहरी आबादी जिस अनुपात में बढ़ी है, उस अनुपात में भारत में नए मकानों का निर्माण नहीं हुआ है। शहरों में काम करने वाले लाखों लोग अपने परिवार को गांवों में छोड़कर यहां झुग्गियों में रहने के लिए मजबूर हैं।

आंतरिक व विदेशी नीति में पूरी तरह से अफसल रहने के बाद भी यह पार्टी तीन-तीन चुनावों में इतना प्रबल बहुमत कैसे प्राप्त करती आई है, यह एक सोचने वाला प्रश्न है। खास बात है कि यही गूढ़ प्रश्न अच्छे से अच्छे राजनीतिक दिग्गजों को चक्कर में डाल देता है। कुछ लोग कांग्रेस की इस सफलता के लिए विरोधी दलों के कमजोर होने का इल्जाम लगाते हैं। दक्षिणपंथी स्वतंत्र दलों के साथ-साथ वामपंथी, प्रजा समाजवादी व साम्यवादी भी प्राय: अधिकांश बड़ी बातों में कांग्रेस के साथ हैं। कांग्रेसी पंचवर्षीय योजनाओं व विदेशी नीति का मास्कोपंथी कम्युनिस्ट पूरा समर्थन करते हैं, शायद रूसी सरकार के नेताओं से ही उन्हें यह प्रेरणा मिली है। यह भी देखने को मिला है कि इन कम्युनिस्ट नेताओं पर ऐसा दोस्ती का दांव फेंका है कि ये कम्युनिस्ट पंडितजी के माध्यम से ही हिंदुस्तान में साम्यवाद लाने के सपने देखने लगे हैं। वैसे भी कमाल का दांव फेंका था पंडितजी ने। पहले तो कृष्णमेनन, केशवदेव मालवीय जैसे लोग कांग्रेस में मौजूद थे। इन सबको राज्याश्रय देकर नेहरूजी ने कम्युनिस्टों के विरोध को हलका कर दिया। इसके बाद मिली-जुली यह कुश्ती जनता को पसंद नहीं आई और कम्युनिस्टों की क्रांतिकारिता के खत्म होने के साथ उनकी लोकप्रियता भी खत्म हो गई।

इटली और फ्रांस जैसे समृद्ध देशों में द्वितीय महायुद्ध के बाद कम्युनिस्ट एक-तिहाई जनता का समर्थन प्राप्त कर चुके थे लेकिन भूखे-नंगे भारत में वे कभी भी

सात-आठ फीसदी से ज्यादा जनसमर्थन प्राप्त नहीं कर सके। और अब तो आलम यह है कि चीन व रूस के बीच चल रही राजनीतिक बहस ने उनमें फूट पैदा कर उन्हें और भी कमजोर बना दिया है। वे रूस के सहयात्री नहीं बल्कि भारत की राजापार्टी कांग्रेस के भी सहयात्री बन बैठे हैं और अरुणा आसफ अली की तरह कांग्रेस में प्रवेश करने की सोचने लगे हैं। यही हाल प्रजा समाजवादियों का भी हुआ। वे भी राजा पार्टी के साथ सहमति के क्षेत्र ढूंढ़ने लगे। सहमति के आचार्य अशोक मेहता साहब अपने अनेक सहयोगियों को लेकर रजामंदी के इलाकों को ढूंढ़ते-ढूंढ़ते खुद राजी होकर कांग्रेस के गढ़ योजना निगम में ही जा बैठे। स्वतंत्र पार्टी कुछ महत्त्वाकांक्षी बढ़े-चढ़े महानुभावों को ही अपनी तरफ आकर्षित कर सकी, नौजवान कार्यकर्ता, जो समाज को हिला सकता है, उससे दूर ही रहा। व्यक्तिगत व्यापार और बड़े भूमिपतियों का समर्थन करने की वजह से उसकी भूमिका बहुत ही सीमित हो गई व जनता ने अपनी अभिलाषाओं की तस्वीर उनकी बड़ी बातों में नहीं पाई। कांग्रेस भी समाजवाद से उतनी ही दूर है जितनी कि स्वतंत्र पार्टी, यह थोथा वाक्‌युद्ध जनता को प्रभावित नहीं कर सका।

इधर जब से भारत-पाकिस्तान युद्ध हुआ है तब से जनसंघियों ने भी नेहरू सरकार की तारीफ करनी शुरू कर दी है। आलम यह है कि नेहरूजी के जमाने से चला आ रहा कांग्रेस के खिलाफ जो रुख उनका था वह अब लालबहादुर शास्त्री के लिए नहीं रहा है। मुस्लिम विरोधी जनसंघी भारत-पाकिस्तान युद्ध से बेहद खुश हुए हैं और भारत के भीतर व बाहर क्या हो रहा है उसकी तरफ से आंखें मींचकर कांग्रेस के समर्थक हो गए हैं। किसी घटना से अपनी राजनीतिक चाल बदलने वाली यह पार्टी अपने पैरों पर खड़ी रहने की बजाय युद्ध के दरमियान कांग्रेस को जो क्षणिक लोकप्रियता हासिल हुई उसकी धूप में अपने को सेंकने लगी। भारतीय मुसलमानों व हिंदुओं दोनों में पाकिस्तान के खिलाफ जो एका स्थापित हुआ, उसको भी यह गवारा नहीं कर सकी और हिंदू विश्वविद्यालय कानून के मसले को लेकर हिंदु संप्रदायवाद को उभारने लगी और भारतीय मुसलमानों को फिर से घायल करने लगी।

जनसंघ पश्चिमी भारत के हिंदी इलाकों के कुछ शहरी लोगों की पार्टी है, जो सदा शुद्ध हिंदू राज्य के सपने देखती रहती है। और धर्मनिरपेक्षता का साकार समाज बनाने वालों को बुरा समझती है व उनके खिलाफ प्रचार करती है।

भारत में विरोधी पार्टियां ज्यादातर उग्र होकर अंत में राजापार्टी की प्रिय पात्र बनकर रहना चाहती हैं। इससे केवल कांग्रेस मजबूत होती है और विरोधियों पर जनता की श्रद्धा कम होती है। कांग्रेस अपने गुणों की वजह से जिंदा नहीं है, विरोधियों की कमियों की वजह से ही अपनी विशाल काया को कायम किए हुए है। कांग्रेस में न आज कोई आदर्शवाद रह गया है और न ही कोई समाज परिवर्तन की इच्छा। उनका कार्य केवल रोजाना की कठिनाइयों से निजात पाना है। कांग्रेसी नेता कभी यह नहीं सोचते कि ये

नित नए बढ़ते संकट उनकी अंधी नीति के ही फल हैं। कांग्रेस भागते गैंड़े की तरह अगल-बगल या पीछे नहीं देख सकती। उसने अपने राज्य और बहुमत को कायम रखने के लिए जो गलत और भ्रष्ट नीतियां चलाई हैं, जो शाहखर्ची का दौर शुरू किया है, जिन रुपयों के लिए गंदे से गंदे काम करने वाले स्वार्थियों को अपनी कुर्सी पर ला बैठाया है वे देश को तो डुबो ही रहे हैं और अंत में कांग्रेस को भी डूबने से नहीं बचा सकते।

अविकसित रंगीन देशों की राजनीति को एशिया व अफ्रीका के नए शासकों ने ऐसे दलदल में डाल दिया है कि न तो जनता की गरीबी मिटती है और न ही आर्थिक उन्नति होती है। यह शासक वर्ग अपनी शान-बान और सुख-सुविधा को बढ़ाने में लग गया है। जनकल्याण की तरफ से नए राजा उदासीन हो गए हैं, जैसे काम उनके बस का नहीं। करोड़ों को ऊंचा उठाने की उनमें न भावना बची है न ही शक्ति। यह नया शासक वर्ग स्थापित स्वार्थों देशी-विदेशी दोनों के साथ ऐसा गुंथ गया है कि उसे अपना हित यथास्थिति को बनाए रखने में ही लगता है।

देश का आधुनिकीकरण करने की बजाय वे अपना यूरोपीकरण या अंगरेजीकरण करने में लग गए हैं। शासक वर्ग भोजन, भूषा, भवन और भाषा में अंगरेज बनता जा रहा है। जबकि बाकी जनता इनके इसी अंगरेजी स्तर की बड़ी कीमत चुकाने में अपनी पीठ तोड़ रही है।

लोकतंत्र में पार्टी और राज्य के बीच जो मर्यादाएं स्थापित होनी चाहिए, उनको कांग्रेस पार्टी ने बनने ही नहीं दिया। अपने दल के स्वार्थों को बढ़ाने के लिए कांग्रेसी मंत्री सरकारी कोष व सरकारी अफसरों दोनों का दुरुपयोग खुलेआम बेहिचक कर रहे हैं। इसी वजह से सरकारी नौकरशाहों में भी ब्रिटिश जमाने से भ्रष्टाचार कहीं अधिक बढ़ गया है। दल और सरकार एक हो गए हैं। ये पद्धति कम्युनिस्ट देशों में तो है लेकिन व्यापार का खात्मा होने से भ्रष्टाचार के लिए बहुत कम गुंजाइश है, न ही वहां परिवारपरस्ती सर उठाने में सफल हुई है।

कम्युनिस्ट मुल्कों में वहां की राजापार्टी शासकीय एवं औद्योगिक ढांचे को गतिमान करने में भी बड़ा काम करती है। यहां की कांग्रेस पार्टी तो चुनाव लड़ने की मशीन और गुटबंदी कर सत्ता हथियाने के लिए हथियार मात्र बनकर रह गई है। हर प्रांत की कांग्रेस में कई गुट हैं जो एक दूसरे के खिलाफ लड़ते रहते हैं। बावजूद इसके कांग्रेस से बाहर जाने की कभी सोच ही नहीं पाते क्योंकि यह सारी की सारी लड़ाई पदों, स्वार्थों और साधनों के लिए है। इस आपसी झगड़े का देश के वर्तमान-भविष्य से कोई मतलब नहीं, इसीलिए तो अंगरेजी और हिंदी दोनों भाषाओं से प्रायः अनभिज्ञ कामराज केवल षड्यंत्र और प्रबल गुटबाजी के बल पर कांग्रेस के प्रधान बन बैठे हैं। तमिलनाडु के बाहर वह कोई ऐसा भाषण नहीं कर सकते जिसको सुनने व समझने में लोगों को आसानी हो। आज के कांग्रेस के प्रधान को लोकप्रिय होने की जरूरत नहीं है। कांग्रेस के भीतर

नित बदलते, बनते, ढहते गुटों को जो अपने पीछे इकट्ठा कर सके, वही आज कांग्रेस की गद्दी हथिया सकता है। लालबहादुर शास्त्री को इस गुटबंदी ने देश का प्रधानमंत्री बना डाला। इसका नतीजा यह हुआ कि प्रधानमंत्री पद भी नेहरू के जमाने के स्तर से काफी नीचे गिर गया है। दूसरे कैबिनेट के सदस्य पीएम के मुकाबले ज्यादा मजबूत हो गए हैं और प्रांतों के मुख्यमंत्री तो औरंगजेब के बाद के मुगल सूबेदारों का सा आचरण करने लगे हैं। सिर्फ सत्ता का मोह एवं उससे जुड़े आर्थिक एवं सामाजिक लाभ अभी तक उनको कांग्रेसी संगठन के भीतर एक जगह बैठाए हैं।

कांग्रेस के अंदर ब्रिटेन के मित्र, अमेरिका के समर्थक, रूस के प्रिय पात्र सब हैं। कट्टर हिंदू से लेकर लीगी मुसलमान तक इसमें मौजूद हैं। आज कांग्रेस की कोई एक साफ विचारधारा भी नहीं बची है। न कोई जनकल्याण और न ही देशोत्थान का कार्यक्रम ही। संसार की राजनीति में जो लहरें गतिमान हैं, देश के भीतर जो निराशा का वातावरण छाया है उसने कांग्रेस को किसी सीधी राजनीतिक सड़क पर नहीं रहने दिया। वह कभी बाईं तरफ झुकती है, कभी दाईं तरफ, लेकिन आगे बढ़ने का सारा स्वांग अब झूठा हो गया है। देश को अगर आगे बढ़ाना है तो उसे कांग्रेसी शासन से मुक्त कराना जरूरी हो गया है। विरोधी दलों में कम से कम एक ऐसा समझौता अवश्य होना चाहिए जिसके जरिए हर चुनाव क्षेत्र में केवल एक ही उम्मीदवार कांग्रेस के विरुद्ध खड़ा हो।

अन्न संकट की वजह से करोड़ों लोगों की जानें निकट भविष्य में खतरे में पड़ने की स्थिति कांग्रेस ने अपने कुशासन से पैदा कर दी है। जनता की जान का प्रश्न है। ऐसे समय में सारे विरोधी दलों को सीटों का बंटवारा कर 1967 में कांग्रेस को ऐसी करारी चुनौती देनी चाहिए कि जिस बहुमत ने उसे पागल बना दिया है, वह समाप्त हो जाए और भूखी-नंगी जनता को मुक्ति मिले।

नेहरू के नवरत्न

यह लेख कुल मिलाकर नेहरू के बाद प्रधानमंत्री बनने के सपनों में खोए लोगों पर एक चुटकी है। इस लेख को बालकृष्णजी की बेबाक भाषा की एक बानगी के रूप में भी देखा जाना चाहिए। –संपादक

निराले हैं ये नेहरू। मुगल जहांगीर की तरह अपनी शेरवानी में सफेद या लाल गुलाब की कली लगाए, पचहत्तर कमरों के महल और उससे भी अधिक एकड़ की फुलवारी की सुगन्ध में सराबोर ये महाशय, कभी बड़े-बड़े मसलों में मशगूल रहते हैं, तो कभी दूसरी ओर पंचशील के पवित्र-पुण्याई प्रयास से दुनिया में दहाड़ते दो दैत्यों के बीच पंच बन बैठने के लिए हाथ-पैर भी मारते हैं। खुद को अशोक की अहिंसा के अवतार घोषित करने वाले ये महाशय आपको भारत की सीमाओं पर आदिवासी नागाओं पर फौजी हमले कराते तो नजर आ जाएंगे, लेकिन पाकिस्तानी गोलियों की बरसात से बिंधते भारतीय नागरिकों की हिफाजत पर समाधि लगाए दिखाई देंगे।

हमारे देश के निराले प्रधानमंत्री नेहरू चाचाजी की लीलाएं वास्तव में बड़ी अचरज भरी हैं। ये महोदय हर जगह आपको नए रंग में नजर आ सकते हैं। कुछ समय पहले ही इन्होंने गोवा को अत्याचार की यातनाओं में डालकर उसे हिंसा की आग में झोंक दिया है और जनाब खुद ललित कला अकादमी में नवयौवनाओं के नृत्य में अपने मन में लगी संताप की आग को ठंडा करते रहते हैं।

वैसे, जैसी इनकी लीलाएं अचरज में डालने वाली हैं, वैसे ही इनके दरबार में चार चांद लगा रहे इनके नवरत्न भी अपने आपमें किसी रहस्यमयी लीलाओं से कम नहीं हैं। अब इनके एक रत्न–सहायक सचिव मथाई–का मामला ही लीजिए। जनाब, प्राइम मिनिस्टरी की पैदाइश से बारह साल से भी अधिक अर्से से एक ही मकान में साथ रहते हुए इन्हें महान वैज्ञानिक, राजनीतिज्ञ नहीं पहचान सके। पहले जहां इन्होंने उनके पापों पर पर्दा डालने के लिए खुली अदालती जांच-पड़ताल से इनकार कर दिया और अब हैं कि बड़ी जद्दोजहद के बाद विभागीय छानबीन का हुक्म फरमा रहे हैं।

वैसे, हिंदुस्तान में कौन आला अफसर आफत में पड़े दूसरे अधिकारी की रक्षा नहीं करता। इन्होंने बेटी को खुशामदी मुसाहिबों और चापलूस सूबेदारों के जरिए कांग्रेसी

सदारत दिलाकर उस टेढ़े सवाल का सीधा जवाब दे दिया है, जो नेहरू की छत्रच्छाया में पले-पनपे तबलचियों का सिरदर्द बन गया था कि नेहरू के बाद कौन? पर अगर छठे जॉर्ज के बाद एलिजाबेथ आधुनिक जनतंत्र और समाजवाद के केंद्र, लंदन के सिंहासन पर बैठ सकती है, तो कॉमनवेल्थ की मर्यादाओं और विधि-विधानों के अंदर चलने वाली दिल्ली की गद्दी पर बाप के बाद बैठने से प्रियदर्शिनी इन्दिरा को रोकने वाले कौन हैं?

एक रत्न हैं पूंजीपतियों के दोस्त और मराठों के दुश्मन अपने मोरारजी, जो सिर्फ गुजराती ही बनकर रह गए। शराबबंदी के पक्षपाती और बीमारियों से बचने के लिए टीका विरोधी होकर भी वह महात्मा नहीं बन सके। दक्षिणपंथी होते हुए भी भारत की एकता के प्रतीक लौहपुरुष सरदार पटेल ने कभी धोती और कुरता नहीं छोड़ा और मोरारजी चूड़ीदार पाजामा पहनकर अपने तिनके से पैरों की वजह से कुटिल कार्टून ही रह गए।

नेहरू के दरबार के बुद्धिमान रत्न के रूप में 75 साल के राष्ट्रपति राजेन्द्र प्रसाद की क्या बात की जाए, ये तो नेहरू से भी बूढ़े हैं। वह हिंदू धर्म की कट्टर अनुदार धारा के विचारों वाले और भारतीय जनतंत्र में वयस्क मताधिकार के दिल से विरोधी होने के कारण कभी भी भारत के सत्ताईस करोड़ शूद्रों, हरिजनों, मुसलमानों और आदिवासियों के प्रिय नहीं बन सकते। न ही वे प्रजा सोशलिस्टों और कम्युनिस्टों को ही घनघोर ऊंची जात वाले पूंजीपतियों और जमींदारों दोनों का प्रत्यक्ष हित चिंतक होने की वजह से अपने जटिल जाल में फंसा सकते हैं।

गृहमंत्री गोविन्द वल्लभ पंत को, कुछ छिछले दिमाग के कमअक्ल व्यक्ति, कुछ दिन पहले तक जवाहरलाल का एकमात्र उत्तराधिकारी समझते थे, क्योंकि भारत भूमि के हृदय, उत्तर प्रदेश के वे एक अलग किस्म के नेता और सम्राट थे, पर लखनऊ के तख्त से हटते ही उनकी कलई खुल गई और उनका उत्तर प्रदेश में जो मान-मर्तबा था वह बहुत ही घट गया। अब न तो उनके पैरों पर गंगा ही लोटती है, न गोमती और न ही घाघरा (सरयू)। कितनी ही बार सिर हिलाकर वे इस सत्य से इनकार करते रहे, लेकिन जिनका माथा डोलता रहता है उनके पैर भी जम नहीं सकते। जनमानस पर उनकी जो छाप है वह एक मोटे विशालकाय स्थूल सामंत की है। फिर यहां सम्राट तो दूर की बात है, वे तो सेनापति भी नहीं हैं।

केंद्र में और कौन है जिनकी तरफ नजर जानी चाहिए। हां, ये रत्न हैं अपने रेलवे मंत्री जगजीवन राम, उम्र में छोटे अवश्य हैं और उनकी प्रौढ़ावस्था अवश्य उनके पक्ष में पड़ती है, लेकिन वे अपनी उम्र की ही तरह अक्ल में भी छोटे हैं। त्रिमूर्ति में जिस चार सूरत वाले ब्रह्मा का आज भी मंदिर नहीं, उसी तरह इनके भी चार मुंह हैं और इसी सबब से इनकी कहीं भी पूजा नहीं होती। हरिजन इलाकों में ऊंची जातियों के अत्याचार, अन्याय व अपमान के विरुद्ध बातें करते हैं। इस मुंह पर गुस्सा व प्रतिहिंसा छाई रहती है। दूसरे मुंह से वे बिहारी राजनीति के स्थानीय मालिकों, ऊंची जाति के

सरदारों को खुश बनाए रखने के लिए बराबर मुस्कराते रहते हैं ताकि उनका राजनीतिक जीवन जगलाल चौधरी की तरह किसी प्रांतीय षड्यंत्र के जाल में जकड़ा जाकर खतरे में न पड़ जाए। उनका तीसरा मुख रेलवे बोर्ड के चपल, चंट, उस्ताद और माहिर मेंबरों की तरफ इस तरह ताकता रहता है कि उनको दखल व दस्तदाजी की तकलीफ न हो।

यहां तक कि रेलवे बोर्ड के चंचल, चतुर–चालाक संचालक मिनिस्टर महोदय की छोटी–छोटी मांगों को एकदम मान लेते हैं। वे मंत्री के मेहरबान कुछ ठेकेदारों को अनुचित रियायतें देते हैं, ताकि बाकी तीन सौ करोड़ के अधिकांश खर्च व खरीद में वे अपनी मनमानी चला सकें। सैकड़ों पीढ़ियों से दबी–कुचली पैरों तले रौंदी हुई जाति के नुमाइंदे जगजीवन राम में ऐसा अवसर मिलने पर जिंदादिली व नए निर्माण का जोश होना चाहिए था, ऐसे कि जैसे सालों तक परती पड़ी जमीन पर पहली नई खेती लहलहाकर दूनी ऊंची उठती है, लेकिन इस किस्म के वे थोड़े से भी नहीं हैं। रेलवे बोर्ड और दूसरे आला अफसरों के जाल में फंसकर उन्होंने रेल सुधार और नई लाइनों के निर्माण दोनों की गति बेहद धीमी कर दी है।

यही नहीं, नीची जातियों को हरिजन मिनिस्टर बनने पर रेलवे में अपने अनुपात से जो नौकरियां मिलने की उम्मीदें थीं उनको पूरा करना तो अलग रहा, मामूली राहत और सुविधा देने की प्रेरणा भी जगजीवन राम को नहीं हुई। रेलवे बोर्ड की कुर्सियां ऊंची जातियों की ही रहीं और शूद्रों व हरिजनों के लिए ऊंचे ओहदों के दरवाजे बंद पड़े रहे, और रेलवे विभाग में जगजीवन के मंत्री रहते भी उन बेचारों की दुर्दशा नहीं सुधरी। रेलवे के आला अफसर उनको अयोग्य और मूर्ख न समझ लें, इसलिए इनका तीसरा मुंह यही दिखाने की कोशिशें करता रहता है। इनका चौथा मुंह है, मुल्क के मालिक जवाहरलाल और उनके सात सितारों वाले हाईकमांड के सेनापतियों के लिए, जिनके अंदर नाम के लिए जगजीवन रामजी को भी स्थान मिला हुआ है, लेकिन देश की गतिविधियों का नियंत्रण करने वाले बड़े निर्णयों में उनका कोई दखल नहीं। मालिकों के सामने पालतू जीव की तरह दुम हिलाकर नजर ठंडी कर गोद में बैठने के प्रयास में ही उनकी शक्ति खर्च होती रहती है।

जगजीवन राम की भारतीय इतिहास के चौरस्ते पर चारों मुंह से चारों तरफ देखने की वजह से कोई भी आदमी अखिल भारतीय नेता मानने को तैयार नहीं। न वे शूद्रों में ही अपना सम्मान बढ़ा सके हैं, न हरिजनों के प्रतिनिधि के रूप में विद्यमान हैं और तो और उन्हें कांग्रेस के कब्जे में, काबू में रखने के लिए वे अपनी जात वाले अछूतों के पास आते-जाते हैं। वे हमेशा हर अवसर पर किसी न किसी के दूत या दलाल ही हैं। नेता और आंदोलनधर्मी तो बिलकुल नहीं। जब गांधीजी किसी हरिजन को हिंदुस्तान के प्रधानमंत्री की शक्ल में देखना चाहते थे तो उनके दिमाग में जगजीवन जैसे अवसरवादी, सुविधा सजग और कांग्रेस द्वारा निर्मित व कायम आज्ञाकारी एजेंट की तस्वीर नहीं थी।

जगजीवन राम में न नए जमाने की जरूरत है, न अपने शासित एवं शोषित समाज को नवजीवन देने की कल्पना और योजना ही। जगजीवन राम को न ऊंची जात वाले प्रधानमंत्री की संभावनाओं वाला व्यक्ति समझते हैं और न हरिजन और शूद्र ही। डॉक्टर अम्बेडकर उनसे अधिक विद्वान और प्रतिभाशाली थे। कामराज नादर और 45 साल के यशवंत राव चव्हाण के समर्थकों की संख्या इन नेताओं का प्रांतीय स्तर होते हुए भी उनसे बहुत बड़ी है। जगजीवन तो बिहार के हरिजनों के भी नेता नहीं। शूद्रों की अंगड़ाई लेती, उठती राजनीति में तो उनका प्रवेश ही नहीं हुआ। भारत का दलित वर्ग उनको अपना नायक या अगुआ नहीं मानता। केंद्रीय मंत्री के नाते सभा-सोसाइटियों और समारोहों में सम्मान प्रदान अवश्य करता है।

बंबई के ब्लित्ज के करांजिया, दिल्ली की मेयर अरुणा आसफ अली, शंकर वीकली के लेखक और अपने को ऊंचे दर्जे का विचारक समझने वाले, अंगरेजी की मदद पर पलने वाले कुछ अमेरिका विरोधी तत्त्व, जो अपना असली अंगरेजी रूप हलका-सा लाल कम्युनिस्ट पाउडर लगाकर छिपाए हुए हैं, ये सभी हब्शी के से खड़े केशों और मोटे होंठों वाले अंगरेजी में धाराप्रवाह, बुलन्द आवाज में, बहुत देर तक घिसी-घिसाई बासी दलीलें दुहराने वाले कृष्ण मेनन को नेहरू की प्राइम मिनिस्टर गद्दी पर देखना चाहते हैं, लेकिन प्रथम तो कृष्ण मेनन तीस साल तक लगातार इंगलिस्तान में उदार मजदूर दायरों की मेहरबानी और मदद हासिल कर भारत की आजादी के एक मामूली प्रचारक मात्र ही रहे। इनकी जड़ें भारत की उस राजनीति में नहीं जिसकी धरती में फले-फूले, कुसुम ही भारत का नेतृत्व प्राप्त कर सकते हैं।

नेहरू की विलायत में की गई सेवाओं का कीमती पुरस्कार तो उन्हें पहले विलायत में भारतीय राजदूत, फिर संयुक्त राष्ट्र संघ में हिंद का प्रतिनिधि और अब रक्षा मंत्री के रूप में बहुत ही ज्यादा मात्रा में मिल ही चुका है, लेकिन बादशाह नेहरू अपनी खिदमत का मुआवजा पद, धन, इज्जत और जागीर के रूप में तो दे सकते हैं लेकिन इस मुरझाए भारत के निर्बल शिशु जनतंत्र में अपनी गद्दी के रूप में नहीं। वैसे यह गलती यदि कृष्ण मेनन कर गए तो इनका हाल तो आज जयप्रकाश नारायण से भी भयंकर और नीचा होगा। जयप्रकाश भारतीय राजनीति के पेड़ नहीं, तो पौधे जरूर हैं जबकि प्रकाश की तुलना में कृष्ण मेनन विदेशी प्रचारकों और प्रशंसकों की देन। जयप्रकाश को अब भी भारतीय सभाओं में हजार आदमी मिल जाते हैं और यदा-कदा करोड़पति घरों में स्वागत-निमंत्रण और आर्थिक सहायता भी, लेकिन कृष्ण मेनन को तो नेहरू के बाद (अगर वह जिंदा रहे) तो शायद फिर लंदन में ही शरण लेनी पड़े।

कृष्ण मेनन पर कम्युनिस्ट विरोधी कुछ छिछले लोगों ने रूसी साम्यवाद का एजेंट होने का झूठा इल्जाम लगाया है। कृष्ण मेनन साहब लंदन में दस साल तक कट्टर कम्युनिस्ट विरोधी थे और शापुरजी सकलातवाला के साथी। हिंदुस्तानी और अंगरेज

कम्युनिस्ट कृष्ण मेनन साहब की इंडिया लीग द्वारा संगठित मीटिंगों में हल्ला-गुल्ला और शोर मचाते रहते थे। एक दफे तो स्ट्रैंधड की एक गली के एसेक्स हॉल में ब्रेल्सफोर्ड की सदारत में कलकत्ते के स्वर्गीय मेयर बैरिस्टर जतीन्द्रमोहन सेन गुप्त के स्वागतार्थ हुई मीटिंग में इतनी कुर्सियां तोड़ी गईं कि मीटिंग तो हवा हो ही गई और बाकी लोगों के सपने भी हवा हो गए।

जब 1935 के आम चुनाव के वक्त बहुत दिन तक डंडी ने उम्मीदवार बनाए रखकर भी कृष्ण मेनन साहब को पार्लियामेंट में खड़ा होने का मौका जब उस मजदूर दल ने नहीं दिया, जिसके अनेक नेता उनके परम मित्र थे, तो जनसहयोगी संयुक्त मोर्चे के जमाने के कम्युनिस्टों से उन्होंने कुछ दोस्ती सी कर ली और कम्युनिस्टों ने भी इनकी सभाओं में दखल देने की जगह समर्थन और सहायता देनी शुरू कर दी।

कृष्ण मेनन साहब न तो छिपे कम्युनिस्ट हैं और न ही रूस भक्त। अगर उनकी श्रद्धा व संबंध किसी मुल्क से है तो वह है भारत का पुराना मालिक साम्राज्यशाही ब्रिटेन, जो अपने दोस्तों को इतनी अलग अलहदा शक्लों और राजनीतिक चालबाजियों में आजादी दिए हुए है कि वे कभी-कभी उसके परम मित्र और पृष्ठपोषक अमेरिका के दुश्मन से दिखाई पड़ते हैं, लेकिन नेहरू ही पहले और आखिरी ऐसे प्रधानमंत्री हैं जो अंगरेज, अंगरेजी और अंगरेजीयत के हिमायती होते हुए भी भारत के लाड़ले बने रह सके। इंग्लिस्तान के दो नंबर के भारतीय दूत कृष्ण मेनन को दिल्ली का तख्त कभी हासिल नहीं होने का।

नेहरू के बाद क्या?

फौजी मिनिस्टर होने की वजह कुछ आतंकित, डरे, सहमे, तात्कालिक तूफानों में उड़ने वाले लोगों ने यह अफवाह भी उड़ाई है कि नेहरू के बाद फौजी तानाशाही का दौर भारत में भी शुरू होगा और उस वक्त तक सेनापतियों से अपने सुदृढ़ संबंध स्थापित कर शायद इस सैनिक शासक का सूत्रधार कृष्ण मेनन ही हो जाएं, लेकिन अफ्रीका में स्थापित फौजी तानाशाहियों की रौनक व रंग घिसकर फीका पड़ने लगा है। भारतीय सेना को प्रांत, संप्रदाय, भाषा और जात के फर्क कभी भी एकमत नहीं होने देंगे। फौजी हुकूमत तभी शुरू होती है जब राजनीतिज्ञ अपना प्रभाव कमजोर होता देखकर सेना का सहारा ढूंढ़ते हैं और सेनापतियों को मंत्रिमंडलों में निमंत्रण देते हैं। भारत में अभी तो ऐसे हालात पैदा नहीं हुए हैं कि सेनापतियों को राजनीतिक दायरों में दाखिल होकर दखलअंदाजी करने का मौका मिले और न राजनीतिक अंतरिक्ष में ऐसे आसार ही नजर आते हैं।

पर हां, सफेद खद्दर की कांग्रेसी पोशाक में जरूर बदइन्तजामी, बर्बादी और बेईमानी के काले कलंक के इतने बड़े धब्बे पड़ गए हैं कि सच्चाई और ईमानदारी की सफेदी कहीं भी नहीं दिखलाई पड़ती। दूसरे राजनीतिक दल भी अभी अपनी लगन

सिद्धांतनिष्ठा, त्याग, तपस्या और तकलीफ सहकर सेवा करने की वृत्ति की छाप भारत की जनता के दिल पर नहीं डाल सके हैं। लोग समझते हैं कि दूसरी किसी पार्टी के बड़ी बनने से पहले ही अगर कांग्रेस टूट गई तो फिर देश की एकता कायम रखने के लिए फौजी हुकूमत के अलावा कोई चारा नहीं रहेगा।

कई पार्टियों के संयुक्त मोर्चों की सरकारें तो दुनिया के अनेक देशों के इतिहास में फेल हो चुकी हैं। समझौतों और संधियों की सरकारें कमजोर होती हैं और कोई दूसरी किस्म की नवीन नीति दृढ़ता से कार्यान्वित नहीं कर सकतीं। मैले मुंहों और मलिन मनों वाली कांग्रेस की खुशामद में इधर-उधर दौड़ने वाली ये सिर्फ नाम की विरोधी पार्टियां जो हर फिरकापरस्त गंदी हरकत को हर वक्त उभारकर स्थानीय सस्ती लोकप्रियता प्राप्त करने को लालायित रहती हैं, वे इधर-उधर का भानुमती का सा कुनबा इकट्ठा कर अगर दिल्ली के तख्त तक पहुंच भी गईं तो औरंगजेब के बाद लड़खड़ाते, कांपते, गिरते-पड़ते किसी चमत्कार की बाट जोहते, थके-मांदे शासकों की जमातें ही साबित होंगी।

साम्यवादी कम्युनिस्ट ही कांग्रेस के बाद सत्ता ग्रहण करेंगे, यह आम अफवाह कलकत्ते के करोड़पतियों से लेकर छोटे-छोटे असंतुष्ट मध्यम वर्ग के निराश जीव-जन्तुओं में फैली हुई है, लेकिन प्रथम तो आज तक कम्युनिस्टज पार्टी कहीं भी खुले आम चुनाव के जरिए बहुमत प्राप्त नहीं कर सकी। इटली और फ्रांस में एक-चौथाई और एक-तिहाई के बीच की तादाद और ताकत (विधायिका की सीटों की शक्ल में) तक वे अवश्य पहुंच गईं, परंतु फ्रांस में तो कम्युनिस्ट अपनी शक्ति के पहाड़ से बुरी तरह लुढ़क कर गिर गए हैं। इटली में भी उनकी अग्रगति रूक गई है।

राजा नेहरू की पंचवर्षीय योजनाओं, सहकारी खेती-बाड़ी और वैदेशिक नीति का समर्थन करने के बाद उनके कार्यक्रम में ऐसी कौन सी मनमादक मदिरा बची है जो जनसमूह को क्रांति के नशे में झुमाकर तख्त को ही तोड़ दे। राजा नेहरू की मेज पर से इधर-उधर बिखरे, जूठन के टुकड़ों को चुराने में माहिर कम्युनिस्ट लोग इतने गिर गए हैं कि वे आज सभ्य, सम्मानित और सुसंस्कृत कहलाने में अंगरेजी भाषा के विरोधी को भी त्यागकर भारतीय मध्यम वर्ग के लाड़ले बनने में मग्न हैं। शूद्रों की सुलगती राजनीतिक भावनाओं और आकांक्षाओं से वे अलहदा हो गए हैं और उनका नेतृत्व जितना आभिजात्य वर्ग यानी ब्राह्मण, ठाकुर, कायस्थ, बड़े घरानों के शेख, सैयद पठान मुसलमानों का है, उतना कांग्रेस का भी नहीं। दक्षिण में कांग्रेस से लेकर कोई भी स्वदेशी ऐसी पार्टी नहीं जो ब्राह्मण को मुख्यमंत्री बना सके। कम्युनिस्टों ने ब्राह्मणों में भी कट्टरता में शिखर स्थित नम्बूदरी कुल में जन्मे नम्बूदरीपाद को केरल के सिंहासन पर बैठा ही दिया।

इस वक्त अपनी केरली सरकार की सुरक्षा में वे इतने संलग्न हैं कि नेहरू से दूसरी जगहों पर हर तरह के सिद्धांतविहीन समझौते करने को तैयार हैं। ऐसी ओछी महत्त्वाकांक्षा वाले, छोटे व्यक्तियों से, जो भारत के छोटे से-छोटे केरल सूबे की सरकार

प्राप्त कर अपने आपको धन्य मानने लगे हैं, समाज परिवर्तन के सपने देखना अपनी आत्म प्रवंचना करना है। गृहयुद्ध की आग में तपे, तीस साल तक पहाड़ों और दुर्गम स्थलों में अपनी फौजों का संगठन करने वाले, माओ के मुकाबले में विलायती विश्वविद्यालयों से निकाले ये कम्युनिस्ट जो 40 करोड़ के भारत में भी इंग्लिस्तान के जनमत से टूटी हुई प्रभावविहीन कम्युनिस्ट पार्टी से प्रेरणा और शिक्षा लेते रहे हैं, कुछ भी तो नहीं हैं।

विशाल भारत भी तो आखिर दुनिया में एक बड़ा मुल्क है। आबादी में यह दुनिया में दूसरे दर्जे का देश है। उसके करोड़ों नहीं एक अरब से थोड़े ही कम हाथ–पैरो को चलायमान करने वाले नेता और माओ की कोटि के तो अवश्य ही होने चाहिए। पर ये अजयघोष, नम्बूदरीपाद, पूर्णचंद जोशी, डांग, राजेश्वरराव, सुंदरैया, गोपालन, ज्योति बसु तो नेहरू के सामने भी फीके और मैले मालूम पड़ते हैं। मालिक ख्रुश्चेव के ये आज्ञाकारी नौकर अवसरवादिता के ऐसे अवतार हो गए हैं कि भारत भूमि के भूखों की क्या भावना है, क्या वेश–भूषा, भाषा, भवन और भोजन है, इन सबसे जैसे इनका ताल्लुक टूट सा गया है। इनके लोकसभा के मेंबर प्रोफेसर हीरेंद्रनाथ मुखर्जी तो कोट–पतलून और टाई पहनकर अंगरेजी कवियों की उक्तियों से युक्त प्रांजल आंग्ल भाषा के वक्ता के रूप में मशहूर होने का सपना देख रहे हैं। अंगरेज स्टेट्समैन के संपादक मंडल से अपनी विद्वत्ता व वाक्पटुता के प्रशंसा–पत्र प्राप्त कर ये कम्युनिस्ट नेता गद्गद हो जाते हैं। ये लोग भारत के लंगोटीधारी किसान मजदूरों से कितनी दूर पहुंच चुके हैं इसका अभी तक इनको कोई भी ज्ञान नहीं।

नेहरू के उत्तराधिकारियों में एक और हैं—संत विनोबा, जो सब पार्टियों से मधुर मिलन कर दलविहीन या भारत का नेता बनना चाहते हैं। वे सात साल से पदयात्रा सिर्फ इसलिए नहीं कर रहे हैं कि भारत के नर–नारियों की आध्यात्मिक जीवन की तरफ रुचि बढ़े और वे सरकार से जो झूठी आशाएं लगाए बैठे हैं उनको त्यागकर सर्वोदयी होकर स्वालंबी बनें, बल्कि उनके पैदल देश को नापने के कुछ और भी छिपे हुए लक्ष्य हैं। प्रचार यह किया जा रहा है कि विनोबा भावे केवल परोपकार के लिए पदयात्रा कर रहे हैं जबकि यह बात उतनी सच्ची नहीं है।

मुगलों के शासन के अवसान काल से ही छत्रपति शिवाजी के उत्तराधिकारी मराठों की नजर दिल्ली की गद्दी पर लगी है। राष्ट्रीय स्वयंसेवक संघ के गुरु गोलवलकर और गांधी के हत्यारे गोडसे का महाराष्ट्र में ब्राह्मण होना उसी पुराने इतिहास की पुनरावृतियां हैं जो महाराष्ट्र के ऊबड़–खाबड़, सूखे पहाड़ों में कभी विद्रोही शूद्र शिवाजी ने शुरू किया था। नीची मराठा जाति के शिवाजी ने भी समर्थ गुरु रामदास के ब्राह्मणत्व के आगे सिर झुका लिया था। कट्टर मुसलमान औरंगजेब के खिलाफ बगावत की शक्ल में उभरे अपने राज्य को उस वक्त की हिंदू मर्यादाओं और मान्यताओं में स्थान देकर स्थायित्व की कामना को साकार करने के लिए ब्राह्मण पंडितों से राजतिलक

कराकर, शिवाजी ने उन पेशवाओं के पूर्वजों को महामंत्री भी बना डाला, जो बाद में पूना में अपना निजी ब्राह्मण राज स्थापित कर शिवाजी के उत्तराधिकारियों और सरदारों, भोंसला, गायकवाड़, होलकर व सिंधिया से भी ऊपर और बड़े होने में सफल हुए। मराठे दिल्ली आए, लेकिन कभी गद्दी पर नहीं बैठ सके। उनके अंदर पड़ी फूट की दरार की वजह से वे पानीपत के मैदान में इस्लामी, उत्तरी आक्रमणकारी अहमदशाह अब्दाली से बुरी तरह पिटकर हार गए। हिंदुस्तान की हिंदू शक्ति को एकत्रित व संगठित कर एक सूत्र में पिरोने का काम वे अपने सीमित स्वार्थों के चक्कर में पड़कर इसलिए नहीं कर सके कि उनकी भावनाओं की उड़ान इतनी ऊंची नहीं उठ सकी। दूसरे राज्यों से चौथ वसूल करने में वे अपनी फौजी ताकत का दुरुपयोग करने लगे और इस रोजाना की लूट की वजह से अपनी लोकप्रियता भी खो बैठे।

अंगरेजों के लिए इसी वजह से टूटती-फूटती, क्षुद्र फिरकों की सी राजनीति और छीना-झपटी की अर्थनीति वाली मराठा शक्ति को हराना आसान हो गया। सैकड़ों साल गुजर गए हैं पर मराठा मन ने इतिहास चक्र से धक्के व मुक्के खाकर भी न अपनी घातक आदतें छोड़ी हैं और न कोई नया सबक ही सीखा है। सुधार एवं परिवर्तन विरोधी कट्टर चितपावन ब्राह्मणों के चतुर्मुखी चालाक चंगुलों में फंसा जनसंघ इसी वजह से भारत के शूद्र, आदिवासी, हरिजन और मुसलमानी भावनाओं को भुलाकर फिर अनुदार, पूंजीशाही हिंदू राज्य की थोथी संकीर्ण कल्पना की उड़ान में मस्त है।

यहीं नहीं, इसी कारण जनसंघियों को न कभी हिटलर का सा लोकसमर्थन मिलेगा और न दगोल की तरह फ्रांसीसी पूंजीशाही और साम्राज्यवाद को बचाने का आखिरी अवसर। गुरु गोलवलकर, अपनी मनमाफिक राजनीति की खोज में परेशान हिंदू बनियों से अपने पूर्वज मराठों के ही सदृश बड़े चंदे पाने में बेशक सफल हो जाएं, पर नेहरू के बाद भी दिल्ली की गद्दी उनसे दूर ही रहेगी।

बहरहाल, तो मैं बात कर रहा था महाराष्ट्रियन ब्राह्मण, मतलब कि विनोबाजी की। तो बाबाजी भारतभूमि की पदयात्रा से परिक्रमा कर रहे हैं। बालब्रह्मचारी, शाकाहारी, दाढ़ीधारी, देह पर सिला वस्त्र नहीं पहनने वाले, दस सेर दही और पांच सेर नारंगी का रस पीने वाले, पुरातन ऋषि-मुनियों के रहन-सहन की भारतीय जनमानस पर जो छाप पड़ी हुई है, वैसी ही लोकप्रियता प्राप्त करने का प्रयत्न करने वाले ये संत या बाबा भी एक अनोखी, अनहोनी राजनीति चला रहे हैं। महात्मा गांधी के सिद्धांतों की देह से सत्याग्रह की हड्डियां और जनतंत्र से प्राणदायक संघर्षों का खून निकाल बाहर फेंककर नए दिल्लीश्वर नेहरू की नीति के नीचे नतमस्तक हो गए हैं यह बाबा। यह नया वसिष्ठ दरअसल गरीबों की राजनीति को दान और शिक्षा की खुशामदी राजभक्ति की भूल-भूलैया में भरमाने व भटकाने की कोशिशें कर रहा है।

विरोधी पार्टियों की तेज-तर्रार चलती तलवार की धार पर दलविहीन सर्वोदय का सड़ा जंग लगाकर बाबा ने वर्तमान हुकूमत के विरोधी नेताओं को लड़ाकू विद्रोहियों

की जगह सरकारी योजनाओं का समर्थक बना दिया है और कुल मिलाकर आरामतलब चाटुकारों की पंक्ति में खड़ा कर दिया है। बाबा के सुषुप्त मन में दिल्ली की गद्दी की इच्छा दबी ही पड़ी रहेगी। वे वसिष्ठ से ऊंचे नहीं उठ सकते और इनसे अगर कोई सरकार या समाज परिवर्तन की आशा करता है तो वह राजनीति की असलियतों को एकदम नहीं समझता। दक्षिणी ब्राह्मण शंकराचार्य ने पतित, भ्रष्ट बौद्ध धर्म का प्रभाव नष्ट कर शुद्ध सनातन की स्थापना की थी। बाबा भी गांधी धर्म के समाज परिवर्तनकारी सिद्धांतों को नष्ट कर सड़े-गले कांग्रेसी राज्य की रक्षा में शंकराचार्य की छोटी-सी मामूली नकल करने की चेष्टाएं कर रहे हैं।

लेकिन शंकर ने स्थापित सत्तागत बौद्ध धर्म को तोड़ा था, पर बाबा तो स्थापित सरकार और सामाजिक स्वार्थों को सहारा दे रहे हैं। कम्युनिस्टों, प्रजा सोशलिस्टों और अन्य छोटे वामपंथी दलों से समर्थन प्राप्त कर भी विनोबा का भूदान, ग्रामदान बुढ़ापे की छठी कमजोर संतान की शक्ल में अस्वस्थ सा ही रह गया है। बाबा ने छुआछूत वाला बच्चों का लकवा (पोलियो) विरोधी दलों को लगाकर इन्हें जनता की आकांक्षाओं और भावनाओं से अलहदा कर दिया है।

आंग्ल अमेरिकी पूंजीशाही साम्राज्यवादियों का भी समर्थन विनोबा को मिल रहा है और स्वदेशी, धनिकों, जमींदारों व उद्योगपतियों का भी, पर फिर भी भूदान, ग्रामदान कागजी हवा ही रह गई। भूमिहीनों को भूमि हासिल होने की क्रांति की आंधी गांवों की सामाजिक विषमता और आर्थिक पराधीनता की गंदगी को नहीं उड़ा सकी। दक्षिणपंथी, वामपंथी और दोनों के मध्य केंद्र में स्थित कांग्रेसी सरकार का समर्थन पाकर भी विनोबा की पदयात्रा गांवों में शहरी भक्तों की कभी-कभी आने वाली कीर्तनमंडली बनकर ही रह गई। जनमन और जनजीवन को पकड़कर परिवर्तन के पथ पर नहीं ला सकी। दिल्ली समीप जरूर आ गई, पर दुखी-दरिद्रों की दुनिया संत से दूर हो गई। विनोबा राजपुरुष या राजर्षि ही रह गए। गांधी की तरह जननायक नहीं बन सके। न जनता के मन को ही झकझोर सके और न उनके जीवन में आर्थिक उत्थान के सपनों को ही साकार कर सके। विरोधी नेताओं से ऊंचा उठकर भी वह उनको ही नहीं अपने आपको भी नेहरू से बहुत नीचे घसीट लाए और दिल्ली की गद्दी की ऊंचाई ऊपर ही रह गई।

एक और दक्षिणी ब्राह्मण हैं जो दिल्ली की गद्दी के बिलकुल समीप ही मौजूद हैं—प्रोफेसर सर्वपल्ली राधाकृष्णन। आज दक्षिण के तमिल, तेलुगु, कन्नड़, महाराष्ट्र आदि सूबों में ब्राह्मणों को मुख्यमंत्री पद मिलना मुश्किल ही नहीं प्रायः असंभव सा हो गया है। इसलिए दक्षिणी ब्राह्मण महत्त्वाकांक्षी महापुरुषों की नजर भी दिल्ली के तख्त पर लगी है लेकिन स्थानीय शूद्रों के बहुमत जनमानस से अलग हो ये बेचारे अखिल भारतीय जनसमूह के प्रतीक कैसे बनें? तमिल जनता से कुछ बचा-खुचा ताल्लुक सजीव करने के लिए ये दाक्षिणात्य ब्राह्मण हिंदी विरोधी बनकर, भारत के हृदय गंगा-जमुना के इलाके से भी टूट गए हैं। आबादी में चार फीसदी ऊंचे ये लोग

अतीत में सदियों तक शूद्रों पर सामाजिक अन्याय एवं आर्थिक शोषण करके आज दक्षिण में शूद्रों में जागृति होने की वजह से न अपने प्रांतों में ही जनता के प्रिय पात्र बन सके और न अंगरेजी से प्रेम और हिंदी से विरोध जताने की वजह से ये नवीन जनभारत के नायक ही बन पाए। खैर, प्रोफेसर राधाकृष्णन ने तो कभी राष्ट्रीय आंदोलन में भाग भी नहीं लिया और न किसी उच्चकोटि की कला या साहित्य की कृति के जरिए रवीन्द्रनाथ ठाकुर की तरह जनमन को ही आंदोलित किया। इन्होंने तो हिंदू धर्मग्रन्थों और शास्त्रों का अध्ययन कर, उन्हें पूर्वी प्रश्नों में दिलचस्पी लेने वाले, अंगरेजों के लिए अंगरेजी भाषा की मनोहर शैली में लिख डाला।

बढ़ते राष्ट्रीय आंदोलन के थपेड़ों से परेशान ब्रिटिश शासकों के लिए कुछ भारतीय बुद्धिजीवियों को अपने साथ रखना जरूरी था। उन्होंने इस शिक्षित ब्राह्मण को फिलॉस्फर कहना शुरू किया, गोया कि इन प्रोफेसर ने न तो किसी नवीन दर्शन की रचना ही की और न कभी कोई मौलिक विचार ही व्यक्त किए। नाइटहुड की उपाधि भी मिली और ऑक्सफोर्ड विश्वविद्यालय में प्रोफेसरी भी। इस तरह सम्मान और स्तर हासिल कर वे ब्रिटिश छत्रच्छाया में फलते-फूलते रहे। जब स्वराज्य हुआ तो नए कांग्रेसी शासकों ने भी अंगरेजी की नकल करनी शुरू की और भारतीय बुद्धिजीवियों को अपने दरबार में भर्ती करना शुरू किया। प्रोफेसर साहब अचानक रूस में राजदूत बना दिए गए। फिर राज्यसभा के सदर और उपराष्ट्रपति भी। देश के दक्षिण भाग के प्रतिनिधि के रूप में उन्हें राष्ट्रपति बनाने की भी चाह जागी, लेकिन राजनीति में अनुभवविहीन ये अध्यापक यह तथ्य भूल गए कि गांधी के साथ असहयोग में आरंभ से सहयोगी, चुस्त-चालाक-मेहनती राजगोपालाचारी भी यह पद प्राप्त नहीं कर सके तो सिर्फ इंग्लिस्तान और अमेरिका के सेकेंड दायरों में प्रचलित कुछ कम गहरी किताबों के बल पर प्रोफेसर साहब कैसे ऐसी हिमाकत कर बैठे!

जो व्यक्ति राष्ट्रीय राजनीति में एक बार भी शामिल नहीं हुआ और न जिसने ब्रिटिश जेल की हवा ही खाई, न कोई त्याग न तपस्या की, वह सिर्फ प्रचारित विद्वत्ता के सहारे हिंदुस्तान की गद्दी पर चढ जाए यह तो कांग्रेसी पतन के इस गिरे जमाने में मुश्किल ही नहीं असंभव है। राधाकृष्णन साहब न ही शंकराचार्य की तरह के उद्भट शास्त्रीय विद्वान हैं और न ही भारतीय दर्शन का निचोड़ निकालकर उन्होंने किसी नई युग प्रवर्तक विचारधारा का निर्माण किया है। प्रथम तो भारत के सारे विश्वविद्यालय ही यूरोप, अमेरिका, रूस व जापान के मुकाबले में दूसरे दर्जे के यानी निम्न कोटि के हैं। फिर उनके ज्यादातर प्रोफेसर भी गवेषणा या अर्से तक अध्ययन करने वाले ज्ञानी नहीं हैं। इन अंधों में किसी-किसी काने की पीठ यूरोप के लोग ठोंक देते हैं और वह अपनी वास्तविकता भूलकर इस रहस्यमय महत्ता का अनुभव कर अपनी आशाएं और उम्मीदें बढ़ा डालता है।

अब देखिए न, राधाकृष्णन साहब न प्रिंसटन यूनिवर्सिटी के प्रोफेसर वूडरो विल्सन हैं, जो पहले महायुद्ध के वक्त अमेरिका के राष्ट्रपति बने थे, और न वे प्रोफेसर पुऑ

कारे ही हैं, जो फ्रांस के बहुत दफे महामंत्री और बाद में राष्ट्रपति हुए। इनको राजनीतिक पद नेहरू की मेहरबानी की शक्ल में मिला है। अपने शासन को सजाने के लिए जवाहरलाल ने एक प्रसिद्ध को भी इतनी ऊंची जगह बैठा दिया है, पर जवाहरलाल भी यूरोप की नकल कर रहे हैं। भारतीय राजनीति की मान–मर्यादाओं की स्थापना नहीं।

भारतीय राजनीति में किसी की भी जड़ें बुढ़ापे में नहीं जम सकतीं। जवानी का बलिदान दिए बिना भारत की गद्दी किसी को प्राप्त न होगी, चाहे वह राधाकृष्णन से दस गुना अधिक विद्वान ही क्यों न हो?

जवाहरलाल के उत्तराधिकारियों के भद्दे चेहरों पर नजर डालने से आंखें दुखने लगती हैं और नेत्र के आगे अंधेरा छा जाता है। वास्तव में राममनोहर लोहिया के कथनानुसार भारतीय राजनीति में नेहरू ही एक आदमी हैं और बाकी सब चूहे हैं। मदारी जवाहर इन भूखे बंदरों को मनचाहे वैसे नचाते हैं और दर्शन रूप में खड़ी भारतीय जनता का मनोरंजन करते रहते हैं। मुसलमान, औरत, हरिजन, शूद्र, ईसाई, सिख, आदिवासी, पहाड़ी आदि सबको अगर कुछ थोड़ी–बहुत सुविधा इस शासन में कोई देता है तो वही देते हैं, दूसरे सब तो ऐसी संकीर्ण प्रांतीयता, जातीयता, साम्प्रदायिकता, उच्चवर्गिता में जकड़े पड़े हैं कि उनके मन में इस तरह की कल्पना भी नहीं उठती। फिर भी इस धर्मनिरपेक्ष राज्य में कोई भी हरिजन, शूद्र, मुसलमान, ईसाई, सिख, आदिवासी या औरत वर्तमान नेहरू के कांग्रेस काल में तो भारत का मुख्यमंत्री होने की कल्पना ही नहीं कर सकता। कैसे ये सब अपने आपको हिंदुस्तान का संपूर्ण नागरिक समझें? पूंजीवादी अमेरिका में भी किशोरी–किशोर कोई दस फीसदी हब्शियों के अलावा भी ऐसे नहीं जो यह न सोच सकें कि मैं भी अपने मुल्क का राष्ट्रपति हो सकता हूं।

हिंदुस्तान में ऊंची जातियों के अंगरेजी पढ़े–लिखे बड़े घरानों के लाड़ले मर्द हिंदू जो देश की आबादी में हजार में एक भी मुश्किल से हैं, वे ही प्रधानमंत्री और राष्ट्रपति बनने के सपने देख सकते हैं। कितनी घातक है यह संकीर्णता जो समाजवादी जनतंत्र में भी करोड़ों को ऐसा सोचने का अवसर ही प्रदान नहीं करती। पूंजीप्रधान अमेरिका में सौ से अधिक ऐसे आदमी हैं जिनमें से कोई भी प्रेसीडेंट आइजन होवर की गद्दी पर अगले चुनाव में बैठ सकता है और कोई नहीं सोचता कि देश का कोई नुकसान इनमें से किसी भी एक के प्रेसीडेंट होने से हो जाएगा।

भारत पर नेहरू के बाद जैसे आफतों की आंधी आ जाएगी। क्या अकाल है अक्ल का, क्या अभाव है त्याग और तपस्या का? कहां गई देशभक्ति, राष्ट्रसेवा, बलिदान और कष्ट सहने की भावना? क्या स्वराज का फल ऐसे ही राजपुरुषों की उत्पत्ति और उनकी शक्ल में मिलना था? स्टालिन के बाद ख्रुश्चेव ने रूस की गति कम नहीं की और न चर्चिल के बाद मैकमिलन ने इंग्लिस्तान की। क्या वीर प्रसविनी भारत भूमि ही ऐसी वंध्या हो गई है कि एक करोड़ से ऊपर पुत्र–पुत्रियां हर साल पैदा करने वाली एक नेहरू ही नहीं, जनता के मन पर उनकी छाप और छाया ही नहीं पड़ी। शायद नेहरू

के व्यक्तित्व के प्रचार की आंधी से उड़ी धूल जब तक राजनीतिक आसमान से बादलों की वर्षा से धुल न जाए तब तक जनता को साफ नजर नहीं आ सकता कि भारत में नेहरू से बड़े और अच्छे लोग मौजूद हैं, जो नवभारत का सच्चा जननिर्माण करेंगे और उच्चवर्ग की बेड़ियों को तोड़-फोड़कर भारत की जनता को सही और सच्चे मायनों में आजाद कर रूस और चीन की तानाशाही के भय के द्वारा निर्माण को भी पीछे छोड़ जाएंगे। मगर यह सब नेहरू के बाद तभी होगा जब नेहरू के रहते नेहरू का बहुरुपियापन लोगों की समझ में आ जाए। अपनी जात का खुला समर्थन न दिखलाई देने पर भी आज कश्मीरी पंडितों ने जो उन्नति की, वह और किसी जाति विशेष को स्वतंत्र भारत में हासिल नहीं हुई।

उनके रिश्तेदार जैसे सुखी और संपन्न हैं वैसे किसी भारतीय के नहीं।

कश्मीर में वह फौजें तैनात किए हुए हैं और पश्चिमी बंगाल व आसाम के नागरिकों पर रात-दिन चलने वाली गोलियों की उन्हें बिलकुल परवाह नहीं। कोई बंगाली प्रधानमंत्री होता तो शायद भारत का पाकिस्तान से झगड़ा, कश्मीर को लेकर नहीं, पूर्वी बंगाल के शरणार्थियों को लेकर होता। नेहरू भी पूर्ण भारतीय नहीं पर चालाकी और होशियारी में सबसे उस्ताद होने की वजह से लोगों को ऐसे दीखते हैं। नेहरू को सौ साल बाद का इतिहास भूलकर इसके बाद आने वाले किसी बड़े सच्चे नए नायक को ही निर्माण की नींव डालने वाला समझेगा।

उधर, जयप्रकाश नारायण दलगत राजनीति से दूर हो, संत विनोबा के शिष्य बन सूखकर बेचारे मुरझा से गए हैं। पश्चिमी यूरोप की राजधानी में मधुर अमृत पीकर उन्हें कुछ जोश सा आया था, पर साठ के करीब के शरीर में जवानी का सा अदम्य उत्साह कहां से ज्यादा दिन टिका रहता। भारत के सब बड़े नगरों में सांस्कृतिक स्वतंत्रता के अमेरिकी भक्तों और विनोबा के सर्वोदय के राजभक्तों ने सम्मिलित होकर यूरोप यात्रा से लौटे जयप्रकाश का शानदार स्वागत किया और उनकी सवा सौ मिनटों वाली दलविहीन राज्य की विचित्र व्याख्या भी सुनी, पर चतुर-चालाक नेहरू ने प्रशंसा व प्रचार के इस फूले हुए गुब्बारे की हवा मामूली स्पीच की सुई चुभाकर निकाल दी। हवा निकलते ही जयप्रकाश का यूरोप में पुता रंग और पहना शृंगार इतनी बुरी तरह से उतर गया कि इन्दिरा के लिए रास्ता साफ हो गया।

कृपलानी, अशोक और जयप्रकाश नारायण की तरह अपने आपको हथेली पर रखकर राजा को नजर पेश करने वाले ये मेहरबानी के इच्छुक दरबारी नवीन भारत का क्या निर्माण करेंगे? तबलचीपना और कारिन्दागिरी इनके भाग्य में लिखी है फिर भी स्थापित मूर्तियों की आरती उतारते हुए भी वे खुद देवता बनने की अभिलाषा ही क्यों त्याग दें?

नेहरू के रहते क्या?

भारत के प्रथम प्रधानमंत्री और भारतीय राजनीति की धुरी रहे जवाहरलाल नेहरू पर बालकृष्णजी द्वारा लिखे गए लेखों, क्रमश : 'नेहरू के नवरत्न', व 'नेहरू के बाद क्या?' के अतिरिक्त, यह बालकृष्णजी का तीसरा लेख 'नेहरू के रहते क्या?' है। इस लेख के जरिए उन्होंने नेहरू के बाद देश की बागडोर संभालने को लेकर उपजी थोथी चिंताओं की पोल खोलने की कोशिश की है। साथ ही आजादी के बाद नेहरू सरकार की वास्तविक उपलब्धियों के सच को भी उजागर किया है। लेख की खास बात यह है कि इसमें नेहरू के बाद राजनीति में स्थापित होने वाले शून्य पर फिजूल की माथा-पच्ची करने वाले तथाकथित राजनीतिक महत्त्वाकांक्षी लोगों की असलियत को भी सामने लाने का प्रयास किया गया है। —संपादक

नेहरू के बाद क्या? यह सवाल पिछले कुछ सालों से भारतीय राजनीति में कौतूहल का विषय बन गया है। पंडित जवाहरलाल नेहरू ने स्वयं इस प्रश्न का प्रचार किया है, और कुछ महत्त्वाकांक्षी राजनीतिज्ञ इस प्रश्न को 'नेहरू के बाद क्या?' में भी बदल चुके हैं। नेहरूजी ने अपनी महत्ता, शक्ति और ऐतिहासिक स्थिति बढ़ाने के लिए बार-बार इस प्रश्न को दुहराया है और कुछ पिछड़े दिमाग के लोगों में यह भावना पैदा कर दी है कि पंडित नेहरू तो हिमालय के समान हैं जो उत्तरी ठंडी हवाओं को रोककर हिंदुस्तान की रक्षा करने में समर्थ हैं।

राजनीति में अन्य सब पुरुष उनसे इतने ज्यादा छोटे हैं कि वे देश की उत्तरी यानी चीनी रूसी आंधी को तो अलग, अंदरूनी तोड़-फोड़ करने वाली प्रवृत्तियों को भी नहीं रोक सकेंगे। मोहम्मद अली जिन्ना की मृत्यु के बाद पाकिस्तान की जो हालत हुई, वही हिंदुस्तान की होगी। नेहरूजी के प्रशंसक इस बात का जवाब देने की कभी जरुरत नहीं समझते कि 11 सालों तक लगातार एकच्छत्र राज्य करने के बाद भी पंडित नेहरू ने हिंदुस्तान की राजनीति को ऐसी उर्वरा या बंजर क्यों बना डाला कि सिवाय उनकी खुशामद करके दरबार करने वालों के एक भी स्वतंत्र विचार और नई नीति का निर्माता, कांग्रेस तो छोड़िए, विरोधी कहे जाने वाले दूसरे राजनीतिक दलों, प्रजा सोशलिस्ट पार्टी, कम्युनिस्ट पार्टी और जनसंघ आदि में भी पैदा नहीं हुआ।

जिन्ना साहब को पाकिस्तान की वर्तमान अवस्था के लिए थोड़ा भी दोष देना उचित नहीं, क्योंकि वे पाकिस्तान की स्थापना के बाद ही बिलकुल अस्वस्थ हो गए और एक साल के भीतर ही चल बसे। पंडित नेहरू तो 11 साल से हिंदुस्तान के एकमात्र सम्राट हैं, उनकी ताकत को हिलाने या बाधा देने वाला अभी भी कोई नहीं, उनके दल को स्वतंत्रता के बाद के दोनों आम चुनावों में प्रबल बहुमत मिला। केंद्र और एक करोड़ चालीस लाख की आबादी वाले केरल को छोड़कर सब राज्यों में उन्हीं के नेतृत्व की तरफ नजर लगाए हुए कांग्रेसी सरकारें हैं। उनके अपने दल के भीतर उनसे लोहा लेना तो अलग रहा, उनकी नीति व काम की मामूली आलोचना करने वाला भी कोई नहीं। बड़े विरोधी दल कम्युनिस्ट और प्रजा सोशलिस्ट कांग्रेस के कृत्यों पर नुक्ताचीनी करते हुए भी पंडित नेहरू व उनकी नीति का समर्थन सा ही करते नजर आते हैं।

जिस देश को सदियों की गुलामी के बाद और लगातार विदेशी शासन के विरुद्ध आंदोलन चलाने के फलस्वरूप आजादी मिली, वहां तो अंगरेजी अधिकार का दबाव हटते ही एक ऐसी संस्कृति, ज्ञान-विज्ञान, शिक्षा और राजनीति की लहर आनी चाहिए थी जो भारत के भविष्य को उज्ज्वल करती, जो सैकड़ों ऐसे व्यक्तियों को पैदा व प्रस्फुटित करती, जिनकी तरफ सिर्फ स्वदेश की ही नहीं, दुनिया की नजर जाती, लेकिन जवाहरलाल नेहरू और उनकी कांग्रेस ने पुरानी परंपराओं की पतित पद्धति को ऐसा अपनाया कि राज्यक्रांतियों के बाद दूसरे देशों में जो तरक्की का तूफान आया उससे यह देश वंचित ही रह गया।

अफसरशाही और मंत्रियों के भ्रष्टाचार में फंसकर जनता और बुद्धिजीवी दोनों ही परास्त हो गए। विचारक निराश और निर्जीव हो गए। खुशामद और षड्यंत्र के जरिए अयोग्य व्यक्ति ऊपर चढ़ गए। गुटबंदी कर गिरोह बनाने वाले राजनीतिक डकैतों की बन आई। राजनीति द्वारा रुपया बनाना, फिर मान-प्रतिष्ठा प्राप्त करना एक नया सरल मार्ग स्वार्थी लोगों के लिए खुल गया। मंत्रियों और अफसरों के चमकते सूरज के सामने कलाकार, कथाकार, चित्रकार, लेखक, वैज्ञानिक, कवि, इंजीनियर, डॉक्टर, प्रोफेसर सब फीके पड़ गए। सफलता की सीढ़ी राजनीति के मालिकों की मेहरबानी बन गई।

विज्ञान-भवन बने, परंतु उनकी शानदार इमारतें नर्तकियों के नाच और राजनीतिज्ञों के पत्र-सम्वाददाताओं के साथ सम्मेलन के काम में आने लगीं। यंत्रों और मशीनों का दस साल का आविष्कार सिवाय धूप चूल्हे और अंबर चर्खे के कुछ नहीं हुआ, पहला तो जन्मते ही मर गया, दूसरा सरकारी सहायता के बावजूद मुर्झा रहा है।

पंडित जवाहरलाल अणु-शक्ति की बात बनाते हैं और हिंदुस्तान के गांव तो अलग, शहरों में भी ईंट पकाने के लिए रेल मंत्री जगजीवन राम, जरूरत का एक-चौथाई कोयला तक नहीं पहुंचा सकते। विशाखापट्टनम में जहाज बनाने का कारखाना दस सालों से खड़ा है, परंतु जहाज में लगने वाली हर चीज विदेशों से आती है और यहां मजदूरों का वेतन विदेशों के दसवें हिस्से से कम होते हुए भी जहाज की कीमत विलायत

से ज्यादा पड़ती है। दो जहाज सालाना मुश्किल से बनते हैं और उनमें भी अभी-अभी एक ऐसा बना कि समुंदर में घुसते ही एक तरफ ज्यादा भारी होने की वजह से झुककर उलटने और डूबने लगा।

इस कारखाने में काम करने वाले 1300 मजदूरों का संपूर्ण वेतन, इस कारखाने के प्रबंधकों, इंजीनियरों, बड़े अफसरों और क्लर्कों की तनख्वाह के आधे से भी कम है। सरकारीकरण का ऐसा अपव्यय और मजदूरों और प्रबंधकों में ऐसी विषमता दस साल से बिना किसी बाधा के चल रही है और नेहरूजी की प्रतिष्ठा में कोई आंच नहीं आई। जब इस जहाजी कारखाने की बदइंतजामी और फिजूलखर्ची के बारे में बड़ी बहस होगी, तो पंडित नेहरू आगबबूला होकर किसी एक या दो व्यक्तियों पर इल्जाम लगाकर खुद बिलकुल बेदाग निकल जाएंगे।

बहरहाल, प्रधानमंत्री नेहरू ने अपने को निर्दोष और पवित्र साबित करने के लिए दूसरे मंत्रियों व अफसरों पर यदा-कदा आरोप लगाने का एक नया तरीका निकाला है, जिसके जरिए गणतंत्र में मंत्रिमंडल की संयुक्त जिम्मेदारी के आमूल सिद्धांत को रद्द कर दिया गया है। दामोदर घाटी योजना में एक अरब यानी सौ करोड़, यानी दस हजार लाख रुपया खर्च हो चुका है। बांध बन गए हैं और गोया कि बिजली की मांग पूरी भी नहीं होती, फिर भी विद्युत-शक्ति बनाने वाले यंत्र स्थापित नहीं हुए और न ही नहरें ही पूरी कटीं। जिस बिजली से पांच करोड़ रुपए सालाना की आमदनी है, उसको बनाने में ही इतना खर्च हो रहा है। 20 करोड़ रुपए खर्च इस साल के बजट की तो बात ही न कीजिए, अगर कोई व्यक्तिगत कंपनी ऐसा करती तो कभी की दिवालिया हो जाती। नए निर्माण के लिए बीस करोड़ रुपया मिलना तो अलग रहा, उसके पहले के बिजली-घर भी नीलाम होकर कभी के दूसरे योग्य प्रबंधकों के हाथ में चले गए होते, पर सरकारी खर्चे के हिसाब को पूछने वाले जनता के प्रतिनिधि चुप हैं, उन्हों तो खुद टैक्स के पैसे का कुछ अंश मिला और उनका जीवन स्तर सुखी हुआ। अगर दामोदर घाटी के प्रबंधक भी सारा मजा लूटें तो किसको क्या पड़ी है! पंडित नेहरू साहब का यह बड़ा मसला है, इसमें छोटे आदमी आलोचना की गंदी हरकत कर क्यों बाधा दें।

पंडित नेहरू हिंदुस्तान में नए तीर्थस्थानों का निर्माण कर रहे हैं। जनता को तिलैया और माईथोन की झील के सुरम्य दृश्य देखकर श्रद्धा से माथा झुकाना चाहिए। वहां लागत, आमदनी, खर्च और लाभ के हिसाब-किताब की बात करना आराध्यदेव नेहरू के मंदिर के बाहर बाजारू बनिया वाली बातें हैं। यहां तो प्रार्थना करके पत्र-पुष्प चढ़ाओ और अपनी देह, दिमाग व दिल को झील में नौका विहार कर (उस नौका में जो पटियाला के महाराजा ने मेहरबानी कर अपने पुराने सलाहकार और कल तक दामोदर घाटी निगम के प्रधान पी.एस. राज को कुल एक लाख रुपए में दी) शांत करो।

सरकार के पास अनगिनत रुपया है, टैक्स अभी तो दूने-तीन गुने ही बढ़े हैं, फिर बैंकों की जमा बढ़ रही है, उनसे उधार भी लिया जा सकता है। पंडित नेहरू की तटस्थ

पर राष्ट्र नीति ने रूस, ब्रिटेन और जर्मनी तीनों भालू, बाघ और बाज को एक भारतीय लोहा घाट पर ला बैठाया है। वे खुद आकर लोहे के कारखाने बैठा रहे हैं। जहां उजाड़ जंगल था, वहां नए औद्योगिक नगर बन रहे हैं। जर्मनी और ब्रिटेन ने ब्याज जरूर ज्यादा लिया है, पर बेचारे करें क्या, उनकी लड़ाई की तबाही से उठते हुए मुल्कों में इतनी नई पूंजी की मांग है कि वहां ब्याज की दरें ही ऊंची हैं। यही क्या कम कृपा है कि अपने देश के अति आवश्यक पुनर्निर्माण के वक्त भारत को कर्जे की मदद देकर उसके कारखाने बनाएं, एक भूला-भटका पथिक पुकार उठा, 1947 में यही कारखाने 50-50 करोड़ में बन सकते थे, अब एक-एक पर 150 से 175 करोड़ खर्च हो रहा है। उस वक्त क्यों नहीं बनाए गए। उस सस्ताई के वक्त पं. नेहरू का योजना कमीशन कहां बना था।

गणतंत्र की राजनीति धीरे-धीरे चलती है। टाटा साहब लोहे के विशेषज्ञ हैं, दूसरे सर वीरेन्द्रनाथ मुखर्जी साहब हैं, तीसरे उनके अंगरेज साझीदार लेसली मार्टिन साहब। इन लोहे के कारखानों के मालिकों को डर लग रहा था कि कहीं लड़ाई की मांग के बाद मंदी का युग न आ जाए। टाटा कंपनी के पुराने डायरेक्टार मथाई साहब उस वक्त कैबिनेट में बैठे थे, तो वहीं पंडित नेहरू तो बेचारा पशु-पक्षी विज्ञान का विद्यार्थी था, और वह भी प्रथम महायुद्ध के पहले की कैम्ब्रिज में, उन लोहे के मसलों को और उसकी आवश्यकता-अनावश्यकता को टाटा के डायरेक्टर ज्यादा समझते थे। आर्थिक तेजी-मंदी का ज्ञान भी इन व्यापारियों को ज्यादा था। भारतीय नवयुग के राजा मोतीलाल नेहरू के युवराज को इन दुकानदारों के मामलों से क्या मतलब! राजा को हुक्म चलाने की अक्ल और आदत होनी चाहिए और वह जवाहरलाल शासक वर्ग को पाठ पढ़ाने वाली ऊंची जाति के हैरो विद्यालय में सीख आए थे। मथाई साहब ने सलाह दी—अभी लोहे के कारखाने बढ़ाने की कोई जरूरत नहीं, खेती-बाड़ी का खयाल करो। देश में अन्न संकट आबादी के साथ बढ़ रहा है। पहले ऐसा उपाय करो कि विदेश से अन्न मंगाना तो बंद हो। बस नतीजा यह हुआ कि लोहे के कारखाने सस्ते जमाने से महंगाई के वक्त तक मुल्तवी हो गए।

बड़े बाप का बड़ा बेटा जवाहरलाल छोटे-छोटे जमीन के टुकड़ों की कमीनी मिल्कियत की तरफ नजर न डालकर बड़े-बड़े बांधों की तरफ पिल पड़ा। ऐसे में बड़े-बड़े ठेकेदारों और इंजीनियरिंग कंपनियों के भाग्य खुल गए। सरकारी इंजीनियरों और बांधों के मैनेजरों का भी घर भर गया। भ्रष्टाचार का जो अध्याय इन बांधों में शुरू हुआ, उसने पानी और बिजली का दाम तीन-चार गुना कर दिया और गरीबों के ऊपर नहर और बिजली के कुओं का खर्चा असह्य कर दिया। इन बांधों के बनने और काम में आने में दस-पंद्रह साल लगते हैं। पंद्रह साल तक निर्माण के ढोल की आवाज जनता को चुप रखेगी, नतीजा जब निकलेगा, तब देखा जाएगा। दस सालों में अन्न की कमी वैसी ही बनी रही। अंगरेजों के जमाने से करीब एक करोड़ एकड़ अधिक में मुश्किल से सिंचाई बढ़ी और रुपया इतना खर्च हुआ कि अब नए बांधों की योजनाएं खटाई में पड़ गईं।

भारत सरकार का ऋण आजादी के जमाने में 20 करोड़ से बढ़कर 50 करोड़ का हो गया है। यह सब अंदरूनी कर्ज है। विदेशी सहायता और ऋण के लगभग 10 अरब रुपए अलग हैं—हमारा पंद्रह अरब का पाउंड पावना घटकर दो अरब का हो गया है। भारत सरकार और प्रांतीय सरकारों के बजट करों को बढ़ाकर आठ अरब से बीस अरब पर पहुंच गए हैं। अगर इस तरह सारे सरकारी रुपए का अंगरेजों के जमाने से मुकाबला किया जाए तो करीब सौ अरब रुपया यानी एक खरब रुपया यह सरकार खत्म कर चुकी है, उसके बदले में आज के बढ़े हुए दामों में भी दिखाने को दस से बारह अरब से ज्यादा की नई संपत्ति नहीं, संपत्ति से मतलब नहर, बांध, रेल, कारखाने, बंदरगाह, बिजली-घर आदि से है। इस तरह की दस गुनी या आठ गुनी बर्बादी नेहरू के बाद आने वाला कोई भी नहीं कर सकेगा।

निर्माण के प्रचार के धुएं से लोगों की धुंधली आंखें नेहरू के बाद ही खुलेंगी। नेहरू के जमाने में न बेकारी घटी, न अनिवार्य प्राथमिक शिक्षा जारी हुई, न अन्न समस्या सुलझी, न राष्ट्रभाषा की स्थापना हुई। गोवा तो अलग, कश्मीर भी वैसे ही उलझा हुआ है। दक्षिण अफ्रीका, पूर्वी अफ्रीका विरोधी गोरों के अधीन मुल्क तो अलग, पास-पड़ोस के मित्र कहे जाने वाले बर्मा और लंका में भी भारतीय बाशिन्दों को निकाला जा रहा है और नेहरू साहब पंचशील पत्र पर हस्ताक्षर कराकर चुप्पी साधे हुए बैठे हैं। पंचशील रूस और चीन को फायदा पहुंचा रहा है, अगर वे आज इसका परित्याग कर दें, तो वह पंडित नेहरू के भाषणों के बावजूद एक मिनट में मर जाए।

नेहरू साहब के जमाने में ऐसी कौन सी तरक्की हुई है कि उनके बाद इस उन्नति के युग का अंत हो जाएगा। 1950 में पूरी तरह से चीन में कम्युनिस्ट पार्टी का राज हुआ और उसका कच्चे लोहे व इस्पात का उत्पादन बढ़कर चार गुना हो गया। यानी 70 लाख टन सालाना पर जा पहुंचा, जबकि हिंदुस्तान का उत्पादन 15 लाख टन से 17-18 लाख टन पर मुश्किल से पहुंचा है। चीन में कोयले के उत्पादन भी 4 करोड़ टन से 15 करोड़ टन हो गया, जबकि हिंदुस्तान का 3 से 4 करोड़ टन बड़े प्रयास के बाद पहुंच पाया है।

चीन ने 7 साल में 4200 मील से भी अधिक रेल लाइन ऐसे-ऐसे उजाड़ इलाकों में बना डाली जहां पीने का पानी भी नहीं था, जबकि यहां 11 साल में 700 मील बनी है। चीन ने गंगा से दूनी लंबी और चौड़ी एशिया की सबसे बड़ी नदी यांगसीकियांग पर दो साल में सड़क व रेल का पुल बना डाला, जब यहां मोकामा में गंगा पर बनने वाला पुल 7 साल से पानी के अंदर ही मौजूद है। चीन में अनिवार्य प्राथमिक शिक्षा जारी कर दी गई। पूंजीशाही जमाने के आमोद-प्रमोद और भोग-विलास के शंघाई शहर की चार लाख वेश्याओं को शिक्षा प्रदान कर नर्स, अध्यापिका, डॉक्टरनी, लेखिका, प्रचारिका, दर्जिन आदि बनाकर उनके पतित जीवन का अंत कर उन्हें समाजोपयोगी कामों में लगा दिया। चांगकोई शेक के शासनकाल में चीन हिंदुस्तान से पिछड़ा हुआ

मुल्क था, पर आज वह हिंदुस्तान से बहुत आगे हो गया है–चीन से लोहा लेते अमेरिका हिचकिचाता है और हिंदुस्तान को अपने से चौथाई आबादी वाले पाकिस्तान से डर लगता है ।

चीन और हिंदुस्तान का मुकाबला एक ही दृष्टांत से साफ हो जाएगा, गैंगटोक से तिब्बत की सीमा तीस मीटर से भी कम है और पिछले पांच सालों से वहां सड़क बनने का काम जारी है, पर वह अभी तक पूरा नहीं हुआ, जब चीन अपने मध्य भाग से लासा तक और लासा से हिंदुस्तान की सीमा तक 1600 मील दुर्गम बर्फीले पहाड़ों के ऊपर लंबी सड़क बना चुका है। भारत में जनसहयोग की चर्चा राजनीतिज्ञ व पत्रकार बहुत करते रहते हैं, पर हिंदुस्तान का आर्थिक कार्यक्रम अफसरशाही, ठेकेदारी, विदेशी पूंजी और राजनीतिक गुटबाजी के चक्रव्यूह में पड़कर ऐसा रुपया बरबाद करने वाला साबित हुआ कि जनकल्याण का सपना साकार होने के बजाय, अंतरिक्ष से भी अस्त हो गया है।

चीन के अलावा पूंजीवादी पद्धति के अंतर्गत पश्चिमी जर्मनी–जिसमें लड़ाई के पहले के जर्मनी की आधी ही भूमि है (जर्मनी का एक छोटा भाग रूस ने अपने में मिला लिया, एक बड़ा हिस्सा पोलैंड को दे दिया, जिसमें साइलेसिया का लोहे और कोयले का क्षेत्र और डांजिग का मशहूर बंदरगाह था, और एक अलग कम्युनिस्ट पूर्वी जर्मनी बना, जिसमें सैक्सनी का औद्योगिक क्षेत्र और आधा बर्लिन नगर भी है)–जो लड़ाई की बमबारी से बिलकुल टूट-फूट गया था, आज दुनिया में अमेरिका, रूस के बाद तीसरा औद्योगिक मुल्क बन गया है। इस आधी भूमि और दो-तिहाई आबादी वाले जर्मनी का उत्पादन हिटलर के जर्मनी से ड्योढ़ा है। सब नगर, रेल, सड़क, बिजली, कारखाने नए बने हैं, और एक से डेढ़ करोड़ रिफ्यूजी भी वहां बसा दिए गए हैं और आडेना ऊर के बाद क्या, का कोई सवाल भी नहीं उठाता।

अगर भाषणों से देश का निर्माण हुआ होता तो नेहरू साहब जैसे शब्दी-वीरों का इतिहास में नाम अमर हो गया होता। स्टालिन साल में एक-दो दफे बोलता था और कभी-कभी तो उसको सभा-सम्मेलन में बिना बोले दो-तीन साल गुजर जाते थे, पर वह कर्मवीर था, कर्मवीरों को रोजाना जनसमूह को इकट्ठा कर लेक्चर झाड़ने की जरूरत नहीं होती। वे अपनी वाणी को इतना प्रिय नहीं समझते कि सारा दिन उसकी मधुरता को वक्तृता का रूप देकर जनता पर लादे। कर्महीनता को छिपाने के लिए ही हिंदुस्तान में सम्मेलनों, सभाओं, संस्कृति सदनों और स्पीचों की बाढ़ आ गई है। जनतंत्र की शिक्षा का मार्ग प्रचार हो गया है, विद्यालय नहीं। आर्थिक उत्थान का असर भी नहीं, नैतिक उत्थान के आंदोलन उठ खड़े हुए हैं। आर्थिक उत्थान और विकास के बिना सरकार समर्थित विनोबा का हृदय परिवर्तन, जैनी तुलसी का अणुव्रत, जनता को सहयोग के उपदेश, मजदूरों और किसानों को उत्पादन बढ़ाने के लिए दिए गए भाषण सब निरर्थक और निर्जीव साबित होंगे।

सरकारी राजनीतिज्ञ और उनके समर्थक आज यह प्रचार कर रहे हैं कि देशवासियों का नैतिक स्तर इतना नीचे गिर गया है कि बेचारी सरकार क्या करे। अरे, गांधी के उत्तराधिकारियो, पहले अपनी सरकार का नैतिक स्तर तो सुधारो, उसके महापुरुषों राजेंद्र प्रसाद, जवाहरलाल, गवर्नर, मंत्री, राजदूतों का जीवन तो सरल, सादा, सस्ता बनाओ, पीछे भूखी-नंगी, त्रस्त जनता को त्याग और तपस्या के उपदेश देना। आर्थिक उन्नति के युग में नैतिक स्तर नीचे नहीं गिरता। आर्थिक संकट में ही छीना-झपटी, चोरी-डकैती बढ़ती है, औरतें वेश्याएं बनाई जाती हैं, आदमी जेबकतरा, भिखारी और चोर बनता है।

हिंदुस्तान के नेहरू काल में अपराध और अपराधियों की संख्या बढ़ी है। भूखों, नंगों और घर-बार विहीनों की तादाद चार-पांच गुनी हो गई है, बेकारी की दुगुनी, भोजन, वस्त्र और मकान देने के बजाय नैतिकता के प्रवचन देह को तोड़-मरोड़कर अब दिल का परिवर्तन चाहते हैं। यह हृदय परिवर्तन का प्रचार अखबारी कॉलमों और बड़े लोगों की चाय पार्टियों की चर्चा का विषय जरूर बन गया, दिल न सरकार का बदला, न जनता का बदलेगा।

नेहरू के प्रशंसकों ने देशवासियों की नैतिकता को जो चुनौती दी है वह तो अलग रही, उन्होंने कांग्रेस दल के दूसरे मंत्रियों और प्रांतीय सूबेदारों को भी भ्रष्टाचार में सम्मिलित कर बेचारा अकेला साफ-शुद्ध, सीधा-सरल जवाहरलाल क्या करे? ऐसा प्रश्न जनता के सामने रखा है। परिवार के पृष्ठपोषक पंडित नेहरू न हों और दूसरे स्वर्गीय रविशंकर शुक्ल , टी.टी. कृष्णमाचारी, प्रताप सिंह कैरो, बक्षी गुलाम मोहम्मद, संपूर्णानंद, श्रीकृष्ण सिंह आदि ही हों। क्या हिंदुस्तान में विजय लक्ष्मी पंडित ही एक इतनी लायक और कूटनीति विशारद औरत है कि मॉस्को, वाशिंगटन और अब लंदन, एक के बाद एक इन सब महत्त्वपूर्ण पदों पर आसीन होती रहे? स्टालिन ने भी अपनी बेटी को, जिसको वह बहुत प्यार करता था, कभी कम्युनिस्ट पार्टी की कार्यकारिणी की तो अलग, साधारण कमेटी का मेंबर तक नहीं बनाया। इन्दिरा गांधी कांग्रेस कार्यसमिति की एक खास ताकतवर सदस्या बना दी गई हैं। हिटलर का भाई, उसके जर्मनी का सर्वेसर्वा बनने के बाद भी, बर्लिन शहर में अपना रेस्तरां (भोजनालय) चलाता रहा। इटली की बेटी उसके प्रधानमंत्रित्व काल में भी साधारण शिक्षिका बनी रही। राजा हथीसिंह ने चीनी आयात के वक्त जो दस-बारह लाख रुपया बनाया, वह बिना राजनीतिक रिश्तेदारी के कैसे हो सकता था। कृष्णाब का पति कभी भी चीनी का व्यापारी न था, न आज है। नेहरू खानदान के सब लोग नेहरू के प्रधानमंत्री बनते ही इतने काबिल हो गए कि सब ऊंचे-ऊंचे पदों पर पहुंच गए। रतन नेहरू कल तक चीन में और आज संयुक्त अरब राज्य के काहिरा में राजदूत हैं। ब्रज कुमार नेहरू अर्थ विभाग का सबसे महत्त्वपूर्ण सेक्रेटरी बन गया है, नेहरू का जमाई फिरोज भी एक एमपी और वह भी काफी प्रशंसा प्राप्त एमपी बन गया है। उमा नेहरू, जाने कितने

नेहरू, कहां-कहां बैठे हैं। कौल नेहरू एक हैं, वैसे कौलों की लिस्ट तो बड़ी लंबी है। रेल में, सेंट्रल सेक्रेटेरिएट में, संस्कृति और विज्ञान तक की बड़ी तनख्वाह वाली जगहों में उनकी बाढ़ आ गई है।

निश्चित ही पूरे खानदान की ही नहीं, बल्कि कश्मीरी ब्राह्मणों की जाति की नेहरू-काल में जो तरक्की हुई है, वह भारत का दूसरा कोई भी राजनीतिज्ञ इस भ्रष्टकाल में भी अपने वंश, परिवार और जाति के लिए नहीं कर सका। नेहरू के मित्रों और भक्तों की तो जो बन आई है, वह कहने के बाहर की बातें हैं। विलायत में नेहरू पंथ का प्रचारक कृष्ण मेनन आज भारतीय राजनीति में उसकी कोई जमीन न होते हुए भी सुरक्षा मंत्री जैसे 350 करोड़ रुपए सालाना खर्च करने वाले विभाग का—जीप कांड के भंडाफोड़ के बाद भी—मालिक बना दिया गया। लालबहादुर शास्त्री वाणिज्य और उद्योग विभाग के मंत्री हैं, नेहरू का कृपापात्र होना ही राजनीति में महत्ता प्राप्त करना है।

नेहरू जिससे नाराज, उसका फूटा भाग,
नेहरू गर राजी, तो मिला अलादीन का चिराग।

सच, यह काफिया नेहरू पर सच ही साबित होता रहा। सिद्धांत, कार्यक्रम, नीति का कुछ मतलब नहीं। नेहरू व्यक्तिवाद को बढ़ाओ, ऐसे में देश का नहीं, तो उस प्रचारक का कल्याण अवश्य होगा। नेहरू ने एक ऐसा दल खड़ा किया है जो कांग्रेस के अंदर-बाहर सब जगह मौजूद है, जो नेहरू को कांग्रेस के संगठन से ही नहीं देश से ऊंचा समझता है। जयप्रकाश नारायण, अशोक मेहता और बंबई के 'ब्लीज' पत्र के संपादक करंजिया साहब नेहरू को अशोक से बड़ा और बौद्ध से व्यापक बनाने का प्रचार करते रहते हैं।

जनतंत्र की चुनाव प्रणाली को ताक पर रखकर वे नेहरू साहब से निवेदन करते हैं कि तुम खुद अपना उत्तराधिकारी चुनो, तुम्हीं गणतंत्र के मालिक हो, तुम्हें हक है। जयप्रकाश नारायण जानते हैं कि जनता के चुनाव के जरिए उनका दिल्ली की गद्दी पर पहुंचना मुश्किल ही नहीं, असंभव सा है। नेहरू से वरदान प्राप्त कर जनतंत्र और जनशक्ति को मुर्दा बनाने वाले, इस मालिक बादशाह की मेहरबानी हासिल कर तख्त पर बैठने का उपाय आसान है। अपने में सारी ताकतें केंद्रित कर नेहरू ने भारतीय गणराज्य को शिशु अवस्था में ही ऐसा स्फूर्तिहीन बना डाला कि उसको मालिक लोग चलाएं, उधर ही चलें, अपने आप खड़े होकर चलने की शक्ति न रहे। जनतंत्र की जो मर्यादाएं और मंत्रियों की जो सीमाएं यूरोप व अमेरिका में निर्धारित हैं, वे सब जवाहरलाल ने स्थापित ही नहीं होने दीं। विधान तो बस पुस्तक बनकर रह गया, मर्यादा कायम ही न की गई। अपने मन में तरंग उठी, नेहरू उधर चलने लगा। तानाशाह बनकर खुद नीति बनाने लगा और उसकी आराधना दूसरों की राजनीति हो गई। बहस कैबिनेट में भी नहीं होती, यह सुना जाता है कि संसद में तो स्पष्टवादिता एक-आध बार के अलावा अवसर ही नहीं पाती।

नेहरू की नजरों का अध्ययन कर ही हिंदुस्तान के राजनीतिज्ञ अपनी जबान खोलते हैं। नेहरू के विचारों के अनुकूल न हो, तो वह देशहित नहीं। मानो देशप्रेम की पूरी एजेंसी नेहरू साहब को ही मिली हो। जनतंत्र के अंतर्भूत नागरिकता के अधिकारों की हत्या कर दी गई है और सरकार व उसके अफसर कानून की परवाह न कर मनमानी कार्रवाई करते रहते हैं। पार्लियामेंट के अंदर देश के दुखी बहुमत की आवाज ही नहीं उठती। विदेशियों से प्रशंसा प्राप्त कर नेहरू साहब देश के जनमत को दबाए हुए हैं। जनसंपर्क का मतलब गरीबों की शिकायत सुन उनका दुख निवारण नहीं, बल्कि एक भीड़ इकट्ठी कर ऊंचे मंडप से भाषण देना हो गया है। पंडित नेहरू के दौरों पर उनकी अंगरक्षा में तैनात पुलिस पर ही लाख-लाख रुपया रोजाना खर्च होता है और साधारण जनता के जानमाल की रक्षा के लिए पुलिस कोई इन्तजाम नहीं करती।

खूनी-डकैतों की जमात बढ़ गई है और जनता उनके आतंक के मारे परेशान है। राजनीतिक महापुरुषों और महानुभावों का मूल्य इतना अधिक बढ़ गया है कि वह देश के लिए असह्य होता जा रहा है। समाजवादी गणतंत्र के नाम के साथ यह परिहास नहीं तो क्या है। नेहरू के जमाने में देश की जो दुरवस्था हुई है, नेहरू के बाद तो जनता को उससे छुटकारा मिलेगा। नेहरू के बाद खुशामदी दरबारियों और आरती उतारने वाले भक्तों के अलावा किसी को खतरा नहीं। देश का राजनीतिक वातावरण उलटा कुछ साफ होगा, और नेहरू साहब की सभाओं में आज जो ताली बजाते दर्शन के लालायित लोग नजर आते हैं, वही जब नेहरू के नतीजों को देखेंगे तो नेहरू के नाम पर गाली देंगे। नेहरू न नसर है न ख्रुश्चेव, वह बातूनी शंख है, जो आशाएं बहुत दिलाता है, पर देता कुछ नहीं। नसर ने स्वेज का राष्ट्रीयकरण कर ब्रिटेन-फ्रांस दोनों को चुनौती दी और अपनी अरब एकता की नीति को लेकर अमेरिका को भी नाराज कर दिया।

नेहरू सबको खुश रखना चाहता है, वह कोई ऐसी नीति नहीं चलाता जिससे विदेशी साम्राज्यवादी भी नाराज हो। वह गोवा में पोर्चुगीजों द्वारा निहत्थे सत्याग्रहियों को मरवाता है, पर अपनी सरकार को आंच भी नहीं आने देता। देश में वह जितनी सभाओं, जुलूसों और निःशस्त्र भीड़ों पर गोली चला चुका है, उतनी कभी किसी तानाशाही सरकार ने भी नहीं चलाई। जनतंत्र के पर्दे के पीछे उसने अपनी व्यक्तिवादी नीति से देश को गतिहीन बनाकर निराशा के अंधकार में फेंक दिया है। नेहरू अंदरूनी, बाहरी दोनों ताकतवर स्थापित स्वार्थों को न तोड़ना चाहता है और न उसने उनको ढीला किया है। वह साम्राज्यवादी ब्रिटेन और फ्रांस का अन्यतम मित्र है, नसर की तरह दुश्मन नहीं, बोलता वह बहुत है, करता कुछ नहीं। रूस की 'पंचवर्षीय योजना' का नाम चुराने से भारतीय योजना का सच्चा स्वरूप, जो बहुत ही छोटा और हीन है, लोगों से नहीं छिप सकता। रूस में दूसरी योजना में ही बेकारी गायब हो गई थी, भारत की दसवीं योजना में भी सबको काम मिलने की आस नहीं।

भारत के राजनीतिक कार्यकर्ता

राष्ट्रीय और अंतरराष्ट्रीय राजनीति की गहरी समझ रखने वाले बालकृष्णजी देश की सियासी नब्ज पर भी मजबूती से पकड़ रखते थे। वे राज्यसभा में बिहार से सांसद थे। 'जन' अखबार में प्रकाशित बालकृष्णजी का यह लेख तत्कालीन राजनीति में लगातार आ रही गिरावट के प्रति चिंता जाहिर करता है। आज जबकि राजनीति एक पेशा बन चुका है, ऐसे में बालकृष्णजी ने सालों पहले विचारधारा को ताक पर रखकर अपना उल्लू सीधा करने वालों की जमात से भरी भारतीय राजनीति की दिशा को पहचान लिया था। —संपादक

आज राजनीति की ओर पीठ करके चलने वालों की वैसी ही बुरी हालत हो गई है, जैसी उस शुतुरमुर्ग की जो आंधी और तूफान से बचने के लिए अपनी चोंच रेत में गाड़ तो देता है, लेकिन यह भूल जाता है कि आंधी और तूफान से तो वह एक बार बच भी जाता पर इस तरह रेत में गर्दन गाड़ देने से सांस लेने के लिए बेहद जरूरी प्राणवायु के न मिलने से उसने अपनी जीने की बची-खुची उम्मीद भी खत्म कर ली है और मरने के डर से बचने के भ्रम में उसने सीधे मौत को ही गले लगा लिया है। आज देश की राजनीति की हालत इसी शुतुरमुर्ग के जैसी ही हो रही है। जहां नेता गंदगी और गुटबाजी तो खुद फैला देते हैं, पर जब इस मामले में दूसरों के मुकाबले परेशान व पस्त हो जाते हैं तो फिर वे राजनीति को गंदी कहने का राग अलापने लगते हैं। फिर बाद में एक समय ऐसा भी आता है कि वे उसके त्याग का ढिंढोरा पीटते हुए खुद को राजनीति से ऐसा अलग बताने लगते हैं, कुछ इस तरह मानो उससे उनका कभी कोई रिश्ता रहा ही नहीं था। पर हां, सौ चूहे खाकर हज पर बने रहने का नाटक करते हुए वे राजनीतिक नेताओं और कार्यकर्ताओं से भी घिरे रहते हैं व राजपुरुषों की संगति में ही सुखद समय व्यतीत करते रहते हैं।

अब आप यहीं का उदाहरण लीजिए, विनोबा और जयप्रकाश दोनों ही भारत के प्रधानमंत्री बनना चाहते हैं, लेकिन उनकी विष्णु भगवान सी शर्त है कि वे अवतार तभी लेंगे जब उनका चुनाव सर्वसम्मति से हो। विष्णु भी कुछ भक्तों की स्तुति सुनते ही इस मृत्युलोक में पृथ्वी का भार उतारने के लिए मनुष्य रूप में जन्म लेते थे और रामचंद्र

की तरह समाज की सारी मर्यादाओं को मानकर चलते थे। वैसे राजतंत्र का राम भी जनतंत्र के इन महानुभावों की तुलना में कानून-कायदों और रीति-नीति को अधिक ही नहीं संपूर्ण रूप से मानकर चलने वाला था। ये तो जनता व उसके जनतंत्र और विधान को अपने कदमों में तोड़-मरोड़कर रखना चाहते हैं, ताकि अपनी मनमानी चला सकें।

सर्वोदय जैसी संस्थाओं में सबकी उन्नति के नाम पर अपना निजी उदय करने की धोखाधड़ी सिर्फ भारत जैसे राजनीतिक गतिविधियों और विचारधाराओं वाले देश में ही संभव है। तानाशाह को संत और साधु की शक्ल दे देना, दलविहीन राजनीति का लोभ दिखाकर जनता के अधिकारों और हकों को मारना, विरोधी विचारधाराओं वाले दलों को नष्ट-भ्रष्ट कर प्रतिक्रियावादी परंपरागत राज्य की स्थापना करना यह सब यहीं संभव है।

इनके राम राज्य की कल्पना दरअसल ऐसी है जिसमें भाग्यवान और धनवान अपनी प्रतिष्ठा और पदों को बस अपने में समेटे रहें। ऊंची जातियों के विशिष्ट व्यक्ति दान-पुण्य का एक मुट्ठी अनाज सर्वोदय पात्र में डालकर सारी सुख-सुविधाएं बिना किसी बाधा या रुकावट के भोगते रहें, बस जी ये हो गया रामराज्य। बराबरी के समाज को स्थापित करने वाली जनक्रांति से उन्हें भय लग रहा है। यही वजह है कि जयप्रकाश नारायण को सत्ताधीशों से ऐसा डर लगा कि रेलवे मजदूरों के हड़ताल पर जाने से पहले ही उन्होंने सरकारी राजपुरुषों के सामने सिर झुकाकर हड़ताल तोड़ने की घोषणा कर दी। जिसके बाद गुस्साए मजदूरों ने जयप्रकाश नारायण को भयप्रकाश नारायण नाम दे दिया था।

गांधीवाद के वर्तमान ठेकेदारों ने गांधीजी के नाम पर ऐसे-ऐसे शब्दों की रचना कर डाली है कि जिनका परिणाम वास्तविक मतलब से ठीक विपरीत निकलता है। फासिज्म की तरह के स्वयंसेवकों की टोली को शांति सेना का नाम दे दिया है। जय जगत का नारा देकर, जनतंत्र, राजनीतिक दल और प्रतिरोध प्रदर्शन करने वाले विरोधियों को नष्ट करने का एक गिरोह खड़ा किया है जो बड़ी विषमता के इस समाज में सुलगती आग के प्रतीकों को निर्दयतापूर्वक उसी तरह दबाने के काम आएगा जैसे हिटलर के तूफानी दस्ते काम आते थे। लेकिन न हिटलर ही संसार की विजय कर सका और न विनोबा। फिर जयप्रकाश भी इस जगत को कोई खास प्रकाश नहीं दे पाएंगे और न ही जय कर पाएंगे।

जयप्रकाश नारायण सारे देश का हवाई दौरा करते हुए भी हिंदुस्तान की राजनीति के इस ध्रुव सत्य को नहीं समझ सके कि हिंदुस्तान के अधिकांश राजनीतिक कार्यकर्ता निम्न-मध्यम वर्ग के हैं। वे इने-गिने जन्मजात विद्रोहियों को छोड़कर, जो हर वर्ग और जाति में पैदा होते हैं, राजनीति में इसलिए आए हैं कि लियाकत, काबिलीयत या योग्यता से ऊंचा मान-सम्मान ही नहीं, पद, रहन-सहन और जीवन स्तर इसी के जरिए प्राप्त करें।

अधिकांश निम्न-मध्यम वर्ग के लोगों को उच्च-मध्यम वर्ग ही नहीं, उच्च वर्ग में पहुंचने की तीव्र लालसा रहती है। राजनीति ही एक ऐसी सीढ़ी है जिसके जरिए बिना कोई इल्म या हुनर सीखे, बिना गहरी और ऊंची शिक्षा प्राप्त किए, बिना सालों तक कड़ी मेहनत किए गंभीर अध्ययन और चिंतन के ऊंचा स्तर प्राप्त किया जा सकता है।

व्यापार में दुकान खोलनी पड़ती है, माल और ग्राहक जुटाने पड़ते हैं, पूंजी इकट्ठी करनी होती है, मेहनत और मिठास का मिला-जुला अभियान सोते-जागते दिन भर ही नहीं, रात में भी सप्ताह के सातों वार और महीने के तीसों दिन चलाना पड़ता है। हिसाब-किताब ठीक रखना पड़ता है, तेज-मंदी पर निगाह रखनी पड़ती है। स्टॉक पुराना होकर सड़ न जाए, इसका भी खयाल रखना पड़ता है। कानून और करों की जानकारी और चौकसी भी रखनी पड़ती है। कारखाना खोलने के लिए जमीन, मशीन, मजदूर, कच्चा माल और पूंजी सबका अनुपात से संग्रह या जुगाड़ करना पड़ता है, फिर प्रतिद्वंद्विता में प्रचार के द्वारा बिक्री के जरिए माल खपाने का सवाल हल करना पड़ता है, तब कहीं जाकर कुछ नफा होता है, लेकिन निम्न-मध्यम वर्ग के अनुभवविहीन, अनुशासनविहीन, स्कूलों की अधकचरी शिक्षा से मैट्रिकुलेशन हासिल करने वालों में व्यापार और उद्योग धंधों की कड़ी मेहनत का धैर्य कहां!

मेहनत करते तो फर्स्ट क्लास डिग्री हासिल कर आई.ए.एस., पी.सी.एस. कॉलेजों के अध्यापक, इंजीनियर, डॉक्टर आदि ही नहीं हो जाते। दुकान, दफ्तर व कारखाने का नियमित जीवन उन्हें पसंद नहीं। राजनीति में न घंटों की पाबंदी है, न नियमित आमदनी के बजट में रहने की ही जरूरत है। संसार के उत्पादन, वितरण व इन्तजाम के कामों का एक दाम होता है, एक दर होती है, काम के अनुसार दाम मिलता है। राजनीति में कोई सीमा नहीं, कोई मर्यादा नहीं, हिसाब-किताब नहीं, किसी के प्रति जिम्मेदारी नहीं, न जांच-पड़ताल है, न छानबीन। दलों और संघों में विधान और नियम अवश्य बनते हैं, इनको कार्यान्वित करने के लिए कमेटियों की एक सामूहिक संज्ञावली की रचना भी की जाती है, लेकिन ये कमेटियां खुद ही नियमों को ताक पर रख देती हैं। उन्हें इस बात से कहां इतना मतलब होता है कि कौन किसका दोस्त है और कौन किसका बैरी? कौन कितना मददगार है और कौन कितना नुकसानदेह है। किसी प्रभावशाली व्यक्ति को इसलिए दंड न दिया जाए कि कहीं वह दूसरे प्रतिद्वंद्वी दल में न जा मिले जिससे कि दल कि पोल तार-तार न हो जाए। अब जनाब दुनिया भर का दिमाग खपाने के बाद मिलने वाली चीज थोड़ी सी हो और वह भी गुलामी के बाद मिलती हो तो फिर जरा भी दिमाग न लगाकर यदि राजनीति के जरिए वह हासिल होने लगी हो तो फिर आंदोलनों को तो समर्थन मिलता ही रहेगा न।

हां, इसे धंधा मानने वाले ऐसे लोग इसके बारे में कुछ उसूल को भी बनाए हुए हैं, जैसे–नेता के प्रिय मुसाहिबों से सावधान रहो, उनकी दुश्मनी मोल लेने से तो आपके राजनीतिक जीवन का अंत ही हो जाएगा। रात-दिन नेताओं के इर्द-गिर्द उनकी सेवा-

सुविधा का इन्तजाम करने में तत्पर दिखलाई देने वाले इन लोगों को अगर खुश न रखा गया तो ये गिद्ध-सी दृष्टि से आपके अंदर नीति के प्रति भरोसे में कमी फौरन ही ढूंढ़ निकालेंगे और आपको ऐसे फन्दों में फंसा डालेंगे कि ऐसे षड्यंत्र तो सत्तर थानों की हवा खाए हुए दारोगा भी नहीं रच सकते।

कमाल देखिए, शकुनि मामा तो सारे महाभारत में दो ही दांव चला सके और आज तक हजारों सालों के इतिहास में बदनाम बनकर निंदा और नफरत के पात्र हो गए लेकिन मन्थरा के पेट और मैकियावेली के वीर्य से पैदा हुए ये चाणक्य के चेले चाहते हैं कि दिन में दस बाजी खेल जाएं और सिर्फ सारे इक्के ही नहीं सब बड़े रंग के पत्ते भी सदा इन्हीं के हाथों में रहें।

राजनीतिक पुरुषों का कोई नियत वेतन नहीं होता। छोटा-सा एलाउंस लेते हैं जो उनकी मार्केट की कीमत से दस गुना अधिक अवश्य ही होता है। फिर इधर-उधर के चंदे आदि तो चलाते ही रहते हैं। होशियार कार्यकर्ता कभी भी अपने द्वारा वसूल किए हुए चंदों का पूरा हिसाब किसी को नहीं देता। कलकत्ता में एक कहावत है– दो ट्यूशन हो, एक संस्था का मंत्रीपन हो तो आरा, छपरा, बलिया और बनारस में पांच साल में पक्का मकान बन सकता है। दस साल में साठ-सत्तर एकड़ ऐसी निजी जमीन भी हो सकती है जिसकी बंटाई से सारे घर का खर्चा मजे में चल सके।

सच, राजनीति अलीबाबा के मंत्र की तरह से सब धनी और प्रभावशाली घरानों के भव्य भवनों और दफ्तरों की आलीशान इमारतों के दरवाजे खोल देती है। निम्न-मध्यम वर्ग से उच्च वर्ग में उठने की महत्त्वाकांक्षा कोई बुरी नहीं है। सही शक्ल में वही समाज स्वस्थ है जहां नीचे के प्रतिभाशाली व्यक्तियों को ऊपर उठने के पूरे अवसर मिलते हों। उनके लिए हर तरह की ऊंची शिक्षा प्राप्त करने के लिए छात्रवृत्तियों की सुविधा हो और वे अपनी योग्यता के बल पर शीर्ष स्थानों पर पहुंचकर अपनी विद्या-वृद्धि से समाज को भी अपनी सेवाओं का फायदा पहुंचा सकें। सच्ची राजनीति भी वही है जो उच्च वर्ग और निम्न वर्ग के बीच की खुदी खाइयों को पाट सके, बड़ों के लिए सुरक्षित सुख-सुविधाओं की किलेबंदी को तोड़कर सबके लिए साधारण आवश्यकताएं–रोटी, कपड़ा और मकान सम्मान के साथ अपनी मेहनतवाली रोजी के जरिए दिला सके, परंतु जब राजनीति का जरिया कुछ थोड़े से निम्न-मध्यम वर्ग के व्यक्ति विशेष द्वारा अपनी निजी बढ़ोतरी के लिए अख्तियार किया जाता है तो भ्रष्टाचार फैलता है। सारे समाज की तरक्की रुक जाती है और राजनीतिक कार्यकर्ताओं की नीति में आस्था नहीं रहती। वे निजी फायदे में मशगूल हो जाते हैं और अपने लालच के बहते घावों को जनता व विद्रोही व्यक्तियों की नजरों से छिपाने के लिए इस या उस दल की नीति के नारों से छपी रामनामी चद्दर या आजकल का तस्वीरनुमा हवाई कोट पहन लेते हैं।

राजनीतिक कार्यकर्ताओं को भी रुपए-पैसे, काम, समय के घंटों और व्यक्तिगत आचरण में ईमानदारी के सीधे रास्ते पर चलना पड़ता है, वे इस लोकमान्य निर्धारित

नियमित चाल-चलन से जरा इधर-उधर भटके तो समझ लीजिए कि उनके राजनीतिक जीवन का अवश्यमेव अंत हुआ। लेकिन हमारे भारत की राजनीति ऐसे बेकारों और निठल्लों का अड्डा है जिन्हें कभी नियमपूर्वक काम करने की आदत ही नहीं पड़ी। जिन्होंने न कभी शुरू में अपने घर वालों की आवश्यकताओं की ओर ध्यान देकर उनके अनुशासन में रहना मंजूर किया और न कभी किसी भी कार्यपद्धति को सिलसिलेवार शक्ल में अपनाया।

अपने असंतोष और अतृप्त इच्छाओं को विद्रोह का बाना पहनाकर वे वामपंथी हो गए और सभा-सोसाइटियों व सम्मेलनों में घूमने लगे। इधर-उधर की छिटपुट छोटी-मोटी हलचलों में भाग लेने लगे, मजदूरों के संघों में घुसकर उनके जुलुसों का नेतृत्व करने लगे, आठ-नौ बजे तक सोकर उठना, फिर चाय और अखबार का दौर चलाना और दोस्त-मित्रों से इधर-उधर की चर्चा करना, उनके दिन के पूर्वार्द्ध का प्रधान काम हो गया।

दोपहर को खा-पीकर सिनेमा देखा और फिर किसी सभा-सोसाइटी में गए और फिर किसी संपन्न दोस्त के यहां रात को देर तक बहस-मुबाहिसा करते रहे। ऐसे जीवन में नियमित, निर्धारित कार्यक्रम को कोई स्थान नहीं। दल या संघ के दफ्तर गप्पबाजियों की गोष्ठियों में परिणत हो जाते हैं। नेता लोगों का जब दौरा होने को होता है तब उनमें झाड़ू लगती है, कागज-पत्र ठीक किए जाते हैं, हिसाब-किताब की जोड़ जमा दी जाती है, चंदा जो इकट्ठा किया गया उसके खर्च के बाउचर तैयार किए जाते हैं या फिर किए हुए या उठाकर आधे छोड़े हुए कामों की रपट लिखी जाती है। पिछले साल का बेमतलब कैलेंडर उतारकर नया लटकाया जाता है, नेताओं की तस्वीरों के शीशों पर जमी धूल साफ की जाती है, शहर के तांगा, रिक्शा या बिजलीघर की यूनियन के सदस्यों को झंडे तैयार कर स्टेशन पर स्वागत के लिए हाजिर रहने का आह्वान किया जाता है।

इसके बाद मीटिंग हॉल में हो या पार्क में, यह फैसला किया जाता है। प्रचार के पर्चों के नीचे किस-किस का नाम छपे, इस पर बहस होती है। माइक्रोफोन अब की दफे कौन-सा दुकानदार भाड़े पर देगा, इस पर विचार होता है क्योंकि पिछले दफे की मीटिंग के लिए भाड़े का जो रुपया मंत्री महोदय ने अपने सालों को दिया था वह उसने अपना दर्जी का बिल चुकाने में खर्च कर दिया, कर्जा या भाड़ा चुकाना वामपंथी विचारधारा के विरुद्ध है क्योंकि ये सब पद्धतियां स्थापित समाज के स्वार्थी सरताजों में चलाई है। समाज-विद्रोही तबके इन गली-सड़ी रूढ़ियों को क्यों मानकर चलें? मकान मालिकों, दुकानदारों और छापाखानों वालों ने कौन-सी ईमानदारी या मेहनत के जरिए ये जायदादें खड़ी की हैं?

'जन', जुलाई-1958

डॉ. राममनोहर लोहिया

यह लेख संभवतः डॉ. राममनोहर लोहिया की मृत्यु के बाद लिखा गया। लोहिया पर लिखे गए इस लंबे लेख में बालकृष्णजी ने एक तरह से लोहिया के पूरे व्यक्तित्व को उनके विचारों और कार्यों के रूप में हमारे सामने लाने का प्रयास किया है। —संपादक

राममनोहर लोहिया सफेद संन्यासी थे, परंतु ढोंगी ब्रह्मचारी नहीं। उन्होंने न गृहस्थी बसाई और न किसी परिवार या खानदान की ही स्थापना की, लेकिन आज लोहिया के विचारों को साकार करने के लिए देश के हर कोने में एक उद्योग जितना बड़ा राजनीतिक एवं सामाजिक कार्यकर्ताओं का परिवार मौजूद है, वैसा शायद ही किसी और भारतीय नेता का हो। उन्होंने न शंकराचार्य की तरह ऐसे मठ ही स्थापित किए जो निष्प्रयोजन पूजा-पाठ के गढ़ बन गए हैं और न ही गांधीजी की तरह आश्रम ही, जो आज रूढ़िवादी संतों की गौशालाएं हो गई हैं। फिर, न ही उन्होंने भिक्षुओं की फौज खड़ी करके बौद्ध विहारों की ही सृष्टि की और न ही आर्य मंदिरों की ही रचना के ज्ञान के मठ स्थापित किए, बल्कि उन्होंने तो मानव समाज के उत्थान एवं कल्याण के लिए सप्तक्रांतियों के मार्ग का प्रदर्शन किया। खास बात यह रही कि उसमें भी उन्होंने अपने सहयोगियों एवं अनुयायियों में से किसी को भी सप्तर्षि नहीं चुना। वे तो संघर्षशील राजनीति के साथ जीवन भर ध्रुव तारे की तरह अपनी स्थापित जगह पर ऐसे अटल रहे जैसे रावण की सभा में अंगद का पैर डटा रहा।

भारत के पतित कांग्रेसी नेताओं और उनके साझे एवं सहयोग में पले पद-लोलुप एवं पैसे पर मरने वाले बुद्धिजीवियों ने उन पर सदैव ही शब्दभेदी बाण बरसाए, लेकिन मन से घायल होते हुए भी अपनी नीतियों की सार्थकता पर अडिग विश्वास रखने के कारण वे संपत्ति भक्तों की बहुसंख्यक जमात का डटकर मुकाबला करते रहे। दीन-हीनों, रंगीन मुल्कों, नीचे डाली हुई औरतों व नीची जातियों को ऊपर उठाने को वे सदैव ही तत्पर रहे। उन्होंने हमेशा ही जनतंत्र को गरीबों की तरफ मोड़ने का परम प्रयास किया और उसके जरिए अविकसित देशों को एक ऐसा नया मार्ग दिखाया जो कम्युनिस्ट तानाशाही के बिना ही उनकी गरीबी मिटा सके।

अपने को उग्र क्रांतिकारी कहने वाले कम्युनिस्टों ने कभी भी शाही खर्च के शौकीन सामंत जवाहरलाल नेहरू के खिलाफ लोकसभा में अविश्वास प्रस्ताव नहीं रखा। जब राममनोहर लोहिया को फर्रुखाबाद की जनता ने लोकसभा में भेजा तभी सामंती नौकरशाही द्वारा संचालित नेहरू के नकली समाजवाद की पोल खुलनी शुरू हुई। असल में नेहरू का यह थोथा झूठा समाजवाद पहले दर्जे की महंगाई और अभाव की सृष्टि करने वाला सामंती एवं विकृत पूंजीवाद ही था, जिसकी लूट में मंत्रियों व अफसरों को हिस्सा बांटने के लिए लोककल्याण के नाम पर थोथे नियंत्रण लगाए गए थे।

कांग्रेस दल समाजवादी तो नेहरू शासन से पहले भी नहीं था। नेहरू के शासन में तो वह भ्रष्ट अफसरों और राजनीतिज्ञों की साझेदारी का चोर बाजार बन गया। बड़ी-बड़ी योजनाओं ने बड़े-बड़े ठेकेदार पैदा कर दिए और इन ठेकेदारों ने कांग्रेसी राजनीतिज्ञों को पाला-पोसा। राममनोहर लोहिया इस नेहरू ढोल की पोल अच्छी तरह जानते थे। उन्होंने बर्लिन विश्वविद्यालय में उस अर्थशास्त्र का अध्ययन किया था, जिसके पैर यथार्थ स्थितियों पर मौजूद थे और जिसे ढोंगी पश्चिमी उदारवाद की धुआंधार सदाशयता के झूठ का आवरण नहीं मिला था। एक नए सामंतवर्ग की सृष्टि करना ही इन नेहरू योजनाओं का परिणाम रहा। इन झूठी, थोथी योजनाओं को क्रांति से दूर भागते रूस से लेकर पश्चिमी यूरोप के उन नकली वामपंथी विचारकों तक का आशीर्वाद प्राप्त हुआ, जो रंगीन मुल्कों की जनता का वास्तविक विकास नहीं देखना चाहते।

राजनीतिक विकल्पों और विश्व सरकार का सपना

राममनोहर लोहिया इतिहास एवं राजनीति के गूढ़ ज्ञाता थे। उन्हें रूसी साम्यवाद और अमेरिकी पूंजीवाद दोनों के दुर्गुणों का गहराई से पता था। तीसरा ऐसा मार्ग खोजने को सदैव तत्पर थे, जिसमें पूंजीवाद का प्रेरक लोभ और साम्यवादी तरीके के भय का डंडा दोनों ही न हों। दुनिया अभी तक लालच एवं डर के अलावा और कोई प्रेरक शक्ति नहीं मानती जो लोगों से काम कराए। लोहिया का आदर्शवाद हमेशा यथार्थवाद पर आधारित होता था, इसलिए वे कभी गोल-मटोल बड़ी शानदार दिखने वाली गप्पें या डींगें अपने भाषणों व लेखों में नहीं हांकते थे।

तानाशाही को तोड़ने वाली राजनीति के वे परम पक्षपाती थे, इसलिए उन्होंने चौखम्भा राज्य की कल्पना की थी। जिला या नगर, प्रांत, केंद्र और ऐसी विश्व सरकार की भी उनकी अपनी कल्पना थी जो आज जैसे बयानबाजों के अड्डे–संयुक्त राष्ट्र संघ से–कितनी ही अधिक क्षमता रखती हो। एशिया व अफ्रीका के उन नेताओं से, जिनके हाथ में स्वतंत्रता प्राप्ति के बाद राज्यों की बागडोर आई थी, वे बहुत ही निराश थे। यूरोपीय शानो-शौकत और दिखावटी, बनावटी अदब-कायदों की नकल करने में माहिर ये नेता अपनी जनता के उत्थान का मार्ग छोड़ बैठे थे और एक सर्वग्राही दल को हथियार बनाकर अपनी ताकतें अक्षुण्ण बनाने में लगे हुए थे। एनकूमा, नसर,

सुकर्णा, अयूब, नेहरू, नेविन, बुमेदीने, ने एक किस्म की खुली या छिपी ऐसी तानाशाही कायम कर डाली थी, जहां जनता की महत्त्वाकांक्षाएं इनकी खर्चीली शानो-शौकत और एशो आराम के पर्दे के पीछे की घुटन के अंधकार में छिपी पड़ी थीं। नवस्वाधीन अफ्रीका, एशिया के देशों के ये नए नवाब अपनी जनता के उत्थान का सही रास्ता छोड़कर अपनी निरंकुशता को स्थायी बनाने में लगे हुए थे। इनमें कुछ ने रूसी क्रांति को सरकारी मठ बनाने वाले सोवियत राजपुरुषों का आशीर्वाद प्राप्त करने के लिए नकली लाल रंग की ओढ़नी भी ओढ़ रखी थी।

रूसी विदेश नीति इन काले-सांवले तोतों द्वारा रटी-रटाई गालियां अमेरिका को दिलाकर खुश होती थी और यह समझती थी कि सारी गरीब दुनिया उसके साथ है। इस गरीब दुनिया की गरीबी मिटाने के लिए कोई बड़ा अभियान अमेरिका और रूस दोनों ने ही नहीं चलाया था। दोनों ही छोटी-मोटी, भुलावे और भ्रम में डाले रखने वाली, ऐसी योजनाएं चलाना चाहते थे जो इन देशों के राजकीय गुट को ही समृद्ध एवं संपन्न बनाए रखें। देश की असली हालत में बड़ी तब्दीली करना तो दूर की बात रही, इधर इस दुनिया और रंगीन दुनिया के बीच आर्थिक विषमता की खाई और अधिक चौड़ी व गहरी होती जा रही थी और उधर एशिया, अफ्रीका, लातिन अमेरिका के घनघोर गरीबी के गर्क में पड़े देशों को झूठ-मूठ विकासशील की मोहक संज्ञा दे दी गई थी। इन देशों के शासक वर्ग ने अपनी ही जनता को चूसकर अपनी जिंदगी यूरोपीय उच्च वर्ग के स्तर की बना डाली थी और अपने इस आर्थिक एवं सामाजिक विकास से संतुष्ट होकर बाकी 99 फीसदी नीचे पड़ी जनता का धुआंधार प्रचार कर रहे थे कि इन देशों का उत्थान हो रहा है। इस प्रचलित झूठ का भंडाफोड़ राममनोहर लोहिया ने तीन आने रोज पर जीवन-निर्वाह करने वाली और 27 तरह के करों को झेलने वाली भारतीय जनता की असली तस्वीर को लोकसभा में रखकर किया था। नेहरू के सफेद स्वच्छ रेशमी-ऊनी-खादी के बेशकीमती कपड़े उस दिन वास्तव में ही मैले पड़ गए थे और कांग्रेस संसद सदस्य से एवं मंत्रिमंडलों के चेहरों पर कालिख पुत गई थी।

जाति-प्रथा को तोड़ने के प्रयास

लोहिया मनुष्य-स्वभाव और इतिहास के पुरातन काल से बिगड़ती आई भारतीय जात-पांत पर आधारित इस समाज रचना की बुराइयों को अच्छी तरह समझते थे। ब्राह्मणों द्वारा रची गई जाति-प्रथा की कुटिल-जटिल प्रणाली ने भारत में क्रांतिकारिणी जनता को एकदम जंजीरों में जकड़कर रख दिया था। जब बौद्ध ने इस जात-पांत की जंजीरों को ढीला करना शुरू किया तभी भारतीय राजनीति चमकी थी और मौर्यकाल से हर्षवर्धन तक लगभग पांच हजार साल की लंबी अवधि में भारतीय उत्थान की चमक से संसार उज्ज्वल हुआ था, लेकिन शंकराचार्य एवं राजाओं के गठबंधन से ब्राह्मण शास्त्रियों के नीचे जब फिर से ऊंची जातियों का आधिपत्य स्थापित हुआ तो भारतीय

ज्ञान-विज्ञान और कला-कौशल संकीर्ण एवं विकासविहीन होकर मृत्यु की तरफ अग्रसर हो गया। कारीगरों-दस्तकारों को नीची जातियों की गंदी गलियों में डालकर केवल विकास को ही नहीं अनुसंधान एवं आविष्कार को भी अवरुद्ध कर दिया गया। इस गड़े भयंकर पाप का फल यह निकला कि हिंदुस्तान हथियारों के निर्माण एवं गुण में पिछड़ गया और पहले मुसलमानों और बाद में यूरोपीय अंगरेजों से हारता गया। हिंदुस्तान के इस हजार साल से भी अधिक के अध:पतन की कहानी उस जाति-प्रथा में है जिसने शूद्रों, हरिजनों को वितर्क, शास्त्रार्थ आदि के निरर्थक वितंडवाद में डूब दिया जिससे भारतीय समाज उन्नति के बजाय अवनति की ओर लुढ़क गया।

जाति-प्रथा की निंदा मुगलकाल में भक्तिकाल के हिंदू संतों ने की, लेकिन जाति-प्रथा के खिलाफ कोई प्रबल अभियान अभी तक भारतीय समाज में नहीं हुआ। महात्मा गांधी ने भी वर्णाश्रम प्रथा के अत्याचारों को, खासकर हरिजनों के बारे में, ढीला करने का प्रयास किया था, लेकिन उन्होंने भी वर्णव्यवस्था के ऊपर सीधा हमला नहीं किया। राममनोहर लोहिया ने साठ फीसदी को विशेष अवसर देकर इन नीची जातियों को ऊपर उठाने का मार्ग निकाला। वर्णव्यवस्था से लाभ उठाने वाली ऊंची जातियां लोहिया से बड़ी नाराज भी रहीं, लेकिन उनके इस विरोध की तरफ से एकदम उदासीन होकर लोहिया ने इस दल को इस जात-नीति पर चलने को बाधित किया, इसलिए आज भी लोहिया की यह ऊंची जातियों का प्रभुत्व व एकाधिकार तोड़ने वाली नीति परम विवाद का विषय बनी हुई है।

अपने को उग्र क्रांतिकारी समझने और घोषित करने वाले कम्युनिस्टों ने भी जाति-प्रथा पर कभी कोई प्रहार नहीं किया और समान योग्यता को समान अवसर का नारा देकर लोगों को भुलावा देते रहे। स्थापित समाज व्यवस्था में नीची जातियां कभी भी योग्यता में समानता हासिल नहीं कर सकेंगी, जब तक योग्यता की कसौटी को एक दफे मुल्तवी कर विशेष अवसर प्रदान करने का उपाय न अपनाया जाए।

राममनोहर लोहिया ने भारतीय समाज पर गहरी नजर डाली थी और इसीलिए वे इस निष्कर्ष पर पहुंचे थे कि नीचे पड़े लोगों को ऊंचे बैठे लोगों के समकक्ष पहुंचाने के लिए उन्हें विशेष अवसर प्रदान किए बिना और कोई दूसरा रास्ता नहीं। आज रंगीन पिछड़े हुए मुल्क खुली प्रतिद्वंद्विता में गोरे बढ़े हुए पश्चिमी मुल्कों के बराबर कभी भी नहीं हो सकते, इसलिए वे विशेष सुविधाओं की मांग कर रहे हैं।

देश के भीतर इसी तरह की चीज यह साठ फीसदी का सिद्धांत है। देश की बहुसंख्यक नीचे पड़ी जनता सड़ी-गली उदासीन पड़ी है, उसे जाग्रत और सक्रिय कर देश के निर्माण की प्रगति को कई गुना करने के लिए उनको ऊंचा उठाना बेहद जरूरी है। जाति-प्रथा के अन्यायों एवं विषमताओं का अंत हुए बिना यह देश कभी एक प्राणवान देश नहीं बन सकता। हमेशा अधमरा रहकर विदेशियों द्वारा लांछित और अपमानित ही नहीं, पराधीन भी हो सकता है।

भारतीय इतिहास की इस डरावनी कमजोरी को कभी भी राष्ट्रीय संग्रामों में बड़ा हिस्सा लेने को प्रेरित नहीं किया और इसीलिए विदेशियों के आक्रमण सफल होते गए और हिंदुस्तान ने हजार बारह सौ साल पहले जो पतन का रास्ता पकड़ा था उसी ढलान पर अब तक लुढ़कता नीचे की ओर जा रहा है। निश्चित ही उसी गिरावट और नीची जातियों का मन एवं मस्तिष्क ऊंचा उठाने के लिए लोहिया ने साठ फीसदी को विशेष अवसर की राजनीतिक विचारधारा परिभाषित की। राज्य एवं संपत्ति के ऊपर अधिकार जमाए बैठे ऊंची जातियों के बेसमझ संकुचित महंत साठ फीसदी के इस सिद्धांत की बात सुनकर बौखला उठे और तिलमिलाकर लोहिया की राजनीति पर दाएं-बाएं, आगे-पीछे, चारों ओर हमले शुरू कर दिए। लोहिया तो इस मूर्खतापूर्ण विरोध के सामने झुके नहीं और इस तरह पिछड़ों के हृदय में उनके लिए वह स्थान बन गया जो किसी भारतीय नेता के लिए नहीं बना था।

पिछड़ी स्त्रियों के लिए संघर्ष

लोहिया ने भारत की पच्चीस करोड़ औरतों की पिछड़ी दुर्दशा का भी हल निकालने की कोशिश की थी। हिंदुस्तान में चरित्र वगैरह को लेकर जो निरर्थक आलोचना औरतों की होती रहती है वे इससे हमेशा दूर रहते थे, इसलिए उन्होंने पति द्वारा झूठा लांछन लगाकर परित्यक्त होने पर भी पतिव्रता बनी रहने वाली सीता के आदर्श का परित्याग कर द्रौपदी के नारी चरित्र की तेजस्विता की तारीफ की थी। राममनोहर लोहिया हमेशा कहते थे कि गोरे समाज की उन्नति का प्रधान कारण उसमें ईसाइयत की स्थापना के सोलह-सत्रह सौ वर्ष से बहुविवाह, अनेक पत्नियों का और पर्दा प्रथा का नहीं होना ही है।

इस्लामी मुल्कों और हिंदुस्तान में स्त्री को इतना पिछड़ा हुआ इस बहुविवाह एवं पर्दा प्रथा ने ही बना रखा है। आधे समाज को इस तरह पिछड़ा हुआ रखकर भारतीय समाज एकदम लूला-लंगड़ा बनकर उन्नति की घुड़दौड़ में एकदम पीछे रह गया है। यूरोपीय मुल्कों की तरक्की का एक रहस्य यह भी है कि वहां स्त्री स्वतंत्र एवं सक्रिय है। हिंदुस्तान के उद्धार एवं उत्थान के लिए नारी को अपनी पराधीनता से मुक्ति दिलाना अति आवश्यक है। जब तक भारतीय नारी, जो कि देश की आधी आबादी है, स्वच्छंद रूप से नहीं विचरती तब तक देश की असली तरक्की होना मुश्किल ही नहीं एकदम असंभव है। लोहिया ने समाजवादी दल में जो नारियां आईं उनको विशेष आदर एवं पद दिलाए और बहुत कोशिश की कि स्त्रियां बड़ी संख्या में इस दल में आएं व इसे अपना दल समझें।

धर्म से बड़ी राजनीति

लोहिया तात्कालिक राजनीतिक प्रश्नों में इतने मशगूल नहीं रहते थे जितने कि भारतीय समाज में मूलभूत एवं स्थायी परिवर्तनों में। वे औरत-मर्द, ऊंची-नीची जातियों, रंगीन-

पिछड़े हुए, गोरे उन्नत मुल्कों के बीच के गहरे एवं विशाल सागर को बांटना चाहते थे। इस बड़े काम में वे ज्यादा दिलचस्पी रखते थे। हिंदुस्तान की उस राजनीति से जहां अधिकांश लोग प्रचलित प्रथाओं का विरोध करने का साहस नहीं रखते और बहती बयार के साथ रहकर सस्ती लोकप्रियता प्राप्त कर अपना महत्त्व व प्रतिष्ठा बनाए रखने में उस्ताद हैं, वे उनसे बिलकुल नफरत करते थे।

वे जनमानस को बदलना चाहते थे। लोहिया प्रचलित समाज सुधारकों से कितने ही अधिक बड़े समाज सुधारक थे। वे उस राजनीति में भरोसा रखते थे जो समाज सुधार और समाज परिवर्तन का वाहक बने। वे समझते थे कि बिना राजनीतिक परिवर्तन के समाज सुधार संभव नहीं इसलिए वे राजनीति को धर्म से ऊपर और बड़ा मानते थे। उनका मानना था कि राजनीति बिना देश-कल्याण, समाज-कल्याण कुछ भी संभव नहीं इसीलिए वे जीवन भर राजनीतिक जीव ही बने रहे। उनकी हर बात, हर हरकत यहां तक कि हर सांस भी राजनीति के लिए ही ली गई। उनका कहना था कि जब स्वस्थ राजनीति लोकधर्म बनती है तभी देश और समाज का उत्थान व कल्याण होता है। जब पंथ व धर्म राजनीति बन जाते हैं तब जनता व देश दोनों का ही पतन निश्चित है।

राजनीति के सिवाय देश व समाज को सबल, सक्रिय एवं उन्नत करने का दूसरा कोई उपाय नहीं। फ्रांसीसी राज्यक्रांति के बाद की यूरोपीय राजनीति ने ही गोरे पश्चिमी देशों की जनता को इतने ऊंचे स्तर पर पहुंचाया था। यूरोपीय क्रांतिकारियों की तरह ही लोहिया क्रांतिकारी थे, लेकिन वे उस भारतीय समाज में क्रांति लाना चाहते थे, जिसे जाति-प्रथा ने पंद्रह सौ साल से क्रांतिविहीन एवं परिवर्तन से परे बना डाला था। इसलिए लोहिया शत-प्रतिशत भारतीय होते हुए और यूरोप की सतही वेशभूषा, भोजन, भाषा आदि की नकल के सख्त खिलाफ होते हुए भी, अतिआधुनिक एवं विचारों में यूरोप व अमेरिका की उपलब्धियों के प्रशंसक थे। गोरी जातियों के प्रभुत्व को समाप्त कर वे काली, पीली, सांवली जातियों को ऊंचा उठाकर ही एक शांतिमय विश्व की कल्पना करते थे। वे जनता को आंदोलित करने वाली, हिला देने वाली राजनीति में विश्वास करते थे। उनका मानना था कि केवल चुनाव में सफलता हासिल कर ऊपर के लोगों के साथ गोटी बैठाने तक ही इसका उद्‌देश्य नहीं है इसीलिए वे खेतों, खलिहानों, कारखानों और बाजारों की बात बोलते थे और उन्हीं की जनभाषाओं को अपनी राजनीति की बोली बनाना चाहते थे।

हिंदी के लिए सड़क से संसद तक

लोहिया मानते थे कि भारतीय शासकों ने अपना राजकाज ९८ फीसदी के लिए एकदम अबूझ विदेशी अंगरेजी में चलाकर, सरकारी कामकाज एवं कानून को सामंती गुप्त रहस्य बना रखा था। उसी षड्यंत्रकारी शिखर एकाधिकार को खत्म करने के लिए

उन्होंने अंगरेजी हटाओ आंदोलन को अपने दल की नीति का विशेष अंग बनाया था। जनता को सिर्फ मतदान तक सीमित रखकर नेहरू ने जनता को जनतंत्र से दूर और नीचे पड़ी रखने की साजिश अंगरेजी को राज्य भाषा रखकर की थी। उसका पर्दाफाश सबसे पहले लोहिया ने ही किया था। जब तक लोहिया ने अंगरेजी हटाओ आंदोलन नहीं चलाया, तब तक भारतीय जनता जनभाषाओं के महत्त्व से अनभिज्ञ सी पड़ी रही और लोग समझते थे कि राजकाज का काम अंगरेजी पढ़े-लिखे लोग ही सुचारु रूप से चला सकते हैं, लेकिन अब जनता को पता लगने लगा है कि दो फीसदी की भाषा में चलने वाले इस राज्य ने इन दो फीसदी ऊपर के लोगों का ही कल्याण किया है और बाकी 98 फीसदी को अपने देश में ही बेगाना एवं निर्वासित-सा बना रखा है।

कांग्रेस में नेहरूवाद जनता से विमुख होकर महानुभावों के लिए सुख-सुविधाओं को जुटाने का हथियार बन गया है और इन महानुभावों की उन्नति को ही देश ही उन्नति समझ बैठा है। इस जनतंत्र को जनाभिमुख करने के लिए अंगरेजी को राजगद्दी से हटाकर जनभाषाओं को गद्दीनशीं करना अति आवश्यक है। जनता को जीवन प्रदान करने के लिए जनभाषाओं को राजकाज और उच्च शिक्षा की भाषा अवश्य ही बनानी होगी। नहीं तो जनतंत्र विफल ही रहेगा और जनता का राज्य केवल नाममात्र का ही रहेगा जैसे कि आज तक भारत में है।

भारतीय शासन वर्ग की पुरातन काल से जनता को ज्ञान-विज्ञान से दूर रखकर उन्हें नीचे दबाए रखने की प्रकृति रही है। पुराण काल में पंडितों ने संस्कृत को माध्यम बनाकर शूद्रों और हरिजनों को अशिक्षित बना डाला। बाद में फारसी व अरबी ने बहुसंख्यक लोगों को राजकाज व ज्ञान-विज्ञान से दूर कर दिया और अब भारतीय शासक वर्ग ने अंगरेजी को राजकाज और उच्च शिक्षा का माध्यम बनाकर 98 फीसदी जनता को गड्ढे में पड़े रहने को विवश किया है। कितने शर्म की बात है कि देश के अनेक हिस्सों में उच्च वर्ग के ये महानुभाव अंगरेजी को बनाए रखने के लिए एवं अपने पद व प्रतिष्ठा को अक्षुण्ण रखने के लिए हिंदी के खिलाफ दंगे कराकर अपनी मातृभाषाओं को भी दबा रहे हैं और देश के विकास में बाधा पैदा कर रहे हैं। भारतीय भाषाओं को अपना उचित स्थान देने पर अपनी झूठी महत्ता पर आधारित प्रतिष्ठा कहीं धूल में न मिल जाए और स्थापित नौकरशाही का असली अज्ञान जाहिर न हो जाए, इसके लिए वे अंगरेजी के पक्ष में हिंदी विरोध के नाम पर दंगे करा रहे हैं।

लोहिया ने कभी नहीं कहा कि अंगरेजी को हटाकर हिंदी को स्थापित करो, उन्होंने कहा था कि अंगरेजी को हटाकर अपनी-अपनी मातृभाषाओं को स्थापित करो। संपर्क भाषा का सवाल बाद में तय करना, पहले अंगरेजी को हटाकर अपने-अपने सूबों में अपनी-अपनी जनभाषा को तो राजभाषा बनाओ। जनभाषाओं के सत्ता पर काबिज

होते ही वर्तमान अज्ञानी शासकों की पोल खुल जाएगी। जैसे सूरज के उगते ही अंधकार भाग जाता है वैसे ही जनभाषाओं के आसीन होते ही इन अज्ञानी अधपढ़े अंगरेजी लोगों से जनता का मोह दूर हो जाएगा और यह बंदरी शासन भी खत्म हो जाएगा। ज्ञान-विज्ञान के दरवाजे जनभाषाओं के जरिए हर एक के लिए खुल जाएंगे और अब तक जो दुर्लभ एवं दुर्गम दिखाई पड़ता है वह ऊंचे से ऊंचा ज्ञान भी प्रत्येक स्त्री-पुरुष के लिए सुगम, सहज एवं सुलभ हो जाएगा।

इस ऊंचे लोगों के अंगरेजी के ऊंचे किले की दीवालों को तोड़कर राजकाज एवं शिक्षा को जनता में बिखरने के लिए ही राममनोहर लोहिया ने अंगरेजी हटाओ अभियान चलाया था। वे हिंदी को केवल हिंदी प्रांतों में ही स्थापित करना चाहते थे जबकि दूसरे अनिच्छुक सूबों की जनता पर वे हिंदी थोपना नहीं चाहते थे, केवल वहां से अंगरेजी हटाकर वहां की मातृभाषाओं की स्थापना पर बल देते थे। केंद्र के लिए भी वे केवल अंगरेजी हटाना चाहते थे। संपर्क भाषा का सवाल वे जननेताओं पर छोड़ देना चाहते थे।

लोहिया एक कुशल नीति निर्धारक

लोहिया बीसवीं सदी के अति आधुनिक विचारक होते हुए भी विशुद्धतम भारतीय थे। उनका राष्ट्रवाद झूठी फैशनेबल अंतरराष्ट्रीयता से विकृत एवं खंडित नहीं हुआ था। वे भारत के उत्थान एवं कल्याण के जरिए ही विश्वकल्याण और रंगीन मुल्कों के उत्थान की कल्पना करते थे। जिस तरह से रूस के उत्थान को लेनिन ने अपनी साम्यवादी विचारधारा का लक्ष्य बनाया था, उसी तरह लोहिया की समाजवादी विचारधारा भी भारत के उत्थान एवं कल्याण के लिए ही थी। उन्नतिशील और समाजवादी भारत ही रंगीन अफ्रीकी-एशियाई मुल्कों का कल्याण कर सकता है और उनके उत्थान एवं विकास में मददगार हो सकता है, यही उनकी पक्की धारणा थी। नेहरू की थोथी विश्वव्यापी विचारधारा किसी काम की साबित नहीं हुई और न ही खुद भारत को ही चीनी लाल सेनाओं के हमले से बचा सकी। नेहरू की तटस्थ शक्तियों का रंगीन समूह ऐसे कमजोरों का गिरोह बनकर रह गया जो भाषण-वीर एवं सम्मेलन-प्रिय होते हुए भी दुनिया के ताकतवर देशों की मेहरबानी का ही मुहताज बना रहा। यह गिरोह न रूस को ही नाराज कर सकता था और न अमेरिका व पश्चिमी यूरोप के उन्नत देशों को ही। सबको खुश करने का यह प्रयास भी समय के साथ विफल हो गया। और कमजोर देशों के ये सम्मेलन कर्मकांड के यज्ञ हवनों से ज्यादा महत्त्व के न रहे। शक्तिविहीन शक्तिविहीन ही रहे, न गरीबी ही मिटी न ताकत ही आई और दूसरों को मदद देना तो अलग रहा खुद अपनी भी मदद नहीं कर सके। मोरक्को से इंडोनेशिया तक और तुर्की से जाम्बिया तक के सारे मुल्कों की हालत स्वाधीनता के बाद नहीं सुधरी। स्वाधीनता प्राप्ति के बाद जिस विकास व उत्थान की जनता आस लगाए बैठी थी, वह किसी रंगीन मुल्क में सिवाय जापान के कहीं नहीं हुआ।

विचारधाराविहीन, नीतिरहित नेता इन देशों की गद्दियों पर आ बैठे थे। बोली में जनता से प्रेम और कर्म में ऊंची जमातों के साथी ये नेता अपने देश की जनता को उठाए बिना ही खुद यूरोपीय ऊंचा स्तर ढूंढ़ने लगे और देश इस नई खर्चीली नित तादाद, आकार एवं व्यय में बढ़ती नई नौकरशाही के पैरों तले रसातल में जाता रहा।

रंगीन मुल्कों की जनता को इन निकम्मे, बाधक एवं शाहखर्च शासकों से मुक्ति दिलाकर किस तरह पूंजी देश के भीतर ही संचय की जाए इसके लिए लोहिया ने 1500 रुपए माहवार की ऊंची से ऊंची सीमा रखी और बाकी इस तरह से बचत किए हुए रुपए को औद्योगिक एवं कृषि दोनों के विकास लिए लगाने की चेष्टा की। पर बिगड़ी हुई नौकरशाही एवं पूंजीशाही ने उनकी इस आवाज को ऊपर उठने नहीं दिया।

लोहिया का मानना था कि जब तक ऊपर के तबके पर खर्च की यह सीमा या मर्यादा नहीं लगेगी, तब तक इन पिछड़े हुए मुल्कों में निर्माण के लिए आवश्यक पूंजी की बचत नहीं हो सकती। यूरोपीय उच्च वर्ग के जीवन स्तर की नकल करने वाले शासकों ने अपना खर्चा ही इतना बढ़ा डाला है कि सरकार के पास विकास के लिए पैसा ही नहीं बचता। पुरानी मर्यादाएं इन अंगरेजीदांओं ने तोड़ डाली हैं और नई मर्यादाओं को, जो इनको अपनी मनमानी से रोकें, स्थापित ही नहीं होने दिया, इसलिए धनिक देशों से पूंजी याचना का दौर शुरू हुआ। यह विदेशी मदद भी इधर-उधर में खर्च हो गई या खाई गई और इन देशों की वास्तविक गरीबी, अकाल एवं अभाव की हालत बिलकुल नहीं सुधरी। गरीब समाज में कुछ व्यक्ति विशेष की शाहखर्ची ऐसी फली-फूली कि सारा देश ही राजनीतिक एवं सामाजिक विषमता के बढ़ावे का शिकार होकर रोगग्रस्त हो गया। घनघोर दरिद्रता के बीच यह बेमतलब की शौकीनी और शानो-शौकत विदेशियों को भी हास्यास्पद लगने लगी, पर विलासप्रिय इस नई भोगी जमात ने अपनी गंदी खर्चालू आदतें नहीं छोड़ीं। लोहिया जानते थे कि उपदेशों और धार्मिक प्रवचनों से इस देश का उच्च एवं मध्यम वर्ग सुधरने वाला नहीं। सिर्फ राजनीतिक संघर्ष के जरिए ही इस वर्ग को शक्तिविहीन किया जा सकता है, इसीलिए वह बराबर संघर्ष करते रहे और यही वजह रही कि स्वराज्य के बाद वह जितनी बार जेल गए उतना तो आजादी की लड़ाई के दौरान अंगरेज साम्राज्यवादियों ने भी उन्हें नहीं भेजा था।

लोहिया एक युगद्रष्टा

लोहिया अब नहीं रहे। उनके विचार भाषणों, लेखों एवं पुस्तकों में जगह-जगह बिखरे पड़े हैं। भारतीय राजनीति में दूसरा कोई भी इतना बड़ा क्रांतिकारी विचारक नहीं। चीन और रूस से प्रेरणा लेने वाले वाम और दक्षिणपंथी कम्युनिस्ट तो कोरी विदेशी

विचारों की उधार ली हुई पूंजी से काम चलाते हैं। पुरातन शास्त्रों का पाठ सुनाने वाले संस्कृत के पंडितों की तरह ही उनकी नया सोचने, समझने, सीखने की शक्ति लुप्त हो गई है। भारतीय जनमत एवं इतिहास को ये कम्युनिस्ट उतने ही अनादर एवं घृणा से देखते हैं जितना अंगरेज साम्राज्यवादी देखते थे।

चीन और रूस दोनों के ही पास सिवाय अपने राज्यों व देशों को शक्तिशाली बनाने के और कोई महान महत्त्वपूर्ण उद्देश्य नहीं रह गया है। वहां नवीन सोच-विचार सरकार ने बंद कर रखा है। पुरानी पोथियों का निर्यात कर वे रंगीन मुल्कों को अपने चंगुल में फंसाना चाहते हैं और पश्चिमी गोरी साम्राज्यवादी शक्तियों से उनके ऐतिहासिक विरोध का लाभ उठाकर उन्हें अपने जाल में फंसाना चाहते हैं। यह कुएं से निकलकर खाई में कूद पड़ने के सिवाय और अधिक लाभदायक साबित नहीं होगा।

लोहिया इस कम्युनिस्ट खतरे के जानकार होते हुए भी पश्चिम-भक्त ऐसे कम्युनिस्ट विरोधी नहीं थे जो भारतीयों या विदेशी कम्युनिस्टों को अछूत समझने लगे हों। उन्हें कम्युनिस्टों की तानाशाही वाली राज्य प्रणाली पसंद नहीं थी। उन्होंने 1951 या 1952 में कलकत्ता में मिलोवान जीलास को कहा था कि जब तक कम्युनिज्म में दो दलों वाला जनमत नहीं आएगा, कम्युनिस्ट देशों में नए विचार जाग्रत नहीं होंगे और समाज का विकास रुक जाएगा। यही नहीं, तानाशाहों की गलतियां बड़ी महंगी साबित होंगी। जीलास पर लोहिया की इन बातों का बड़ा असर हुआ और उन्होंने कम्युनिज्म को आलोचनात्मक नजर से देखना शुरू किया और 'नई श्रेणी' नाम की किताब लिखकर वह मार्ग पकड़ा जिसे उनके मित्र तानाशाह टीटो बर्दाश्त नहीं कर सके और उनको सरकारी पद से ही नहीं हटाया गया उनकी पुस्तकें यूगोस्लाविया में निषिद्ध हो गईं, यहां तक कि उन्हें जेल भेज दिया गया। अब जीलास इस वर्ष जेल से छूटे हैं कि वे सिर्फ साहित्यिक चीजें ही लिखेंगे और राजनीतिक विषयों पर कलम नहीं चलाएंगे। जहां आलोचना, प्रत्यालोचना व खुले विचारों की बहस बंद हो जाती हैं वहां नई ज्योति नहीं जगती और अंत में आर्थिक एवं वैज्ञानिक विकास भी रुक जाता है और पूजा-पाठ की पद्धति स्थापित हो जाती है। लोहिया का मानना था कि इस पतन से बचाने के लिए ऐसी राज्यप्रणाली होनी चाहिए जिसमें अनेक विचारधाराएं पनपें एवं फलें-फूलें और जनता को नीतिवान विचारकों का रास्ता पकड़ने की खुली छूट हो। कम्युनिस्ट राज्यप्रणाली ने आलोचना एवं बहस का जनकल्याणकारी मार्ग एकदम बंद कर दिया है।

राजकीय कार्यों की केवल प्रशंसा की जा सकती है, आलोचना नहीं। संभवत: आलोचकों को ही जेलों में बंद कर दिया जाता है और गलतियां समझने एवं सुधारने वाले लोगों का गला घोंट दिया जाता है। राजकीय गुट के खुशामदीद दरबारियों की तरक्की होती है और वास्तविक सत्यों का उद्घाटन करने वालों को दंड मिलता है।

लोहिया इसीलिए परम जनतांत्रिक थे और हर तानाशाही को, चाहे वह कम्युनिस्ट हो या गैर-कम्युनिस्ट, बड़ी कटु नजरों से देखते थे।

वे जनतांत्रिक समाजवाद के सबसे बड़े आचार्य थे और जाग्रत जनता को हमेशा सक्रिय रखना चाहते थे। दल की महत्ता को वे समझते थे और दलविहीन राजनीति की निर्जीवता व समझौतावाद से उन्हें बड़ी नफरत थी। वे किसी खास नीति की विजय के लिए दूसरे दलों से समझौता करने को भी तत्पर रहते थे लेकिन केवल सत्ता के लिए नहीं। नीतिविहीन सत्ता उन्हें बिलकुल अप्रिय थी। सत्ता वे जनकल्याणकारी नीतियों को कार्यान्वित करने के लिए ही चाहते थे, उन्हें कुर्सी और गद्‌दी की कोई चाह नहीं थी। नीतियों को साकार करना ही उनके जीवन का उद्‌देश्य था। यह उद्‌देश्य अब उनके अनुयायियों और सहयोगियों को पूरा करना है। वे तो महान विचार के बीज बिखेरकर चल दिए, कार्यान्वित करने का काम भारतीय राजनीति में सजग समाजवादियों के लिए छोड़ गए।

'जन', मार्च-अप्रैल 1968

वामपंथी बंगाल

बंगाल की ऐतिहासिक, सामाजिक, सांस्कृतिक और राजनीतिक पृष्ठभूमि को बेहद गहराई से विश्लेषित करता यह लेख मूल रूप से सामाजिक और राजनीतिक है, लेकिन इसकी खासियत यह है कि यह बंगाली संस्कृति के हर पहलू का एक चित्र हमारे सामने उकेरता है। –संपादक

('यह लेख बंगाल के राज्यपाल द्वारा वहां की गैर-कांग्रेसी सरकार का खात्मा किए जाने के पहले लिखा गया था, लेकिन् लेखक ने बंगाल की वामपंथी राजनीति के मौलिक दोषों का जो विश्लेषण यहां किया है, उसमें कोई फर्क नहीं पड़ता।')

पिछले आम चुनाव के बाद बंगाल में कांग्रेस की करारी हार ने वामपंथी संयुक्त मोर्चे की सरकार कद्मह्य गद्दीनशीं होने का मौका दे दिया। कांग्रेस को अपदस्थ कर जनसाधारण की गैर-कांग्रेसी सरकारें बनाने का सपना राममनोहर लोहिया ने आम चुनाव से बहुत पहले ही देखा था। बंगाल में भी देश के दूसरे राज्यों की तरह कोई चुनावी समझौता नहीं हो सका और दक्षिणपंथी व वामपंथी कम्युनिस्टों के इर्द-गिर्द दो प्रबल प्रतिद्वंद्वी मोर्चों की रचना हुई, जो केवल कांग्रेस को हराने के लिए ही नहीं, बल्कि एक-दूसरे को पछाड़ने के लिए भी उतने ही दृढ़संकल्प थे। आम चुनाव के दौरान, सभाओं, प्रचारी पर्चों व समाचार-पत्रों में चली खुली बहस से यही मालूम होता था कि कलकते की सड़कों पर ही नहीं, राजपथों से दूर बसे हुए ग्रामीण अंचलों में मास्को और पीकिंग का वाक्युद्ध चल रहा है।

बंगाल के कृषि व उद्योग-धंधों पर कोई चर्चा नहीं थी। मजदूरों और खेतिहरों की कठिनाइयां भी महज नाममात्र को कभी-कभी किताबी पृष्ठों के नीचे लिखे अक्षरों वाले फुटनोटों की सी काया में प्रकट होती थीं। इन सब बातों से साफ साबित होता था कि बंगाल की राजनीति पढ़े-लिखे ऊंची जात वाले मध्यवर्गीय लोगों की ही है। बंगाल की आज की चार करोड़ आबादी में ब्राह्मण, वैश्य और कायस्थ व दूसरे ऊंची जात वाले लोग चालीस-पैंतालीस लाख से ज्यादा नहीं। बंगाली मध्यम वर्ग ईस्ट इंडिया कंपनी के जमाने से 1911 तक, कलकते के भारत की ब्रिटिश राजधानी और पूर्वी भारत की औद्योगिक और व्यापारिक केंद्र होने की वजह से इतना फला-फूला कि

बंगाली मध्यम वर्ग, मद्रासी, बंबइया और पंजाबी मध्यम वर्ग से कहीं अधिक आज भी समृद्ध है। बंगाली कम्युनिज्म जो उग्र वामपंथ का रूप धारण किए हुए है, कोई गरीबों की लड़ाई का द्योतक नहीं है, लेकिन केवल बंगाली मध्यम वर्ग की राजनीतिक महत्त्वाकांक्षा का साकार स्वरूप है।

हिंदुस्तान के इतिहास में बंगाल का स्थान ब्रिटिश राज्य में पहले बहुत ही सीमित रहा है। मौर्य काल में अशोक की विजय में हुई भयंकर हिंसा से त्रस्त होकर ही बौद्ध धर्म को अपनाया गया था, लेकिन सिवाय इसके कि मिदनापुर जिले के दक्षिण में समुद्रतट पर स्थित ताम्रलिपि, जिसको आजकल तामलुक कहते हैं, के बंदरगाह से अशोक का कोई जिक्र नहीं।

महाभारत में द्रौपदी द्वारा कर्ण को स्वयंवर में–राजपूत न होने के कारण–ठुकरा दिए जाने पर कौरवाधिपति दुर्योधन ने उसे अंग का राजा घोषित कर नरेशों की श्रेणी में ला बैठाया था, लेकिन वर्तमान बंगाल के किसी राजा व सेना का न तो कुरुक्षेत्र के महायुद्ध में ही भारत भर से इकट्ठी हुई फौजों की सूची में ही जिक्र है और न ही युधिष्ठिर के राजसूय यज्ञ में ही किसी बंगाली राजा की उपस्थिति प्रकट होती है। रामायण में मिथिला है, महाभारत में जरासंध का मगध है और कामरूप है व नागकन्या चित्रांगदा अर्जुन के रूप में मौजूद है, लेकिन रमणीय सुकेशी बंगबालाओं की कहीं चर्चा नहीं। मालदा नगर के दक्षिण में स्थित उस वक्त गंगा के पूर्वी तट पर बसी गौड़ नगरी का अता-पता भी हजार-बारह सौ वर्ष से पुराना नहीं। उधर, बख्तियार खिलजी ने सोलह घुड़सवारों के साथ बंगाल पर आक्रमण कर कमजोर लक्ष्मण सेन को हरा दिया था।

इसी तरह गौड़ का कोई राजा कन्नौज से कुछ ब्राह्मण व कायस्थ हजार-बारह सौ वर्ष पहले ले गया था, जिन्होंने बौद्ध धर्म को हटाकर ब्राह्मण पंथ की बंगाल में पुनर्स्थापना की। यही उपाध्याय कन्नौजिये ब्राह्मण बंगाल के कुलीन गंगोपाध्याय (गांगुली), मुखोपाध्याय (मुकर्जी), बंदोपाध्याय (बनर्जी) और चटोपाध्याय (चटर्जी) बन बैठे और ईस्ट इंडिया कंपनी के जमाने तक पचास-साठ स्त्रियों से शादियां करते थे। इन कुलीन से विवाहित बालाएं अधिकांश अपने पितृगृह यानी पीहर में पड़ी रहती थीं। साल-भर में एक-दो दफे पति देवता अपना उपहार कर वसूल करने के लिए पत्नी को दो-चार दिन के लिए दर्शन देते थे।

सतीप्रथा भी इन्हीं ब्राह्मणों ने बड़े कठोर रूप में स्थापित कर दी थी। छोटी-छोटी किशोरियों को वृद्ध पति के मृत शव के साथ जोर-जबर्दस्ती। से जलती चिता पर चढ़ा दिया जाता था। ऐसी ही एक सुंदरी विधवा आशा गांगुली को श्मशान भूमि से उठाकर कलकता नगर की नींव डालने वाले अंगरेज जीब चारनोक ने अपनी पत्नी बनाया था।

आज से करीब सवा सौ साल पहले ईस्ट इंडिया कंपनी के जमाने के गवर्नर जनरल लॉर्ड विलियम बैंटिक ने सती प्रथा को गैर-कानूनी घोषित किया। उत्तर भारत में सतीप्रथा राजघरानों तक ही सीमित थी, लेकिन बंगाल की ऊंची जातियों, जिन्हें आज

भद्रलोक कहते हैं, में आज से सौ-सवा सौ साल पहले तक सतीप्रथा कुछ ज्यादा ही प्रचलित थी और बहुविवाह भी। आज का साम्यवादी उन्नति पथ का पुजारी पढ़ा-लिखा मध्यमवर्गीय बंगाली अपने समाज के अंदर कल तक स्थापित स्त्रियों और आज भी विद्यमान शूद्रों, हरिजनों और आदिवासियों की पददलित अवस्था को एकदम भूल गया है।

आज भी बंगाल में विधवा की संख्या अनुपात में दूसरे प्रांतों से ज्यादा है और यूरोपीय व पीकिंग साम्यवाद का इतना प्रचार होते हुए भी बंगाल मध्यम वर्ग में विधवा-विवाह बहुत ही कम होते हैं, इसलिए वृंदावन व काशी जैसे तीर्थस्थानों में हजारों विधवाएं अपना मध्ययुगीन जीवनयापन मंदिर, गंगा-जमुना स्नान और पाठ कीर्तन, आरती आदि के पुरातन निरर्थक संस्कारों में व्यतीत कर रही हैं। उन्हें साम्यवाद व अंग्रेजियत छूती तक नहीं है। बंगाल की सारी राजनीति मध्यवर्गीय है और समाज परिवर्तन व समाज सुधार की तरफ उसका कोई ध्यान नहीं है।

जब से संयुक्त वामपंथी मोर्चे की सरकार बनी है तब से बंगाल में दो बातों को लेकर बड़ा हल्ला-गुल्ला और चीख-पुकार है—एक है घेराव और दूसरा है नक्सलबाड़ी। बंगाल के औद्योगिक एवं व्यापारिक प्रतिष्ठानों में इन विगत 6 महीने में एक हजार से अधिक घेराव हुए हैं। कांग्रेसी तृतीय पंचवर्षीय योजना के असफल हो जाने और चतुर्थ की कल्पनाएं हवाई हो जाने के बाद देश की आर्थिक अवस्था गिरावट की तरफ चल पड़ी है। इनके कारखानों का माल बिक नहीं रहा है और उधर खाद्य-पदार्थों के दाम इस ढंग से बढ़े हैं कि भारत के पांच हजार साल के इतिहास में कभी इतने ऊपर नहीं गए। संयुक्त मोर्चे की सरकार के नीचे तो बंगाल में चावल चार-पांच रुपए किलो, गेहूं का आटा तीन रुपए किलो, मक्का और चने का आटा भी दो रुपए से ऊपर था, तो वहीं दूध दो से तीन रुपया किलो और घी पंद्रह रुपए किलो, सभी साग-सब्जियां यानी आलू भी एक-डेढ़ रुपए से दो रुपए किलो बिक रहा था।

चुनाव से पहले दक्षिणपंथी एवं वामपंथी साम्यवादियों ने जीवन के लिए जरूरी चीजों के दाम गिरने के बड़े-बड़े वादे किए थे, लेकिन इनके राज्यकाल में जो दाम बढ़े वह पहले कभी भी नहीं बढ़े थे। बंगाल में बिहार की तरह से अकाल भी नहीं हुए थे, फिर भी हर खाद्य-पदार्थ के दाम बिहार से ड्योढ़े-दुगुने जरूर हैं और तब भी दो-चार जगह छोटे-मोटे दंगे होने के अलावा कोई असंतोष नहीं है। यही बात साबित करती है कि बंगाल की राजनीति मध्यवर्गीय है और बंगाली मध्यवर्ती भारत के दूसरे मध्यम वर्ग से अधिक समृद्ध है। निचले तबके की लड़ाई सिर्फ राजनीतिक खिलवाड़ का एक हथियार मात्र है।

मध्यवर्गीय नेताओं का मन राममनोहर लोहिया की तरह इन नीचे पड़े तीन-चार आना रोज वाले शूद्रों और हरिजनों के लिए नहीं तड़पता। बंगाल का औद्योगिक मजदूर वर्ग अधिकांश गैर-बंगाली है। उत्तर प्रदेशीय, बिहारी, उड़िया, तेलुगु और नेपाली।

खेत मजदूर आदिवासी हरिजन और शूद्र हैं। नेता सबके सब ऊंची जातियों की अंग्रेजियत में डूबे हुए मध्यवर्गीय हैं। बंगाल की संयुक्त मोर्चे की सरकार ने किसी हरिजन को तब तक मंत्रिमंडल में नहीं लिया जब तक संयुक्त समाजवादी दल ने अपना सहयोग वापस ले लेने की घोषणा नहीं की और जहां तक खबरों से पता लगता है इस हरिजन मंत्री मिहिर सरकार को आज तक कोई महकमा नहीं मिला है, गोया कि बंगाल की एक-चौथाई आबादी हरिजन और आदिवासियों की है।

बंगाली वामपंथी कम्युनिस्ट पार्टी के नेता श्री ज्योति बसु एवं श्री हरिकृष्ण कोनार अपने को गरीबों का इतना सच्चा एवं सही प्रतिनिधि समझते हैं कि वे बंगाल मंत्रिमंडल में नीची जातियों के प्रतिनिधित्व के कट्टर विरोधी हैं। भारत में दक्षिण एवं महाराष्ट्र में तो नीची जाति वाले सत्ता पर आसीन हो चुके हैं। उत्तर भारत में भी नीची जातियों के राजनीतिज्ञ अपनी जातियों को ऊंचा उठाने के लिए विभिन्न राजनीतिक दलों में सक्रिय हैं और वे ऊंची से ऊंची मंत्री पद की कुर्सियों पर विद्यमान भी हैं। बंगाल और कुछ अंश में असली मध्यम वर्ग, जो दोनों के दोनों बड़े अल्पमत में हैं, अपना एकाधिकार बनाए रखना चाहते हैं और निचली जाति, आदिवासियों एवं पहाड़ी कबीलों एवं जातियों को राज्यसत्ता एवं बड़ी सरकारी नौकरियों से एकदम अलग रखना चाहते हैं। इसी अनुदारता की वजह से विभिन्न पहाड़ी जातियां एक-दूसरे से बहुत दूर होते हुए भी असम को तोड़कर एक अलग पहाड़ी राज्य की स्थापना के लिए सचेष्ट हैं। मिजो और नागा विद्रोह का कारण भी यही है और त्रिपुरा व मणिपुर के छोटे-छोटे राज्य इसी वजह से असम में विलीन होना नहीं चाहते।

बंगाल के पुराने मुख्यमंत्री विधानचंद्र राय ने दार्जिलिंग के नेपालियों की मांगों को देखते हुए पहाड़ी इलाके में पहाड़ी भाषाओं एवं संस्कृति के अध्ययन से संबंधित एक विवि की कल्पना की थी, लेकिन मध्यवर्गीय नौकरशाही ने उस विशुद्ध कल्पना को पहाड़ से नीचे उतार लिया और सिलीगुड़ी में एकदम बंगाली प्रभुत्व वाली संस्था बना डाला। दार्जिलिंग के पढ़े-लिखे पहाड़ी लोगों को बंगाल की नौकरशाही व सरकारी कारखानों में कोई बड़ी नौकरी नहीं मिलती। उलटा दार्जिलिंग जिले का सारा का सारा अफसर वर्ग बंगाली है। दार्जिलिंग और दुआर के नेपालियों में बड़ा तीव्र असंतोष है। कई दफे दार्जिलिंग को बंगाल से अलग हटाकर नेपाल में मिलाने की भी चर्चा होती है, लेकिन बंगाली मध्यवर्गीय नेतृत्व, चाहे वह कांग्रेसी हो या कम्युनिस्ट, पहाड़ी भावनाओं को तुष्ट करने की तरफ कोई कदम नहीं उठाता। वैसे तो थोड़ी-बहुत मात्रा में सभी ऊंची जात के हिंदुओं में नीचे एवं अगल-बगल में पड़े अल्पमतों की अवहेलना करने की भावना है और वे उनकी उन्नति एवं बढ़ावा नहीं चाहते, लेकिन बंगाल व असम का मध्यम वर्ग इस मामले में जितना कट्टर एवं पंक्तिबद्ध है उतना कहीं का नहीं।

कम्युनिस्ट नेताओं की जमात भी उसी उच्च मध्यम वर्ग से निकली है, जो राज्यसत्ता को अपने गिरोह में ही सीमित रखना चाहती है। यह ऊंची जातियों का कम्युनिज्म भी

अंत में ऐसा संकुचित रूप ग्रहण करेगा जो जात की बात बिना किए ही नीची जातियों को लकड़ी काटने वाला और पानी खींचने वाला ही बनाए रखेगा। ऊंची जात के इनके कम्युनिस्टों का व्यक्तिगत जीवन स्तर भी गैर–कम्युनिस्टों से नीचा नहीं, तभी भारत के तो नहीं, बंगाल के लोकप्रिय नेता श्री ज्योति बसु की धर्मपत्नी मारवाड़ी सेठानियों से भी अधिक गहने–जेवर पहने दिखलाई पड़ती हैं और बसु गृह के सामने श्री ज्योति बसु अपने भतीजे–भतीजियों की शादी में आभिजात्य वर्ग के किसी बड़े व्यक्ति की तरह हजारों को निमंत्रण देते हैं।

हिंदुस्तान में केवल गांधीजी के चेलों ने ही सादगी और त्याग के मार्ग का परित्याग नहीं किया है। साम्यवादी भी भोग–विलास एवं बड़े आराम के लिए उतने ही लालायित हैं जितने नेहरू–पंथी कांग्रेसी। मास्को के भव्य अस्पतालों में इलाज, काले सागर के तट पर बसे सुरम्य घूमने–फिरने के विश्रामगृहों में आराम उनके यहां एक रिवाज–सा हो गया है।

मजदूर बस्तियों में रहने वाले कम्युनिस्ट उतने ही दुर्लभ हो गए हैं जितने भंगी बस्तियों में रहने वाले गांधीवादी कांग्रेसी। ऐसा प्रतीत होता है कि भारत में जीवन–स्तर व सुख–सुविधा खोजने में सब एक हैं, चाहे वे वामपंथी हों या दक्षिणपंथी।

बंगाल में दक्षिणपंथी कम्युनिस्टों से कोई नहीं डरता, क्योंकि उनकी क्रांतिकारिता को रूस ने सहअस्तित्व के अवसरवादी मार्ग के नीचे दबा दिया है। वे मार्क्स, लेनिन, स्टालिन और वर्तमान रूसी शासकों द्वारा उच्चारित श्लोकों को पुरातनपंथी संस्कृत के पंडितों की तरह दुहराते रहते हैं। वे समझते हैं कि मार्क्स श्रुति और लेनिन स्मृति की व्याख्या करते रहने मात्र से ही जनता का जीवन बदल जाएगा। रूस और पूर्वी यूरोप के कम्युनिस्ट देशों की तारीफ करना ही इनका प्रधान कार्य हो गया है।

नक्सलवाद का कम्युनिस्ट और कम्युनिस्ट विरोधी दोनों तरह के अखबारों ने खूब खुले दिल से प्रचार किया। कृषक क्रांति तक के विशेषणों से नक्सलवादी क्षेत्र को विभूषित कर दिया गया। माओ की शुरुआत जिस तरह चीनी क्षेत्र येनान से हुई उसी तरह नक्सलवाद को भारतीय कम्युनिस्ट क्रांति का प्रथम चरण मान लिया गया, लेकिन जब संयुक्त समाजवादी संपतराय ने कम्युनिस्टों का मुकाबला किया तो उनके बातूनी आतंक की कलई खुल गई। नक्सलवादी न तो खेतिहर मजदूरों का अभियान था, न उन छोटे–छोटे कृषकों का जो बड़े जोतदारों की जमीन बंटाई पर जोतते थे।

साम्यवादियों का वर्गयुद्ध केवल बातों में और लेखनी में था। वास्तविकता में ऐसे अनेक जोतदार थे जिन्होंने कम्युनिस्टों से समझौता कर लिया था और उनके बंटाई पर खेती करने वाले छोटे किसानों को कम्युनिस्टों ने एकदम ठुकरा दिया था। आसनसोल के कोयला व अन्य औद्योगिक क्षेत्रों में कम्युनिस्टों ने अपना प्रभाव कायम करने के लिए जिस तरह संयुक्त समाजवादी कोयला मजदूर नेता बनारसी प्रसाद झा की हत्या

की थी, उसी तरह नक्सलवादी क्षेत्र में अपना एकमात्र प्रभुत्व स्थापित करने के लिए ही यह प्रयास था। एकदम सताए हुए वर्ग को साथ लेने की कम्युनिस्टों ने कोई चेष्टा ही नहीं की। अगर नीचे का तबका उनके साथ होता तो पुलिस अभियान उनकी ऐसी पोल नहीं खोलकर रख देता। पुलिस ने नक्सलवादियों में जब कम्युनिस्ट आतंकियों को पकड़ना शुरू किया तो कहीं मुकाबला नहीं हुआ और जंगल सथाल तो जब पकड़ा गया तो वह तीन दिनों से भूखा था।

जननेताओं को गहरी घनी बसी जनता कभी भूखा नहीं मरने देती। बंगाल का वामपंथी कम्युनिस्ट सदा भीरु रहने वाले कलकत्ते व आसनसोल के पूंजीपतियों को डराकर उनसे अपने मजदूरों, संघों को मान्यता दिलवा सकता है। बड़ा चंदा इकट्ठा कर सकता है, लंबे-लंबे जुलूस निकाल सकता है, छोटी-छोटी हड़तालें करवा सकता है, ट्रेनों को यदाकदा रुकवा सकता है, लेकिन क्रांति नहीं कर सकता। दक्षिणपंथी कम्युनिस्टों से वामपंथी लोग उग्र लगते हैं, क्योंकि रूसी बर्फ ने उन्हें एकदम ठंडा नहीं किया है। कभी-कभी कुछ अति उग्रवादी कम्युनिस्ट मध्यवर्गीय छात्र आदि माओ के बड़े चित्र के साथ जुलूस निकालते भी दिखाई पड़ते हैं, लेकिन क्रांतिकारिता मध्यवर्गीय आतंक और हल्ले-गुल्ले से पैदा नहीं हो सकती, उससे तो उलटा हिंदेशिया की तरह उनके मारे जाने और लोप हो जाने की संभावनाएं ही बढ़ी हैं।

हिंदेशिया में बंगाल से कहीं अधिक बड़ी चीनी प्रेरणा में चलने वाली वामपंथी कम्युनिस्ट पार्टी थी, चालीस लाख चीनी बाशिन्दे भी मौजूद थे, जिनका अधिकांश गरीब हिस्सा कम्युनिस्ट हो गया था क्योंकि हिंदेशिया चीन का देशभक्त था और कम्युनिस्ट एक ही चीज हो गई थी। राष्ट्रपति सुकर्ण से लेकर सरकार, फौज, नौसेना और हवाई हलकों में इनके कम्युनिस्टों के हिमायती ऊंची प्रभावशाली जगहों पर बैठे थे। चीन इन टापुओं में समुद्री-मार्ग से अपने हिमायती कम्युनिस्टों को हथियार भी दे रहा था, पर फिर भी हिंदेशिया कम्युनिज्म रक्तस्नान में डूब गया और लंबे काल के लिए खत्म हो गया है। बंगाल तो भारत का एक मामूली सा अंग मात्र है।

बंगाल में गैर-बंगालियों की इतनी बड़ी संख्या होते हुए भी आज बंगाल के वामपंथी मंत्रिमंडल में एक भी हिंदीभाषी नहीं, न बंगाल के नेताओं की मंडली में ही किसी गैर-बंगाली का कोई स्थान है। यह सब होते हुए भी बंगाल मध्यम वर्ग केवल पड़ोसी प्रांतों, असम, बिहार व उड़ीसा पर ही नहीं, समस्त हिंदीभाषी सूबों में अपना गौरवपूर्ण स्थान बनाए हुए है। उड़ीसा में वीरेन मित्र और उत्तर प्रदेश में सुचिता मजूमदार कृपलानी तो मुख्यमंत्री तक बन गए। बिहारी जनसंघ ने आज भी विजयकुमार मित्र को कृषि मंत्री के पद पर बैठा रखा है। हिंदी भाषा का विरोध बंगाल में जितना तीव्र है उतना शायद तमिलनाडु में भी नहीं, जबकि बंगला भाषा और हिंदी में नब्बे फीसदी शब्द एक ही हैं। और हिंदी वालों के लिए बंगला और बंगभाषी जनता के लिए हिंदी समझना बोलना एकदम आसान है।

बंगाल के कम्युनिस्टों से लेकर दक्षिणपंथी कट्टरवादी तक इतने अंगरेजी प्रिय हैं कि उन्हें अपनी मातृभाषा बंगला के जरिए भी आधुनिकता की प्राप्ति दुर्लभ महसूस होती है। वामपंथी कम्युनिस्टों की अंगरेजी भक्ति एवं हिंदी विरोध साफ प्रकट करता है कि वे भारतीयता को मध्यम मानते हैं और खुद इस संकीर्ण मध्यम वर्ग के प्रतीक मात्र हैं जो भारतीय राष्ट्रवाद से अलग रहकर प्रांतीय स्तर से बिना किसी भारतीय राष्ट्रीयता को अपनाए विश्वव्यापी स्तर पर विचरना चाहता है।

घेरावों ने सिर्फ गैर–बंगाली पूंजीपतियों को जरा आतंकित किया है और मध्यवर्गीय वामपंथी नेताओं के लिए व्यापारियों व उद्योगपतियों से बड़े चंदे ऐंठने का दरवाजा खोल दिया है। बंगाल के मजदूरों में बेकारी बढ़ी है। मार्च 1967 के बाद संयुक्त वामपंथी मोर्चे की सरकार ने बंगाल में कोई बड़ा काम नहीं किया है और न नीचे पड़ी बहुसंख्यक जनता को किसी किस्म की राहत ही मिली है। जनसाधारण की बंगला भाषा का सार्वजनिक उपयोग बिलकुल नहीं बढ़ा है और अंगरेजी की प्रभुता पूर्ण रूप से कायम है। न भ्रष्टाचार घटा है और न सिंचाई के साधनो में वृद्धि हुई है। बंगाल में नए उद्योग–धंधों के बनने की सब योजनाएं खटाई में पड़ गई हैं और पुराने स्थापित कल–कारखाने भी दुरवस्था में घिर गए हैं।

आर्थिक संकट के जमाने में मजदूर संघर्षों का परिणाम कामगारों के हितों के विरुद्ध निकलने लगा है। न शिक्षा के प्रसार में वृद्धि हुई है, न स्तर में सुधार। कलकत्ता नगर– निगम वामपंथी सरकार के नीचे भी पहले ही की तरह भ्रष्टाचार में डूबा पड़ा है। बंगाल के सब विवि महाविद्यालयों और स्कूलों की हालत और अधिक बिगड़ी है। वामपंथी तत्त्वों ने सिवाय थोथे प्रचार के कोई ठोस काम नहीं किया है। नए मंत्री अपनी कुर्सियों से उसी तरह चिपके पड़े हैं जैसे पुराने कांग्रेसी थे। वामपंथी कम्युनिस्टों में भी कुटिल एवं कुत्सित अफसरशाही से लोहा लेने की न कोई प्रबल इच्छा ही है और न हिम्मत व हौसला ही। बड़े भ्रष्ट अफसरों को हंसिया–हथौड़े के लाल झंडे की छाया में लूट मचाने के और अधिक अवसर मिले हैं। वामपंथी कम्युनिस्ट भी वाणीवीर ही हैं, कर्मवीर नहीं। हिंदुस्तानी राजनीति के सारे दुर्गुण उनमें भी उसी मात्रा में मौजूद हैं जैसे दूसरे दकियानूसी दलों में। बंगाली कम्युनिस्ट का दृष्टिकोण व दायरा बड़ा ही संकुचित है। वह अखिल भारतीय नजरिएं से कोई चीज देखता ही नहीं।

भारतीय पीकिंगपंथी साम्यवाद भी उतना ही विदेशी अनुभवों से उधार लिया हुआ राजनीतिक पथ है, जितना रूसी दक्षिणपंथी साम्यवाद। नेहरू सहकारी मास्को पथगामी साम्यवाद जनपतनोन्मुख होने लगा, तब जनता में कांग्रेस विरोधी वामपंथी साम्यवाद के प्रति सहानूभूति जागी लेकिन चीनी अनुभवों पर आधारित इस उग्र दिखाई देने वाले साम्यवाद के बीज भी भारत की भूमि में फलते–फूलते नजर नहीं आते।

भारतीय साम्यवाद इतना ज्यादा किताबी और विदेशी हो गया है कि उसे भारत की परिस्थिति और जनमानस से कोई लगाव नहीं रह गया है।

दोनों तरफ के साम्यवादियों को भारतीय समाज इतना गैर-आधुनिक और मध्ययुगीन नजर आता है कि वे उसके अंदर काम करती हुई विद्रोही ताकतों को नहीं देख पाते और विदेशी क्रांतियों की तरह असफल होते जा रहे हैं। भारतीय जनमत को ढूंढ़ने की उन्हें कोई जरूरत ही महसूस नहीं होती। इतना ही नहीं, बंगाल का बुद्धिजीवी भारतीय इतिहास एवं राजनीति से अपने को झूठ-मूठ अलग समझकर ही इन विदेशी आंदोलनों का शिकार हो गया है। आज शोर मचाने के अलावा उसको भारतीय राजनीति को मोड़ देने में कोई सफलता नहीं मिल रही है। जैसे अंगरेजों और उनके भक्त भारतीयों को आज तक अंगरेजी भाषा, भूषा और रीति-रिवाजों का प्रचार करने में कोई खास सफलता नहीं मिली और वे खुद ही अंग्रेजियत से सराबोर होकर 99 फीसदी जनता से दूर होते गए, वही हाल भारतीय साम्यवाद और खासकर बंगाली साम्यवाद का है। यह एक-दो फीसदी के प्राधान्य वाली राजनीति अब जनता को आंदोलित करने में एकदम असमर्थ होती जा रही है और भयभीत, निराश व उदास नेता लोग जनता को निकम्मी, काहिल व जाहिल घोषित करते नजर आते हैं।

इस तरह की जन-विरोधी राजनीति, जो भारतीय मध्यम वर्ग का मुख्य गुण रही है, अब थोड़ी देर टिकने वाली हलचलों में परिणत हो गई है जो भारतीय जनजीवन पर कोई स्थायी प्रभाव नहीं छोड़ती। जनभाषाओं को तिलांजलि देकर अंगरेजी साम्राज्यवाद द्वारा स्थापित एवं उसके द्वारा सृष्टि किए हुए भारतीय सामंतों द्वारा घोषित अंगरेजी के माध्यम से जनता की राजनीति नहीं चल सकती। अंगरेजी को आधुनिक का पर्यायवाची समझकर, असली आधुनिक को जनता से दूर ढकेलकर, मध्यवर्गीय संकुचित विदेशी आधुनिकता से—जो बड़े ही विकृत और जनविरोधी रूप में भारतीय समाज के शिखर-स्थलों पर विद्यमान है—अब इस जनयुग में काम चलने का नहीं। आधुनिकता का व्यापक प्रचार करने के लिए जनभाषाओं को अपनाकर उनके माध्यम से ही नवीन ज्ञान-विज्ञान का प्रसार कर जनता को ऊपर उठाया जा सकता है।

राष्ट्रवाद को तिलांजलि देकर प्रांतीयतावादी मध्यम वर्ग एकदम थोथी अंतरराष्ट्रीयता का राग अलापकर अपने को अति आधुनिक साबित करने की गलत कोशिशें करने में लगा हुआ है। जब तक अपना ही राष्ट्र और देश भारतीय भूमि के विभिन्न क्षेत्रों के लोगों के मन और दिमाग में एक नहीं होता, तब तक विश्व एकता के सपने देखना मात्र मृगमरीचिका ही साबित होता रहेगा। बंगाल का भारत के अभिन्न अंग के रूप में ही विकास हो सकता है, विश्वव्यापी माध्यम से नहीं, इसलिए बंगाली वामपंथी साम्यवाद भारत के किसी दूसरे भाग में जोर पकड़ता नजर नहीं आता।

इतिहास ने गंगा-यमुना की भूमि को कुरुक्षेत्र से राजगृह तक की धरती की हृदय स्थली बनाया है। जब तक कोई बड़ा जन आंदोलन इस जमीन पर नहीं प्रस्फुटित होता तब तक उसका कोई भविष्य नहीं। बंगाली दिमाग जब तक इस ऐतिहासिक

मर्म को नहीं समझता, तब तक न भारत का कल्याण होगा, न बंगाल का ही। संकुचित ताल के व्यापक एवं अखिल भारतीय बनने पर ही सफलता हासिल होगी।

भारतीयता के हृदय स्थल से दूर भागकर बंगाली संकुचित राजनीति को विफलता ही मिलती रहेगी। भारत के सौभाग्य से बंगाल में भी भारतीय मन वाले लोग काफी तादाद में मौजूद हैं। आज उन उदार व्यापक लोगों का प्रभाव कम नजर आता है, लेकिन स्वस्थ राजनीति का दौर शुरू होते ही भारतीय का प्रभाव नजर आएगा और बंगाली समाज की आज की उन्नति उस नवीन बड़ी उन्नति के सामने बहुत ही फीकी और छोटी दिखलाई पड़ेगी।

बंगाल और भारत का भविष्य एक है और एक रहेगा, बंगाली बड़ा मन बड़े भारतीय समाज में समाकर उसे प्रज्वलित करने में जैसा सहायक होगा, वह एक बड़ा, नया खतरा अपने आप ही तब विलीन हो जाएगा। भारतीय विकास तब आज से बीस-तीस गुना अधिक होगा और भारतीय प्रवाह भी प्रबल होकर विश्व को अपनी तरफ आकर्षित करेगा।

'जन'

कलकत्ता

मूल रूप से राजस्थान के भाद्रा के रहने वाले बालकृष्णजी के जीवन में कलकत्ता सबसे महत्त्वपूर्ण स्थान रखता है क्योंकि डॉ. लोहिया से उनकी मुलाकात यहीं हुई व सारी दुनिया घूमने के बाद वे राजनीतिक और सामाजिक रूप से इसी शहर में सक्रिय रहे। यह लेख कलकत्ता के ऐतिहासिक, सांस्कृतिक, पारंपरिक, सामाजिक और राजनीतिक परिवेश का बेहद बारीकी से विश्लेषण व वर्णन करता है। —संपादक

भारत में ही नहीं, बल्कि दुनिया भर के बड़े शहरों में से एक शहर है कलकत्ता। कभी अंगरेज व्यापारियों ने सूतानाट्टी, गोविंदपुर और कालीकात्ता नाम के तीन अलग-अलग दलदल से घिरे गांवों के पोखरों और तालाबों को मिट्टी से पाटकर, हुगली नदी के किनारे एक बंदरगाह और बाजार को बनाया था, जो आगे चलकर यही कलकत्ता बन गया।

कलकत्ता हिंदुस्तान का सबसे बड़ा शहर है और आबादी के लिहाज से संसार के सात बड़े शहरों लंदन, न्यूयॉर्क, टोकियो, मास्को, पीकिंग, लॉस-एंजिल्स के बीच अपनी एक जगह रखता है। कमाल की बात यह है कि कलकत्ता के आसपास फैलाव में बने हुए हवड़ी, हुगली, टाल, बाली, बजबज, बारकपुर, भद्रेश्रर, बेलघरिया, बारानबर, चिसुरा, चंदननगर, दमदमख दक्षिणेश्वर, सोदपुर, श्रीरामपुर, श्यामनगर, शेऊराफूली, कांचरापाड़ा, काकनाड़ा, कोनागर, नैहट्टी, जादवपुर, टीटागढ़, खडदाहा, सोनारपुर आदि सौ से अधिक औद्योगिक उपनगरों की आबादी को अगर कलकत्ता में शामिल कर लिया जाए तो यह शायद दुनिया के इन किसी भी बड़े शहरों में से जनसंख्या में छोटा नहीं है।

कलकत्ता की बिजली कंपनी की पिछली सालाना रिपोर्ट में कलकत्ता और उसके इर्द-गिर्द के औद्योगिक उपनगरों और अंचलों की आबादी के अस्सी लाख के आंकड़े दिए गए हैं। इस रिपोर्ट में बताया गया है किस तरह से यह आबादी हर साल मृत्यु दर की तुलना में एक लाख प्रति साल के हिसाब से बढ़ रही है। आबादी के लिहाज से देश के सबसे बड़े इस शहर पर आबादी का बोझ तो तब और भी बढ़ जाता है, जब हिंदुस्तान के हर हिस्से राजस्थान, पंजाब, हरियाणा, आंध्रप्रदेश, छत्तीसगढ़, सौराष्ट्र, गुजरात, महाराष्ट्र, मालवा, तमिलनाडु और कर्नाटक से रोजी की तलाश में आने वाले

लोग तकरीबन 1 लाख आबादी हर साल बढ़ाते हैं, यानी कि इस तरह हर साल इस शहर और इसके औद्योगिक अंचलों और उपनगरों की आबादी दो लाख और बढ़ जाती है। खास बात यह है कि इस तरह के हालात तब हैं जब कलकत्ते और उसके इर्द-गिर्द के इलाके में रूस और चीन की तरह की औद्योगिक विस्तार की कोई वृहत् योजना नहीं चल रही।

इतिहास के झरोखों में कलकत्ता

जब सन् 1453 में आक्रामक विजयी औटोमान तुर्कों ने कुस्तुतुनिया पर कब्जा कर लिया और इटली, स्पेन व पुर्तगाल के व्यापारियों और नाविकों का एशियावासियों के साथ व्यापार बंद कर दिया, तो सर्दी भर पहले से पकाकर रखे हुए मांस पर नमक-मिर्च लगाकर खाने वाले यूरोप के लोगों के माथे और पेट पर चिंता की रेखाएं खिंचने लगीं। जाहिर था कि ऐसे में यूरोप के राजाओं और व्यापारियों ने अपने-अपने नाविकों को भारत और एशिया के दूसरे देशों का सीधा समुद्री रास्ता खोज निकालने के लिए खूब प्रेरित और उत्साहित किया। ऐसे में इसी भारत की तलाश में क्रिस्टोफर कोलंबस नाम का कुशल नाविक सात समुद्रों में भटकते-भूलते 1412 में अमेरिका की जमीन पर जा पहुंचा और केरिबियन सागर के टापुओं को पश्चिमी भारतीय टापुओं का नाम दिया। लेकिन कोलंबस की इस यात्रा से यूरोपीय व्यापारियों की भारत से संबंध स्थापित करने की मनोकामना पूरी नहीं हुई। बहुत मेहनत के बाद 1498 में अफ्रीका महाद्वीप की परिक्रमा करते हुए पोर्चुगीज वास्कोडिगामा कालीकट पहुंचा जिसे अरबी नाविकों ने एक मशहूर व्यापार का केंद्र और विख्यात बंदरगाह बना डाला था।

1468 के बाद दूसरे यूरोपीय मुल्कों के लोग इतालवी, स्पेन, डच, फ्रांसीसी और अंगरेज भी इस बड़े नफे वाले व्यापार में हिस्सा लेने भारत आने लगे, उनमें आपसी कशमकश, प्रतिद्वंद्विता, लूट-खसोट, झगड़े, हमले और लड़ाइयां होने लगीं। दो सौ सालों तक लगातार चलने वाली इन लड़ाइयों का नतीजा यह निकला कि अंगरेज दूसरे यूरोपीय मुल्कों को हराकर भारत के मालिक बन बैठे।

जॉब चारनोक नाम की ईस्ट इंडिया कंपनी के मैनेजर ने 1660 में कलकत्ते की नींव डाली और जहां पर अब जनरल पोस्ट ऑफिस है, वहीं पर उस वक्त इंग्लिस्तान के बादशाह, विलियम चतुर्थ के नाम से फोर्ट-विलियम नाम के किले की स्थापना हुई थी। कमाल था कि यह किला बस नाम भर का किला था और मूल रूप से यह माल गोदाम, चीजें लेने-बेचने का दफ्तर और उसकी रक्षा के लिए तैनात बंदूकधारी सिपाहियों का अड्डा ज्यादा था। उस वक्त भारत की ऐसी डाकाजनी और हमलावरी की हालत थी कि हथियारबंद रक्षकों के जरिए अपने जान-माल को सुरक्षित रखना व्यापारियों के लिए जरूरी हो गया था। यूरोपियन नाविकों में भी उस वक्त के व्यापार के सिलसिले में या किसी भी तरह से अपने से कमजोर को लूट लेने का आम रिवाज था।

समुद्री लुटेरों और इन यूरोपीय नाविकों में कोई फर्क नहीं रह गया था। कलकत्ते की नींव पड़ने के 17 साल बाद ही सन् 1707 में आखिरी शक्तिशाली मुगल बादशाह औरंगजेब की मौत हो गई और दिल्ली की केंद्रीय ताकत बेहद कमजोर हो गई। बंगाल में मुर्शिदाबाद के सूबेदार नवाब की उपाधि धारण कर आजाद हो गए। ईस्ट इंडिया कंपनी सन् 1708 में केवल पांच लाख रुपए की पूंजी से रानी एलिजाबेथ की मर्जी और मेहरबानी के फरमान से बनी थी। 1708 में और दूसरे व्यापारियों को भी, जो पूर्व या एशिया में व्यापार करते थे इसमें शामिल कर लिया गया और इसकी पूंजी एकत्रित नफे से बढ़कर पांच करोड़ रुपए हो गई थी और सारे भारत के ही नहीं पूर्व के व्यापार का एकाधिकार इसको अंगरेजी सरकार ने फरमान निकालकर सौंप दिया। यह कंपनी बढ़ते-बढ़ते ऐसी ताकतवर हो गई कि जिले ही नहीं सूबे भी अपने कब्जे और काबू में कर मालगुजारी वसूल करने लगी।

समय के साथ-साथ इस कंपनी ने ऐसा शोषण और शासन का दौर चलाया कि सन् 1757 में बंगाल के नवाब सिराजुद्दौला को प्लासी के मैदान में उनसे युद्ध करना पड़ा, लेकिन उसके दादा अलीवर्दी खां के बहनोई और उसके फूफा देशद्रोही सिपहसालार मीरजाफर को अपनी तरफ मिलाकर अंगरेजों ने उसे हरा दिया। मीरजाफर को नवाब बनाने के बदले में ईस्ट इंडिया कंपनी को एक करोड़ पचहत्तर लाख रुपया मिला व क्लाइव और दूसरे अंगरेजी कंपनी के बड़े साहबों को भी लाखों-करोड़ों की व्यक्तिगत रकम मिली। इसमें केवल क्लाइव को ही तीस लाख रुपए मिले। जाहिर था इसके बाद तो ईस्ट इंडिया कंपनी और उसके गोरे अफसरों ने ऐसी लूट मचाई कि मुर्शिदाबाद का खजाना खाली हो गया। इस लूट को रोकने के लिए और कंपनी के लालची अधिकारियों को राजी करने के लिए नए बने नवाब मीरजाफर को मानो सोने-चांदी के बर्तन और हीरे-मोती, पन्ने व गहने-जवाहरात आदि इन्हें भेंट में देने पड़े।

882 वर्ग मील के चौबीस परगने जिले की जागीर, जिसकी सालाना आमदनी उस समय भी चार लाख रुपए थी, सन् 1756 से 1774 तक क्लाइव को मिलती रही और 1774 के बाद यह जिला पूरा कंपनी का हो गया। आज से दो सौ साल पहले रुपए की कीमत आज से साठ-सत्तर गुनी अधिक तो बिलकुल थी ही शायद सौ गुनी भी हो। लूट-खसोट का नंगा नाच मचाने के बाद नमक के व्यापार पर एकाधिकार स्थापित कर अंगरेजों ने बंगाल, बिहार में करोड़ों की लूट मचाई। मीरजाफर को गद्दी से उतारकर मीरकासिम को और फिर मीरकासिम को हटाकर मीरजाफर को एक दफे फिर से गद्दी पर बैठाया और सत्ता की इस उठाईगिरी में ही फिर से करोड़ों रुपया वसूल कर लिया।

इसी तरह 1764 में बक्सर की लड़ाई में मीरकासिम और उसके सहायक दिल्ली के बादशाह शाहआलम और अवध के नवाब वजीरुद्दौला को हराकर अंगरेज बंगाल, बिहार और उड़ीसा के सीधे मालिक बन बैठे। अंगरेज अफसर करोड़ों रुपए सालाना राजाओं और नवाबों से वसूल करने लगे और भारत से वापस आए अंगरेजों की शान-

शौकत उनके देशवासियों को लंदन में भी चकाचौंध करने लगी। जब मिसेज वॉरेन हेस्टिंग्स, सम्राज्ञी कैरोलिन के दरबार की मजलिस में भारतीय वस्त्राभूषणों से सजी हुई पहुंचीं तो रानी ने पूछा–यह समृद्ध संपन्न लेडी कौन हैं? जब उन्हें पता लगा कि वे कोई डचेस या काउंटेस या विदेशी राजकुमारी नहीं बल्कि सीधी–सादी साधारण नागरिका श्रीमती हेस्टिंग्स हैं तो उन्हें उस बहुमूल्य जवाहरातों से लदी महिला से सिर्फ आश्चर्य ही नहीं बल्कि ईर्ष्या हुई।

बहरहाल, कलकत्ता पर आते हैं, कलकत्ता अब मुर्शिदाबाद, ढाका, पटना और मुंगेर से धीरे–धीरे आगे बढ़ने लगा और सन् 1800 में ही उसकी आबादी पच्चीस हजार से ऊपर पहुंच गई। 1837 में पहली रेल लाइन रानीगंज के कोयले की खानों की तरफ बिछनी शुरू हुई और आसाम में भी चाय बागानों की स्थापना का दौर शुरू हुआ, पर असली उद्योग–धंधों का विस्तार 1857 के बाद ही हुआ।

1857 के गदर के बाद विजयी कंपनी ने भारत की सरकार का भार विलायत की सरकार के हाथों में दे दिया। 1813 में ही व्यापार पर से ही ईस्ट इंडिया कंपनी का एकाधिकार समाप्त कर दिया था और कंपनी अधिकतर एक किस्म की सरकार ही हो गई थी जो फौजें रखती थी, लड़ाइयां लड़ती थी, दूसरे राजाओं से संधियां कर उनसे सुरक्षा कर वसूल करती थी, उनके इलाकों पर कब्जा जमाती थी और उनके खजानों में एकत्रित सोना–चांदी और जवाहरात हड़पती थी। सदियों से संचित करोड़ों–अरबों का धन इस तरह इंग्लिस्तान जाकर उस नवीन वैज्ञानिक उद्योगीकरण के लिए पूंजी बना, जिनकी ताकत से सबल–प्रबल बने अंगरेजों ने तकरीबन आधी दुनिया के नक्शे को ब्रिटिश साम्राज्यवाद के लाल रंग में रंग दिया और जाहिर था हिंदुस्तान भी इससे अछूता कहां रहने वाला था!

वैसे तो अंगरेजों ने भारत पर दौ सौ सालों से ज्यादा राज किया, लेकिन जहां तक बात कलकत्ता है, तो कलकत्ता आज भी भारत पर अंगरेजी अर्थ या पूंजी के आधिपत्य की राजधानी है।

कलकत्ते का भारत के हिंदू और मुसलमान काल के इतिहास से कोई वास्ता नहीं। कलकत्ता को अंगरेजों ने बसाया और बनाया व सन् 1774 से 1911 तक करीब एक सौ सैंतीस साल तक इसी कलकत्ता को भारत में अंगरेजी राज्य की राजधानी बनाए रखा। इस लंबी कालावधि में कलकत्ता खूब फला–फूला और महलों के नगर के नाम से विख्यात हो गया। 1911 में ही कलकत्ते की आबादी दस लाख के तकरीबन हो गई थी। स्कॉटलैंड के डंडी नगर के व्यापारियों ने सस्ते मजदूरों के लालच से 1860 के बाद ही हुगली के दोनों किनारों पर जूट मिलें, जिन्हें मजूर लोग आम भाषा में चटकल कहते हैं, स्थापित करनी शुरू कर दी थीं। कलकत्ते से दिल्ली तक की रेल 1860 में बन गई थी और सन् 1880 तक कलकत्ते का रेल से बंबई, मद्रास आदि दक्षिणी नगरों और गंगा व ब्रह्मपुत्र में चलने वाले जहाजों व छोटी लाइनों के जरिए आसाम और पूर्वी बंगाल से संबंध स्थापित हो गया था।

आसाम की ब्रह्मपुत्र और सूरमा घाटियों में और उत्तर बंगाल के पहाड़ी दार्जिलिंग और दुआर की तराई में, जंगलों को साफ कर चाय बागान लगा दिए गए थे। रानीगंज और झरिया में कोयले की खानें खुद गई थीं। कलकत्ते के इर्द-गिर्द अंगेजी कंपनियों ने तरह-तरह के कारखाने स्थापित करने शुरू कर दिए थे, और करते भी क्यों नहीं, पूंजी पर पचास से सौ फीसदी तक सालाना नफा जो हो रहा था। छोटानागपुर, उड़ीसा और छत्तीसगढ़ के आदिवासियों को कुलियों में भर्ती कर आसाम में चाय की पत्ती तोड़ने, जमीन संवारने आदि के काम के लिए बसा दिया गया था। भारतीय गरीबों को जहाज भर-भरकर आरकाटियों के जरिए फुसलाकर प्रशांत महासागर के मध्य फीजी, हिंद महासागर के मॉरीशस और अटलांटिक महासागर के जमैका, त्रिनिदाद और ब्रिटिश गयाना के गन्ने के खेतों में मजदूरी करने के लिए क्रीत दास से भी बदतर हालत में रखा गया था। मलाया के रबड़ के बगीचों, टीन की खानों, साउथ अफ्रीका और ईस्ट अफ्रीका के हिंसक पशुओं से घिरे इलाके में रेल बनाने और ब्रिटिश गयाना (दक्षिणी अफ्रीका) के दलदल में गन्ना उपजाने को भी भारतीयों को फुसलाकर ले गए थे। कलकत्ता इन सब घृणित, जघन्य कार्रवाइयों का केंद्र था। मनुष्य को बेचकर मनुष्य बड़ा नफा कमा रहा था।

व्यापारिक सियासी गोलबंदी

गोरों द्वारा उत्तरी-पूर्वी भारत के द्वार के रूप में बसाया गया कलकत्ता ही सचमुच संसार में एक ऐसा अद्वितीय नगर है जहां रुपए की इतनी भयंकर पूजा और प्रतिष्ठा है जबकि मनुष्य का बुरी तरह से अपमान और अनादर है। तकरीबन ढाई सौ साल के अपने जीवन में कलकत्ते में आदमी की कीमत और कद्र बराबर घटती गई है। आजादी के बाद भी कलकत्ते के करोड़पतियों का प्रभाव व प्रतिष्ठा तेजी से बढ़ी है। अंगरेजी राज्य में हिंदुस्तान की आर्थिक नीति भारत स्थित अंगरेज व्यापारियों का बंगाल चेम्बर ऑफ कॉमर्स तय करता था। यह बंगाल चेम्बर जो अब अपनी असली अंगरेजी शक्ल में मौजूद नहीं है, कलकत्ते ही नहीं, उत्तर-पूर्वी भारत के अधिकांश उद्योग-धंधों और आयात-निर्यात व अंदरूनी थोक कारोबार पर अपना आधिपत्य जमाए हुए है। जैसे बंगाली क्लब या कलकत्ता स्वीमिंग क्लब में अब भी किसी बंगाली तो अलग, भारतीय को भी सदस्य नहीं बनाया जाता। उसी तरह बंगाल चेम्बर अब हिंदुस्तानी व्यापारियों के लिए एकदम बंद नहीं है, लेकिन कलकत्ते में अलग-अलग जातियों के अलग-अलग चेम्बर और कॉमर्स मतलब व्यापारिक संघ आज भी मौजूद हैं। अंगरेज व्यापारियों का बंगाल, बंगालियों का बंगाल नेशनल, मुसलमानों का ओरियन्टल या ईस्टर्न, बिड़ला दल के बड़े भारतीय व्यापारियों का इंडियन और मध्यम दर्जे के मारवाड़ियों का भारत चेम्बर ऑफ कॉमर्स है। यह सब चेम्बर व्यक्तिगत व्यापार और स्वसंचालित पूंजी के हिमायती होते हुए भी अलग-अलग गुटों के अखाड़े हैं और अब जबकि व्यापारिक

एकता के इतने गीत गाए जाते हैं तब ये जातीय और व्यक्तिगत प्रतिद्वंद्विता के अड्डे बने हुए हैं। आजकल इन चेम्बरों का प्रधान काम करोड़पतियों का मिनिस्टरों से संगम और सम्मेलन कराना है। आजादी के बाद मिनिस्टरों, विदेशी पूंजीपतियों, बैकरी और बड़े राजनीतिज्ञों और पत्रकारों आदि को इकट्ठा कर एक ऐसा प्रचार करना है जिसके जरिए देशी-विदेशी दोनों पूंजियों को इकट्ठा कर और सरकार से कर्ज अनुदान व हर तरह की सुरक्षा सहायता लेकर स्थापित पूंजीपतियों की औद्योगिक रियासतों का विस्तार किया जा सके, यही इन चेम्बरों का उद्देश्य है।

कलकत्ते के ये पूंजीपति, साम्राज्यशाही और सामंतशाही दोनों की, एक तरह की समाप्ति देख चुके हैं, लेकिन फिर भी विदेशी पूंजी का भारत में प्रसार कर पुरानी बूढ़ी अंगरेजी और जवान अमेरिका व जर्मन ताकतों का सहारा लेकर अपनी सुरक्षा के साधन भविष्य के भारत में ढूंढ़ रहे हैं। जैसे कुछ पुराने सामंतों और राजाओं ने अपनी रियासतों को बचाने के लिए अंगरेजी आधिपत्य और विलायती बादशाह का संरक्षण स्वीकार किया था, उसी तरह की देशद्रोही हरकतें अपनी स्वार्थ सिद्धि के लिए भारत के पूंजीपति कर रहे हैं। संपत्ति ही जिनका धर्म हो, संपत्ति की भक्ति ही जिनके जीवन का उद्देश्य हो, उन्हें देश की आर्थिक और राजनीतिक आजादी और जनता के विकास से क्या मतलब।

देशी पूंजी और विदेशी पूंजी के भयंकर फर्क को जब हमारे देश के शासक ही नहीं समझते, तो बेचारे अपने औद्योगिक साम्राज्यों और रियासतों का विस्तार करने वाले टाटा, बिड़ला, महिंद्रा, सर बीरेन मुखर्जी, कस्तूर भाई लालभाई या लालचंद हीराचंद खुश क्यों न हो, उन्हें तो नित नए कारखाने बढ़ाने के लिए पूंजी चाहिए और वे इस पूंजी को परमात्मा के दुश्मन शैतान से भी मिले तो लेने को तैयार बैठे हैं।

पूंजी प्रधान कलकत्ता अब बंगाल की राजधानी तो जरूर है, लेकिन टूटी-फूटी, दुखी बंगाल के देहात से उसका कोई खास घनिष्ठ रिश्ता नहीं। कलकत्ते की चालीस फीसदी आबादी गैर-बंगाली है। यहां पंद्रह हजार चीनी हैं, पच्चीस हजार एंग्लो इंडियन, पांच हजार यहूदी हैं और एक हजार पारसी हैं, जबकि जयपुर से ज्यादा मारवाड़ी, पटना से दूने-तिगुने बिहारी और लखनऊ से अधिक उत्तर प्रदेश के लोग हैं। पचास हजार तो केवल सिक्ख हैं और उतने ही जैनी भी। कलकत्ते में दो लाख ईसाई हैं और पाकिस्तान बनने के बाद भी दस लाख मुसलमान, वहीं उड़िया तो उड़ीसा के सारे पचास हजार से ऊपर की आबादी वाले शहरों की सम्मिलित तादाद से ज्यादा हैं। एक लाख के तकरीबन गुजराती हैं और उतने ही नेपाली भी। सिंधी और पंजाबी भी काफी बड़ी संख्या में मौजूद हैं और दक्षिण भारत के तमिल, मलयाली, तेलुगु, कन्नड़ आदि भी। मराठा और असमिया भी जहां-तहां दिखाई दे जाते हैं। काबुली पठान और बर्मी के दर्शन भी दुर्लभ नहीं हैं। इसके अलावा पीत वस्त्रधारी बौद्ध भिक्षुक भी। यानी कि कुल मिलाकर कलकत्ता समूचे भारत की तस्वीर सा प्रतीत होता है और क्लाइव स्ट्रीट, चौरंगी आदि में तो थोड़ा-थोड़ा यूरोपीय भी।

जहां मनुष्य की कोई कीमत ही नहीं

कलकत्ता में कारखाने हैं, दुकान हैं, दफ्तर हैं। जैसा कि पहले कहा, यही सब एक तरह से कलकत्ता को पूरा भारत बनाते हैं। इन्हीं कल–कारखानों, मिलों और रोजगार के साधनों के चलते कलकत्ता में वह ताकत है कि वह हिंदुस्तान के हर कोने से न सिर्फ आदमियों और औरतों को ही नहीं खींचकर लाता, बल्कि उसकी कच्ची–पक्की उपज को भी यहां आने पर मजबूर कर देता है। खेतों और खानों की पैदावार को अपने कारखानों में दूसरा रूप देकर वह रेल और जहाज द्वारा देश–विदेश में सब जगह भेजता रहता है। शहर के इर्द–गिर्द चिमनियों के धुएं से आसमान काला होता रहता है और हवा मैली।

तीस हजार व्यक्तिगत मोटरों और बीस हजार लारियों या ट्रकों को जब आप हाथ-रिक्शा, हाथ–ठेला, भैंसा, बैल और घोड़ागाड़ियों व ट्रामों और बसों के झुंड में सुबह-शाम रोजाना फंसे देखते हैं तो नए आए ग्रामीण का तो सिर चकरा जाता है।

लेबनान के समाजवादी नेता कमाल जुम्बलात ने हाथ–रिक्शों और हाथ–ठेलों को देखकर कहा था कि 'कलकत्ते में आदमी इतना सस्ता है कि वह घोड़ों की तरह गाड़ी में जुतकर नर–नारियों और माल–असबाब को ढोने का काम भी करता है और वह भी एक–दो–दस नहीं पच्चीस हजार की तादाद में।' ये रिक्शे और ठेले वाले, कड़ी धूप, बारिश और आंधी में बोझा खींचते-खींचते पांच–चार साल में ही अपने फेफड़ों को खराब कर असमय मौत को गले लगा लेते हैं। शाम को ये फुटपाथों पर सोते हैं क्योंकि मालिक का डेढ़–दो रुपया बारह घंटे का भाड़ा देने के बाद, इनके पास पैसे कहां होते हैं कि इतनी जगह का ही भाड़ा दे सकें। पुलिस भी इन रिक्शा वालों से अपना कर रोजाना वसूल करती रहती है। तेज चलती मोटरों और लारियों के मध्य में फंसे ये लोग दिन–रात दुर्घटनाओं के शिकार भी होते रहते हैं, पर बेकारी की विवशता इस भारात्मक जोखिम के काम से इनका पिंड नहीं छुड़ा सकती। कलकत्ते की तंग गलियों में जहां मोटर टैक्सी, बस व ट्राम नहीं घूम सकती वहां रिक्शे की सवारी ही लोगों को अति सस्ते में सुलभ है। नेहरू के समाजवादी भारत में भी कलकत्ता शहर में हाथ-रिक्शा, हाथ–ठेला, हाथ–गाड़ी खींचता हुआ आदमी, पशु की सी जिंदगी व्यतीत करने को मजबूर है। उस चीन से जहां से यह हाथ–रिक्शा निकला, कम्युनिस्टों ने उसे गायब कर दिया है, लेकिन भारत की सरकार, दिन–रात सब्जबागों की फुहार करती हुई भी इस घृणित, अपमानजनक पेशे का कलकत्ते में अंत नहीं कर सकी, क्योंकि उसके पास बेकारों को काम देने के साधन नहीं हैं।

पेट की भूख और देह बेचती महिलाएं

अब जरा कलकत्ता का दूसरा पहलू भी देखिए कि एक ओर जहां भारत सरकार ने वेश्यालयों के उत्थान का कानून पास किया है, लेकिन इन अभागी औरतों को सम्मानपूर्वक जीवन बिताने के लिए जो काम मिलने चाहिए, उसका कोई इन्तजाम नहीं

किया। कलकत्ते की एक लाख वेश्याओं के उद्धार के लिए सौ-दो सौ नारियों को शरण देने वाले गृहों से यह काम पार पड़ने का नहीं। हिंदुस्तान के अधिकांश औद्योगिक शहरों में पुरुषों, जवान वयस्क मर्दों की तादाद औरतों से दूनी है। कलकत्ते की भी यही हालत है। अधिकांश मजदूर व निम्न-मध्यम वर्ग के मुहर्रिर, मुनीम व दरबान, सालों तक स्त्रीविहीन जीवन बिताने को मजबूर हैं। उनके परिवार के लोग रहने की जगह के अभाव में किसी दूर गांव में पड़े रहते हैं। बच्चों-बीवियों के लिए आज के कलकत्ते में गंदे से गंदा आवास स्थान प्राप्त करना भी मुश्किल ही नहीं असंभव सा हो गया है।

आबादी की वृद्धि के अनुपात से रिहायशी मकानों की तादाद नहीं बढ़ी है। इसी वजह से पुराने व नए खाली कमरों का किराया ऐसा महंगा हो गया है कि कलकत्ते में काम करने वाले अधिकांश मर्द अपनी बीवियों को साथ रखने के कोई आसार नहीं देख पाते। ऐसे जोर-जबर्दस्ती से ब्रह्मचारी रहने को मजबूर लोगों को कभी न कभी स्त्री सहवास की इच्छा इतनी प्रबल हो उठती है कि उन्हें सिवाय वेश्या की बाड़ी या घर के और कोई उपाय नजर नहीं आता। कलकत्ते के इन अकेले लाखों मर्दों के लिए ही वेश्यालयों के गुंडे और बदमाश संचालकों ने निरीह, निराश्रित, अनाथ, असहाय औरतों को इधर-उधर से भटका-भगाकर अपने चंगुल में हजारों की तादाद में सालाना फांसना शुरू कर दिया है। इस व्यवसाय के ठीक आंकड़े न पुलिस से प्राप्त हो सकते हैं और न म्युनिसिपल कॉर्पोरेशन या नगरपालिका से ही, लेकिन जानकार लोगों का अनुमान है कि कलकत्ते के सबसे बड़े व्यवसाय हैसियन के उद्योग से भी यह व्यभिचार का संगठन कहीं बड़ा व्यापार है। सिर्फ लंबी-लंबी समूची गलियां ही नहीं, कहीं-कहीं तो मुहल्ले के मुहल्ले वेश्याओं से भरे पड़े हैं। हजार रुपए रोज वाली गायिका नर्तकी व सिनेमा अभिनेत्री से लेकर चार आने, आठ आने वाली मजदूर, उपनगरों और अंचलों की खोलाबाड़ी वासिनी वस्त्र भूखी नारी, कलकत्ते शहर की वित्त-विषमता की द्योतक होकर सड़क के मोड़ पर, पान की दुकान के पास खड़ी है।

दलालों की नगरी में, मनचाही मनमोहक औरतों के दलाल सबसे अधिक हैं। लेक पर जाइए, विक्टोरिया मेमोरियल की हवा खाइए, गंगातट पर शीतल हवा मदमस्त झोंकों को महसूस कीजिए, चौरंगी पर चहलकदमी कीजिए, सब जगह कोई न कोई अधेड़ उम्र का व्यक्ति नया माल चाहिए, कहकर फुसफुसाता हुआ सा पास से निकल जाएगा। घोड़ा-गाड़ी प्राइवेट व पब्लिक टैक्सी वाले, रिक्शा चालक सब के सब अपनी वास्तविक मजदूरी से थोड़ा ज्यादा कमाने के लिए इस प्रेम के व्यापार की दलाली करने को आमादा रहते हैं। भारतीय औरत की सदियों से पतित, सामाजिक एवं आर्थिक अवस्था ने अपने शरीर को बेचकर भूख मिटाने के लिए लाखों नारियों को मजबूर किया है। भारत सरकार व उसके कांग्रेसी संचालक व मालिक मुल्क के शोषित, पतित तबकों का उद्धार करने के लिए दम भरते हुए रोजाना नए-नए कानूनों की रचना करते हैं। इन कानूनों से न वेश्यालय उठे हैं और न गणिकाओं को इस घृणित जिंदगी से मुक्ति

ही मिली है। उलटा पुलिस का जुल्म बढ़ गया और उसका नतीजा यह निकला कि चकले वाली और बाड़ीवालियों की कमाई में पुलिस का हिस्सा बढ़ गया, मतलब कि समाज में मजबूरी के मारे शोषित हो रही अबला नारी पर समाज की रक्षा का ठेका लेने वाले पुलिसिये अत्याचार ने उनका दूना शोषण करना शुरू कर दिया है।

कांग्रेसी कल्याणकारी कहे जाने वाले कुटिल कानूनों की आज के इस भारत में यही अधोगति होती है तभी तो श्रीमान जयप्रकाश नारायण को यह कहने का मौका मिलता है कि कानूनो के जरिए न समाज सुधार होगा और न आर्थिक व्यवस्था में ही परिवर्तन। कांग्रेसी काल के कानूनों की बढ़ती बाढ़ के आज के समाज को जो कड़वे फल मिले हैं, उससे लोककल्याण तो बिलकुल ही नहीं हुआ, उलटा शासकीय मशीन व पुलिस की जमात की लूटखसोट और अधिक बढ़ गई।

वामपंथी राजनीति का केंद्र

कहा जाता है कि देश में कलकत्ता जुलूसों-प्रदर्शनों का तो शहर है ही, बल्कि कम्युनिस्टों का गढ़ भी है। इसमें तो कोई संदेह ही नहीं कि कलकत्ते शहर के अधिकांश ही नहीं, तीन-चौथाई से भी अधिक विधायक और लोकसभा के सदस्य कम्युनिस्ट या कम्युनिस्टों द्वारा समर्थित दूसरे वामपंथी हैं। भद्रलोक बंगाली मध्यम वर्ग और निम्न-मध्यम वर्ग ही नहीं, उच्च वर्ग के बंगाली परिवारों के अधिकांश नौजवानों के दिल और दिमाग पर कम्युनिज़्म का भूत सवार हो गया है। वैसे इसकी वजह भी है, जाहिर है, कि इन नौजवानों पर कम्युनिज्म का यह भूत तब तक नहीं उतरेगा, जब तक कि कोई दूसरी शुद्ध स्वदेशी समाजवादी, गरीबों के हितों के लिए रात-दिन लड़ने वाली पार्टी, शानदार शक्ल में जनता के सामने नहीं आती, तब तक ये कम्युनिस्ट कांग्रेसी कुशासन से तंग आए लोगों के लिए एकमात्र आकर्षण का कारण बने रहेंगे।

कलकत्ते के बंगाली भद्र समाज ने अंगरेजी शिक्षा प्राप्त ब्राह्मणों, कायस्थों का गिरोह बनाकर अंगरेजी राज की पैदाइश की है। अंगरेजों ने कलकत्ते को बेस, छावनी या अपना केंद्र बनाकर उत्तर भारत में अपना छत्र प्रभाव व पांव फैलाए। ज्यों-ज्यों वे आगे बढ़ते गए, उन्हें देशी सहायकों व भृत्यों की जरूरत महसूस हुई। कलकत्ते के बंगाली समाज ने अंगरेजी भाषा सबसे पहले सीखनी शुरू की थी। कंपनी की फौज व सिविल सर्विस के साथ वे सारे भारत भर में फैल गए और उन्हें उस जमाने के माफिक अच्छी से अच्छी सरकारी नौकरियां मिलती गईं।

सरकार का कृपापात्र गिरोह हमेशा ही अपने आपको बाकी जनता से अलग और ऊंचा समझता रहा है। बंगाली भद्रलोक भी इसी रोग के शिकार हो गए, गोया कि अंगरेजों ने अपने जाने से पहले बंगालियों से कुछ मुंह मोड़ सा लिया था, लेकिन फिर भी बंगाली अलगाव और उच्च भावना की यह आदत आज भी मिटी नहीं। व्यक्तिगत त्याग व बलिदान के मामले में अग्रणी बंगाली समाज के अनेक तरुणों ने अपनी जवानी व

जिंदगी आजादी के आंदोलन को भेंट चढ़ा दी, लेकिन बंगाली आदर्श व आकांक्षा आतंकवाद, बमवाद व गोलीवाद के साथ ही रही।

भारतीय सामूहिक जन आंदोलनों की तरफ अधिकांश भद्र लोगों की एक किस्म की अरुचि व अनिच्छा ही बनी रही। यहां तक कि गांधीजी के असहयोग, सत्याग्रह, सिविल नाफरमानी आदि के आंदोलनों में भी बंगाल में संपूर्णतया बंगाली विधानवाद को चलाकर अंगरेज भक्ति प्रदर्शित करते रहे। श्री चितरंजन दास की स्वराज्य पार्टी इस वैधानिक लड़ाई का एक सुधारा हुआ स्वरूप मात्र था। दूसरी तरफ क्रांतिकारियों के बम, पिस्तौल वाले अनेक नौजवानों के गुट अपने अलग-अलग दादाओं यानी बड़े भाइयों के नेतृत्व में चलते रहे। नेताजी सुभाषचंद्र बोस को कांग्रेस संगठन व दादा गिरोह दोनों का समर्थन प्राप्त था इसलिए वे कभी कांग्रेस आलाकमान का संपूर्ण विश्वास प्राप्त नहीं कर सके, और उन्हें अपनी आजादी का अभियान चलाने के लिए जर्मनी व जापान की यात्रा करनी पड़ी।

इस तरह बंगाल भारत के राष्ट्रीय अभियान में थोड़ा-बहुत साथ होते हुए भी, हमेशा पूर्णतः शामिल नहीं हुआ। बंगाली लोगों में खुद को दूसरों से बड़ा और हमेशा बेहतर समझने की एक अलग किस्म की प्रवृत्ति भी काम करने लगी थी। इस कहावत ने उनका माथा घुमा दिया था कि जो बंगाल आज सोचता है वही बाकी भारत कल कहता फिरता है। अभिमानी-अहंकारी बंगाली दूसरे भारतीय नेताओं के पीछे चलने को कभी भी तैयार नहीं हुए। इसी अलगाव या बड़प्पन की भावना ने उनके आतंकवाद को आज की कम्युनिज्म के साथ संयुक्त कर दिया। भारतीय कम्युनिज्म के अधिकांश नेता बग्डाली, दक्षिणी, तमिल, तेलुगु, केरलीय या महाराष्ट्रियन हैं। उत्तर भारत के उस हृदय क्षेत्र कुरु, पंचाल, अवध, मगध से कम्युनिज्म का कोई दिली लगाव या रिश्ता नहीं। भारत भर में कम्युनिज्म को उन्हीं अल्पमत तबकों, क्षेत्रों व इलाकों में प्रश्रय मिला है, जिनको समूचे भारत का जनमत अपने साथ लेने की आशा और उम्मीद नहीं। भारत के कम्युनिस्ट नेताओं के मनों में यह प्रेरणा या भावना काम कर रही है कि सारे भारत को किसी तरह अपने इस तानाशाही वाले वाद के जरिए इन अल्पमतों के अधीन किया जाए। जनतांत्रिक दलों में बग्डाली, दक्षिण व महाराष्ट्रियन नेताओं की वह प्रतिष्ठा व प्रभुता नहीं जो कम्युनिस्ट पार्टी में है। अपने इस बड़प्पन को सारे देश पर लादने के लिए उन्होंने कम्युनिज्म को अपना वाहन, रथ, हथियार या राजनीतिक साधन बनाया है। स्टालिन अल्पमत जाति का जार्जियन था, लेकिन इन्हें यह पता नहीं कि रूसी कम्युनिस्ट क्रांति के पिता लेनिन और चीनी के माओ शुद्ध हृदय क्षेत्रों के बाशिन्दे और प्रतीक थे। स्टालिन ने तो क्रांति के जरिए उलटे-पुलटे परिवर्तनशील समाज की सरकार को हथिया लिया, क्रांति का नेतृत्व नहीं किया, इसलिए शायद भारतीय कम्युनिज्म भी इन अल्पमत महत्त्वाकांक्षी तबकों के हाथों में पड़कर स्वतंत्र क्रांति करने की संभावनाओं वाली नहीं रही और चीन-रूस की सहायता से बोल्शेविक कम्युनिस्टों की तरह दलाल बनकर गद्दी पर बैठने के सपने देखने लगी।

ऐसी दलाल कम्युनिज़्म अगर दिल्ली के तख्त पर चीनी लाल फौजों की मदद से बैठ भी गई तो वह अंगरेजों के साथ सुरक्षात्मक संधि करने वाले भारतीय रियासती राजाओं की तरह की ही साबित होगी, शायद थोड़ी ऊंचाई की सतह पर चढ़कर ही। कम्युनिस्ट चीनी–रूसी नकल में नवीन समाज रचना की यह थोड़ी मामूली ऊंचाई कुछ लोगों के मनों को एक छोटे अर्से तक भले ही भ्रम में डाल दे, उसी तरह जिस तरह आज अंगरेजी भाषा व सभ्यता के सहारे भारत के कांग्रेसी शासक भारत के अभ्युत्थान के सपने देखते हैं, लेकिन भारतीय आत्मा और जन का उदय न कांग्रेसी जवाहरलाल की अंगरेजी प्रेरणा से होने को है और न रूसी–चीनी फौजों की मदद को आतुर कम्युनिस्टों के जरिए ही।

आगे बढ़े हुए, ज्ञान–विज्ञान व आधुनिक उद्योग–धंधों से ओत–प्रोत कम्युनिस्ट मुल्क भी उतने ही राष्ट्रवादी हैं, जितने पूंजीशाही व साम्राज्यशाही के प्रसार वाले अमेरिकी व यूरोपीय देश। ये बढ़े–चढ़े मुल्क आज की राजनीतिक प्रतिद्वंद्विता व शीतयुद्ध के वातावरण में, चाहे पिछड़े हुए मुल्कों की मदद के कितने ही इरादे और वादे जाहिर करें, जब किसी भी मुल्क में उनकी फौज की मदद से उनके मनचाहे लोग गद्दीनशीं हो जाते हैं, तब उन्हें उनका आर्थिक विकास करने की कोई खास आवश्यकता व स्फूर्ति नहीं होती। अपनी जरूरतों यानी कि अपने नागरिकों की आर्थिक आवश्यकताओं को संतुष्ट करने के लिए, बढ़े–चढ़े मुल्क जरूर ही छोटी–मोटी ऐसी योजनाएं गरीब मुल्कों में चालू करते हैं, जो कुछ लोगों को कुछ समय तक विकास लाने वाली लगती रहें, लेकिन वे योजनाएं गरीब मुल्कों के बाशिंदों के लाभ–विकास व अभ्युत्थान के लिए नहीं होतीं। वह सब तो अपने निजी नागरिकों को ऊंचा जीवन स्तर और सामरिक सुरक्षा प्रदान करने के लिए होता है।

कम्युनिज़्म के जरिए भारत का रूस, चीन जैसा विकास का सपना देखने वालों को इन आफतों और जोखिमों का एकदम पता नहीं क्योंकि भारत के लोगों ने इतिहास, राजनीति और दुनिया के मुल्कों के आर्थिक विकास के प्रयासों का अध्ययन गहराई के साथ नहीं किया। भारत के अधिकांश पढ़े–लिखे लोग कांग्रेसी किस्म की अधकचरी आशावादिता के शिकार हो गए। वे सिर्फ शारीरिक मेहनत के मामले में ही आलसी और फांकी बाज नहीं हुए, बल्कि सोचने–समझने की चिंता का भार भी नहीं उठाना चाहते और इसीलिए विदेशी विचारधाराओं को बिना सोचे–समझे व संशोधन किए, समूचा का समूचा निगलने लगे हैं। वे समझते हैं कि इन्हीं विचारों और योजनाओं से विदेशों की उन्नति होती जाएगी। जबकि उन्हें पता नहीं कि कोई भी क्रांतिकारी विचारधारा किसी भी देश में, उसके समाज में आवश्यक संशोधनों व परिवर्तन के लिए पैदा होती है। नई क्रांति के निर्माता अपनी इस विचारधारा या नवीन सामाजिक प्रणाली को अवश्य ही विश्वव्यापी प्रयोग की चीज घोषित करते हैं। क्रांति द्वारा समाज परिर्वतन कर उन्नत हुए देशों के हाथ में समय पाकर और स्थान पाकर यही क्रांतिकारिणी विचारधारा, अपनी शक्ति व प्रभाव के प्रकाश का माध्यम या हथियार बन जाती है।

कलकत्ता विदेशियों द्वारा निर्मित नगरी है। विदेशी आचार-विचार व तर्ज-तरीके उसे शुरू से ही आकर्षक लगते आए हैं। अपने दकियानूसी बंधनों वाले धर्मों के अनुदार वातावरण से मुक्ति पाने के लिए शुरू में कुछ पढ़े-लिखे हिंदू ईसाई बनकर अंगरेज बनने की तरफ अग्रसर हुए, लेकिन अंत में वे अपने दूसरे देशवासियों की आंखों में अंगरेज भक्त होकर गिर गए। अफ्रीका में भी जब अफ्रीकियों ने गोरे मिशनरियों के उपदेशों को मानकर ईसाई धर्म अपनाया, तब सोचा था कि अब कम से कम हमारे जैसे मालिक जाति के सहधर्मियों पर से तो जोर-जुल्म का अंत होगा लेकिन वास्तव में उन्हें बाइबिल की पोथी मिली और जमीन गोरों की हो गई। उन्हें ईसाई धर्म ने आज्ञाकारिता सिखाकर जमीन को जोतने के लिए, नए गोरे मालिकों के लिए जरूरी सस्ते मजदूरों की जमात में ही परिवर्तित कर दिया। इसी तरह विदेशी धर्म और विदेशी विचारधारा एक ही चीज है। पुराने जमाने में धर्म का प्रभाव समाज को नियंत्रित करता था, आधुनिक युग में समाज संचालन का अधिकार राजनीतिक विचारधाराओं या वादों को मिला है। कहीं बंगाली शहरी नौजवानों द्वारा छाती से लगाई गई यह लाल कम्युनिज्म, जो अभी बड़ी क्रांतिकारिणी और परिवर्तनशील प्रतीत होती है, अफ्रीका, एशियाइयों, ईसाइयों की अंगरेज गोराभक्त जमात की तरह, रूस-चीन भक्त-दलालों की मंडली में ही पतित होकर न रह जाए।

बंगाली समाज और हिंदुस्तान

बंगाली लोग उत्तर भारत भर के लोगों को उपेक्षा से हिंदुस्तानी कहते हैं, जैसे हिंदुस्तानी बंगाली से हीन हो। हिंदी को आदिवासियों की अविकसित भाषा कहते हैं मानो बंगला सिर्फ एक रवीन्द्रनाथ ठाकुर को नोबेल प्राइज दिलाकर एवरेस्ट पर पहुंच गई हो और हिंदी गंदी नाली की बदबू में पड़ी सड़ रही हो। यह सब धारणाएं कलकत्ते के बंगाली और गैर-बंगाली समाज के बीच अलगाव व अज्ञानता की द्योतक हैं। कलकत्ते में बंगाली और गैर-बंगाली काम के सिलसिले में ही एक-दूसरे से मिलते-जुलते हैं, उनके सामाजिक संबंध घनिष्ठ नहीं, ब्याह-शादी तो एक फीसदी भी नहीं। काम के अलावा आराम के वक्त मुलाकात, खाना-पीना, दोस्ती-मित्रता भी अधिक नहीं। ज्यादातर आदमी-औरत अपने-अपने प्रांत या जिलों के लोगों के साथ रहते हैं।

कलकत्ते में अधिकांश मकान ऐसे हैं जिनमें एक ही भाषा व आचार-विचार के लोग रहते हैं। जहां बंगाली हैं वहां दूसरा कोई नहीं, जहां मारवाड़ी हैं, वहां बंगाली नहीं, उड़िया नहीं, दक्षिण भारतीय नहीं। कहीं-कहीं तो मुहल्लों और सड़कों तक का यह हाल है कि ऐसा मालूम होता है कि जैसे राजस्थान में आ आए हों, बिहार में चल-फिर रहे हों। हिंदू समाज में जात-पांत ने इस तरह के अलगाव की नींव मजबूत कर रखी है। इस अलगाव से ईर्ष्या और तनाव बढ़ता है। सम्मिश्रण और सम्मेलन नहीं होता। संगम भी नहीं बन पाता, ऐसा लगता है जैसे सब नदियां अलग-अलग जगहों को जा

रही हों। अल्पमत वाले दूसरे प्रांतों के लोग बंगालियों के बहुमत से डरते हैं, पुलिस और मजिस्ट्रेटों की शिकायतों की गाथा गाते रहते हैं।

मेडिकल और इंजीनियरिंग कॉलेजों में दाखिलों में बंगाली पक्षपात की नजीर सुनाते रहते हैं। हर जगह बंगाली बनाम हिंदुस्तानियों (गैर-बंगाली) की चर्चा चलती रहती है। बंगाली कहते हैं, मारवाड़ी सेठ सोने के बंगाल को लूटकर खा गए। बंगाली तो सिर्फ, कलम चलाने वाला किरानी मात्र रह गया है। बंगाली दुकानदार मारवाड़ी की प्रतिद्वंद्विता में ठहर ही नहीं सकता। पंजाबी टैक्सी ड्राइवर कहता है, देखो लाइसेंस बंगाली राजनीतिक कार्यकर्ता को मिलता है, टैक्सी रोजाना अठारह-बीस घंटा मैं चलाता हूं और लाइसेंस के नाम का बिना मेहनत किए बैठा-बैठा रुपया वह कमाता है। देखो सिखों, बिहारियों और पंजाबियों को हटाने के लिए इन्होंने बसों का सरकारीकरण किया।

हम इतना टैक्स देकर भी एक बस से बीस हजार सालाना कमाते थे और ये पांच सौ बसों की मोनोपली में किराया बढ़ाकर भी लाखों रुपए सालाना का लगातार कई सालों से घाटा दे रहे हैं। बंगाली अर्थशास्त्रियों को अपनी मेहनत-मजदूरी से बचाई हुई बिहार, उत्तर प्रदेश को छोटे-छोटे मनीऑर्डरों द्वारा अपने घर वालों को भेजी जाने वाली रकम भी बंगाल के शोषण की शक्ल में नजर आती है। जबकि वास्तव में बंगाली राजनीति के मालिक और अंगरेज, मारवाड़ी, पंजाबी, गुजराती अर्थ के मालिक दोनों मिलकर इन गोरखपुर से गया तक के मजदूरों को एक रुपए से तीन रुपया रोजाना का दाम देकर उनकी देह चूसकर जैसे रुपए का तेल निकाल रहे हैं और जब उनमें तेल नहीं रहता तो फेंक देते हैं।

कलकत्ते में अधिकांश निवासियों का मांस, चर्बी, खून, हड्डी सब नोट बन-बनकर मंदिरों से भी विशाल और विस्तृत बैंकों में करोड़पतियों के खातों में जमा होती रहती हैं। रुपए की रखवाली के लिए सरकारी शानदार होटल और भोजनालय और सिनेमाघर हैं, लेकिन रुपया बनाने वाले मजदूर आदमी के लिए खुले फुटपाथ। वहीं विश्राम करो, वहीं आराम करो। तुम्हारी कोई बड़ी कीमत नहीं। दिन में कारखानों और गोदामों के गुलाम रहो, रात में राजपथ की आजाद हवा में सांस लेकर, पीठ लिटाकर, कल के लिए फिर तैयार हो जाओ। सड़क धोना है इसलिए आने वाले मेहतर से पहले ही खड़े हो जाओ, नहीं तो वह तुम्हें गंगाजल के बिना साफ किए हुए कीचड़ में स्नान करा देगा। कलकत्ते की सड़कें तुम्हारी हैं जबकि तमाम घर मकान मालिकों के। जरा संहलकर चलो, मालिकों की मोटरें आ रही हैं, दब गए तो अस्पताल ले जाने वाला भी नहीं मिलेगा।

'जन', दिसंबर 1959

काली चमड़ी गोरा राज

यह लेख राजनीतिक रूप से आजाद भारत की आर्थिक गुलामी की वास्तविक तस्वीर पेश करता है। विदेशी कंपनियों को तत्कालीन कांग्रेस सरकार द्वारा दी गई बेतहाशा छूटों पर से पर्दा उठाता यह लेख दरअसल यह बताता है कि किस तरह अंगरेजों ने अपनी कंपनियों को यहां मुनाफा कमाने के लिए छोड़ दिया और देश को आर्थिक रूप से गुलाम बना गए। आज जबकि देश आर्थिक उदारीकरण के रास्ते पर काफी दूर तक निकल आया है, ऐसे में यह लेख विदेशी निवेश के मुद्दे पर गंभीरता से विचार करने के लिए मजबूर करता है, साथ ही ईस्ट-इंडिया कंपनी की व्यापारिक मंशाओं के पीछे छिपी देश की सत्ता में पैर पसारने जैसी षड्यंत्रकारी भावनाओं की भी पड़ताल करता है।

—संपादक

स्वराज या स्वाधीनता का मतलब अकसर लोग यह समझ लेते हैं कि बस इस मुल्क से विदेशियों की हुकूमत का खात्मा हो और स्वदेशी सरकार बने। यदि हमें स्वराज का यही मतलब निकालना है तो मुझे लगता है इस मायने में तो हिंदुस्तान 15 अगस्त, 1947 को पूरी तरह से स्वाधीन हो गया? पर इस देश की पिछड़ी, दरिद्र और भूखी जनता के बीच मैं इस अर्जित की गई स्वाधीनता के असली दर्शन करता हूं तो अंतरात्मा कचोटती है और प्रश्न पूछती है कि ऐसी स्वाधीनता किस काम की? इस तरह की राजनीतिक स्वाधीनता तो तब तक अस्थायी और अपूर्ण होगी जब तक यह देश आर्थिक रूप से आत्म-निर्भर नहीं हो जाता।

बहरहाल, इन तमाम परिस्थितियों के बीच यदि बीते दस सालों का आकलन किया जाए तो स्वाधीनता की इस तस्वीर की इबारत में कुछ लाइनें साफ समझ में आती हैं कि गोया अंगरेज तो चले गए, लेकिन इस अंगरेजी पूंजी ने देश के व्यापार को कब्जे में लेकर उसे नई तरह से आर्थिक गुलाम बना दिया है। जिधर नजर दौड़ाओ, वहीं यह नए किस्म की अंगरेजी तानाशाही कुटिल मुस्कुराहट लेती दिखाई देती है। फिर उसकी यह मुस्कुराहट आंकड़ों के रूप में अपनी सल्तनत को फैलाती हुई सी अट्टहास लेने लगती है। आंकड़े आजाद देश की आर्थिक गुलामी की हकीकत बयां भी करते हैं।

इस रूप में कि आजादी से पहले देश के व्यापार में तकरीबन तीन सौ करोड़ से भी कम विदेशी पूंजी लगी हुई थी, लेकिन आज 1959 में यानी कि दस साल बाद देश के आर्थिक ढांचे में विदेशी पूंजी बढ़कर तकरीबन छह सौ करोड़ पहुंच गई है। फिर कमाल यह भी है कि हिंदुस्तान का सत्रह सौ करोड़ रुपया ब्रिटेन पर बाकी था, यदि इस बड़ी रकम के बीस फीसदी हिस्से से ही अंगरेजी कंपनियों को मुआवजा देकर उनका राष्ट्रीयकरण किया जा सकता था तो ऐसा करने से आज जो सौ करोड़ रुपया सालाना ब्याज व नफे के रूप में हर साल ब्रिटेन जाता रहता है वह तो बचता ही, ऊपर से जो विदेशी विनिमय को लेकर कठिनाइयां झेलनी पड़ रही हैं वे खड़ी नहीं होतीं। लेकिन क्या कह सकते हैं यहां तो उलटी गंगा ही बह रही है। गोरे साहब तो गोरे साहब, उनकी ओर से गद्दी पर छोड़ गए काले साहब तो पूरे ही माशाअल्लाह निकले और गांधी के सच्चे भारतीय स्वरूप की ओट में अपने अंगरेजी पक्षपात प्रेम को सफलतापूर्वक छिपाते रहे।

इन नए अंगरेज भक्त शासकों की महिमा वाकई निराली है। 30 जनवरी, 1948 को गांधीजी के मरते ही उनके नाम का, आचार-विचार में पूरी तरह अंगरेजी बाबू श्री जवाहरलाल नेहरू को ऐसा समर्थन प्राप्त हुआ कि पौंड पावने को फिजूल की खाने-पीने की चीजों का आयात करके खत्म कर दिया गया और इस तरह से विदेशी पूंजी को प्रोत्साहन मिलता गया। नतीजा यह हुआ कि आज भी भारत का चाय उद्योग दो-तिहाई से अधिक अंगरेजों के हाथ में तो है ही, चाय का सौ करोड़ रुपए से भी अधिक सालाना का निर्यात व्यापार भी इन्हीं अंगरेजों के हाथ में मुनाफा पहुंचा रहा है। वे इसके जरिए कम से कम बीस-पच्चीस करोड़ रुपया सालाना लंदन में नीलाम करके कमाते हैं।

इधर, लंदन तो अलग, कलकत्ते में भी चाय की दलाली व आढ़त पर अंगरेजों का ही कब्जा है। यही नहीं, देश के अंदर भी विदेशी कंपनियों—ब्रुक बांड और लिप्टन—की ही चाय हर दुकान पर बिकती नजर आती है। आलम यह है कि कोई भी भारतीय कंपनी इनकी बराबरी में नहीं खड़ी हो पा रही। बिड़ला की जयश्री, कनोई बंधु की कनोई चाय जो भी थोड़ा-बहुत हाथ-पैर मार रही हैं वह ठीक है, लेकिन उनके व्यापार को देखकर लगता नहीं है कि विदेशियों को वे कभी भी चाय के इस खुदरा और थोक व्यापार से निकालकर बाहर कर सकेंगे।

इधर, यही हाल कोयले का है जिसके सालाना सौ करोड़ के व्यापार पर भी अंगरेजों का ही अधिकार है, वह भी औना-पौना नहीं पूरा साठ फीसदी। जितनी बड़ी-बड़ी खानें हैं वे आजादी के बाद भी तकरीबन पूरी की पूरी अंगरेजों के कब्जे में हैं। तेल-पेट्रोल, डीजल केरोसिन सभी में तकरीबन सौ करोड़ के आयात का, दो सौ करोड़ की बिक्री का व डेढ़ सौ करोड़ से अधिक शोधन का अधिकार अंगरेजों, अमेरिकनों के ही कब्जे में है।

वैसे अंगरेजों की ओर से बैठाए गए देसी अंगरेजों की नालायकी के भी कुछ कम उदाहरण नहीं हैं। अब नाहरकटिया को ही लीजिए, वहां तेल के भंडार का पता लगे

आज पूरे पांच साल हो गए हैं, लेकिन केशवदेव मालवीय और उनके मंत्रालय के अफसरों ने अभी तक उसे भू-गर्भ से निकालने की जहमत नहीं उठाई, जबकि उधर इन विदेशी कंपनियों ने भारत की बढ़ती खपत के लिए सौ करोड़ से भी ज्यादा खर्च कर दूसरे देशों के कुओं से लेकर उसे निकालने, संशोधित करने, ढोने और वितरण करने सहित पूरे व्यातपार ही अपना पंजा फैलाए रखा है।

केशवदेव मालवीय जैसे अनजान, अंधे, लापरवाह और इन कंपनियों से प्रभावित मंत्री नाहरकटिया के तेल को संशोधित करने वाली रिफायनरी बनाने की उम्मीद करना बेईमानी है।

उधर, जहां निचले दरबारियों का ये हाल है तो वहां विदेशियों की सलाह से देश चलाने वाले महाराजा भी कुछ कम नहीं हैं। देखिए तो सही पंडित नेहरू को, महोदय के परम मित्र लॉर्ड माउंटबेटन और अमेरिकी राजनीति और अर्थनीति में बेहद प्रभावशाली जोहन डी. रोकफेलर साहब ने अभी-अभी पंडितजी को सलाह दे डाली है कि वे तेल के व्यापार पर छाए हुए इन विदेशी संस्थानों को जरा भी न छेड़ें और इन्हें सरकारी घोषित करके एक नया झंझट न मोल लें।

अब पंडितजी के लिए इन सलाहकारों के पवित्र मुखों से निकली सलाहें, अमृत-मंत्र जो ठहरीं, वे काहे इन पवित्र सलाहों पर अमल न करेंगे। फिर ये सलाहें आई ही थीं इस बात को ध्यान में रखकर कि इन पर अमल तो होगा ही, इसे बदलने की पंडितजी में हिम्मत ही कहां है? खासकर तब जबकि वे अपनी तीसरी पंचवर्षीय योजना के लिए अमेरिका के सामने दान, अनुदान और कर्जे के लिए हाथ फैला रहे हैं, गिड़गिड़ा रहे हैं। फिर हिम्मत तो छोड़िए, कौन जाने उन्हें इन सलाहों और उसका मतलब भी समझ में आया होगा कि नहीं? कमबख्त अर्थशास्त्रियों को रोज ही नौकरी देने वाली सरकार को तेल की वास्तविक लागत या अंतरराष्ट्रीय दामों का ही पता नहीं लग सका है।

इस सरकार का एक महान हिसाब समझिए, तेल के दामों को दूसरे देशों की तुलना में तीन से चार गुना घटाने की बातें संसद के हर सत्र में होती है, पर यह तो बातें हैं और फिर ऐसी बातों का भी भला कोई वजन है। हां, इधर तेल की कीमतों का वजन जरूर इन कंपनियों ने बढ़ाकर रख दिया है और वहीं बढ़ाकर रख दिया है जहां वह उत्पादित हो रही है। सच, यह बात तो किसी को भी समझ नहीं आ रही कि कायदे से दुनिया में जो चीज जहां उत्पादित होती है वो वहां सस्ती होनी चाहिए, लेकिन इन कंपनियों ने अपने प्रभाव से इस सामान्य से नियम को ताक पर रख दिया है। अब आसाम को ही देखिए, जहां डिगबोई में बिना किसी दिक्कत के तेल निकलता है और वहां आसाम की जरूरत से कुछ ज्यादा ही साफ करके तैयार भी किया जाता है, लेकिन कमाल है वहां तेल का दाम कलकत्ते से भी ज्यादा है। ऐसे ही बरौनी में जब रिफायनरी बनेगी तो शायद बिहार में भी तेल के दाम कलकत्ते की बनिस्बत और अधिक ही बढ़

जाएंगे। उधर, मोकामा पुल बनने से उत्तर-बिहार के लोगों ने सोचा था कि उन्हें तेल सुलभ और सस्ता मिलेगा, लेकिन ऐसा कुछ भी नहीं हुआ।

बंबई में बनी दोनों रिफायनरियां अपनी लागत का चालीस करोड़ रुपया कमाकर लाभ उठा चुकी हैं। यह कंपनियां उनके तीन साल के व्यापार का पैसा कमाने के बाद एक बड़े मुनाफे का छोटा सा हिस्सा मात्र हैं जबकि बड़े हिस्से में तो तेल का दाम भी अपनी बहन व मां, कंपनियों से अपार राष्ट्रीय दामों से लगकर ही भारत में आता है क्योंकि यहां तो अंगरेज जवाहर भाई का राज्य है, कोई पूछने वाला ही नहीं हैं।

इधर, जब केशवदेव मालवीय इन कंपनियों पर देरी से बातें बताने का आरोप लगाते हैं तो स्टैंडर्ड कंपनी के बड़े अमेरिकी साहब जवाब देते हैं कि भारत सरकार के मंत्रालय से तीन-तीन महीने तक चिट्ठियों के जवाब ही नहीं मिलते, ऐसे में कुछ लोग तो मानते हैं कि शायद मंत्रालय में ये चिट्ठियां महीनों तक बिना पढ़े ही फाइलों में लगी रहती हैं। या यह भी हो सकता है कि पढ़ने वालों को शायद समझ में ही नहीं आती हों और मान लो जिस किसी अफसर की समझ में भी आती हो तो कंपनी के तेल में आकंठ डूबा उसका मन और शरीर जवाब देने की हालत में नहीं रहता।

यह काली चमड़ी गोरा राज है। यहां विदेशियों से मुक्ति है लेकिन उनके राज से नहीं। यहां रक्षक ही भक्षक बन बैठे हैं। पहले गोरों ने राजनीतिक गुलामी की अब अप्रत्यक्ष रूप से आर्थिक गुलामी कर रहे हैं। जाहिर है, इस आर्थिक गुलामी से मुक्ति पाने के लिए पहले पहल इन भूखे भक्षक-रक्षकों को ही हटाना पड़ेगा। अपने परिवार, रिश्तेदारों और दोस्तों के आर्थिक लाभ की चिंता में रत रहने वाले ये मंत्री-अफसर देश को विदेशी पूंजीपतियों के हाथों बहुत ही मामूली निजी कीमत पाकर देश का करोड़ों-अरबों रुपया लुटा रहे हैं।

'जन', 1959

सोशलिस्ट पार्टी और सत्याग्रह

इस लेख में सोशलिस्ट पार्टी की ओर से देश के कई भागों में आम आदमी की जायज मांगों के लिए चलाए जा रहे आंदोलनों पर सरकार की दमनकारी नीति को कठघरे में खड़ा किया गया है। शोषित, दमित व गरीब तबके को हाशिए पर डालती सरकारी नीतियों के खिलाफ सड़क पर उतरे सोशलिस्ट कार्यकर्ताओं की वास्तविक स्थिति का वर्णन करता यह लेख नेहरू सरकार के कामकाज के तरीकों पर भी सवाल उठाता है। –संपादक

जनक्रांति और नवजीवन के मई महीने से सोशलिस्ट पार्टी भारत भर में सरकारी जुल्म, शोषण और जनतंत्र विरोधी आचरण के खिलाफ सत्याग्रह करने जा रही है। सच पूछिए, तो बर्मा की सीमा पर, उत्तर भारत के एकदम पूर्वी कोने पर, पानीपुर में जनसत्तात्मक शासन की स्थापना के लिए सत्याग्रह अप्रैल मास से ही चालू है, और सैकड़ों सोशलिस्ट अफसरी हुकूमत या गैर–जिम्मेदार नौकरशाही के शासन को समाप्त करने के लिए जेल यात्रा कर चुके हैं, लेकिन भारत के अधिकांश समाचार–पत्र ऐसे स्वार्थी गिरोहों के कब्जे में हैं कि वे गांधीजी द्वारा आरंभ किए हुए शांतिपूर्ण सत्याग्रह की खबरें ही नहीं छापते। जहां कहीं, उन्मत्त भीड़ द्वारा आग लगाई जाती है, तार और रेलें तोड़ी जाती हैं, मारपीट और पत्थरबाजी का दौर शुरू होता है तभी उन्हें जनता का प्रतिरोध नजर आता है। सरकार भी ऐसी ही गंदी, घृणित हिसात्मक कार्रवाइयों से मुकाबला पड़ने पर ही झुकती है, और शांति के सच्चे सैनिक सत्याग्रहियों को अपमान व अवहेलना की नजरों से देखती है।

इस तरह से सरकार व नकली विरोधी दोनों ही देश भर में हिंसात्मक घटनाओं के पक्ष में आबोहवा पैदा करते रहते हैं, और शांतिपूर्ण परिवर्तन के जनसत्तात्मक मार्ग को अवरुद्ध करते रहते हैं। जाहिर है, यह सब चीजें इस प्रकार भारत के शिशु जनतंत्र की जड़ों पर आघात की तरह ही हैं।

खोखले और झूठे वादों की सरकार

तीन–तीन चुनावों में केंद्रीय लोकसभा व सूबाई विधानसभाओं में लगातार प्रबल बहुमत प्राप्त करने वाली कांग्रेस पार्टी अपनी पंचवर्षीय योजनाओं के प्रचार में मशगूल और

मस्त होकर जनता की असली गद्दी पर निष्कलंक बैठी है। देश भर में उसे वहां से हटाने वाला कोई नहीं। अपने उच्च मध्यमवर्गीय शासन को झूठ-मूठ प्रजातंत्री समाजवाद की संज्ञा देकर, वह ऐसी जनविरोधी आर्थिक, सामाजिक, सांस्कृतिक एवं राजनीतिक कार्रवाइयां कर रही है जो अपने को खुलेआम संपत्तिरक्षक, धनिक समूह के समर्थक कहने वाले पश्चिमी यूरोप व उत्तरी अमेरिका के अनुदार दल भी नहीं करते।

भारत के वर्तमान शासकों और जनता के बीच रहन-सहन, आचार-विचार, जीवनस्तर का जो अंतर है, वह दुनिया के अग्रगामी गोरे देशों में तो कहीं भी नहीं है। पिछड़े हुए रंगीन मुल्कों में भी पांच-सात के अलावा ऐसा शासक वर्ग कहीं भी नहीं, जो अपने देश की भाषा-संस्कृति, साहित्य, भोजन, भवन, भूषा, रहन-सहन व आचार-विचार को इतना हीन समझकर उसका संपूर्ण बहिष्कार किए हुए हो और यूरोपीय आधुनिकीकरण के नाम पर अपनी गरीबी में पड़ी, सड़ती जनता को दूर छोड़कर, खुद का घर भरने में लगा हो।

सामंतशाही की इसी शानो-शौकत के दुराव व अलगाव को मिटाने के लिए ही तो जनतंत्र की स्थापना हुई थी, लेकिन भारत में कुटिल राजनीति के खेल खेलने में पारंगत कांग्रेसी नेताओं ने बड़ी कुशलतापूर्वक जनतंत्र को ही अपनी सामंती राजशाही का जरिया बना डाला है। समाजवादी घोषणाओं के धुएं से जनता की आखों में धुंधलापन भरते-भरते नेहरू साहब ने ऐसे उच्च वर्ग की रचना कर डाली है कि उसे देश की नब्बे फीसदी गरीब आबादी की तरफ देखने तक की फुरसत नहीं है। इस अहंकार से भरी सरकार के जोर-जुल्म और मनमानी का अंत करने के लिए, समाजवादी पार्टी ने अखिल भारतीय सत्याग्रह का गांधीवादी-बिगुल बजाया है।

जिस अंगरेजी को भारत के निन्यानवे फीसदी एकदम नहीं समझते उससे राज-काज को मुक्ति दिलाकर उसे जनराज्य बनाने की मांग समाजवादी पार्टी ने सर्वप्रथम रखी है। जिन कानून-कायदों और हुक्मनामों को जनता समझ ही नहीं पाती वे कैसी कल्याणकारी समाजवादी सरकार की उपज कर सकते हैं। अंगरेजी को राज्यभाषा बनाए रखना जनता को शासन से अलग और दूर रखने का बढ़िया तरीका है ताकि ऊंची अफसरशाही अपनी लूट चलाती रहे।

सरकार एक अरब से भी अधिक रुपया सालाना देहाती ग्रामों के विकास के नाम पर खर्च कर रही है, तो फिर दस करोड़ रुपया सालाना की उस लगान की छूट क्यों नहीं देती जो 6 एकड़ से कम के लाभ रहित खेतों से वसूल किया जाता है। सरकार विकास का बहाना बनाकर नए-नए टैक्स लगाती है फिर उन्हें खर्च करने के लिए एक नए अफसरी गिरोह या विभाग की रचना करती है। कर वसूल करने वाले और सरकारी करों का रुपया खर्च करने वाले, दोनों ही अफसरी गिरोह जनता को लूट रहे हैं। जब तक अफसर वर्ग पर पग-पग पर जनसत्तात्मक संस्थाओं का नियंत्रण न हो तब तक नौकरशाही जनता पर अपनी तानाशाही का जाल बढ़ाकर कड़ा करती जाएगी।

सोशलिस्ट पार्टी की विकेंद्रीकरण की मांग ऐसी संस्थाओं की सृष्टि चाहती है जो जिला, नगर और थाना व ग्राम स्तर के पुलिस व प्रशासन अधिकारियों को पश्चिमी यूरोप और उत्तरी अमेरिका की तरह अपने नियंत्रण में रखे।

महंगाई का भूत

इधर, महंगाई ने भी आम आदमी के चूल्हे में कम आग नहीं लगाई है। हिंदुस्तान में घूम रहे महंगाई के इस भूत ने थोड़े से मंत्रियों, अफसरों और बड़े उद्योगपतियों और व्यापारियों को छोड़कर बाकी उन्तालीस करोड़ पचास लाख लोगों का जीना मुश्किल कर दिया है। अन्न के दाम आखिरी महीनों तक दिन दूनी रात चौगुनी गति से बढ़ते जा रहे हैं। सोशलिस्ट पार्टी एक सीधी सी बात कहती है कि एक फसल से दूसरी फसल तक कभी भी अन्न के दाम में एक आने सेर से अधिक की मूल्य वृद्धि न हो। सच पूछिए, तो पंद्रह रुपए मन की चीज पर अढ़ाई रुपए मन का मुनाफा काफी है, लेकिन इस कांग्रेसी भारत में थोड़े से थोक व्यापारियों और उद्योगपतियों ने कांग्रेसी नेताओं और सरकारी अफसरों को अपनी लूट में हिस्सा देकर ऐसी किलेबंदी कर ली है कि महंगाई बेहद बढ़ती जा रही है।

सरकार ने दूसरी आवश्यक चीजों के दामों पर ऐसे असहनीय कर और टैक्स लगा दिए हैं कि कारखानेदारों को जो दाम अपनी पैदावार के मिलते हैं उससे दूने दाम से भी अधिक जनता को चुकाने पड़ते हैं। सीमेंट का दाम कारखानों से दो रुपया बारह आना है, और उपभोक्ता के लिए 6 रुपया तो कंट्रोल दर है और यदा-कदा रेल व स्टेट ट्रेडिंग कॉर्पोरेशन की लापरवाही से दो-तीन रुपए बोरी ब्लैक भी हो जाती है।

चीनी का लागत दाम मुश्किल से बीस रुपया होगा, लेकिन सरकारी करों ने उसका दाम उपभोक्ताओं के लिए एक रुपए एक आने से दो आने सेर तो कंट्रोल में ही कर रखा है। कहीं-कहीं तो डेढ़-दो रुपए सेर दाम अब भी है। पेट्रोल, केरोसिन व डीजल की कहानी भी ऐसी ही है। यानी कि सूबाई व केंद्रीय सरकारी कर पचास फीसदी दाम कंपनियों को मिलता है।

फारस की खाड़ी के अरबी मुल्कों में एक बैरल यानी कि 84 गैलन में उपजने वाला तेल भारत भर में तीन रुपए गैलन से भी ऊपर में मिलता है। ऐसी लूटों को बंद करने के लिए ही लोहिया ने यह सिद्धांत निकाला है, कि किसी भी चीज का उसकी लागत से यानी कि सरकारी कर विहीन लागत से ड्योढ़ा दाम न हो। कंपनियों और सरकार की नीतियों की वास्तविक जानकारी जनता तक पहुंचाने का काम केवल अकेली सोशलिस्ट पार्टी ही कर रही है। चीनी, पेट्रोल, सीमेंट के अलावा अनेक ऐसी चीजें हैं और वे भी जनसाधारण की रोजमर्रा की चीजें, जिनमें सब सरकारी टैक्स और सारे नफे अगर अच्छी तरह जोड़े जाएं तो हर चीज का दाम लागत से भी अधिक हो जाता है। कपड़े पर एक्साइज, कागज पर एक्साइज को अगर उन कारखानों के नफे से जोड़ दिया जाए तो यही हालत नजर आती है। लोहियाजी कहते हैं कि इस मिली-जुली सरकारी-गैर-सरकारी लूट को बंद करो और किसी भी हालत में लागत से ड्योढ़ा दाम कभी भी न हो।

सोशलिस्ट पार्टी की एक और सामाजिक मांग है कि नौकरी में ऊंची नेतागिरी में साठ फीसदी जगहें उन शोषित दलित तबकों को मिलें जो आज उच्च एवं मध्यम वर्ग के जूतों की एड़ियों तले कुचले जाते हैं। औरत, हरिजन, शूद्र, आदिवासी और अल्पसंख्यकों की नीची जातियां, कुल मिलाकर आबादी की पचहत्तर फीसदी अवश्य ही हैं, लेकिन उनके लिए 60 फीसदी की मांग करना कोई अनुचित नहीं। सामाजिक परिवर्तन बिना राजनीतिक एवं आर्थिक परिवर्तन भी मुमकिन नहीं। साठ फीसदी का यह नुस्खा उस जर्जर समाज को जरूर ही हिलाकर रख देगा और बुनियादों में बेतरतीब पड़ी मिट्टी को भी ताज पहनने लायक बनाएगा।

जाति-प्रथा से टूटे हुए समाज में ही प्रांतीय और साम्प्रदायिक भावनाएं जोर मारती हैं। अगर बंगाल में, आसाम में, महाराष्ट्र में, केरल में बसा दूसरे सूबे का भारतीय यूरोप की तरह वहीं वालों से विवाह-शादी कर वहीं का हो जाए तो प्रांतीय भावनाओं का यह आज का कुत्सित रूप समाप्त हो जाएगा। यही नहीं हिंदू-मुसलमानों में भी शादी-ब्याह के बाद वह मनोमालिन्य नहीं रहेगा, जो आज की भारतीय राजनीति व जिंदगी का एक अनिवार्य अंग हो गया है।

गरीबी, असमानता और विषमता की खाई दुनिया भर के देशों की तुलना में कभी-कभी भारत में ज्यादा तेजी से फैलती दिखाई देती है। अब यहीं देखिए, अमेरिकी राजनीति में केवल बेचारा काला हब्शी ही अपने आपमें राष्ट्रपति बनने की संभावना नहीं देखता ,शायद यहूदी भी नहीं, लेकिन बाकी 15 करोड़ बालक-बालिकाएं तो काठ की झोंपड़ी से व्हाइट हाउस पहुंचने के सपने देख ही सकते हैं। कोयले की खानों का मजदूर ख्रुश्चेव भी रूस में तानाशाह के रूप में प्रधानमंत्री बन सकता है। भारत में तो ये सपने जैसे हैं ही नहीं। कोई गरीब बनिया शायद करोड़पति बन जाए, पर अक्लमंद चमार तो यह हो ही नहीं सकता। इन संभावनाओं के जो फाटक आज अलग-अलग लोगों के लिए बंद पड़े हैं, उन्हें खोलने की कुंजी राजनीति ही है।

सत्याग्रह

सरकार के सामने इन सब मांगों को लेकर ही सोशलिस्ट पार्टी सत्याग्रह में उतरी है। गांधीजी के मठाधीश शिष्यों ने सत्याग्रह की शांतिपूर्ण समाज परिर्वतन की अमूल्य देन को सरकार पक्ष के प्रेम प्रवचनों में उनकी राख की तरह बहा दिया है और इस काम में उनके नाम की बांझ पदयात्रा करने वाला विनोबा सबसे आगे है। गांधीजी का नाम इतिहास में अगर अमर रहेगा तो सत्याग्रह के लिए, सिविल नाफरमानी के लिए, अहिंसात्मक असहयोग के लिए, जिसे आज अफ्रीका व अमेरिका के काले नीग्रो लोग अपनी नागरिकता की मांगों के लिए इस्तेमाल कर रहे हैं।

जाग्रत ग्रामीण जनता अपने अहिंसापूर्ण सत्याग्रह के जरिए ही अपने जन्मसिद्ध अधिकारों की भूमि हासिल करेगी, भूदान के जरिए तो उसे बातूनी वादे ही मिले।

कम्युनिस्ट सशस्त्र क्रांति का जानलेवा गृहयुद्ध मानवता की मुक्ति का मार्ग नहीं। शांतिपूर्ण सत्याग्रह ही उस जागरूक नागरिक समूह की रचना कर सकता है जो तानाशाहों को सिर ऊपर उठाने से पहले ही अपने सामुदायिक प्रतिरोध के द्वारा धराशायी कर दे। अस्त्र-शस्त्रों वाली, मारकाट वाली क्रांति का गुस्सा चार दिनों का चमत्कार होता है, पुराने शासकों को उखाड़कर नयों को शक्ति देकर फिर शांत और गुलाम हो जाता है। सत्याग्रह सदैव जागरूक जमात का संगठन करता है, जो हमेशा अपनी स्वतंत्रता के लिए प्रबल प्रहरी की तरह जागती रहती है, और नागरिक स्वतंत्रता का अपहरण करने वाले गुटों को चाहे वे फौजी हों, चाहे कम्युनिस्ट, फासिस्ट दलों के हों, हमेशा शांतिपूर्ण तरीकों से ही परास्त करने की हिम्मत बनाए रखती हैं।

वैसे, रूसी और चीनी कम्युनिज़्म के शरीर में एक पैदायशी रोग है, तानाशाही का, जोर-जुल्म का, जबर्दस्ती का। आर्थिक उन्नति की तेज रफ्तार ने उद्योगीकरण के लिए आकुल पिछड़े हुए मुल्कों के निराश, दुखी लोगों को उस कम्युनिस्ट राजरोग से अंधा बना दिया है। पिछड़े हुए मुल्कों की बेकार, भूखी, नंगी जनता के मन में आधुनिक उद्योग-धंधों की ऐसी प्रबल भूख पैदा हो गई है कि उसकी दृष्टि, अपनी निष्क्रिय सरकारों के मुकाबले ये कम्युनिस्ट शासक बड़ी ही गतिमान रफ्तार से रात-दिन काम में व्यस्त नजर आते हैं।

देखा जाए तो सरकारों के अंदरूनी संगठन के मामले में रंगीन लोग अंधे होते जा रहे हैं। शायद राजकाज व शासकीय मशीन से वे हमेशा ही इतने दूर रखे गए हैं कि भयभीत होकर अपने को उसमें हिस्सा लेने के लायक भी नहीं मानते। वे तो सिर्फ आर्थिक उन्नति के लिए बेहद दिली ख्वाहिश रखते हैं। जो भी सरकार उनको अपने परिवार के आर्थिक झंझटों से मुक्ति दिलाकर, उनके लिए आगे बढ़ने का रास्ता बनाएगी वे उसके ऊपर अपना सर्वस्व होम करने को तैयार बैठे हैं। इसी भूख की भावना को अपने पीछे व पक्ष में करने के लिए ही तो नेहरू साहब ने रूस-चीन की नकल में पांचसाला योजनाओं का आर्थिक कार्यक्रम बनाया है, लेकिन दूसरी पंचवर्षीय योजना के समाप्त होने से पूर्व ही जनता को कांग्रेसी योजनाओं की कमजोरियां, कमियां और फिजूलखर्चियों का पता लगने लगा है।

अमेरिकी पूंजी ने सारे लैटिन अमेरिका के नब्बे लाख वर्ग मील के इलाके को अपने नफे का क्षेत्र बनाकर, अविकसित रख छोड़ा है। विदेशी पूंजी ने आज तक तो किसी भी रंगीन या काले, सांवले, पीले मुल्क का आर्थिक विकास किया नहीं। पूंजी के अपने नियम, कानून, कायदे और जन्मगत स्वभाव हैं। वह शोषण और मुनाफाखोरी में जन्मी है और अपने जन्मना स्वभाव को कभी नहीं छोड़ती। बड़ा ब्याज और नफा ही उसे आकर्षित करता है।

चप्पलों और चश्मों को अजायबघरों में रखने वाले तो अनेक महापुरुष हैं, खद्दर व ग्रामोद्योग के नाम पर लाखों सरकारी रुपए गायब करने वालों की तो बाढ़-सी आ

गई है। आश्रमों में विश्वविद्यालय से ज्यादा रुपया खर्च हो रहा है, गो कि ग्रामों को उनसे प्राथमिक पाठशालाओं जितना भी फायदा नहीं। ये आश्रम राजनीतिक बूढ़ी गायों के लिए पिंजरापोल की तरह काम आ रहे हैं। जो राजनीतिक महापुरुष बूढ़ी गायों की तरह दूध देते हैं और जिनके न बछड़े हैं, न बछड़ी हैं उन्हीं बांझ राजनीति के पालतू लोगों को ऐसा आराम-विश्राम दिया जा रहा है कि उनकी निरर्थक जिंदगी मेहनती मजदूरों से महंगी साबित हो रही है। पिंजरापोलों में भी तो बूढ़ी बेकार गायों पर दूध देने वाली घरेलू गायों से ज्यादा खर्च पड़ता है, क्योंकि इन्तजाम पैसा खाने या खिलाने वाले सार्वजनिक अवैतनिक कार्यकर्ता के हाथों में जो है। बिना वेतन के काम करने वाले लोग वेतन लेने वाले कार्यकर्ताओं से हमेशा महंगे पड़ते हैं और आधे से भी कम काम कर पाते हैं।

अगर सत्याग्रह के जरिए रंगीन दुनिया ऐसी जनसत्तात्मक सरकार को नहीं परास्त कर सकी जो कम्युनिस्ट मुल्कों से भी तेज गति से आर्थिक विकास कर अपनी सारी जनता को काम में लगा सके तो जनतंत्र प्रणाली एक दफे तो कम्युनिज़्म के मुकाबले जरूर ही परास्त हो जाएगी। लेनिन की तब गांधी पर विजय ही होगी। अगर वास्तव में गांधी की अहिंसा को राजनीति में प्रतिष्ठित एवं स्थापित करना है तो अहिंसा विद्रोहियों यानी कि सत्याग्रहियों की कीमत हिंसा करने वाले गुंडों से ज्यादा होनी चाहिए।

अहिंसात्मक राजनीति जनसत्तात्मक राजनीति दोनों के जीवन-मरण का प्रश्न संसार के सामने है। लाल सेना की मदद से अंदरूनी हिंसात्मक दलों को गद्दी मिलनी है या जनता के हाथों नेताओं की नाकों में पड़ी लगाम कायम रहनी है, या सब अहिंसात्मक असहयोग और सत्याग्रह की सफलता पर ही निर्भर है। अभी तक तो नेता लोग ही जनता के नाकों को बींधकर उसे लगाम में जोतकर उसे घोड़ा बनाकर उस पर सवार हैं। देखो जनता कब और कैसे ऐसी समर्थ होती है कि युद्ध के दरम्यान ही जैसे नेविल चेम्बरलेन व एंटोनी ईडेन को निकाल फेंका ब्रिटिश जनता ने और बिलकुल यह महसूस नहीं किया कि नेताओं को संकट के समय नहीं निकालना चाहिए। संकट के वक्त पर ही नेताओं की काबिलीयत का पता लगता है, अगर वे शक्ति का उपयोग करने में असमर्थ साबित हुए तो उन्हें धता बताना चाहिए, तभी जनता, जनतंत्र और उसके नेता व उनका मुल्क मजबूत व शक्तिशाली रह सकते हैं। कांपते कमजोर हाथों का समर्थन करने से वे मजबूत नहीं हो जाते, उलटा ऐसे राजनीतिक उद्देश्य देने वालों की अक्ल के दिवालियापन का यही पता लगता है।

अंगरेजों ने दोनों महायुद्धों में अपने कितने सेनापति बर्खास्त किए, कितने नए बैठाए। पिछले महयुद्ध में इसकुईथ को और दूसरे महायुद्ध में नेविल चेम्बरलेन को और सुराज के वक्त एंटोनी ईडन को धता बताकर अपनी जवांमर्दी जाहिर की। जीवित जातियां हर वक्त अपने नेताओं को बदलने की ताकत का इजहार करती हैं। मरी हुई कौमें ही औरंगजेब के बाद के मुगलों से चिपकी रहती हैं। यूरोपीय और अमेरिकी मुल्कों में सैकड़ों आदमी ऐसे हैं जो प्रधानमंत्री और राष्ट्रपति का काम सफलतापूर्वक

कर सकते हैं। दूसरे राजनीतिज्ञ अपने आपको गद्दीनशीं राष्ट्रपति या प्रधानमंत्री से किसी तरह भी हीन या कम काबिल नहीं समझते और मौका मिलते ही उसे अलग बैठाकर शासन की बागडोर हाथ में ले लेते हैं। यहां जैसे विष्णु के सारे गुण लेकर मोतीलाल के घर में ही एक लड़का अवतरित हुआ था, उसके जाते ही अयोध्यानगरी ही नहीं, सारा भारत जैसे सूना हो जाएगा।

भारतीय राजनीति की गिरावट इससे ज्यादा क्या हो सकती है कि हर व्यक्ति अपने आपको इस तख्त के आलोकित पुरुष से हीन ही समझे, और इसने भी तो कोई जमीन पर स्वर्ग नहीं उतारा। लेक्चर बहुत दिए, पर न तो गंदी बस्तियां उठीं और न ही भूख ही मिटी, न बेकारी ही घटी। जब चीन हिमालय तक आया तो सच्ची बातें कहने की हिम्मत भी जाती रही। यह झूठ जो देश की सुरक्षा के बहाने से बोला जाता है, वह झूठ एक दिन देश को ऐसी आफतों में डाल देगा कि फिर न सरकार ही बचेगी, न मुल्क की आजादी ही।

सत्याग्रह ही जनता को सहनशीलता का त्याग करवाकर प्रतिरोध का पाठ पढ़ा सकता है। पंचवर्षीय चुनाव के इन्तजार में बैठे रहने वाले विरोधी राजनीतिज्ञ का धीरज तो टूट ही गया और वे जनसत्तात्मक राजनीतिक आंदोलनों और अभाव में सरकार के इर्द-गिर्द मंडराने लगे और किसी तरह भी खुशामद-मलामत कर मेहरबानी प्राप्त कर गद्दी के पास बने रहने की इजाजत मांगने लगे। अब सिर्फ एक सोशलिस्ट पार्टी, छोटी व कमजोर चाहे जैसी हो, आज के इन निकम्मी और जुल्मी सरकारों को चुनौती दे रही है कि हम जनता को गांधी के आंदोलनों के मार्ग पर चलाकर तुम्हारी जेलें भर देंगे, हम मारेंगे नहीं, पर मरने को तैयार रहेंगे। जो दूसरे को बिना मारे खुद मरने को तैयार रहे, उससे अधिक सौम्यतम रूप किसका है, इसकी व्याख्या तो बाबा उपाधिधारी विनोबाजी ही कर सकते हैं? अहिंसा को सरकार स्वरूप प्रदान करने वाले सोशलिस्ट सत्याग्रह अपनी जवानी व जान जुल्म के खिलाफ अर्पित करेंगे। जुल्मों को मिटाने के लिए, जुल्मियों की कुर्सियों को डगमगाने के लिए, उन्हें वहां से उठाने के लिए भी।

सत्याग्रह सफल हो। गांधी फिर बारह साल बाद जीवित हों। जनतंत्र बचे और तानाशाही का अध्याय भारतीय इतिहास में शुरू ही न होने पाए। कांग्रेसी राजनीति की कुटिलताओं का अंत हो, आर्थिक योजना श्रमशक्ति पर आधारित हो, जनता के लिए बने। सत्याग्रह को जनतंत्र के लिए घातक समझकर झूठा प्रचार करने वाले ऐसे लोगों को धिक्कार मिले जो जनतंत्र की जड़ों, जनतंत्र की इमारतों में बैठे-बैठे खोद रहे हैं। जाग्रत, जागरूक, जेलयात्री जनता ही जनतंत्र की जड़े हैं। जीवित रहे तो कम्युनिस्ट और कांग्रेसी दो ही कीड़े भारत की पवित्र भूमि से तिरोहित हो जाएंगे और भारतमाता, भारतीय भाषा, भूषा और भावनाओं में आगे बढ़ेगी।

जय सत्याग्रही, जय हिंद।

'जन'

भारत की विदेश नीति

इस लेख में देश की आजादी के बाद प्रधानमंत्री नेहरू व उनकी पार्टी कांग्रेस की विदेश नीति की बेहद गहराई से पड़ताल की गई है। —संपादक

परतंत्र भारत की अपनी कोई विदेश नीति नहीं थी। लंदन से आदेश जारी करने वाली ब्रिटिश सरकार अपनी आवश्यकता और इच्छानुसार इस कृषि-प्रधान देश के विदेशी मामलों को लेकर मनमर्जी का हिसाब दौड़ाया करती थी। जब मध्य अटलांटिक स्थित चीनी, कोको और केला पैदा करने वाले टापुओं जमैका, त्रिनिदाद से गुलामी की प्रथा उठी और आजाद पुराने हब्शी गुलामों ने अंगरेजी कंपनियों के बगीचों, खेतों व कारखानों में काम करने से इनकार कर दिया तो ऐसे में कुलियों की जरूरत पूरी करने के लिए गरीब, भूले-भटके हिंदुस्तानियों का अपहरण किया गया। फिर उन्हें कैदी जहाजों में भर-भरकर यहां से 14 हजार किलोमीटर दूर भेज दिया गया। इसके बाद मॉरिशस और फिजी जैसे सुदूर द्वीपों में भी अंगरेज व्यापारियों के लिए धन पैदा करने के लिए हिंदुस्तानी कुली ही भेजे गए। बाद में तो किम्बरले में हीरे की और जोहान्सबर्ग के इर्द-गिर्द सोने की खानें निकलीं तो वहां भी इन्हीं हिंदुस्तानियों को भेजा गया। सिलसिला यहीं नहीं रुका, जंगली केपटाउन व डरबन के बंदरगाहों से पशुओं से घिरे इलाकों में रेल बनाने के लिए मजदूरों की जरूरत हुई तो वहां भी हिंदुस्तानी मजदूरों से भरे जहाजों का मुंह दक्षिण अफ्रीका की तरफ मोड़ दिया गया।

जाहिर है, वहां काम पूरा हुआ तो मध्य पूर्वी अफ्रीका में मोम्बासा से रोबी वाली रेल के शुरू होने वाले काम में तो हिंदुस्तानी लोगों को पशुओं की तरह ही उनके घरों से दूर खदेड़कर हिंसक शेरों और गुरिल्लों के बीच में फेंक दिया गया। यह काम मलाया के रबड़ के बगीचों, धातु की खानों, बर्मा के चावल और चीनी के खेतों और तेल के कुओं तक के लिए भी जारी रहा। यहां कहने का आशय यह है कि अर्वाचीन भारत का विदेशों से परिचय कुली के रूप में हुआ और विदेशों में भारतीय कुली जहां कहीं गए अपनी गंदगी, अशिक्षा और अंधविश्वास के लिए मशहूर हो गए। कमाल की बात यह थी कि वहां कड़ी मेहनत करके पैसे कमाने वाले इन कुलियों की दूसरी-तीसरी पीढ़ी जब शासकों जैसी शिक्षा प्राप्त कर व्यापारिक और सांस्कृतिक प्रतिद्वंद्विता

करने के लिए खड़ी हुई तब राजनीतिक पराधीनता की दीवार भी इन प्रवासी भारतीयों के सामने एक रोड़े के रूप में सामने आ खड़ी हुई और उन्हें आगे नहीं बढ़ने दिया गया।

खैर, यह कोई आकस्मिक घटना भी नहीं रही कि प्रवासी भारतीयों के आर्थिक और सामाजिक प्रतिष्ठा के लिए आंदोलन करने वाले नेता मोहनदास गांधी ने भारत में आकर आजादी की मांग को जनता के आंदोलन में तब्दील कर दिया और उसकी बागडोर भी अपने हाथों में ले ली। उसके बाद की कहानी तो भारत के हर बच्चे-बच्चे को जुबानी याद है कि किस तरह से दक्षिण अफ्रीका से स्वदेश वापस लौटने वाले बापू के नेतृत्व में ही भारत को आजादी हासिल हुई और एशिया ही नहीं पूरी दुनिया में 34.15 करोड़ की सबसे बड़ी आबादी वाले एक संगठित राष्ट्र का जन्म हुआ।

बहरहाल, देश के बच्चे को आजादी की कहानी गर्व के साथ सुनाते तो देखा जा सकता है, लेकिन हमारे देश के साथ सबसे बड़ी त्रासदी यह रही कि हमने इस आजादी को संभालने के लिए किसी प्रकार की कोई नीति नहीं बनाई। सोचने वाली बात यह रही कि हजारों-लाखों लोगों के बलिदानों से सालों के बाद मिलने वाली सत्ता की बागडोर के नियंत्रण और निर्देशन के लिए कोई योजनागत विचार भी देशवासियों के सामने नहीं रखा गया।

अक्टूबर 1917 की लाल-क्रांति से कुछ सप्ताह पहले कम्युनिस्ट नेताओं की एक बैठक में लेनिन ने अपने एक भाषण में कहा था-"सत्ता निश्चित ही हमारे हाथों में आएगी, लेकिन यह कठिन सवाल ही नहीं बल्कि हमारी परीक्षा का प्रश्न होगा कि हम अपनी सरकार को कायम रख सकेंगे या नहीं। हमें हाथ में आई हुई सत्ता को नियंत्रण में रखने के लिए अभी से तैयारियां करनी चाहिए और एक कुशल नीति अख्तियार करनी चाहिए और उस नीति को सफल करने के साधन व उपायों का संगठित करना चाहिए ताकि पूंजीवादी दुश्मनों और सरकार से घिरे हुए भी हम जीवित रह सकें।"

रूस की साम्यवादी क्रांति के सबसे बड़े सूरज लेनिन की इस बात को संदर्भ बनाया जाए तो आजाद भारत की सत्ता को प्राप्त करने की तुलना में इसे उचित दिशा में निर्देशित कर इस स्वतंत्रता को बचाए और बनाए रखना ज्यादा कठिन दिखाई देता है। हमारे यहां त्रासदी यह रही कि देश में विदेशी शासकों ने किसी ऐसे उद्योग-धंधों के विज्ञान का विकास ही नहीं होने दिया कि उसके सहारे हम विदेशी साम्राज्यवादियों से अपनी रक्षा अपने ही बल पर कभी कर पाएं।

हमारे राष्ट्र की पैदाइश ऐसे बेढंगे तरीके हुई है कि मुसलमानों के एक अलग राष्ट्र पाकिस्तान का जन्म उन कट्टरपंथियों के कब्जे में हुआ जो हमेशा से भारत की स्वतंत्रता के शत्रु रहे हैं। शत्रुता की यह भावना पूरी दुनिया से भी छिपी नहीं है। कश्मीर में खुली

लड़ाई का निमंत्रण देकर पाकिस्तान ने अपने मंसूबे जाहिर कर दिए हैं। संयुक्त राष्ट्र संघ में दक्षिण अफीक्री गोरी सरकार के वर्ण-विभेद ने भी उतना निर्लज्ज रूप ग्रहण नहीं किया जो पाकिस्तानी इस्लामियों ने जफरुल्ला के जहर को भड़काकर किया। वहां गोरों की दो सफेद सूरतें साफ नजर आ रही थीं। हमारे कल तक के शासक अंगरेजों ने संयुक्त राष्ट्र संघ में इस्लामी मुल्कों में भी पाकिस्तान के मजहबी प्रचारकों को ज्यादा महत्त्व देकर हमारे साम्राज्य विरोधी प्रचारक प्रधानमंत्री के प्रभाव को पूरी तरह से हलका कर दिया। यही नहीं, एशियाई सम्मेलन कर रूस के स्टालिनवाद और अमेरिका व अंगरेजों के साम्राज्यवाद से अलग शांतिप्रिय संगठन बनाने की पंडित जवाहरलालजी की योजना को महज कल्पना बनाकर ही छोड़ दिया। निश्चित ही अंतरराष्ट्रीय मंच पर हम कमजोर विदेश नीति के चलते ठगे गए हैं।

वैसे मामला यहीं खत्म नहीं हुआ बल्कि एशिया के दोनों पश्चिमी छोरों वाले टर्की और पूर्वी किनारे वाला जापान अपने स्वार्थ के लिए रूस विरोधी दल का अग्रमुख बनकर अमेरिकी प्रभाव में आ गया था। कमाल था कि अरकायादी संग्राम के मध्य-पश्चिमी एशिया के अरबी मुल्कों को एक ऐसी राजनीतिक गुत्थी में उलझा दिया गया कि रूस और अमेरिका दोनों ही एक-दूसरे के कट्टर विरोधी होते हुए भी यहूदियों के इजराइल राष्ट्र के प्रबल समर्थक नजर आए।

बहरहाल, अंतरराष्ट्रीय मंच पर हिंदुस्तान कमजोर पड़ता जा रहा है और अब ऐसे में भारत के विदेश नीतिज्ञों को न तो रूस की तानाशाही वाले दल में घुसना चाहिए और न अमेरिकी डॉलरों का स्वागत करना चाहिए। इस समय तो दुनिया के राजनीतिक नक्शे पर भारत का ऐसा कोई भी सबल मित्र नजर नहीं आता जो देश की आर्थिक विकास की योजनाओं में उसकी कोई बड़ी मदद कर सके। महायुद्ध ने जर्मन और जापान को ही नहीं बल्कि इटली और फ्रांस की भी ताकत को निर्जीव-सा कर दिया है।

हमारा पुराना मालिक ब्रिटेन खुद ऐसी आर्थिक कमजोरियों को झेल रहा है कि उससे देश को मदद की उम्मीद लगाना मूर्खता है। आज विदेश नीति और विदेशी व्यापार एक-दूसरे से पूरी तरह घुल-मिल गए हैं। दुनिया की अंदरूनी आर्थिक अवस्था के ऊपर ही देश का आयात-निर्यात चल रहा है।

अमेरिका जापानी उद्योग-धंधों में ऊर्जा फूंकने और जापानी एजेंटों के जरिए सुदूरपूर्व और हिंद महासागर के इलाकों में अपना नेतृत्व स्थापित करने के लिए हाथ-पैर मार रहा है। कमाल यह है कि उसे आजाद भारत की आजाद नीतियां गले नहीं उतर रही हैं। अब इस स्थिति में भारत की ओर से कूटनीति यह होनी चाहिए कि हम अमेरिका की मदद ले सकें, वह भी बिना किसी गुप्त राजनीतिक शर्त के। इसके अतिरिक्त ऐसा करते हुए रूस विरोधी किसी सामाजिक संगठन में भी हम भाग न लेते हुए इन संभावनाओं का ध्यान रखें कि रूस से भी हमें पेट्रोल और कृषि मशीनें मिल सकती हैं। गौर इस बात पर भी करना चाहिए कि आज की तारीख में पूरी तरह से

अंगरेजों और अमेरिकनों का अड्डा बना पाकिस्ताकन भी जब बिना राजदूत भेजे ही रूस से व्यापारिक समझौता कर सकता है तो हमारे दूतावास ने अब तक ऐसी निष्क्रियता क्यों दिखाई है? यह एक गंभीर बात है कि देश में केरोसिन तेल की बड़ी कमी है, महंगा कागज हमारे शिक्षा प्रचार को भी रोक रहा है। ऐसे में जब रूस में इन दोनों ही चीजों का बाहुल्य है तो ऐसे में भारत की नीति रूस से इन सब चीजों के आदान-प्रदान के समझौते वाली होनी चाहिए।

आज पूरी दुनिया में कृषि-प्रधान देश का डंका बजाने में अव्वल हो रहे हमारे देश को कृषि के विकास के लिए थोड़े हाथ-पैर मारना चाहिए तभी सही मायनों में देश की आर्थिक उन्नति होगी। केवल जमींदारों को हटा देने से ही इस समस्या का हल नहीं मिल जाएगा। असली काम तो जमींदारी वर्ग का देहातों और गांवों से प्रभाव हटाने से ही होगा। डेनमार्क की सहयोगी समितियां अमेरिका और ऑस्ट्रेलिया जैसे बड़े-बड़े व्यक्तिगत फार्म और रूस के कलेक्टिव फार्म-इन तीनों प्रणालियों से हमें बहुत-कुछ सीखना है। दुनिया में भारतीय विदेश संवाददाता भी विदेशी प्रचार व देश में विदेशों के ज्ञान को सुलभ बनाने में बड़े मददगार हो साबित हो सकते हैं, लेकिन इस संबंध में हमारे यहां उल्टी गंगा ही बह रही है। आलम यह है कि अभी तक तो हमारे अखबारों ने शिक्षितों को इस विषय में अग्रसर होने का कोई विशेष मौका नहीं दिया है।

हमारे दूतावास आज सुदूर दक्षिण अमेरिका के ब्राजील से लेकर, चीन और जापान तक में हो गए हैं। दुनिया के देश अपने विदेश मामलों को गुपचुप, रहस्यपूर्ण ढंग से चलाते हैं, इसलिए विदेश नीति पर संसद में अकसर सिद्धांतों पर खास गलतियों को लेकर ही बहसें हुआ करती हैं। हां, इधर सिर्फ लेनिन ने कुछ दिन तक इस गुप्त वातावरण को भेदकर विदेश नीति पर बातचीत के सारे कागजातों को छाप दिया था, लेकिन हमारे अंतरराष्ट्रीय ख्याति वाला झंडा लिये बैठे उदारमना नेता पं. जवाहरलालजी में लेनिन का-सा वह बल नहीं है कि वे अंतरराष्ट्रीय षड्यंत्रकारियों के काले कारनामों को दुनिया के जनसमूहों के सामने रख सकें और न हिंदुस्तान की सरकार की कोई ऐसी एक अलग बलवती विचारधारा ही है जो रूस और अमेरिका दोनों के नेतृत्व को चुनौती देती हुई सारे देशों के शांतिप्रिय नागरिकों की रहनुमाई कर सके।

हां, इस बात में कोई संदेह नहीं कि गांधीजी ऐसे में नेतृत्व का भार ग्रहण कर सकते थे और दो गुटों में बंटी दुनिया को तीसरा मध्य मार्ग दिखा सकते थे। आज हमारा मित्र और पड़ोसी बर्मा थाकिन के नेतृत्व में अमेरिका और इंग्लैंड की आर्थिक नीतियों से निराश होकर ही रूस की तरफ कदम बढ़ा रहा है। पं. जवाहरलाल ही आज उसको इस भयानक खाई में गिरने से रोक सकते थे, पर हिंदुस्तान की खुद की आर्थिक अवस्था ऐसी नहीं है कि वह बर्मा की कोई ठीक-ठाक मदद कर सके। फिर हिंदुस्तान की सरकार में न वो पुरानी समाजवादी लोकराज की भावना ही काम कर रही है जिसने नेहरू को

विश्वव्यापी उदार विचारधारा वाली आशा बना दिया था। अब तो आलम यह है कि धीरे-धीरे सारी दुनिया को ही भारत सरकार की दकियानूसी नीति का ज्ञान होता जा रहा है।

देश में पुरानी पद्धतियों का समर्थक होकर रहने पर बाहर में परिवर्तनवादी होना संभव नहीं तो कठिन जरूर है। संयुक्त राष्ट्र संघ में भारत सरकार की हार के पीछे सिर्फ इंग्लैंड और अमेरिकी दलों की स्वार्थी चालें अब किसी से छिप नहीं पाई हैं, बल्कि हमारे प्रधान पंडित नेहरू के उस तेज-तर्रार दिमाग का भी हाथ है जो भारत सरकार की आंतरिक सुधार विरोधी नीति की वजह से दुनिया के अखबारों में पहुंच गया है। गैर-मजहबी राष्ट्र का नाम लेने से ही महजब का जहर दूर नहीं हो सकता और न सुरक्षा कानून या दमन की नीति से ही 'गैर-मजहबी नीति' कायम हो सकती है। मजहब की रस्सियों से भारतीय सामाजिक संगठन बंधा हुआ है। जब तक उन रस्सियों को काटकर समाज को मुक्त कर, नवीन आर्थिक प्रणाली पर उसका दूसरा संगठन करने की योजना जनसमाज के सामने पेश नहीं की जाती तब तक धर्म का राज्य अखंड ही रहेगा और नैतिक स्तर को ऊंचा करने के लिए विनोबा भावे जैसे शुद्ध पवित्र पुरुषों के उपदेशों की आवश्य कता महसूस होती रहेगी।

इधर, हम मुस्लिम राष्ट्रों में कुछ बेहद समझदार राष्ट्रीय मुसलमानों को दूत बनाकर भी उनका प्रेम प्राप्त नहीं कर सके और न ही यहूदियों के राष्ट्र को अस्वीकार करके ही हमें मुस्लिम देशों में कोई राजनीतिक लाभ प्राप्त हुआ। उलटा पाकिस्तान का यह प्रचार कि भारतीय सरकार मुसलमानों से डरकर यहूदी सरकार का सम्मान नहीं करती, ज्यादा सफल हुआ। हैदराबाद के अंदरूनी मामलों में भी भारतीय मुसलमान अपनी गैर-मजहबी सरकार का वैसा प्रबल समर्थन नहीं करते जैसा उनको करना चाहिए था। जाहिर है, यह मुसलमानों का दोष नहीं है बल्कि दोष सरकारी नीति का ही है।

अब तक अंगरेजों ने अपने स्वार्थों की रक्षा के लिए सामाजिक संगठन के ढांचे में कोई समूह परिवर्तन नहीं होने दिया और हिंदुस्तान की आर्थिक अवस्था में इसलिए कोई विशेष प्रगति नहीं दिखाई दी। भारत सरकार बढ़े हुए देशों में उदार और समाजवादी दलों का और पिछड़े हुए देशों में जनसमूह का नेतृत्व तभी प्राप्त कर सकती है, जब वह दक्षिणपंथी यूरोपियन सरकारों के उच्चाधिकारियों की शोषण नीति के विरोध में बुलन्द आवाज उठाती, लेकिन यह आवाज तभी संभव थी, जब यहां की जनता के कंधे से कम से कम राजाओं, जागीरदारों जमींदारों, महंतों, मठाधीशों और धर्म के नाम पर शोषण करने वाली ब्राह्मण जाति और विदेशी पूंजीपतियों का प्रभाव बिलकुल खत्म किया जाता, और विदेशी उद्योग-धंधों का राष्ट्रीयकरण कर दिया जाता।

अगर सरकार इस नीति में सफल होती तो जनसमूह में एक ऐसी उत्साह की लहर उठती जो हमारे उत्पादन को साधनों की कमी होते हुए भी दूना कर डालती। उत्पादन

बढ़े बिना विदेशों में हमारा सम्मान नहीं हो सकता। अमेरिकी मजदूर 25 गुना और अंगरेज 15 गुना ज्यादा हमारे मजदूर से उत्पादन करता है। मजदूर को ऊपर उठाने के लिए उसके मन में उत्पादन के प्रति प्रेम और उत्साह पैदा करने के लिए यह आवश्यक है कि कारखानों के संगठन में व्यापक स्तर पर बदलाव किए जाएं और मालिक हो चाहे मैनेजर, उसके जीवन को भोग-विलास, ऐशो-आराम और शानो-शौकत से वंचित किया जाए। महलों और भोजों, विशाल मोटरों और जेवर, जवाहरातों, रेशमी कपड़ों का अत्यधिक खर्च बंद कर उसे देश निर्माण में लगाया जाए।

निश्चित मानिए, आंतरिक नीति हमारी विदेश नीति की मां है। बाहर हम कितना ही बेहतर और सुंदर प्रचार करें, हमारा प्रभाव हमारी भीतरी ताकत से और हमारे जनमत के संतोष और सुख से ही होगा। दुनिया के दूसरे मुल्कों की खुशामद या विनती करने से कोई सहायता सुलभ नहीं हो सकती।

'विश्वामित्र'

खंड–4

बिड़ला, गोयनका और अंधी योजनाएं

बिड़ला-रहस्य

यह लेख देश के बड़े उद्योगपति घराने 'बिड़ला' के कारोबार में पनप रहे भ्रष्ट-तंत्र से पर्दा उठाता है। इस लेख के माध्यम से बालकृष्णजी ने सरकार द्वारा बड़े कारोबारी घरानों को दी जाने वाली बेहिसाब छूट, उनके काले कारनामों में सरकारी सांठ-गांठ की पोल खोली है। आज जब कि देश में राज्य और केंद्र सरकारें जनहितों को ताक पर रखकर बड़े उद्योग-घरानों व कॉर्पोरेट्स से हाथ मिलाने की होड़ में शामिल हैं, इस मायने में यह लेख बेहद प्रासंगिक हो उठता है। बालकृष्णजी के इस लेख से संसद में भी काफी हंगामा मचा था। –संपादक

सेठ घनश्यामदास बिड़ला के पुराने मित्र, अपने बड़े भाई महेंद्र प्रसाद के औद्योगिक प्रयासों की वजह से, उनका कर्जदार बन गए थे। जब वे भारत सरकार के खाद्य मंत्री बने तो लगातार आर्थिक मदद मिलने के सबब से अहसानमंद राष्ट्रपति राजेंद्र प्रसाद उन्हें पद्मविभूषण की उपाधि देकर सम्मानित कर रहे थे, ठीक उसी समय उनके कनिष्ठ पुत्र बसंत कुमार बिड़ला उनके नए भव्य भवन में केसोराम कॉटन मिल के दस हजार मजदूरों से घिरे हुए थे। ये हड़ताली, मटियाबुर्ज की मैली-कुचैली गंदी मजूर बस्ती से दस मील दूर मार्च करते हुए आए थे और वेतन घटाने, छंटाई करने और ठीक पूरा बोनस न मिलने के खिलाफ विद्रोह कर रहे थे।

मिल-मालिकों ने इन मजदूरों पर धीरे काम करने, कपड़े की क्वॉलिटी बिगाड़कर उनके निर्यात के सौदों को कैंसल कराने, उन्हें नुकसान पहुंचाने और गलत छाप लगाने तक के इल्जाम लगाए थे। इस पूरे मामले में कमाल तो यह था कि लड़ाई के जमाने में जब नफा कमाया जा सकता था तब टेक्सटाइल कमिश्नर वेलोडी, आई.सी.एस. और उनके सहकारियों व उत्तराधिकारियों को खुश करके बिड़ला बंधुओं ने अपनी मिल के वस्त्र उत्पाद पर, दूसरी मिलों के उसी दर्जे और क्वॉलिटी के कपड़े के बनिस्बत, ऊंचा दाम छपाने में सफलता हासिल की थी। यही नहीं, बिड़ला बंधुओं ने एक्साइज ड्यूटी और कंट्रोल दोनों से बचने के लिए बनावटी झूठे टुकड़े बनाकर फेंट की हजारों गांठें बाजार में बेची थीं।

अब सवाल यह उठता है कि मजदूरों ने अगर यह सब काम अब भी जारी कर रखे हैं तो इनकी शुरुआत खुद मिल-मालिकों ने ही कराई थी। जाहिर है, अब जो इल्जाम

बिड़ला बंधु ने इन बेचारे अशिक्षित, दुखी, मजदूरों पर लगाए हैं उनसे वे हक्के-बक्के हैं, निश्चित ही ये मजदूर चुस्त-चपल बिड़लाजी की तरह, सुबह तेजी और शाम को मंदी खेलने के और इतनी जल्दी बदल जाने के आदी नहीं हैं, इसलिए खुद को ठगा सा महसूस कर रहे हैं। सोचने वाली बात है कि जब दो साल पहले तक कपड़े की मिलें धन बरसा रही थीं, तब यही मजदूर ठीक थे और अब जब वस्त्र-उद्योग में कुछ संकट इस वजह से आ गया है कि भारत के गरीबों के पास इतने ऊंचे दामों पर कपड़ा खरीदने के पैसे ही नहीं हैं, तब मजदूरों पर इल्जाम लगाकर मालिक और मैनेजर अपनी अक्ल व होशियारी के दिवालियेपन का इजहार कर रहे हैं।

शेयर की माया और केसोराम मिल

1947 के शुरू में बंगाल के सेल्स टैक्स अधिकारियों के हाथ कुछ ऐसे दस्तावेज पड़ गए, जिनसे पता लगता था कि केसोराम मिल्स ने एक साल में ही चौरासी लाख रुपए का नफा बहियों से गायब कर दिया था और इसके अलावा उस वक्त मिल के सेक्रेटरी श्री ब्रजमोहन बागड़ी भी बारह लाख रुपया इस नफे का खा गए थे। बिड़ला बागड़ीजी पर बहुत बिगड़े, लेकिन करोड़ों का नफा सालाना खुद खाने वाले मालिक के लिए मन में गुस्सा पी जाने के अलावा कोई चारा नहीं था। बागड़ी साहब को मिल में रहने दिया, क्योंकि उस वक्त इन्कम टैक्स जांच कमीशन और बंगाल के सेल्स टैक्स के अफसर बिड़ला ब्रदर्स को बहुत तंग कर रहे थे। ऐसी हालत में बागड़ी से झगड़ा मोल लेना खुद अपने आपको बड़ी आफत में डालना था, लेकिन अब बिड़ला के आयकर के पुराने मामलों का फैसला हो चुका है और बिड़ला ब्रदर्स ने बागड़ीजी की जगह पर मिस्टर हाडा को ला बैठाया है।

हाडा साहब मजदूरों के खर्चे को कम करने के विशेषज्ञ हैं। ऊंचे दामों में कपड़े की खपत कम हो रही है और सब कपड़े की मिलों के मालिक करीब डेढ़ साल से मजदूरों पर प्रहार कर रहे हैं। हर तरह के उपायों से वे मजदूरों की तादाद और पगार कम कर रहे हैं। अपनी मशीनों व मैनेजमेंट को सुधारने की बजाय सबसे कमजोर मजदूरों पर ही उनकी पहली नजर पड़ती है, और घाटे से बचने के लिए सबसे सरल, सीधा तरीका उनको यही लगता है कि कम मजदूरों से ज्यादा काम कराओ।

बागड़ी साहब का मिल चलाने में अब कोई हाथ नहीं है, गोया कि उनको वेतन बदस्तूर मिल रहा है। बीस साल से भी अधिक समय तक मिल के वास्तविक मैनेजर बने रहने वाले बागड़ी साहब का भी मजदूरों से लेकर ऊपर के अफसरों तक पर पूरा प्रभाव है, और बागड़ी व हाडा की यह प्रतिद्वंद्विता भी मजदूरों में असंतोष बढ़ाने का एक कारण है।

बिड़ला उद्योगों में फिलहाल एक नई बदलाव की लड़ाई छिड़ी हुई है। पुराने जमे-जमाए मैनेजरों पर से बिड़ला बंधुओं और उनके बेटों का कुछ भरोसा उठा है और वे

अपने अनेक कारखानों में कुछ अदला-बदली करते से नजर आ रहे हैं। चीनी-मिलों के मैनेजरों को अचानक इंजीनियरिंग उद्योगों में घसीट लिया गया है। अभी कुछ समय पहले ही बेशुमार नोटों की बारिश करने वाली ओरियंट और सिरपुर पेपर-मिल के कुछ बड़े अफसरों को हिंदुस्तान मोटर को सुधारने और उसका इन्तजाम ठीक करने के लिए लाया गया था, लेकिन पेपर-मिल और मोटर बनाने के धंधे में कुछ तो अंतर होता है। बेचारे पेपर-मिल चलाने वाले अफसर पहले सरकारी जंगलों से सस्ते बांस ज्यादा कटवाकर व आयात बंद होने की वजह से रोज बढ़ रहे कागज के दामों का फायदा उठाकर मालिकों को पेपर-मिल में जहां करोड़ों का नफा दिखला रहे थे, वहीं अचानक से मोटर के पुर्जे तैयार कराकर उत्पादन बढ़ाना, उनके लिए टेढ़ी खीर साबित हुई।

अभी कुछ साल पहले शुगर मिलों में अकूत धनराशि कमाकर देने वालों की अक्ल परखी जा रही है। ये अलग बात है कि आज से पंद्रह साल पहले बनी हिंदुस्तान मोटर्स लिमिटेड की हालत अब भी नहीं सुधरी है। 1947-48 की रपट के मुताबिक कंपनी ने दस करोड़ पचास लाख की गाड़ियां बेची हैं और 1946-47 में दस करोड़ 6 लाख से भी ऊपर की, फिर भी मामूली शेयर होल्डरों को आज तक एक पैसा भी डिविडेंड नहीं मिला है, गोया कि अधिकांश पुराने शेयर होल्डरों ने 1945-46 में अपने शेयर बिड़लों के षड्यंत्र में शामिल दलालों से छह-सात-आठ रुपए तक का प्रीमियम देकर 16 से 18 रुपए तक खरीदे थे।

बिड़ला ब्रदर्स शेयर बाजार की नब्ज का अधिकतर ठीक अंदाज रखते हैं, यही वजह रही कि लड़ाई के बंद होते ही जब शेयर मार्केट में बड़ी तेजी आई तब उन्होंने अनेक नई कंपनियां खड़ी कीं और उनके नए शेयर बेचने का अभियान इस चतुराई और चालाकी से शुरू किया कि भारत-एयरवेज और हिंदुस्तान-मोटर्स जैसी आज तक नफा न देने वाली कंपनियों के शेयर भी भोले-भाले लोगों में इन ऊंचे दामों में थमा दिए गए। ये शेयर साधारण पूंजी वालों की छाती में चुभते कांटों की माला बन गए और मंदी के जमाने में जब लोग तंग आ गए तो तीन-चार रुपए में फिर बिड़ला और उनके कृपापात्रों के हाथों में चले गए।

वैसे भी बिड़ला ब्रदर्स ने कई दफे अपनी कंपनियों की भीतरी जानकारी से शेयरों को ले-बेचकर बहुत रुपया कमाया है। डूबने से पहले ही बेचकर घाटे से बच गए हैं, और चढ़ने से पहले गिरे हुए बाजार में धीरे-धीरे पोशीदा रूप में खरीदकर करोड़ों रुपए का अर्जन किया है। कमाल की बात है कि शेयरों के जरिए जितना बिड़ला ने कमाया है उतना पैसा तो किसी भी भारतीय या विलायती उद्योगपति ने नहीं कमाया, यहां तक कि पांच सौ करोड़ रुपए के खजाने वाली लाइफ इंश्योरेंस कॉर्पोरेशन ऑफ इंडिया भी इस मामले में बिड़ला से पीछे ही है।

अपने शेयरों में खरीद-बिक्री आसान और विस्तृत बनाने के लिए उन्होंने कलकत्ता स्टॉक एक्सचेंज के सभापति श्रीमान विश्वभरनाथ चतुर्वेदी को अपनी कई कंपनियों

का डायरेक्टर बनाया। इसके बाद उनके शेयर-बाजार की फर्म को दलाली भी दी और अंत में जैसे राष्ट्रपति-भवन में खाने का सम्मान मिला हो, उस तरह अपने दफ्तर में अपने साथ रोजाना खाना खिलाया, जिसे चतुर्वेदी ने अपना सौभाग्य समझा और खुशी में झूम उठे, इतने कि उन्होंने अपनी लंबी-चौड़ी देह को बिड़लाओं की सेवा में दुबला कर डाला। जाहिर है, इस तरह के योगदानों से ओरियंटल पेपर मिल्स और टेक्सटाइल मशीनरी कॉर्पोरेशन के शेयर फॉरवर्ड लिस्ट में आ गए, जबकि शांतिप्रसाद जैन की कई गुनी ठोस कंपनी रोहतास इंडस्ट्री इस वरदान से वंचित ही रही, पर जब हरिदास मूंदड़ा ने छागला कमीशन के सामने गवाही देते हुए पंडित विश्वभरनाथ को भी अपने सहायकों की सूची में घसीट लिया, तो बिड़ला का सिंहासन डोल उठा। चतुर्वेदीजी के लिए सिर्फ बिड़ला का नियंत्रण ही बंद नहीं हुआ, बल्कि बिड़ला के दलालों में कुछ अग्रणी लोगों ने अपने मालिकों की प्रेरणा से श्री विश्वभरनाथ चतुर्वेदी को स्टॉक एक्सचेंज की सदारत से हटाने के लिए एक हस्ताक्षर आंदोलन भी शुरू किया, लेकिन हरिदास मूंदडा को मदद देने और कलकत्ता स्टॉक एक्सचेंज को बिड़ला की पराधीनता एवं प्रभुत्व से आजाद रखने के लिए दूसरे दलालों और उद्योगपतियों का जनमत स्वयं संगठित हो गया और बिड़ला का प्रहार अधूरा ही रह गया।

इस तरह चतुर्वेदीजी को बिड़ला की सालों तक की गई सेवा का यह पुरस्कार मिला, पर महात्मा गांधी के 9 अगस्त को गिरफ्तार होने पर बाकी कांग्रेसियों को मालाबार हिल के अपने विशाल-भवन से धता बताने वाले व देश के नेताओं की गिरफ्तारी के बाद अगस्त 1942 की आम हड़ताल में अपनी हिंद-साइकिल और दूसरे कारखानों को अलग रखने वाले बिड़ला परिवार से व्यवहारकुशल चतुर्वेदीजी अगर किसी दूसरी किस्म की उम्मीद करते थे तो यह उनकी गलती थी।

जब आज के डिफेंस मिनिस्टर कृष्ण मेनन साहब, सेंट पेंकराज हॉस्पिटल के पब्लिक वॉर्ड में सन् 1934 या 35 में पड़े मौत और जिंदगी के बीच झूल रहे थे, और गरीबों की तरह मुफ्त इलाज कराने को मजबूर थे, तब उन्हें कुछ रुपयों की बड़ी ही सख्त जरूरत हुई। ऐसे में घनश्यामदास बिड़ला उस समय विलायत में ही थे और कृष्ण मेनन महाशय का 'हिंदुस्तान टाइम्स' की तरफ संवाद और लेख भेजने के लिए कई सौ रुपया वाजिब बाकी भी था, लेकिन अनेक आरजुओं के बावजूद महादेव देसाई के शब्दों में निर्लिप्त बिड़लाजी का कठोर हृदय नहीं पसीजा और सब निवेदन व प्रार्थनाएं व्यर्थ गईं, पर बाद में पासा पलट गया तब जब यही कृष्ण मेनन साहब अपने मित्र जवाहरलाल नेहरू की मेहरबानी से लंदन में भारत के हाईकमिश्नर, संयुक्त राष्ट्र संघ में हिंदुस्तान के प्रतिनिधि और डिफेंस मिनिस्टर बने तो पांच-सात सौ रुपए के लायक भी न समझे जाने वाले को ही पचासों हजार रुपया खर्च कर लंदन में बड़ा शानदार भोज बेशकीमती होटल में दिया गया। जाहिर था, कृष्ण मेनन साहब में भोज का बदला चुकाने की ताकत जो आ गई थी।

अब जब विदेशी मुद्रा के अभाव के बड़े-बड़े गाने गाए जा रहे हैं, तब फिर आजकल वित्त मंत्री श्री मुरारजी भाई देसाई को घनश्यामदास बिड़ला ने लंदन में बड़ी भारी दावत दी, जिसमें अनेक ब्रिटिश उद्योगपतियों और राजनीतिज्ञों से भारत के वित्त मंत्री का परिचय, भारत की राजदूत विजयलक्ष्मी ने नहीं, घनश्यामदास बिड़ला ने कराया। जब मामूली लोगों को हजार-दो हजार की अतिआवश्यक वस्तुओं के लिए भारत सरकार का रिजर्व बैंक विदेशी-विनिमय नहीं देता, तो बिड़ला बंधुओं के पास ये लाखों रुपए यूरोप और अमेरिका में शानो-शौकत के लिए कहां से आते हैं? शायद लंदन और न्यूयॉर्क की बिड़लाजी की कंपनी ईस्ट इंडिया प्रोड्यूस लिमिटेड के पास करोड़ों रुपया विदेशी विनिमय की शक्ल में विदेशों में मौजूद है।

चालाक बिड़ला की कपटी गाथा

देवज्योति बर्मन ने अपनी पुस्तक बिड़ला खानदान के रहस्य में लिखा है कि बिड़ला के न्यूयॉर्क दफ्तर का अमेरिकी एजेंट हमेशा ही सबसे अधिक महंगे बाल्डोर्फ अस्टोरिया में रहता है और इधर बिड़ला ब्रदर्स और उनके दूसरे संबंधी अपने विदेशी ऑफिस का कम दामों का बिल लगाते हैं। वहां पर बीच का बचा हुआ डॉलर अमेरिकी कंपनी के एकाउंट में पड़ा रहता है। जिस किसी को जरूरत होती है, वह बिड़ला लोगों को हिंदुस्तान में असली भाव का रुपया यहां जमा देकर एक चिट ले सकता था, जो उसे वांछित डॉलर अमेरिका में दिला देता।

इस तरह से देश में जब उद्योग-धंधों की अति गंभीर आवश्यकताओं के लिए भी डॉलर मुद्रा नहीं मिलती थी तब बिड़ला ब्रदर्स बर्मन साहब की किताब के अनुसार अपना निजी फायदा उठाने के लिए इस तरह की कार्रवाइयां करते रहते थे।

कुछ साल पहले बिड़ला बंधुओं ने अपने युनाइटेड कमर्शियल बैंक की रंगून, सिंगापुर, पांडिचेरी और पाकिस्तान स्थित ऑफिसों के जरिए विदेशी-विनिमय के व्यापार में भयंकर चालबाजी चलाकर करोड़ों रुपया कमाया था। यह सिलसिला इतने दिन तक चलता रहा कि यह बात रिजर्व बैंक के ध्यान में भी आ गई और उन्होंने युनाइटेड कमर्शियल बैंक के खिलाफ कड़ा कदम उठाने की धमकी दी। इसके बाद तो जनरल मैनेजर बी.टी. ठाकुर साहब को हृदय रोग का बहाना बनाकर लंदन भेज दिया गया और अपने राजनीतिक प्रभाव की मदद से सारा मामला दबा दिया गया।

बताया जाता है कि हिंदुस्तान मोटर कॉर्पोरेशन, मोटरें और लारियां भाड़े की बिक्री पर देती है और उसमें ठाकुर को फिर से कई हजार रुपए के महीने पर रख लिया गया है। यह भी सुना जाता है कि ठाकुर-साहब को उनकी अमूल्य सेवाओं के लिए बिड़लाजी ने विदेशी-विनिमय के नाजायज नफे में से लाखों रुपए भी दिए हैं।

अब बिड़ला ने अपनी हिंदुस्तान मोटर कॉर्पोरेशन में तेरह लाख रुपए की जमीन खरीदकर हिंदुस्तान मोटर कंपनी को लीज दे रखी है। आश्चर्य तो यह है कि करोड़ों

का व्यापार करने वाली हिंदुस्तान मोटर्स लिमिटेड अपनी निज की जमीन क्यों नहीं खरीद सकी और इस अपनी बेटी कंपनी से अपने बड़े कारखाने की जमीन लीज पर क्यों ले रखी है।

बिड़ला बंधुओं की शुरू से ही यह नीति रही है कि चीजों का अभाव पैदा कर ऊंचा दाम वसूलना और अधिक से अधिक नफा कमाना। जब पहले महायुद्ध के बाद 1924–26 में चीजों के दाम गिरने शुरू हुए, तो घनश्यामदास बिड़ला ने ब्रिटिश सरकार के खिलाफ एक रेडियो का आंदोलन शुरू किया। इस वाद-विवाद या बहस का असली मतलब यह था कि बिड़ला और दूसरे भारतीय उद्योगपति रुपए का दाम विदेशी-विनिमय में कम, 1-शिलिंग, 4-पेंस, कराना चाहते थे, जबकि ब्रिटिश सरकार ने उसका दाम शिलिंग, 6-पेंस नियत कर दिया था। बिड़लाजी भारतीय सिक्के का इस तरह एक रुपए में दो आने के लगभग दाम कम कराकर भारत के भीतर चीजों का दाम करीब दस फीसदी बढ़ा देना चाहते थे, ताकि मंदी के उस युग में उनके बढ़ते उद्योग-धंधों को घाटा न लगे और इस तरह राजनीति के जरिए लाई गई बनावटी तेजी से उन्हें करोड़ों का फायदा हो।

1931 में जब इंग्लैंड के पाउंड ने आर्थिक पतन की वजह से सोने से अपना निर्धारित संबंध तोड़ लिया और भारतीय मुद्रा भी पाउंड के साथ जुड़ी होने की वजह से दूसरे देशों की मुद्रा में कम कीमत वाली हो गई, तब बिड़लाजी ने इस बात का पहले ही पता लगा लिया और सस्ते भाव में सोना खरीदकर फिर दाम बढ़ने पर उसे विलायत व हिंदुस्तान में बेचकर अथाह रुपया कमाया।

बिड़ला ब्रदर्स ने कभी कोई चीज सस्ती और सुलभ बनाकर करोड़ों भारतीयों के घरों में पहुंचाने की कोशिश नहीं की। जब उषा मशीन वालों ने बढ़ते दामों के इस स्वराज्य के युग में भी अपनी सिलाई का दाम कई दफे कम किया है, ताकि उसका प्रचार ज्यादा से ज्यादा घरों में हो सके और विदेशी बाजारों में भी दूसरी मशीनों के मुकाबले में बिक सके, तब बिड़लाजी बार-बार टैरिफ बोर्ड के जरिए अपनी हिंदुस्तान मोटर का दाम बढ़वा चुके हैं और अब भी फिर दाम बढ़ाने के लिए हाथ-पैर मार रहे हैं।

हिंदुस्तान की एम्बेसेडर के आकार-प्रकार की और कई चीजों में उससे ज्यादा मजबूत और टिकाऊ मोटरगाड़ी इटली, फ्रांस, जर्मनी और इंग्लैंड जब साढ़े चार से पांच हजार रुपए में विदेशियों को बेचने को तैयार हैं तब बिड़लाजी को हिंदुस्तान जैसे गरीब मुल्क में बारह हजार के करीब दाम वसूल करके भी संतोष नहीं। उलटा, पिछले 6 महीनों से दो-तीन सौ गाड़ियां महीना बनाने वाले कारखाने में भी प्राइवेट गाड़ियों का उत्पादन कम करके इस मोटर का अभाव पैदा किया गया और दो हजार रुपए फ्री गाड़ी के ब्लैक यानी ऊंचे दाम लेने की पद्धति पैदा कर दी है।

हिंदुस्तान में यूरोपीय मुल्कों से मजदूरी एक-चौथाई से भी कम है, फिर भी भारतीय पूंजीवाद के उज्ज्वल नक्षत्र बिड़लाजी की मोटर का दाम विदेशी बढ़िया ब्रांडों से भी

दुगुने से ज्यादा है और इन ऊंचे दामों में साढ़े दस करोड़ की मोटरें बेचकर भी कंपनी को कोई खास फायदा नहीं। अभी तक डेढ़ करोड़ रुपए की कारखाने की घिसाई यानी डेप्रिसिएशन की भी कमाई नहीं हुई है। पूंजीवाद के प्रचार के लिए अमेरिका की लुभावनी एवं मनमोहक तस्वीर खींचने वाले बिड़लाजी और उनके पत्र 'इस्टर्न इकोनॉमिस्टा', 'हिंदुस्तान टाइम्स' जरा हिंदुस्तान मोटर को तो अमेरिकी पाठ पढ़ावें, या कम से कम अपनी अयोग्यता का गुस्सा कारखाने के स्टाफ पर निकालने वाले श्री ब्रजमोहन बिड़ला को तो अमेरिकी कदमों पर चलने को तैयार करें।

अमेरिका में अपने अज्ञान और अंधकार का बदला अफसरों को बर्खास्त करके नहीं लिया जाता और न वहां नौकर और मालिक में सामाजिक स्तर की इतनी असमानता है। अमेरिका में मैनेजिंग डायरेक्टर मुनीम तो अलग रहा, मजदूरों को भी कुर्सी पर बैठाकर बराबरी के ढंग से बातचीत करता है, बाहर बरामदों में या टेबल के उस पार दूर खड़ा नहीं रखता।

घनश्यामदास बिड़ला ने अपनी पुस्तक 'महात्मा की छाया में' लिखा है कि जब वे अंगरेजी फर्मों में सोलह साल की उम्र में दलाली करने गए तब अंगरेजों ने लिफ्ट में उनको चढ़ने नहीं दिया, उस समय उनके किशोर मन को बड़ा आघात लगा, पर आज बिड़ला-दफ्तर में मालिकों के लिए एक अलग लिफ्ट लगा है ताकि इन देवलोक के निवासियों को साधारण मनुष्य की गंदगी या बदबू न छू जाए, निश्चित ही अब मालूम होता है कि दुनिया चाहे जनतंत्र की तरफ बढ़ रही हो, बिड़ला तो सामंतवाद की तरफ ही जा रहे हैं। सुना जाता है कि जब श्री ब्रजमोहन बिड़ला कभी-कभी अपनी पत्नी के साथ या संबंधियों व मित्रों के साथ सिनेमा पधारते हैं, तो अपनी बगल में दोनों तरफ दो सीटें ज्यादा खरीदकर खाली छोड़ देते हैं ताकि किसी को उनके पास बैठने का मौका न मिले। ऊंची से ऊंची श्रेणी की टिकटें खरीदकर भी जब वे ऐसी हरकतें करते हैं, तो वे संसार में अनोखे प्रतिक्रियावादी ही गिने जाएंगे।

रॉकफेलर, फोर्ड, डुपों और मेलन, नसर, चर्चिल और आइजनहोवर भी इस तरह का काम यानी सार्वजनिक जगहों में अपने चारों ओर दीवार खड़ी करने की कार्रवाई नहीं करते। इसी वजह से बिड़ला के खुशामदीद चाटुकार अनेक हैं, मित्र कोई नहीं। कदम-कदम पर ऊंचे-नीचे का खयाल कर पैर रखने वाले अपने महत्त्व के बोझ को उठाने में रात-दिन व्यस्त, व्यापार के बराबरी के वातावरण में सामंतवादी प्रवृत्तियों को स्थापित करने वाले ये करोड़ों की संपत्ति के वाहक आज के समय में हास्यास्पद से नजर आते हैं।

आज विदेशी पूंजी की याचना के लिए घनश्यामदास बिड़ला पहले भूतपूर्व वित्त मंत्री कृष्णमाचारी के साथ और अब मोरारजी देसाई के साथ अगुआई करने अमेरिका और यूरोप गए थे। शुद्ध स्वदेशी की जगह अब विदेशी पूंजीपतियों का छोटा हिस्सेदार या एजेंट बनने में ही घनश्यामदास बिड़ला को अपना भविष्य सुरक्षित ही नहीं, सुनहला भी लगने लगा है।

जब घनश्यामदास बिड़ला का टाटा के समकक्ष होने या आगे निकल जाने का सपना भारत सरकार ने दुर्गापुर कारखाने की योजना अपने हाथ में लेकर भंग कर दिया, तब उन्होंने एल्यूमिनियम के लिए हेनरी केजर का सहारा लिया। जब भारत सरकार ने इम्पीरियल केमिकल्स जैसी दुर्दंड साम्राज्यवादी संस्था को हाईएक्सप्लोसिव उद्योगों और युद्ध में काम आने वाली चीज के उत्पादन का 70 फीसदी हिस्सा गोमिया, हजारीबाग के नए बने कारखाने में दे दिया और टाटा ने नए दवा के कारखाने में अमेरिकन बड़ी ड्रग कंपनी को 60 फीसदी हिस्सा दे देने की शर्त मंजूर कर ली, तब बेचारे बिड़लाजी ही क्यों विदेशी पूंजीपतियों के इस प्रवेश में सहायक न होते।

अगर बिड़ला को एक नया लोहे का कारखाना बनाने की इजाजत मिली होती तो व्यक्तिगत और सरकारी उद्योग-धंधों का सच्चा तुलनात्मक नजारा जनता के सामने सही शक्ल में आता, लेकिन शायद अफसरशाही के नीचे दबी नेहरू सरकार अपने निकम्मेपन, फिजूलखर्ची और बेइन्तहा रुपए की बर्बादी को जनता की पैनी नजरों से दूर पर्दे की ओट में रखना चाहती है, जो सरकारी उद्योगों के नाम पर आज राष्ट्रीयकरण के दिखावटी उद्देश्य के लिए हो रही है। जब आधे फ्रेंच टाटा और अर्ध आंग्ल मार्टिन-बर्न को सरकार अपने पुराने लोहे के कारखानों को दुगुना-तिगुना बढ़ाने के लिए क्रमशः सौ और पचास करोड़ रुपया उधार दे रही थी तब बिड़ला को एक नया लोहे का कारखाना बनाने दिया जाता तो कौन सा बुनियादी सिद्धांत टूट जाता?

कांग्रेसी सरकार के आर्थिक मामलों में कौन से बुनियादी सिद्धांत हैं, यह आज तक किसी को साफ पता नहीं लगा। औद्योगिक नीति की चर्चा तो बहुत होती है, पर न भारत की आबादी या कुदरती साधनों के अनुकूल कल-कारखाने ही बन रहे हैं और न कोई दृढ़ नीति ही इस विषय में बरती जा रही है।

भारत की पराधीनता के युग में ब्रिटिश-शासन की मदद से देश का शोषण करने वाली अंगरेजी मैनेजिंग एजेंसियों के प्रतिष्ठानों की भारत सरकार आज भी रक्षा कर रही है। अंगरेजों के हाथ में चलने वाली अनेक कंपनियों के अधिकांश शेयर भारतीय व्यापारियों के हाथों में चले गए हैं पर फिर भी उनका प्रबंध भारतीयों के हाथों में आने देने में भारत की स्वदेशी सरकार बड़ी रुकावटें डाल रही है।

आज भारत सरकार इन लुटेरी विदेशी कंपनियों को भारतीय उद्योग पर नाजायज नियंत्रण रखने के काम में खुलेआम मदद कर रही है। अगर 41 फीसदी शेयरों के बहुमत के सिद्धांत को बिना किसी पक्षपात के लागू किया जाता तो अनेक अंगरेज डाकू हिंदुस्तान के व्यापार से गायब हो गए होते और क्लाइव स्ट्रीट वास्तव में भारतीय हो गई होती, परंतु भारत सरकार का कंपनी कानून विभाग वित्त और उद्योग-जगत में प्रमुख स्थान दिए हुए है। जब सुकर्णो ने इंडोनेशिया में डच उद्योग-धंधों और व्यापार का राष्ट्रीयकरण कर लिया है और नासिर ने विदेशी व्यापारिक प्रतिष्ठानों को मिस्र

नागरिकों को सौंप दिया है तो एशिया के फिर से उद्धार का दम भरने वाले नेहरू साहब के घुटने विदेशी पूंजीपतियों के सामने क्यों इस बुरी तरह झुक गए हैं कि जो कंपनियां अपने अधिकांश हिस्से भारतीयों के हाथ बेच चुकी हैं, वे भी अंगरेजों के कब्जे में रहने दी गई हैं।

अंगरेज भारतीय उद्योगपतियों से किसी भी तरह ज्यादा कुशल या होशियार नहीं। अंगरेजों के मातहत चलने वाली अधिकांश जूट मिलें तीन साल से घाटा दिखा रही हैं, जबकि भारतीय व्यापारियों की जूट मिलें नफा कर रही हैं। जो चायबाग, कोयले की खानें, कपड़े और चीनी की मिलें व अन्य दूसरे उद्योग भी अंगरेजों से खरीदे जाकर भारतीयों के हाथों में आए हैं, उनका उत्पादन व नफा दोनों ही बढ़े हैं।

विदेशियों की नकल करने वाले बिड़ला जैसे भारतीय संचालक भी अंगरेजों से अच्छे और होशियार ही साबित हुए हैं, लेकिन अंगरेजी कंपनियों ने भी भारत सरकार की सुरक्षा और सहायता प्राप्त करने के लिए राजनीतिज्ञों, मंत्रियों और अफसरों के बेटों, भतीजों, जमाइयों, सालों, भानजों, बहनोइयों, चाचों, ससुरों आदि को बड़ी तादाद में ऊंचे वेतन पर अपनी कंपनियों में भर्ती कर लिया है।

जाहिर है, स्टैंडर्ड वैकुअम, कॉलटेक्स, इम्पीरियल टोबाको, इम्पीरियल केमिकल्स, डनलप रबड़ वीमको (वेस्टर्न इंडिया मैच), लीवर-ब्रदर्स आदि अरबपति विदेशी प्रतिष्ठानों की एकाधिकार वाली भारतीय शाखाओं ने तो इस भाई-भतीजावाद का सहारा लेकर खुली लूट मचा रखी है।

निश्चित ही अब तो घनश्यामदास बिड़ला ने भी अंगरेजों की नकल में सर लक्ष्मीपति मिश्रा, सी.सी. देसाई, आई सी.एम., सेवालाल आई.सी.एस. आदि अनेक प्रमुख अफसरों को भर्ती करना शुरू कर दिया है। रिजर्व बैंक के डिप्टी गवर्नर सुंदरम् साहब और झा साहब आई.सी.एस. भी भारत सरकार से रिटायर होकर बिड़ला में आ रहे हैं।

बंगाली विदेशियों को शांत करने के लिए राजा संतोष को भी बिड़लाजी ने अपने प्रतिष्ठान में कई हजार रुपए महीने की जगह दी है। इन्कम टैक्स कमिश्नर नारगोलबाला को उन्होंने अपने एक मकान में एयरकंडीशंड फ्लैट बहुत ही कम भाड़े पर दिया था। दामोदर वेली कॉर्पोरेशन को इन्हीं की एक शाखा या सहायक कंपनी 'हिंद कंस्ट्रक्शन' कानूनी पेचों में जकड़कर एक-डेढ़ करोड़ रुपया अधिक वसूल कर लाई थी और जब सुचिता कृपलानी के भाई मजूमदार आई.सी.एस. को अचानक चेयरमैनशिप से हटाया गया तो उन्हें भी बिड़ला के ही एक मकान में आश्रय मिला था।

बिड़ला बंधुओं ने लड़ाई के दरम्यान या ठीक बाद एक इंडियन शिपिंग कंपनी नाम की संस्था खोली। नाम से यह जाहिर होता है कि बिड़ला जहाजों का कुछ काम करते हों, लेकिन वास्तव में यह कंपनी डिस्पोजल्स का सरकारी माल खरीदती

और बेचती थी। नीलामी कंपनी, स्टेनर कंपनी से बिना खुली डाक डाले ही पच्चीस लाख रुपए में इस डिपो को खरीदने की बिड़ला ब्रदर्स ने बड़ी कोशिश की, लेकिन स्टेनर कंपनी ने उनकी बात नहीं मानी और खुलेआम नीलामी की तारीख नियत कर दी।

हिंदुस्तान के बड़े शहरों से ही नहीं, लंका, सिंगापुर आदि से भी बड़े-बड़े व्यापारी डाक लगाने पधारे, लेकिन नीलामी के दिन इन व्यापारियों को ही नहीं, नीलामी कंपनी तक को बड़ा आश्चर्य हुआ जब डिपो के सामने नीलामी कैंसिल करने का नोटिस चिपका हुआ मिला।

आज भारतीय उद्योग-जगत में कई बड़ी कंपनियों के डायरेक्टर श्री रामास्वामी मुद्दालियर उस वक्त भारत सरकार के उद्योग मंत्री थे और श्रीमान पिल्लई साहब, डिस्पोजल्स के ईस्टर्न रीजन के कंट्रोलर थे। इन दोनों महानुभावों की मदद से बिना किसी शोरगुल के चुपचाप बीस लाख से भी कम कीमत में यह डिपो बिड़लाजी को दे दिया गया।

सरकारी मंत्रियों और अफसरों में अपने ताल्लुकातों की वजह से यह सारा माल उनको चौथाई दाम में ही मिल गया, लेकिन गोया कि अपनी बहियों के ही माफिक उन्होंने 81 लाख 82 हजार का माल बेचा, जो उन्होंने 30-6-47 को समाप्त होने वाली किताबों में जो हिसाब पेश किया उसके हिसाब से उन्हें 433 रुपए 6 आने का उलटा नुकसान हुआ था। बीस लाख से भी कम में खरीदे माल की ऐसी बिक्री जो छिपाई नहीं जा सकती वही करीब बयासी लाख रुपए की हो, तो फिर चार सौ तैंतीस का घाटा दिखाने वाले हिसाब-किताब बिड़ला ही तैयार कर सकते हैं, और किसी की तो सामर्थ्य से बाहर की चीज है।

बिड़लाजी इन्कम टैक्स में तो नुकसान दिखाकर गए, पर सेल्स-टैक्स से भी सरकारी अधिकारियों को मिलाकर कुल कुछ हजार रुपए चुकाकर वे छुट्टी पा गए। न उन्होंने शुरू में कितना माल था उसकी लिस्ट दी और न ही कितना-कितना किस तरह बिका उसका तफसीलवार ब्योरा ही दिया।

अभी-अभी सतलुज कॉटन मिल्स के मैनेजर श्री गजानंद डालमिया, पाकिस्तानी पंजाब के मंटगुमरी जिले के ओकाड़ा नामक स्थान में नई फौजी हुकूमत द्वारा पकड़े गए हैं। पाकिस्तान की सरकार ने इन पर यह अभियोग लगाया है कि वे दो तरह के बहीखाते रखते थे, एक इन्कम टैक्स के लिए झूठे, जाली और दूसरे वास्तविक। सरकार को जो नफा ये दिखाते थे, उसके अलावा ये लाखों-करोड़ों रुपया चोरी से हिंदुस्तान ले जाते थे और एक्साइज ड्यूटी की भी चोरी करते थे। जब भारतीयों के कट्टर दुश्मन पाकिस्तान में बिड़ला बंधुओं की ऐसी हिम्मत हुई तो हिंदुस्तान में जहां भारत सरकार का मंत्रिमंडल ही एक दफे बिड़ला की मिल्कियत समझा जाने लगा था, वहां तो यह औद्योगिक रियासत क्या न करती होगी!

यह सतलुज कॉटन भी बिड़ला ब्रदर्स की एक अद्‌भुत कंपनी है। इसकी चुकता पूंजी है कुल 15 लाख रुपए। 1935-36 के सस्ते जमाने में यह मिल सोने की खान साबित हुई, इसलिए इसका प्रबंध स्वयं घनश्यामदास बिड़ला दिल्ली से करते हैं। इसके बड़े मैनेजर जाजू साहब अमृतसर में रहते हैं और जब कोई खतरा न हो तो मोटर से ओकाड़ा आते-जाते रहते हैं।

इस दफे मार्शल लॉ की घोषणा होने से पहले दिन ही वे चले आए। इस कंपनी के रुई सप्लायर कल तक पाकिस्तान के प्रधानमंत्री सर फिरोज खां नून और उनके बेटे थे इसलिए शायद नून साहब ने लाखों रुपया हर साल इस तरह पैदा कराने वालों के बड़े मैनेजर को गोल-माल के अंदेशे का सन्देश पहले ही पहुंचा दिया हो। इसकी कपड़े की एजेंसियां भी पाकिस्तान में प्रभावशाली राजनीतिज्ञों और अफसरों को मिली हुई थीं, फिर भी इस मिल ने 1954 में एक करोड़ अट्‌ठाईस लाख तो सिर्फ इन्कम टैक्स में दिया और इसके बाद भी इक्यानवे लाख पचास हजार का नफा किया। यह सब तो इन्कम टैक्स की किताबों का नफा है—वास्तविक नफा क्या है यह तो घनश्यामदासजी बिड़ला ही जानें!

यह कंपनी अपने 22-23 साल के जीवन में अपने मालिकों को सरकारी टैक्स के अलावा कम से कम दस करोड़ रुपए दे और फिर भी कपड़े का उद्योग संकट में पड़ा रहे तो यह सवाल जरूर उठ सकता है कि रिजर्व क्या हुए।

बिड़ला ब्रदर्स का एक बड़ा भारी औद्योगिक प्रतिष्ठान ग्वालियर में है जिसका नाम जियाजी राव कॉटन मिल्स लिमिटेड है। यह मिल में एक डायरेक्टर ब्रिटिश सरकार के रिफॉर्म्स कमिश्नर और बाद में सरदार पटेल के स्टेट्स सेक्रेटरी श्री वी.पी. मेनन साहब भी हैं। राजनीतिक प्रभाव के व्यक्तियों से काम निकलवाने का इनाम बिड़ला चालीस पचास हजार रुपए सालाना देने वाली डायरेक्टरी के रूप में देते हैं। हैदराबाद स्टेट के उद्योग-धंधों का एक बड़ा हिस्सा, सिरपुर पेपर, सिरपुर सिल्क, आलविन मेटल, हैदराबाद स्टेट एजवेस्टस और सीमेंट आदि के रूप में बिना कोई दाम चुकाए बिड़लाजी को मिल चुका है।

शायद वेलोडी और मेनन जैसे हैदराबाद में प्रभावशाली राज्याधिकारियों ने बिड़लाजी की इस काम में मदद की हो। यह जियाजीराव कॉटन रिजर्व और पूंजी मिलाकर आज करीब दस करोड़ रुपए का उद्योग-धंधा है। इसके नीचे ग्वालियर में एक रायोन मिल, नागदा में एक स्टेपल फाइबर का कारखाना, पोरबंदर में एक सोडा ऐश और सोडा कास्टिक का कारखाना (अभी बन रहा है) आदि हैं।

1942 से पहले देसी रियासतों में होने के कारण इस पर इन्कम टैक्स भी नहीं लगता था और इसने अपने तीस साल के इन्कम टैक्स-फ्री जीवन में बिड़ला बंधुओं को कम से कम बीस करोड़ रुपए दिए हैं। बंबई के रेडिकल कहे जाने वाले ब्लीज-पत्र ने भी इस मिल की तारीफ में बड़े-बड़े सप्लीमेंट निकाले हैं, जिसके लिए कंपनी

ने शायद कई हजार रुपए साहब को दिए हों। 1940-41 में इस मिल ने बड़ी कमाई करते हुए भी कोई डिविडेंड नहीं दिया और अपने टेक्समाको ग्वालियर लिमिटेड की पूंजी बढ़ाने के लिए डिविडेंड के बदले में उस कंपनी के कुछ शेयर दे दिए। इस तरह यह साबित होता है कि ग्वालियर की टेक्समाको भी कुछ परिमाण में जियाजीराव कॉटन मिल के नफे से बनी है।

बिड़ला ब्रदर्स के हाथ में दो बीमा कंपनियां भी हैं। रूबी जेनरल और न्यू एशियाटिक। रूबी कंपनी ने सूरजमल मेहता साहब, जो बिड़लाजी के भांजे हैं, की प्राइवेट लिमिटेड कंपनी जूट एंड गनी ब्रोकर्स को खूब बड़े कमीशन पर चीफ एजेंट बना रखा है। न्यू एशियाटिक में आडिटर एस.आर. बाटलीबोई ने 1956 की रिपोर्ट में 142134 रुपए के बारे में यह कहा है कि यह रकम ऐसे सफर और दूसरों के मनोरंजन आदि में खर्च की गई है जिसके बारे में न कोई उचित ब्योरा है और न कोई पक्का सबूत।

इसी कंपनी ने एक ऐसी कंपनी के 236789 रुपए के शेयर खरीद रखे हैं जो लिक्विडेशन में चली गई है और जिन शेयरों का दाम घटकर 105800 हो गया है। किस कंपनी के ये शेयर हैं यह नाम नहीं दिया गया है, लेकिन अंदाजा यही लगता है कि बिड़ला ब्रदर्स की ही कोई कंपनी होगी क्योंकि बिड़ला दूसरों के शेयरों में घाटा सहने के आदी नहीं हैं।

कहानी बिड़ला ब्रदर्स की

यह बिड़ला ब्रदर्स है क्या? किस तरह इसकी शुरुआत हुई और किस तरह आज लेमनजूस (मोर्टन कंपनी) और आंवले का तेल (बिड़ला लेबोरेटोरीज) से लेकर बालबेयरिंग (नेशनल इंजीनियरिंग इंडस्ट्रीज लिमिटेड, जयपुर) तक अनेक चीजों को बनाने में सफल हुआ। बिड़ला बंधुओं ने अपने पिता राजा बलदेवदासजी बिड़ला की एक जीवनी ऋषि जैमिनी कौशिक 'बरुआ' से, जो 'भांग की पकौड़ियां', 'मस्तानी जवानी' आदि कामोत्तेजक किताबों के लेखक समझे जाते हैं, पंद्रह सौ रुपए देकर लिखाई है।

इस पुस्तक के अनुसार सन् 1893 में बलदेवदासजी कलकत्ता पधारे, यानी बिड़ला का इतिहास साठ साल के करीब का है। अफीम की नीलामी का व्यापार जो चौरस्ते पर हुआ करता था, उसमें वे शामिल हुए और पास में ही 18 नंबर मल्लिक स्ट्रीट की कोठी 'काली गुदाम' (अफीम के काले रंग की वजह) में गद्दी स्थापित की और बलदेवदास जुगलकिशोर फर्म भी अफीम और दूसरी चीजों का सट्टा करने वाले नामी चौरस्तियों में शरीक हो गया।

बंबई से जब बिड़ला कलकत्ता पधारे तो उनकी आर्थिक स्थिति का आकलन तकरीबन डेढ़ अरब रुपए के आसपास किया जाता है। वैसे तो जो उद्योग-धंधे, बैंक

आदि उनके कब्जे में हैं उनमें तीन सौ करोड़ रुपए से भी ऊपर, यानी तीन अरब से ज्यादा की पूंजी काम में आती है। लेकिन अर्थ विशेषज्ञों का अनुमान है कि जितनी पूंजी बिड़ला के कंट्रोल में है उसका कम से कम तिहाई और अधिक से अधिक आधा धन उनका निजी लगा है।

अफीम से वे रुई, चांदी, तीसी और पाट के व्यापार में आए। व्यापार में बिड़ला ब्रदर्स का यह रुख रहता है कि जब कोई भी चीज सस्ती से सस्ती हो तो उसे निश्चय ही खरीद लिया जाए और बाजार गरम होने पर उसे अच्छे दामों में निकाल दिया जाए। लंबा घाटा इन्होंने कभी बर्दाश्त नहीं किया और अगर कभी एक आध दफे किसी चक्कर में पड़कर फंस भी गए तो न चुकाने में अगर कोई कानूनी डर नहीं रहता तो ये नहीं चुकाते। जाहिर है, ऐसा करने की भी इन्होंने कई कोशिशें कीं। थोड़े दिन पहले ही बीस लाख के मामूली नुकसान पर उन्होंने बंबई में अपनी इंडिया प्रोड्यूस को लिक्विडेशन में भेजने का इरादा कर लिया था ताकि घाटे की रकम नहीं देनी पड़े, लेकिन बाजार में जो हल्ला मचा और इनके एक मध्यवित्त चचेरे संबंधी श्री बजरंगलाल ने जिस ईमानदारी और हौसले का उस समय परिचय दिया, इससे बेईमानी पर कमर कसे श्री रामेश्वरदासजी बिड़ला को झुक जाना पड़ा और बड़ी बदनामी से बचने के लिए उन्हें अंत में भुगतान करना पड़ा।

1903 में ही बिड़ला परिवार ने बंबई में घोड़ागाडी और उन्नीस हजार रुपए में अपना निजी पहला भवन खरीदा। 1911 में चीन से चांदी आयात कर और फाटके में व विलायत में बेचकर उन्होंने करीब आठ लाख रुपया कमाया। कलकत्ते की जकरिया स्ट्रीट में भी उनका विशाल-भवन बनना शुरू हुआ। भवन बन ही रहा था कि जर्मन महायुद्ध शुरू हुआ और बिड़ला करोड़पति बन गए। घनश्यामदासजी ने दलाली का धंधा छोड़कर सात लाख रुपए में पतनोन्मुख बांग्ला परिवार से दिल्ली में कपड़े की मिल खरीद ली।

इसी तरह लड़ाई समाप्त होने के कुछ दिन बाद फाटके में मार खाए हुए केशोरामजी पोद्दार से उनके मुनीम राधाकृष्ण सोंथालिया को मिलाकर और उनका हिस्सा रखकर, केशोराम कॉटन, पूर्वी भारत में सबसे बड़ी कपड़े की मिल खरीद ली। ठीक लड़ाई के खत्म होते ही बिड़ला जूट मिल बनी और 1922 में ग्वालियर कॉटन मिल स्थापित हुई। औद्योगिक क्षेत्र में आकर भी फाटका व चीजों के लेने-बेचने का व्यापार बिड़ला ब्रदर्स ने कभी नहीं छोड़ा। पहले महायुद्ध के बाद करेंसी के गिरते-चढ़ते भावों में भी बिड़लाओं ने काफी रुपया बनाया। चांदी का इम्पोर्ट करके भी इन्होंने 1924 में काफी रुपया कमाया था।

जाहिर था, लड़ाई खत्म होने के बाद बिड़ला पक्के करोड़पति हो गए थे। उस समय वे तीन कपड़े की मिलों और एक जूट मिल के मालिक थे। जूट, बेलिंग, शिपिंग और दूसरी चीजों के एक्सपोर्ट-इम्पोर्ट का काम भी जारी था। इस वक्त तक इनकी

ऑफिस 137 कैनिंग स्ट्रीट ही थी, जिसमें इस वक्त हार्डवेयर और मशीन पार्ट्स के छोटे-छोटे मध्यम दर्जे के व्यापारियों के दफ्तर हैं। लड़ाई के थोड़े दिन बाद जकरिया स्ट्रीट से बिड़ला परिवार बालीगंज के शानदार बिड़ला-पार्क में चला गया।

बिड़ला ने एम्पायर न्यूज और बंगाली नाम के दो अंगरेज समर्थक पत्र 1924 में ही खरीद लिए थे, लेकिन रेशियों को लेकर उनका अंगरेजों से झगड़ा शुरू हो गया और वे पहले मदनमोहन मालवीय की तरफ अग्रसर हुए और उनकी सदारत में 'हिंदुस्तान टाइम्स' की नींव डाली। थोड़े दिन बाद ही अखबार के संपादक साहनी और उसके संचालक कोहली से इनका जबर्दस्त झगड़ा खड़ा हो गया और इन दोनों सज्जनों ने गाली-गलौज देते हुए 'हिंदुस्तान टाइम्स' से बिदा ली व 'नेशनल काल', अखबार की नींव डाली। मालवीयजी और लाला लाजपतराय की मदद से इन्होंने स्वराज पार्टी के श्री प्रकाशजी (आज बंबई के गवर्नर) के खिलाफ चुनाव लड़ा और लाखों रुपया खर्च कर कांग्रेस को हराने में सफल हुए।

सन् 1924 से ही उनका गांधीजी से संपर्क स्थापित हो गया था और वे गांधीजी को उनके अनेक कार्यों में रुपया देने लगे थे। 1924 में देशबंधु चित्तरंजनदास मेमोरियल फंड में उन्होंने एक साथ एक लाख रुपया दिया था, और शांति निकेतन, मुस्लिम यूनिवर्सिटी, अछूतोद्धार आदि में गांधीजी जैसे कहते वैसे ही यह रुपया देते गए।

मालवीयजी की बनारस हिंदू यूनिवर्सिटी को भी इन्होंने तकरीबन तीस-चालीस लाख रुपया दिया होगा। 1927 में घनश्यामदास बिड़ला पहले पहल विलायत गए, और फिर हर दो-तीन साल में ये विलायत जाते रहे, लेकिन स्वराज्य के बाद तो यह सिलसिला इतना बढ़ा कि घनश्यामदास बिड़ला ही नहीं, उनके परिवार के दूसरे सदस्य भी हर साल और कभी-कभी तो साल में दो बार योरोप व अमेरिका जाने लगे हैं।

औद्योगिक उन्नति करने के लिए बिड़लाजी बहुत सचेष्ट थे। लंदन में उन्होंने अपना ऑफिस 1927-28 में ही स्थापित कर लिया था, लेकिन आर्थिक संकट और मंदी के जमाने में उन्होंने अपने उद्योग-धंधे विशेष नहीं बढ़ाए। जब 1934-35 में मंदी के आसार कुछ ढीले पड़ने लगे तब चार चीनी मिलें इन्होंने उत्तर प्रदेश और बिहार में स्थापित की। 1937 में सतलुज कॉटन मिल्स और उड़ीसा में ओरियंट पेपर मिल्स की स्थापना हुई। बिड़ला परिवार और फर्म धीरे-धीरे तरक्की करता गया, पर 1931 में लड़ाई शुरू होने के पहले तक बिड़ला एक-डेढ़ करोड़ के ही आदमी समझे जाते थे, गोया कि वे गांधीजी को लाखों रुपया दे चुके थे। लड़ाई के दौर में जो तेजी आई और इनके उद्योग-धंधों में जो रुपया बरसा उसने इनके धन को छह साल के अर्से में बीस गुना बढ़ा दिया। जब स्वराज्य हुआ तब ये चालीस करोड़ के आदमी थे और अब 1958 में ये अरबपति हैं।

हरिदास मूंदडा ने कहा था कि मैं इसलिए फेल हुआ कि मेरे पास न बैंक था न अखबार। बिड़लाजी ने अखबार तो 1925 में ही शुरू कर दिए थे और युनाइटेड कमर्शियल बैंक भी 1944 में खड़ा कर दिया था। अखबार व बैंक बड़ी मदद जरूर करते हैं, लेकिन आजकल के समाज में हर किसी की रक्षा और उन्नति करने को पर्याप्त नहीं हैं। राजनीति ही अर्थिक समृद्धि की असली कुंजी के रूप में आज के भारत में रह गई है।

समाचार-पत्र तो राजनीति को चलाने में मदद जरूर देते हैं, लेकिन उन समाचार-पत्रों का कुशल संचालन करने के लिए घनश्यामदास बिड़ला का सा विस्तृत दिमाग और अनुभव चाहिए। बिड़लाजी ने सालों तक अंगरेजों और कांग्रेस के बीच समझौता कराने की कोशिश की, कांग्रेस और उसके कार्यों में करोड़ों रुपए दिए, पर कांग्रेस के सदस्य कभी नहीं बने। उन्होंने केंद्रीय असेम्बली की मेम्बरी भी एक दफे के बाद छोड़ दी। लाला लाजपतराय और पंडित मदनमोहन मालवीय ने बहुत प्रयास किया कि वे सक्रिय राजनीति में भाग लें और नेता पद प्राप्त करें, लेकिन उन्होंने अपने उद्योग-धंधों के विस्तार और धन के संचय के लिए नेतागिरी को ठीक नहीं समझा और नेताओं व राजपुरुषों को छिपे कोष्ठों में प्रभावित करने के मार्ग को ही अपने वास्ते ज्यादा फायदेमंद समझकर चुना।

गांधीजी और अंगरेजी हुकूमत के बीच मध्यस्थता का काम जिस खूबी और चतुराई से चालाक-चपल पुराने अनुभवी दलाल बिड़ला ने किया वह सप्रू और जयकर भी नहीं कर सके। सर तेजबहादुर सप्रू और मुकुन्दराव जयकर तो अखबारी मायने में ही बीच-बचाव के लिए हाथ-पैर मारते नजर आते थे, जबकि असली मध्यस्थ तो बिड़ला ही थे। घनश्यामदास बिड़ला ने 1930 से ही अंगरेज उच्चाधिकारियों और राजनीतिज्ञों से घनिष्ठ संबंध स्थापित कर लिए थे।

अपने बढ़ते व्यापार और ऊंचे उठते उद्योग-धंधों की तरक्की के लिए भी बिड़ला को अपनी महत्त्वाकांक्षा फलीभूत होती नजर आती थी, इसलिए बिड़लाजी हर महीने, हर साल वायसराय, गवर्नरों, ब्रिटेन के इंडिया सेक्रेटरी, प्रधानमंत्री और अन्य प्रभावशाली ब्रिटिश राजनीतिज्ञों से मिलते रहते थे, और उनके दिमाग में यह भावना पैदा करने की लगातार कोशिश करते थे कि घनश्यामदास बिड़ला अंगरेजी-राज का सच्चा दोस्त है, और अंगरेजी राज्य को भारत में शांतिपूर्वक कायम रखने के लिए महात्मा गांधी से एक स्थायी और मजबूत समझौता करना जरूरी है, लेकिन बिड़ला ने कभी विद्रोह का बिगुल नहीं बजाया और अपने व्यापार के फायदे के लिए महात्मा गांधी के मना करने पर भी लड़ाई के बाद टाटा के साथ विलायत इंडस्ट्रियल डेलीगेशन बनाकर नए कल-कारखानों की चाह में चल पड़े। लड़ाई के अप्रत्याशित लाभ से फले-फूले घनश्यामदासजी को उस वक्त भी चर्चिल के चुनाव में पराजय और भारत की स्वाधीनता के लक्षण नजर नहीं आ रहे थे।

भारत की आजादी के बाद बिड़लाजी की कंपनियों की तादाद दुगुनी और उनका आकार चौगुना हो गया है। आज बिड़ला ब्रदर्स के कब्जे में 6 चीनी मिलें, 6 कपड़े की मिलें, दो पेपर मिलें, 6 रायोन (एस्टेट, विस्कोस और स्टेपल फाइबर) की मिलें, दो वेजिटेबल-घी के कारखाने, हिंद-साइकिल, हिंद-मोटर, प्लास्टिक और प्लाइवुड की फैक्ट्रियां, टेक्समाको, बालबेयरिंग की कंपनी, बिजली के पंखे और मोटर बनाने और एयर कंडिशनिंग का कारखाना, चार जूट-मिलें, डेयरी, दो इंश्योरेंस-कंपनियां, कैल्सियम कार्बाइड, इंडिया लाइनोलियम, लीनन, इंडियन शिपिंग कंपनी लिमिटेड, सी.एंड.ई. मोर्टन लिमिटेड, भारत कला भंडार लिमिटेड, बंगाल स्टोर्स लिमिटेड, हिंद गैस कंपनी लिमिटेड, आलविन मेटल्स लिमिटेड, हैदराबाद एजबेस्ट्स एंड सीमेंट लिमिटेड, युनाइटेड कमर्शियल बैंक लिमिटेड, भारत कॉमर्स एंड इंडस्ट्रीयल लिमिटेड, गंगा प्रॉपर्टीज, बसंत प्रॉपर्टीज, लक्ष्मी प्रॉपर्टीज, माधो प्रॉपर्टीज, पिलानी प्रॉपर्टीज आदि अनेक जायदादें हैं।

हैदराबाद रियासत की मिलों को हथियाने में जो हथकंडे बिड़ला ब्रदर्स ने दिखलाए उनकी अजीब राजनीतिक गाथा तो उद्योग-जगत में भ्रष्टाचार की कानाफूसियों का मसाला मात्र बनकर रह गई है। अभी अमेरिकन उद्योगपति हैनरी कैजर के साझे में बिड़ला का एल्यूमिनियम का कारखाना रिहांड डैम से सस्ती बिजली के सहारे बन रहा है। बिड़ला इतने चालाक हैं कि विदेशी विनिमय तो कैजर से ले लेंगे जबकि भारतीय रुपया उत्तर प्रदेश और केंद्रीय सरकार से लेंगे, इस बीस-पच्चीस करोड़ के कारखाने का कंट्रोल रहेगा बिड़ला ब्रदर्स के हाथ में।

बिड़ला अब सीमेंट और सोडा ऐश के उद्योग में पदार्पण कर रहे हैं, और उनकी सीमेंट फैक्टरी सतना में व सोडे की फैक्टरी पोरबंदर में बन रही है। करल की कम्युनिस्ट सरकार के साथ उन्होंने पल्प कारखाना खड़ा करने के लिए एक ऐसा समझौता किया है जिसके माफिक कम्युनिस्ट भी इस अरबपति के जाल में फंसते नजर आते हैं। अपने वनों से सस्ती लकड़ी और मजदूरों के मामले में बिड़लाजी को पूर्ण स्वतंत्रता नंबूदरीपाद मंत्रिमंडल ने भी मंजूर कर ली है।

बिड़लाजी ने अबीसिनिया या इथोपिया की राजधानी आदिस आबाबा में भी एक कपड़े की मिल खड़ी की है। रीवा जिले में भी उनकी कागज की एक नई मिल बनने वाली है। इस तरह समाजवादी कांग्रेस के शासन में बिड़ला का प्रभाव और प्रभुत्व बढ़ता जा रहा है। पटना, इलाहाबाद, दिल्ली से इनके तीन अंगरेजी के और तीन हिंदी के दैनिक-पत्र निकलते हैं और कांग्रेस के विभिन्न लीडरों और सरकारी अफसरों की तारीफों के बयान छापकर बिड़ला अपना उल्लू सीधा करते रहते हैं।

सर्वोदयवाद के संघर्ष-विहीन सिद्धांत को पूंजीवाद के प्रबल समर्थक बिड़ला, भावे और जयप्रकाश नारायण को भी मदद पहुंचा रहे हैं। गांधीजी के सत्याग्रह और सिविल नाफरमानी के मार्ग को नष्ट करने में भूदान, ग्रामदान, संपत्तिदान की झूठी

भिक्षावृत्ति बड़ी सहायक सिद्ध हो रही है। बिड़ला की कांग्रेस के शासन को स्थापित बनाने के सब स्तम्भों को खुले हाथ सहायता दे रहे हैं क्योंकि कांग्रेस के भ्रष्टाचारी शासन में इनकी संपत्ति देने से भी अधिक हो गई है।

जब क्षितीसचंद्र नियोगी भारत सरकार में व्यापार मंत्री थे, तब श्री सी.सी. देसाई आई.सी.एस. इस विभाग के सचिव या सेकेटरी थे। मंत्री की मर्जी के खिलाफ उन्होंने बिड़ला ब्रदर्स को करोड़ों रुपयों के इंपोर्ट और एक्सपोर्ट लाइसेंस दिए और अब देसाई साहब को दस हजार रुपए महीने से भी ऊपर के वेतन और भत्ते पर बिड़ला साहब ने अपनी फर्म में स्थान दिया। देसाई अपने नीचे रहे हुए सब अफसरों पर बड़ा प्रभाव व असर रखते हैं। बिड़ला ने ही अपने राजनीतिक प्रभाव की वजह से पाकिस्तान और हिंदुस्तान के बीच जूटपैक्ट करवाया, जिससे भारत को नुकसान पहुंचा और पाकिस्तान को फायदा हुआ। इस पैक्ट के खिलाफ भारत भर में आवाज उठी तो नियोगी साहब को इस्तीफा देना पड़ा।

हजार रुपए के नोटों का प्रसार जब सरकार ने बंद किया तो बिड़लाजी ने करोड़ों के नोट बाजार में आधे और तिहाई दामों में खरीदकर राजस्थान और मध्य-भारत की रियासतों और हैदराबाद के खजानों, अपने युनाइटेड कमर्शियल बैंक की विभिन्न शाखाओं का उपयोग कर पूरे दाम वसूल कर लिए और करोड़ों रुपया कमाया, लेकिन इन्कम टैक्स विभाग ने इस नोटों के मामले में छोटे-छोटे व्यापारियों पर बिना मतलब के हजारों-लाखों रुपए नाजायज कर के थोप दिए पर बिड़ला अपने प्रभाव और रिश्तों की वजह से साफ बच गया।

सरदार पटेल से बिड़ला की घनी दोस्ती थी और 1950 में वल्लभ भाई की मृत्यु भी बंबई के बिड़ला-भवन में ही हुई, गोया कि उसी शहर में उनके बेटे डाया भाई का निवास स्थान भी था। बिड़लाजी ने डाया भाई को 'भारत' नामक दैनिक अखबार निकालने के सिलसिले में अपना और अपनी कंपनियों का बीसों लाख रुपया बर्बाद किया और सरदार के प्रभाव से करोड़ों का फायदा उठाया। बंगाल के प्रधानमंत्री विधानचंद्रराय तो तीस साल से बिड़ला परिवार के घरेलू डॉक्टर हैं और किसी भी बिड़ला बच्चे को जब छींक भी आती थी तो उनको बुलाकर बत्तीस, चौंसठ और एक सौ अट्ठाईस रुपयों तक की फीस प्रायः दी जाती थी। वे आज भी बिड़ला के हितों की रक्षा करते नजर आते हैं, जनता को बिड़ला कंपनियों की मुनाफाखोरी और महंगाई से बचाने की तरफ उनका ध्यान नहीं।

यही हाल उनके केंद्रीय मंत्रियों और प्रांतीय सूबेदारों का है। बिड़ला ने बहुत से कांग्रेसी नेताओं को वक्त-बे-वक्त आर्थिक मदद दी है और अब भी दे रहे हैं। दोनों आम चुनावों में अपनी कंपनियों और अपने सहयोगी व दोस्त पूंजीपतियों से उन्होंने करोड़ों रुपया कांग्रेस को दिलाया है और इस चुनाव के चंदे से करोड़ों का लाभ भी अंत में उठाया है।

सब मंत्रियों की नाकों में नथ पहनाकर या नकेल डालकर बिड़ला बहुत समय से पंडित जवाहरलाल नेहरू को भी खुश कर अपनी तरफ खींचने की कोशिश कर रहे हैं। पिलानी के अपने कॉलेज दिखाने वे देश-विदेश के महानुभवों को ले जा चुके हैं। बड़े आदमियों को अपनी दानशीलता से परिचय कराकर उनके दिल में अपने प्रति अच्छे भाव पैदा करने के लिए बिड़लाजी ने पिलानी से एक प्रदर्शनी का सा काम लिया है। लेडी माउंटबेटन की खुशामद कर वे पंडित जवाहरलाल नेहरू को भी अंत में अपने इस जन्म-स्थान पर ले जाने में सफल हुए, लेकिन तो भी पंडित नेहरू से टाटा के समकक्ष प्यार वे प्राप्त नहीं कर सके और आज भी उनकी कोशिश जारी है।

बिड़ला बड़े मेहनती और धैर्यवान हैं। अपने ध्येय को सफल करने के लिए उनकी चेष्टाएं लगातार चलती रहती हैं, और शायद वह दिन भी दूर नहीं जब जवाहरलाल नेहरू भी उनकी तरफ एकदम झुक जाएं।

प्रेसीडेंट रूजवेल्ट के खास सलाहकार और प्रधान दूत हैरी होपकिंस ने न्यूवर्ल्ड अखईजीगं नामक एक पुस्तक लिखी है। उसमें बिड़लाजी का भी जिक्र आया है–जब मैं कलकत्ता में था तब बिड़ला लोगों ने शहर के सर्वश्रेष्ठ सिनेमाघर में मुझे एक फिल्म दिखाई जो उनके अपने बारे में थी। यह तस्वीर एक घंटे तक चलती रही। चित्र ने हमको बिड़ला के भव्य-भवनों और शानदार निवासों की सैर कराई। कलकत्ते, मसूरी, नैनीताल, दिल्ली और बंबई के विशाल निकेतनों के दृश्य, एक के बाद एक आते गए, फिर कारखानों, बैंकों, इंश्योरेंस कंपनियों और दफ्तरों की दृश्यावली आई–हर फैक्टरी के साथ बिड़ला खानदान के एक सदस्य ने अपने आपको प्रकट किया और एक बड़ी टेबल के पीछे मुस्कराकर बैठे-बैठे ही पर्दे से गायब हो गया। इसके बाद बिड़लाओं की कल्याणकारी संस्थाओं के नजारे दिखाए गए, अपने जन्मस्थान पिलानी के कॉलेज, दिल्ली का विशाल लक्ष्मीनारायण मंदिर, उनको देखकर मेरा माथा चकराने लगा। लेकिन उस पगड़ी में और भी खरगोश थे जो बाहर नहीं निकाले गए।

इस प्राइवेट प्रदर्शनी में उपस्थित हर एक व्यक्ति को भी उन खरगोशों की जानकारी थी कि किस तरह से बिड़ला टैक्स का रुपया पचाकर अपना धन बढ़ा रहे हैं और किस तरह से हिंदुस्तान की सरकार के हर विभाग में उनके सहायकों और रक्षकों का दल ताकतवर शक्ल में मौजूद है।

आंध्र प्रदेश की विधानसभा में सोशलिस्ट नेता बी. रत्न सभापति ने कहा–''सरकार ने हीरों जड़ी सोने की थाली में रखकर निम्नलिखित सरकारी कंपनियां बिड़ला ब्रदर्स को भेंट में दे दी हैं–

1. आलविन मेटल वर्क्स लिमिटेड–चुकता मूलधन 52 लाख 31 हजार, सरकारी लगी पूंजी 27 लाख 38 हजार, फरवरी 1956 में बिड़लाजी के कब्जे में दे दी गई।

2. हैदराबाद एजबेस्ट्स सीमेंट लिमिटेड–चुकता पूंजी 16 लाख 87 हजार, आंध्र सरकार द्वारा लगाई हुई पूंजी 10 लाख 71 हजार, सरकार का कंपनी को दिया हुआ कर्ज, 8 लाख 22 हजार, फरवरी 1956 से।
3. हैदराबाद केमिकल और फर्टिलाइजर लिमिटेड–चुकता पूंजी 25 लाख 62 हजार, सरकार द्वारा लगाई पूंजी 12 लाख 85 हजार, फरवरी 1956 से। 4 सिरपुर पेपर मिल्स लिमिटेड–चुकता पूंजी 1 करोड़ 34 लाख 50 हजार, सरकारी पूंजी 34 लाख 83 हजार, हैदराबाद सरकार द्वारा कंपनी को दिया हुआ कर्ज 1 करोड़ 2 लाख 43 हजार।
4. मार्च 1956 से सर सिल्क मिल्स लिमिटेड–चुकता पूंजी 3 करोड़ 1 लाख 99 हजार, सरकार द्वारा खरीदे गए शेयरों की पूंजी 88 लाख 19 हजार, सरकार द्वारा दिए गए ऋण की रकम 3 करोड़ 24 लाख 85 हजार, मार्च 1953 में बिड़ला ने लाख रुपया लगाया है और इसके अलावा 4 करोड़ 35 लाख रुपया इन्हें कर्ज भी दे चुकी हैं।

इस तरह पहले की हैदराबाद और आज की आंध्र सरकार का 6 करोड़ रुपया इन कंपनियों में लगा है। अरबपति बिड़ला को इन्हें संभालने के लिए देने से क्या समाजवादी नमूने के समाज का निर्माण हो रहा। कौन सी शर्तों पर यह सब कंपनियां बिड़लाजी को दे दी गईं। किस वजह और किस शर्त पर इतनी बड़ी रकमों के कर्जे दे दिए गए और कब, कैसे और किस ब्याज की दर से यह कर्जे अदा किए जाएंगे।

मैं इस विषय में कई और बातें कहना चाहता हूं। जिस वक्त ये कंपनियां बिड़ला ब्रदर्स को भेंट की गईं, उस वक्त श्रीमान नकवी बिलगरामी साहब, हैदराबाद सरकार के व्यापार और उद्योग–विभाग के सेक्रेटरी थे, आजकल वे भारत सरकार के आयात–निर्यात व्यापार के चीफ कंट्रोलर हैं। क्या यह सही है कि उनके भाई को बिड़लाजी ने सिर सिल्क या सिरपुर पेपर में मोटे वेतन वाला पद दिया है? क्या बिलगरामी की पुरानी हडसन मोटर गाड़ी बिड़ला ने ऊंचे और नाजायज दामों में खरीदी है? हैदराबाद के एक भूतपूर्व मंत्री या कांग्रेस के एक लीडर का लड़का डिस्पैच क्लर्क का काम करते हुए भी क्यों बड़ी तनख्वाह पा रहा है?

बिड़ला को मैनेजिंग एजेंसी देने के मामले के पीछे जो भयंकर भ्रष्टाचार छिपा पड़ा है उसका रहस्योद्घाटन करने के लिए में एक न्यायिक जांच की मांग करता हूं। जब कांग्रेस सरकार यह कहती है कि मुट्ठी भर लोगों के हाथों में धन और संपत्ति का केंद्रीकरण वह नहीं होने देगी तो अपनी आवाजी–घोषणा के विपरीत यह काम क्यों किया गया? सरकार ने 1956 के कंपनी कानून को, जिसकी मंशा मैनेजिंग एजेंसी पद्धति को तोड़ने की है, इस तरह खुद कैसे अमान्य किया। सरकार खुद क्यों बिड़ला की हाथी की सी काया को और अधिक बढ़ा रही है?

बिड़ला को इस तरह कंपनियां दे देने से न समाज का कल्याण हुआ न देश का। योग्यता और लियाकत के सिद्धांत को तिलांजलि देकर नाजायज नफा कमाने के लिए बिड़ला अपने उद्योग–धंधों में अफसरों और नेताओं के बेटे–पोतों को मोटी नौकरियां देकर एक प्रभावशाली फौज खड़ी कर रहे हैं। मैं यह भी पूछूंगा कि इन कंपनियों में सरकारी डायरेक्टर हैं या नहीं, और अगर हैं तो वे जनता के प्रति अपनी जिम्मेदारी ठीक तरह से निबाह रहे हैं या नहीं? मैंने सुना है कि अपने संबंधियों को मोटे वेतन वाली नौकरियां दिलाकर वे बिड़ला को अपनी मनमानी लूट मचाने में मदद कर रहे हैं। सरकार का करोड़ों रुपया इस तरह डूबता रहे या अटका पड़ा रहे और एक अरबपति लाखों–करोड़ों रुपया बनाता रहे, यह कौन से सामाजिक इन्साफ का नमूना है? दुनिया के पूंजीवादी मुल्कों में भी इस तरह की हरकतें बर्दाश्त के बाहर की चीजें हैं।

भारत जैसे गरीब मुल्क में कांग्रेस सरकार घोषणा करती है समाजवादी समाज की स्थापना की, और नींव डाल रही है बिड़लाजी के करोड़पंथ की। पर्दे के पीछे, किवाड़ बंद कमरों में, कांग्रेस के लीडरों और बिड़लाजी के बीच क्या कुछ होता रहता है, उसका पता तो उन सरकारी कार्यों से ही लग सकता है, जो बिड़लाजी ने बड़ी कुशलता से प्राइवेट देशी और विदेशी पूंजीपतियों का भारत की पवित्र भूमि पर पदार्पण कराकर किए हैं। निश्चित ही अब वे सब बीसवीं सदी के मीरजाफर की सी शक्ल अख्तियार करते जा रहे हैं।

भारत की आजादी भी शायद विदेशी पूंजी के आक्रमण से खतरे में पड़ जाए। करोड़ों ने आजादी के लिए अपना खून और पसीना इसलिए नहीं बहाया कि बिड़ला के अरब हर चौथे–पांचवें साल दूने होते जाएं। शहीदों के बाल–बच्चे भूखे मर रहे हैं और बिड़ला बंधु आगा खां की तरह सोने से ही नहीं, बेशकीमती हीरों से भी कीमती जवाहरातों से तौले जा रहे हैं।

'जन', अक्टूबर 1958

बिड़ला और मथाई

यह लेख बालकृष्णजी का देश के बड़े औद्योगिक घराने 'बिड़ला' पर लिखा दूसरा लेख है। इस लेख में तत्कालीन प्रधानमंत्री जवाहरलाल नेहरू के प्राइवेट सेक्रेटरी एम.ओ. मथाई और बिड़ला के बीच सांठ-गांठ, भ्रष्टाचार और गबन पर सवाल उठाए गए हैं। बालकृष्णजी ने इस लेख में सरकार और पूंजीपतियों की जी-हुजूरी में लगे देश भर के समाचार-पत्रों को भी जमकर लताड़ा है। देश भर के ट्रस्टों की आय और व्यय के तरीकों सहित ट्रस्टों का पैसा खा जाने वाले कई बड़े नामों पर से पर्दा उठाता यह लेख आज भी कहीं न कहीं अपनी प्रासंगिकता बनाए हुए है। खास बात यह है कि बिड़ला पर यह दूसरा लेख बालकृष्णजी ने 'एकलव्य' के नाम से लिखा था, जिसके बाद संसद के गलियारों में खूब हो-हल्ला मचा था, यही नहीं, इस लेख के 'जन' अखबार में प्रकाशित होने के बाद देश के तत्कालीन गृहमंत्री गोविंदबल्लभ पंत ने दिल्ली पुलिस को 'जन' के दफ्तर की जांच के आदेश दिए थे, साथ ही 'एकलव्य' नाम के व्यक्ति की तलाश के भी आदेश जारी किए थे।

—संपादक

हिंदुस्तान भर के दैनिक-पत्रों में दो बड़ी मजेदार चिट्ठियां छपी हैं। दरअसल, ये दोनों दिलचस्प खत प्रधानमंत्री जवाहरलालजी को लिखे गए हैं। प्राइम मिनिस्टर के प्राइवेट सेक्रेटरी श्री एम.ओ. मथाई साहब ने अपना पत्र उन पत्र-पत्रिकाओं पर आक्रमण करते हुए लिखा, जिन्होंने फाइलों के कागजी जंगलों के भीतर छिपे रोमांचकारी रहस्यों व भ्रष्टाचारों को उजाले में ला दिया है। वैसे भी प्रधानमंत्री के भव्य-भवन में मुफ्त रहने वाले और ऊपर से लगभग दो हजार रुपया महीने की तनख्वाह पाने वाले, हिंदुस्तान के सबसे प्रभावशाली पदों में से एक पर प्रतिष्ठित मथाई साहब को भला बड़े महानुभावों के पापों का पर्दाफाश करने वाले पत्रों की भाषा कैसे पसंद होती। खुशामद और तारीफ की फूल-मालाओं के आदी, जनता की जान और जिंदगी के मालिक, ये भद्र जाति के ऊंचे आदमी इस तरह की 'बकवास' को जो उनके उच्चासनों को हिला देती है कैसे बर्दाश्त कर सकते हैं।

बिड़ला, गोयनका, शांतिप्रसाद जैन, वैष्णव कीर्तनकारी तुषारकान्ति घोष और विरासत में मिले समाचार-पत्रों के सम्राट बने अशोक सरकार के अखबार और मद्रास के सभ्य सुसंस्कृत ब्राह्मण परिवार के बुड्ढे-पत्र 'हिंदू' आज की हुकूमत की नीति के ही नहीं, बल्कि किले की अभेद्य और ऊंची दीवारों से घिरे बैठे अगम्य राजपुरुषों के भी प्रशंसक और पुजारी हैं। बड़े सरकारी अफसरों और कांग्रेसी नेताओं की आरती उतारना ही इन धनिक-पत्रों का एकमात्र उद्देश्य हो गया है।

इस सरकार-समर्थक और सरकारी विज्ञापनों के पुरस्कार से प्रभावित प्रचार के पिछलग्गुओं के अलावा, जब कहीं कोई मामूली-सा विज्ञापनविहीन साप्ताहिक या मासिक पत्र छोटा-सा छेद कर डालता है और कांग्रेसी किलेबंदी के अंदर की गंदगी बाहर बहने लगती है, फिर तो नौकरशाही और नेताशाही के मिले-जुले संगठन घबरा उठते हैं और उन पत्रों पर हर तरह के हमले शुरू कर देते हैं। यही वजह है कि 'जन' ने 'बिड़ला रहस्य' लेख छापा, तो बिड़लाजी के परम-मित्र माननीय गोविन्दबल्लभ पंत, भारत सरकार के गृहमंत्री, गुस्सा हो गए और दिल्ली से पुलिस को ऑर्डर मिला कि वह 'जन' दफ्तर की जांच-पड़ताल करे और यह पता लगाए कि 'एकलव्य' कौन है?

भारत में आज जो भी धीमी आवाज अफसरशाही और कांग्रेसी कुशासन के दुःशासनों के खिलाफ उठ रही है, उसे दबाने की हर तरह की कोशिशें सरकारी और औद्योगिक प्रतिष्ठानों के शिखर स्थित सज्जन करते हैं। मथाई महाशय मजेदार महापुरुष हैं। आपने अपनी चिट्ठी में लिखा है कि वे कुंआरे हैं, इसलिए उनका खर्चा कम है। उनके पास अपने निजी पैसे हैं, इसलिए उन्हें सरकारी तनख्वाह की बिलकुल ही जरूरत नहीं, लेकिन अधिकांश लोगों का यह मत ही नहीं अनुभव भी है कि विवाहित जीवन कुंआरे जीवन से सस्ता पड़ता है, पर जाहिर है, इन सब बातों के बावजूद वे अपनी बड़ी तनख्वाह बदस्तूर, हर पहली तारीख को लेते रहे और किसी भी परोपकारी काम में खर्च या दान करने की उनकी गुणगाथा कभी नहीं सुनी गई। अगर होती तो वे उलटे अपने इस पुण्य-पत्र में चर्चा करने से नहीं चूकते।

इन्कम टैक्स चुकाने के बाद उनके अपने ही कथनानुसार 27500 रुपए की अपनी आमदनी या आय में से वे 18290 रुपए सालाना इंश्योरेंस कंपनी को प्रीमियम भरते रहे हैं, और फिर भी कई हजार के सरकारी ऋणपत्र हर साल खरीदते रहे हैं, यानी उनका अपने ऊपर खर्चा नहीं के बराबर है। इतने मितव्ययी, कुंआरे, बिना बाल-बच्चों वाले पुरुष को करीब चार लाख के जीवन बीमा की जरूरत क्यों हुई? जब उनके हिसाब के मुताबिक सरकारी आमदनी के अलावा उन्हें डेढ़ हजार रुपया महीने के तकरीबन की और आमदनी है, जो महापुरुष इस तरह से धनसंचय की वृत्ति में लगा रहता हो, उसे अपनी पूजनीया माता चेचाम्मा की पुण्य-स्मृति में बनाए गए ट्रस्ट में खुद भी तो एक आध लाख तो जरूर देना चाहिए था, तब शायद राजकुमारी

अमृतकौर को, जो अपने आपको चेचाम्मा ट्रस्ट का चेयरमैन और एक किस्म का मैनेजिंग ट्रस्टी समझती है, आज दुनिया में प्रचलित रीति-रिवाज से दूसरी किस्म का काम नहीं करना पड़ता।

संसारव्यापी नियम है कि जब कोई अबला नारी अपमानित होती हो, तो उसकी रक्षा को वीर पुरुष दौड़ पड़ते हैं, पर मथाई के मामले में ठीक इसके विपरीत हुआ। कभी गांधीजी की चेली, पीछे केंद्र की मंत्रिणी और आज भी दो नंबर विलिंगडन क्रेसेंट की शानदार सरकारी कोठी में आसन जमाने वाली, राजकुमारी अमृतकौर को मथाई की मान-रक्षा के लिए अपना रेशमी आंचल फैलाना और फहराना पड़ा।

राजकुमारी ने गांधीजी के सहवास में सत्यमेव जयते की वह शिक्षा नहीं पाई, जो आज वे सरकारी इमारतों के दुर्गम द्वारों पर टंगकर अंदर चलने वाली घूस और झूठ पर पर्दा डालने में नाकामयाब साबित हो रही हैं। राजकुमारी ने भी आज के दूसरे सरकारी अफसरों और नेताओं की ही तरह अपनी चिट्ठी में सोलह आना सीधी सफेद सच्चाई को छिपाने की बहुत कोशिशें की हैं। साहू शांतिप्रसाद जैन और हरिदास मूंदडा जैसों का पाप से कमाया गंदा पैसा उन्होंने मातृ श्री चेचाम्मा की यज्ञ की-सी यादगार में नहीं लिया, सिर्फ लिया अपने पच्चीस साल के पुराने परम मित्रवर का।

राजकुमारी ने घनश्यामदास बिड़ला और उनकी दिल्ली की बिड़ला कॉटन मिल का कहीं नाम नहीं लिया और न यही मंजूर किया कि गांधीजी के बलिदान की स्मृति में तीस जनवरी नाम वाले राजमार्ग पर स्थित टूटे-फूटे नौ नंबर के मकान की जमीन का रकबा सात हजार वर्ग गज से ज्यादा है या नहीं। शायद अमेरिकी संस्थाओं के रुपए की मदद से हर साल विदेश-यात्रा करने वाली, इस माननीया महिला रत्न को नई-दिल्ली के इस हलके की जमीन की कीमतों का ज्ञान न हो, क्योंकि ये सब छोटी और नीची जानकारियां उन्हीं को रखनी पड़ती हैं, जिन्हें सरकारी कोठियां आवास के लिए मुफ्त में नहीं मिलतीं, लेकिन इसके बावजूद लोगों में यह बात सर्वविदित है कि तीस जनवरी (जनमार्ग ही कहिए, राजमार्ग कहना ठीक नहीं, गोया कि जनराज्य का उपभोग राजाओं से भी कई गुने अधिक खर्चालू जनमंत्री और जनतंत्र के प्रधान राष्ट्रपति ही कर रहे हैं) पर जमीन का दाम सौ रुपए वर्ग गज से भी ज्यादा है और इस तरह राजकुमारी के कथनानुसार इस गिर पड़ने लायक मकान की जमीन का दाम ही आज की नई दिल्ली में आठ लाख रुपए से ऊपर उठ सकता है।

बिड़ला कॉटन मिल्स एक पब्लिक लिमिटेड कंपनी है, क्या चेचाम्मा ट्रस्ट को यह मकान दान देने से पहले यह भेंट शेयरहोल्डरों से स्वीकृत कराई गई? जिस मकान के हस्तांतरण होने की रजिस्ट्री और अन्य आवश्यक कार्यों में पचहत्तर हजार से ज्यादा रुपया खर्च हुआ हो, उस मकान को 'टूटा-फूटा' कहकर सस्ता साबित करने की कोशिशें कारगर नहीं होंगी। पुराने जमाने से कोई नए यूरोपीय ढंग के नाई या नाइन इस मकान में 189 रुपए माहवारी के किराए पर मौजूद हैं।

राजकुमारी अमृतकौर ने इस पुराने किराए की छोटी रकम को बुनियाद बनाकर इस भवन का दाम 45374 रुपए निकाला है। राजकुमारी अमृतकौर भी पुराने पच्चीस साल के व्यापारी मित्रों की ही तरह, जो कि सरकारी करों की मार से बचने के लिए अपनी संपत्ति का मूल्य कम लगाते हैं आदत सीख गई हैं, ताकि मथाई की, मातृधर्म की मूर्ति मां की पुण्यस्मृति स्थायी रखने वाली ट्रस्ट को घनश्यामदासजी की बिड़ला कॉटन मिल्स की दान में दी हुई कोठी दुनिया को तुच्छ-सी प्रतीत हो।

दस लाख रुपए की जायदाद को पैंतालीस हजार का साबित करना इन बड़े राजनीतिक और धन के मालिकों के लिए आसान-सा काम है। क्या हम कपूरथला महाराजा के खानदान की ईसाई शाखा के विद्यालय में पढ़ी इस राजकुमारी से यह पूछने की हिमाकत कर सकते हैं, कि अगर यह मकान ऐसा जीर्ण-शीर्ण और उनकी नजरों में तुच्छ है तो एक-दूसरे अमेरिकी प्रशंसक और प्रचारक भारती विद्या भवन के संचालक, कभी हैदराबाद में भारत सरकार के एजेंट, फिर भारत के खाद्य मंत्री और बाद में उत्तर प्रदेश के राज्यपाल, श्री कन्हैयालाल माणिक लालमुंशी इसी मकान को कई लाख रुपए में अपनी संस्था भारती भवन के लिए खरीदने को इतने आतुर क्यों हैं?

उपन्यासकार, कुलपति कन्हैयालाल भी हमेशा सस्ती, आधे-तिहाई दामों में मिलने वाली चीजों को खरीदने को लालायित रहते हैं। क्यों न रहें, झंझट में पड़ी संपत्ति ही तो वास्तविक कीमत से बहुत ही कम में जो मिलती है, और फिर ट्रस्ट की जायदाद, व्यक्तिगत संपत्ति तो है नहीं, जो उसका दाम ठोक-बजाकर लिया जाए। बड़े आदमियों के गिरोह और गुट इन ट्रस्टों का उपयोग अपने और अपने मित्र-बंधुओं के मन के माफिक एक-दूसरे की मनचाही योजनाओं में करते रहते हैं। सच पूछिए तो भारत सरकार को हिंदुस्तान भर में पांच लाख रुपए से ज्यादा के जितने ट्रस्ट हैं उनकी एक सूची ट्रस्टियों के नाम और सालाना हिसाब सहित छापनी चाहिए। यह भी जनता और जनता के पत्रों को मालूम होना चाहिए कि किसने कितना दान दिया, और वह दान की रकम किस काम में खर्च हुई।

कंपनियों पर जो कानून लागू है, वे इन आयकर मुक्त ट्रस्टों पर भी वैसी ही सख्ती और सावधानी के साथ लागू होने चाहिए। ट्रस्ट बने तब उसका विवरण पत्रों में कंपनियों के निर्माण की तरह छपना चाहिए। बड़े व्यापारियों, जमींदारों और राजाओं व नेताओं-अफसरों के ये मिले-जुले अभियान या प्रयास जिनको ट्रस्ट का नाम देकर मनमाना करने की कुछ व्यक्ति विशेष को जो आज सुविधा मिली हुई है, उस गंदी प्रणाली का अंत होना चाहिए।

राजकुमारी ने ट्रस्ट के उद्देश्यों का सविस्तार वर्णन किया है और इसके हिसाब-किताब की चार्टर्ड एकाउंटेंट द्वारा जांच होती है, इसका भी बड़े अभिमान और भरोसे के साथ जिक्र किया है, पर राजकुमारी अमृतकौरजी को शायद यह पता नहीं कि मूंदड़ा की कंपनियों के एकाउंटेंट तो विलायती अंगरेज थे, और उनके होने के बावजूद अनेक

कंपनियों में मैनेजिंग एजेंट और डायरेक्टर किस तरह की लूट मचाए हुए हैं, यह आज अनेक कंपनियों के साधारण शेयर होल्डरों की आम शिकायत है।

भारत सरकार के अनेक प्रतिष्ठानों और उद्योग-धंधों पर बड़ी कड़ी ऑडिट होती है, फिर भी करोड़ों रुपया बर्बाद होता है, और उससे भी अधिक की चोरी होती रहती है। राजकुमारी अमृतकौर से हम यह भी पूछते हैं कि उनका मथाई साहब की माता के ही स्मारक स्वरूप बने इस ट्रस्टी के लिए इतना रुपया इकट्ठा करने की प्रेरणा क्यों हुई? क्या भारत में और अनजान माताएं नहीं थीं, जिन्होंने अपनी संतान के लिए चेचाम्माजी से भी अधिक त्याग और तपस्या की हो। क्या घनश्यामदास बिड़ला दूसरी किसी ऐसी औरत के नाम पर बने ट्रस्ट को भी लाखों रुपए दे चुके हैं (जायदाद समेत घनश्यामदासजी का दान दस लाख से भी ज्यादा का होता है) जो राज के मालिक या उन पर अनुचित प्रभाव डाल सकने में समर्थ महापुरुषों की मां, पत्नी, बेटी या बहन न हो। मथाई साहब, राजकुमारी पद्मजा नायडू ने घनश्यामदासजी की क्या सेवाएं की हैं, वे या तो घनश्यामदास बिड़ला ही जानते हैं या चेचाम्मा ट्रस्ट के पवित्र पथ के पंथी ये ट्रस्टी, जो बोलते बहुत हैं, लेकिन बतलाते कुछ भी नहीं।

दूसरों को अंदाज-अनुमान लगाने का भी हक नहीं है, क्योंकि मथाई साहब इतने बौखला गए हैं कि मानहानि के मुकदमे की तलवार की चमक से संपादकों की आंखों को चुंधिया देने का दुःसाहस तक कर बैठे हैं। अब अपने पद की हथकड़ियों से मुक्त होकर, वे खुद अदालती मैदान में उतरेंगे और उन सबको जिन्होंने उनको बदनाम करने की कुचेष्टा की है, अच्छी तरह से समझ लेंगे, पर क्या मथाई साहब जनता को भी अपनी उस पृष्ठभूमि या पिछली हालत पर दृष्टिपात कराएंगे जो पंडित नेहरू को अच्छी तरह मालूम है। परंतु, शायद जन-मन को इस बात में ज्यादा दिलचस्पी होगी कि हिंदुस्तान के शाही-मुगल के दरबारियों की इतनी अधिक कीमत क्यों हो गई है। शायद पंडित जवाहरलाल नेहरू जो जन-संपर्क के बखान तो बहुत करते हैं, पर इतने अनुदार और अलभ्य ही नहीं, भयंकर भी बन गए हैं, कि शिखरस्थित उद्योग-सम्राट घनश्यामदास बिड़ला भी अपने मन की सच्ची बातें उन्हें नहीं बता सकते। उनको भी अपनी विभिन्न योजनाओं को कार्यान्वित करने के लिए इर्द-गिर्द के दरबारियों, दूसरे केंद्रीय और प्रांतीय मंत्रियों की मदद मांगनी पड़ती है। जवाहलाल नेहरू की कैबिनेट के मंत्री भी पंडित नेहरू का मन और मूड देखकर ही बातें करते हैं। पंडितजी को सच्ची स्थिति बताने का साहस किसी में नहीं।

जनतंत्र के होते हुए, स्टालिन की तरह एक पुरुष का सारी सरकार और सारे देश की आर्थिक और राजनीतिक गतिविधियों पर एकाधिपत्य हो जाना, उस खतरे का द्योतक है, जो कांग्रेस पार्टी को तो नष्ट-भ्रष्ट कर ही देगी, अंत में शायद जनतंत्र की जड़ें कमजोर कर दे। जहां इस तरह के तख्तेताऊस पर तुर्की-सुलतान की किस्म में जन-धन के राजा का राज हो जाता है वहां दरबारियों की पांचों अंगुलियां घी में होती हैं। स्वतंत्र

सच्ची सलाह भी लुप्त हो जाती है, बहस और वाद-विवाद को तो जगह ही नहीं मिलती। दरबारियों के गुट एक-दूसरे के खिलाफ इंद्रासन के और नजदीक पहुंचने के लिए साजिश करते रहते हैं और देश भर की राजनीति ही नहीं दूषित होती, बल्कि संस्कृति और शिक्षा व चरित्र भी गिरावट में गर्क हो जाते हैं।

स्वतंत्र विचार के व्यक्तियों का विनाश हो जाता है और तीसरे दर्जे के खुशमदी चाटुकारों का चक्रव्यूह इस चाणक्य चक्र को चलाता है, जो महापुरुष के महत्त्व की सृष्टि करके, उसको खुश करके देश के धनधान्य को लूटता रहा है। पार्लियामेंट निर्जीव और नीरस हो, जनता के दुख-दर्द का दर्पण नहीं रहती, लेकिन विशिष्ट व्यक्तियों की अपनी प्रतिष्ठा प्राप्ति का अखाड़ा मात्र बन जाती है। नीति पर बहस बंद हो जाती है और सरकारी जुल्म, जोर-जबर्दस्ती बढ़ जाती है। अफसरों की आवश्यकताओं को पूरी करने के लिए कानून बनते हैं और कर लगते हैं। जन-कल्याण और लोकहित नौकरशाही के बड़े बूटों के नीचे कुचलकर मर जाते हैं।

भारत के प्रधानमंत्री के 'स्पेशल सहायक' मथाई साहब ने 1952 में एक लाख बीस हजार में कुल्लू घाटी में एक कोठी और सेब का बगीचा दो ब्रिटिश बहनों से खरीदा था। अब हुआ यूं कि चूंकि वे खुद उसका इन्तजाम नहीं कर सकते थे, इसलिए उसके नुकसान का खतरा खड़ा हो गया। उस समय हिंदुस्तान में उद्योग-धंधों के सबसे सफल प्रबंधकर्ता घनश्यामदास बिड़ला अचानक उन्हें इस दुविधा से बचाने को आसमान से उतर पड़े और लागत एक लाख बीस हजार ही नहीं, मथाई साहब को जो पांच हजार रजिस्ट्री कराने में लगे थे वह भी देकर, उन्हें कई तरह के दुखों से उबार लिया।

मथाई साहब राजकुमारी की तरह यह दावा नहीं कर सकते कि श्री घनश्यामदास बिड़ला उनके लंबे अर्से से मित्र हैं, वैसे तो प्राइम मिनिस्टर के 'स्पेशल सहायक' को हिंदुस्तान के बड़े से बड़े महानुभाव परिचय प्राप्त करना ही नहीं, मित्र बनाना भी चाहते हैं। परंतु मथाई साहब भी मॉर्टन कंपनी का नाम तो जरूर लेते हैं लेकिन इतनी सफाई देते हुए भी यह नहीं बतलाते कि मॉर्टन कंपनी के मालिक कौन हैं, जैसे बिड़ला ब्रदर्स का नाम लेने से ही मथाई साहब को कलंक लगता हो।

मथाई साहब अपने बगीचे की बिक्री को सही साबित करने के लिए मॉर्टन कंपनी को फलों का मुरब्बा बनाने वाली संस्था कहते हैं, मगर आज तक उसके सेब का मुरब्बा कभी बाजार में खरीदकर किसी ने कहीं नहीं खाया। मथाई और राजकुमारी दोनों को बिड़ला ब्रदर्स का नाम लेते हुए डर-सा लगता है। निर्दोष, सीधे, सही रास्ते चलने वालों को, जनता की आंखों में, घनश्यामदास बिड़ला के संपर्क में आने का जिक्र आते ही बदनामी होने का यह डर क्यों? अजीब, अनोखी ही नहीं, निराली हैं यह अमृतकौर, जो पच्चीस साल से अधिक के अपने पुराने परिचित ही नहीं, परम-मित्र का नाम लेते इस तरह हिचकिचाती हैं, आखिर क्या दुविधा है उनके दिल में?

जिस आदमी को उन्होंने लागत दाम में कुल्लू घाटी का बगीचा बेचा, जिस आदमी ने इतनी सहृदयता से उसकी अदनी मां की यादगार में बने इतने ऊंचे आदर्शों और सद्उद्देश्यों वाले ट्रस्ट को दरियादिली से लाखों का दान दिया, उस आदमी से ऐसे समीप के संपर्क स्थापित करना ही, आज भारत की राजनीति में इतना खतरनाक हो गया है कि नाम लेते ही मथाई की नौकरी जाती है। प्राइम मिनिस्टर के 'स्पेशल सहायक' के पद से निकाल दिए जाने पर आज से ठीक पंद्रह साल पहले अमेरिकी फौज में 125 माहवार की टाइपगिरी करने वाले को गुस्सा आए तो क्या आश्चर्य है। मथाई का मद चिट्ठी को एक-एक स्तर से छू रहा है। मथाई साहब कहते हैं कि प्राइम मिनिस्टर को कई आदमियों की, कभी-कभी और कुछ की लगातार, रक्षा करनी पड़ती है। पार्लियामेंट और प्रेस दोनों ने ऐसा विषाक्त वातावरण पैदा कर दिया है कि 'जनसेवक' अफसरों को सांस लेना मुश्किल हो गया है और उनकी नैतिक दुरवस्था हो गई है।

मथाई साहब को तीन मूर्ति के महल में रहते-रहते अफसरों पर दया आनी स्वाभाविक है। संसद और पत्रों के आक्रमण से तो एक अपराध को छोडकर किसी की नौकरी नहीं गई और भ्रष्टाचार, पक्षपात व भाई-भतीजावाद ही नहीं, घूस बढ़ी ही है, घटी नहीं। जनतंत्र को जीवित रखने के लिए तो कितनी ही अधिक जागरूक पार्लियामेंट और अमेरिका की तरह व्यक्ति विशेषों की जिंदगी की बातें, नित जांच-पड़ताल कर छापने वाले पत्रों की जरूरत है। जाग्रत जनता, मथाई जैसे मालिक की मेहरबानी और मदद की सुरक्षा में मनमाने ट्रस्ट स्थापित करने वालों को, कभी बर्दाश्त नहीं करेगी।

दिल्ली में अपने मंत्रीकाल में पीने के पानी को गंदा कर, पीलिया की महामारी को पैदा कर, जनता के प्राणों की परवाह न करने वाली, राजकुमारी जरा यह भी तो बताएं कि दस लाख से ऊपर की नकद रकम और उतनी ही कीमत की कोठी वाली यह ट्रस्ट, आज इतने साल में भी दुखी, दीन, आभावग्रस्त हिंदुस्तान में सिवाय पच्चीस हजार के बाकी रुपया क्यों न खर्च कर सकी? क्या भारत में ट्रस्ट के इन महान उद्देश्यों को साकार करने वाली संस्थाओं की कमी थी, या उनको रुपए की जरूरत ही नहीं रही थी? बैंकों में सालों तक लाखों रुपया पड़ा रहे और असंख्य योग्य छात्र पैसे के अभाव में गलियों में घूमते रहें, नर-नारी, दवा-दारू तो अलग, पीने के पानी के बिना मरते रहें और गांधीजी की शिष्या और सालों तक केंद्र की स्वास्थ्यमंत्रिणी को ट्रस्ट का रुपया सत्कार्यों में खर्चने की प्रेरणा ही न हो, यह आश्चर्य ही नहीं महान असमर्थता है। यह तो आलस्य का ही द्योतक नहीं बल्कि उस अवहेलना का सही स्वरूप है जो इन बड़े लोगों के दिमाग में जनता के दुख-दर्द के प्रति रही है।

शायद उद्देश्य और कार्य का यह बड़ा फर्क उसी कथनी और करनी के अंतर की निशानी है जो अपने अन्याय, अत्याचार और अकर्मण्यताओं, सुंदर-सुंदर उद्देश्यों और सद्भावनाओं के प्रचार के द्वारा छिपाने में उस्ताद हैं, पर ये भी सारी जनता को

कुछ दिन, कुछ आदमियों को ही धोखा दे सकती है, हमेशा अंधेरे में रखना मुश्किल ही नहीं असंभव है।

मथाई और राजकुमारी दोनों इस ट्रस्ट को इतने दिन तक इस तरह छिपाते रहे और जब अखबारों में पोल खुलनी शुरू हुई तो गुस्से से आगबबूला होकर पार्लियामेंट और पत्रों पर आक्रमण करने को दौड़ पड़े। पर्दे के पीछे लाखों रुपया उद्योगपतियों से इकट्ठा कर बैंकों में जमा रखने वाले ट्रस्टियों को अपने इस धन पर कब्जा जमाने के मनभावन काम में बाधा कैसे बर्दाश्त हो। दूसरों के धन से ट्रस्टों के जरिए अनेक व्यक्तियों को अहसान के बोझ से लादा जा सकता है। कलकत्ते में ही लाखों रुपयों के दो ट्रस्ट रघुमल चैरिटी ट्रस्ट और हलवासिया ट्रस्ट का इन्तजाम हाथ में लेकर, श्री भागीरथ कानोड़िया लंबे अर्से से दानवीर कहलाकर अपनी महत्ता ही नहीं राजनीतिक संपर्कों को स्थापित और सुदृढ़ करने में सफल हुए हैं।

इसी किस्म के और भी अनेक ट्रस्ट हैं। उत्तर प्रदेश के राजनीतिक अखाड़े के प्रबल पहलवान चंद्रभान गुप्ता ने तो प्रधानमंत्री के पिता पंडित मोतीलाल नेहरू के नाम पर ही एक संस्था लखनऊ में गोमती तट पर स्थापित कर रखी है। टाटा के औद्योगिक प्रतिष्ठान की तो आधे से अधिक पूंजी इन्हीं ट्रस्टों में लगी है। स्वनामधन्य रामकृष्ण डालमिया के योगिराज और भृगुराज ट्रस्टों से तो केंद्रीय मंत्री, श्री जगजीवन राम और सत्यनारायण सिंह का इस्तीफा, खुद पंडित जवाहरलाल ने जोर डालकर रखवा लिया था। हैदराबाद के निजाम का एक अरब से भी अधिक का ट्रस्ट तो शायद सिर्फ उनके परिवार और दरबारियों को पालने के लिए ही बना है। हिंदुस्तान का शायद ही कोई बड़ा धनिक या राजनीतिक शक्ति वाला व्यक्ति हो, जिसके हाथ में एक दो-ट्रस्ट न हों। ये सब ट्रस्ट जिनके हाथ में होते हैं, उनकी ताकत का सही अंदाज अभी जनता तो अलग, अच्छे-अच्छे जानकार समझे जाने वाले लोगों तक को नहीं है।

नाथद्वारा ट्रस्ट के महंत द्वारा, राजस्थान के मुख्यमंत्री मोहनलाल सुखाड़िया की छत्रच्छाया में, किस तरह मंदिर के जवाहरात और जेवरात चुपके-चुपके ले जाते रहे थे, यह किस्सा तो दैनिक-पत्रों के पाठक भी जानते हैं। अरविन्द आश्रम के ट्रस्ट की संपत्ति आधा पांडिचेरी नगर है, और इस करोड़ों की जायदाद पर फ्रांसीस माताजी जिस दुर्दंड ढंग से अपनी सल्तनत चला रही है वह सिर्फ भक्त-मंडली की धर्म-भीरु जमातों में ही संभव है।

भगवान से सीधे संबंध का दावा करने वालों से मृत्युलोक का गंदा कीड़ा कैसे क्या पूछे? अनुकूल ठाकुर के देवघर, बैजनाथ महादेव के पुण्यस्थल में बने सत्संग आश्रम में भक्तजनों के रोज दस हजार रुपए के मनीऑर्डर पहुंचते हैं और उनका उपयोग गुरुजी की मर्जी पर है। आगरा के दयाल बाग में राधास्वामी मत के गत आचार्य की समाधि बीस सालों से बन रही है, और अभी ऐसा लगता है कि शायद सात साल और लगे।

आजकल धर्म के अड्डे और अखाड़े ही करोड़ों की लागत के नए ताजमहल खड़े कर सकते हैं। धर्म में आज भी राजनीति से अधिक मनों को मचोड़ने और मोड़ने की ताकत है, गोया कि रामकृष्ण मिशन को अपनी अंतरराष्ट्रीय संस्कृति की शानदार इमारत को समाप्त करने के लिए राजनीति की शरण लेनी पड़ी। कलकत्ते में लेक के नजदीक बनी इस इमारत में चालीस लाख रुपया खर्च होगा और संसार त्यागी संन्यासियों को करोड़पतियों से दान प्राप्त करने के लिए भारत सरकार के उद्योग-मंत्री मनूभाई शाह की शरण लेनी पड़ी। बिड़लाजी, चिरंजीलालजी बाजोरिया, लक्ष्मीपतिजी सिंघानिया, मंगतूरामजी जयपुरिया राम धर्म और राजनीति के इस सुंदर सम्मिलित अभियान में लाख-लाख, पचास-पचास हजार देने को प्रस्तुत हो गए। कैसा नैनों को प्यारा लगने वाला नजारा था, इंडियन जूट मिल्स एसोसिएशन के ईसाई अंगरेज भी दक्षिणेश्वर के देवपुरुष की प्रेरणा से बनी इस वैष्णव संस्था को दो लाख रुपया देने को फौरन तैयार हो गए।

बधाई दीजिए वृद्ध सर बद्रीदास गोयनका को, आखिर पुरानी सड़ी-गली जूट मिलों को नई मशीनरी से, आधुनिक यंत्रों से, कम मजदूरों द्वारा ज्यादा उत्पादन वाली बनाने का काम सरकारी कोष की सहायता से ही तो हो सकता था। बकरी और बाघ, ईसाई और हिंदू, कृष्ण और क्राइस्ट के झूठे भेदभाव को भुलाकर सर्वधर्म सम्मेलन का मनोहर दृश्य उपस्थित जो हो गया है। मनूभाई शाह को किसी क्रिस्त का शुक्रिया अदा करें जिन्होंने भी जो क्लाइव के जमाने से आज तक के दो सौ साल में जो ईसाइयत और हिंदुस्तान का यह संगम संभव नहीं हुआ, वह करामात कर दिखाई।

अब शायद वह समय दूर नहीं जब गिरजाघरों में शिवलिंग स्थापित हों और मस्जिदों में घंटा बजे। प्राइवेट सेक्टर का यह पुण्य प्रयास, पब्लिक सेक्टर के मालिकों की मेहरबानी और मदद से सफल हो, हमारी तो यही शुभकामना है। भारतभूमि ही बौद्ध को हिंदू धर्म के चौबीस अवतारों में आसन देकर, तथागत के संघ के अपने यहां से निर्वासित करने में सफल हुई थी। लेकिन अब शायद भारत स्थित ईसाइयों को ही नहीं, संसार में आज भी सर्वश्रेष्ठ गोरी चमड़ी वाले अंगरेजों को भी इसी तरह आत्मसात् किया जाएगा।

करोड़पति गोयनका, अमेरिकी पूंजी और कार्बन के काले शेयर

यह लेख बिड़ला-रहस्य की तरह ही व्यापारी व उद्योगपति केशवप्रसाद गोयनका द्वारा स्टॉक-मार्केट में शेयरों की हेरा-फेरी को सामने लाता है। इस लेख में उद्योगपति गोयनका की पोल खोलते हुए बताया है कि किस तरह से उन्होंने विदेशी कंपनी फिलिप्स कार्बन ब्लैक कंपनी को देसी लूट में सहयोग देकर अपने ही देश की भोली जनता को गुमराह किया व उनकी जेब काटी। खास बात यह है कि बालकृष्णजी ने इस लेख के माध्यम से भारत के ऐतिहासिक सेठों के पूंजीपति बनने की कहानी पर भी प्रकाश डाला है। —संपादक

24 अप्रैल, 1960 के प्रमुख भारतीय अंगरेजी दैनिक-पत्रों में फिलिप्स कार्बन ब्लैक कंपनी लिमिटेड का एक पूरे पन्ने का विज्ञापन छपा है। यह विज्ञापन अमेरिकी अंगरेज और भारतीय करोड़पतियों के सम्मिलित आर्थिक अभियान की एक अजीब मिसाल है। दरअसल यह उस औपनिवेशिक किस्म की लूट का नमूना है जो भारत के औद्योगिकीकरण के नाम पर विदेशी कंपनियां, इस स्वतंत्र भारत की समाजवादी सरकार के सतत सहयोग के साथ चला रही हैं। ज्यादातर पाठक इन कंपनियों के कायम करने वाले विज्ञापनों को पढ़ते ही नहीं, इसलिए उन्हें इनके नंगे नाच की असलियतों का पता ही नहीं लगता।

आइए, अब जरा लगे हाथ फिलिप्स कार्बन ब्लैक लिमिटेड कंपनी का परिचय भी दे दें। दरअसल यह कंपनी अमेरिका के ओक्लाहोमा नाम की तेल प्रचुर सूबे की फिलिप्स पेट्रोलियम लिमिटेड और कलकत्ते की किसी समय एकदम अंगरेज, लेकिन आज एंग्लो-इंडियन, डंकन ब्रदर्स का मिला-जुला औद्योगिक प्रयास है। आइए, अब जरा डंकन ब्रदर्स से भी आपका परिचय करवा दें। जहां तक इस कंपनी की बात है, डंकन ब्रदर्स के नियंत्रण में अपने नाम को सार्थक करने वाली एंग्लो-इंडिया नाम की एक बड़ी जूट मिल है और कई चाय बागान आदि भी हैं। यह कंपनी उन स्कीच जाति के लोभी लोगों ने शुरू की थी, जो अंगरेजी साम्राज्य के विस्तार के साथ-साथ भारत में बड़ा नफा कमाने पधारे थे। बंगाली मध्यम वर्ग में यह बात आम प्रचलित है कि मारवाड़ी, राजस्थान से धोती-लोटा लेकर आए और दो-तीन पीढ़ियों में ही बंगाल के धन-धान्य के मालिक

बन बैठे, लेकिन समाज परिवर्तनकारी क्रांतिप्रिय बंगाली भी आजकल यह बात कहते कहीं नहीं सुने जाते कि अंगरेज लोटे की जगह बंदूक लाया और आज तक भारत के तेल, कोयले, पाट, चाय, कॉफी, लोहे, कागज, कपड़े, दवा, केमिकल्स, सिगरेट, दियासलाई, साबुन, डालडा, जूते, रेडियो, बैट्री, साइकिल, टायर-ट्यूब, तांबे, बिजली, जहाजरानी, एल्यूमिनियम आदि के सैकड़ों कारखानों और थोक-व्यापार पर बड़ा भारी आधिपत्य जमाए बैठा है। जाहिर है, अंगरेजी राज तो उठ गया पर अंगरेज पूंजीपतियों का स्वराज्य-काल के राष्ट्रीय समाजवाद के इस स्वर्ण-युग में भी भारत में विस्तार ही हुआ है।

बहरहाल, अब बात करते हैं फिलिप्स कार्बन की, इसकी कहानी कुछ यूं है कि फिलिप्स तो हुई अमेरिकी पेट्रोलियम कंपनी। अमेरिकी पेट्रोलियम कंपनियों को सौ-दो सौ फीसदी तक सालाना नफा कमाने की आदत है। अपनी आदत के मुताबिक कार्बन ब्लैक नामी केमिकल (जिसका कारखाना अभी तक भारत में एक भी नहीं है) की मोनोपोली कायम कर सौ फीसदी नफे की लूट करने के लिए भारत में फिलिप्स पेट्रोलियम कंपनी का पदार्पण हुआ है। आप एक सवाल और जानना चाहेंगे कि कार्बन ब्लैक क्या बला है?

दरअसल, यह और कुछ नहीं, जलते हुए भटिया तेल के जमे हुए धुएं या काजल की जरा सी बदली हुई शक्ल है। यह कार्बन ब्लैक रसायन-विद्या से बना हुआ पदार्थ है, जो नकली रबड़, साइकिलों व मोटरों के टायरों, छापाखानों व पेंट आदि के बनाने में काम आता है। तेल-प्रधान मुल्कों में यह पेट्रोल, केरोसिन, डीजल की गैस या काजल से ही तैयार किया जाता है, लेकिन यहां पर इसका कारखाना, पश्चिम बंगाल की नई औद्योगिक नगरी दुर्गापुर में खड़ा किया जा रहा है, क्योंकि वहां पर कोलतार नाम की चीज प्रचुर मात्रा में सुलभ है।

इसके अलावा केरोसिन व पेट्रोल का दाम भारत में लागत से आठ गुना अधिक है। साथ ही यहां यह कोलतार से ही निकाला जाएगा। कोलतार से पेट्रोल भी बन सकता है, लेकिन हिंदुस्तान ने पेट्रोल का आयात करते हुए भी कोयले से जो बड़ी मिकदार में भारत में मौजूद है उसके लिए पेट्रोल बनाने वाले कारखाने खड़े नहीं किए और विदेशी लुटेरी तेल कंपनियों के आधिपत्य को बदस्तूर कायम रखा। समझा जा सकता है कि आत्मनिर्भरता की तरफ बढ़ने की भारत सरकार की कोई कल्पना है भी नहीं। घनघोर शोषण करने वाली विदेशी अमेरिकी अंगरेजी कंपनियों के मायाजाल से देश की जनता को मुक्त करने की भी कोई भावना नहीं।

1949 में दो करोड़ सत्तर लाख पौंड कार्बन-ब्लैक का भारत में आयात हुआ और उपभोक्ताओं को इसकी आयात करने वाली कंपनियों को मुंहमांगी लागत से दो-तीन गुना तक दाम चुकाना पड़ा। हिंदुस्तान में औद्योगिकीकरण के दौरान इस कार्बन ब्लैक की खपत हर साल पचास लाख पौंड के करीब बढ़ रही है, इसलिए बड़े मुनाफे की काफी गुंजाइश है, लेकिन कारखाना बनने पर जो एकाधिपत्य का नफा होगा वह तो बाद की बात है। कंपनी बनाने में और उसके शेयरों को बेचने में कुछ अद्भुत किस्म की बेईमानी भी हुई है।

कंपनी की कुल जमा पूंजी एक करोड़ पच्चीस लाख रुपए से एक सौ दस रुपए कम है। इसमें से साढ़े सैंतीस लाख के शेयर अमेरिकी फिलिप्स पेट्रोलियम कंपनी ने और उतने ही डंकन ब्रदर्स ने खुद लिये हैं। कुल जमा पचास लाख रुपए के पांच लाख रुपए शेयर साधारण जनता यानी कि शेयर खरीदने वाले ग्राहकों को ऑफर किए गए हैं।

इन शेयरों का कंपनी बनान से पहले ही ऐसा प्रचार किया गया कि आवेदनों की लाइन लग गई, लेकिन इसके संचालकों ने भी कुछ अजब किस्म की हरकतें कीं। पहले तो कहा कि छह गुना रुपए आया है, बाद में कहा कि उन्नीस गुना। हजार-हजार शेयरों के आवेदन देने वाले को दस-बीस शेयर ही मिले और बाजार में मैनेजिंग एजेंटों ने ऐसा वातावरण पैदा किया कि कारखानों की नींव पड़ने से पहले ही पांच के शेयर के दाम पच्चीस हो गए यानी कि फिलिप्स पेट्रोलियम कंपनी और गोयनका साहब व उनके अंगरेज साझेदारों को तीन करोड़ का नफा तो घर बैठे ही हो गया।

यही है भारतीय पूंजीपतियों और उनके अंगरेज व अमेरिकी दोस्तों के करिश्मे या चमत्कार! अगर वे चाहें तो आज शेयर बाजार के जरिए तीन-चार करोड़ का नफा खाकर चुप बैठ सकते हैं और कंपनी का काम धीमा चलाकर फिर इन्हीं शेयरों को साल-डेढ़ साल बाद लागत से भी आधे दामों में खरीद सकते हैं।

बिड़लाजी के पैरों में बैठकर केशव प्रसाद गोयनका ने भी भारत एयरवेज और हिंदुस्तान मोटर के शेयर के पहले खूब ऊंचे दाम बढ़ाए, बाद में तीन-चार रुपए यानी कि आधे से भी कम दाम और आज फिर तेईस रुपयों के दाम करके नफा कमाने का हुनर सीख लिया है। कारखानों को चलाकर कमाने में कुछ थोड़ी-बहुत मेहनत तो करनी पड़ती है। शेयर बाजार में तो तेजी की तरफ बढ़ते बाजार में अपने दलालों के जरिए कुछ अफवाएं फैला दीजिए और कार्बन ब्लैक की जो शक्ल-सूरत भी नहीं जानते वही उनके शेयर लेने दौड़ पड़ेंगे।

मैनेजिग एजेंटों को अपनी ही कंपनियों को शेयरों से स्टॉल-एक्सचेंज में खेल-खेलकर जैसी मनमानी लूट मचाने की छूट हिंदुस्तान में तीन-तीन कंपनी एक्ट पास होने के बाद भी है वैसी और कही नहीं। बिड़ला-परिवार, हिंदुस्तान मोटर, ओरिएंटल पेपर केसोराम और अपने अन्य शेयरों को आकाश पर चढ़ा रहा है। श्रीमान शांतिप्रसाद जैन साहब रोहतास इंडस्ट्री और न्यू सेंट्रल जूट के अपने शेयरों को ऊपर की तरफ खींचे लिये जा रहे हैं।

जब ऊंचे दामों में यही सब शेयर अंजान बलि के बकरों या तेजी वाले बेवकूफ बैलों के गलों में पहना दिए जाएंगे तब फिर मंदी की पैदाइश, कम डिविडेंड या नहीं डिविडेंड देकर रच दी जाएगी और यही शेयर फिर इसी बाजार से नीचे दामों में इन्हीं करोड़पतियों को मिल जाएंगे। 1946 में यही हुआ, 1937 में भी यही हुआ और अब 60 या 61 में भी वही भेड़ों की ऊन उतारने की कहानी फिर दुहराई जा रही है।

क्या छह-आठ महीनों में ही जवाहरलाल की समाजवादी पद्धति इतनी पूंजीपति और पक्षपाती हो गई कि शेयरों का दाम दुगुना-तिगुना हो जाए या जिन कारखानों की

नींव भी नहीं खुदी हो, उनकी कंपनियों के हिस्से चार–पांच गुना दामों में बिके? भारतीय पूंजीपतियों को अभी सैकड़ों कंपनियां गोरों को साथ मिलाकर बनानी हैं। शुरू के शेयरों के भाव ऐसे आकर्षक बना डालो कि छोटे लोग अपनी संचित पूंजी लेकर करोड़पति आग की तरफ पतंगों की तरह पिल पड़ें और करोड़पतियों की जेबों में बड़ी तकलीफ व मेहनत से संचित किया हुआ मध्यम वर्ग का धन सहज में ही चला जाए।

फिलिप्स कार्बन कंपनी के शेयरों के एलॉटमेंट के मामले में सरकार को एक कमीशन बैठाना चाहिए और स्टॉक एक्सचेंज में इन शेयरों की आज तक जो भी खरीद–बिक्री हुई है उसकी पूरी जांच करनी चाहिए। फिलिप्स कार्बन कंपनी की काया भी तो अष्टावक्र ही की तरह के आठ किस्म के पेचों में कसी हुई है। अमेरिकी सदाशयता की परम पराकाष्ठा देखनी हो तो इस कंपनी का विवरण–पत्र जरा गौर से पढ़िए। मशीनों व कल यंत्रों का दाम तो अलग, सिर्फ कार्बन बनाने की जानकारी बताने के लिए सवा करोड़ कुल जमा पूंजी वाली इस कंपनी से बारह लाख 66 हजार डॉलर, (60–62 लाख रुपया कंपनी की कुल जमा पूंजी, आधी रकम छह फीसदी ब्याज के साथ) अमेरिकी पेट्रोलियम कंपनी वसूल करेगी। साथ ही साथ आपको यह मालूम रहे कि ब्लैक हाइड्रोजन बम, स्पूतनिक या रॉकेटों की तरह कोई रहस्यमय वस्तु नहीं। दुनिया के तीसों के तीसों औद्योगिक मुल्कों में इसके कारखाने हैं और गोयनका साहब के तत्वावधान में बनने वाले कारखाने से भी बहुत बड़े–बड़े जो इंजीनियर वगैरह अमेरिका से आएंगे, उन्हें हजारों डॉलर महीनों की मोटी तनख्वाह व भत्ते अलग देने होंगे। जबकि इधर तो हिंदुस्तानी इंजीनियरों को पांच–सात सौ रुपए महीने का काम भी नहीं मिलता।

जब बढ़िया विदेशी विश्वविद्यालयों में शिक्षा व अनुभव प्राप्त करने वाले भारतीय इंजीनियरों की अपने ही देश में ऐसी कम कदर और कीमत इन करोड़पतियों ने बना रखी है, तो ऐसे में बिड़लाजी हिंदुस्तान मोटर में पच्चीस हजार रुपए महीनों के हिसाब से जेसमोर नामक इंजीनियर को अमेरिका से लाए हैं, जो वहीं के किसी मोटर कारखाने में मामूली वर्क्स सुपरिंटेंडेंट था, जाहिर है, राष्ट्रपति से भी दूना–तीन गुना वेतन पाने वाले इन गोरांग महानुभावों की यही बड़ी पगार इन्कम टैक्स फ्री भी है।

घर की मुर्गी दाल बराबर

टेक्समाको और हिंदुस्तान मोटर कंपनियों को बने पंद्रह साल से भी अधिक हो गए, लेकिन बिड़लाजी एक भी भारतीय इंजीनियर को ऐसा मौका या तनख्वाह नहीं दे सके कि वह इन कारखानों को सुचारु रूप से चला सके। यहां की प्रतिभाओं की हालत 'घर की मुर्गी दाल बराबर' की है। सिर्फ गोरी चमड़ी को अपने से योग्य और कालों को हीन समझने वाली भावनाएं ही इन सब मामलों में अपना प्रबल प्रताप दिखा रही हैं।

भारतीय समाज में ऐसे राष्ट्र विरोधी व्यक्तिप्रधान पदों पर स्थापित हो गए हैं कि जो अपने देशवासियों को मौका ही नहीं देना चाहते और अनुभव हासिल करने के अवसर से

वंचित कर उनकी हीनता का बखान कर झट अंगरेज व अमेरिकन को ला बैठाते हैं। इसी अंगरेजी पूजा की महिमा ने ही तो पंजाब नेशनल बैंक में वॉकर साहब को बैठा रखा है और अनेक नए-नए हाईस्कूलों में प्रधान अध्यापकों की जगहें भी अंगरेजों को दिला दी हैं, जबकि उनसे कहीं अधिक काबिल व शिक्षित भारतीय बेकारी के बाजार में ठोकरें खाते फिरते हैं।

विदेशी तेल कंपनियों ने किसी भी भारतीय को तेल के ज्ञान में अपने ऊंचे अफसरों के समकक्ष का नहीं होने दिया, लेकिन जब देसी कंपनियां ही ऐसे बुरे राष्ट्र-घातक काम करती हैं तो विदेशी कंपनियों का सजातीय गोरों के प्रति अपनी पक्षपात की नीति चलाने का हौसला क्यों न बढ़े?

हिंदुस्तानी व्यापारी व उद्योगपति कांग्रेसी मंत्रियों की छत्रच्छाया में इस तरह राष्ट्र-विरोधी होता जा रहा है कि अगर उसका अपना फायदा होता रहे तो वह देश को गोरी डाकू कंपनियों से हमेशा के लिए लुटवाने के लिए तैयार है। देश के हित-अहित की उसे कोई परवाह नहीं, सिर्फ अपनी संपत्ति बढ़ाने की ही एकमात्र चाह उसे रह गई है। अंगरेज यहां व्यापारी बनकर ही आया था और उसने दो शताब्दियों तक हिंदुस्तान का आर्थिक एवं सांस्कृतिक विकास रोक दिया।

पश्चिमी गोरे पूंजीपतियों की जमात ने अपना स्वभाव नहीं बदला है। उनकी मदद से आर्थिक विकास की कामना करना देश के अंदर ऐसी ताकतों को स्थापित करना है जो कभी भी इस देश को ऊपर नहीं उठने देंगे। आजाद कहे जाने वाले पिछड़े हुए मुल्कों को पिछड़ा हुआ बनाकर इन्हीं ने तो रखा है। रंगीन लोगों को आजादी देने के लिए मजबूर होने पर भी अपनी पूंजी की बेहतर कमाई की रक्षा के लिए बेल्जियम ने जो षड्यंत्र लोगों को छिन्न-भिन्न करने को खड़ा किया है, उनकी कहानी तो पुरानी ऐतिहासिक नहीं इसी महीने की है। विदेशी शक्तिशाली कंपनियों को मुल्क के बाहर ही रखा जावे तभी भारत का कल्याण हो सकता है।

अमेरिकी कंपनियों ने टाटा के कारखाने की क्षमता बढ़ाने में जो धोखाधड़ी का खेल खेला है, उसकी कहानी भारतीय समाचार-पत्रों में कही नहीं मिलेगी क्योंकि उन सबके लालची मालिकों को विज्ञापनों की मार से विदेशी कंपनियां चुप किए हुए हैं। सौ करोड़ रुपए के इस ठेके का काम समाप्त होने पर उत्पादन दूना होना तो अलग रहा, आज तक सवाया भी नहीं हो सका। उपनिवेशवाद के राजकीय रूप की तो समाप्ति हो रही है लेकिन उसका आर्थिक चक्र आज भी बुरी तरह से चल रहा है। केवल कम्युनिस्ट पद्धति अपनाने वाले मुल्कों ने ही पश्चिमी यूरोपीय और उत्तरी अमेरिकी पूंजी के मायाजाल से अपने बंधन एकदम काट डाले हैं।

कास्त्रो के नेतृत्व में जब क्यूबा की जनता ने अमेरिकी तेल और शुगर कंपनियों के शोषण से अपने आपको मुक्त करने के लिए कदम बढ़ाने शुरू किए तो अटलांटिक गुट की सारी सरकारें उसकी हुकूमत का अंत करने के उपाय ढूंढ़ने लगी, लेकिन जब रूस ने क्यूबा की चीनी खरीद ली और तेल भी पश्चिमी अरबपति कंपनियों से चालीस

फीसदी कम दामों में सप्लाई करना शुरू किया तो कास्त्रो को कम्युनिस्ट कहा जाने लगा। रंगीन मुल्कों में राष्ट्रहित की कामना करने वाली अर्थनीति को गोरी सरकारें फूटी आंखों से भी नहीं देख सकतीं और कम्युनिज्म की चिल्लाहट मचाकर उसे बदनाम कर उस देश की राजनीति व सरकार को अपने पक्ष में बदलकर ही संतुष्ट होती है। कोगों के पेटरीस लूमूम्बा के लिए भी अंगरेज व बेल्जियम पूंजीपतियों ने ऐसे ही गड्ढे खोद दिए हैं। काटांगा के खनिज पदार्थ से भरे प्रांत को अलग तोड़कर अपना शोषण कायम रखने के लिए शोम्बे नामक एक काला अफ्रीकी दलाल खड़ा कर दिया गया है।

पूंजीपति गोरे देशों के पचास करोड़ लोगों का ऊंचा जीवन स्तर इन्हीं गैर-कम्युनिस्ट डेढ़ अरब रंगीन लोगों के आर्थिक शोषण पर ही तो खड़ा है।

आजाद रंगीन मुल्कों की तादाद बढ़ने पर भी गोरे मुल्कों की पूंजी व जिंदगी की सुविधाएं बढ़ी हैं और रंगीन और गोरे मुल्कों के बीच जीवन स्तर में फर्क की जो खाई है, वह द्वितीय महायुद्ध के बाद और बढ़ गई।

फिलिप्स कार्बन के शेयरों के अलॉटमेंट के मामले में इस कंपनी के संचालकों ने जो धींगामुस्ती मचाई है उससे तीन सबक भारत सरकार को जरूर ही सीखने चाहिए। जानकारी या पेटेंट वगैरह की कीमतों की पूरी जांच-पड़ताल, शेयरों के अलॉटमेंट पर भी सरकारी नियंत्रण, जब तक जनता में मांग हो मैनेजिंग एजेंटों को एक भी शुरू का शेयर खुद रखकर थोड़े से शेयरों को मार्केट में ऑफर कर उनका दाम बढ़ाकर इस तरह से नाजायज नफा कमाने की छूट ही हो। मैनेजिंग एजेंटों या डायरेक्टरों को शेयर तभी मिलें जब साधारण खरीदार उन्हें नहीं खरीदें।

फिलिप्स कार्बन, सिंथेटिक केमिकल्स आदि के मैनेजिंग एजेंटों ने जिस तरह इन शेयरों को दुर्लभ बनाकर बड़े नफे की रकमें खुद बनाई हैं। जाहिर है, यह स्थिति किसी भी सजग सरकार को नहीं बनने देनी चाहिए। बड़े-बड़े करोड़पति पूंजीपतियों ने बंबई, कलकत्ता, मद्रास और दिल्ली के स्टॉक एक्सचेंजों को अपने पूंजी संचय का माध्यम नहीं बल्कि लूट मचाने का अखाड़ा बना रखा है।

निश्चित ही जब तक नए पुराने शेयरों में उनकी लूट का अंत नहीं किया जाएगा तब तक समाज में विषमता बढ़ती रहेगी और करोड़पति अरबपति होते जाएंगे और मध्यम वर्ग गरीब होता चला जाएगा। फिलिप्स कार्बन और सिंथेटिक केमिकल्स के संचालक बड़ौदा बैंक के भी संचालक हैं। सिंथेटिक केमिकल्स के शेयरों का तो अभी अलॉटमेंट ही नहीं हो पाया है क्योंकि उनके इस बैंक में दरख्वास्तों को लेकर बड़ा भारी गोल-माल हुआ है। नामों की इस हेरा-फेरी की अफवाहें बाजार में फैल रही हैं। इन दरख्वास्तों की अदला-बदली करने वालों को पूरा दंड मिलना चाहिए। बैंक भी प्रामाणिक नहीं रहे तो उनके संचालकों को हटाकर दूसरे ईमानदार आदमियों को वहां फौरन ही बैठाना चाहिए, नहीं तो 1947-48 वाली बैंकों के फेल होने की वारदातें फिर जनता की जमा-बचत को ले डूबेंगी।

सरकार पर बार-बार यह झूठा इल्जाम लगाया जाता है कि वह व्यक्तिगत उद्योगपतियों को दबा रही है, लेकिन शेयर-बाजार की वर्तमान अवस्था व इन्हीं कंपनियों के शेयरों के क्रूर खेल से तो यही साबित होता है कि भारत में करोड़पति कंपनियां बनाने वालों को जैसी छूट है वैसी दुनिया में और तो कहीं भी नहीं।

फिलिप्स कार्बन व सिंथेटिक केमिकल्स शायद हिंदुस्तान मोटर की तरह पंद्रह साल बाद ही पांच फीसदी डिविडेंड दे, लेकिन अभी-अभी उनका जो दाम बाजार में मैनेजिंग एजेंटों ने बना दिया है उससे तो ऐसा मालूम होता है कि मानो आज ही सोने की बारिश होनी शुरू हो गई है। अपने पुराने शेयरों में भी मैनेजिंग एजेंट कंपनी की अंदरूनी हालतों की जानकारी से रात-दिन लाभ उठा रहे हैं। उनको अपनी कंपनियों के शेयरों में आज जो रात-दिन सट्टा खेलने की खुली छूट है, वह भी बंद होनी चाहिए। स्टॉक एक्सचेंजों को स्वस्थ बनाने के लिए उन्हें इंगलिस्तान की ही तरह धीरे-धीरे आने वाली मामूली तेजी-मंदी तक ही सीमित करना होगा। कुछ महीनों के भीतर दूने-तिगुने दाम करके ही साधारण अनभिज्ञ छोटे-छोटे आदमियों की खाल उतार लेने की यह पद्धति बहुत दिन चल चुकी, अब इसका खात्मा होना चाहिए। मूंदड़ा ने भी तो अपने शेयरों का दाम इस तरह बढ़ाया था, वह खुद भी आफत में पड़ा और अपने शेयर होल्डरों को भी बर्बाद करता गया, लेकिन ये पुराने स्थापित धनिक खुद नष्ट नहीं होते, दूसरों को ही बर्बाद करते रहते हैं इसलिए इनके हौसले मूंदड़ा से भी कहीं अधिक विरोधी काम करने के हो गए हैं।

मूंदड़ा को तो अपनी करनी का फल मिल रहा है, पर इन लंबी जड़ वालों को इस किस्म का कोई डर नहीं। स्टॉक-एक्सचेंज की हरेक तेजी-मंदी में करोड़ों-अरबों रुपया हस्तांतरित होता है और इसका अधिकांश भाग इन्हीं स्थापित करोड़पतियों व उनके नाते-रिश्तेदारों, दलालों, मित्रों व मुसाहिबों को मिल जाता है। छोटे-छोटे व मध्यम दर्जे का व्यापार करने वालों की सालों की कमाई, इन करोड़पति संचालित तेजी-मंदी की कुटिल योजनाओं के जरिए करोड़पतियों की तिजोरियों व बैंकों के खातों में चली जाती है।

छोटे-छोटे मध्यम आकार के धंधों को बढ़ाने की बातें तो बहुत होती हैं, लेकिन पूंजीवादी पद्धति में बड़ी-बड़ी करोड़पति ह्वेल मछलियां छोटी-छोटी मछलियों को निगलकर और भी अधिक मोटी होती जा रही हैं और समाज का संतुलन भी बिगड़ रहा है। समाजवादी जनतंत्र कहे जाने वाले इस भारत में भी कांग्रेसी सरकार इस लूट को बर्दाश्त कर पूंजीपति सामंतवाद को पैदा कर रही है। संभव है, बराबरी तो सपना ही है और इस कांग्रेसी राज में सदैव भी सपना ही बनी रहेगी।

कहानी सेठ से बने पूंजीपतियों की

दरअसल, अंगरेज व्यापारियों के प्रारंभ काल में बंगाली ही बड़ी अंगरेज कंपनियों के दलाल या बैनियन थे, लेकिन बंगाली बैनियन व्यापार में कमाए गए धन से जमींदारियां खरीदकर सामाजिक प्रतिष्ठा प्राप्त करने के लिए राजा बन बैठे और वे व्यापार की

रात-दिन की चौकसी, चंचलता और मेहनत से दूर होते गए। जमींदारी मनोवृत्ति और व्यापारिक तर्ज तरीके दो अलग-अलग चीजें हैं। जमींदार आरामतलब होते हैं, भोग-विलास उनमें पनपते हैं। अय्याशी, शानो-शौकत व मनोरंजन से मुहब्बत और रोजाना की तेजी-मंदी, घट-बढ़ से नफरत करते हुए ये लोग जमी हुई आमदनी के जरिए आराम चाहते हैं। दिन-रात की व्यापारिक तेजी-मंदी की उछल-कूद के लिए जरूरी स्फूर्ति को खोकर जमींदार लोग आलसी हो जाते हैं।

व्यापारी बाजारों की बराबरी वाली प्रतिद्वंद्विता जमींदार राजाओं को बुरी लगने लगती है और वे व्यापारिक हलकों की दौड़-धूप और घाटे-नफे की घटा-बढ़ी से घबराकर, ऊंचे-ऊंचे खंबों वाले बदसूरत महलों में पंखों के नीचे सुरा-सुंदरी के सहवास में मित्रों व मुसाहिबों से घिरी महफिलों या मजलिसों में अतृप्त मन को शांत करने का मार्ग ढूंढ़ने लग जाते हैं।

'कलकत्ते' की पुरानी सड़कों व गलियों में जमींदार राजाओं के ये अनेक महल इस शहर के अठारहवीं और उन्नीसवीं सदी के विगत इतिहास के अवशेष हैं। खास बात यह है कि बीते जमाने की ये यादें अब धीरे-धीरे सरकारी व गैर-सरकारी संस्थाओं द्वारा खरीदे जा रहे अस्पतालों, कॉलेजों, स्कूलों व रिहायशी फ्लैटों की शक्ल अख्तियार करती जा रही हैं। निश्चित ही संपत्ति कर और महंगाई के भूत के दिन दूने बढ़ते आकार व घरेलू नौकरों की समस्या ने भी इस तब्दीली के सिलसिले की रफ्तार इन दिनों कुछ ज्यादा तेज कर दी है।

बहरहाल, बड़े-बड़े बंगालियों के जमींदार से राजा बन जाने और क्लाइव स्ट्रीट के अंगरेज ऑफिसरों के विदा हो जाने के बाद अंगरेजों ने देसी दलालों के रूप में खत्रियों को पकड़ा, पर वे भी व्यापार की तेजी-मंदी की लूकी सी लपट को ज्यादा जमाने तक बर्दाश्त नहीं कर सके। काया में खुद खूबसूरत और शौकीनी तौर पर लालायित भला ये लोग रूप की हाट से कैसे अलग रह सकते थे? अवध के नवाबों की शान-शौकत और ऐश्वर्य को, इनके पूर्वजों ने भूल भरी नजरों से एकदम नजदीक से देखा था। पहली पीढ़ी का कमाया हुआ धन जब लाड़ले बेटों को मिला तो जाहिर था शौक फरमाने वाली सुषुप्त भावनाओं को जाग्रत व साकार होने के अवसर और साधन दोनों ही मिल गए। इस तरह से वे भी व्यापार की सदैव हिलती-डुलती, डगमगाती सी सीढ़ी उत्तर प्रदेश के नगरों की नकल में कलकत्ता की तगं गलियों में बनाए हुए अपने मकानों में विलीन होकर, दोपहर तक वे बीती रंगीन रातों की खुमारी मिटाने लगे।

बैंकों में मुंशीगिरी, दफ्तरों में मुहर्रिरी और हरिसन रोड में गंजी-मोजों की दुकानें ही कलकत्ता के थोक व्यापार के साथ उनके संपर्क के चिह्नस्वरूप आज भी बची हैं। आज पंजाबी खत्री रिफ्यूजी, मशीनों और कारखानों की जानकारी लेकर द्वितीय महायुद्ध के बाद, हावड़ा में गाड़ी से उतरकर अपने संगठन, साहस व शक्ति का परिचय देने कलकत्ता आया है। इन जादी खाने वाले, नशेबाज, पतनोन्मुख खत्रियों से उनका कोई वास्ता नहीं।

जाति में एक होते हुए भी गुण, कर्म, स्वभाव में पंजाबी खत्री, पूर्वी और मध्य उत्तर प्रदेश के कस्बे व नगरों के खत्रियों से बिलकुल अलहदा हैं। उनमें मेहनत करने का, इंजीनियरिंग के ज्ञान का, कारखानों को खड़ा करने और चलाने का जो माद्दा है, वह कायस्थों की सी रीति-रिवाजों व आदतों वाले उत्तर प्रदेश व बिहार के खत्रियों में तो एकदम नहीं। जमींदारों की ही तरह जिन किन्हीं खानदानों में सरकारी नौकरी की लत लग गई है उन्होंने भी व्यापार में सफलता हासिल करने के लिए आवश्यक आदतों व गुणों को खो दिया है।

सरकारी अफसरी व जमींदारी दोनों ही अपनी ही बात को सर्वश्रेष्ठ घोषित कर और उसी पर अड़कर हुक्मशाही चलाने वाली मनोवृत्ति पैदा करती है। व्यापार में सामंतशाही की यह आदत अकसर सफलता की बैरिन ही साबित होती है। खरीद-बिक्री के प्रयास में मधुर बहस या बातचीत चलानी पड़ती है, खरीदार और बेचने वाले दोनों को ही बातें बनाकर भरोसा पैदा कर राजी करना पड़ता है, तब कहीं जाकर सौदा सुलझता व पटता है। कुशल व्यापारी में बराबरी के व्यापार को बर्दाश्त करने की क्षमता होनी चाहिए।

कभी-कभी तो अपमान सहकर भी अपना काम निकालने के धीरज की जरूरत होती है। व्यापारी मान-सम्मान को पैसे के आगे तुच्छ मानता है। पैसा होगा, तो प्रतिष्ठा, सम्मान खुद-ब-खुद प्राप्त हो जाएंगे। सरकारी अफसर और जमींदार दोनों ही ठीक राजपूत सामंतों की तरह, इज्जत की भारी टोकरी सिर पर उठाए, अहंकार में हाथी की तरह चलते हैं और अपना सिर झुकाने के बजाय दूसरों के सिरों को अपने सामने नवाता देखकर ही संतुष्ट होते हैं।

व्यापारिक सौदों के बाजारों में खरीदार व बेचवाल दोनों, एक भाव पर, एक बराबरी की सतह पर काम करते हैं। सिर्फ एक रुपए की ही ताकत के सामने सबके सब व्यापारी अपना सिर झुकाते हैं। मेहरबानी या लिहाज सफल व्यापारी को छूता तक नहीं। वह तो निर्मोही या निर्दयी भी होता है। कोई भी उसे पत्थर के से दिल वाला या दया-मायाविहीन कहे, लक्ष्मीपुत्र को इस बात की परवाह नहीं होती।

अपने जमाने के मशहूर धनिक सटोरिए स्वर्गीय हरदत्तराय चमड़िया को एक ऐसा संतप्त, दुखी, गारत व्यापारी जिससे उन्होंने सौदों में लाखों रुपए ठग लिये थे, गालियां दे रहा था। हरदत्तरायजी ने मुस्कराते हुए उस आदमी को अपने पास बुलाया और पूछा—अब इस वक्त तुम्हारे पास क्या बचा है? उसने कहा कि सिर्फ बीस रुपए। उन्होंने कहा कि यह भी मुझे दे दो और मेरी गद्दी के ठीक सामने खड़े होकर भरे बाजार मुझे मनचाहे जितनी हजार-दो हजार गालियां दे डालो। गालियों से मेरे कोई फोडे निकलने वाले नहीं हैं।

खैर, खत्रियों के ठीक बाद उन्नीसवीं सदी के आखिरी सालों में मारवाड़ियों का अंगरेजी कंपनियों के दफ्तरों में दाखिला शुरू हुआ। रेगिस्तान की किफायतसारी जो कि एक अद्भुत किस्म की कंजूसी की शक्ल हासिल कर चुकी थी, सदियों के अकालों के अभावग्रस्त जीवन के कटु अनुभवों के परिणामस्वरूप उन्हें अपनी पुरानी पीढ़ियों से विरासत में मिली थी।

अकाल के इलाके में अन्न का दाना-दाना संचय करके रखना पड़ता है। अय्याशी की आदतें पनप ही नहीं पातीं, सूखे के सालों की संभावना यदा-कदा, सदा ही बनी रहती है, इसलिए जीवन को किसी तरह बचाए रखने के लिए, कम से कम खा-पीकर, बुरे दिनों के लिए खाना-कपड़ा बचाकर इकट्ठा करने की मनोवृत्ति बड़ी ही मजबूत हो जाती है, लेकिन केवल रेगिस्तान की जल-विहीन कम उपजाऊ भूमि और अकालों की सतत संभावनाओं ने ही मारवाड़ी बनिया जाति में पूंजी संचय का चरित्र पैदा नहीं किया। आधुनिक यूरोपीय समाजशास्त्रियों में अग्रणी मार्टिन बूबर ने कहा है कि औद्योगिक प्रतिष्ठानों और बड़े व्यापार के लिए बड़ी पूंजी के संचय की जरूरत होती है। वह यूरोप में प्रोटेस्टेंट विचारधाराओं के प्रभाव में पले, सादा, सरल, कम खर्च जीवन व्यतीत करने वाले कठोरता का पाठ पढ़े हुए लोगों द्वारा ही संभव हो सकती थी। जो खुद अपने आप आराम व भोग-विलास को त्यागेगा केवल वही दूसरों को भी धन-संपत्ति की बर्बादी नहीं करने देगा। राजस्थान और गुजरात में ऐसा कौन-सा आचार-विचार विकसित हुआ, जिसने वहां की केवल अकेली बनिया जाति को ही पूजी संचय व औद्योगिक संगठन का माध्यम या वाहक बना डाला?

जैन और वैष्णव धर्म का युद्ध या विवाद पश्चिमी भारत में जाकर कुछ शिथिल सा पड़ गया था और दोनों धर्मों का रूप एक-दूसरे से प्रभावित होकर कुछ मिला-जुला सा हो गया था। अहिंसा व संयम का डंका बजाते हुए भी बौद्ध व जैन धर्म, समृद्ध उपजाऊ मगध में मांस-मदिरा व नगर वधुओं का बहिष्कार नहीं करा सके। भारत से बाहर भी, उत्तर में मंगोलिया व जापान से दक्षिण में लंका तक पूर्वी एशिया में बौद्ध-धर्म फैला जरूर, लेकिन उसने वहां के लोगों के खान-पान व रहन-सहन में कोई खास तब्दीली नहीं की।

जैन धर्म समुद्र पार तो नहीं गया, भारत में ही लुकता-छिपता हुआ कट्टर ब्राह्मणों द्वारा उभरे राज्य क्रोध से अपने आप को बचाता हुआ वह किसी तरह भागते-भागते मारवाड़, मालवा और गुजरात के जंगलों व रेगिस्तानों में जा पहुंचा। इसके बाद यह धर्म, वहां के राज-खानदानों से डर के मारे अपने आपको अलग-अलग रखता हुआ, ब्राह्मणों और बनियों को अपने प्रभाव में लाने में सफल हुआ। ब्राह्मणों का तो वैष्णव-धर्म से अटूट संबंध था, वे जैन नहीं बने, लेकिन उन्होंने जैनियों के बढ़ते प्रभाव से अपने जमाने को बचाने के लिए वैष्णव धर्म का ही ऐसा गठन किया कि अहिंसा उसका प्रधान अंग व गुण बन बैठा।

मारवाड़ की छह उपजातियों के ब्राह्मण, जो आज भी आपस में विवाह नहीं करते, इसी वजह से आज तक भी खानपान में संपूर्ण रूप से शाकाहारी और जीवन में मितव्ययी और चरित्र में सदाचारी हैं। इन बाह्मणों के आचार-विचार में जब अहिंसा का गहरा पुट मिला तो राजस्थान, मालवा व गुजरात के लोग शक्तिशाली पशु-बलि देने वाली देवी पूजा से अलग हटकर राम, कृष्ण और रामचंद्र के सेवक हनुमान के भक्त बन गए। हनुमान की ही तरह बनिए आज भी राजनीतिक प्रभुओं के दास ही हैं।

राजस्थान, मालवा और गुजरात विष्णु के देश हैं। वहां देवियों की पूजा, यानी मांस-मदिरा सेविनी महाकाली के अनेक रूपों की पूजा राजपूत राजखानदानों तक ही सीमित रही। ब्राह्मणों व जैन गुरुओं के प्रभाव में आए शाकाहारी बनियों ने अगर कभी देवी की पूजा की भी तो वह दीवाली के दिन केवल विष्णु भार्या लक्ष्मी की। लक्ष्मी धन-धान्य की अधिष्ठात्री हैं। उसके पति विष्णु भगवान सृष्टि के निर्माता होने की वजह से सृजन के लिए पदार्थ को चुनने की जरूरत में चार मुखों से चारों ओर घूमते रहने वाले हैं। विष्णु मर्यादित संयमी जीवन के समर्थक हैं और संसार का पालन पोषण कर उसे विभिन्न उत्पातों से अलग रखना चाहते हैं। ब्राह्मण धर्म के राजस्थानी रूप और जैन धर्म ने संयम द्वारा सीमित मर्यादित जीवन को ही आदर्श माना है। संयम संचय की बुनियाद या नींव है।

संचय के बिना पूंजीवाद की स्थापना असंभव है और संयम ही संचय की आधारशिला और फलती-फूलती भूमि है। इसी संयमी-संचयी मनोवृत्ति ने ही उस कायरता के आचार-विचार को बनिया जाति में विकसित किया है, जिसके लिए वे भारत भर में बदनाम हैं। राज्य-विद्रोहों या अन्य उत्पातों से अपने आपको अलग रखना, धन की रक्षा व संग्रह के लिए अति आवश्यक है।

जैन और वैष्णव धर्म के इस समन्वय व सम्मिश्रण ने गुजरात से लेकर दिल्ली, आगरे और अग्रोहे तक के बनियों को अपनी विचारधारा और आचार संहिता में शामिल कर लिया तो यही बनिए काल और अवसर पाकर राज्य के खजांची व करों के मामलों में सलाह कार तक बन बैठे। टोडरमल ने ही अकबर के राज्य में जमीन की पैदाइश की और एक स्थिर कर प्रणाली या मालगुजारी का बंदोबस्त किया। भामाशाह प्रताप के धन का रक्षक था। मुर्शिदाबादी नवाब दिल्ली के अपने सम्राट मुगलों से मांगकर ही अपने खजाने की व्यवस्था के लिए इन बनियों को पहले बंगाल लाए थे।

हुंडी की प्रथा भी इन्हीं सेठों ने भारत भर में फैला दी और भारतीय बैंकिंग की नींव भी जो आज ब्रिटिश नमूनों व नकल के बैकों के मुकाबले में गायब हो रही है, वह भी इन्हीं बनियों ने डाली। जब डाक और तार नहीं थे, यातायात के साधन अरक्षित, सीमित और संकुचित थे, डाकुओं और ठगों से भारतीय जन-पथ आक्रांत एवं त्रस्त थे, उस समय भी इन सेठों ने अपनी ऐसी साख स्थापित की थी कि इनकी एक गद्‌दी में भुगतान लिया जा सकता था।

चीजों की खरीद-बिक्री व आदान-प्रदान के साथ हुंडी की भारतीय चेक प्रणाली को जोड़कर, इन्होंने रुपए के लेन-देन का काम सुगम बना दिया था और सिर्फ नकद के क्षेत्र से आगे बढ़कर, वे इस तरह से घी-तेल, तिलहन, रुई, वस्त्र, सोना-चांदी आदि उस वक्त आवागमन व व्यापार में आने वाली वस्तुओं पर भी अपने हाथ फैलाने लगे थे।

जब नए राजाओं के रूप में हिंदुस्तान में व्यापारी जाति के अंगरेजों का उदय हुआ तो ये देसी बनिए फौरन ही दलाल, आढ़तिए, एजेंट, सप्लायर व विलासी माल के विक्रेता के रूप में उनके सहायक बन बैठे।

अंगरेजी राज्य व व्यापार के विस्तार के साथ ही इन बनियों का प्रभाव व धन भी बढ़ने लगा। विलायती व्यापार की प्रधान अंगरेजी मंडियों यानी बंदरगाहों वाले कलकत्ता, बंबई आदि शहरों में वे भारत में रेल बनने से पहले ही पहुंचने शुरू हो गए थे। रेल बनने के बाद तो झुंड के झुंड वणिक पुत्र, पैदाइशी राजस्थानी गांवों में अपने बाल-बच्चों और औरतों को वृद्ध माता-पिता, भाई-बंधुओं या दूसरे रिश्तेदारों की निगरानी में छोड़कर पैसा कमाने के लिए ऐसे अजनबी इलाकों में निकल पड़े जहां की बोली व आबोहवा दोनों ही उनके लिए नई थी, लेकिन जाहिर था व्यापार और प्रेम दोनों ही दूसरों की बोली भी बड़ी ही जल्द सिखा डालते हैं।

धन पैदा होता है, तो बुरी आबोहवा भी सहनीय हो जाती है। धन की लालसा ने उन्हें हिमालय की गोद में नेपाल, सिक्किम और तिब्बत तक में पहुंचा दिया था। आसाम के जलपूर्ण सघन जंगलों, नागाओं के पडो़सी, पहाड़ी मणिपुर और समुद्र पार बर्मा, हांगकांग व सिंगापुर और यूरोप में आदिम जमाने से आबाद मध्यमवर्गीय ही नहीं कृषक वर्ग का बंगाली हिंदू भी आज भाग रहा है, पर मारवाड़ी बनिया धन के लालच में प्राणों की परवाह भी न करके, वहां के हिंदू विरोधी वातावरण को सहते हुए अब भी डटा हुआ है। अनेक भाग भी आए हैं, कुछेक की जानें भी गई हैं, पर फिर भी करीब आधे से ज्यादा अब भी वहीं हैं, और अपनी दुकानों, व्यापारिक दफ्तरों व कारखानों को अनेक दिक्कतों का मुकाबला करते हुए चला रहे हैं।

आजाद बर्मा में भारतीय नागरिकों के लिए, दोनों देशों की सरकारों में मंत्री होते हुए भी, व्यापार करना दिन-रात ज्यादा मुश्किल होता जा रहा है। फिर भी अभी तो अधिकांश वणिक पुत्र इन बढ़ती कठिनाइयों के भीतर भी अपना रास्ता किसी तरह से निकालकर अपना काम चला ही रहे हैं। लंका का भी यही हाल है, इंडोनेशिया में भी स्वदेशी लोगों के पक्ष में और विदेशियों के खिलाफ ऐसे कानून-कायदे सरकार ने जारी कर दिए हैं कि एशियन मुल्कों के विदेशियों के लिए भी वहां पर व्यवसाय-व्यापार करना असंभव सा ही होता जा रहा है।

हालांकि भारत के लिए एकदम नए अफ्रीकी मुल्क इथोपिया में बिड़लाजी ने कपड़े की मिल खोल दी है, और सूडान में खोलने जा रहे हैं। दक्षिण अफ्रीका का गोरा मालिक तो भारतीय व्यापारी की प्रतिद्वंद्विता एकदम सह नहीं सकता और यही देशपूर्ण राजनीतिक नीति रोडेशिया में भी लागू है, लेकिन आगे आजाद होते अफ्रीकी मुल्कों में भारतीय व्यापारी जिम्मेदारी के साथ और वहां के लोगों के प्रति सहानुभूति व सदाशयता रखते हुए कुछ कम लालच से कदम बढ़ाएं तो वे उन मुल्कों का यूरोपीय पूंजी के कुटिल आर्थिक पाप व शोषण से पिंड छुड़ाने में सहायक हो सकते हैं, साथ ही रुपया भी कमा सकते हैं व अपना व अपने देश का सुनाम भी अर्जन कर सकते हैं। पर जो हो स्वराज्य के तेरह साल गुजर जाने पर भी भारत का अधिकांश आयात-निर्यात का व्यापार अंगरेजी कंपनियों के हाथों में है और आज भी दिल्ली के सरकारी मंत्री व अफसर अंगरेज

व्यापारियों को भारतीय व्यापारियों से बिना किन्हीं बुनियादी कारणों के ही अच्छा व भला समझते हैं।

जाति विभिन्नता व शिक्षा एवं आदर्शों की असमानता के कारण ही वे भारतीय व्यापारी जाति से अपने को अलग एवं ऊंचा और अंगरेजों को अपने अनुकूल मानते हैं। यही वजह है कि भारतीय व्यापारी समुदाय, काली शक्ल वाले, लेकिन अंगरेजी सभ्यता व संस्कृति के पृष्ठ पोषक इन नए भारतीय राजकीय महानुभावों को खुश करने के लिए अंगरेजों से सीर साझा जारी रखने व उसे और बढ़ाने के रास्ते चल पड़ा है।

भारत की राष्ट्रीय कही जाने वाली यह सरकार इस तरह की विदेशी पक्षपाती अपनी पॉलिसी या नीति के जरिए भारत का भविष्य खतरे में डाल रही है और भारतीय हितों पर कुठाराघात कर, विदेशी पूंजी की ताकतों को इस स्वतंत्र देश में बढ़ावा दे रही है।

अपनी साम्राज्यवादी लूट के जरिए इन अंगरेजों ने रंगीन देशों की पूंजी का हरण किया और उनकी स्वदेशी दस्तकारी व उद्योग-धंधों को अपनी कठोर प्रतिद्वंद्विता से मार डाला। एशियनों व अफ्रीकनों को अपने ही मुल्कों में पराधीन बनाकर सिर्फ सस्ते दामों में खेतों व खानों का कच्चा माल सप्लाई करने लायक बना डाला। अपने कारखानों में तैयार चीजों को पहुंचाने व देसी कच्चा माल ढोने के लिए उन्होंने थोड़ी सी सड़कें, रेलें व बंदरगाह अपनी इन जरूरतों के लिए जरूर बना दिए और आंतरिक डकैती व लूट-खसोट को व्यापार की वृद्धि के लिए हानिकारक समझ खत्म कर एक किस्म का अमन-चैन भी स्थापित किया।

इस कच्चे माल को छोटे-छोटे व्यापारियों से खरीदने और यूरोपीय कारखानों के पक्के माल को बेचने में, अंगरेजी कंपनियों के जो हिंदुस्तानी प्रमुख मददगार बने उनमें कलकत्ते का गोयनका परिवार पहले से ही अग्रणी रहा। ग्राहम ट्रेडिंग और रॉली-ब्रदर्स जैसी बड़ी अंगरेजी आयात-निर्यात करने वाली कंपनियों के प्रचुर तादाद के माल की खरीद-बिक्री में उन्होंने लाखों रुपया कमीशन की शक्ल में ही अर्जित किया। धन के अलावा, अंगरेजी हुकूमत ने इन्हें पदवियों के सम्मान से भी विभूषित किया और हरीरामजी व बद्रीदासजी दोनों ही भाइयों को नाइटहुड यानी सर की उपाधियां भी मिलीं। सर हरिराम गोयनका का तो एक पत्थर का बुत भी कलकत्ते के मैदान में कर्जन-पार्क के पश्चिमी हिस्से में खड़ा किया गया और बड़े बाजार की विख्यात एवं समृद्ध, लेकिन गंदी सड़ी-गली, बांसतल्ला गली का नाम भी बदलकर सर हरिराम गोयनका स्ट्रीट कॉर्पोरेशन कर दिया।

इसी तरह से अंगरेजी पूंजीपतियों के सहायक या दलाल भारतीय व्यापारियों को ब्रिटिश हुकूमत आगे बढ़ाती रहती थी और उन्हें अपने समाज के अगुआ या नेता बनाने की कोशिशें भी करती थी।

सर बद्रीदास गोयनका कलकत्ते के मारवाड़ी समाज के सबसे पहले ग्रेजुएट भी हैं और अंगरेजी जमाने से ही सरकारी बैंकों के डायरेक्टर आदि बने हुए हैं। उन्हीं के सुपुत्र श्रीमान केशव प्रसाद गोयनका ने सबल पूंजीपति अमेरिकनों की तरफ अपने

हाथ-पांव बढ़ाने शुरू कर दिए हैं। गोया कि बिड़लाजी की सी दानशीलता से वे अपनी कंजूसी की वजह से हमेशा ही दूर रहते आए हैं।

1939 में द्वितीय महायुद्ध के शुरू होते ही इन्दौर के आरामतलब राजा सेठ हुकुमचंद की कलकत्ता के औद्योगिक उपनगर नैहाटी में स्थित सबसे बड़े जूट मिल को खरीदकर यह गोयनका परिवार औद्योगिक क्षेत्र में अवतरित हुआ, लेकिन इस मिल में भी बिड़ला ब्रदर्स के शेयर ज्यादा हैं और उनको सलाम बजाकर ही गोयनका परिवार अपनी मैनेजिंग एजेंसी अपने हाथों में कायम रख सका है।

भारत में सामंती ढंग की अंगरेजी व भारतीय पूंजी के द्वारा खुशामद, सलामत व मेहरबानी के वातावरण में फला-फूला यह गोयनका परिवार अपने से अधिक साधन संपन्नों को खुश करने की कला में शुरू से ही प्रवीण रहा है। अंगरेजी कंपनियों के बड़े साहबों की जी हजूरी करके ही तो वे आज ओक्टेवियस स्टील (चाय बागान, बिजली कंपनियां आदि) और डंकन ब्रदर्स (जूट मिल, चाय बगान) जैसे पुराने स्थापित अंगरेजी एजेंसी फर्मों में हिस्सेदार बन सके हैं। अपने हिंद-बैंक को बड़ौदा बैंक में विलीन कराकर ही तो वे बड़ौदा बैंक के संचालक मंडल में भी जा बैठे हैं। बंबई में इनकी एक कमला नाम की कपड़े की मिल भी है।

भारतीय व्यापार जगत में सर्वाधिक सफल फर्म बिड़ला ब्रदर्स की कृपा प्राप्त करके भी गोयनका परिवार उनकी सी तेज चाल से चलने का अभ्यस्त नहीं हो पाया है, लेकिन फिर भी क्लाइव स्ट्रीट में वही एक पुराने करोड़पति हैं, जिन्हें बिड़ला बंधुओं के उपग्रह की उपाधि मिली है, गोया कि इस उपग्रह की चाल बड़े ग्रह से बहुत ही ज्यादा धीमी है। बड़ों से छोटों की चाल कमजोर होनी भी चाहिए। बड़ों से आगे निकल जाने में नुकसान ही नुकसान है।

मारवाड़ी समाज के बड़े व्यापारियों पर बिड़लाजी का एकच्छत्र साम्राज्य है। इस चक्रवर्ती की सी हुकूमत को चुनौती देने वाले का इस जवाहरी जनतंत्र में भी कल्याण नहीं। सजा किस तरह मिलती है, यह जरा हरिदास मूंदडा से पूछकर देखिए। बड़े व्यापारी ऊपरी बातचीत में बड़े सच्चे, सदाचारी, शिष्ट, नम्र एवं मधुर मालूम होते हैं कि खून की बूंद भी दिखाई नहीं पड़े, लाश भी नजर न आए और प्रतिद्वंद्वी के प्राण भी निकल जाएं। राजनीति की ही तरह की गिरोहबाजियां बड़े व्यापार में भी हैं।

साजिशों और दूसरों की कंपनियों को मनचाहे कम दामों में हथिया लिया जाता है। लालच की कोई सीमा नहीं होती। रुपए की पूजा भी उसे शक्ति का स्वरूप मानकर ही की जाती है। जैसे शक्तिशाली राजाओं व राष्ट्रों को दूसरा आगे बढ़ता ताकतवर राष्ट्र नहीं सुहाता वही रीति-रिवाज बड़े व्यापारिक दायरों में भी बदस्तूर कायम हैं।

'जन', में 1950

भारत सरकार की औद्योगिक नीति

यह लेख कांग्रेस सरकार के कार्यकाल में देश की जीर्ण-शीर्ण आर्थिक व्यवस्था की तस्वीर सामने रखता है और सरकार द्वारा अपनाई जा रही औद्योगिक नीतियों पर भी सवाल उठाता है। इस लेख में बालकृष्ण जी ने नेहरू सरकार में हर प्रशासनिक विभाग, कार्यालय व मंत्रालय में लापरवाही और बेतरतीब कार्यप्रणाली की भी पोल खोली है। –संपादक

60 साल से भी बड़ी उम्र की कांग्रेस ने 15 अगस्त, 1947 को हिंदुस्तान के शासन की बागडोर अपने हाथ में ली। कांग्रेस की एकमात्र ताकतवर विरोधी संस्था मुस्लिम लीग उत्तर-पश्चिमी और पूर्व के कुछ हिस्सों को लेकर भारत से अलग हो गई। आज केंद्रीय, प्रांतीय, जिला-बोर्डों और नगरों तक में कांग्रेस का प्रबल बहुमत है। इसके अलावा राजाओं की रंगभूमि रियासतें भी कल के प्रजामंडल और आज की कांग्रेस कमेटियों के कब्जें में आती जा रही हैं।

करोड़ों जनता के भाग्य-निर्माण के लिए कांग्रेस नेताओं के हाथों में वह निर्विरोध शक्ति है, जो भारत के इतिहास में शायद ही किसी राजनीतिक दल को प्राप्त हुई हो। इतने जबर्दस्त जनमत का समर्थन पाकर भी स्वतंत्र भारत की सरकार ने देश की आर्थिक उन्नति और विकास के लिए कोई ऐसा तेज कदम नहीं उठाया है जो देश की रचनात्मक शक्तियों का संगठन करे।

अंगरेजों के जमाने से भी आज उत्पादन घट गया है। मजदूर वर्ग में गंभीर असंतोष है, व्यापारी समाज परेशान और घबराया-सा है। मध्यम वर्ग निराश और भविष्य के मामले में भयभीत है। इस निराशा के अंधकार को मिटा देने की सख्त जरूरत है, लेकिन कांग्रेस की कार्यकारिणी और मंत्रिमंडल के सदस्यों को सिवाय नित्य नई घोषणाओं के इस मायूसी को मिटाने का और कोई उपाय ही नहीं सूझ रहा है।

एक दिन प्रधानमंत्री पंडित जवाहरलाल नेहरू जनमत की तरफ दृष्टि फेंककर तकरीर करते हैं, उद्योग सचिव श्यामाप्रसाद मुखर्जी दूसरे दिन व्यापारी समाज को खुश करने के लिए दूसरा ही राग अलापते हैं। तीसरे दिन जगजीवन रामजी अपने मजदूर मंत्री-पद की महत्ता को साबित करने के लिए एक ऐसी धमकी दे डालते हैं जो पांच

बजे के करीब बंद होने वाले वाणिज्य व्यवसाय के दफ्तरों में सर्द हवा का झोंका लाकर, उन्हें अपने वक्त से पहले ही बंद करा देती है।

सच पूछिए, तो अर्थशास्त्रियों, उद्योगपतियों, आयात-निर्यात के व्यापारियों तक को यह पता नहीं कि सरकार की आर्थिक नीति क्या है? सरकार का कोई विभाग किसी वक्त कोई एक ऐसी विज्ञप्ति निकाल सकता है, जो किसी वक्त किसी चीज के भाव में अचानक अत्यधिक वृद्धि कर दे और दूसरी किसी वस्तु के व्यापारियों को चौपट कर दे।

इस संकट से बचने के लिए अधिकांश व्यापारी बहुत मामूली काम करते देखे जाते हैं और जो भी काम करते हैं वह इतने नफे की चिंता से करते हैं कि अगर किसी सरकारी अधिकारी ने इस तरह का कोई कदम उठाया भी तो वे घाटे में न रहें। अनिश्चित अवस्था में व्यापार और उत्पादन दोनों घटते हैं। महंगाई बढ़ती है, भ्रष्टाचार और रिश्वत की प्रवृत्ति फैलती है और देश की माली हालत दिन-पर-दिन बदतर होती जाती है। आयात-निर्यात के व्यापार में लाइसेंसों को लेकर जो धांधली चल रही है, वह दुनिया के किसी भी छोटे-से-छोटे देश की गंदी से गंदी सरकार में भी संभव नहीं है।

गत 9 अप्रैल को भारतीय संसद में सरकारी उद्योग नीति का प्रस्ताव पास हुआ। सरकार ने राष्ट्रीयकरण के बारे में फैसला दिया। हथियार और गोला-बारूद बनाने के कारखाने और रेलवे का पूरा कारोबार सरकारी ही रहेगा, जिसे अंगरेजी सरकार ने ही राज्य की संपत्ति बना दिया था।

अणुशक्ति के राष्ट्रीयकरण की भी बात कही है पर अणुशक्ति के उत्पादन और विकास का जटिल कार्य हिंदुस्तान जैसे गरीब देश के लिए स्वप्न मात्र है, क्योंकि जितना रुपया भारत के सारे उद्योग-धंधों में लगा है, उससे भी ज्यादा रुपया अमेरिका अणुबम बनाने में खर्च कर चुका है। इसके अलावा हिंदुस्तान के वैज्ञानिकों का स्तर भी अभी इतना ऊंचा नहीं हुआ है और न ही प्रथम श्रेणी के वैज्ञानिकों की भारत में इतनी बड़ी संख्या ही है कि वे इस काम को संभाल सकें। अभी तो बिजली के मामूली मोटरों और डायनमों और पावरहाउस की मशीनरियों तक के लिए हमको विदेशों का मुंह ताकना पड़ता है। ऐसी हालत में इस अणुशक्ति के राष्ट्रीयकरण का क्या अर्थ होता है? इसके सिवाय नदियों पर बांध बनाकर बिजली पैदा करने और नहर निकालने का काम भी सरकार का ही होगा।

कृत्रिम खाद बनाने का कारखाना भी सरकार ही बनाएगी और चलाएगी, क्योंकि भारत में कोई औद्योगिक कंपनी ऐसी नहीं जो इतनी बड़ी पूंजी लगाकर इस काम को खड़ा कर सके। दूसरे किसी उद्योगपति को कृषि की इस पिछड़ी हुई हालत में कृत्रिम खाद की मांग भी इतनी बड़ी नजर नहीं आती कि कारखाने की बड़ी पैदावार नफे पर बेची जा सके। एक और घाटे वाला एवं दुर्गम काम अर्थात् कोयले से पेट्रोल निकालने के कारखाने बनाने का काम भी सरकार ने अपने जिम्मे ले रखा है। शायद ऐसी घोषणाएं

करके नेहरू सरकार अंतरराष्ट्रीय जगत में बड़ा सर्टिफिकेट लेना चाहती है, लेकिन शिक्षित वर्ग जो दुनिया की आर्थिक विकास की योजनाओं को जानता है, उसे यह भी मालूम है कि करोड़ों रुपया खर्च करके जर्मनी जैसे विज्ञान में अग्रणी देश को बड़े-बड़े विज्ञानवक्ताओं के रहते हुए भी कृत्रिम पेट्रोल बनाने में सालों लग गए और फिर भी कोई लाभ नहीं हुआ, तो भारत की क्या बात! जहां जर्मनी का 15वां हिस्सा भी कोयला नहीं है, लेकिन फिर भी यह योजनाएं चलाई जा रही हैं।

हमारे विज्ञानप्रिय प्रधानमंत्री को कहीं कुछ खास किस्म के प्रचारक वैज्ञानिकों से तो पाला नहीं पड़ा है जो ऐसी बेतुकी योजनाओं की घोषणाएं गंभीरता से कर डालते हैं। सरकार की औद्योगिक नीति के दूसरे मार्ग के अनुसार कोयला, लोहा और जहाज बनाने के मौजूदा उद्योग पुरानी कंपनियों के ही हाथ में दस सालों तक रहने दिए जाएंगे। कंपनियों को अपनी इन खानों और कारखानों को बढ़ाने का भी हक होगा, पर इसमें नए उद्योग-धंधे सरकार खोलेगी और दस साल के बाद पुरानी व्यक्तिगत कंपनियों की खानों और कारखानों का राष्ट्रीयकरण किया जाए या नहीं, इस पर विचार होगा।

इस नीति का मतलब यह है कि लोहे के जो तीन कारखाने हिंदुस्तान में हैं, वे अपना एकाधिपत्य बनाए रखेंगे, क्योंकि सरकारी योजनाओं की जो गति है उसके अंदाज से दस साल में शायद ही कोई नया लोहे का कारखाना खड़ा हो सके। अभी तो वह कमेटी या कमीशन भी नहीं बैठा है जो हमें यह बताए कि नया लोहे का कारखाना कहां होने से सुविधा होगी और फिर हमारी राष्ट्रीय सरकार की कमेटियां तो अग्रेजों की कमेटियों के भी कान काटती हैं। रिपोर्ट निकालने तक लोहे के कारखानों की मांग करने वाले भी शायद यह भूल जाएं कि उन्होंने इस चीज की कभी मांग की थी। शायद जब तक ये विशेषज्ञ कमेटियां यह रिपोर्ट दें तब तक आर्थिक पतन का युग आ जाए और आज की लोहे की तेज मांग मंद पड़ जाए व तब कारखाना बनाने की इतनी जरूरत ही महसूस न हो। जाहिर है, यही हाल कोयले का भी होगा।

सरकार न नई खानें खोदेगी और न कंपनियां ही खोल सकेगी। हमारे पिछड़े हुए देश को पुरानी खानों से निकलने वाले करीब तीन करोड़ तीन टन कोयले से ही साल भर का खर्च चलाना होगा। जब अभी इतना कोयला सारे उद्योगों को सुचारु रूप से चलाने के लिए पर्याप्त नहीं है तो उद्योग बढ़ने पर तो कम से कम इससे दुगुना कोयला खानों से निकालने का प्रबंध करना होगा। लोहे के बिना कोई उद्योग आगे नहीं बढ़ सकता। हमारे देश में इंगलिस्तान के एक करोड़ तीस लाख टन के मुकाबले में दस लाख टन से भी कम इस्पात हर साल तैयार होता है।

इस्पात भी उद्योगों की वृद्धि के लिए अति आवश्यक है। आज इस्पात के अभाव में मकान और पुल तक नहीं बन सकते, रेलों का बुरा हाल है, फैक्टरियों का बैठाया जाना भी स्थगित हो गया है, लोहे के उद्योगों को यथाशक्ति और गतिशील बनाने की ओर सरकार को बड़ी जल्दी काम करना चाहिए, क्योंकि लोहा बहुत से उद्योगों का

कच्चा माल है। इसके साथ ही दूसरे उद्योगों को बनाने में भी लोहे के बिना कुछ नहीं हो सकता। यही बात कोयले पर भी लागू है।

आज पाकिस्तान के कारखानों का काम कोयले के अभाव में बंद है। अब तक हम अंगरेजी सरकार को उलाहना दे सकते थे, लेकिन अब हमारी आजाद सरकार ने ऐसा क्या किया है जो हम उसको बधाई दें। राष्ट्रीयकरण का सवाल जरूर बहुत महत्त्वपूर्ण है, अगर पूंजीपति नए उद्योग नहीं चलाना चाहते तो सरकार को फौरन इस काम में जुट जाना चाहिए। कब तक सरकार उनकी बाट जोहती रहेगी?

जहाज बनाने का जो एक कारखाना विशाखापट्टनम में खुला है, वह नया ही उद्योग है। सरकार को बैंगलोर की हवाई जहाज की फैक्टरी की तरह उसको भी अपने कब्जे में बड़े पैमाने पर चलाना चाहिए।

लोहा, कोयला, जहाज और रेल इन्हीं चार चीजों के उद्योग का विस्तार होने से बाकी उद्योग-धंधों को बढ़ाने में सहायता मिलेगी, लेकिन जब तक सरकारी अफसरों और उस माध्यम वर्ग का नैतिक स्तर ऊंचा नहीं होता, जिससे अफसरों की भर्ती होती है, तब तक सरकारी उद्योग-धंधे पनप नहीं सकेंगे।

वर्तमान सरकार को अंगरेजों से बपौती के रूप में प्राप्त की हुई आलसी हिंदुस्तानी नौकरशाही तो राष्ट्रीयकरण के सारे कामों को चौपट कर देगी। अपने आदमियों को सरकारी उद्योग-धंधों में घुसेड़कर कारखानों को ठप कर देगी। अफसरों के दल-दल में कांग्रेसियों का एक नया गिरोह भी घुस आया है, जो कि चोर-बाजार के बड़े दिग्गज महारथियों से भी ज्यादा खर्चीली और ऐशो-आराम पसंद है।

सरकारी उद्योग-धंधों के ठेकों में और खरीद-बिक्री में इन्हें मुफ्त की जो बड़ी-बड़ी रकम उड़ाने का मौका मिलेगा ईंटों और लाइसेंसों की दलाली को भी मात कर देगा। कोटा का लाभदायक व्यापार भी उसके आगे कुछ नहीं होगा। सरकारी रेल को ही लीजिए, प्राथमिकता (प्रॉपर्टी) के नाम से ऊपर से लेकर नीचे तक डिब्बों का एक भाव सा हो गया है। माल ढोने में रेल को जितना किराया नहीं मिलता, उससे अधिक रुपया स्टेशन मास्टर से लेकर रीजनल प्रॉपर्टी से कलकत्ता उड़ा जाते हैं। सुना है बंबई से बिहार आने के लिए सात मन की एक कपड़े की गांठ का रेल किराया तीस रुपया है और परमिट (सामान ले जाने का अनुमति पत्र) सौ रुपए का बिकता है।

कलकत्ते-बंबई में टेलीफोन के नए कनेक्शन के लिए पोस्ट-ऑफिस को पच्चीस-तीस रुपया खर्चे का मिलता है और जो महाशय आपके घर या दफ्तर में नया टेलीफोन लगवा देते हैं, उन्हें पांच हजार तक की रकम देनी पड़ती है। देहाती पोस्ट-ऑफिस में जब सेविंग्ज सर्टिफिकटों को भुनाने के लिए पहुंचते हैं तो पांच-दस रुपए सैंकड़े से कम में सौदा नहीं होता। व्यापारी बैंकों में अगर ऐसा होने लगे तो बैंक खत्म हो जाए।

बिहार में तो जमींदारी उन्मूलन बिल पास हो गया है और सुना जाता है कि विधानसभा के अगले अधिवेशन में स्वीकृति के लिए रखा जाएगा कि पैदावार को

बढ़ाने के लिए यह अतिआवश्यक हो गया है कि जमींन जोतने वाले किसान की हो, ताकि वह उसका जो सुधार करे उसका फल भी वही प्राप्त कर सके, लेकिन अगर मालगुजारी वसूल करने वाले और जमीन का हिसाब-किताब रखने वाले पटवारी से लेकर मालमंत्री तक उसी श्रेणी में से भर्ती किए गए जो अब तक जमींदारों के कारिन्दों और तहसीलदारों का काम करते थे तो पुराने भूमिपतियों की जगह सरकारी अफसरों का अन्याय और अत्याचार गरीब किसानों को सहना होगा। शायद इस दुनिया में कहीं भी कोई लोक-परोपकारी कार्यकर्ता बचा हो जो जमींदारी प्रथा का समर्थक हो।

देश को खाद्य-पदार्थों के संबंध में विदेशों की गुलामी से आजाद करने के लिए उस निकम्मी जमींदार जमात को उखाड़ना जरूरी हो गया है जो जमीन और किसान को कुछ भी नहीं देता, और उसमें से अपने ऐशो-आराम के लिए पैदावार का काफी बड़ा हिस्सा लेता रहा है।

किसानों के कंधों से जमींदारों का बोझ हटाने के सिवाय दूसरे देशों की तरह दबे हुए इन खेतिहरों को कृषि के नए साधन, उनके प्रयोग में लाने की शक्ति भी देनी होगी। इसके लिए आज के निर्जीव कृषि-विभाग के उन अधिकारियों को भी बर्खास्त करना होगा जो घूस लेकर अतिलोभी व्यापारियों से खराब बीज और दूसरी चीजें खरीदते हैं। कहीं ऊपर से किसी ईमानदार अफसर का खरीदा हुआ अच्छा बीज किसी जिले में आ भी गया, तो उसे चोर-बाजार में बेच डालते हैं और किसानों के गले कोई ऐसा सड़ा-गला पुराना बीज मढ़ते हैं गोया कि एक दफे सरकारी बीज लेने के बाद आइंदा किसान उनके पास कभी फटकने की हिम्मत ही नहीं करते।

अभी एक ऐसी ही घटना पश्चिम बंगाल में हुई। देश के बंटवारे की वजह से कलकत्ते की जूट मिलों को पूर्वी पाकिस्तान (पूर्वी बंगाल) से जूट मिलने में कठिनाई हो रही है। दाम भी बहुत ऊंचा देना पड़ता है। पश्चिम बंगाल की सरकार ने भारत सरकार के तकाजे पर इस साल जूट की ज्यादा खेती कराने का निश्चिय किया। इसके लिए सरकारी कृषि-विभाग ने किसानों को बीज कुछ सस्ते दामों में बांटा। खेतिहरों ने कड़ी मेहनत करके नई जमीनें, जो परती पड़ी थीं, तोड़कर जोतीं। पौधे भी लगे, पर एक-एक फीट के पौधे होते ही उनमें फूल लगने लगे। किसानों ने जमीन पर सिर पटका, इन पौधों से जूट की आशा छोड़, जब उन्होंने शोर किया तो पता लगा कि सरकारी बीज बहुत पुराना और खराब था। बीज खरीदने वाले किसी अफसर ने दो-चार हजार रुपया घूस खाकर हजारों एकड़ जमीन की एक अत्यंत आवश्यक फसल खराब कर दी।

हिंदुस्तान में कृषि की जो बुरी हालत है उसकी वजह से करीब एक करोड़ टन अन्न की कमी रहती है। सरकार 40-50 लाख टन गल्ला हर साल बाहर से मंगवा रही है और उस पर करीब एक अरब रुपया सालाना खर्च हो रहा है। यही गल्ला जो पांच साल से बराबर दाम देकर यहां के किसानों को कंट्रोल के जमाने में मिलता था अब वही उससे दुगुने से ज्यादा दाम पर भिक्षा के रूप में वह भी खुशामद करने से ही मिलता है।

अगर हमारी खेतीबाड़ी पहले से ही सुधारी जाती तो यह पांच सौ करोड़ रुपया जो आज अन्न खरीदकर विदेशों को दिया, हमारे लिए कल और कारखाने इतने बढ़ा डालता कि आज हमारे देश में कपड़े, सीमेंट, लोहे और कोयले और दूसरी चीजों का अभाव नजर नहीं आता। यदि हम मिल की मशीनरी का दाम एक करोड़ रुपया भी रखें तो हम दो सौ करोड़ में अपने कपड़े का उद्योग पहले के दूने से भी अधिक बढ़ा डालते। सीमेंट के 30 कारखाने हम पचास करोड़ की मशीनरी से खड़े कर लेते। लोहे के चार बड़े-बड़े कारखाने हम एक सौ करोड़ की मशीनों से खड़े कर सकते थे, और 500 करोड़ में से जो रुपया बचता उससे इंजिन, व्वायलर, बालबेयरिंग और बिजली के बड़े सामान, पावरहाउस वगैरह के कारखाने बना सकते थे।

पिछड़ी हुई कृषि की वजह से ही अन्न महंगा है। कृषि की बुरी हालत ने ही आज हमारे देश की औद्योगिक उन्नति और आर्थिक विकास की योजना को रोक रखा है। अगर अन्न प्रचुर मात्रा में पैदा हो, तो उसकी सुलभता और सस्तापन, मध्यम वर्ग और मजदूरों का असंतोष भी समाप्त कर दे। अन्न ज्यादा पैदा करने का आंदोलन अंगरेजी सरकार के जमाने में अंगरेजी अखबारों में विज्ञापनबाजी करने से जैसा असफल रहा वैसा ही नाकामयाब वह तब तक रहेगा, जब तक कृषि-विभाग के कार्यकर्ता गांधीजी की ग्रामसेवा की भावना लेकर राजधानियों के दफ्तरों और यूरोप की नकल के सरकारी फार्मों से निकलकर देहाती खेत और खलिहान में खुद जाकर न खड़े होंगे।

एक खेत की पैदावार बढ़ाने में क्या-क्या अड़चनें हैं—खाद, पानी, बीज, हल, कीड़े सबकी स्थानीय स्थितियों का निरीक्षण करके इन कठिनाइयों को दूर करना होगा। खेती की पैदावार ही अधिक अंशों में कारखानों का कच्चा माल है। आज जूट और बढ़िया रुई का अधिकांश भाग पाकिस्तान में जा पड़ा है। मिलें हमारे भारत में हैं। इन मिलों में बने हुए बोरे, हैसियन, सूत और कपड़े की मांग इस वक्त सारी दुनिया में है।

हमारे यहां छोटे रोएं की खराब सस्ती रुई जरूरत से ज्यादा होती है, और उसे दूसरे देशों को निर्यात करने पर उसके दाम से अपनी मिलों के लिए जो बढ़िया रुई मिस्र, अफ्रीका और अमेरिका से मंगानी पड़ती है, उससे हमारी आधी भी जरूरत पूरी नहीं होती। पश्चिमी पंजाब और सिन्ध की और हमारे भारतीय पंजाब, राजपूताना और पश्चिमी युक्तप्रांत की आबोहवा में कोई खास फर्क नहीं, पर प्रथम तो हमारे देश में सिंचाई और नहरों का अभाव है, दूसरे यहां के कृषि-विभाग ने लंबे रोएं वाली रुई की पैदावार के लिए क्या-क्या बदलाव करने की जरूरत है, उस संबंध में जो कुछ भी प्रबंध करना है यह सब कार्य खेतों में जाकर कभी नहीं किए हैं।

आज की इश्तहारबाजी में मग्न सरकार की निष्क्रियता भंग हो, तभी यह काम शुरू हो सकता है। इसी तरह पश्चिमी बंगाल, आसाम और उत्तर-पूर्वी बिहार में जूट अपनी मिलों के लिए काफी मात्रा में पैदा किया जा सकता है, पर देहातों में इन चीजों का प्रचार करने के लिए जो व्यापक आंदोलन किया जाना चाहिए था, वह नहीं किया

गया, न कृषि–विभाग के नौकरों ने ही कोई खास तत्परता दिखाई। रचनात्मक कार्य का ढिंढोरा पीटने वाले जिलों के कांग्रेसजन आज क्यों नहीं इस काम को हाथ में लेते। अगर ऐसा किया जाए तो हमारी हैसियन बोरे की मिलों को दो–तीन साल के भीतर ही जूट के लिए पाकिस्तान का मुंह न ताकना पड़े।

कोयले की कमी की वजह से आज सारे हिंदुस्तान के कारखाने परेशानी में हैं। लोहे के कारखाने, कागज, सीमेंट और कपड़े जैसी अतिआवश्यक चीजों को बनाने वाली फैक्टरियां भी जब–तब रुक जाती हैं। पूरा उत्पादन करने के लिए पूरा कोयला तो शायद ही किसी कारखाने को मिलता हो। पहले सरकार कहती थी मजदूरों का अभाव है, जो हैं वे भी पूरा काम नहीं करते। अब जब खानों के मुंहों पर कोयले के ढेर इकट्ठे होने लगे और खान मालिकों ने हल्ला मचाया कि हमारा कोयला उठवाइए नहीं तो हमारे पास इतनी पूंजी नहीं है कि हम कोयले का इतना बड़ा स्टॉक भी रख सकें और खानों का उत्पादन भी जारी रखें, तब सरकार ने कहना शुरू किया कि लड़ाई रेल के डिब्बों को खा गई।

वैगन की कमी जितनी जबर्दस्त अब उद्योग–धंधों को महसूस होने लगी है उतनी महायुद्ध के वक्त भी नहीं हुई थी जब सैनिकों के और लड़ाई के सामान की विशेष रेलें चलती मालूम होती थीं। आज डिब्बे देर से लदते हैं, देर से गन्तव्य स्थान पर पहुंचते हैं और देर से खाली होकर पड़े रहते हैं। अंगरेज अफसरों के जाने से भारतीय अफसरों के नीचे का प्रबंधन खराब हुआ है, यह आम शिकायत है। अगर वैगन की यह कठिनाई दूर कर दी जाए, तो आज माल का हर जगह पहुंचना सुलभ हो जाए और सारे देश का एक बाजार और एक भाव प्राय: सब चीजों का हो जाए, पर सरकार नौकरशाही की चक्की में पिस रही है। घूस, दुर्नीति, अनाचार, पक्षपात ने हमारे आर्थिक जीवन को कठोर जंजीरों में जकड़ लिया है। जनसाधारण अन्न–वस्त्र, मकान और यातायात की असुविधाओं के मारे आक्रांत, त्रस्त और निश्चेष्ट हो गया है। पुराने नेता गद्दी और सिहासनों पर बैठ जेल–यात्रा की थकान मिटा रहे हैं।

जीवन–यात्रा असह्य होने की वजह से जब जनसाधारण की पुकार किसी कोने से उठती है तो सरकार योजनाओं और प्रोग्रामों की घोषणा करती है और फिर बिना कुछ किए थके–मांदे बूढ़े प्राणी की तरह चुपचाप बैठ जाती है। शासन शक्ति हाथ में आने से पहले यही नेता रोजाना कहते सुने जाते थे कि हम रामराज्य स्थापित कर देंगे, पर प्रांतीय सरकारों को बने दो साल से ऊपर हो गए हैं, सुधार और विकास तो अलग रहा, देश की आर्थिक हालत ज्यादा खराब होती जा रही है।

महायुद्ध के जमाने में करीब तीन से चार हजार करोड़ की पैदावार अंगरेजी सरकार ने भारत से क्रय करके अपनी लड़ाई में खर्च कर दी और बदले में मिला जनता को भारी करों का बोझ और भारत सरकार को कर्जा। अंगरेजी सरकार की जरूरतें इतनी ज्यादा थीं कि बड़े से बड़ा कर लगाकर भी और बाजार से जितना रुपया मिल सका कर्ज लेकर भी, उसे चीजें खरीदने के लिए और रुपयों की जरूरत हुई।

ब्रिटिश सरकार ने स्टर्लिंग में कर्जे के कागज यहां के रिजर्व बैंक को देकर, बदले में नोट लेकर चीजें खरीदीं। हमारी करेंसी एक अरब अस्सी करोड़ से बढ़कर साढ़े तेरह अरब अर्थात् करीब सात गुनी से भी अधिक हो गई। नोटों का ढेर सबके पास था। बदले में चीजें नहीं मिलती थीं। अगर चीजों का उत्पादन भी इसी अनुपात में बढ़ता तो आज भारत में पहले के चार-पांच गुने कल-कारखाने हो जाते और आम जनता को कोई कठिनाई न होती पर पैदावार 1939 से कुछ न कुछ घटी ही है।

अमेरिका में लड़ाई के समय कारखाने दुगुने से भी ज्यादा हो गए, बमों से टूटे हुए इंग्लैंड में भी कारखाने बढ़े हैं, घटे नहीं। हमारे यहां जब रोजर मिशन और ग्रेडी मिशन आया तब लोगों को उम्मीद हुई थी कि लड़ाई के बहाने उद्योग-धंधों की वृद्धि होगी, पर दूरदर्शी अंगरेजों ने भविष्य की व्यापारिक अंतरराष्ट्रीय प्रतिद्वंदिता का खयाल करके एक भी ऐसा नया कारखाना नहीं बनने दिया जो सिवाय लड़ाई के सामान को तैयार या मरम्मत करने के और कुछ काम आ सके।

पिछले 1914-18 वाले महायुद्ध में जापान ने तरक्की की थी, इस महायुद्ध से पैदा हुई परेशानी और असंतोष की लहर ने हमें राजनीतिक स्वतंत्रता तो दिला दी, लेकिन आर्थिक अभाव चार हजार करोड़ की सामग्री निकल जाने से बढ़ा और महंगाई का राज चारों ओर फैल गया। महंगाई के राक्षस की गर्दन बढ़ती हुई उत्पादन के साधन कल-कारखाने हैं, उन्हें नफे का ज्यादा खयाल है, मगर उत्पादन बढ़ाना तो दूर रहा, उसे कम करना शुरू कर देंगे। इसका एक उदाहरण लीजिए, आजकल के ही जमाने में जब कपड़े की इतनी जबर्दस्त मांग है और दामों के निकट भविष्य में घटने का कोई आसार नजर नहीं आता।

करीब दो हफ्ते पहले मेरी एक बंगाली मिल मालिक से बात हुई थी (इससे आप यह न समझ बैठें कि बंगाली मिल मालिक कुछ ज़्यादा खराब हैं, पारसी, गुजराती, मारवाड़ी, चेट्टी, पंजाबी, बंगाली मिल मालिक सभी एक से हैं, न कोई बुरा है न कोई अच्छा, सब ज्यादा से ज्यादा नफा चाहते हैं, साधनों के अभाव में कोई सुस्त और भला नजर आता है और संगठन में होशियार कोई बेजा नफाखोर)। उन्होंने कहा कि हमारी मिल सिर्फ दो शिफ्ट, यानी करीब पंद्रह-सोलह घंटे चलती है! मैंने कहा—इस नफे के युग में तो आपको तीसरी शिफ्ट भी चलानी चाहिए।

उन्होंने कहा कि दो शिफ्टों में साड़ी बनाने में तीन शिफ्ट में धोती बनाने से ज्यादा नफा है। साड़ी का बढ़िया सूत बनाने से मिल में इतना सूत पैदा नहीं हो सकता कि मिल तीन शिफ्ट चल सके, हां अगर साधारण धोतियों का ही सूत तैयार किया जाए तो मिल धोती की तीन शिफ्ट चला सकती है।

अब आप सोचिए, ज्यादा नफे के लिए जितना कपड़ा तैयार हो सकता है उसका दो-तिहाई कपड़ा इस मिल में तैयार किया जाता है, क्योंकि एक खास किस्म के बढ़िया कपड़े के थोड़ा बनाने में ही ज्यादा नफा है। वैयक्तिक व्यापार की इससे बड़ी आलोचना

क्या हो सकती है। चाहे समाज में धोती और साड़ी दोनों की कमी कितनी ही हो, जनता उसके लिए त्राहि-त्राहि पुकार रही हो, लेकिन उत्पादन के साधन, पानी, कल-कारखाने और उनके मजदूर उसी चीज को बनाने में ज्यादा लगेंगे जिसमें नफा ज्यादा हो।

समाज की जरूरतों की माप नफे से होगी। आर्थिक विषमता की वजह से जिनके हाथ में रुपया ज्यादा होगा, वे अधिक दाम देकर अपनी मांग उत्पादनकर्ताओं के सामने पहले पेश कर सकेंगे और उनकी विलास की आवश्यकताओं की पूर्ति होने के बाद जनसाधारण की जरूरतों की बारी आएगी।

आयात के व्यापार पर नजर डालने से पता लगेगा कि भारत में करोड़ों रुपए की ऐसी चीजें हर महीने आ रही हैं, जिनका जनसाधारण से कोई सरोकार नहीं, जैसे- बड़े दामों वाली फैंसी मोटरें, अमेरिकन और विलायती सिनेमा की फिल्म, रेफ्रिजरेटर यानी चीजों को ठंडा रखने वाली अलमारियां, शराब, रेशमी कपड़े, फर्नीचर, जूते, सिगरेट, क्रीम-पाउडर, लिपस्टिक, साबुन, चमड़े की तैयारी चीजें, हीरा, मोती, पन्ना, जवाहरात आदि। कल के महाराजा और आज के राजप्रमुख रोजाना हवाई जहाज से अमेरिका और यूरोप जाते नजर आते हैं। उनके घोड़े उसी तरह विलायती रेसों में दौड़ रहे हैं, विलायती होटलों में उनकी तरफ से पार्टियों में वैसे ही रुपया खर्च हो रहा है।

विदेश-भ्रमण के लिए कांग्रेसी और विशेषज्ञ कहे जाने वाले लोगों का एक और दल खड़ा हो गया है, जो सरकार के पैसे से सरकारी डेलीगेशनों में हर हफ्ते हवाई यात्रा करने को तैयार रहता है। जबकि देहात में मिट्टी का तेल पहले से आधा किया जाता है और मामूली घंटे-दो घंटे की एक रोशनी को भी गरीबों और निम्न-मध्यम वर्ग से छीन लिया जाता है और कहा जाता है कि सरकार के पास पेट्रोल और मिट्टी का तेल खरीदने को विदेशी सिक्का नहीं है, क्यों कभी सरकार ने किसी महाराजा या राजप्रमुख का यात्रा-खर्च या विलास की चीजों का आयात, एक्सचेंज का अभाव कहकर बंद किया है? हिटलर की जर्मनी ने भी विलासप्रिय और स्वास्थ्य सुधार वाले जर्मनों का ही नहीं वरन् विद्यार्थियों तक का बाहर जाना बंद कर दिया था। अर्थात् हिटलर का राइख बैंक उनको दस रुपया और जर्मन सरहद तक का टिकट देता था, अगर वह मुफ्त में बाहर रह सकें तो उन्हें कोई आपत्ति नहीं थी।

जर्मनी जैसे विकसित, राजनीति और व्यापार में प्रधान देश के डेलीगेशन भी इतने बड़े और इतने ज्यादा नहीं होते थे जितना आज गरीब भारत अपनी आजादी का झूठा इश्तहार करने को बाहर भेज रहा है। इन डेलीगेशनों के कई प्रांतीय मंत्रियों और तीसरे दर्जे के विशेषज्ञों से तो उलटा अंतरराष्ट्रीय परिषदों और राजधानियों में भारत का मजाक उड़ेगा।

स्वास्थ्य सुधार और घूमने को देश में बहुत जगहें हैं, साधारण शिक्षा के लिए यहां के स्कूल-कॉलेज ऐसे खराब नहीं हैं। विलास की साधारण सामग्री यहां भी बनने लगी है। कच्चा माल भेजकर मुश्किल से इकट्ठा किया हुआ विदेशी सिक्का इस तरह क्यों

बर्बाद किया जाए? इसके बदले कारखाने खरीदे जाएं, सड़क, बांध, रेल और जहाजों का सामान या और जरूरी चीजें खरीदी जाएं।

निर्यात के व्यापार को हर तरह की सरकारी मदद देकर भी ज्यादा से ज्यादा विदेशी सिक्के इकट्ठा किए जा सकते हैं। जो भी सामान बाहर जा सके सिवाय खाने-पीने मकान और कारखाने बनाने के जरूरी चीजों के, उनको बाहर भेजा जाए, तम्बाकू और सिगरेट, चाय और चीनी, बोरा और हैसियन खराब रुई, तिलहन और तेल और भी जो कुछ हम भेजकर बदले में कारखानों को खरीदने के लिए रुपया इकट्ठा करें। लोहा, सीमेंट और कागज भी मंगाएं, जर्मनी, जापान और मध्य यूरोप के बेकार वैज्ञानिकों और इंजीनियरों को भी बुलाएं और कारखानों में ही इन्हीं इंजीनियरों द्वारा यहां के विद्यार्थियों को व्यावहारिक तकनीकी शिक्षा दिलाई जाए।

ब्रिटिश लेबर पार्टी की निर्यात के व्यापार में यही नीति है कि कारखानों में उत्पादन करने के लिए या बढ़ाने के लिए अतिआवश्यक सामग्री और जनता के रहन-सहन तथा स्वस्थ रखने के लिए जरूरी खाने-पीने, पहनने और मकान बनाने के मसाले के सिवाय वे सभी चीजें बाहर भेज रहे हैं। देश में अभाव रखकर भी वे बाहर माल भेजना ज्यादा पसंद करते हैं। हमें भी विलायत की तरह से खाद्य पदार्थ बाहर से खरीदना पड़ता है और अगर हमारा निर्यात व्यापार आज इस मांग के युग में भी नहीं बढ़ा तो हम फिर विदेशों के कर्जदार हो जाएंगे और कर्जा लेना गुलामी को वापस बुलाना होगा।

भारत का औद्योगिकीकरण इन्हीं उपायों को अमल में लाने से हो सकता है। अगर हमने अभी अपनी राजनीतिक सुस्ती और शिथिलता में यह मौका हाथ से खो दिया तो अमेरिका और इंग्लैंड की यह विश्वव्यापी साम्राज्यवादी नीति हमें अपने चंगुल में फिर फंसा लेगी।

हमारा करीब 1600 करोड़ रुपया ब्रिटेन के जिम्मे बाकी है। अंगरेज हमको कम से कम सालाना दो सौ करोड़ रुपए के कारखाने बनाकर दें। अंगरेजों का सालाना बजट चार हजार करोड़ रुपए का है। उनकी राष्ट्रीय आमदनी करीब बारह हजार करोड़ रुपए सालाना है। उनके लिए दो सौ करोड़ की मशीनें देना, अगर वे चाहें तो बहुत आसान काम है। इसमें लिहाज और शर्म की बात नहीं।

हमारी सरकार को साफ कहना चाहिए कि ऐसा करके हमारा कर्जा चुकाओ। हम अमेरिका की तरह साधन संपन्न देश नहीं कि तुम्हें रुपया माफ कर सकें। अगर वे इनकार करें तो यहां जो भी अंगरेजी पूंजी लगी है, लोगों का अनुमान 800 करोड़ का है, उसका राष्ट्रीयकरण कर लें और उसके बाद में विलायती कर्ज के जो पुलिंदे बैंक की अलमारियों में पड़े हैं, उन्हें अंगरेजी पूंजीपतियों को दे दें।

हिंदुस्तान ही एक ऐसा मुल्क है जिसने अपने कर्जदार देश के नागरिकों की विदेशी पूंजी को हस्तगत नहीं किया। अमेरिका, ऑस्ट्रेलिया, अर्जेंटाइना, कनाडा, साउथ अफ्रीका, ब्राजील और न्यूजीलैंड तक ने अंगरेजों की लगी पूंजी का पहले जमा-खर्च

करके पीछे नया माल देना शुरू किया। अगर हम पराधीन नहीं होते तो वे भारतीय उद्योग–धंधे जो अब भी अंगरेजों के कब्जे में हैं और जिनसे अंगरेज करीब पचास करोड़ रुपया सालाना नफा ले जाते हैं, कभी के बंद हो गए होते।

अंगरेजी उद्योग–धंधों का अब राष्ट्रीयकरण कर सरकार उनको खुद चलाने का प्रयोग कर सकती है और शायद यह भी साबित कर सकती है कि साधारण व्यापारी समाज की प्रतिद्वंद्विता से सरकारी उद्योग–धंधे अच्छी तरह से चल सकते हैं, पर सरकार तो एकाधिपत्य वाली ट्रामों, बिजली कंपनियों और छोटी–छोटी रेलों के राष्ट्रीयकरण से भी हिचकिचा रही है।

देश के भीतर नदियों में और समुद्र तटों में अपने ही एक बंदरगाह से दूसरे बंदरगाह को जाने वाले जहाजों की कंपनियां भी सरकार को विदेशियों से ले लेनी चाहिए। अगर खुद नहीं चला सकती तो एक व्यापारी टेक्नीशियनों का प्रबंधक मंडल बनाकर चला सकती थी।

भारतीय उद्योग–धंधों से ब्रिटिश मैनेजिंग एजेंटों का हटना जरूरी है। वे सलाहकार विशेषज्ञ और तकनीशियनों के रूप में रह सकते हैं। अगर अंगरेज इसको अपने खिलाफ कार्रवाई समझे तो कंपनियों का प्रबंध और नियंत्रण करने वाली मैनेजिंग एजेंसी प्रणाली का ही अंत कर देना चाहिए, ताकि आर्थिक ताकतें कुछ गिरोहों के हाथों में न रहकर एक बड़ी जमात के हाथ में चली जाएं और आर्थिक एकाधिपत्य और औद्योगिक केंद्रीयकरण की गति में रोक लगे।

'जनवाणी', जुलाई 1948

भारतीय चीनी व्यापार

यह लेख भारत में चीनी मिलों की मीठी सियासत पर से पर्दा उठाता है। बालकृष्णजी ने इस लेख के माध्यम से गन्ने की कालाबाजारी, चीनी-मिलों के भीतर हो रहे भ्रष्टाचार, व्यापारियों व मिल मालिकों की सरकारी तंत्र से सांठ-गांठ की भी पोल खोली है। —संपादक

हिंदुस्तान की डेढ़ सौ चीनी मिलों ने अपनी एक संस्था इंडियन शुगर मिल एसोसिएशन के नाम से बना रखी है। यह एसोसिएशन एक सौ पचास के तकरीबन चीनी मिलों के मालिकों का संगठन है। अभी-अभी यानी 27 अगस्त को इन्होंने हिंदुस्तान भर के पत्रों में लाखों रुपया खर्च कर विज्ञापन छपाए हैं, ताकि इनके सितंबर 1931 से यानी कि जब से लड़ाई शुरू हुई है, तब से आज तक के उन्नीस सालों के पापों पर पर्दा पड़ जाए।

सरकार ने दूसरी पांचसाला योजना के खात्मे के वक्त साढ़े बाईस लाख टन चीनी के उत्पादन का लक्ष्य बनाया था, लेकिन चीनी मिल संघ के कथनानुसार यह लक्ष्य इसी साल यानी 1947-49 में ही पूरा होता नजर आता है, और वे धड़ल्ले से यह प्रचार कर रहे हैं कि यह लक्ष्य सरकार को संशोधन कर बढ़ा देना चाहिए। जब से लड़ाई शुरू हुई यानी कि इनके कहने के मुताबिक 1953-54 में दस लाख एक हजार टन चीनी बनी और 1956-57 में उनके प्रयास की वजह से सफेद चीनी का उत्पादन बीस लाख छब्बीस हजार टन का हुआ।

एसोसिएशन का दावा है कि वह 64 करोड़ रुपया सालाना केंद्रीय तथा प्रांतीय सरकारों को दे रही है। सरकार ने इस वक्त चीनी का मिल में दाम छत्तीस रुपए मन के करीब बांध रखा है। सरकार के इस भाव बांधने से चीनी के दाम का बढ़ना बंद नहीं हुआ है, सिर्फ हिंदुस्तान के एक छोटे-से हिस्से के चीनी के व्यापारियों को यानी उत्तर प्रदेश और उत्तर बिहार की मिलों से थोक व्यापारियों को सरकार इस भाव पर परमिट काटकर चीनी मिलों से दिलाती है, फिर वे थोक तिजारती चाहे जिस दाम पर चीनी बेचें, यह परमिट काटने वाले अफसरों के लिए घूस लेने का एक नया रास्ता खोल दिया गया है।

मिलों में तरह-तरह की चीनी बनती है और कुछ मिलें बढ़िया और ज्यादातर घटिया किस्म की चीनी बनाती हैं। खुले बाजार में कई साल से बढ़िया और घटिया चीनी के

दामों में तीन रुपया मन तक का फर्क रहता आया है। अब जिस व्यापारी को बढ़िया चीनी की मिल पर परमिट मिला वह एक–डेढ़ रुपया मन इन अफसर साहब और कुछ मिल को भी देने को तैयार रहता है और इस तरह से इन अंधे कंट्रोल में अफसरों के भाग फिर चमकने लगे हैं।

कांग्रेसी राज में टका सेर भाजी और टका सेर खाजा वाली बात बिलकुल लागू होती जा रही है। घटिया और बढ़िया का एक दाम, बराबरी के सपने को साकार करने का इससे सरल समाजवादी साधन और क्या हो सकता है? जिसको बढ़िया लेनी होगी, वह खुद अफसरों के किवाड़ खटखटाएगा। मिलों को भी ब्लैक में बिना रिकॉर्ड का कुछ पैसा मिल जाएगा। बाकी फर्क अफसर और थोक व्यापारी बांटकर खा लेंगे। सरकार को जब छत्तीस रुपए मन में तेरह रुपए तीन आने यानी पूरे दाम का पैंतीस फीसदी मिल रहा है तो बेचारे अफसर ही क्यों न दो–तीन फीसदी खाएं। आखिर सरकार अफसरों से चलती है, कांग्रेसी गाड़ी के बैल अफसरों को दाना दिए बिना कांग्रेसी समाजवाद कैसे चलेगा?

सरकार निर्यात व्यापार को बढ़ाने के लिए चीनी मुल्क से बाहर भेज रही है। पचास हजार टन यानी पांच लाख बोरी यानी तेरह लाख पचहत्तर हजार टन चीनी अभी तक विदेशों को बेची जा चुकी है। भारतीय जनता को यह पता नहीं है कि इस चीनी का दाम मिल मालिकों को दस रुपए टन मिलेगा। हिंदुस्तान के मर्द–औरत को चीनी एक रुपए सेर से कम तो कहीं नहीं, लेकिन आसाम, मणिपुर, त्रिपुरा, सिक्किम, कश्मीर ही नहीं उत्तर बंगाल और जहां कहीं भी हिंदुस्तान भर में रेल की बुकिंग की दिक्कत हुई वहां सवा और डेढ़ रुपए सेर तक मिलती है।

साल में एक–दो दफे तो भारत के अधिकांश इलाके में रेल मिनिस्टर जगजीवन राम की कार्यकुशलता की वजह से सवा और डेढ़ रुपए सेर चीनी का दाम हो ही जाता है, पर निर्यात की चीनी का दाम चार आने सेर से भी कम मिलों को मिलेगा। मिलें इतना घाटा सहकर यह चीनी कैसे निर्यात कर रही हैं? क्या देशभक्ति चीनी के करोड़पतियों के हृदयों में इस हद तक घर कर गई है कि विदेशी विनिमय अर्जन के सरकारी प्रयास में इतना बड़ा त्याग करने को तैयार हो गए हैं?

सरकार की चीनी निर्यात की योजना पर मिल वालों का कहना है कि सरकार दो लाख टन चीनी निर्यात करेगी और उसका सारा घाटा होगा तकरीबन साढ़े 6 करोड़ रुपए। प्रथम तो यह सारा निर्यात होगा ही नहीं और अगर हुआ भी तो मिल वाले दस से ग्यारह करोड़ रुपए का अतिरिक्त लाभ इस स्कीम के जरिए उठा ही लेंगे, और अगर दो लाख टन चीनी बाहर चली गई तो हिंदुस्तान में चीनी के बाजार में और भी तेजी आ जाएगी। लिहाजा उस तेजी का अगर पूरा फायदा मिल वालों को सरकार ने न भी लेने दिया तो भी बाजार के आसार से कुशल व्यापारियों को साफ नजर आने लगा है कि दो–तीन रुपए मन की और तेजी से जो पंद्रह करोड़ उपभोक्ताओं को ज्यादा चुकाना पड़ेगा, उसमें सात करोड़ मिल वाले, दो–तीन करोड़ सरकारी अफसर और चार–पांच करोड़ थोक व्यापारी

(मिल वाले खुद दूसरे नामों से ही चीनी के थोक व्यापारी भी हैं) बिलकुल ही अतिरिक्त कमाएंगे। अफसरों, उद्योगपतियों और थोक व्यापारियों का यह गंदा गुट सरकारी संरक्षण में निर्यात के नए धर्म के पर्दे के पीछे इस तरह उपभोक्ताओं को लूटता रहेगा।

निर्यात की चीनी का दाम देश के भीतर बाजार में बिकने वाली चीनी से एक चौथाई है, यह है भारत सरकार के निर्यात का नमूना। चौथाई दाम पर चीजें बाहर फेंकना और चौगुने दामों पर विदेशी बड़ी कंपनियों को अपने बड़े कल-कारखानों और बिजली घरों के ठेके देना, इस तरह से देश समृद्ध नहीं होगा, बल्कि उसकी दरिद्रता बढ़ती जाएगी। जाहिर है, इससे विदेश से मुंह मांगे उधार दाम में लिये हुए कारखानों का उत्पादन खर्चा ही इतना ऊंचा होगा कि टाटा का रेल इंजन और बिड़ला की हिंदुस्तान मोटर विदेशी माल से डेढ़ी-दुगुनी कीमत पर बिकती रहेगी और कुछ थोड़े से विशिष्ट आदमी इन चीजों का उपभोग करते रहेंगे और बाकी जनता अभाव-ग्रस्त होती रहेगी।

चीनी का सारा व्यापार इस समय तकरीबन 200 करोड़ रुपए सालाना का है। इसमें एक्साइज ड्यूटी, गन्ने का प्रांतीय कर, इन्कम टैक्स आदि मिलाकर सरकार करीब पचहत्तर करोड़ रुपया ले जाती है। यानी कि चीनी के दाम में पंद्रह रुपया मन यानी 6 आने सेर सरकार के घर में पहुंच जाता है। मालिक एसोसिएशन का कहना है कि गन्ने की खेती करने वाले 2 करोड़ किसान हैं, इनको अगर इनका गाड़ी-भाड़ा, शहरी खर्चा वगैरह बिना काटे भी कहा जाए, तो सरकार से काफी कम ही यानी करीब साठ करोड़ रुपया सालाना मिलता है।

मिल एसोसिएशन का दावा है कि वह दो करोड़ किसानों का भरण-पोषण करती है। अगर औसत हिसाब से इस साठ करोड़ का बंटवारा किया जाए तो तीस रुपया फीसदी किसान पड़ा और गन्ने के पूर्वी उत्तर प्रदेश और बिहार के इलाके में इस वक्त तीस रुपए में एक मन चावल भी नहीं मिलता। फिर जिन इलाकों में गन्ने की बहुतायत है, वहां गन्ने की पर्ची मिलने में ही कठिनाई है। किसान अपना गन्ना एक रुपया सात आना मिल में और एक रुपया पांच आना दूसरे स्टेशनों पर नहीं बेच सकते, उनको मिल के गन्ना इन्स्पेक्टरों की जेबें भरनी पड़ती हैं और कई दफे गन्ना एक रुपए और बारह आने मन देना पड़ता है। फिर गन्ने का दाम ज्यादातर मिलों में नकद नहीं, बाद में मिलता है और इस सिलसिले में कई बेईमान मिलों में किसानों का करोड़ों रुपया डूब भी गया है।

अगर बिलकुल सब तरह की वास्तविक हालत की जांच की जाए तो जिस पचपन करोड़ मन गन्ने से साढ़े पांच करोड़ मन चीनी बनती है, उसका दाम एक रुपए मन से अधिक किसान के अपने गांव और घरों में नहीं पहुंचता। सच पूछिए, तो 75 करोड़ सरकार ले गई, 60 करोड़ किसान को मिला। इस साठ करोड़ के भीतर एक रहस्य और भी छिपा है। बहुत मिलों के अपने बड़े-बड़े हजारों एकड़ के केन फार्म हैं और इनमें खाद, ट्रैक्टर और नौकर रखकर खेती होती है। इन ईख फार्मों को बनाने में, हजारों नहीं लाखों किसान सरकार की मदद से और गरीबी का नाजायज फायदा उठाकर,

बेदखल किए गए हैं। इस तरह कई बड़े-बड़े राजनीतिज्ञ चीनी मिलों के इस जमीन हड़पने के अभियान में शामिल हुए हैं इसकी लिस्ट भी बड़ी लंबी है।

बेतियाराज की जमीन किसी तरह ताकतवर राजनीतिज्ञों ने हथिया ली है और अब चम्पारन जिले की चीनी मिलों से गन्ना में साझा व समझौता कर किस तरह वे रुपया बना रहे हैं, यह तो एक लंबा किस्सा है। किस तरह हरिनगर शुगर मिल का उस वक्त का मैनेजर बनारसी प्रसाद झुनझुनवाला राष्ट्रपति के बेटों तक को ईख का लाभ पहुंचा कर कांग्रेसी एमपी बना।

बैरिस्टर विपिनबिहारी वर्मा, जो कभी कांग्रेसी सरकार द्वारा बेतियाराज के मैनेजर बना दिए गए थे, बिहार के कांग्रेसी नेताओं की मुफ्त, कीमती दो हजार, तीन हजार रुपए एकड़ से भी अधिक मूल्य वाली जमीनें देकर अपनी संसदीय सीट सदा के लिए सुरक्षित बनाए हुए हैं। लोगों का अनुमान है कि इन फार्मों के मालिक द्वारा जमीन का पैसा खा लिया जाता है और बाकी तीस से चालीस करोड़ तक रुपया किसानों को मिलता है तिस पर भी शुगर मिल एसोसिएशन 2 करोड़ किसानों की रोजी चलाने का झूठा दावा अंगरेजी पत्रों में छपवाती है।

बिहार और उत्तर प्रदेश के गन्ने के सरकारी विभाग भ्रष्टाचार के केंद्र हैं। केन कमिश्नर का दफ्तर तो मिलों के स्टेशन अदल-बदलकर अपनी जेबें गरम करता रहता है। ईख के टैक्स का जो सात करोड रुपया सालाना उत्तर प्रदेश और बिहार की सरकार किसानों से वसूल करती रही है, उसमें से ईख के किसानों को सुविधा देने, गन्ने की नस्ल सुधारने, सड़क, नहर और ट्यूबवेल वगैरह लगाने में अभी तक कभी भी उसमें से आधा तो अलग रहा, चौथाई भी खर्च नहीं हुआ। उलटा गन्ना विभाग के सरकारी अफसरों और बड़े मंत्रियों की मेहरबानी से कई मिलें टैक्स का लाखों रुपया पचा चुकी हैं।

बिहार और उत्तर प्रदेश में मिलें अकसर चार-पांच महीने के लगभग चलती हैं। सब किसानों को गरज रहती है कि हमारा गन्ना जल्द बिक जाए, किसानों की इस गरज का फायदा कहीं-कहीं मिल मालिक और अधिकांश जगह मिल के गन्ने की पर्ची देने वाले अधिकारी उठाते रहते हैं। मिल के अधिकारी भी केन के खरीद के काम में अकसर स्थानीय राजनीतिज्ञों के बेटे और भाइयों को नौकरियां देते हैं। पर्ची के लिए मारा-मारा फिरता किसान बहुत दफे इन मिलों के गन्ना खरीदने वाले अफसरों को घूस देता है, कई दफे उनको ज्यादा वजन करने में भी रुकावट नहीं डालता।

बिहार के एक भूमिहार मुंसीपार्टी के चेयरमैन को एक चीनी मिल ने अपना केन अफसर बना रखा था और इसने अपने रिश्तेदारों के हाथों में दसों स्टेशन जहां ईख खरीदी जाती थी, दे रखे थे। एक-एक स्टेशन पर एक-एक रिश्तेदार तीन-चार महीने में चोरी और घूस के जरिए दस-दस हजार रुपया पैदा करता था और अफसर साहब को मिल से नौकरी मिलती थी, चार महीने में ढाई सौ रुपया माहवारी के हिसाब से कुल एक हजार रुपया और गरीब किसान की ईख और दाम चुराकर पैदा करते थे बीस-तीस हजार रुपया सालाना। जाहिर था, ऐसे में मिल को भी कोई नुकसान नहीं होता था, और उस

क्षेत्र के राजनीतिज्ञों की जमात को इस तरह से किसानों से चोरी और घूसखोरी का लाख से भी अधिक रुपया सालाना दिलाकर अपने कब्जे में किए हुए थी।

ईख जिन जिलों में ज्यादा होती है और जिस साल ज्यादा होती है, वहीं आखिरी दिनों में मिलों ने गन्ना एक रुपए मन से भी कम में खरीदा है और इस तरह गरमी में कम रस का आधा झूठा, आधा सच्चा बहाना बनाकर सरकारी षड्यंत्र की सहायता से लाखों का फायदा उठाया है। मिल के फाटकों पर गन्ने के गाड़ीवानों की जो दुर्दशा इस कांग्रेसी समाजवाद में भी होती रहती है, वह कहीं-कहीं तो चरम सीमा पर पहुंच गई है। 2 करोड़ गन्ने के किसानों का भरण-पोषण करने का दावा करने वाली मिल एसोसिएशन जरा अखबारों में विज्ञापन छपाने के बजाय, अपने इलाके के किसानों से तो पूछे कि वहां मिल के अधिकारियों की क्या इज्जत है, और फिर किसानों की दिक्कतों और परेशानियों को मिटाने में इस विज्ञापनबाजी का पैसा खर्च करें।

आज जिस इलाके में चीनी की मिलें हैं, वहां अन्न की पैदावार कम होने लगी है, और इसलिए खाद्याभाव पूर्वी उत्तर प्रदेश और उत्तरी बिहार में प्राय: बना रहता है। गन्ने का दाम सालों में दूना और कभी-कभी तो इससे भी ज्यादा हो जाता है। गन्ने की खेती में पूरा साल लगता है, यानी जमीन पर साल भर में एक ही फसल होती है, और फिर गन्ना जमीन की ताकत को इस तरह चूस लेता है कि दो साल तक लगातार गन्ना उपजाने के बाद जमीन को एक साल परती छोड़ना पड़ता है ताकि वह फिर अपनी शक्ति का संचय कर सके। गन्ने की खेती में जमीन को बहुत दफे जोतकर, खाद आदि देकर तैयार करना पड़ता है। सच पूछिए, तो आज गन्ने का जो दाम किसानों को मिल रहा है, उसकी बनिस्बत वह अनाज या तिलहन वगैरह की खेती करे तो ज्यादा फायदे में रहे, पर वे ऐसे मायाजाल में फंस गए हैं कि गन्ना बेचकर महंगा अनाज खरीदकर जीवन चलाने के अलावा उन्हें और कोई रास्ता नजर नहीं आता।

1939 से 1957 के सालों में चीनी का उत्पादन सात-आठ लाख टन से बढ़कर साढ़े बीस लाख टन पर पहुंच गया है, यानी ढाई गुना ज्यादा चीनी बनने लगी है। चीनी का दाम भी सात रुपए मन से चालीस रुपए मन हो गया है, मतलब 6 गुना के तकरीबन और गन्ने का दाम हुआ है चार गुने से भी कुछ कम। दो सौ करोड़ के चीनी के व्यापार में सरकार ले जाती है अस्सी करोड़ रुपया, किसान को मिलता है साठ करोड़ रुपया, केन के अधिकारी खा जाते हैं सालाना पांच करोड़ रुपया, रेल ले जाती है चीनी, गन्ने व मिल के स्टोर वगैरह के भाड़े में तेरह करोड़ रुपया, थोक व्यापारी से सरकारी परमिट वगैरह के अफसर व राजनीति के मालिक सालाना कमाते हैं दस करोड़ रुपया। चीनी बनाने के कारखानों का खर्चा है पंद्रह करोड़ रुपया और मिलों का लाभ होता है पंद्रह से बीस करोड़ रुपया।

चीनी की मिलें बिहार और उत्तर प्रदेश के कांग्रेसी और कभी-कभी थोड़ी मात्रा में पीएस के राजनीतिज्ञों की भी आर्थिक मदद करती रहती है। दोनों आम चुनावों में

उन्होंने करोड़ों रुपया कांग्रेस को दिया है। उनके अपने एमपी व एमएलए भी हैं, यानी मिलों के मालिक, डायरेक्टर, मैनेजर या दूसरे बड़े अफसरों में भी कुछ महानुभाव कांग्रेस से टिकट प्राप्त कर सफल हुए हैं।

कमलनयन बजाज, शकुंतला अग्रवाल, रामेश्वर प्रसाद नेवटिया, बनारसी प्रसाद झुनझुन वाला, केंद्र में डिप्टी मिनिस्टर मजीठिया आदि के नाम तो मशहूर हैं, लेकिन कुछ सज्जन चीनी मिलों के होते हुए भी जनता की आंखों से ओझल बने रहते हैं। लड़ाई के जमाने से ही अपने राजनीतिक प्रभाव की वजह से चीनी मिलों ने जो मुनाफाखोरी की है, वह शायद ही कोई दूसरा उद्योग सरकार की खुली मदद से कर सका हो।

सफल कहे जाने वाले रफी अहमद किदवई साहब को चीनी के बढ़ते दामों को रोकने के लिए विदेशों से कई लाख टन चीनी दो साल तक मंगानी पड़ी और जब तक यह चीनी हिंदुस्तान के बंदरगाहों में पहुंचकर बाजार में आई, तब तक मिलें अपना उत्पादन बढ़ा चुकी थीं, और चीनी के अभाव का संकट दूर हो चुका था।

इस आयात की हुई चीनी की जो मट्टी पलीद हुई, वह सरकार की भयंकर मुनाफाखोरी, यानी दस रुपए मन से भी अधिक का आयात और बिक्री के दाम में फर्क ने छिपा रखा है। हुगली नदी में जहाज डूब गए, चीनी गोदामों में पिघलकर बाहर बह निकली, मद्रास से चीनी कलकत्ता लाई गई, सड़ी-गली सालों तक नीलाम होती रही। इस चीनी में नफा करने के लिए सरकार ने अंदरूनी चीनी का भी दाम ऊंचा रखा। आयात की गंदगियों और फरेबों को जमाना बीतने पर जब लोग भूल गए तो अब विदेशी-विनिमय अर्जन के नाम पर निर्यात का दौर और उसकी लूट शुरू हुई है। अंधी सरकार, जो गड्ढे में पड़ने से बचने के लिए बार-बार इधर-उधर मुड़ती रहती है, उसकी हर नीति की अदला-बदली का ये मिल मालिक फायदा उठाते रहते हैं और सरकार मूर्ख बन मुंह बाए देखती रहती है।

उत्तर प्रदेश और बिहार की ये मिलें 1933-34 और 35 में सरकार के विदेशी चीनी के खिलाफ संरक्षण देने की वजह से तीन साल में ही बनकर खड़ी हो गई थीं। इन सौ मिलों में कोई भी मिल ऐसी नहीं जिसके बनाने में पांच लाख से अधिक रुपया खर्च हुआ हो। पांच-छह करोड़ की पूंजी से बनी ये मिलें अब भी हर साल पंद्रह से बीस करोड़ रुपए सालाना कमाती हैं, और ऐसे साल भी कई आए हैं, जब इन सबने चालीस करोड़ रुपया सालाना कमाया है। यह सब होते हुए भी कुछ मिलें गलत जगह और नालायक प्रबंधकों की वजह से हमेशा बंद होती रहती हैं और गन्ने के किसानों को तबाह करती रहती हैं।

बिहार और उत्तर प्रदेश के जमींदारों और ताल्लुकेदारों ने भी सस्ते जमाने में अनेक मिलें खड़ी की थीं, लेकिन मुसाहिबों से उद्योग-धंधे और व्यापार चलाना संभव नहीं, और इसी वजह से एक-एक कर ये मिलें बड़े व्यापारियों के हाथों में जा रही हैं। नीले गोरों की और अंगरेज कंपनियों की मिलें भी भ्रष्टाचार और धोखेबाजी के इस कांग्रेसी

जमाने में ज्यादातर भारतीय बड़े करोड़पतियों के हाथों में चली गई हैं। अंगरेजी सरकार के हटते ही, सरकारी पक्ष इतना बंद हो गया, वे देहाती इलाकों में अपने को निस्सहाय महसूस करने लगीं और अच्छे दामों में वक्त पर बेचकर अंगरेज अपना रुपया लेकर साउथ अफ्रीका, ईस्ट अफ्रीका, ऑस्ट्रेलिया चले गए, जहां अंगरेज अपने आपको कालों का शोषण करते हुए मालिक की तरह अकड़कर चल सकते हैं।

सरकार सहयोग समितियों के नाम पर पंजाब, दक्षिण, आसाम, उत्तर प्रदेश, बिहार आदि प्रांतों में एक करोड़ से भी अधिक प्रत्येक पर खर्च कर कुछ नई मिलें खड़ी कर रही है। इन मिलों का उद्देश्य उन इलाकों में जहां मिलें नहीं हैं, गन्ने के किसानों को मदद देना बताया जाता है, लेकिन वास्तव में इन मिलों को बनाना, जिला स्तर के कुछ बड़े कांग्रेसियों को राहत पहुंचाना मात्र है।

बिहार में बनमखी में प्रस्तावित मिल के डायरेक्टरों की सूची पढ़ने से यह बिलकुल साफ हो जाता है कि जब भारत की अधिकांश मिलें गन्ने के अभाव में पूरी नहीं चल पातीं और ऊंचे दामों में आजकल बनने वाली चीनी भी देश के अंदर सारी नहीं खप सकती, तो इन भयंकर ऊंचे लागत की गैर–तजुर्बेकार लोगों के मातहत चलने वाली मिलों की क्या हालत होगी, यह तो भविष्य ही बताएगा। बनमखी मिल की योजना से साफ साबित होता है कि कांग्रेस के अंदर भी गंदे से गंदे लोगों को इस तरह किसान और सरकार दोनों के पैसे की खुलेआम लूट के नए क्षेत्र कायम किए जा रहे हैं।

दक्षिण महाराष्ट्र, कर्नाटक, तमिलनाडु आंध्र की मिलें उत्तर भारत की बनिस्बत ज्यादा सफल हैं क्योंकि एक तो सात–आठ महीने उनको लगातार गन्ना एक सा (बिना सूखे) रस वाला मिलता रहता है, और दूसरे दक्षिण में जिस नए किस्म के गन्ने का उत्पादन होता है उसमें चीनी एक–दो फीसदी ज्यादा निकलती है, इसलिए दक्षिण की चीनी की मिलें बड़ा रुपया कमाती हैं। उत्तर भारत में तो सिर्फ बिड़ला की सिहोरा, हरगांव और स्वर्गीय जमनालाल बजाज की गोला गोकरणनाथ आदि दो–चार मिलें ही इतनी चीनी बना पाती हैं। बोधन में निजाम की या आंध्र सरकार की, बालचंद नगर (अहमद नगर) में बालचंद हीराचंद की मिल दौराला और मवाना में सर श्रीराम की मिलें भी बड़े नफे और उत्पादन वाली संस्थाएं हैं। चीनी उद्योग में टाटा को छोड़कर भारत के प्राय: अधिकतर करोड़पति अपना आसन बनाए हुए हैं।

बिड़ला बंधु उत्तर प्रदेश और बिहार में 6 मिलों के संचालक हैं। कर्मचंद थापड़ साहब पंजाब से लेकर बिहार तक सब जगह मौजूद हैं, हिंदू सभाई नेता और पंजाब के पुराने अंगरेज भक्त सर गोकुलचंद नारंग के बेटे–पोते भी चीनी की चार–पांच मिलों के मालिक हैं। शांतिप्रसाद जैन तीन, जयदयाल डालमिया दो, सर श्रीराम दो, सर्वोदयवादी भागीरथ कानोड़िया और उनके पुत्र तीन मिलों के मालिक हैं।

सिख राजनीति को पीछे से चलाने वाला मजीठिया खानदान, उत्तर प्रदेश के गूजरमलजी मोदी, कानपुर के पद्मपति सिंघानिया और मंगतूराम जयपुरिया, बंबई

के नारायणलाल पित्ती और रामनिवास रूइया, पड़रौना के खेतान बंधु, बिहार के मुख्यमंत्री के नए सहायक दरभंगा महाराज, कलकत्ता के शेयर बाजार और इमारतों के राजा बांगड़, विकास विद्यालय के संचालक रामेश्वचर नोपाणी, मुजफ्फरनगर का स्वरूप खानदान, बंबई के सेकसरिया आदि सब महारथी चीनी के उद्योग में अपना स्थान सुरक्षित किए हुए हैं। हरिदास मूंदडा की मिलें इस वक्त नीलाम हो रही हैं, पड़रौना राजा की दो साल पहले ही बिक चुकी थीं, लेकिन अवध के कई ताल्लुकेदारों के कारखाने अब भी चल रहे हैं। गोया कि चीनी मिल वाले अपने बीस-पच्चीस साल के जीवन में 5 सौ करोड़ यानी 5 अरब से भी अधिक रुपया कमा चुके हैं, उन्होंने सिवाय एक आंध्र के कहीं भी अपनी मिलों को बढ़ाने या सुधारने में रुपया खर्च नहीं किया है। पांच-पांच लाख में बनीं मिलें अपने मालिकों को तीन-तीन चार-चार करोड़ रुपया दे चुकी हैं, लेकिन न गन्ने के गुण में तरक्की हुई है, न चीनी की क्वालिटी में। एक लाख चालीस हजार मजदूरों को जो पांच-छह महीने काम मिलता है, उसी को लेकर हर साल झंझट बना रहता है क्योंकि उनका जीवन-स्तर वैसा ही नीचा बना हुआ है।

चीनी मिल संघ ने अपने विज्ञापन में एक और झूठी घोषणा की है कि वे छत्तीस सौ पढ़े-लिखे विश्वविद्यालयों के ग्रेजुएटों को काम दिए हुए है, यानी कि हर मिल के पीछे पच्चीस से भी अधिक ग्रेजुएट। लेखक को कई चीनी मिलों में और उनके दफ्तरों में जाने का मौका मिला है, कहीं भी दस-पांच से अधिक पढ़े-लिखे पुरुष नहीं मिले। किसी-किसी मिल में तो सारे मजदूरों की तादाद भी तीन सौ से ज्यादा नहीं है। असली दावा जो उनको करना चाहिए था वह उत्तर प्रदेश और बिहार के कितने राजनीतिज्ञ खानदानों के रिश्तेदारों को उन्होंने वेतनभोगी और गन्ना सप्लायर बना रखा है। यह लिस्ट अगर वह छापते तो शायद हिंदुस्तान टाइम्स के भी पूरे पन्ने छोटे-छोटे टाइप में भी भर जाते, लेकिन यह सब पोशीदा रहता है। पन्त साहब के जमाई किस मिल में नौकर हैं, नवाब छतारी के बेटे कहां बैठे हैं, संपूर्णानंद के भाइयों का किस मालिक से अटूट संबंध है, राजेंद्र प्रसाद के बेटे का गन्ना कौन-सी मिल लेती है, सत्यनारायण सिन्हा का परिवार समस्तीपुर में क्या करता है, चंद्रभान गुप्ता की भतीजी के पति, अजित प्रसाद जैन के नातेदार कहां हैं, बिहटा मिल के कायस्थ लाल बाबू को बिहार सरकार ने तीस-चालीस लाख रुपया क्यों दिया है, जबकि बिहार की किसी दूसरी मिल पर यह मेहरबानी नहीं हुई।

गन्ने की फसल का रुपया किस-किस मिल ने कितना-कितना सरकारी मंत्रियों और अफसरों से मिलकर पचा रखा है, गया शुगर की सहयोग समिति का लाखों रुपया कैसे चोरी हो गया और आज तक इन राजनीति के साये में चलने वालों को दंड क्यों नहीं मिला। छोआ कांड, बिहार की राजनीति में आज तक जिसकी दुर्गंध आ रही है, वहां किस-किस मिल और किस-किस राजनीतिज्ञ, अफसरों और थोक व्यापारी का घर भर गया।

श्रीकृष्ण सिंह के दाहिने हाथ महेश प्रसाद सिंह के जमाई, ठाकुर प्रसाद शर्मा, समस्तीपुर वाले के बेटे, कैसे बेगसदर लैड की चीनी की मिलों से चीनी और छोआ

दोनों लेते थे। अनुग्रहनारायण सिंह के नेतृत्व में चलने वाली श्री लालबहादुर शास्त्री की बहन, कल तक बिहार की एमएलए श्रीमती सुंदरी देवी, जयप्रकाश नारायण के भतीजे की 'वैधव्यसंतप्तनारी' का चीनी के व्यापार से क्या संबंध था? शिब्बनलाल सक्सेना जैसे रेडिकल की राजनीति भी इन्हीं चीनी मिलों की वजह से चल रही है और ब्रजकिशोर शास्त्री, बसावन सिंह, सूरजनारायण सिंह व दूसरों ने मजदूर आंदोलनों के जरिए चीनी मालिकों के महलों में अपना खुला प्रवेश प्राप्त किया है। चीनी स्वाद में मीठी लेकिन किसानों और मजदूरों के लिए अभी तक कड़वी बनी हुई है। राजनीति और व्यापार का यह गहरा गठबंधन लाखों-करोड़ों को तकलीफ देता है और कुछ महानुभावों को समृद्ध व सुखी बनाए हुए है।

विदेश में चीनी का दाम दस रुपए मन से अधिक नहीं, फिर भी क्यूबा, जमैका, हवाई, फारमोसा आदि के गन्ना उत्पादक, हिंदुस्तान के ईख वालों से बहुत अच्छी हालत में हैं। चीनी की खेती के लिए अंगरेजों ने अफ्रीका से काले हब्शियों को पकड़कर गुलाम बनाकर बेच डाला। चीनी और मसाले के लिए जावा पर अब भी डच और अमेरिका गृहयुद्ध का खतरा पैदा करते रहते हैं। चीनी ने फिलिपींस को अब भी अमेरिकी पंजे में फांस रखा है। उत्तर बिहार और पूर्वी उत्तर प्रदेश की गरीबी का खास सबब चीनी मिल मालिकों और उनके दलाल राजनीतिज्ञों का अत्याचार ही है। गन्ना सस्ता, अनाज और चीनी महंगी यही उत्तर प्रदेश के पूर्वी और बिहार के उत्तर-पश्चिमी जिलों की दरिद्रता का रहस्य है।

अभी-अभी प्रतापपुर शुगर कंपनी लिमिटेड को श्री श्यामसुंदर कानोड़िया ने—कल तक शुगर मिल्स एसोसिएशन के प्रेसीडेंट और आज प्रमुख सदस्य हरिदास मूंदडा के अस्त औद्योगिक साम्राज्य के सरकारी रखवालों से सवा छब्बीस लाख रुपए में खरीदी है। जब एक चालू अच्छी मिल इन दामों में खुले बाजार नीलामी के टेंडरों के जरिए बिक रही है तो सरकार क्यों करोड़ सवा करोड़ की लागत से सहकारी समितियों के मिथ्या मायाजाल के चक्कर में नई मिलें बैठा रही है। अगर किसी मिल को कम गन्ने और दूसरी दिक्कतों के इलाकों से कहीं अच्छी दूसरी जगह जहां मिल नहीं है और जहां ज्यादा रस वाला गन्ना बड़ी तादाद में पैदा होता है हटाना है तो उन्हें ऐसी मिलें खरीदकर इधर-उधर बैठा देना चाहिए। जब इन ऊंचे दामों पर इतनी भी चीनी नहीं बिक सकती तो नई मिलों की योजनाएं फिजूल हैं।

हिंदुस्तान में आज भी एक से डेढ़ रुपए सेर तक चीनी खरीदने वाले वही चालीस लाख हैं जिनके इर्द-गिर्द वर्तमान कांग्रेसी शासक चक्र घूम रहा है। बाकी उनतालीस करोड़ तो कभी-कभी गुड़ की एकाध डली, मुंह मीठा करने के सपने को साकार करने को शायद पा जाएं। मीठे और मिठाई की अतृप्त भूख अभी तक करोड़ों को आकुल किए हुए है और चीनी उद्योग की वर्तमान प्रवृत्तियों से हमेशा ही यह भावना सुप्त ही बनी रहेगी।

'जन', 1958

मुद्रास्फीति और चोर-बाजारी

यह लेख मुद्रास्फीति, बेरोजगारी और सरकार द्वारा चलाई जा रही आर्थिक नीतियों का विश्लेषण करता है। इस लेख के माध्यम से बालकृष्णजी ने देश की अर्थव्यवस्था को सुचारु रूप से चलाने के लिए कुछ सुझावों पर भी प्रकाश डाला है।

–संपादक

द्वितीय महायुद्ध के बाद कई दूसरे देशों की तरह ही भारत में भी मूल्यवृद्धि की महामारी फैली हुई है। सरकारी हिसाब-किताब, जिससे असली वृद्धि का पता नहीं चलता है, वह आज तेजी से बढ़ी है। वास्तव में सन् 1939 में वस्तुओं का जितना मूल्य था, आज उसका मूल्य 6 या 7 गुना है। नियंत्रित वस्तुएं जैसे जूट युद्ध के पूर्व 6 रुपए प्रति मन था, आज वह 40 रुपए मन के हिसाब से बिकता है। चीनी जो 7 रुपए मन बिकती थी उसका आज भाव 35 रुपया प्रति मन है। शुद्ध घी जो युद्ध पूर्व 50 रुपए प्रति मन बिकता था, आज उसके स्थान पर शुद्ध घी 280 रुपया प्रति मन बिक रहा है। शुद्ध घी का तो मिलना असंभव सा है। कड़ुआ तेल, जिसकी खपत उत्तरी भारत में बहुत है, 10 रुपए मन बिक रहा था, आज वह सत्तर रुपया प्रति मन बिक रहा है, शुद्ध बढ़िया पंजाबी गेहूं जो तीन रुपए प्रति मन बिकता था, आज वह बीस से तीस रुपए मन तक बिक रहा है। इसी प्रकार धान तथा चावल के भाव में भी वृद्धि हुई है।

आम आदमी की रोजमर्रा की प्रायः सभी वस्तुओं में इस प्रकार की वृद्धि आखिर क्यों हुई? युद्ध के कारण सरकार को बहुत अधिक व्यय करना पड़ा था जिसकी पूर्ति वह ऊंचे कर लगाकर भी नहीं कर सकी थी। नतीजा यह हुआ कि उसे नए नोट निकालने पड़े और नोटों का अधिक से अधिक चलन करके ही उसने युद्ध व्यय का सामना किया।

युद्ध पूर्व सरकारी मुद्रा नोट 180 करोड़ के चालू थे, आज उनकी संख्या 1300 करोड़ है। ज्यादा क्रयशक्ति के चलते बैंकों के जमाखाते में वृद्धि हुई है। यह वृद्धि 222 करोड़ से बढ़कर 1100 करोड़ हो गई है। शांतिकालीन कारखानों में युद्धकाल में युद्ध सामग्री तैयार कराई गई थी, इसलिए जो सामान नागरिकों के प्रयोग के लिए पड़ा था उसमें धीरे-धीरे कमी होती गई। इस प्रकार युद्धकालीन अर्थनीति का अनिवार्य परिणाम मुद्रास्फीति के रूप में प्रकट हुआ है।

1942 ई. में सरकार ने मुद्रास्फीति को रोकने का सर्वप्रथम प्रयास किया था और आवश्यक वस्तुओं के मूल्य को निश्चित करने का प्रयास किया था। इस समय नियंत्रण चालू नहीं था, परिणाम यह हुआ कि एक बड़ी संख्या में लोगों ने धन का संचय करना, चोर-बाजारी करना तथा अनुचित मुनाफा खाना आरंभ कर दिया आलम यह हुआ कि 1946 ई. में बंगाल का अकाल पड़ा जिसमें सरकारी आंकड़ों के अनुसार 30 लाख मनुष्य भूखे मर गए। इस गंभीर स्थिति का सामना करने के लिए भारत में सैनिक वायसराय लॉर्ड बैवेल की नियुक्ति हुई ताकि वह कड़ाई के साथ नियंत्रण करें। हुआ भी यही, लॉर्ड ने जल्द ही सरकारी घोषणा द्वारा समस्त वस्तुओं के क्रय-विक्रय का नियंत्रण स्थायी मूल्य निर्धारित करके किया। इस प्रकार वस्तुओं पर नियंत्रण बना रहा।

भारतीय औद्योगिक जनसमुदाय का नैतिक विकास भी इंग्लैंड आदि देशों की तरह नहीं हुआ है। वस्तुओं की कीमतों पर ईस्वी सन् 1943 में नियंत्रण चालू किया गया था। वह प्राय: प्रत्येक वस्तु पर लगाया गया था। नियंत्रण में केवल यह कमी थी कि वह कड़ाई के साथ लागू नहीं किया गया था। सुदृढ नियंत्रण के लिए एक हद तथा शुद्ध सरकारी प्रणाली की जरूरत होती है। 1943 ई. से अब तक कोई भी सुदृढ़ तथा भ्रष्टाचार से विरक्त सरकारी प्रणाली चालू नहीं हो पाई। जब तक विदेशी सरकार सामरिक उपयोग के लिए उचित मूल्य पर सामग्री पाती रही, उसे नागरिकों की दुर्दशा की कुछ भी चिंता नहीं हुई। इसके अतिरिक्त 1942 ई. के बाद नगर के चोर-बाजारी करने वालों तथा अनुचित मुनाफा खाने वालों को दबाने के लिए सरकार ने कोई प्रयास नहीं किया और न उनके विरुद्ध कार्रवाई करने की ओर कदम उठाया। वह उन्हें किसी तरह भी अप्रसन्न नहीं करना चाहती थी। उनकी सद्भावना नहीं खोना चाहती थी। युद्ध के दान, चंदे तथा सरकार को कर्ज देना यही सबसे बड़ा प्रमाण-पत्र उच्च अधिकारियों की नजरों में समझा जाता था। उसी समय से चोर-बाजारी किसी तरह का दोष न रहकर व्यापारिक समुदाय के मध्य स्वीकृत चलन हो गई। चोर-बाजारी से जो धन व्यापारिक समुदाय पैदा करते थे, वह फैशनेबल क्लबों, होटलों तथा रेस्तरांओं में ठाठ के साथ अपने मित्र अफसरान के ऊपर पत्ते की भांति फेंकते थे। जॉनी-वॉकर जैसी शराब की बोतलें, जो चोर-बाजार में ही मिलती थीं, उन्हें लेकर सरकारी अफसरानों की सेवा में अर्पित करते थे। धीरे-धीरे चोर-बाजारी ने तकरीबन प्रत्येक सामग्री पर आक्रमण कर दिया।

रेलवे में वैगन सप्लाई, रेलवे टिकट, टेलीफोन-प्रणाली, आयात-निर्यात के परमिटों में एक हजार के नोटों में भी चोर-बाजारी गरम हो गई। अंत में एक हजार वाली नोटों का चलन रोकना ही पड़ा, क्योंकि उसके द्वारा एक सप्ताह ही में लोग शत प्रतिशत लाभ उठा लेते थे। जाते-जाते ब्रिटिश सरकार नेहरू सरकार के लिए भ्रष्टाचारी, चोर-बाजारी, सांप्रदायिक झगड़े तथा भागते शरणार्थियों की समस्याएं छोड़ गई। इन सब बुराइयों को राष्ट्रपिता महात्मा गांधी ने देखा और विचार करके नियंत्रण के विरुद्ध अपनी आवाज उठाई।

नियंत्रण के कारण उत्पादन में कमी होती थी। सामग्री की कमी वाले स्थानों पर सामग्री पूरी तरह से नहीं पहुंचती थी। व्यापार में डाक नहीं होती थी और उत्पादक तथा उपभोक्ता दोनों को तकलीफ होती थी कि भारत की सरकार ने जनमत का ध्यान रखते हुए नियंत्रण को धीरे-धीरे उठाने का निश्चय किया, पर जैसा कि आशा की गई थी मूल्यों में कमी आने की अपेक्षा वृद्धि होने लगी। मजदूरी यद्यपि बढ़ रही थी फिर भी वह मूल्यों के हिसाब से नहीं बढ़ी। नतीजा यह हुआ कि श्रमिक आंदोलन आरंभ हुआ। मध्यम श्रेणी वर्ग तथा स्थायी आय वाले लोग, जो गांव तथा छोटे नगरों में रहते थे उनकी दशा बड़ी ही चिंतनीय हो गई। वह अपने स्थान को छोड़कर धन की खोज में नगरों की ओर भागे और वहां टिके, पर चूंकि नगरों में किसी तरह के भी कारखाने चालू न थे और न ही रोजगार ही था। वह पहले की तरह चोर-बाजारी ही में जुट गए, जिससे दशा और भी अधिक चिंतनीय हो गई।

द्वितीय महायुद्ध के फलस्वरूप जर्मनी से सामान आना बिलकुल बंद हो गया। फ्रांस, इटली, जापान, बेल्जियम आदि यूरोपीय देशों से सामान आना भी बंद हो गया। ग्रेट ब्रिटेन में सामान की कमी है और यहां से भी सामान कम आ रहा है। समस्त यूरोप तथा एशिया के सुदूर पूर्वी देशों को भी अपनी उत्पादनशक्ति को पूर्व स्थिति तक पहुंचाना है।

बड़े (कैपिटल) सामानों की मांग इतनी अधिक है कि भारत जैसे नए राज्यों की गणना सभी अंतरराष्ट्रीय आयात करने वाले देशों में हो ही नहीं सकती है। इस समय बड़े-बड़े सामान उन्हीं देशों को दिए जा रहे हैं जो अमेरिका के मित्र होने का सौभाग्य रखते हैं या जो रूस के विद्रोही हैं और भावी रूप में सामरिक महत्त्व रखते हैं।

संयुक्त राज्य अमेरिका कच्चे-माल का सबसे बड़ा उत्पादक है। वहां खाद्य-सामग्री तथा कारखानों द्वारा बनी हुई वस्तुओं का भी संसार में सबसे बड़ा उत्पादक है। यह इंग्लैंड की तरह कच्चे सामानों तथा बुनियादी सामानों के लिए आयात पर निर्भर नहीं करता है, यह केवल जूट, चाय, कहवा आदि सामग्री का गरम देशों से आयात करता है। अमेरिका को किसी भी सामान की जरूरत नहीं है। समस्त संसार को अमेरिकन धन तथा सामान की जरूरत है। इसी कारण रूस समूहों को छोड़कर सभी देश अमेरिकन डॉलर की चाह कर रहे हैं। उसका मिलना बड़ा मुश्किल हो रहा है। मार्शल योजना के अंतर्गत अमेरिका रूस के चारों ओर अपने अनुकूल रियासतों का निर्माण कर रहा है, इसलिए उसका अधिकांश निर्यात उन्हीं देशों ने रखा है। जहां तक एशिया का संबंध है, अमेरिका अपना ध्यान जापान की ओर अधिक बंटा रहा है क्योंकि जापान उसके अधिकार में है, और वह समझता है कि रूस में युद्ध छिड़ने पर जापान उसके लिए अधिक उपयोगी सिद्ध होगा।

चीन की च्यांग की सरकार को भी यह कम्युनिस्ट के विरुद्ध करने में काफी सहायता प्रदान कर रहा है। भारत यद्यपि दूसरे राज्यों की अपेक्षा राजनीतिक दृष्टि से अधिक अचल तथा शांत है, फिर भी वह अपनी ओर अमेरिकन पूंजी आकर्षित करने

में अभी तक सफल नहीं हुआ है। इसका मुख्य कारण है, युद्धकाल में उसके मन में भारतीय लोगों के विरुद्ध उत्पन्न हुई एक प्रकार की विरोधी भावना।

इस प्रकार कुछ समय तक बड़े सामानों का प्रवाह बहुत ही सक्षम रहेगा। अमेरिका से ऋण आदि का प्रसंग तो बहुत दूर है। हमें केवल निर्यात के जरिए ही विदेशी धन की प्राप्ति हो सकती है, जिससे हम बड़े सामानों को मंगाने में सफल हो सकते हैं, पर अधिक निर्यात करने से देश के भीतर सामानों की कमी हो जाएगी, जिससे मूल्य वृद्धि होगी और समस्या और भी अधिक जटिल हो जाएगी, पर यदि हम भी गरीब लोगों द्वारा प्रयोग में आने वाली सामग्रियों के आयात का प्रबंध करें और फिर उनके द्वारा देश को उत्पादन की ओर ले चलें तो अधिक लाभ तो होगा ही, साथ ही साथ खाद्य सामग्री, कपड़ा तथा रहने के स्थान आदि को अधिक बढ़ा सकते हैं। इसके अतिरिक्त जमींदारी आदि था को तोड़कर जनसाधारण तथा गरीब जनता को प्रोत्साहन प्रदान करें व अधिक उत्पादन की ओर उसे ले चलें तो अवश्य ही हमारे हालातों में सुधार होने की संभावना है।

यदि हम पूर्ण रूप से खाद, बीज, पानी, भूमि जुताई आदि का प्रबंध किसानों के लिए कर दें तो ऐसी दशा में हम न केवल अपनी खाद्य संबंधी सामग्री की समस्या को हल करने में सफल होंगे वरन् हम गांवों का पुनर्निर्माण करने में सफल होंगे, जो हमारे भीतर बाजारों की वृद्धि तथा उत्थान के लिए बहुत ही आवश्यक है। इस प्रकार हमारे समस्त भीतरी बाजार खपत होने वाली सामग्रियों से भर जाएंगे। अब तक हमारे रहन–सहन का स्तर इतना नीचा रहा है कि हमारी जनता अपनी आय का 10 से 15 भाग केवल खाद्य–सामग्री पर ही खर्च कर रही है। इस प्रकार एक राजनीतिक इकाई में अधिक जनसंख्या रखते हुए भी हमारे देश में बहुत अधिक कमी रही है। इसी कारण हमारा देश उन्नति तथा उत्थान की ओर अग्रसर नहीं हो पाया, और हमारे देश में कारखानों की उन्नति नहीं हो सकी है।

न्यूजीलैंड जिसकी जनसंख्या केवल 15 लाख है, वहां हमारे देश से अधिक मोटरकारें हैं, जबकि विभाजन हो जाने पर भी हमारे वृहत् देश में लगभग 34 करोड़ व्यक्ति निवास कर रहे हैं।

हम इस समय खाद्य–सामग्री पर 150 करोड़ सालाना बचत कर सकते हैं और उसे हम कैपिटल माल के खरीदने में लगा सकते हैं। हम विलासिता की वस्तुओं के आयात को रोककर तथा महाराजाओं, रईसो, ताल्लुकेदारों तथा नवीन धनी लोगों की विदेश यात्राओं को रोककर भी अपने आयात में और अधिक वृद्धि कर सकते हैं।

भारत सरकार के निमंत्रण पर दिल्ली में जो अर्थशास्त्र के जानकार तथा अर्थशास्त्री एकत्रित्र हुए थे, उन्होंने नियंत्रण को फिर से चालू करने की सलाह दी। आर्थिक विस्तार की दशा में समस्त जनसंख्या को काम में लगाकर और समस्त कारखानों तथा यातायात साधनों का पूर्ण रूप से प्रयोग करके उत्पादन की वृद्धि की जाती है। ऐसी दशा में सरकारी

प्रणाली के बेकार तथा निरर्थक मांगों को नष्ट कर देना होगा। निष्क्रिय अनियंत्रित चोटी के वर्ग को निर्मूल करना पड़ेगा।

जनतंत्र-नीति के अनुसार उत्पादन की वृद्धि करनी पड़ेगी, निजी व्यवसाय, यदि वह सहकारी बनने के लिए तैयार हो, तो उसे भी प्रोत्साहन देना पड़ेगा। फिर देश में ब्रिटेन की तरह राष्ट्रीय योजना का चलन करना होगा। इसमे छोटी-मोटी बचतों को प्रोत्साहन देना होगा और उसे इन्हीं व्यवसाय में लगाना होगा। आवश्यक उद्योग-धंधों तथा वस्तुओं को प्रोत्साहन देना है तथा जरूरी निर्यात पर चुंगी कम करनी होगी। ऐसे व्यवसायों का आधुनिक ढंग पर पुनर्संगठन करना पड़ेगा। केवल अधिक उत्पादन द्वारा ही मुद्रास्फीति का सामना किया जा सकता है। मध्य तथा निम्न श्रेणी वर्ग के मूल्यों में कमी करके उनकी रक्षा की जा सकती है।

भ्रष्टाचार का अंत करने के लिए इंग्लैंड की तरह नवीन तरह की ईमानदार तथा निष्पक्ष सिविल सर्विस करनी होगी। वर्तमान यातायात जो भारतीय आर्थिक-प्रणाली की नवीन मांगों की पूर्ति करने में असफल सिद्ध हुई है, उसे उन्नत करना है व समस्त भ्रष्ट अयोग्य तथा कामचोर अफसरों को रेलवे, सड़क-निर्माण-विभाग, प्रजा-विभाग तथा ऐसे दूसरे विभागों से जिनका संबंध प्रजा के धन, स्वास्थ्य और उन्नति से है, हटाना होगा।

औद्योगिक राष्ट्र-निर्माण के लिए, देश की जनता को कुशल बनाने के लिए वृहत् शिक्षा तथा स्वास्थ्य योजना को सक्रिय करना होगा। समस्त देश को एक आर्थिक इकाई की तरह क्रियाशील होने के लिए सिंचाई तथा बिजली के साधनों को उन्नत करना होगा और सड़कों का निर्माण करना होगा।

इसके अतिरिक्त जो सबसे बड़ी समस्या है, बड़े शहरों की ओर पलायन की, उसे रोकना है और देहात के बाजार वाले स्थानों में नए कारखानों खोलना पड़ेगा। यदि पुनर्निर्माण के इस वृहत् कार्य को ठीक तौर पर संचालित किया गया तो देश की नवीन जनता में नवीन जागृति की भावना उत्पन्न हो जाएगी और देश में नवीन औद्योगिक क्रांति आ सकती है। नवीन जागृति के फलस्वरूप नए-नए कारखानों का पुनर्निर्माण होगा। मालिक तथा श्रमिक में नए संबंध स्थापित होंगे और आपसी मनोवृत्ति बदलने से देश के उत्पादन में वृद्धि होगी जिससे मुद्रास्फीति का सामना ठीक तरह से हो सकेगा व देश में शांति की स्थापना होगी, साथ ही वस्तुओं की बहुतायत भी हो जाएगी।

निश्चित ही दुनिया में हमें अपना स्थान प्राप्त करने के लिए अपनी आर्थिक-नीतियों की ऐसी योजना बनानी पड़ेगी, जिससे हम कम समय में उसे फैला सकें। जब तक हम अपनी आर्थिक जरूरतों के लिए विदेशों की मजदूरी पर निर्भर करते रहेंगे तब तक स्वतंत्रता हमारे लिए निरर्थक है।

अमेरिका तथा ब्रिटेन से मुक्ति प्राप्त करने के लिए भारत को सभी लोहे, इस्पात और मशीन-पुर्जों के कारखानों का निर्माण सर्वप्रथम करना पड़ेगा, जिससे यदि तीसरा

महायुद्ध प्रारंभ होता है तो हम तटस्थ रह सकें और इस तीसरे शिविर वाले राष्ट्रों का नेतृत्व कर सकें जो कि अपने को एंग्लो-अमेरिकी या रूसी गुट में घसीटे जाने से बचना चाहते हैं।

जिस रूप में हम अपने कारखानों को उत्थान देने में असफल होंगे, उसी पर समस्त एशिया की स्वतंत्रता तथा अमेरिका का भविष्य निर्भर करेगा। आज हमारी राष्ट्रीय आय लगभग 5 हजार करोड़ रुपए है और इस आय को अगले 5 सालों में 10 हजार करोड़ हो जाना है। कारखानों, यातायात के साधनों, सिंचाई के साधनों तथा बिजली के कारखानों पर हमारे देश में तकरीबन चार हजार करोड़ रुपया लगा हुआ है। यह रकम हमारी राष्ट्रीय आय से कम है। इसे अगले 5 या 7 वर्षों में दुगुना हो जाना है। हमारी प्रति व्यक्ति उत्पादन आय बहुत ही न्यून है, फिर हमारी मानवशक्ति भी अधिकांश समय तक बेकार रहती है।

सरकार की नीति होनी चाहिए कि वह उन्हें कृषि, कारखानों, सड़क-निर्माण या समाज सेवा में नियुक्त करे। सरकार को अधिक काम, अधिक उत्पादन तथा शिक्षा की ओर अति शीघ्र ध्यान देना चाहिए। प्रत्येक युवक तथा युवती को राष्ट्र-निर्माण का कुछ न कुछ काम दे देना चाहिए और देखना चाहिए कि वह उसकी पूर्ति करते हैं अथवा नहीं।

यदि हम अपनी समस्त मानवशक्ति का पूर्ण रूप से उपयोग करें तो एक पीढ़ी में ही पश्चिमी देशों की बराबरी में पहुंच जाएंगे और अपने बाल-बच्चों के लिए एक बेहतर उत्तराधिकार छोड़ जाएंगे, तब इतिहास इसके लिए हमें गौरव प्रदान करेगा और हमारी संतति हमारे गुणगान करेगी। हम कुछ ऐसी वस्तु की प्राप्ति करेंगे जिससे हमारे राष्ट्रपिता स्वर्ग में भी सुनकर सुखी होंगे।

हमारे भाग्य में निःस्वार्थ सेवा, जी-तोड़ परिश्रम करना तथा पसीना बहाना लिखा है पर ऐसी दशा में स्वतंत्रता में चार चांद लग जाएंगे और जनता राष्ट्र-निर्माण की भावना से प्रेरित होकर सुखी हो जाएगी।

'विश्ववाणी', 1948

कानी सरकार, अंधी योजनाएं

यह लेख योजनाओं के मकड़जाल में आजाद भारत की वास्तविक तस्वीर सामने लाता है। इस लेख में बालकृष्णजी ने नेहरू सरकार में योजना-आयोग की ओर से चलाई जा रही योजनाओं की धीमी गति, उनकी अंदरूनी उलझनों व गलत नीतियों पर गलत योजनाओं के क्रियान्वयन के फलस्वरूप और जटिल होती जा रही समस्याओं पर प्रकाश डाला है। —संपादक

नई दिल्ली की पार्लियामेंट स्ट्रीट में आकाशवाणी भवन के दूसरी तरफ योजना आयोग की भव्य पंचमंजिला इमारत खड़ी है। यह सरकारी दफ्तर नेहरू युग की भद्दी निर्माण पद्धति का एक नमूना है। खंडहरों, कब्रगाहों और मकबरों की इस दिल्ली नगरी में 53 करोड़ हिंदुस्तानियों को निराशा के नरक में रहने को मजबूर करने वाले इस योजना-विभाग के एक हजार कर्मचारी और अफसर हिंदुस्तान की जनता की आवश्यकताओं, आशाओं और आकांक्षाओं से एकदम अलग व उदासीन हैं। तीन-तीन पंचवर्षीय योजनाएं समाप्त हो चुकी हैं। उसके बाद तीन साल और बीत गए, लेकिन दुनियाभर के आधे निरक्षर यानी करीब 35 से 40 करोड़ बिना पढ़े-लिखे केवल अकेले भारत में आज भी मौजूद हैं।

ऐसी ही बुरी दशा रोजगार की है। दुनिया में सबसे ज्यादा बेकारी भी इसी भारत में है। शहरी और देहाती, शिक्षित, तकनीकी ज्ञान प्राप्त एवं साधारण मजदूरों को बेकारी की बर्बादी एक तरह तबाह ही किए हुए है। बढ़ती महंगाई और मुद्रास्फीति ने पूंजी निर्माण का काम ठप कर दिया है, जबकि जापानी आर्थिक गति तकरीबन 17 फीसदी सालाना की रफ्तार से बढ़ रही है, जबकि हिंदुस्तान की राष्ट्रीय आय की तुलना में दो फीसदी आबादी सालाना बढ़ रही है।

पिछले अठारह साल में रिजर्व बैंक द्वारा छापे गए नोटों की तादाद नौ अरब से बढ़कर 36 अरब हो गई है, जबकि औद्योगिक और कृषि उत्पादन पूरा दूना भी नहीं बढ़ा है। कामगारों के महंगाई भत्ते व वेतन गधे की चाल से बढ़ते हैं और जीवन के लिए आवश्यक वस्तुओं के दाम तेज दौड़ते घोड़े की चाल से बढ़ते जाते हैं और इन सबका राजनीतिक परिणाम आर्थिक असंतोष की भयंकर ज्वाला में प्रज्वलित हो रहा है।

इस निरंतर बढ़ते असंतोष का जवाब जनता को तीन साल के इन्तजार के बाद चतुर्थ पंचवर्षीय योजना के उस 350 पृष्ठों के पोथे के रूप में मिला है, जो पहली तीन योजनाओं

की पुनरावृत्ति के सिवाय और कुछ नहीं। इस पुस्तिका के अनुसार 14398 करोड़ रुपया, यानी 143 अरब 98 करोड़ रुपया अगले पांच सालों में सार्वजनिक क्षेत्र का विस्तार करने में खर्च किया जाएगा, मतलब 250 रुपया प्रति व्यक्ति पर। इन बढ़े हुए दामों में यह अल्प पूंजी बहुत ही थोड़े लोगों को काम दे सकेगी और बेकारी की तादाद जो कि पिछली तीन पंचवर्षीय योजनाओं में लगातार बढ़ती जा रही है और अधिक बढ़ जाएगी।

रूसी योजना ने अपने शुरू के ही सालों में अपने देश में बेकारी का खात्मा कर दिया था। हिंदुस्तान की यह केवल नाममात्र की आर्थिक योजना किस काम की, जो निरन्तर बढ़ती बेकारी की समस्या को सुलझाना तो अलग रहा, छूती तक नहीं। योजना–आयोग के ये सदस्य जिनमें प्रधानमंत्री इन्दिरा गांधी प्रमुख हैं और वह पीताम्बर पन्त भी हैं जिसने लोहिया के 27 करोड़ की तीन आने रोज पर जीवन बसर करने वाले अभियोग के जवाब में नेहरूजी को 15 आने रोज, जो उस वक्त की एक व्यक्ति की आय थी, का एकदम गलत आंकड़ा दे डाला था। हिंदुस्तान की बेकारी बेरोजगारी से एकदम उदासीन है।

योजना आयोग के ये अंधे सदस्य कभी भी देश को आर्थिक प्रगति के सही रास्ते पर नहीं ले जा सकते। उन्हें यह ज्ञान नहीं कि जो करोड़ों की श्रम–शक्ति बेकार पड़ी है अगर वह किसी तरह निर्माण कार्य में जोड़ दी जाए तो दो–चार साल में ही देश की राष्ट्रीय आय दुगुनी हो सकती है, और पूंजी निर्माण का जो अतिआवश्यक कार्य आज रुका पड़ा है, वह बड़ी तीव्र गति से आगे बढ़ सकता है, लेकिन उन्हें इस तरफ कोई ध्यान नहीं। जब तक आज बेकार पड़ी श्रम–शक्ति को देश के निर्माण में नहीं लगाया जाएगा, तब तक देश के आर्थिक विकास की बातें ढपोरशंख की तरह ही साबित होंगी, और राजनीतिक असंतोष बढ़ता जाएगा।

जापान, अमेरिका व यूरोपीय मुल्कों ने अपने यहां सब नागरिकों को काम देकर ही आज अपना उत्पादन व जीवन स्तर इतना ऊंचा उठा दिया है, जो भारत की जनता को अगर वह इसी तरह और आज की गति से चलती रही तो दो–तीन सौ सालों के बाद भी सुलभ नहीं होने वाला। भारत की 53 करोड़ की आबादी में केवल राजनीतिक एवं आर्थिक शिखर पर स्थापित जो एक–दो फीसदी लोग हैं, वही कुछ आगे बढ़े हैं, बाकी तो 52 करोड़ लोग या तो जहां थे वहीं पड़े सड़ रहे हैं। फिर इनमें भी जो भूमिहीन मजदूर या एक, दो, तीन एकड़ से कम वाले किसान और बेकार शहरी हैं उनकी हालत बढ़ते दामों की मार की वजह से और भी बदतर होती जा रही है। बदतर हालत वाली इस जमात की तादाद भी सत्ताईस–अट्ठाईस करोड़ है जिनकी हालत का चित्र लोहिया ने लोकसभा में पेश किया था। यह घनघोर दरिद्रता में डूबा भारत का निम्नतम तबका, तादाद में सारे अफ्रीका महाद्वीप की जनता से अधिक है और लैटिन अमेरिका की आबादी से भी ज्यादा।

भारत किसी भी गरीबी दुनिया में, सिवाय पाकिस्तान, नेपाल व अफगानिस्तान के और कहीं नहीं है। इस गरीबी को मिटाने का इन कांग्रेसी सरकारी योजनाओं में कहीं कोई प्रयास नहीं किया गया। लोहिया कहा करते थे कि इन 27 करोड़ गरीबी

के शरीर आधी भूखी अवस्था में रहने के कारण इतने कमजोर व निर्बल हो गए हैं कि वे कोई सतत श्रम भी करने लायक नहीं रह गए हैं। बचपन से ही भूखे रहने को लाचार इन लोगों की हड्डियां व मांसपेशियां कभी पूर्णतया विकसित ही नहीं हो पाईं।

आज जब भारतीय अकालों के लिए धन इकट्ठा कर यहां भेजने वाले सदाशयी यूरोपीय अमेरिकी मित्र वर्ग इन लोगों के कुरूप चित्र अपनी अपील के साथ वहां के पत्र–पत्रिकाओं में प्रकाशित करते हैं तो भारतीय उच्च एवं मध्यम वर्ग अपना अपमान समझकर क्रोध से भन्ना उठता है और कलकत्ता जैसे शहरों में जब कोई यूरोपीय यात्री जूठन के कनस्तरों से इन कंगालों को भोजन चुनते हुए फोटो या चित्र उतारने का प्रयास करता है तो उसका कैमरा तक तोड़ने की व उस पर हमला करने की कोशिश मध्यवर्गीय युवकों की ओर से की जाती है, लेकिन यह प्रयास केवल भारतीय असलियत को छिपाने का एक तरीका मात्र है, इसके पीछे इन गंदे हालात को बदलने की कोई भावना नहीं।

वास्तविक कारण यह है कि नीचे पड़े सड़ते हुए जो सत्ताईस–अट्ठाईस करोड़ लोग हैं वे नीची जातियों के हरिजन, आदिवासी, शूद्र, पहाड़ी आदि हैं, जो सदियों से स्थापित भारतीय समाज की हदों के बाहर के लोग हैं। मुसलमानी एवं अंगरेजी आक्रमणों ने भी संकीर्ण ब्राह्मण चिंतन से प्रभावित भारतीय स्थापित उच्च वर्ग को कभी भी इन नीचे के असंख्य लोगों को अपने में मिलाने की तरफ उन्मुख नहीं किया, और अब भी 22 साल के स्वराज्य के और तीन–तीन पंचवर्षीय योजनाओं की समाप्ति के बाद भी दूसरे राजनीतिक दलों का ध्यान नहीं गया। इसका प्रधान कारण ऊंची जातियों का जातिवाद है जो सब राजनीतिक दलों में चाहे वे साम्यवादी हों, वामपंथी हों और चाहे दक्षिणपंथी, जनसंघी समान रूप से विद्यमान हैं।

बंगाल की पहली 1967–68 वाली वामपंथी संयुक्त मोर्चे की सरकार ने एक भी हरिजन को तब तक मंत्री नहीं बनाया, जब तक संयुक्त समाजवादी दल ने इसके लिए चुनौती न दी। आज भी साम्यवादी विचारधारा के दोनों दलों के बड़े नेता ऊंची जातियों के अंगरेजी शिक्षा संपन्न बड़े लोग ही हैं, इसलिए जनभाषाओं और शूद्रों व हरिजनों की समस्याओं से वे उतने ही उदासीन हैं जितनी सरकारी नेहरू समाजवाद की दुहाई देने वाली कांग्रेस पार्टी।

बातों व भाषणों में बड़े–बड़े सिद्धांतों की चर्चा करने वाले ये राजनीति के मालिक नीची जातियों के लोगों को नेता व राज्याधिकारी नहीं बनने देते। योजना आयोग के अध्यक्ष, उपाध्यक्ष, मंत्री व सदस्यों में कोई भी हरिजन, आदिवासी व शूद्र नहीं, सबके सब उस स्थापित उच्च वर्ग के लोग हैं जिसको नीचे के लोगों की कोई चिंता नहीं।

इन परंपरावादी धारणाओं के लोगों ने पुरातन संस्कृत से अपना नाता तोड़कर अपनी संकुचित वृत्ति अंगरेजी भाषा की तथाकथित आधुनिकता से जोड़ रखी है, ताकि लोगों की आंखों में ये उदार, समाजवादी और आधुनिक कहलाते रहें और वास्तव में दकियानूसी, परंपरावादी सामंती समाज को सींचते रहें और उसी की वृद्धि करते रहें।

यही प्रधान वजह है जिसने भारतीय योजनाओं को एकदम लूली-लंगड़ी व निरर्थक सिद्ध किया है। तीन-तीन योजनाओं के बाद भी इस कानी सरकार का काना योजना आयोग सिर्फ एक आंख से एक ही तरफ देखने का आदी हो गया है और दूसरी तरफ पड़ी बहुसंख्यक जनता की तरफ उसकी नजर अब भी नहीं गई है।

यूरोप की गोरी जातियों में जात-पांत का महारोग नहीं है, इसीलिए वहां हर आर्थिक प्रयास का अधिकांश फल ऊंचे अंगरेजी पढ़े-लिखे संपन्न समाज के लोगों को ही मिलता है और नीची जातियों के जनभाषी लोग लोहा, मिट्टी खोदने वाले, फसल काटने वाले, पानी निकालने वाले और ईंटे ढोने वाले ही बने रहते हैं।

अब जब औद्योगिकीकरण का कार्य प्रायः ठप-सा ही हो गया है, तो कांग्रेसी महाप्रभुओं ने अपनी विफलता को छिपाने के लिए हरी क्रांति की पुकार मचानी शुरू कर दी है। पंजाब, हरियाणा व पश्चिमी उत्तर प्रदेश के नहरी इलाकों में जहां सिंचाई उपलब्ध है, खेतीबाड़ी की तरक्की से बाकी भारत के किसानों की दुरवस्था नहीं छिपाई जा सकती।

बंगाल, बिहार, पूर्वी, मध्य उत्तर प्रदेश के अवध इलाके में आज भी बंटाईदारी की खेती जारी है, और बंटाईदार भूमिमालिक की मेहरबानी पर आश्रित है, और उसका अन्यायमूलक शोषण स्वराज्य काल के पहले के सामंती ढर्रे से ही कायम है। यहां जमीन का मालिक दूसरों की मेहनत का एक बड़ा हिस्सा हड़पने में लगा हुआ है, इसीलिए खेती का उत्पादन नहीं बढ़ता। जब तक भूमि पर से सामंती शोषण समाप्त नहीं होता तब तक इन इलाकों में खेतीबारी की तरक्की होना तो अलग रहा, जो वर्ग संघर्ष देहात में चल रहा है इसका उचित समाधान भी नहीं निकलता।

सरकार से सिंचाई, बीज, खाद आदि की सभी सुविधाएं इन देहाती सामंतों को ही प्राप्त होती हैं, गरीब छोटे किसान को नहीं। इसी वजह से बड़ी भूमि का मालिक बड़ा किसान, जिसे रूसी कम्युनिस्टों ने कुलाक की संज्ञा दी थी, आज अधिक संपन्न होकर देहाती क्षेत्र में अपना दबदबा जमाकर छोटे किसानों और खेतिहर मजदूरों का अबाध गति से शोषण कर रहा है।

देहात में बड़े किसानों की संपन्नता बढ़ रही है और छोटे लोग या तो पूर्वस्थिति में ही हैं, या महंगाई की मार से और अधिक भूखे व नंगे होते जा रहे हैं। जहां पर उनकी झोंपड़ियां बनीं हैं उस जमीन पर भी उनका अधिकार नहीं। जमीन मालिक बड़े किसान इन हरिजन भूमिविहीन मजदूरों के घर मन में आए तब तोड़ डालते हैं और उनको गुलामों का-सा जीवन व्यतीत करने को मजबूर करते हैं। यह शहरी व देहाती बढ़ती विषमता आज भारतीय समाज की उन्नति में भयानक बाधक बनकर खड़ी हो गई है और 'हरि क्रांति' की बातें भी बहुत थोड़े इलाके पर लागू हैं। खेतीबाड़ी में पूरी क्रांति तब तक नहीं हो सकती जब तक बंटाईदार किसान को जमीन मालिक के शोषण से मुक्त नहीं किया जाता और सिंचाई की व्यवस्था का बड़ा भारी विस्तार नहीं किया जाता।

आज भारत भर में बत्तीस करोड़ एकड़ पर खेती होती है और उसके पांचवें हिस्से में भी पूरी सिंचाई के साधन उपलब्ध नहीं हैं। 27 करोड़ एकड़ अब भी बादलों की वर्षा पर आश्रित है और इसलिए इस 27 करोड़ के किसानों की अवस्था हमेशा सूखे व बाढ़ की वजह से अनिश्चित बनी रहती है और हर दूसरे-तीसरे साल उनकी फसलें बिना फल दिए सूख जाती हैं और उन्हें अकाल व अभाव का सामना करना पड़ता है। जाहिर है, जिस देश के अस्सी फीसदी से भी अधिक किसान बादलों पर आश्रित हों वहां कैसी हरित क्रांति हो सकती है?

हिंदुस्तानी सरकार का प्रचार-विभाग झूठे सब्जबाग दिखलाने का सदैव प्रयास करता रहा है, और पूंजीपतियों के अखबार इस काम में कांग्रेसी सरकार की मदद करते हैं। अठारहवीं सदी के अंगरेज कवि ओलिवर गोल्डस्मिथ ने इंगलिस्तान के उजाड़ गांवों की जो दुखदायिनी तस्वीर अपनी 'डेजर्टेड' विलेज कविता में खींची थी, वही हालत आज के अधिकांश भारतीय गांवों की है।

जमीन से बेदखल किसान का जवान बेटा आज रोजी-रोटी की खोज में शहर की तरफ भाग रहा है और वहां रिक्शा या ठेला चालक बनकर पशु की सी जिंदगी व्यतीत कर रहा है। फुटपाथ पर सोता है या गंदी बस्ती में कहीं तीन फीट चौड़ी और 6 फीट लंबी जगह में धरती पर पैर पसारता है। गांवों से जो लोग काम की तलाश में शहरों की ओर भाग रहे हैं, उन्हें दूसरे देशों की तरह उद्योग-धंधों व कल-कारखानों में काम नहीं मिलता, क्योंकि हिंदुस्तान में इतने कल-कारखाने नहीं बढ़ रहे हैं कि इन बेकार युवकों को अपने में खपा सकें। इन पंचवर्षीय योजनाओं की यही सबसे बड़ी विफलता है।

उद्योग-धंधों में काम देने के लिए हर मजदूर के पीछे दस से बीस हजार रुपए के हिसाब से पूंजी लगानी पड़ती है और भारत में जिस समाज पद्धति की रचना कांग्रेस ने की है उसने पूंजी-संग्रह व निर्माण दोनों का अतिआवश्यक कार्य एकदम ठप कर दिया है। लोग अखबारों में पढ़ते हैं कि भारतीय बैंकों में जमा धनराशि बढ़कर 44 अरब पहुंच गई है लेकिन बढ़ते दामों की वजह से यह धनराशि स्थापित उद्योग-धंधों और व्यापारों की आवश्यकताओं को ही पूर्णतया पूरी नहीं करती।

पंचवर्षीय योजनाओं का बहाना बनाकर सरकार ने करों को इतना बढा़ दिया है कि आज हिंदुस्तान जैसे गरीब मुल्क की राष्ट्रीय आमदनी का एक-तिहाई यानी तकरीबन 6 हजार करोड़ रुपया केंद्रीय एवं प्रांतीय सरकारें जनता से वसूल कर रही हैं और इस रुपए का बहुत बड़ा भाग बढ़ती नौकरशाही की जमात पर ही खर्च हो जाता है। आर्थिक विकास के लिए बहुत ही छोटी रकम बच पाती है, इसलिए पूंजी के अभाव में आर्थिक उन्नति एकदम रुक गई है।

हिंदुस्तान में दूध व अन्न से लेकर टेलीफोनों तक का अभाव बना हुआ है। टायर का अभाव, खाद्य तेलों का अभाव, लोहे की चद्दरों का अभाव। इस मामले में तो आलम यह है कि बर्तन बनाने वाले स्टेनलेस स्टील की चद्दरों का एक भी कारखाना

आज तक भारत सरकार ने न व्यक्तिगत क्षेत्र में और न सार्वजनिक क्षेत्र में बनने दिया और वहां की सरकार को हिंदुस्तानी उपभोक्ताओं से 4 गुने 6 गुने दाम वसूल करने के लिए छोड़ दिया।

खेतड़ी का तांबा संयंत्र दस-बारह वर्ष से ऐसा उलझा पड़ा है कि यह किसी की समझ में नहीं आता कि इतने साल-पर-साल बीत रहे हैं, करोड़ों रुपया गर्क में जा रहा है और अभी सालों तक और तांबा बनकर निकलने की कोई संभावना नहीं है, जबकि हिंदुस्तान के अंदरूनी बाजार में फौलाद या इस्पात की वस्तुओं का दाम दुनिया के और धनिक देशों से ड्योढ़ा-दुगुना है फिर भी सरकारी लोहे के कारखानों में चालीस-पचास करोड़ सालाना का घाटा हो रहा है। जहां मजदूरी अमेरिका के मुकाबले में बीस गुनी, यूरोप के मुकाबले में दस गुनी और जापान के मुकाबले में चार गुनी कम हो वहां लागत दुनिया से दुगुनी पड़े, निश्चित ही यह तो एक ऐसा मायाजाल है जो भारत की निकम्मी सरकार ही बुन सकती है।

20 लाख टन फौलाद बनाने वाले कारखाने में अमेरिका में दो हजार, यूरोप में तीन हजार और जापान में चार हजार मजदूर काम करते हैं। वहां भारत में बीस से तीस हजार मजदूर काम करते हैं, और ऊपर के प्रबंधकों की जमात भी बड़ी भारी है। भारत के सरकारी कारखानों में अनेक ऐसे लोग भरे पड़े हैं जो काम-काज न कुछ जानते हैं और न कुछ करते-धरते हैं, सिवाय वेतन लेने के व चोरी करने के। जब इन सरकारी अफसरों द्वारा संचालित कारखानों की बदइन्तजामी की तरफ ध्यान खींचा जाता है तो इन कारखानों के अफसरों की ही तरह आर्थिक एवं औद्योगिक प्रबंध से एकदम अनभिज्ञ भारत की प्रधानमंत्री एकदम बौखला उठती हैं, जैसे किसी सत्यधर्म की आलोचना की जाती हो।

सिर्फ सरकारी स्वामित्व के सिवाय और सारी शक्ल-सूरत जिन कारखानों की भद्दी और बीभत्स है उनकी कैसे तारीफ की जाए! इनका माल लागत में डेढ़ा-दूना, इनका उत्पादन कम और घटिया, इनके मजदूर दुखी एवं असंतुष्ट, हर मामले में ये व्यक्तिगत उद्योग-धंधों से भी मुकाबले में हीन ठहरते हैं तो इनकी आलोचना क्यों न की जाए। दिवंगत प्रधानमंत्री ने इनको तीर्थों की संज्ञा देकर इन्हें प्रचार द्वारा पूजनीय बनाने का प्रयास किया था, लेकिन उनकी इस तरह की कई कुचेष्टाओं की तरह यह भी विफल रही और आज इसी वजह से कांग्रेसी राष्ट्रीयकरण और सरकारी समाजवाद दोनों मजाक ही नहीं, कटु आलोचना का विषय बन गए हैं। राजनीतिक प्रभुत्व का इस्तेमाल कर आलोचना-प्रत्यालोचना की बहस सिर्फ तानाशाही मुल्कों में बंद की जा सकती है, जनतंत्रों में नहीं।

आज दुनिया की आजादी का छठा हिस्सा हिंदुस्तान में होते हुए भी उसका उत्पादन दुनिया के उत्पादन के दो फीसदी से भी कम है। उसका आयात-निर्यात व्यापार दुनिया के अंतरराष्ट्रीय व्यापार का केवल एक फीसदी ही है, फिर भी दिन-रात भारतीय-पत्रों में निर्यात व्यापार की बढ़ोत्तरी की सुनहरी तस्वीरें खींची जाती हैं। जहां हर वस्तु का मूल्य

दुनिया के धनिक से धनिक मुल्क से दुगुना, तीन गुना है, वहां से किस तरह की चीजें निर्यात की जा सकती हैं, यह बात इन सरकारी अंधे भजनोपदेशकों की समझ के बाहर की चीज है।

हिंदुस्तान में नियंत्रित चीनी का दाम 160 रुपए क्विंटल और खुली का 275 रुपए क्विंटल है, जबकि दुनिया में उसका दाम 50 रुपए रुपए क्विंटल है। चीनी तो कृषि की पैदावार है। कल-कारखानों में बनी दूसरी चीजों का दाम भी वैश्विक बाजारों की कीमतों से काफी ज्यादा है। कोई चीज ऐसी नहीं जो दुनिया से हिंदुस्तान में सस्ती बनती हो फिर कहां से निर्यात होगा। आयात की हुई चीजों के लिए हिंदुस्तान के उच्च एवं मध्यम वर्ग में ऐसी भयंकर लालसा इसलिए है कि वे चीजें भारतीय कल-कारखानों की चीजों से अच्छी सस्ती और टिकाऊ हैं। जापानी एवं अमेरिकी यूरोपीय मोटरगाड़ी, टेलीविजन सेट, रेडियो, घडी, टेपरिकॉर्डर, टाइपराइटर, नाइलोन का कपड़ा आदि सब चीजें भारतीय तैयार माल से अच्छी हैं, इसीलिए उच्च-मध्यम वर्ग में स्वदेशी भावना मर गई है और विदेशी पूजा बढ़ गई है।

लाखों पढ़े-लिखे भारतीय इन यूरोपीय अमेरिकी मुल्कों में बसने को लालायित हैं क्योंकि वहां काम और वेतन दोनों यहां से कहीं अधिक लुभावने हैं। जिस आदमी को यहां पांच-चार सौ रुपए महीने की नौकरी मुश्किल से मिलती है, उसको वहां तीन-चार हजार रुपए माहवारी का काम मिलना आसान है। वे रंगभेद का अपमान सहकर भी वहां की सर्द आबोहवा में रहने के इच्छुक हैं क्योंकि आज पढ़े-लिखे उच्च शिक्षा प्राप्त लोगों को भी तरक्की करने के अवसर नहीं।

तीनों योजनाओं ने देश को बाहरी और भीतरी कर्जों से दिवालिया बना दिया है। छह हजार करोड़ का बाहरी कर्जा और करीब 15 हजार करोड़ का अंदरुनी कर्जा भारत सरकार पर है। अब और कर्जा व आर्थिक सहायता मिलने के आसार कम होते जा रहे हैं, क्योंकि ब्याज की रकम भी नया उधार देकर वसूल की जाती है। तीन योजनाओं ने इस देश को ऐसा चौपट किया है और चौथी भी पहली तीनों बहनों की ही किस्म की है, इसलिए और इस देश को दिवालिया एवं निर्धन बना डालेगी। जर्मनी, जापान, अमेरिका, ब्रिटेन-फ्रांस आदि ने बिना किसी योजना के जो तरक्की की है, उसे देखकर तो यही लगता है अच्छा हो कि भारत बिना योजना के ही तरक्की का मार्ग अपनाए तो अच्छा हो। पर हमारे देश में आदमी की कीमत नहीं।

प्रसिद्ध स्वीडिश अर्थशास्त्री गुनार मिरडल ने हिंदुस्तान में आदमी के मूल्य की बेहद गिरावट को देखते हुए बहुत ही सही बात लिखी है कि जब तक हिंदुस्तान में आदमी महंगा नहीं होता और चीजें सस्ती, तब तक उसका कल्याण संभव नहीं। इस देश का आदमी कब आदमी समझा जाने लगेगा? जब तक आदमी आदमी नहीं माना जाता तब तक सारी चीजें हवा में ही तैरती रह जाएंगी।

'जन', जुलाई 1964

खंड–5

दस्तावेज

सत्ता से दूर रहकर आंदोलन पर ही नजर रही

[नेहरू स्मारक संग्रहालय के डॉ. हरिदेव शर्मा द्वारा 31 मार्च, 1967 को लिया गया बालकृष्ण गुप्त का मौखिक इंटरव्यू]

डॉ. हरिदेव शर्मा : आप कांग्रेस समाजवादी दल के शुरुआती दिनों के बारे में कुछ बताएं।

श्री बालकृष्ण गुप्त : कांग्रेस समाजवादी दल कांग्रेस के अंदर ही काम कर रहा था इसलिए 1937 में जो मंत्रिमंडल बना तो कुछ लोग मंत्रिमंडल में जाने के खिलाफ थे और कुछ मंत्रिमंडल में जाने के पक्ष में, जैसे–संपूर्णानंदजी और भी कहीं–कहीं, कोई। उसके बाद फिर कम्युनिस्टों से जो गठबंधन हुआ, डॉ. लोहिया, मीनू मसानी और अशोक मेहता उसके खिलाफ थे, लेकिन आचार्य नरेन्द्रदेव और जयप्रकाशजी पक्ष में थे। इसके बाद गठबंधन जब टूटा तो दक्षिण में कम्युनिस्ट सोशलिस्ट पार्टी के लोगों को अपनी पार्टी में ले गए। नम्बूदरीपाद, सुंदरैया और बहुत से बड़े–बड़े लोग थे जो आज कम्युनिस्ट पार्टी के नेता हैं वे तो कांग्रेस सोशलिस्ट पार्टी में ही थे, लेकिन 1937 में जो गठबंधन हुआ और 1939 में जब वह टूटा तो दक्षिण के सदस्य कम्युनिस्ट पार्टी में ही रह गए। जब कांग्रेस ने 1946 में चुनाव लड़ने का प्रोग्राम बनाया तो समाजवादी कांग्रेस के अंदर ही थे और उसके कुछ लोग चुनाव लड़े, लेकिन जयप्रकाश नारायण यह समझते थे कि अभी अंगरेज नहीं जाएंगे और डॉ. लोहिया समझते थे कि अंगरेज जाएंगे, इसलिए कुछ लोग चुनाव लड़े। अशोक मेहता ने कांग्रेस में रहते हुए भी कांग्रेस के खिलाफ (बंबई में) कॉर्पोरेशन का चुनाव लड़ा, तो सरदार पटेल को मौका मिला और उन्होंने उनको कांग्रेस से निकाल बाहर किया।

हालांकि नेहरूजी तब तक उन पर हाथ रखे हुए थे, लेकिन उस हाथ से सोशलिस्ट पार्टी को नुकसान ही हुआ क्योंकि उस हाथ की वजह से सोशलिस्ट पार्टी की विचारधारा एक होते हुए भी उनके काम में फूट पड़ गई। कुछ लोग नेहरू के पक्ष में थे और कुछ लोग नेहरू विरोधी थे।

1952 में आम चुनाव हुए। कांग्रेस ने आजादी के बाद पहला चुनाव लड़ा था और कांग्रेस बहुमत से जीत गई। सोशलिस्ट पार्टी की हार हुई। जयप्रकाशजी बहुत

निराश हो गए। फिर जयप्रकाशजी और नेहरूजी की 'कोलिशन गवर्नमेंट' बनाने की बात चली। उस 'कोलिशन गवर्नमेंट' का लोहिया वगैरह ने बड़ा विरोध किया तो बात 'ड्रॉप' हो गई, लेकिन एक धब्बा तो लग गया। इसके बाद पचमढ़ी और बैतूल में कांफ्रेंस हुई। यहां पर डॉक्टर साहब तो कांग्रेस विरोधी नीति चलाने के पक्ष में थे लेकिन अशोक मेहता वगैरह फिसल गए और जयप्रकाशजी भी सर्वोदय की तरफ निकल गए।

इधर, नरेन्द्रदेवजी की मृत्यु हो गई। डॉ. साहब को प्रसोपा से निकालने के बाद तो एक तरह से दल बिखरता गया। कांग्रेस के विरोध और कांग्रेस के पक्ष में झगड़ा चलता रहा। पार्टी के दो टुकड़े हो गए–प्रजा सोशलिस्ट पार्टी और सोशलिस्ट पार्टी। जाहिर था जो चुनाव हिंदुस्तान में होते हैं वे अंगरेजी पद्धति से होते हैं और जब विरोधी दल एक–दूसरे के खिलाफ लड़ते हैं तो कांग्रेस कम वोट मिलने के बावजूद अधिक सीटें ले जाती है। इस तरह से सोशलिस्ट पार्टी उतना नहीं पनप पाई जितना कि लोग समझते थे।

शर्मा : 1952 में जो चुनाव हुए थे उसमें सोशलिस्ट पार्टी के मुख्य नेता जयप्रकाश नारायण, डॉ. राममनोहर लोहिया क्यों खड़े नहीं हुए?
गुप्त : कारण तो अब क्या कहूं। जो पार्टी मीटिंग हुई थी उसमें मैं भी मौजूद था। डॉक्टर साहब ने कहा कि मैं चुनाव नहीं लड़ूंगा, तो जयप्रकाशजी ने कहा कि मैं भी नहीं लड़ूंगा। अच्युत पटवर्धन उस वक्त तक राजनीति से उदासीन होते जा रहे थे 'जनता' की मंडली में से अरुणा आसफ अली कम्युनिस्ट पार्टी में चली गईं और अच्युत पटवर्धन घर बैठ गए। जयप्रकाशजी सर्वोदय में चले गए। इधर, अशोक मेहता धीरे–धीरे कांग्रेस से सांठ–गांठ करने लग गए और डॉ. लोहिया की सोशलिस्ट पार्टी प्रसोपा से अलग हो गई। एक इस तरह का ग्रुप चलता रहा जो कांग्रेस के विरोध में कट्टरता नहीं ला सका। पीएसपी के लोग न तो कभी जेल गए और न ही उन्होंने कभी कोई समस्या उठाई।

शर्मा : इसके पीछे सैद्धान्तिक मतभेद था या फिर 'टैंपरामेंटल' मतभेद था?
गुप्त : दोनों ही थे। विचारधारा का, यानी कांग्रेस का कट्टर विरोध करना या नहीं करना। जहां तक 'टैंपरामेंटल' मुद्दों की बात है हां वे थे। जैसे बहुत से आदमी कांग्रेस से लड़ना ही नहीं चाहते थे। धीरे–धीरे उनसे सहयोग करके नेहरूजी अपने को 'सोशलिस्ट' घोषित किए हुए थे, इसलिए कुछ तो उसी भ्रम में भी पड़े हुए थे और फिर नेहरू–पटेल का जो द्वंद्व चल रहा था उसमें सोशलिस्टों का नेहरू ने पटेल के खिलाफ 'बेहद यूज' किया। इसकी वजह से भी कुछ लोग नेहरूजी के मित्र बन गए और नेहरूजी उन पर हाथ रखे रहे।

शर्मा : उस वक्त कितने लोग पटेलजी के साथ थे?

गुप्त : उस वक्त पटेलजी के साथ कोई नहीं था। जब गांधीजी की हत्या हुई तो जयप्रकाशजी ने एक बयान निकाला जिसमें पटेलजी पर इल्जाम लगाया गया था। डॉ. साहब ने उस पर दस्तखत करने से इनकार कर दिया और कहा कि अगर इल्जाम लगे तो प्रधानमंत्री पर भी लगना चाहिए। वे भी उतने ही जिम्मेदार हैं जितने पटेलजी बतौर 'होम मिनिस्टर' होते हुए हैं, लेकिन जाहिर है, उसका कुछ नतीजा नहीं हुआ। यह सब चलता रहा। 'कोरिया वॉर' में जयप्रकाशजी के समर्थन से मद्रास की कॉन्फ्रेंस में प्रस्ताव पास हुआ था कि साउथ कोरिया का पक्ष लिया जाए। इस मामले में भी उनका डॉक्टर साहब से मतभेद हो गया। डॉ. साहब का कहना था कि हमें 'न्यूट्रल' रहना चाहिए, बिलकुल किसी का पक्ष नहीं लेना चाहिए। अमेरिका का कोरिया युद्ध में पक्ष नहीं लेना चाहिए। इन सब चीजों को लेकर धीरे-धीरे मतभेद बढ़ते गए। फिर जयप्रकाशजी तो सर्वोदय में चले गए थे। अच्युत पटवर्धन घर बैठ गए। अरुणा आसफ अली कांग्रेस में चली गईं। आचार्य नरेन्द्रदेव की मृत्यु हो गई। डॉक्टर लोहिया को नागपुर अधिवेशन में निकाल बाहर किया गया।

उधर, आचार्य कृपलानीजी कुछ दिन तो प्रजा सोशलिस्ट पार्टी में ही रहे और फिर वे भी उससे अलग हो गए। इस तरह से डॉ. लोहिया ने अलग पार्टी बना ली और वह पार्टी ज्यादा 'मिलिटेंट' व ज्यादा कट्टर होती गई जबकि प्रजा सोशलिस्ट पार्टी मुरझाती गई। 'सोशलिज्म' की दो पार्टियां होने से जनता के अंदर एक प्रकार का 'कनफ्यूजन' पैदा हो गया। वह भी बड़ा भयंकर 'कनफ्यूजन', इसलिए जहां तक वोटों का संबंध है इन दोनों पार्टियों के वोट कटने लगे और जब कटने लगे तो कांग्रेस जीतती गई। जाहिर है, इन पार्टियों को जितना पनपना चाहिए था, पनप नहीं सकीं।

शर्मा : आपके विचार में समाजवादी आंदोलन का हिंदुस्तान को क्या योगदान है?

गुप्तजी : योगदान का जहां तक संबंध है, जितने आर्थिक मामले हैं, जैसे—मालगुजारी उठाना, सिंचाई का काम करना, इनके लिए भी डॉ. साहब जेल गए। इन प्रश्नों को वे हमेशा उठाते रहे हैं। कांग्रेस को 'सोशलिज्म' का नारा इन्हीं को 'डिफीट' करने के लिए देना पड़ा है, इसलिए कांग्रेस एक किस्म से न तो अपने आपको 'राइट' पार्टी कह सकती है और न ही लेफ्ट पार्टी कह सकती है। काम तो वह वही करती है जो 'राइट' वाले करना चाहते हैं, लेकिन 'स्लोगन', लेफ्ट को ठंडा रखने के लिए व जनता को गुमराह करने के लिए इस्तेमाल करती है।

शर्मा : क्या आप यह समझते हैं कि अवाडी में समाजवादी समाज का जो नारा कांग्रेस ने दिया वह इसलिए दिया कि समाजवादी दल कुछ ताकतवर होता जा रहा था?

गुप्त : समाजवादी दल ताकतवर न हो पाए इसलिए कांग्रेस ने लोगों को समाजवाद का नारा देकर उलझाए रखने की कोशिश की। कम्युनिस्टों को भी नेहरूजी ने 'प्लानिंग कमीशन' बनाकर और रूस की 'फॉरेन पॉलिसी' का थोड़ा समर्थन करके और कश्मीर प्रश्न पर रूसी समर्थन के लिए कमजोर बना डाला। वे भी ज्यादा नहीं पनप सके। जब रूस भी कांग्रेस के साथ हो तो वे खाक कांग्रेस को (भारत के साम्यवादी) 'क्रिटिसाइज' करेंगे। विरोधी दलों के रूप में उनकी जो आलोचना तीव्र होनी चाहिए थी वह भी दब गई। वे ज्यादा नहीं पनप सके। लोग समझते हैं कि कम्युनिस्ट ज्यादा ताकतवर हैं और सोशलिस्ट कम हैं, यह तो वोट देखने से ही मालूम पड़ता है कि ज्यादा नहीं है। उनका आंदोलन तो हमसे भी पुराना है और वह भी वहां खड़े हैं जहां सोशलिस्ट पार्टी खड़ी है।

प्रजा सोशलिस्ट पार्टी, सोशलिस्ट पार्टी और कम्युनिस्ट ये तीनों जब तक एक नहीं होंगे तब तक कांग्रेस को 'डिफीट' नहीं दे सकते हैं, लेकिन इनका एक होना बड़ा मुश्किल है। इसमें इतिहास, परंपरा, 'वर्कर्स' का झगड़ा' लोकल' और 'इंटरनेशनल', रूस का प्रभाव और चीन का प्रभाव बीच में आ जाता है। ये सब भेद चलते रहे हैं। पीएसपी पर अमेरिका का प्रभाव है और वह 'एंटी कम्युनिस्ट' रही है। वैसे तो इस पार्टी ने बंगाल में 1957 के चुनाव में समझौता भी किया था। जयप्रकाशजी ने सर्वोदय में जाते-जाते, पी.एस.पी. का बंगाल में कम्युनिस्टों के साथ समझौता करा दिया था, जिससे पी.एस.पी. को कुछ सीटें मिल गई थीं।

शर्मा : 1938-39 में कम्युनिस्टों और सोशलिस्टों के जो संबंध थे, क्या उसका भी प्रभाव समाजवादियों पर पड़ा है? क्या यह भी एक कारण नहीं है कि वे कम्युनिस्ट विरोधी हो गए हैं?

गुप्त : उसका भी प्रभाव है। 1941 में जर्मनी ने रूस पर हमला किया तो कम्युनिस्ट महायुद्ध के समर्थक हो गए, जबकि कांग्रेस सोशलिस्ट पार्टी 'क्विट इंडिया मूवमेंट' में ही रही। यह भी एक बड़ा मतभेद हो गया और जब रूस 'वॉर' में अंगरेजों के साथ हो गया तो कम्युनिस्ट भी 'वॉर' के समर्थक हो गए और गवर्नमेंट के साथ चलने लगे। बाद में जब 'वॉर' खत्म हो गया तो स्वराज आ गया, फिर कम्युनिस्ट लोगों ने कुछ दिन तक तो 'एडवेंचर' किए, जैसे तेलंगाना वगैरह में, लेकिन बाद में ये नेहरूजी के समर्थक हो गए। इसका कारण यह था कि रूस की पॉलिसी बदल गई और उसने कहा कि यह सब 'एडवेंचर' मत करो। गुरिल्ला 'वॉर-फेयर' वगैरह मत करो। तेलंगाना जैसी बात मत करो और उन्होंने इस चीज को बंद कर दिया। तब इन्होंने 'पार्लियामेंट्री'

सिस्टम' को अपना लिया और धीरे-धीरे चुनाव लड़ने लगे और नेहरूजी का समर्थन भी करने लगे।

कभी भी कम्युनिस्टों ने जब तक डॉ. राममनोहर लोहिया संसद में नहीं आए थे तब तक नेहरूजी के खिलाफ अविश्वास का प्रस्ताव नहीं रखा और न कभी यहां की घनघोर गरीबी का जिक्र किया और तो और 'प्लानिंग कमीशन', 'पब्लिक सेक्टर' और 'नॉन-एलाइनमेंट' की 'फॉरेन पॉलिसी' आदि में नेहरूजी का साथ देते रहे। जाहिर था इसलिए वे भी नहीं बढ़ सके और उन्होंने दूसरों को भी नहीं बढ़ने दिया।

प्रजा सोशलिस्ट पार्टी पर कुछ अमेरिका का प्रभाव पड़ा, जो शुरू से ही था। इस अमेरिकन प्रभाव के कारण वे ज्यादा 'एंटी कम्युनिस्ट' हो गए। अब जगह-जगह चुनाव लड़ने के लिए वे (प्रसोपा वाले) समझौता करने के लिए तैयार रहते हैं, लेकिन राष्ट्रीय स्तर पर और अपनी विचारधारा में परिवर्तन कर अब वे कम्युनिस्टों के साथ कुछ मंत्रिमंडल में बैठ गए हैं। जब 'पावर' आ गई है तब तो 'पावर' लेने के लिए उनके साथ बैठने के लिए तैयार हैं, लेकिन कल तक चुनाव में उनके साथ समझौता करने को तैयार नहीं थे।

शर्मा : कम्युनिस्ट पार्टी और कांग्रेस समाजवादी दल का 1937 से 1939 तक जो गठजोड़ रहा, इसका कारण क्या था?

गुप्त : इस गठजोड़ को लेकर जयप्रकाश जी और आचार्य नरेन्द्रदेव ने यह समझा कि क्योंकि कम्युनिस्ट भी उस वक्त कांग्रेस में ही थे इसलिए सब मिलकर एक ताकत खड़ी करेंगे तो कांग्रेस में कुछ वामपंथी प्रभाव बढ़ेगा और हम कांग्रेस को 'कैप्चर' कर लेंगे या फिर हम लोग अपनी अलग पार्टी बनाने की सोचेंगे, तो जाहिर है, कि एक बड़ी पार्टी बनेगी। लेकिन बाद में चूंकि कम्युनिस्ट रूस से प्रभावित थे और इस वास्ते वे टूट गए और जब टूट गए तो अपने साथ बहुत से पुराने समाजवादियों को जो दक्षिण के तीन-चार प्रांतों आंध्र, मद्रास और केरल वगैरह में थे, अपने साथ ले गए इसलिए वहां सोशलिस्ट पार्टी का काम इस टूट से एक दफा तो ठप हो गया।

शर्मा : आप इसका क्या कारण समझते हैं कि हिंदुस्तान का दक्षिणी हिस्सा तो कम्युनिस्ट पार्टी के साथ चला गया, लेकिन बिहार, यूपी, मध्य प्रदेश और बंबई में सोशलिस्ट कम्युनिस्टों के साथ नहीं गए?

गुप्त : सोशलिस्ट लोग राष्ट्रीय आंदोलन में ज्यादा सक्रिय रहे। लेकिन उनकी तुलना में कांग्रेस के अंदर होते हुए भी दक्षिण के कम्युनिस्टों की भावना कांग्रेस से अलग थी। दक्षिण में अंगरेजी राज्य से उतना संघर्ष नहीं हुआ था जितना कि उत्तर में हुआ,

कम्युनिस्टों का प्रभाव बंगाल में था, बिहार, यूपी, पंजाब और मध्य प्रदेश में कम्युनिस्ट थे ही नहीं।

शर्मा : जब यह संबंध, यह गठजोड़ टूटा तो उसका मुख्य कारण क्या था?
गुप्त : जब 'वॉर' होने लगा तो उनके दृष्टिकोण में सोशलिस्टों से भिन्नता थीं। समाजवादी लोग तो हमेशा गांधीजी के साथ रहते थे और कम्युनिस्टों को गांधीजी से चिढ़ थी। जब 'वॉर' हुआ तो कई तरह की समस्याएं सामने आईं। शुरू-शुरू में अंगरेजों ने सबको जेल में भेज दिया। जब कम्युनिस्ट 'वॉर' के 'सपोर्टर' हो गए और सोशलिस्ट 'वार' विरोधी रहे तो यह टूट का मुख्य कारण बन गया।

शर्मा : इस कारण से 'यूनाइटेड फ्रंट' टूटा?
गुप्त : जी।

शर्मा : जब दक्षिण में नम्बुदरीपाद जैसे समाजवादी कम्युनिस्ट पार्टी में चले गए तो समाजवादी नेताओं पर क्या प्रभाव पड़ा?
गुप्त : इसका नतीजा यह हुआ कि जयप्रकाशजी और आचार्य नरेन्द्र देव और सोशलिस्ट पार्टी बड़े 'एंटी कम्युनिस्ट' हो गए और हमेशा यह सोचने लगे कि कम्युनिस्टों से दूर रहना चाहिए। ये अपने साथ मिलने के लिए इसलिए आते हैं कि हमारे आदमियों को खींचकर ले जाएं और अपने प्रभाव में ले लें, लेकिन हम लोग इनके आदमियों को खींचने का न तो काम करते हैं न ही ऐसा कर सकते हैं।

शर्मा : इसकी क्या वजह है?
गुप्त : कुछ तो रूस की ताकत, रूस का 'इंटरनेशनल' प्रचार, उसकी करंसी और 'लिटरेचर' है। तो दूसरी ओर सोशलिस्ट पार्टी राष्ट्रीय पार्टी है। उसकी तो कोई अंतरराष्ट्रीय जगह नहीं है। वैसे चाहे वह विश्व-दर्शन रखती हो, पर वह इस विश्व-दर्शन को राष्ट्रीयता के माध्यम से ही देखती है। राष्ट्रीय हितों और राष्ट्रीय प्रश्नों को लेकर ही चलती है, जबकि कम्युनिस्ट पार्टी रूस और दूसरे कम्युनिस्ट देशों के चलाए चलती है। जब उन देशों के हित और हमारे राष्ट्रीय हित एक होते हैं तब तो कम्युनिस्ट पार्टी राष्ट्रहित के पक्ष में होती है, लेकिन जब उनके हित और राष्ट्रीय हित अलग-अलग होते हैं तो कम्युनिस्ट बात ही टाल जाते हैं।

शर्मा : 1937 में जो चुनाव हुआ उसके बारे में समाजवादी दल का क्या रुख रहा?
गुप्त : समाजवादी दल उस वक्त कांग्रेस के अंदर ही था। संपूर्णानंद वगैरह कुछ लोगों ने चुनाव लड़ा और मंत्री बन गए। जब सोशलिस्ट पार्टी ने कहा कि 'मिनिस्ट्रीज' में

कोई नहीं जाएगा तो उन्होंने कांग्रेस सोशलिस्ट पार्टी से इस्तीफा दे दिया। चंद्रभान गुप्त और संपूर्णानंदजी कांग्रेस सोशलिस्ट थे। कांग्रेस सोशलिस्टों में हर तरह के व्यक्ति थे। ऐसे लोग भी थे जो नाम के सोशलिस्ट थे और कांग्रेस से ज्यादा प्रभावित थे। ऐसे भी लोग थे जो ज्यादा सोशलिस्ट थे, लेकिन अंगरेजों के खिलाफ एक राष्ट्रीय मोर्चा बनाने के लिए कांग्रेस के साथ थे, ताकि राष्ट्रीय आंदोलन टूटकर कमजोर न हो जाए। कम्युनिस्टों को यह सब परवाह नहीं थी। वे अंगरेजों के खिलाफ लड़ाई भी लड़ते थे और कांग्रेस को कमजोर बनाने में भी लगे रहते थे। सोशलिस्टों की यह 'पॉलिसी' नहीं थी।

शर्मा : सोशलिस्ट मंत्रिमंडल में क्यों नहीं जाना चाहते थे?
गुप्त : एक तो वे जानते थे कि ये जो मंत्रिमंडल बनेंगे वे कमजोर होंगे। इन मंत्रिमंडल की सीमित ताकतें हैं और इनमें शामिल होने पर संघर्ष की भावना भी जाती रहेगी। सोशलिस्ट, संघर्षशील थे। अंगरेजों के खिलाफ पूर्ण स्वराज के लिए जो संघर्ष होना चाहिए वह नहीं हुआ। यह तो 'वॉर' बीच में आ गया है और संघर्ष हो गया। 'वॉर' के बाद अंगरेज चले गए वरना अगर 'वॉर' न होता तो 1937 के मंत्रिमंडल चलते रहते। इससे लोगों की लड़ने की क्षमता धीरे-धीरे क्षीण हो जाती।

शर्मा : क्या इसके और भी कुछ कारण थे?
गुप्त : वे कहते थे कि अंगरेजी राज्य में इन मंत्रिमंडलों में बैठकर हम ऐसी कौन सी 'पॉलिसी' चला सकेंगे, जिससे जनता का भला हो सके। जब सेंटर में अंगरेजों का वायसराय बैठा है और उसका पूर्ण राज्य है तो प्रांतों को ये जो सीमित ताकतें मिली हैं उनसे हम क्या कर सकेंगे? इसलिए वहां जाना फिजूल है, बल्कि उससे आंदोलन क्षीण हो जाता है। यही ये दो मुख्य कारण थे।

शर्मा : 1946 में जब 'कांस्टीट्यूएन्ट असेंबली' के लिए चुनाव हुए तो उस वक्त भी समाजवादियों ने उनमें भाग नहीं लिया?
गुप्त : जयप्रकाशजी का यह कहना था कि अभी अंगरेज नहीं जा रहे हैं और उनका बड़ा भारी प्रभाव था। डॉक्टर साहब चुनाव में कभी दिलचस्पी नहीं लेते थे, इसलिए वे कुछ नहीं बोले। उनका यह विचार तो जरूर था कि अंगरेज जा रहे हैं तो स्वराज आ रहा है, लेकिन 'कांस्टीट्यूएंट असेंबली' में बैठकर कानून बनाना और चुनाव लड़ना उनके दिमाग में नहीं था। उनके दिमाग में तो यह था कि सोशलिस्ट मूवमेंट को बढ़ाना चाहिए और फिर प्रचार करके किसी वक्त चुनाव लड़ना चाहिए।

शर्मा : ऐसा रुख उन्होंने क्यों अपनाया?

गुप्त : जिस तरह कांग्रेस का 'नो चेंजर्स' हिस्सा था, उसी तरह से गांधीजी के प्रभाव से सोशलिस्ट पार्टी का चुनावों के प्रति उतना मोह नहीं था, इसलिए जिन लोगों को चुनावों और 'मिनिस्ट्रीज' से मोह था, वे सोशलिस्ट पार्टी से टूटते गए और धीरे-धीरे कांग्रेस की ताकत बढ़ाते गए। आज भी कांग्रेस के बड़े-बड़े नेताओं में पुराने सोशलिस्ट ही हैं।

राज्यसभा में बालकृष्ण गुप्त

'समाजवाद का झंडा और यह लाल साड़ी, सब भुलावे के लिए है।'

श्री बालकृष्ण गुप्त : उपसभा अध्यक्ष महोदय, मैं इस बहस को बहुत देर से सुनता आ रहा हूं। आज हमारे देश को आजाद हुए 23 साल से भी अधिक हो गए हैं, लेकिन अभी भी लिन्टाज, वॉल्टर थामसन आदि जैसी बड़ी-बड़ी विदेशी संस्थाएं भारत सरकार के बड़े-बड़े प्रतिष्ठानों में भी एडवरटाइजिंग एजेंसी बनकर बैठी हुई है। शायद, हमारी इस सरकार को विदेशी अधिकारी लोगों से बड़ी मोहब्बत है और इस कारण केवल देशी मोनोपोलिस्ट्स के ऊपर ही प्रहार हो रहा है।

अभी इम्पीरियल केमिकल्स के साझे में हमारी सरकार ने एक्सप्लोसिव का कारखाना पूना में कायम किया और अभी एक बड़ा भारी कारखाना फर्टिलाइजर का कानपुर में कायम होने वाला है और उसमें सरकार सिर्फ 23 फीसदी की हिस्सेदार है। सरकार यहां विदेशी बैंकों का राष्ट्रीयकरण नहीं करती, केवल देशी बैंकों पर ही प्रहार करती है। मालकम मगरीज ने डेली टेलीग्राफ में लिखा था कि जवाहरलाल नेहरू हिंदुस्तान के आखिरी ब्रिटिश वायसराय थे। उनकी बेटी भी इस पथ पर चल रही है। यह समाजवाद का झंडा और यह लाल साड़ी, यह सब लोगों को भुलावा देने के लिए है और यह प्रस्ताव आल्वा जैसे आदमी यहां लाते हैं।

दुनिया में कहीं भी इस तरह की चीजें नहीं हो रही हैं कि गुड-इयर, फायर-स्टोकन और बरमा-शैल और इस्सो-स्टैंडर्ड को न्योते दिए जाते हों और उनसे ऐसे एग्रीमेंट तैयार किए जाते हों कि 22 साल के बाद भी उनमें हेर-फेर नहीं हो सकता।

क्रूड-ऑयल की इंटरनेशनल प्राइस का सरकार को पता नहीं है। यह सारा फॉरेन एक्सप्लॉयटेशन बाकायदा जारी है और जारी रहेगा। समाजवाद के नाम पर रूस को कुछ हिस्सा और मिल जाएगा। अभी-अभी एक विचित्र घटना सुनने में आई है कि रूस त्रिवेंद्रम में कोई कल्चरल सेंटर अपना प्रचार करने के लिए बना रहा था और उसको बंद करने के लिए आवाज उठी तो इसलिए अमेरिका को भी अपने जांच सेंटर बंद करने के लिए कहा जा रहा है। अगर ऐसा किया गया तो रूस के साथ जो समझौता कर रखा है उसको तोड़े बिना आप रूस सेंटर बंद कैसे करा सकते हैं।

किस तरह की तटस्थता और नॉन एलाइनमेंट की नीति आज चल रही है, इसे देखकर आज हमारा सिर शर्म से झुक जाता है। यह सरकार बड़ी-बड़ी बातें करती है, कभी मार्क्सवाद की, कभी लेनिनवाद की और गरीबी को मिटाने की व समाजवाद की स्थापना करने की, लेकिन अभी तो उपनिवेशवाद ही यहां बड़े अच्छे से चल रहा है और यही अंगरेजों का उपनिवेशवाद यह वॉल्टर, थामसन और लिन्टाज जैसे लीडर चला रहे हैं।

हिंदुस्तान लीवर के एक सज्जन मिस्टर टंडन स्टेट ट्रेडिंग कॉर्पोरेशन के चेयरमैन बनकर बैठे हैं और ग्लैक्सो का जो मिल्क पाउडर विलायत से आता है वह सारा लीवर-ब्रदर्स को ही दे डालते हैं, और वे उस 1 रुपए की चीज को 11 रुपए का बनाकर मार्केट में बेच देते हैं। इसके अलावा उसमें ब्लैक-मार्केट भी होता रहता है। यह सब देखकर मुझे बड़ा ताज्जुब होता है कि ये कांग्रेस के मेम्बर श्री आल्वा जो यहां इस तरह के प्रश्न उठाते हैं वे जाकर प्राइवेटली अपने मंत्रियों से क्यों नहीं कहते कि तुम लोग इन फॉरेन कंपनियों के जाल में मत फंसो।

ये लोग तो बिड़ला ब्रदर्स और टाटा ब्रदर्स को खरीदकर अलग रख दें। हिंदुस्तान लीवर, इम्पीरियल केमिकल, इम्पीरियल टुबेको ऐसी ही कंपनियां हैं। इम्पीरियल टुबेको को अभी सरकार ने बड़ा भारी ऋण एलआईसी से दिया है। इन सब मोनोपोलिस्ट्स को आप बढ़ावा दे रहे हैं और देसी मोनोपोलिस्ट्स की एक रिपोर्ट निकालकर हिंदुस्तान के व्यापारियों पर बुरी तरह आपने हमला बोल दिया है। इन बड़े इंटरनेशनल मोनोपोलिस्ट्स को समाप्त करने की न तो आपकी कोई ख्वाहिश है और न ही कोई इच्छा। बैंक ऑफ अमेरिका आज दुनिया में सबसे बड़ा बैंक है। उसकी दो ब्रांचें यहां हैं और उनके ऊपर इंदिरा गांधी की हमदर्दी का हाथ है। उनके लिए कुछ कहने की किसी की हिम्मत नहीं पड़ती। यह भारतीय जनता को यहां गुमराह करने के लिए किया जा रहा है और समाजवाद से उलटे रास्ते पर जाया जा रहा है। लोगों को गुमराह करने के लिए कभी-कभी रूस की ओढ़नी ओढ़ ली जाती है।

विदेश नीति को देख लिया जाए। कहा जाता है कि यह बड़ी प्रगतिशील सरकार है, बड़ी प्रोग्रेसिव है, यह गरीबों की सरकार है, लेकिन धनी समाज आज भी उसी तरह से बरकरार है और वे देसी भी हैं और विदेशी भी। और कोई बहुत बड़ा विदेशी धन होगा तो उसके जरिए किसी मंत्री को स्विस बैंक में रुपया ऊपर का ऊपर ट्रांसफर हो गया होगा। यह सारा सरकारी एडवरटाइजमेंट तो बड़ा भारी स्कैंडल है। किस-किसको सरकारी एडवरटाइजमेंट मिलता है और किस-किसको नहीं मिलता, यह चर्चा एक आम विषय हो गई है और इसके बारे में एक बहुत भारी इंक्वायरी की जरूरत है। झूठी-झूठी इंक्वायरियां तो आप बैठाते हैं, कभी यह इंक्वायरी कभी वह इंक्वायरी, इस इंक्वायरी को सरकार किसको विज्ञापन देती है और किसको उसके जरिए प्रोत्साहन देती है, कौन उनकी खबर छापता है, उसी को विज्ञापन मिलते हैं, इसकी जांच कराने

की जरूरत है। ये विज्ञापन विदेशी एजेंसी के जरिए मिलते हैं या देसी एजेंसी जरिए मिलते हैं, यह सारी बातें रोज सामने आती हैं और यह सारा मामला स्कैंडल से भरा हुआ है।

इस भ्रष्टाचारी सरकार की आज इतनी हिम्मत हो गई है कि हमारा राजनीतिक जीवन पतित हो गया है कि हम प्रोग्रेसिव होने की घोषणा करने के साथ-साथ अपने को समाजवादी कहलवाने के नाम पर गरीबों को गुमराह करते चले जा रहे हैं। पंडित जवाहरलाल नेहरू ने गरीबों की झूठी सहानुभूति व वामपंथ और समाजवाद का सहारा लेकर 22 वर्ष तक देश को गुमराह किया है। अब देखना है कि उनकी बेटी कितने दिनों तक देश को गुमराह करती रहती है। यह सब झूठी और दिखावे की बातें हैं, झूठा प्रदर्शन।

श्री महावीर प्रसाद भार्गव–समाजवादी तो आप हैं जो सबसे गठबंधन करते रहते हैं।

श्री बालकृष्ण गुप्त : मैं किसी से गठबंधन नहीं करता, हमारी पार्टी के लोग करते हैं। मैंने तो समाजवाद से गठबंधन किया है या डॉ. लोहिया से गठबंधन किया था, जिन्होंने 3 आने का सवाल सदन में उठाया था। अब यह तो गरीबी की बात कल से बोलने लगे तो मैं तो यह शुरुआत से बोलता आया हूं कि हिंदुस्तान के 2/3 आदमियों को एक वक्त का खाना नहीं मिलता और अब भी उन्हें बैंगलोर के पास ऐसी कौन सी चीज कर दी है जिससे 2/3 में से एक फीसदी को भी थोड़ी राहत मिली हो। यह सब आपका झूठा प्रचार है, झूठा प्रोपगेंडा है और इसके कारण ही आज समाजवाद बदनाम हो गया है कि हमको अपने समाजवादी कहने में शर्म लगने लगती है। जब हम अपने को समाजवादी कहते हैं तो लोग कहते हैं कि तुम किस तरह के समाजवादी हो, इंदिरा समाजवादी हो, हीरेन मुखर्जी समाजवादी हो या ज्योति बसु समाजवादी हो?

श्री आई के गुजराल–या जनसंघ समाजवादी हो?

श्री बालकृष्ण गुप्त : जनसंघ समाजवादी भी हम नहीं हैं। हम तो लोहिया समाजवादी हैं। हम तो उन गरीबों को उठाना चाहते हैं और जिस तरह से भी हो करना चाहते हैं कि उनको कुछ खाना-पीना मिले, चाहे बड़ों के ऊपर कितना ही प्रहार आप कीजिए, लेकिन आप अगर प्रहार करें बिजनेसमैनों पर और ब्यूरोक्रैसी की यहां चलती रहे और संपत्ति इसी प्रकार एक के पास से दूसरे के पास जाती रहे और बेचारा गरीब पिसता रहे, तो इसके लिए हम डफली बजाने वाले नहीं हैं, न ही इसके लिए हम ढोल बजाकर आपके आगे चलने वाली सेना में शामिल होंगे। ऐसे समाजवादी बहुत हो गए हैं। डॉ. लोहिया ने जब शुरू में यह सवाल उठाया था तो पंडित नेहरू

खलबला उठे थे। उन्होंने कहा था कि यह आमदनी 15 आना है। तो यह आमदनी सारे देश की आमदनी थी, जिसमें टाटा-बिरला भी शामिल हैं। उस हरिजन को आपने कहां रखा है जो आज भी जगह-जगह मारा फिरता है, पीटा जाता है और जिंदा जलाया जाता है, यहां तक कि बुरी अवस्था में उसे पददलित कर गांव के बाहर बसने के लिए मजबूर किया जाता है। कहां-कहां से यह समाजवाद आप ले आए हैं, किस-किसके आपने हाथ जोड़े हैं। आज तो हम चेकोस्लोवाकिया से ज्यादा रूस के अधीन हो गए हैं और हालत यह हो गई है कि जब हमें रूस के एक कल्चरल सेंटर को बंद करना पड़ता है तो उसको खुश करने के लिए बिला वजह अमेरिका को 5 कल्चरल सेंटर्स को, लाइब्रेरिज को, जो विभिन्न प्रांतों की राजधानियों में हैं बंद करना पड़ रहा है। कैसी हास्यास्पद स्थिति हमने कर रखी है कि अर्से से जो रूस के गुलाम थे अब हम उनके भी गुलाम हो गए।

हम झंडा लिये फिरते हैं कि आइन्दा हम यह सब कर रहे हैं। जापान आज दुनिया में तीसरे नंबर का राष्ट्र हो गया है और आज तक उसने अपनी कोई फॉरेन पॉलिसी नहीं चलाई है। जबकि हमारी फॉरेन पॉलिसी की धज्जी तो रबात में ही उड़ गई और अब जो बची है, वह जद्दा में उड़ने वाली है और जगह-जगह उड़ने वाली है। यह सरकार फिर विदेशियों की खुशामद करती रहेगी और उसी को अपनी विदेशी नीति का नाम देकर चलाती रहेगी। मैं आपका समय ज्यादा नहीं लेना चाहता, लेकिन एडवरटाइजमेंट वाला स्कैंडल बहुत बड़ा है।

मैं पूरी तरह से नहीं जानता हूं कि गुजराल साहब की मिनिस्ट्री का रुपया किस-किस अखबार को एडवरटाइजमेंट के लिए जाता है और कौन-कौन अखबार इंदिरा समर्थक हैं और किस विरोधी अखबार को, जो इंदिरा विरोधी हैं, एडवरटाइजमेंट नहीं मिला है या मिलना बंद हुआ है। यह सारी बातें हम लोगों के सामने आनी चाहिए। इस तरह की धांधलेबाजी बहुत दिनों तक चल चुकी, लेकिन अब ज्यादा समय नहीं चलेगी 1/2 महीने, एक साल, दो साल दुनिया को गुमराह कर लें, लेकिन अब इस बात का भांडा फूट रहा है और जल्द ही बड़े जोरों से फूटने वाला है।

'बड़े-बड़े पापी आज प्राइवेट सेक्टर में बैठे हुए हैं'

श्री बालकृष्ण गुप्त : उपाध्यक्ष महोदय, मैं अर्जुन अरोड़ा के इस बिल का पूरे दिल से ताईद करता हूं। मैं अकसर अरोरा साहब से सहमत नहीं होता, लेकिन वह जो यह बिल लाए हैं वह जरूरी है। जो प्राइवेट सेक्टर में मिस-मैनेजमेंट होता है, जो बुरा प्रबंध होता है, जो भी बेईमानी वहां होती है, रुपया खाया जाता है, चीजों के दाम बढ़ाए जाते हैं, उनका इन्वेस्टिगेशन भी होना चाहिए और इन्वेस्टीगेशन आईसीएस के अफसरों की फाइल में न रहकर पार्लियामेंट के सामने आना चाहिए। वहां तो बहुत सी सौदेबाजियां हो जाती हैं।

अभी दवाओं के लिए भी बड़ा हो-हल्ला हो रहा है और हम अमेरिकन कांग्रेस के रेकॉर्ड्स में पढ़ चुके हैं कि 8 करोड़ की इंटरमीडिएट दवाइयां हिंदुस्तान को भेजी गईं और 80 करोड़ रुपए का फॉरेन एक्सचेंज वसूल कर लिया गया, यानी कि दस गुना दाम तो पहले ही वसूल कर लिया गया और अब यहां पर 75 प्रतिशत का मुनाफा उन दवा बनाने वालों को दिया जाता है! ये सब विदेशी कंपनियां हिंदुस्तानी साझेदारी से चलती हैं, इनके सहारे चलती हैं।

पहले विजय लक्ष्मी पंडित के एक जमाई साहब थे श्री गौतम सहगल, वे भी एक ऐसी ही कंपनी में बड़ी नौकरी पर थे ताकि किसी को कुछ पता भी न चले। वे क्लेरिज होटल में ठहरते थे और यहां के बड़े-बड़े अफसरों को घूस देकर उन दवा कंपनियों का काम चलाते रहे। मैं बिरला का पक्षपाती नहीं, अगर बिरला पर कोई इंक्वायरी कमेटी बैठती है तो यह बात भी पार्लियामेंट के सामने आनी चाहिए कि किन कारणों से इंक्वायरी कमेटी बैठी है। यहां तक कि उस कमेटी से जो नतीजे सामने आए हैं वो भी सामने आने चाहिए।

जस्टिस सूरज प्रसाद थोड़े दिन पहले वीआईसी के इन्वेस्टीगेशन के लिए अपॉइंट किए गए थे और उनकी रिपोर्ट भी हो गई है, लेकिन पार्लियामेंट के जितने मेंबर हैं उनमें से एक को भी वह रिपोर्ट नहीं मिली है। इसके अलावा वीआईसी का प्रबंधन उन्हीं लोगों के हाथों में है, जिन्होंने वीआईसी को लूटा है, जिन्होंने चीनी की मिलें दस-दस लाख रुपयों में ट्रांसफर की हैं और जो आज भी वीआईसी को लूट रहे हैं। वीआईसी में सरकार का रुपया प्रेसीडेंट के नाम से लगा हुआ है, वैसी कंपनी पर कोई ध्यान नहीं दिया जाता। किसी भी मिस-मैनेजमेंट करने वाले को जेल नहीं होती।

मैंने हिंदुस्तान के इंडस्ट्रअलिस्ट इतिहास में केवल हरिदास मूंदड़ा को जेल जाते हुए देखा है। उस हरिदास मूंदड़ा से भी बड़े-बड़े पापी आज प्राइवेट सेक्टर में बैठे हुए हैं और बड़ी खुशी से मिनिस्टरों से और आईएएस अफसरों से सौदे करके अपनी मुनाफाखोरी चला रहे हैं, और अकसर पब्लिक सेक्टर के खिलाफ बोला करते हैं।

श्री अर्जुन अरोड़ा : आपने डालमिया को भी देखा होगा।

श्री बालकृष्ण गुप्त : डालमिया भी एक साल के लिए जेल गया है और अभी तक उसी तरह की बेईमानी कर रहा है। कैवेंटर मिल्क में जिस तरह से उसने मिलिटरी को दूध सप्लाई किया है उसको सुनकर एक रोमांचकारी कथा याद आ जाती है। रामकृष्ण डालमिया के हाथ में डालमिया सीमेंट, पटियाला बिस्कुट, दुर्गापुर प्राइवेट ग्लासवर्क्स है और कैवेंटर कंपनी उसके हाथ में है। जिन आदमियों को सजा हो चुकी है उन आदमियों के हाथ से ऐसी कंपनियों को छीन लेना चाहिए और उनका प्रबंध दूसरों के हाथ में दे देना चाहिए।

हरिदास मूंदड़ा भी टर्नर मॉरिसन और बहुत सी दूसरी कंपनियों को चला रहा है। उसने अभी दिल्ली में कलकत्ता मोटर्स का कुछ हिस्सा खरीद लिया है और सब कुछ होने के बावजूद बड़ी खुशी से चलाए जा रहा है। अभी वेस्ट-बंगाल की बड़ी चर्चा हुई। वहां दुर्गापुर में जो कुछ भी हो रहा है वह सबके सामने है।

'दो-चार चंद्रशेखर इधर-उधर होते रहे होंगे'

श्री बालकृष्ण गुप्त : उपसभापति महोदय, मुझे श्री चंद्रशेखर की स्पीच सुनकर मन में बड़ा विचित्र भाव पैदा हुआ है। श्री चंद्रशेखर इंदिराजी की राजनीतिक चाल से जो अपनी महत्त्वाकांक्षाओं की पूर्ति के लिए उन्होंने बैंकों का राष्ट्रीयकरण किया, एक भारी प्रगतिवादी व्यक्ति का कदम और प्रगतिवादी व्यक्ति का काम समझकर बड़ी भारी आशा लगाए हुए बैठे थे, लेकिन मैं और मेरी पार्टी 1948 में ही इंदिरा के बाप का साथ छोड़ चुकी थी और जानती थी कि कांग्रेस पार्टी न कोई परिवर्तन करने वाली है और न उसमें कोई परिवर्तन की संभावना है। सिर्फ कुछ राजनीतिक लोगों को ही जो इंदिराजी के राजनीतिक एकाधिकार में बाधक थे, निकालकर इंदिराजी ने झूठ-मूठ बैंकों का राष्ट्रीयकरण करके दुनिया को यह दिखाने की कोशिश की कि वह समाजवाद का नया अवतार, नई जोन ऑफ आर्क हैं।

आज चंद्रशेखर को निराशा हो रही है, मुझे तो कोई निराशा नहीं। मैं तो जानता था कि यह सब राजनीतिक चालबाजियां नेहरूजी ने 20 सालों तक चलाईं, और उनकी बेटी चार-पांच सालों से चलाने की उम्मीद किए बैठी है। कहां आर्थिक परिवर्तन है, कहां राजनीतिक परिवर्तन है। हम लोग तो शुरू से कहते आ रहे हैं यह कांग्रेस पार्टी का इंदिराकरण कोई नया कदम नहीं है। यह तो कुछ किस्म के लोगों को बाहर निकालकर फेंक देना है, जिन्हें इंदिराजी अपनी राजनीतिक महत्त्वाकांक्षा में बाधक और अवरोधक समझती थीं। पार्टी में अपना कब्जा करना था जो गांधीजी की बनाई हुई थी, तिलकजी और गोखले की बनाई हुई थी, और उसकी सदायशता को लेकर हिंदुस्तान की राजनीति पर कब्जा करने की एक चाल मात्र थी।

शायद चंद्रशेखरजी बैंकों के राष्ट्रीयकरण से बड़ी भारी उम्मीद लगाए बैठे थे, तभी लोगों ने उनको और उनके साथियों को यंग-टर्क कहना शुरू किया। जैसा कि अतातुर्क, कमालपाशा ने टर्की ने खलीफा के खिलाफ बगावत की। यहां न तो खलीफा के खिलाफ बगावत हुई न तो हिंदुस्तान में राजनीतिक और आर्थिक परिवर्तन आए, और न ही इंदिरा गांधी के नेतृत्व में आने वाले हैं। यह समझ लें अच्छी तरह से, जल्दी समझ लें तो बहुत अच्छा है कि और हमारी तरह से उनका स्थान वहां पर नहीं है जिस तरह की स्पीच उन्होंने दी है। उनका स्थान इस तरफ हमारी बगल में है।

हिंदुस्तान की गरीबी के बारे में डॉ. राममनोहर लोहिया ने इंदिरा नेहरू के बाप के जमाने में स्पीच दी थी जब वे फर्रुखाबाद से चुनकर आए थे कि हिंदुस्तान के 27

करोड़ आदमियों में से दो–तिहाई 19 पैसा रोज पर रह रहे हैं। आज चंद्रशेखरजी आठ आने की बात करते हैं। चंद्रशेखरजी राज्यसभा में उसी पार्टी में बैठे हुए हैं और उनमें हिम्मत नहीं है कि इतनी स्पीच के बाद भी वह डॉ. लोहिया की तरह से विद्रोह का बिगुल बजाएं और पार्टी को छोड़कर अपना राजनीतिक बनवास लेने के लिए हम लोगों की तरह तैयार हों। वह भी राजाओं के साथ जुड़े रहना चाहते हैं और राजाओं की जरा-जरा सी चोटी काटकर वह समझते हैं कि बहुत बड़ा सामाजिक परिवर्तन होने वाला है। बड़ा भारी कम्युनिज्म आने वाला है।

वामपंथ की बात करते हैं तो वामपंथियों की एकता न लेनिन ने होने दी न लेनिन के अनुयायी होने देंगे। वामपंथ एक सपना है, और कभी–कभी कम्युनिस्ट जब कमजोर फील करते हैं तो इसे अपने एक हथियार की तरह इस्तेमाल करते हैं। वह तो हमेशा से एक गुट को दूसरे वामपंथी गुट से खत्म करने का तरीका है। यूनाइटेड फ्रंट और संयुक्त मोर्चे का यही तरीका है जिसके जरिए एक पार्टी दूसरी पार्टियों पर हावी हो जाती है। उनको राजनीतिक हथियार के रूप में इस्तेमाल करके खुद शासन में बैठ जाते हैं।

सोशलिस्टों ने क्या किया, लेनिन के ऊपर बंदूक क्यों चलाई, यह जो लेनिन की शताब्दी मनाने वाले हैं इनको बताने की जरूरत नहीं। ब्राउन स्टार्ट में सेलर्स के ऊपर लेनिन ने कैसे गोलियां चलाईं और कैसे अपना टेरर शुरू किया और कैसे अंत में स्टालिन की राजनीति में परिवर्तन करके आज भी रूस एक डिक्टेटरशिप तानाशाही का जरिया बना हुआ है। कार्ल–मार्क्स पार्टियों और स्टेट्स दोनों को अलग करना चाहता था, लेकिन आज क्या हालत हुई है।

दुनिया का सबसे बड़ा मिलिरी राष्ट्र आज रूस है। उसका, फौज में आधा लोहा खर्च होता है, शस्त्रों पर खर्च हो रहा है और जो लोग कहते थे कि हम वॉर को खत्म करवा देंगे आज वो सबसे बड़ी वॉर करवाने के लिए दुनिया को बड़े–बड़े हथियार दे रहे हैं। कल तक जिन पूंजीवादियों को रूस यह कहा करता था, वे हथियार देने वाले और हथियार बेचकर लड़ाने वाले हैं वही रूस आज दुनिया का सबसे बड़ा हथियारों का व्यापारी बना बैठा है।

मैं कम्युनिस्टों को अच्छी तरह जानता हूं। मैं उस वक्त रूस गया था जबकि भूपेश गुप्त रूस का नाम भी नहीं जानते थे। 1932 में मैंने वहां पर जो देखा और सुना उसके बाद मैं कोपेनहेगन में ट्राटस्की से मिला और उनसे पेरिस में भी बात की। मैं स्पेन के सिविल वॉर में भी गया। वहां पर जो मॉस्को और स्टालिन के कम्युनिस्ट थे, वे दूसरे वामपंथी समाजवादियों को मार रहे थे। इस तरह से मैं बारसिलोना से भागकर आ गया। आज कम्युनिस्टों की तारीफ की जा रही है क्योंकि इंदिरा ने रूस का आज हाथ पकड़कर रखा है। श्री चंद्रशेखर जैसे क्रिटिक लेनिन का नाम लेने में नहीं हिचकते हैं, लेकिन लेनिन ने जो चीज शुरू की है उसी का प्रतिबिम्ब आज रूस है और दूसरा प्रतिबिम्ब माओ है।

श्री राममनोहर लोहिया ने 1948 में जब खोज परिषद शुरू की थी तब कहा था कि रूस का कम्युनिज्म योरोप का एक हथियार है। मैंने उस समय एक लेख भारत-ज्योति में लिखा था कि जब एशिया में कम्युनिज्म आएगा तो वह कम्युनिज्म रूस के कम्युनिज्म से टकराएगा और आज आप भी देख रहे हैं कि कुछ रंगीन कम्युनिज्म लोग जिन्होंने चेकोस्लोवाकिया को अपने कब्जे में कर रखा है वही आज 70 करोड़ कम्युनिस्टों को अपने कब्जे में रखना चाहते हैं, लेकिन माओ जिसने अपनी एक अलग क्रांति की है, वह उस गोरे कम्युनिज्म के कब्जे में नहीं रह सकेगा। जो रूस पहले अंडर डेवलप्ड? कंट्रीज का इंडस्ट्रिलाइजेशन करना चाहता था उसी ने अचानक कम्युनिस्ट कंट्रीज की मदद करना बंद कर दिया और अपने सारे इंजीनियरों को वापस बुला लिया और इस तरह से उन देशों का इंडस्ट्रिलाइजेशन करना बंद कर दिया। चंद्रशेखर जैसे तीसरे दर्जे के क्रांतिकारी तो बहुत आएंगे, बहुत चले जाएंगे।

कांग्रेस पार्टी यह एक ऐसी पार्टी है जिसमें न जवाहरलाल क्रांतिकारी थे, न ही इंदिरा गांधी क्रांतिकारी है, और जो नया आएगा वह भी न तो कट्टर समाजवादी होगा और न क्रांतिकारी होगा। कांग्रेस पार्टी ऐसी ही चलती रहेगी और इसी तरह से सोशलिज्म का नारा देती रहेगी। इन नारों से अभी तक गरीबों का कल्याण नहीं हुआ और न ही आगे होने वाला है, ये सब बातें संसद में।

श्री महावीर त्यागी—कांग्रेस पार्टी पर कांटे बरसा रहे हो, तो उसकी चोट हमारे ऊपर भी पड़ रही है।

श्री बालकृष्ण गुप्त : अब तो आप बाहर निकल आए हैं तो फिर अब क्यों लग रही है। हम तो आपको कांग्रेस में मानते ही नहीं, हम तो उनको कांग्रेस में मानते हैं जो आज गद्दी पर बैठे हैं, जो आज गद्दी के साथ जुड़े हैं, जो गद्दी के लिए समाजवादी चाल चलते हैं, जो समाजवाद का झंडा उठाते हैं, लेकिन नीचे से पूंजीवाद भरे हुए हैं, बिड़लावाद से भरे हुए हैं। बंबई में कांग्रेस का अधिवेशन हुआ था, कांग्रेस ने पहला काम वहीं पर यह किया, क्योंकि मैं भी उन दिनों बंबई गया हुआ था, और हां कांग्रेस के अधिवेशन के लिए बंबई नहीं गया हुआ था, लेकिन मैं उन दिनों वहीं पर था।

श्रीमती यशोदा रेड्डी—क्यों गए थे?

श्री बालकृष्ण गुप्त : मैं घूमने-फिरने गया था, लेकिन कांग्रेस का सेशन अटैंड करने नहीं गया था। तो मुझे वहां पर पता लगा कि कांग्रेस की सरकार ने वेजीटेबल घी के दाम बढ़ा दिए हैं और इस तरह से इस चीज के दाम दूसरे ही दिन बढ़ गए। बिड़ला ने रुपया दिया तो उन्हें भी कई चीजों के लाइसेंस मिल गए। इधर, स्टील वाले टाटा ने अपने स्टॉकिस्टों से, जिन्होंने ब्लैक-मार्केट में रुपया कमा रखा था, कांग्रेस पार्टी को दिलाया। जब इन लोगों ने कांग्रेस को रुपया दिया तो जिस स्टील का दाम पहले

75 रुपया टन था उसका 300 रुपए प्रति टन बढ़ा दिया गया। इस तरह का कांग्रेस का समाजवाद है। यही समाजवाद पंडित जवाहरलाल नेहरू चलाया करते थे और आज उनकी बेटी उनसे राजनीतिक सबक सीखकर चला रही है और वह भी इसी तरह के समाजवाद को चलाती जाएंगी। चाहे चंद्रशेखर आशावान हों या फिर निराशावादी उसे तो उन चीजों की कोई परवाह नहीं है, चाहे नक्सलपंथ चले, चाहे न चले, चाहे कम्युनिज्म चले या न चले। रूस के कम्युनिस्ट श्री चंद्रशेखर से ज्यादा इंदिरा के समर्थक रहेंगे और उनको मदद पहुंचाते रहेंगे।

श्री चंद्रशेखर एकाध स्पीच से, एकाध बार हल्ला-गुल्ला से, एकाध बार गरम-गरम बात कहने से कोई कांग्रेस के रुख में परिवर्तन होने वाला नहीं है। क्रांति के बाद ही किसी देश के रुख में परिवर्तन होता है। जब गद्दी को उखाड़कर दूसरा गद्दी पर बैठता है, तब क्रांति होती है। जो अपने साथी थे, उनको बाहर निकालने से कौन सी क्रांति होने वाली है, और इस तरह से कौन सी राजनीतिक और आर्थिक क्रांति होने जा रही है। अब यह धोखा बहुत दिनों तक नहीं चल सकता, चाहे फिर चंद्रशेखर बहुत ज्यादा निराशावादी हों, या फिर आशावान, इससे किसी की बात बनने वाली और बिगड़ने वाली नहीं है। न ही गरीबों को जमीन मिलने वाली है, न ही बेकारों को काम मिलने वाला है और न ही देश से गरीबी मिटने वाली है।

मेरा यह कहना है कि यह जो एप्रिसिएशन बिल है, पहले जो अंगरेजों के जमाने में 400 करोड़ का हुआ करता था और अब 4000 करोड़ रुपए का हो गया है, लेकिन इससे किसी गरीब का कल्याण हुआ हो, यह नजर आया होगा तो आज इस कांग्रेस के बाद जो नक्सलपंथी निकले हैं, वे कभी भी इतने उग्र नहीं दिखाई देते।

पिछले दिनों किस तरह से रिक्शा वालों के बड़े-बड़े जुलूस निकले और इंदिरा गांधी के सफदरगंज कोठी तक गए, जहां पर तालियां बजाई गईं, बड़ी डफली बजाई गई और ढोलक बजाई गई। नतीजा क्या निकला! आज तांगे वालों का किसी को भी पता नहीं, और न ही रिक्शे वालों का। बिड़ला की बगल में बैठते हैं मोदी और जैपुरिया जिन्हें पोलिथिन का लाइसेंस मिलता है और किसी को और कुछ मिलता है और यही लोग इस सरकार को घेरे हुए हैं व यह सरकार इन लोगों से घिरकर खुश है। कांग्रेस पार्टी को चलाने के लिए करोड़ों रुपए चाहिए। कंपनी डोनेशन बंद कर दिए गए हैं, अब तो सीधे नोट आते हैं और वे ही नोट कांग्रेस पार्टी को चलाते हैं।

अभी तो राजस्थान में दो इलेक्शन हुए थे, जिसमें कांग्रेस पार्टी जीती थी। ये इलेक्शन नसीराबाद और टोक में हुए थे। राजस्थान हमारे पुरखों का घर है, इसलिए राजस्थान के लोग हमारे पास आते रहते हैं। इन दो इलेक्शन में कांग्रेस ने इतना रुपया खर्च किया, जिसका कोई हिसाब नहीं। कहा जाता है कि श्री सुखाडिया ने यह रुपया अकाल की मदद में से चोरी करके खर्च किया। उन्होंने वहां पर दो कांग्रेस की सीटों

को जीतकर अपने को बचाया और इस तरह से इंदिरा के कृपापात्र हुए क्योंकि राजस्थान में कांग्रेस की जीत हुई है।

जैसे कांग्रेस पहले की थी, वैसे पहले की जमाने की भी थी। उसमें इस तरह से दो-चार चंद्रशेखर इधर-उधर होते रहे होंगे और इसी तरह से यह चलती भी रहेगी। गंगा में से नहर नहीं निकाली जाती। इंदिरा गांधी अपने को बड़ा भारी समाजवादी समझती हैं। वे अपने को फ्रैंकलिन रूजवेल्टर और न मालूम क्या-क्या समझती हैं, और जाने क्या-क्या अपने को कह गई हैं अभी तक इसका पता नहीं।

हिंदुस्तान का आर्थिक पतन होता जा रहा है और राजनीतिक पतन भी दल-बदल और टोपलिंग की वजह से शुरू हो गया है और इसका नतीजा यह होगा कि संसदीय प्रणाली और जनतंत्र में किसी की भी आस्था नहीं रह जाएगी। रुपया दे-देकर इंदिराजी के लोग यूपी, बिहार में लेजिस्लेटर्स को खरीदते हैं। सबकी आंखों के सामने यह होता है और श्री चंद्रशेखर इंदिराजी को लेनिन की क्रांतिकारिता के साथ खड़ा करना चाहते हैं। (बीच में इंट्रप्शन होता है।) वे सुनें या न सुनें, हम बोलते रहेंगे, यद्यपि बोलने का उन पर कोई असर नहीं पड़ेगा। चाहे फिर, के. के. शाह हों या कृष्णकांत साहब हों, या सिद्धेश्वर प्रसाद हों इन लोगों पर कोई असर नहीं पड़ने वाला है। इनकी बड़ी-बड़ी गाड़ियां ऐसे ही चलती रहेंगी, लेनिन की टूटी चारपाई या।

श्री उपसभापति–अब आप खत्म कीजिए।

श्री बालकृष्ण गुप्त : उदाहरण देकर चंद्रशेखर किसी को क्रांतिकारी नहीं बना सकते। क्रांतिकारिता इस कांग्रेस में मोरारजी के हट जाने या राम सुभग सिंह के निकल जाने या हाथी साहब के कैबिनेट से बाहर कर दिए जाने से नहीं आएगी। यह आशा-निराशा ही रहेगी। जब तक इस चीज को कोई अच्छी तरह से नहीं देखेगा, तब तक चाहे लेनिन की शतवार्षिकी मनाते रहो कुछ नहीं होने वाला है। पिछले साल ही हमने गांधीजी की शतवार्षिकी मनाई और आज गांधीजी के स्टेच्यू पर पुलिस का पहरा है।

उपाध्यक्ष महोदय, मुझे बहुत कुछ कहना है, लेकिन आप रोक रहे हैं, इसलिए मैं आपकी आज्ञा शिरोधार्य करके बैठ जाना चाहता हूं।

दो अधलिखी कहानियां

[ये दो अपूर्ण संस्मरण या कहानियां बालकृष्ण गुप्त के कागजात में मिलीं। यहां इन्हें इसलिए दिया जा रहा है कि इनसे बालकृष्णजी के गद्य की छटा का पता चलता है : सं.]

एक

सावन का सुहावना मौसम है। इस साल इस इलाके में बरसात अच्छी हुई थी। खेतों में बाजरा, ज्वार, मूंग, मोठ, ग्वार के पौधे खड़े हैं। रेतीले रेगिस्तान में अकसर पानी के अभाव से अकाल पड़ा ही रहता है। दो-तीन साल में एक दफे मुश्किल से वर्षा ठीक वक्त पर होती है, इसलिए लोग इस साल ज्यादा आशावान और खुशहाल हैं। खेतों में बंसरिया बज रही हैं। औरतें तीज-त्योहार, खुले दिल से खेलती खुशी के गीत गा रही थीं। तालाब पानी से भरे पड़े थे और कुमारियां व किशोरियां तीज के दिन रंगीन ओढ़नियां ओढ़े नाचती-गाती तालाबों में स्नान करने जा रही थीं।

ये सब किसी ठेठ गांव में नहीं, सिंहासन के छोटे से कस्बे में हो रहा था। सिंहासन जहां हरियाणा खत्म होता है और राजस्थान शुरू होता है। यह कस्बा अपने पंद्रह सौ परिवारों को लिये हुए बीकानेर रियासत में विराजमान है। यहां तहसील है, डाक-घर है, अस्पताल है, प्रायमरी स्कूल है, थाना है, सेठ-साहूकारों की भी बस्ती है। अनाज की मंडी है। यहां के कुछ बनिए बंगाल, आसाम यानी पूर्व में व्यापार करते हैं और कुछ कमजोर भाई इर्द-गिर्द के किसानों की उपज खरीदते हैं और उनकी जरूरत की चीजें बेचते हैं। इसके साथ ही ब्याज पर लेन-देन का काम भी करते रहते हैं। बनियों के करीब चार सौ घर होंगे, दौ सो घर ब्राह्मणों के हैं। कुछ ब्राह्मण पुरोहिताई पूजा-पाठ करते हैं, कुछ छोटी-छोटी सरकारी नौकरियां करते हैं। कुछ कलकत्ते की तरफ के सेठों के यहां रसोई पकाते हैं, तो कुछ खेती-बाड़ी भी करते हैं।

यहां जाटों के दौ सो घर हैं जो खेती करते हैं, कुछ फौज में भी भर्ती हैं, कुछ ऊंट पालते हैं, कुछ घी-दूध उत्पादन व पशु-पालन भी होता है। मुसलमानों में तेली, खटिग, कुंजड़े, कसाई, गुलुच, धोबी, सिकलीगर, काजियों, रंगरेजों, सिक्के, फकीरों

के करीब दो सौ परिवार हैं। फिर कुम्हार, चमार, लुहार, दर्जी, नाई, स्वामी, गोसाईं, अहीर, गुर्जर, माली, रेशर, मानक, तारक और राजपूत सब मौजूद हैं। सन् 1911 की इस जनसंख्या में इस कस्बे की आबादी 9500 के करीब थी जिसमें हिंदुओं की 36 जातियां और मुसलमानों की 15 जातियां थीं।

सावन की तीज की सुबह करीब आठ बजे का वक्त था। सिंहासन किसी वक्त ठाकुरों की राजधानी थी। गांव चारों ओर एक गहरी खाई से घिरा हुआ था। उसके बाद एक दीवार थी जो कई जगह से टूट गई थी। चार पक्के, बड़े, ऊंचे फाटक बने हुए थे। पश्चिम में भटनेर दरवाजा था। पूर्व में किला दरवाजा था, इसके साथ ही दक्षिण में झुनझुन दरवाजा और उत्तर में पटियाला दरवाजा था। किसी समय यह सब मतलब रखता था। महाराजा बीकानेर बदमाश और षड्यंत्रकारी ठाकुरों को रेगिस्तान में अपनी हथेली के नीचे और विश्वासपात्र वीरों को इन पंजाब के सरहदी इलाकों में जागीरें दिया करते थे, और जब कभी कोई सरहदी जागीरदार इर्द-गिर्द के पड़ोसी डकैतों या सरदारों से मिलकर महाराजा के खिलाफ षड्यंत्र में शामिल हो जाता था, तो महाराजा उसकी जागीर छीन लेते थे।

इसी तरह से 1857 के गदर के समय सिंहासन के ठाकुर साहब भी अपनी जागीर खो बैठे। महाराजा सरदार सिंह ने उस वक्त अंगरेजों का साथ दिया और उनको कोई सौ गांव अंगरेजी सरकार ने दिए। अब सिंहासन का गढ़ खंडहर हो गया था लेकिन दरवाजे फिर भी अपनी पुरानी सामंतशाही की यादगार के रूप में खड़े थे। हालांकि द्वारों के किवाड़ गायब थे, पर वह पुरानी जरूरत गायब हो गई थी।

पटियाला दरवाजे से अंदर घुसते ही कुछ नाइयों, ब्राह्मणों और दर्जियों के कच्चे घर थे। फिर अपनी समृद्धि को घोषित करती हुई सेठ रामलाल बजाज की दो मंजिली हवेली थी। हवेली अपनी शान के साथ खड़ी थी, बगल में पक्का नोहरा था, जिसमें गाय, भैंस और ऊंट वगैरह व उनकी देखभाल करने वाले नौकर रहते थे। हवेली के सामने सड़क से लगा हुआ करीब सौ फुट लंबा, दस फुट चौड़ा चबूतरा था। कलकत्ते में कपड़े के व्यवसाय से कमाए हुए धन से वह हवेली बनी थी और चार-पांच साल पहले ही बनकर तैयार हुई थी। सेठ रामलाल की गिनती सिंहासन के अग्रणी लखपतियों में थी। सेठ रामलाल बजाज की उम्र अभी पैंतालीस पार नहीं हुई थी। बीस साल की अवस्था में वे अपने एक ओसवाल मित्र के साथ कलकत्ते गए थे।

सेठ रामलाल दो भाई थे, बड़े भाई हीरालाल गांव में ही दुकान करते थे। लूण, तेल, शक्कर का कारोबार था। रुपया-दो रुपया रोजाना कमा लेते थे और उसी से किसी तरह से काम चलता था। मां-बाप मर चुके थे। खुद इसी दुकान के चलते अपनी शादी की थी। रामलाल का उस छोटी-सी पुश्तैनी दुकान पर मन भी नहीं लगता था, क्योंकि वहां सिवाय बैठे रहने के कोई काम ही नहीं था। एक दफे वह रामजीदास मोहते के

साथ दार्जिलिंग भी दो बरस के लिए हो आया था। वहां से वह पांच सौ रुपया कमाकर लाया था। आते ही वह रुपया भाई को दे दिया था। भाई के तीन-चार बच्चे थे। भाभी ने अपने एक गरीब मामा की बेटी से रामलाल का ब्याह करा दिया। मामूली छोटे दुकानदार के भाई को कौन सेठ अपनी बेटी देगा। रामलाल गांव के स्कूल में पांच क्लास पढ़े थे। हिंदी हिसाब अच्छा जानते थे साथ ही थोड़ी उर्दू भी जानते थे, क्योंकि उस वक्त बीकानेर रियासत में भी सरकारी कामकाज उर्दू में ही होता था। विवाह के बाद रामलाल ने फिर परदेस जाने की ठानी।...

दो

सावन का महीना था। सन् 1974 का साल था। बरसात अच्छी हुई थी। खेतों में ज्वार, बाजरा, मूंग, मोठ, ग्वार के पौधे और ककड़ी व तरबूज की बेलें बिछी थीं। कुमारियों और किशोरियों के रंगीन नाचते-गाते दल तीज के स्नान के लिए गांव से बाहर तालाबों की ओर जा रहे थे। भटनेर दरवाजे से घुसने पर सेठ रामलाल बजाज की शानदार हवेली पर ही आंखें ठहरती थीं। गोया कि सड़क पर काफी दूर तक खाती, दर्जी, नाई और ब्राह्मणों के कच्ची ईंटों और गोबर के प्लास्तर से बने करीब बीस घर अपना सिर नवाए इस हवेली की समृद्धि को सलाम कर रहे थे।

सेठ रामलाल अपने पास-पड़ोस व रिश्ते-नातेदारों की मंडली से घिरे हुक्का गुड़गुड़ा रहे थे। सुबह सात बजे का वक्त था। उस लंबे और चौड़े चबूतरे पर, जो सड़क तक चला गया था, काफी लोग बैठे थे। मोहन दर्जी, गूगन नाई, पंडित रुक्मानंद वैद्य, श्यामा तेली, गुलाब खां कामखानी, जीसुख जाट, फतहसिंह राठौर, घड़सी कुम्हार, गफूर नीलगर, आलादित्ती कुंजडा और भी कई सारे लोग थे। चबूतरे के बीच में से उसको छह हिस्सों में से बांटती हुई सीढ़ियां ऊपर हवेली के दरवाजे की तरफ चली गई थीं। चबूतरा सड़क से तीन फुट ऊंचा था। चबूतरे के पश्चिम वाले हिस्से पर कुछ भंगिनें बैठी थीं, और कुरडा भंगी सड़क पर झाड़ू दे रहा था। अचानक हवेली से थाली बजी और सभी लोगों के चेहरे हंसी से खिल उठे। कुरडा भंगी ने झाड़ू फेंककर दूसरे भंगियों को पुकारा। इसी के साथ बैंड-बाजे और ढोल बजने भी शुरू हो गए। बाहर बधाइयां और वाहवाही होने लगी। आसपास और पड़ोस से औरतें हवेली की ओर बढ़ीं व सेठ-सेठानी व उनकी विवाहित बेटी पार्वती सभी को घेर लिया। मिसराणी गुड़ ले आई और सबको एक-दो आधे सेर की डली दी गई। सेठ रामलाल के छोटे बेटे सत्यनारायण की बहू को पहला लड़का हुआ था और सेठ रामलाल को पहला पौत्र, क्योंकि बड़े बेटे श्यामलाल के सिर्फ दो लड़कियां ही थीं। बीस साल बाद इस परिवार में कोई लड़का पैदा हुआ था और धन-संपत्ति की प्राप्ति के बाद यह पहला खुशी का अवसर था।

सेठ रामलाल पैंतालीस साल के गोरे रंग के दुबले-पतले पुरुष थे, आंखें बड़ी और माथा चौड़ा था। मूंछों के एकाध बाल सफेद हुए थे, कान के पास और माथे के ऊपर भी कुछ सफेद बाल नजर आते थे। हलके गुलाबी रंग की पगड़ी, मलमल का कुर्ता जिसमें सोने के बटन लगे थे और धोती वह भी पतली विलायती पहने हुए थे। कुर्ते के नीचे बनियान थी। सेठ पलंग से उठकर बरामदे में दाखिल हुए और भीतर बैठे राधाकृष्ण मुनीम को कुछ कहा। वह रुपए की थैली लेकर बाहर आया, पंडित रुक्मानंद को पांच रुपए, कुरडा भंगी के गाने-बजाने वाले दल को पांच रुपए और पड़ोस के लड़कों को एक-दो रुपया दिया गया।

इधर, मुनीमजी भीतर पहुंचे मांऽऽऽजी मांऽऽऽजी कहते-कहते तो सेठानी वहां पीढ़े पर बैठी थीं, उनकी बगल में जाकर खड़े हो गए। मां जी ने थैली में हाथ डालकर अपनी पड़ोसिनों को रुपए बांटने शुरू किए। राधाकृष्णी जो रुपए बांटते थे वह नाम और रकम एक कागज पर लिखते चले जाते थे। रसोई करने वाली मिसराणी को पांच रुपए दिए गए, गंगा गुसाई की बहू को एक रुपया, गूगन नाई की बहू को दो, परमेश्वरी खाती को एक, दुर्गा ब्राह्मण की मां को एक, गुलाबी स्वामी को एक, रामप्यारी जाटनी को एक, बर्तन मांजने वाली गोरी विधवा को दो, नोहरे में रहने वाले तीन जाट और हलवाइयों को दो-दो, श्याम तेली की बेटी नसीमन को एक, नूरी कुंजडिन को एक, मुमताज दाई को पांच, फतहसिंह राठौर की बेटी पद्म कुमारी को एक, सेठ हीरालाल की बेटी तीजां को पांच, उन्हीं की कुंवारी लड़की पन्ना को दो, गंगाराम जालान की लड़की को चार, जगन पंडित की लड़की को दो, रामदास स्वामी की बहू को दो, पूनमचंद वैद की बेटी को दो, इस तरह से रुपए बंटते गए। फिर 30 नवंबर सूतापट्टी, कलकत्ता खुशखबरी का तार देने मुनीम चला गया। लड़कियों ने गीत शुरू किए।

श्यामलालजी की हवेली हरी हुई है,
भाग्यवान को पोते का पुण्य नसीब हुआ है,
हे दादी, मिठाई खिलाओ, हे ताऊ लूंगडी दिलाओ,
हे ननद नाचो, गाओ, हे दादी तील पहनाओ।

सावन की चतुर्दशी को बच्चे का नामकरण संस्कार होना था। सुबह नौ बजे का लग्न था। पंडित रुक्मानंद आठ बजे ही हवेली में आ गए थे। हवेली का चौक सुहागिनों और कुमारियों से भर गया था। उनकी ओढ़नियां बेल-बूटे, सितारों के जरिए सुनहरी धूप में चमक रही थीं। बहुओं के बोर झीने घूंघटों से झिलमिला रहे थे। बेटियों के मुंह खुले थे, सेठानी ने सैकड़ों तोला सोना पहन रखा था। गले, हाथ-सिर, सब गहनों से ढके थे। पैरों में पायल का पूरा सेट था। पार्वती भाभी की एक उमर में छोटी ननद, सजी-धजी अपनी सखियों से हंसकर बातें कर रही थी और भाभी ने बेटे की बधाई में जो सोने की चूड़ियों का जोड़ा और हार का सेट भेंट किया था वह दिखा रही थी। सेठानी की धर्म बहन गंगाराम जालान की हंसमुख पत्नी ने कहा, 'बड़े घरों की बड़ी

बातें, दूसरों के विवाह में भी पच्चीस भर सोना अपनी बेटी को देने को नहीं होता, यहां किले के लाला की बेटी ने पच्चीस भर सोना ननद को दे दिया।' गूगन नाई की मुंहफट बहू राधा बोली—अरे देने को दिल भी होना चाहिए। हमारे दूसरे जजमान सेठ पूनमचंद के यहां क्या कमी है, लेकिन पोता हुआ और लड़की को मिले कुल इक्यावन रुपए!!!

...श्यामलालजी के भाई हीरालाल की पत्नी ने कहा—गूगन की बहू, जिसको भगवान ने इतना दिया है, वह मेरी देवरानी को आज भी नहीं देंगी, तो कब देंगी, देने-लेने के लिए भी तो यही मौके हैं। श्यामलाल के बेटे जनमे उस वक्त तो घर जैसा था, तुमको तो पता ही है। बजाज खानदान का सिर श्यामलाल ने ही ऊंचा किया है। देवरानी के बेटे सतनारायण के जनमने पर भाग ने पलटा खाया, जैसा बाप का शुभ जन्म हुआ, वैसे ही भगवान करे यह पोता भी शुभदायक हो। श्यामलाल की बहू मन ही मन हंसी, उसे याद था जब श्यामलाल का जन्म हुआ था, तब इसी जेठानी ने उसे पूजा के समय पहनने लायक पीला ओढ़ना तक नहीं दिया था। उसका पीहर गरीब था। भाई पीला तक नहीं भेजते थे। गंगाराम जालान की बहू से प्रेम न होता तो उस दिन नामकरण संस्कार में पुराना ओढ़ना नसीब होता, उसी के बाद रामलाल भाई बाप का पुश्तैनी घर-दुकान छोड़कर अलग हुए थे, और नौकरी करते रहे। उन्होंने चार वर्ष की दार्जिलिंग यात्रा की थी, आज जेठानी हमारे सौभाग्य से खुश है।

खैर, खुशी में हमें भी पुरानी जड़ें नहीं उखाड़नी चाहिए। सेठानी हंसकर उठी और जच्चा बहू, जो अब नहा-धोकर तैयार हो गई थी, के पैरों पर जाकर सिर रख दिया। जेठानी गद्‌गद हो गई।। उठ बहू, खड़ी हो जा। तेरे राजा बेटे, नन्हे को मुझे दे। जच्ची रानी खाती के लाए नए लाल रंग के पाटे पर, मखमल के आसन पर जा बैठी। पंडित रुक्मानंद ने श्लोक पढ़ना शुरू किया। औरतों ने गीत गाना शुरू किया। पंडित ने चार नाम निकाले, रामचंद्र, राधाकृष्णश, राजदेव और रघुनाथ। रामलाल बोले—बेटे का ननिहाल किला शहर पंजाब में है, वहां शायद राजदेव नाम ही नाना को अच्छा लगे, इसलिए हम चारों में से इसी को चुनना पसंद करते हैं।

नामकरण के बाद सब औरतों और बच्चों को ताजा मोतीचूर के लड्डू बांटे गए। शाम को सबकी दावत थी, इसलिए इस वक्त हंसते-खेलते लोग अपने-अपने घर चले गए। पानी घर में नए मटके रखे गए थे, पुराने मिट्टी के बर्तन सब नोहरे में भेज दिए गए। शाम को करीब एक हजार स्त्री-पुरुषों को पूरी-मिठाई की दावत दी गई। यह दावत शाम को चार बजे हुई और रात के बारह बजे खत्म हुई। तहसीलदार साहब से लेकर, कस्बे के सब अफसर, मास्टर, डॉक्टर, वकील, सेठ-साहूकार, पड़ोसी और सेठ के सब निजी आदमियों ने खाया-पिया।

हवेली के भीतर औरतों की दावत अलग थी। बजरंग भगत खाकर आते हुए बोला—नया धन हुआ है, समाज में दबदबा जमाने के लिए सेठ दोनों हाथों से

पैसा लुटा रहे हैं। पंद्रह साल पहले तो रहने को घर भी नहीं था, अब आसमान में तारे लगाते हैं।

जीसुख जाट ने कहा–खा–पीकर खराब क्यों बोलते हो, कितने मन से, मुहब्बत से सब गांव, दोस्तों–यारों को ही नहीं बल्कि सारे गांव वालों को यहां तक कि नीची जात के कमीनों तक को खिलाया–पिलाया। साथ ही सबको खड़े रहकर पूछकर चीजें परसीं। कलकत्ते के रहने वाले इनको क्या पड़ी थी कि हवेली के चबूतरे पर बैठने वाले हर एक को ही नहीं पर जिससे लगाव था उसी को बुलाया और अब ऊपर से यह सब सुन रहे हैं। अपना पंद्रह साल पहले बना हुआ पक्का मकान अपनी उन्हीं भाभी को दे डाला, जिन्होंने आज से पच्चीस साल पहले रामलाल को बिना एक बित्ता जमीन दिए घर से निकाल दिया था, और यहां तो आलम यह है कि ग्राम को पानी पीने के लिए पक्का कुआं बनाने की तजवीज नहीं है। पर देखो, देने वाले दातारों का भाग्य खुलता है। अंगरेजी सरकार और जर्मनी में लड़ाई लड़ने की खबर आई है। कपड़े का बाजार गरम हो गया है और सेठ को लाखों रुपए का लाभ हुआ है। लड़का बड़ा शुभ लग्न में पैदा हुआ है।

विजया दशमी को कुएं की नींव लगाकर सेठ कलकत्ते चले गए क्योंकि बाजार में बड़ी हलचल थी। लड़के अभी नए थे।...पार्वती अपनी सुसराल चली गई। बहू को किले से उसके भाई लेने आए थे और वह अपने पीहर चली गई थी। श्यामलाल की बहू व छोटी लड़की कलकत्ते थे। सेठानी को एक मिनट भी उनके घर अच्छा न लगता था...

खोज-परिषद-एक परिचय

डॉ. लोहिया को भारतीय बुद्धिजीवियों से बड़ी निराशा होती थी कि वे यूरोप और अमेरिका के विद्वान की अवधारणाओं के आधार पर अपनी राय बनाते हैं। उनकी सोच में किसी प्रकार की मौलिकता नहीं होती, विश्वविद्यालयों में जो अकादमिक शोध का कार्य होता है, उसका देश की वास्तविकता से कोई संबंध नहीं होता। पिटे-पिटाए सोच और बंजर अकादमिक अनुसंधान के स्थान पर मौलिक सोच और जीवंत-शोध और अनुसंधान को प्रोत्साहित करने के लिए उन्होंने 1949 में बालकृष्ण गुप्त से विचार-विमर्श कर खोज-परिषद की स्थापना की। खोज-परिषद की स्थापना में बालकृष्ण गुप्त की बड़ी सक्रिय भूमिका थी। परिषद की संचालन समिति (गवर्निंग बॉडी) के वे एक सदस्य भी थे। खोज-परिषद ने 1949 से 1955 तक कलकत्ता में कई विचार गोष्ठियां आयोजित कीं, जिनमें प्रो. सत्येन बोस, आचार्य नरेंद्रदेव, जयप्रकाश नारायण और अशोक मेहता जैसे वैज्ञानिकों और विद्वानों ने भाग लिया। परिषद ने कई पुस्तिकाएं भी प्रकाशित कीं। परिषद के सचिव सत्यव्रत सेन, प्रो. सत्येन बोस के अत्यन्त प्रिय शिष्यों में थे। सो। प्रो. सत्येन बोस की खोज-परिषद के कार्य-कलाप में पूरी दिलचस्पी थी। प्रो. सत्येन बोस भारतीय भाषाओं के प्रबल पक्षधर थे। उनका मानना था कि देश में सभी प्रकार की शिक्षा, विज्ञान की शिक्षा भारतीय भाषाओं में होनी चाहिए। हैदराबाद में अक्टूबर 1962 में आयोजित अंगरेजी हटाओ सम्मेलन का प्रो. बोस ने उद्घाटन भी किया था।

सोशलिस्ट पार्टी, पूर्णिया का चुनावी पर्चा

पूर्णिया, रानीगंज और बनमनखी की आम सभा में बोलते हुए सोशलिस्ट पार्टी के महान नेता डॉ. राममनोहर लोहिया ने जनता से सोशलिस्ट उम्मीदवारों को जिताने के लिए कहा तथा आगे बोले–'जब से श्यामाप्रसाद मुखर्जी की असमय में मृत्यु हुई है, दिल्ली की लोकसभा ऐसी विधवा का घर बन गई है जिनके पति आठ-दस वर्ष पहले मर गए हों और वे सिसकती सी रोती हों।' **इस पार्लियामेंट में विरोधी दल को सजीव, निडर व जनता का सच्चा प्रतीक बनाने के लिए मैंने छह व्यक्तियों को खासतौर से चुना है। उनके नाम हैं–मद्रास से एंथोनी पिल्ले, आंध्र से विजयराम राजू, हैदराबाद से राजाराम, विंध्य प्रदेश से रमा मित्रा और बिहार के पूर्णिया क्षेत्र से बालकृष्ण गुप्त।** ये सब अगर पार्लियामेंट में जनमत के सहयोग से पहुंच जाएं तो कांग्रेस सरकार को सच्चे विरोध का पता लगेगा। मैं आशा करता हूं कि आप लोकसभा को, गरीब, दुखी, तंग, तबाह जनता का आईना बनाने के लिए, इनको निश्चित रूप से चुनकर भेजेंगे ताकि हिंदुस्तान के वर्तमान शासक गरीबों की सच्ची गाथा सुनकर उनकी हीन अवस्था का अवलोकन तो करें।

दिनमान में श्रद्धांजलि

अद्‌भुत प्रतिभा सम्पन्न समाजवादी श्री बालकृष्ण गुप्त का निधन 10 सितम्बर को दिल्ली में तीन महीने की अस्वस्थता एवं हृदयगति रुक जाने से हो गया। राज्यसभा के सोशलिस्ट पार्टी के सदस्य, राजस्थान में जन्मे बालकृष्ण गुप्त की कॉलेज की शिक्षा कलकत्ते के प्रेसीडेंसी कॉलेज में हुई। विद्यार्थी जीवन में ही इनकी मित्रता डॉ. राममनोहर लोहिया से हुई, जो उन दिनों कलकत्ते के विद्यासागर कॉलेज के विद्यार्थी थे।

इसके बाद ही श्री बालकृष्ण ने लंदन स्कूल ऑफ इकोनॉमिक्स में 1931 एवं 1934 के दौरान विश्वविद्यालय के प्रोफेसर हेराल्ड लास्की और प्रोफेसर डाल्टन के प्रिय शिष्यों में से रहकर 'फर्स्ट-क्लास, फर्स्ट' लिया। 1934 में ही पहले रूस गए और बाद में ट्रॉटस्की से मिलने पेरिस अगए। इसी दौरान साम्यवादी चौथी इंटरनेशल में प्रतिनिधि के रूप में भाग लिया। 1939 तक वी.के. कृष्ण मेनन के अन्यतम मित्र के रूप में इग्लैंड में इंडिया लीग के संगठन और प्रचार का कार्य करते रहे। उस दौरान इनकी मित्रता ऐसे लोगों से हुई जो बाद में एशिया और अफ्रीका के मुक्ति संग्राम के अगुआ बने। 1939 में भारत लौटकर कांग्रेस सोशलिस्ट पार्टी के सदस्य बने और अपने पुराने मित्र डॉक्टर लोहिया के साथ राष्ट्रीय आन्दोलन के कामों में जुट गए। 1942 के भूमिगत आंदोलन के समय में डॉ. लोहिया, अच्युत पटवर्धन, अरुणा आसफ अली और जयप्रकाश नारायण के अंतरग मित्र बालकृष्ण गुप्त कहां-कहां और किन-किन मित्रों से सहायता जुगाड़ते रहे, इसका अपना ही एक इतिहास है। सन् 1949 एवं 1950 के दौरान नेपाली कांग्रेस के नेताओं की राणाशाही के खिलाफ विद्रोह में भी श्री गुप्त का हाथ था। नेपाली कांग्रेस की बैठकें इनके घर पर होती थीं। आज भी श्री मातृका प्रसाद और विश्वेश्वर प्रसाद कोइराला इनके अंतरंग मित्रों में रहे हैं। श्री गुप्त के बेहद करीबी दोस्तों में तूनीसिया के राष्ट्रपति हबीब बोरगिवा जैसे लोग रहे हैं। साम्यवादी जगत के महान चिंतक और युगोस्लाविया के तत्कालीन उपराष्ट्रपति डॉ. मिलोवान जिलास ने भारत सरकार की इच्छा के प्रतिकूल श्री गुप्त के कलकत्ता निवास में आतिथ्य ग्रहण किया था और वहीं लगातार तीन दिन जिलास की महत्त्वपूर्ण बातचीत डॉ. राममनोहर लोहिया से हुई, जिसके फलस्वरूप 'द न्यू क्लास' जैसी पुस्तकें सामने आईं। 1958 में कलकत्ता से प्रकाशित 'जन' का सम्पादन लोहिया ने श्री बालकृष्ण

को सौंपा। उसमें इनके लिखे कई संपादकीय और लेखों के कारण लोकसभा में कई महत्त्वपूर्ण बहसें हुईं। सिगरेट और किताबों में मशगूल बालकृष्ण गुप्त का दिमाग संगणक यंत्र जैसा था। किसी भी देश के बारे में बात शुरू होते ही उसकी आबादी, भूगोल, इतिहास और आर्थिक ढाँचे का विश्लेषण इस तरह से करते थे जेसे पहले से ही सारी चीजें एक जगह इकट्ठी करके रख दी गई हों। उनके इस गुण से उनके अंतरंग मित्र डॉ. लोहिया को समय-समय पर बहुत मदद मिलती रही।

बालकृष्ण जी रहन-सहन में सीधे-सादे और स्वभाव से सरल थे। उन्हें उग्र होते तभी देखा जा सकता था जब वह विचारों की बहस में लगे हों। डॉ. लोहिया की मृत्यु ने उन्हें बहुत एकाकी और दुखी कर दिया था। संयोग से उनका निधन भी दिल्ली के विलिंग्डन अस्पताल के उसी कमरे में हुआ जिसमें डॉ. लोहिया का हुआ था।

दिनमान–12 सितम्बर, 1972

□□□